"十三五"高职院校财经精品系列教材

基础会计

主　编◎秦欣梅　滕丽娜　宋　靖

西南财经大学出版社
Southwestern University of Finance & Economics Press
中国·成都

图书在版编目(CIP)数据

基础会计/秦欣梅,腾丽娜,宋靖主编.—成都:西南财经大学出版社,2020.12
ISBN 978-7-5504-4444-7

Ⅰ.①基… Ⅱ.①秦…②滕…③宋… Ⅲ.①会计学—高等职业教育—教材 Ⅳ.①F230

中国版本图书馆 CIP 数据核字(2020)第 116765 号

基础会计

主编 秦欣梅 滕丽娜 宋靖

责任编辑:杨婧颖
封面设计:何东琳设计工作室
责任印制:朱曼丽

出版发行	西南财经大学出版社(四川省成都市光华村街 55 号)
网　　址	http://www.bookcj.com
电子邮件	bookcj@foxmail.com
邮政编码	610074
电　　话	028-87353785
照　　排	四川胜翔数码印务设计有限公司
印　　刷	郫县犀浦印刷厂
成品尺寸	185mm×260mm
印　　张	18.25
字　　数	400 千字
版　　次	2020 年 12 月第 1 版
印　　次	2020 年 12 月第 1 次印刷
印　　数	1— 2000 册
书　　号	ISBN 978-7-5504-4444-7
定　　价	45.00 元

前言

QIANYAN

本书依据《国务院关于印发国家教育事业发展“十三五”规划的通知》的精神，以及高等院校应用技能型教育人才培养目标和培养模式的要求，注重理论联系实际，注重学生应用能力、实践能力和创新能力的培养及提高，依照“原理先行、实务跟进、案例同步、实训到位”的原则，结合“以能力为本位、以就业为导向”的思想和理念，在注重培养学生管理业务实践应用能力的同时，做到与时俱进，使得教材内容更接近实际应用。

本书涵盖10个项目，在结构安排上，采用“产教融合、课证融通”的编写方式，力求结构严谨、层次分明；在表述安排上，力求语言平实凝练、通俗易懂；在内容安排上，尽可能地顾及不同专业、不同层次的不同需求，每一个项目都设有“学习目标”“思维导图”“人物对话”“实例参考”，每一个项目后都编排了“能力训练”，包括单项选择题、多项选择题、判断题，以帮助读者在学习每一项目的内容时做到有的放矢，增强学习效果。

本教材具有以下特色：

(1) 内容全面，体系规范。教材对会计的基本内容进行了深入细致的阐释，图文并茂，并利用二维码呈现大量习题，使教材的形式更加活泼、载体更加丰富，具有“富媒体”的特色。教材以工作过程为导向，对实践应用的具体方法做了系统而全面的介绍，以便读者进行比较、分析，提升其分析问题、解决问题的能力。

(2) 结构新颖，栏目丰富。为便于读者学习，本教材力求在结构上有所突破，激发读者的学习兴趣和学习热情，每一项目的开篇有清晰的“学习目标”；正文中有“实例参考”“小贴士”；课后针对每一项目内容编排了单项选择题、多项选择题、判断题，以呼应本教材实践性、应用性的特色，更好地满足信息化条件下课堂的教改创新需要。

(3) 与时俱进，紧跟政策。本书依据最新的《企业会计准则》和《企业会计制度》的规范和要求，立足于内容新颖、理论前沿和创新，参考初级会计师考试中对财务会计部分的基本要求而编写，突出实用性和可操作性。

(4) 学练结合，学以致用。考虑到本课程具有实践应用性较强的特点，为了便于学生及时复习所学的知识内容，提高学习效率，本教材在课后安排了能力训练。另外，学生还可以通过扫描二维码，获得大量配套习题，从而可以一边学理论，一边练习操作。本教材的编写安排充分体现应用型人才培养目标，即“以应用为目的，以够用为原则”，实现理论和实训一体化。

本教材由南昌大学科学技术学院的秦欣梅、贵州轻工职业技术学院的滕丽娜、成都信息工程大学的宋靖编写，适用于高职高专会计、财务管理及其他经济管理类专业，也可作为各类院校、企业职工的培训教材，以及在职工作人员提高会计知识与应用能力的自学用书。

在教材的编写过程中，编者参阅了大量的教材、专著、网站资料，同时，得到了出版单位的大力支持，在此向相关作者及各位编辑表示衷心的感谢！尤其是延伸阅读，主要节选自《小艾上班记》系列丛书，此套丛书采用小说的形式讲解会计知识，书中融入了大量的职场情境，给读者真实的体验，在此特别向作者陈艳红表示感谢！

由于编写时间仓促，加之编者水平有限，本教材难免存在一些不足之处，恳请专家、学者批评指正，以便我们不断地更新、改进与完善。

编　者

2020 年 4 月

目录

MULU

项目1　认知会计

学习目标：

1. 了解会计的产生与发展；
2. 掌握会计的概念、会计的特征及会计的对象；
3. 理解会计核算的基本前提及对会计信息质量的要求；
4. 了解会计核算的方法。

认知会计思维导图如图1-1所示。

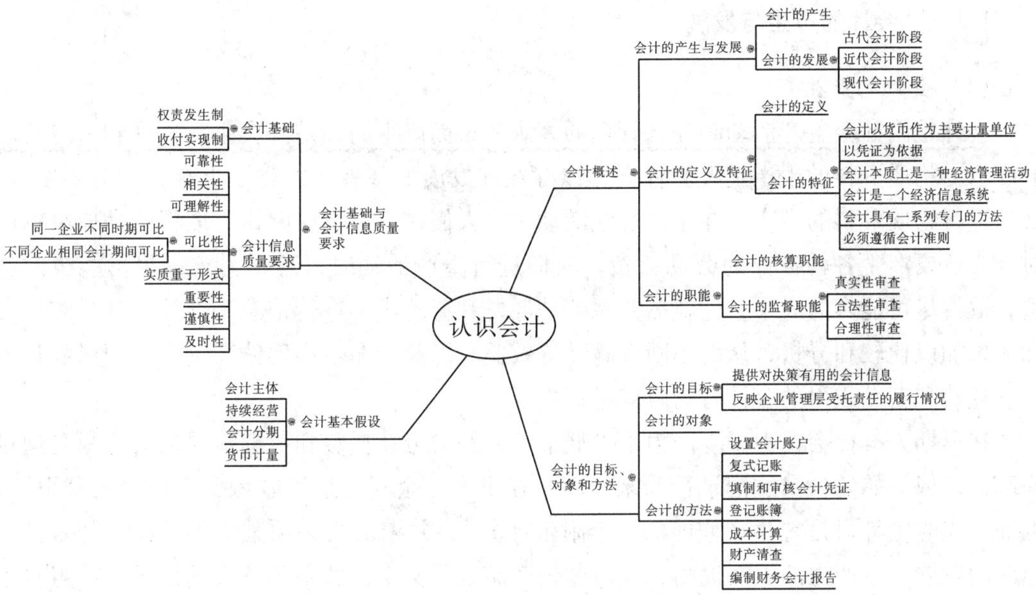

图1-1　认知会计思维导图

任务 1.1　会计概述

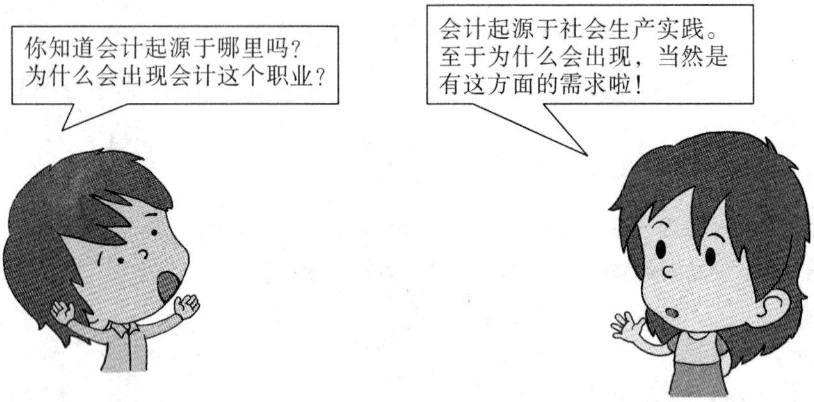

1.1.1　会计的产生与发展

(1) 会计的产生

会计是因社会生产活动和经济管理的客观要求而产生的，是社会生产发展到一定阶段的产物。物质资料的生产是人类社会赖以存在和发展的基础。人类要生存，社会要发展，必须进行物质资料的生产。在生产实践活动中，人们在创造物质财富、取得劳动成果的同时，必然要产生各种各样的劳动耗费。人们进行生产活动时，总是力求以尽可能少的耗费，取得尽可能多的成果，这就需要对劳动耗费和劳动成果进行记录和计算，并且将耗费和成果加以比较和分析，从而不断提高经济效益。因此，在生产实践活动中，记录和计算劳动耗费和劳动成果的会计行为就应运而生了。

在早期人类社会，由于生产力水平低下，人们对劳动耗费和劳动成果的关心只是通过头脑记忆或原始的计量、记录行为来体现，在生产之余附带地把收入、支出等记载下来，因而在当时会计只是“生产职能的一个附带部分”，并未成为一项独立的工作。随着社会经济的发展，生产力的不断提高，大量剩余产品以及文字、数字和货币的出现，使得对生产活动计量和记录的内容日益增多，导致会计“从生产职能中分离出来，成为特殊的、专门委托的当事人的独立的职能”。从此，会计作为一项专门的技术性工作独立存在。

《周礼》记载，早在西周时代，“会计”一词便正式开始使用，政府设置“司会”主管财政经济收支的全面核算，负有“以参互考日成，以月要考月成，以岁会考岁成”之责。“参互”“月要”和“岁会”分别相当于现在的日报、月报和年报。清朝焦循在《孟子正义》一书中将会计解释为“零星算之为计，总合算之为会”。

综上可知，会计是人类社会发展到一定历史阶段的产物，它起源于生产实践，是因管理生产活动而产生的。

（2）会计的发展

从会计发展的历史来看，其可以划分为以下三个阶段。

①古代会计阶段。

古代会计阶段是指会计从其产生到复式簿记产生的这段时间。这个阶段的会计方法较为简单，最初只是采用“结绳记事”“刻木记事”等原始的计量记录方法。到了秦汉时代，会计方法有了一定的进步，并出现了用于登记会计事项的账簿（当时称簿或簿书）。从秦汉到唐宋，在生产力发展的基础上，会计逐步形成了一套古代会计记账、算账的基本模式，即“四柱清册”方法。“四柱”是指旧管（相当于期初结存）、新收（相当于本期收入）、开除（相当于本期支出）、实在（相当于期末结存）四个部分。“四柱清册”方法是指把一定时期内财务收支的记录，通过“旧管+新收=开除+实在”这一平衡公式加以总结。这样既可以检查日常记账的正确性，又可以系统、综合地反映经济活动全貌。到了明末，出现了比“四柱清册”更加完备的“龙门账”。“四柱清册”只能应用于不计盈亏的政府（官厅）会计，而“龙门账”则能满足商业上核算盈亏的需要。“龙门账”将全部账目按进（相当于收入）、缴（相当于支出及费用）、存（相当于财产及债权）、该（相当于投资和债务）分为四项，其关系式是：进-缴=存-该。年终结账，按照上式，从两方面计算盈亏，使其相符（称为“合龙门”）。在古代会计阶段，官厅会计与其他计算活动、财政收支活动和财产保管活动工作混为一体，尚未确立自己独特的职责与对象，会计特有的专门方法还没有形成，会计也尚未成为一门独立的学科。

②近代会计阶段。

近代会计阶段是指从15世纪复式簿记的产生到20世纪中叶这段时间。这一阶段以复式簿记法在理论上的总结和广泛运用为标志。1494年，意大利数学家卢卡·帕乔利出版了《算术、几何、比及比例概要》一书，标志着近代会计的开始。该书对复式记账法进行了全面系统的论述。1854年，英国在苏格兰成立了世界上第一个会计师协会——爱丁堡会计师协会，标志着会计服务职业化正式形成。

③现代会计阶段。

现代会计阶段是指从20世纪50年代开始到现在的阶段。从会计技术方法上看，现代会计逐步实现了会计操作工艺与现代电子计算和信息技术相结合，逐步由手写簿记系统发展为电子数据处理系统会计；从会计理论与方法上看，生产和管理科学的迅猛发展，使得传统的企业会计逐渐形成了相对独立的两个分支——财务会计与管理会计。管理会计的出现，极大地丰富和发展了早期形成的会计技术方法，使会计从事后反映到事前预测、决策，事中控制和事后考核分析等全过程的管理和核算，为会计注入了新的活力，使会计发展逐渐进入到现代会计阶段；从会计领域的扩展上看，涌现出人力资源会计、通货膨胀会计、现值会计、资本成本会计、国际会计、税务会计、衍生金融会计、环境会计和资源会计等许多新的会计领域。随着经济全球化的推进，我国会计准则逐步与国际会计准则接轨、趋同、等效，现代会计作为国际商业语言必将更好地为我国改革开放和现代化建设服务。

1.1.2 会计的定义及特征

(1) 会计的定义

会计学科历史悠久，不同时期、不同国家的不同学者对于会计的定义存在着多种看法，归纳起来可以概括为：会计是以货币为主要计量单位，通过运用一系列专门的方法和程序，对企业和组织的经济活动进行连续、系统、全面的反映和监督，为相关方面做出预测、决策、控制和分析而建立的财务信息系统，是经济管理活动的重要组成部分。

(2) 会计的特征

从以上定义中，可以看出会计具有以下基本特征：

①会计以货币作为主要计量单位。

会计要反映和监督会计对象，需要运用多种计量单位，包括实物量（如千克、件等）、劳动量（如工时等）和货币量，且以货币量为主要计量单位。运用实物量和劳动量能够具体反映各项财产物资的增减变动和生产过程中的劳动消耗，但这两种计量单位都不便汇总反映企业的总体信息。会计以货币作为计量单位，可以全面、系统地汇总反映单位的财产物资、财务收支、生产过程中的劳动消耗，并计算出最终财务成果。因此，以货币作为主要计量单位，进行系统的记录、计算、分析和考核，才能达到加强经济管理的目的。

②以会计凭证为依据。

会计的任何记录和计量都必须以会计凭证为依据，这样才能使会计信息具有真实性和可验证性。也就是说，会计人员在进行会计处理时，必须依据合法的会计凭证。只有经过审核无误的原始凭证才能进行会计处理。这一特征是其他经济管理活动所不具备的。

③会计本质上是一种经济管理活动。

会计是经济管理的重要组成部分，是为适应人类的生产实践和经济管理的客观需要而产生、发展和完善起来的。会计不仅为管理提供各种数据资料，还通过各种方式进行直接管理，如为了实现经营目标而参与经营方案的选择、经营计划的制订、经营活动的控制和评价等。

会计在核算和监督单位经济活动的同时，必须提供有关计划和预算完成情况的数据资料，并分析其完成或未完成的原因，以便采取措施，改进工作。如果会计核算资料表明计划指标严重脱离实际，或者实际情况比预计的情况变动大，则应及时调整计划或预算，使其能更有效地指导实际。由此可见，会计可以加强经济管理，使单位的经济活动达到预期的目标。

④会计是一个经济信息系统。

会计将一个公司分散的经营活动转化成一组客观的数据，提供有关公司的业绩、问题，以及企业资金、劳动、所有权、收入、成本、利润、债权、债务等信息。任何人都可以通过会计提供的信息了解企业的基本情况，并作为其决策的依据。可见，会计是提供以财务信息为主的经济信息系统，是企业经营的记分牌，因而会计又被称为“商业语言”。

⑤会计具有一系列专门的方法。

会计方法是指完成会计工作任务、实现会计核算与监督职能的手段。会计在参与经济活动过程中形成了一整套有别于其他领域的独特方法。会计方法体系一般包括会计核算方法、会计分析方法、会计检查方法等。会计核算方法是会计方法体系中最基本、最主要的方法，它是其他各种方法的基础。会计核算方法主要包括设置会计科目与账户、复式记账、填制和审核凭证、登记账簿、成本计算、财产清查、编制会计报表等。

⑥必须遵循会计准则。

会计核算必须遵循国家颁布的会计准则。会计主要向企业外部与企业有利害关系的单位和个人提供反映企业经营成果和财务状况及其变动情况的信息。会计信息要能够使会计信息使用者信服，会计核算必须按照会计准则和会计制度的要求对日常经济活动进行处理。我们学习会计的过程，其实也是学习会计准则和会计制度的过程。

经典考题回顾

【判断题】会计是以货币为主要计单位，运用一系列专门方法，核算和监督任意单位经济活动的一种行政管理工作。(　　)

扫码获取答案

1.1.3　会计的职能

会计的职能是指会计在经济管理过程中所具有的功能。会计的职能是由会计的本质特征所决定的、固有的、直接的功能。会计的职能随着经济的发展和会计内容、作用的不断扩大而发展。传统的会计主要是记账、算账和报账，随着市场经济的发展和科技水平的进步，现代会计的职能也有了新的发展，但会计的基本职能是不变的。会计主要具有会计核算和会计监督两项基本职能，下面分别予以说明。

（1）会计的核算职能

会计的核算职能是指会计以货币为主要计量单位，对特定主体的经济活动进行确认、计量和报告。会计核算贯穿于经济活动的全过程，是会计最基本的职能。会计核算的内容主要包括：

①款项和有价证券的收付，如企业的销货款、购货款和其他款项的支付，股票、公司债券和其他票据的收付等。

②财物的收发、增减和使用，如材料的购进与领用，产成品的入库与发出，固定资产的增加与减少。

③债权、债务的发生和结算，如应收账款，应付账款，其他应收款、其他应付款的发生和结算。

④资本、基金的增减，如企业实收资本和盈余公积的增加和减少。

⑤收入、支出、费用、成本的计算，如企业的主营业务收入和成本，其他业务收入和支出，管理费用、产品成本的计算。

⑥财务成果的计算和处理，如企业的销售收入大于销售成本、税金及附加，表现为盈利，要按规定进行分配，反之即为亏损，要按规定进行弥补。

⑦需要办理会计手续、进行会计核算的其他事项。

会计核算要求做到真实、准确、完整和及时。

（2）会计的监督职能

会计的监督职能是指按照一定的目的和要求，利用会计核算所提供的经济信息，对各单位的经济活动的合法性、合理性进行审查、控制，使之达到预期目标的功能。会计监督的内容包括：

①真实性审查是指检查各项会计核算是否根据实际发生的经济业务进行。

②合法性审查是指检查各项经济业务是否符合国家有关法律法规，遵守财经纪律，执行国家有关方针政策，以杜绝违法乱纪行为。

③合理性审查是指检查各项财务收支是否符合客观经济规律及经营管理方面的要求，保证各项财务收支符合特定的财务收支计划，实现预算目标。

会计监督与会计核算活动同时进行，包括事前、事中和事后监督。事前监督是会计在经济活动开始前所进行的监督，如通过制定预算和定额，控制费用和消耗；通过对会计资料的分析利用，找出差距，制定措施，从而做到在事前就有目的地控制经济活动的进程。事中监督是会计对正在发生的经济活动过程和取得的核算资料进行审查、分析，并据以纠错纠偏，控制经济活动按预定目标和要求进行。事后监督是会计对已经发生的经济活动以及相应的核算资料进行的审查、分析和评价，监督经济活动的合理性、合法性和有效性。

会计监督包括内部监督和外部监督。为了保证各单位经济活动的合法性，各单位除了要对经济活动的全过程进行内部监督以外，还要接受国家财政、上级主管部门、税务、银行等部门的监督和注册会计师的社会监督。

小贴士：会计核算和会计监督的关系

会计核算与会计监督是相辅相成、辩证统一的。会计核算是会计监督的基础，没有核算提供的各种信息，监督就失去了依据；会计监督是会计核算质量的保障，只有核算没有监督，就难以保证核算所提供的信息的质量。

随着社会经济的发展和经济管理的现代化，会计的职能也会随之发生变化，一些新的职能将出现。一般认为，除了会计核算、会计监督两个基本职能之外，会计还有分析经济情况、预测经济前景、参与经济决策、计划组织以及绩效评价等各种职能。

任务 1.2　会计的目标、对象和方法

1.2.1　会计的目标

会计目标是指在一定的会计环境下，人们期望通过会计活动所要达到的境地或结果。会计目标是连通会计系统与会计环境的桥梁，是连接会计理论与会计实践的纽带。会计系统围绕会计目标发挥作用，会计目标引导会计系统的运行。

会计目标取决于相关的会计环境，特别是相关会计环境中会计信息使用者的特征。会计信息使用者可大致划分为外部使用者和内部使用者两大类。外部使用者包括投资者、债权人、政府管理机构、税收机关、证券机构、社会公众等；内部使用者包括企业管理层、工会、职工等。因此，信息使用者对会计的要求是多方面的，会计目标很难保证面面俱到。

《企业会计准则——基本准则》（2014）将会计的目标定位为："向财务会计报告使用者提供与企业财务状况、经营成果和现金流量等有关的会计信息，反映企业管理层受托责任履行情况，有助于财务会计报告使用者做出经济决策。"显然，我国企业会计目标有两个要点：一是提供对决策有用的会计信息；二是反映企业管理层受托责任的履行情况。

（1）提供对决策有用的会计信息

向财务报告使用者提供对决策有用的信息是会计的主要目标。在市场经济条件下，与企业有着经济利益关系的外部各方面通常都需要利用企业的会计信息进行经济决策。

会计信息使用者需要什么样的信息，取决于信息使用者的目的及需求，如图 1-2 所示。

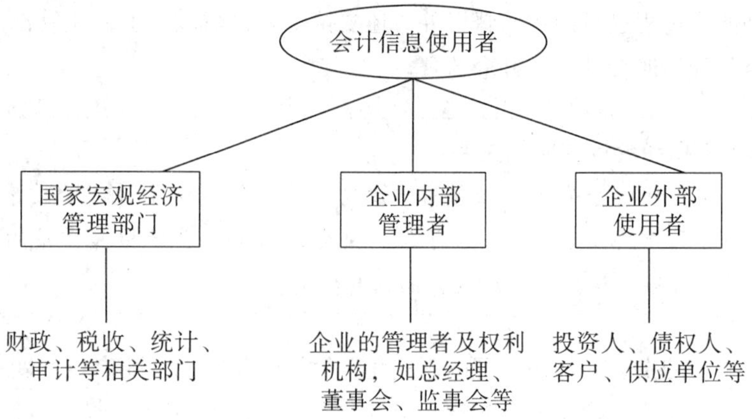

图 1-2　会计信息的使用者

投资者是企业资本的提供者或企业股票的持有者，他们是会计信息的主要使用者。他们关心投资的内在风险和投资报酬。投资者利用会计信息，主要结合公司的投资项目、资本结构和股利分配政策，以了解企业的盈利能力及其发展趋势，进而制定投资决策，如是否投资、继续持有还是转让股权、增加还是减少投资等决策。他们还需要利用会计信息来评估企业支付股利情况。

债权人包括企业贷款提供者和供应商等，他们十分关心企业的偿债能力和财务风险，利用会计信息来帮助他们做出有关决策，如是否将资金贷给企业，是增加或减少给企业的贷款，是否应继续保持对企业的债权，是否向企业赊销商品和劳务等。

政府相关部门，包括财政、工商、税务、物价、审计等部门，他们通常关心经济资源分配得是否公平、合理，市场经济秩序是否公正、有序，宏观决策所依据的信息是否真实、可靠等。他们需要利用会计信息来监管企业的经济活动、制定税收政策、进行税收征管和国民经济统计等。

社会公众主要指企业内部职工及企业外部与企业有直接或间接联系的用户，如顾客、证券商、经纪人、中介机构等。他们有的参与企业经营管理，关心企业的利润分配情况及企业的发展前景；有的出于投资决策、购买决策或对企业经营情况进行咨询、审计、鉴证、评价等需要利用会计信息。因此，在财务报告中提供有关企业发展前景及其能力、经营效益等方面的信息，可以满足社会公众对信息的需要。

企业管理者是指企业中管理人和管理事的人员。在两权分离的条件下，企业管理者受雇于企业投资者，必须完成投资者赋予的经济责任，实现企业的经营目标。他们对经营过程中遇到的重大问题必须进行正确的决策，如新产品的开发、产品的定价、成本费用的控制、工资奖金的分配等。因此，企业管理者必须了解本企业所有的会计信息，并据此做出正确决策。

（2）反映企业管理层受托责任的履行情况

在现代企业制度下，企业的所有权和经营权高度分离，企业的管理层受企业所有者之托经营管理企业及其各项资源，负有受托责任。企业管理层所经营管理的各项资源基本上是投资者投入的资本或者向债权人借入的资金，企业管理层有责任妥善保管并合理、有效地运用这些资源。企业投资者和债权人等也需要及时或经常性地了解企业管理层保管、使用资源的情况，以便于评价管理层对受托责任的履行情况、经营业绩和管理水平，并根据评价的情况决定是否对企业继续投资，是否更换管理层，以及对企业的经营管理提出有针对性的建议与措施等。

1.2.2 会计的对象

资金运动包括各特定对象的资金投入、资金运用（资金的循环与周转）、资金退出等过程，而具体到企业、行政单位、事业单位又有较大的差异，即同样是企业，工业、商业、建筑业及金融业等也均有各自资金运动的特点，其中以工业企业最具代表性。下面以工业企业为例，说明企业会计的具体对象。

工业企业是从事工业产品生产和销售的营利性经济组织。为了从事产品的生产和销售活动，企业必须拥有一定数量的资金，用于建造厂房、购买机器设备、采购原材料、支付职工工资、支付经营管理中必要的开支等，生产出的产品经过销售后，收回的货款还要补偿生产中的垫付资金、偿还有关债务等。由此可见，工业企业的资金运动表现为资金的投入、资金的循环与周转（包括供应过程、生产过程和销售过程三个阶段）和资金的退出三个部分，既有一定时期内的显著运动状态（表现为收入、费用和利润等），又有一定时期的相对静止状态（表现为资产、负债和所有者权益），如图1-3所示。

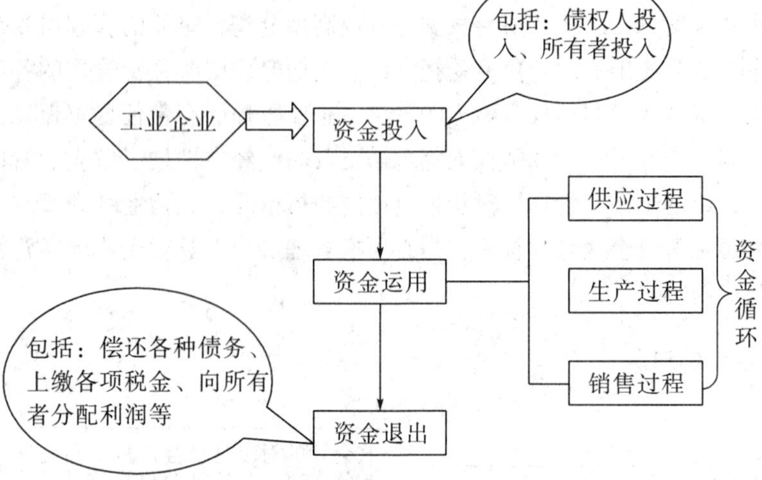

图 1-3　工业企业会计对象

资金的投入包含企业所有者投入的资金和债权人借入的资金两部分，前者属于企业的所有者权益，形成企业的实收资本；后者属于企业的债权人权益，形成企业的负债。投入企业的资金一部分构成流动资产，另一部分构成非流动资产。

资金的循环与周转分为供应过程、生产过程和销售过程三个阶段。在供应过程中，企业要购买原材料等劳动对象，发生材料买价、运输费、装卸费等材料采购成本，与供应单位发生货款结算关系。在生产过程中，劳动者借助于劳动手段将劳动对象加工成特定的产品，发生材料消耗的材料费、固定资产磨损的折旧费、生产工人劳动耗费的人工费等，构成产品使用价值和价值的统一体，同时还将发生企业与工人之间的工资结算关系、与有关单位之间的劳务结算关系等。在销售过程中，将生产的产品销售出去，发生有关销售费用、收回货款、缴纳税金等业务活动，并同购货单位发生货款结算关系、同税务机关发生税务结算关系等。企业获得的销售收入，扣除各项费用后的利润，还要提取盈余公积金，并向所有者分配利润。

资金的退出包括偿还各项债务、上缴各项税金、向所有者分配利润等。这部分资金会离开本企业，退出本企业的资金循环与周转。

上述资金运动的三个阶段，构成了开放式的运动形式，是相互支撑、相互制约的统一体。没有资金的投入，就不会有资金的循环与周转；没有资金的循环与周转，就不会有债务的偿还、税金的上缴和利润的分配等；没有这类资金的退出，就不会有新一轮的资金投入，就不会有企业进一步的发展。

小贴士：为什么说会计的对象就是企业经营过程中的资金运动？

会计的对象是指会计核算和监督的内容。因为会计最基本的特点是以货币为主要的计量单位，对企事业等单位的经济活动进行核算和监督。进一步可以理解为，凡是能够以货币表现的经济活动都是会计的对象。所以，会计的对象是以货币表现的经济活动即资金运动。

1.2.3 会计的方法

会计方法是用来反映和监督会计对象的，由于会计对象多种多样，错综复杂，从而决定了预测、反映、监督、检查和分析会计对象的手段不是单一的方法，而是由一个方法体系所构成，具体包括会计核算方法、会计分析方法和会计检查方法。在本课程中主要是学习会计核算方法，至于会计分析的方法、会计检查的方法以及其他会计方法将在以后的专业课中陆续学习。

会计核算方法是指会计对企事业、机关单位已经发生的经济活动进行连续、系统和全面的核算和监督所采用的方法。考虑到会计核算和监督的会计对象具有多样性和复杂性的特点，因此对其进行核算和监督的会计核算方法不能采用单一的形式，而应采用方法体系的模式。具体来说，会计核算方法由设置会计账户、复式记账、填制和审核会计凭证、登记账簿、成本计算、财产清查、编制财务会计报表和会计资料分析利用等具体方法构成。

（1）设置会计账户

设置会计账户是对会计核算的具体内容进行分类核算和监督的一种专门方法。由于会计对象的具体内容是复杂多样的，因此要对其进行系统的核算和经常性监督，就必须对经济业务进行科学的分类，以便分门别类地、连续地记录，并据以取得多种不同性质、符合经营管理需要的信息和指标。每个会计账户只能反映一定的经济内容。将会计对象的具体内容划分为若干项目即为会计科目。基于此，设置若干个会计账户，可以使所设置的账户既有分工又有联系地反映整个会计对象的内容，提供管理所需要的各种信息。

（2）复式记账

复式记账是指对所发生的每项经济业务，以相等的金额，同时在两个或两个以上相互联系的账户中进行登记的一种记账方法。采用复式记账方法，可以全面反映每一笔经济业务资金的来龙去脉，便于检查账簿记录的正确性和完整性，有效防止记账差错，是一种比较科学的记账方法。例如，从银行提取 1 200 元现金。这笔业务在复式记账时，一方面要在“库存现金”账户中登记增加 1 200 元；另一方面还要在“银行存款”账户中登记减少 1 200 元。这样既可以了解这笔经济业务的具体内容，也可以反映经济业务的来龙去脉，即系统、完整地记录了资金运动的全过程。

（3）填制和审核会计凭证

会计凭证是记录经济业务，明确经济责任，作为记账依据的书面证明。经济业务是否发生、完成，关键是看是否取得或填制了会计凭证。如果取得或填制了会计凭证，就证明经济业务已经发生或完成。对于已经发生或完成的经济业务，还要经过会计部门的审核，在保证遵循有关法律、制度、规定而又正确无误的情况下，才能予以登记账簿。正确填制和审核会计凭证，是核算和监督经济活动财务收支的基础，也是做好会计工作的前提。

（4）登记账簿

登记账簿简称记账，是以审核无误的会计凭证为依据，按照经济业务发生的顺序，在账簿中分门别类地、连续地、完整地记录各项经济业务，以便为经济管理提供完整、系统的经济业务记录和完整、系统的会计核算资料。账簿记录是重要的会计资料，是进行会计分析、会计检查的重要依据。

（5）成本计算

成本计算是按照一定对象，归集和分配生产经营过程中发生的各种费用，以便确定各对象的总成本和单位成本的一种专门方法。产品成本是综合反映企业生产经营活动的一项重要指标。正确地进行成本计算，可以考核生产经营过程的费用支出水平，同时也是确定企业盈亏和制定产品价格的基础，并为企业的经营决策提供重要数据。

（6）财产清查

财产清查是指通过盘点实物，核对账目，以查明各项财产物资实有数额的一种专门方法。通过财产清查，可以提高会计记录的正确性，保证账实相符。同时，还可以查明各项财产物资的保管和使用情况以及各种结算款项的执行情况，以便管理者对积压或损毁的物资和逾期未收到的款项及时采取措施，进行清理和加强对财产物资的管理。

（7）编制财务会计报告

编制财务会计报告是以一定的表格形式定期向财务会计报告使用者提供与企业财务状况、经营成果和现金流量等有关的会计信息，是反映企业管理层受托责任履行情况的一种专门方法。财务会计报告提供的信息不仅可以为企业管理者进行决策服务，也可以满足与企业有经济利害关系的集团和个人了解企业财务状况和经营成果的需要。

总之，要全面、完整、真实地核算和监督单位的经济活动，必须正确地运用这些方法。但在运用上述会计核算方法时，有些方法可以同时使用，有些方法使用时有先后顺序，其关系是：根据发生的经济业务填制和审核会计凭证，根据审核无误的会计凭证采用复式记账方法登记账簿，根据归集的费用计算成本，期末进行财产清查，在保证账实相符的基础上编制会计报表。由此可见，这些会计核算方法是一个完整的体系，是相互联系、紧密结合的，必须一环紧扣一环，才能保证会计核算工作的顺利进行。

任务1.3 会计基本假设

会计基本假设是对会计核算所处时间、空间环境等所做出的合理假定，是企业会计确认、计量和报告的前提。我国《企业会计准则》中提出的会计假设包括会计主体、持续经营、会计分期、货币计量。

1.3.1 会计主体

会计主体也称为会计实体、会计个体，是指会计工作服务的特定对象，是企业会计确认、计量和报告的空间范围。为了向财务报告使用者反映企业财务状况、经营成果和现金流量，提供与其决策有用的信息，会计核算和财务报告的编制应集中反映特定对象的活动，并将其与其他经济实体区别开来。

在会计主体假设下，首先，要求划分会计主体所要处理的各项交易或事项的范围。在会计工作中，只有那些影响本会计主体经济利益的各项交易或事项才能加以核算和监督，对那些与本会计主体经济利益无关的各项交易或事项不能加以核算和监督。其次，必须将会计主体的交易或事项与会计主体所有者的交易或事项以及其他会计主体的交易或事项区分开来。公司的财产所有权属于投资者（或股东），而公司经营管理权在企业管理层手中。企业所有者自己的交易或事项不能纳入公司的核算范围，但是企业所有者投资于公司的资本和从所投资的公司分回的股利，则属于公司所发生的交易或事项，必须纳入公司的核算范围。

一般来说，法律主体一定是会计主体，但会计主体不一定是法律主体。例如，企业通常有三种组织形式，即独资企业、合伙企业和公司制企业。公司是依照公司法组建登记的企业法人（法律主体），因而是会计主体。独资企业是由个人出资成立的企业，合伙企业是由两个或两个以上合伙人共同出资并经营的企业。从法律上看，独资企业和合伙企业都不是独立的法律主体，不具有法人资格，但它们依然是进行经济活动的经济实体，是会计主体。再比如，企业集团内部独立核算的母公司和子公司均是法律主体而企业集团整体本身并不是法律主体，但会计上为了全面反映企业集团的经营活动和财务成果，就有必要将企业集团作为一个会计主体来对待，编制合并财务报表。

纳税主体是指纳税人和扣缴义务人。在一般情况下，纳税主体与会计主体是一致的，一个纳税主体也是一个会计主体。在特定条件下，纳税主体不同于会计主体，例如，按照新税法的规定，分公司不是一个纳税主体，却可能是一个会计主体；又如，未实行合并纳税的企业集团，不是一个纳税主体，却可能编制合并财务报表，作为一个会计主体；再如，由企业管理的证券投资基金、企业年金基金等，尽管不属于纳税主体，但属于会计主体，应当对每项基金进行会计确认、计量和报告。

1.3.2 持续经营

持续经营是指在可以预见的将来，企业将会按当前的规模和状态继续经营下去，不会停业，也不会大规模削减业务。

从逻辑上看，持续经营假设是会计主体假设的延伸。因为确定了企业是会计主体，势必要假设企业能存在多久。一个企业的未来发展方向只有两种可能，一是按照经营目标持续经营，二是经营不善导致破产清算。不同的发展方向决定企业采用不同的方法进行会计核算。由于企业的本质是持续经营下去，在持续经营中发展壮大，因此，《企业会计准则——基本准则》第六条规定，企业会计确认、计量和报告应当以持续经营为前提。

由于持续经营是根据企业发展的一般情况所做的假定，而任何企业都存在破产、清算的风险，因此需要企业定期对持续经营前提做出分析和判断。如果判断企业无法持续经营，就应当改变会计核算的政策和方法，并在企业财务报告中做出相应披露。

小贴士：进入破产清算，持续经营假设是否改变会计核算方法?

如果企业在可预见的将来不能继续经营下去，已经进入破产清算时，持续经营的假设不再成立，就应当改变会计核算方法。美国商务部公布了下列一组数据：美国平均每年新成立50万家企业，1年内倒闭的占40%，5年内倒闭的占80%，10年内倒闭的占96%，只有4%的企业能活过10年。据统计，日本2008年上半年倒闭的企业有13 000家。相关资料表明，我国企业的平均寿命只有8年，如果企业倒闭，资产的价值必须按照实际变现的价值计算，负债必须按照资产变现后的实际偿付能力清偿。

1.3.3 会计分期

会计分期是指将一个企业持续经营的生产经营活动划分为一个个连续的、长短相同的期间。会计分期的目的，在于通过会计期间的划分，将持续经营的生产经营活动划分成连续、相等的期间，据以结算盈亏，按期编报财务报告，从而及时向财务报告使用者提供有关企业财务状况、经营成果和现金流量的信息。

根据持续经营假设，企业经营期被认为是无限的。但管理者和其他利益相关者并不愿意等到企业终了时才去了解获得了多少收益，税务部门也不会等到企业清算时才去征税。他们都需要了解企业在各个阶段运营得怎么样，盈亏多少，是否可以分配红利等，这就需要引出会计分期假设。

在会计分期假设下，企业应当划分会计期间。按照会计惯例，会计期间通常以年度为单位。我国《企业会计准则》规定，会计期间分为年度和中期。中期一般表现为季度和月度，有时也可以是半年度。在我国，会计期间的起讫日期均采用公历日期，即公历1月1日至12月31日。会计分期假设与持续经营假设一样，都为会计的正常活动做出了时间上的规定。只有立足于企业持续、正常的经营，又尽可能地分清各个会计期间的经营业绩，才能对某些会计业务的处理做出一些具体规定，如收入的确认、费用的分配、财产的估计等。

会计分期假设是持续经营假设的必然结果，是对会计确认、计量和报告时间范围的具体划分。会计分期假设的重要意义具体表现在两个方面：第一，会计期间的确定，决定了企业对外报送财务报告的时间间隔以及所涵盖的时间跨度；第二，由于会计分期，才产生了本期与以前期间、以后期间的差别，才使不同类型的会计主体有了记账的时间基准，进而出现了折旧、摊销等会计处理方法。

1.3.4 货币计量

货币计量是指会计主体在会计确认、计量和报告时以货币计量，反映会计主体的生产经营活动。货币是商品的一般等价物，是衡量一般商品价值的共同尺度，具有价值尺度、流通手段、贮藏手段和支付手段等特点。选择货币这一共同尺度进行计量，能够全面、综合反映企业的生产经营情况。

货币计量明确了会计的计量尺度，但这个前提是币值不变的假设，因为对不同时点的货币金额进行汇总，必须以在不同时点上的货币等值为前提，否则，不同时点货币金额的汇总就会失去意义。此外，在有些情况下，统一采用货币计量也存在缺陷，某些影响企业财务状况和经营成果的因素，如企业经营战略、研发能力、市场竞争力等，往往难以用货币来计量，但这些信息对于使用者做决策来讲也很重要，企业可以通过在财务报告中补充披露有关财务信息来弥补上述缺陷。

小贴士：会计四项基本假设之间的关系

会计四项基本假设之间具有相互依存、相互补充的关系。会计主体假设限定了会计核算的空间范围；持续经营假设限定了会计核算的计价基础；会计分期假设限定了会计核算的时间范围；货币计量假设限定了会计核算的计量单位。

任务 1.4　会计基础与会计信息质量要求

1.4.1　会计基础

会计基础也称为会计核算基础或会计处理基础，是指经济组织在会计期间确认（包括计量和报告）收入和费用选择的标准。会计基础按确认收入、费用选择的标准不同，可分为权责发生制和收付实现制两种。

（1）权责发生制

权责发生制也称为应计制或应收应付制，是指以实际发生为标准来确认当期收入和费用的一种会计基础。在权责发生制基础下，凡是当期已经实现的收入和已经发生或应当负担的费用，无论其款项是否已经收付，都应作为当期的收入和费用处理，计入利润表；凡是不属于当期的收入和费用，即使其款项已经在当期收付，也不应当作为当期的收入和费用。

为了使各个会计期间的收入和费用实现合理配比，真实、公允地反映企业特定会计期间的财务状况和经营成果，《企业会计准则——基本准则》规定企业应当以权责发生制为基础进行会计确认、计量和报告。

（2）收付实现制

收付实现制也称现金制，是指以款项实际收付为标准来确认当期收入和费用的一种会计基础。在收付实现制下，凡属当期实际已经发生的收入和费用，不管其是否属于当期，都应作为当期的收入和费用处理；凡是当期尚未发生的收入和费用，即使属于应当负担的费用，也不应作为当期的收入和费用。

经典考题回顾

【单选题】某企业 2013 年 12 月份发生下列支出：年初支付本年度保险费 2 400 元，本月摊销 200 元；支付下年第一季度房屋租金 3 000 元；支付本月办公开支 800 元。则在权责发生制下确认本月费用为(　　)元。

A. 1 000　　B. 800　　C. 3 200　　D. 3 000

扫码获取答案

1.4.2　会计信息质量要求

会计信息质量要求是对企业财务报告所提供的会计信息质量的基本要求，是使财务报告所提供的会计信息对投资者等信息使用者决策有用应具备的基本特征，主要包括可靠性、相关性、可理解性、可比性、实质重于形式、重要性、谨慎性、及时性等。

(1) 可靠性

可靠性要求企业应当以实际发生的交易或者事项为依据进行确认、计量和报告，如实反映符合确认和计量要求的会计要素及其他相关信息，保证会计信息真实可靠、内容完整。

可靠性是高质量会计信息的重要基础和关键所在。如果企业以虚假的交易或者事项进行确认、计量和报告，属于违法行为，不仅会严重损害会计信息质量，而且会误导投资者，干扰资本市场，导致会计秩序、财经秩序混乱。

(2) 相关性

相关性要求企业提供的会计信息应当与财务报告使用者的经济决策需要相关，有助于财务报告使用者对企业过去、现在或未来的情况做出评价。

相关的会计信息应当能够有助于使用者评价企业过去的决策，证实或者修正过去的有关预测，因而具有反馈价值。相关的会计信息还应当具有预测价值，有助于使用者根据财务报告提供的会计信息预测企业未来的财务状况、经营成果和现金流量。

（3）可理解性

可理解性要求企业提供的会计信息应当清晰明了，便于财务报告使用者理解和使用。

企业编制财务报告、提供会计信息的目的在于使用，若想让使用者有效使用会计信息，就应当让其了解会计信息的内涵，这就要求财务报告提供的会计信息应当清晰明了，易于理解。只有这样，才能提高会计信息的有用性，实现财务报告的目标，满足向财务报告使用者提供决策有用信息的要求。

（4）可比性

可比性要求企业提供的会计信息应当相互可比，主要包括两层含义：

①同一企业不同时期可比。同一企业不同时期发生的相同或者相似的交易或者事项，应当采用一致的会计政策，不得随意变更。这一要求的目的是便于财务报告使用者将企业不同会计期间的财务报告和会计信息进行纵向比较，据以了解企业的财务状况、经营成果和现金流量的变化趋势，全面、客观地评价过去、预测未来，从而做出决策。强调会计政策的一致性，并不是要求会计政策在任何条件下都不能变动，如果按照规定或者在会计政策变更后可以提供更可靠、更相关的会计信息，可以变更会计政策，但应当在附注中予以说明。

②不同企业相同会计期间可比。不同企业发生的相同或者相似的交易或者事项，应当采用规定的会计政策，确保会计信息口径一致、相互可比，以使不同企业按照一致的确认、计量和报告要求提供有关会计信息。该要求强调的是不同企业之间，特别是同一行业内不同企业之间，应使用基本相同的会计政策，使不同企业财务报告的编制建立在相同的基础上，从而便于财务报告使用者评价不同企业的财务状况和经营成果。

（5）实质重于形式

实质重于形式要求企业应当按照交易或者事项的经济实质进行会计确认、计量和报告，不应仅以交易或者事项的法律形式为依据。

在实务中，交易或者事项的外在法律形式并不总能完全反映其实质内容，企业发生的交易或者事项在多数情况下，其经济实质和法律形式是一致的。但在有些情况下，会出现不一致。例如，以融资租赁方式租入的资产，虽然从法律形式来讲企业并不拥有其所有权，但是由于融资租赁又具有以下特点：租赁合同规定的租赁期相当长，往往接近于该资产的使用寿命；租赁期结束时承租企业有优先购买该资产的选择权；在租赁期内承租企业有权支配资产并从中受益等，从其经济实质来看，企业能够控制融资租入资产所创造的未来经济利益，在会计确认、计量和报告时就应当将以融资租赁方式租入的资产视为企业的资产，在企业的资产负债表中进行反映。

（6）重要性

重要性要求企业提供的会计信息应当反映与企业财务状况、经营成果和现金流量等有关的所有重要交易或者事项。

在实务中，如果某会计信息的省略或者错报会影响财务报告使用者据此做出决策，该信息就具有重要性。重要性的应用需要依赖职业判断，企业应当根据其所处环境和实际情况，从项目的性质和金额大小两方面加以判断。

（7）谨慎性

谨慎性要求企业对交易或者事项进行会计确认、计量和报告应当保持应有的谨慎，不应高估资产或者收益、低估负债或者费用。

在市场经济环境下，企业的生产经营活动面临着诸多风险和不确定性，会计信息质量的谨慎性要求，需要企业在面临不确定性因素的情况下做出职业判断时，应当保持应有的谨慎，充分估计到各种风险和损失，既不高估资产或者收益，也不低估负债或者费用。

（8）及时性

及时性要求企业对于已经发生的交易或者事项，应当及时进行确认、计量和报告，不得提前或延后。

在会计确认、计量和报告过程中贯彻及时性要求，一是要求及时收集会计信息，即在交易或者事项发生后，及时收集整理各种原始单据或者凭证；二是要求及时处理会计信息，即按照会计准则的规定，及时对交易或者事项进行确认或者计量，并编制财务报告；三是要求及时传递会计信息，即按照国家规定的有关时限，及时地将编制的财务报告传递给财务报告使用者，便于其及时使用和决策。

经典考题回顾

【单选题】企业对可能承担的环保责任确认为预计负债，体现了会计信息质量要求的是(　　)。

A. 谨慎性　　B. 可比性　　C. 重要性　　D. 相关性

能力训练

一、单项选择题

1. 我国会计设有专门核算的官职——司会，是在(　　)时期。

A. 夏朝　B. 周朝　C. 唐朝　D. 汉朝

2. 我国最新的企业会计准则实施于(　　)。

A. 2005 年　B. 2006 年　C. 2007 年　D. 2008 年

3. 下列各项中，构成会计基本职能的是(　　)。

A. 评价和控制　B. 预测和决策

C. 监督和核算　D. 反映和分析

4. 社会再生产过程中以货币表现的经济活动是指(　　)。

A. 会计对象　B. 会计目标　C. 会计职能　D. 会计要素

5. 在财产所有权与管理权相分离的情况下，会计的根本目标是(　　)。

A. 完成受托责任　B. 提高经济效益

C. 提供会计信息　D. 控制和指导经济活动

6. 会计主体假设主要规定了会计工作的(　　)。

A. 空间范围　B. 时间范围　C. 主管单位　D. 具体内容

7. 导致产生本期与非本期概念的会计核算的基本前提是(　　)。

A. 会计主体　B. 持续经营　C. 会计分期　D. 货币计量

8. 一般来说，体现会计主体与法人关系的是(　　)。

A. 相互一致的　B. 不相关的

C. 有区别的　D. 相互可替代的

9. 企业应当按照交易或者事项的经济实质进行会计确认、计量和报告，不应仅以交易或者事项的法律形式为依据的原则，是(　　)。

A. 客观性原则　B. 实质重于形式原则

C. 相关性原则　D. 明晰性原则

10. 下列选项中不属于会计核算方法的是(　　)。

A. 设置账户　B. 填制和审核凭证

C. 财产清查　D. 成本分析

二、多项选择题

1. 会计的基本职能有(　　)。

A. 反映职能　B. 监督职能　C. 分析职能　D. 决策职能

2. 会计假设包括(　　)。

A. 会计主体　　B. 会计分期　　C. 会计监督　　D. 持续经营

3. 会计核算中采用的计量单位有(　　)。

A. 货币单位　　B. 空间单位　　C. 时间单位　　D. 实物单位

4. 下列选项中不属于会计核算范围的事项是(　　)。

A. 用银行存款购买材料　　B. 编制财务计划

C. 企业自制材料入库　　D. 与外企业签订购料合同

5. 根据谨慎性原则的要求，对企业可能发生的损失和费用，做出合理预计，通常做法有(　　)。

A. 应收账款计提坏账准备　　B. 固定资产采用加速折旧法

C. 对财产物资按历史成本计价　　D. 期末存货采用成本与市价孰低法

三、判断题

1. 会计是提供以财务信息为主的经济信息系统，是企业经营的记分牌，因而会计又被称为“商业语言”。(　　)

2. 会计的任何记录和计量都必须以会计凭证为依据，这样才能使会计信息具有真实性和可验证性。(　　)

3. 会计监督有事前监督、事中监督和事后监督。(　　)

4. 会计信息使用者需要什么样的信息，取决于信息使用者的目的及需求。(　　)

5. 所有企业均应以人民币为记账本位币。(　　)

6. 企业在对会计要素进行计量时，一般应当采用公允价值计量。(　　)

7. 谨慎性原则是指在会计核算中应尽量低估企业的资产和可能发生的损失、费用。(　　)

8. 正确填制和审核会计凭证，是核算和监督经济活动财务收支的基础，也是做好会计工作的前提。(　　)

9. 会计核算和监督的内容就是指企业发生的所有经济活动。(　　)

10. 在实务中，交易或者事项的外在法律形式并不总能完全反映其实质内容，企业发生的交易或者事项在多数情况下，其经济实质和法律形式是一致的。(　　)

扫码获取答案

延伸阅读　会计古老又伟大

我叫艾娜，英文名字Ella。高考那年，父亲替我选了专业——会计学，理由是：会计是世界上最古老、最伟大的职业。

我当时一听，扑哧一声就笑了。

“古老我信，2 500年前孔子不就当过会计吗？但是伟大就难说了，总不能因为你做过几年出纳，没当上会计，就觉得会计伟大了吧？”

父亲文凭不高，中学时，由于家庭成分不好，被撵回了家。好在爷爷奶奶读过书，家里也藏了几本古书，所以才没有成为文盲，还能写字算账。

“大锅饭”时期，父亲在公社做出纳，同时兼职开车和修理农用机器。家庭联产承包后，公社解体，父亲回家跟着爷爷一起做点小生意，一直到现在。

“你爸爸，让你学会计就学会计好了，会计多好啊，我跟你说，以前我们那个凉席厂里的会计，一天到晚坐在办公室里，啥也不干，还整天趾高气扬的。”

妈妈说这话的时候，恨不得我赶紧去学会计，好像我学成后，她立马就可以扬眉吐气了似的。

“可是我的梦想是学中文，或许有一天我能成为一名作家。”

“好了，你别做你的作家梦了，听你爸爸的，好好学会计，毕业后找份工作，然后结婚生子，踏踏实实过日子。”妈妈三言两语，就把我的一生都安排好了。

“我抗议，我已经18岁了，我是成年人了，我应该自己做主。”

……

资料来源：陈艳红. 小艾上班记：真账实操教你学会计［M］. 3版. 大连：东北财经大学出版社，2020.

项目 2　会计科目与会计账户

学习目标：

1. 了解会计要素的含义、作用及分类；
2. 了解会计科目的作用及其设置原则；
3. 理解账户与会计科目之间的关系；
4. 掌握会计等式的原理及应用；
5. 掌握账户的结构和分类。

会计科目与会计账户思维导图如图 2-1 所示。

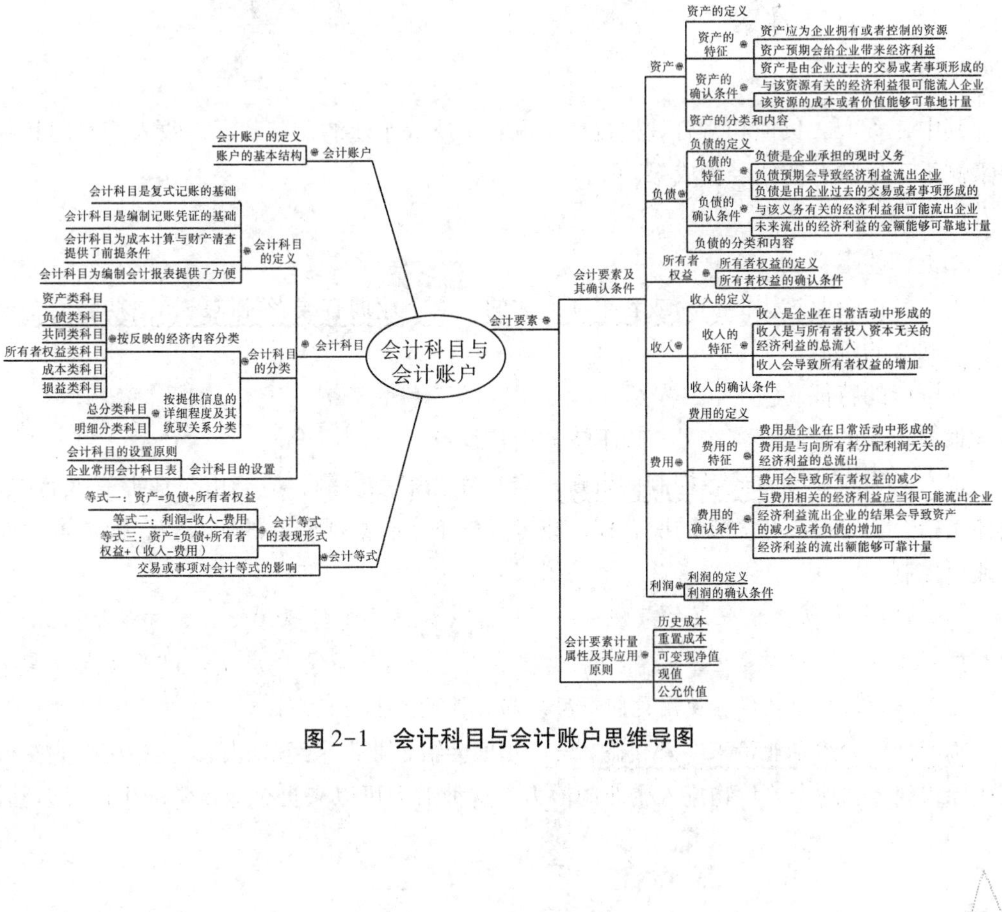

图 2-1　会计科目与会计账户思维导图

任务2.1 会计要素

2.1.1 会计要素及其确认条件

会计要素是根据交易或者事项的经济特征所确定的财务会计对象及其基本分类。

其中，资产、负债和所有者权益要素侧重于反映企业的财务状况，收入、费用和利润要素侧重于反映企业的经营成果。

（1）资产

①资产的定义。

资产是指企业过去的交易或者事项形成的，由企业拥有或者控制的，预期会给企业带来经济利益的资源。

②资产的特征。

根据资产的定义，资产具有以下三方面特征：

资产应为企业拥有或者控制的资源。资产作为一项资源，应当由企业拥有或者控制，具体是指企业享有某项资源的所有权，或者虽然不享有某项资源的所有权，但该资源能被企业所控制。

【例2-1】如果企业分期付款购买一间厂房（如每月支付30 000元，共6年），那么直到支付完最后一期款项为止，所有权才让渡给买方，这时这间厂房从法律意义上才属于企业。但是，如果企业已经在使用这间厂房，那么就视为企业完全控制了它并将其作为资产。

资产预期会给企业带来经济利益。资产预期会给企业带来经济利益，是指资产直接或者间接导致现金和现金等价物流入企业的潜力。这种潜力可以来自企业日常的生产经营活动，也可以是非日常生产经营活动；带来的经济利益可以是现金或者现金等价物，或者是可以转化为现金或者现金等价物的形式，或者是可以减少现金或者现金等价物流出的形式。

【例 2-2】长美公司是一家制造企业。其银行存款是一项资产，因为可用于购置其他资源；客户欠公司的款项是一项资产，因为收回时可产生现金流入；公司制造的产品及半成品是资产，因为预计未来它们可以销售出去；机器设备及其他制造工具也是资产，因为它们可用于未来的产品生产活动。但是，因损坏或陈旧过时而卖不出去的产品或报废的设备，则不再属于企业的资产，虽然它们归企业所有，但是不能产生现金流入。假设有两台设备，A 设备陈旧老化，B 设备投入使用后，A 设备一直没有再次使用而且预期将不再使用，因此 A 设备也就不再产生经济利益，也不应作为资产反映在资产负债表中。

资产是由企业过去的交易或者事项形成的。资产应当由企业过去的交易或者事项形成，过去的交易或者事项包括购买、生产、建造行为等。只有过去的交易或者事项才能产生资产，企业预期在未来发生的交易或者事项不形成资产。例如，企业有购买某项商品的意愿或计划，但是购买行为尚未发生，就不符合资产的定义，不能因此而确认存货资产。

【例 2-3】长美公司正在与绿源公司进行买卖合同的谈判，如果谈判成功，对方将签约购买公司价值 100 万元的商品，并将预付 20%的款项 20 万元。那么，这 20 万元能否作为资产呢？当然不能，因为这只是一个可能的结果，而不是已经发生的客观存在。

③资产的确认条件。

将一项资源确认为资产，需要符合资产的定义，还应同时满足以下两个条件：

第一，与该资源有关的经济利益很可能流入企业。从资产的定义可以看出，能为企业带来经济利益是资产的一个本质特征，但在现实生活中，由于经济环境瞬息万变，与资源有关的经济利益能否流入企业或者能够流入多少实际上带有不确定性。因此，资产的确认还应与经济利益流入企业的不确定性程度的判断结合起来。

第二，该资源的成本或者价值能够可靠地计量。只有当有关资源的成本或者价值能够可靠地计量时，资产才能予以确认。在实务中，企业取得的许多资产都需要付出成本。例如，企业购买或者生产的商品、企业购置的厂房或者设备等，对于这些资产，只有实际发生的成本或者生产成本能够可靠计量，才符合资产确认的可计量性条件。

④资产的分类和内容。

企业资产按其流动性分为流动资产和非流动资产两大类。其中，流动资产包括货币资金、交易性金融资产、衍生金融资产、应收票据、应收账款、应收款项融资、预付款项、其他应收款、存货、合同资产、持有待售资产、一年内到期的非流动资产、其他流动资产；非流动资产包括债权投资、其他债权投资、长期应收款、长期股权投资、其他权益工具投资、其他非流动金融资产、投资性房地产、固定资产、在建工程、生产性生物资产、油气资产、使用权资产、无形资产、开发支出、商誉、长期待摊费用、递延所得税资产、其他非流动资产。

（2）负债

①负债的定义。

负债是指企业过去的交易或者事项形成的，预期会导致经济利益流出企业的现时义务。

②负债的特征。

根据负债的定义，负债具有以下三方面特征：

第一，负债是企业承担的现时义务。负债必须是企业承担的现时义务，这里的现时义务是指企业在现行条件下已承担的义务。未来发生的交易或者事项形成的义务，不属于现时义务，不应当确认为负债。例如，企业购买了原材料还没有付款，形成应付账款 20 000 元；企业向银行借款 200 000 元，期限 5 年，形成长期借款等，这些均属于企业承担的法定义务，需要依法予以偿还。

第二，负债预期会导致经济利益流出企业。预期会导致经济利益流出企业是负债的一个本质特征，只有在履行义务时会导致经济利益流出企业的，才符合负债的定义。在履行现时义务清偿负债时，导致经济利益流出企业的形式多种多样，例如，用现金偿还或以实物资产形式偿还；以提供劳务形式偿还；部分转移资产、部分提供劳务形式偿还；将负债转为资本等。例如，企业向银行借了 60 000 元，到期归还时，企业要从自己的银行存款账户中转出 60 000 元还给银行，也就是说企业的资产减少了 60 000 元。

第三，负债是由企业过去的交易或者事项形成的。负债应当由企业过去的交易或者事项所形成。换句话说，只有过去的交易或者事项才形成负债，企业将在未来发生的承诺、签订的合同等交易或者事项，不形成负债。例如，企业购买材料 20 000 元，还没有付款，这项交易属于已经发生了的交易，由此而形成的债务属于企业的负债；企业准备三个月后向银行借入 60 000 元，该交易就不属于过去的交易或事项，不构成企业的负债。

③负债的确认条件。

将一项现时义务确认为负债，需要符合负债的定义，还需要同时满足以下两个条件：

第一，与该义务有关的经济利益很可能流出企业。从负债的定义可以看出，预期会导致经济利益流出企业是负债的一个本质特征。在实务中，企业履行义务所需流出的经济利益带有不确定性，尤其是与推定义务相关的经济利益通常需要依赖大量的估计。因此，负债的确认应当与经济利益流出企业的不确定性程度的判断结合起来。

第二，未来流出的经济利益的金额能够可靠地计量。负债的确认在考虑经济利益流出企业的同时，对于未来流出的经济利益的金额应当能够可靠计量。

④负债的分类和内容。

企业负债按其偿还期限长短分为流动负债和非流动负债两大类。其中，流动负债包括短期借款、交易性金融负债、衍生金融负债、应付票据、应付账款、预收款项、合同负债、应付职工薪酬、应交税费、其他应付款、持有待售负债、一年内到期的非流动负债、其他流动负债；非流动负债包括长期借款、应付债券、租赁负债、长期应付款、预计负债、递延收益、递延所得税负债、其他非流动负债。

（3）所有者权益

①所有者权益的定义。

所有者权益是指企业资产扣除负债后，由所有者享有的剩余权益。公司的所有者权益也称为股东权益。所有者权益是所有者对企业资产的剩余索取权，它是企业的资产扣除债权人权益后应由所有者享有的部分，既可反映所有者投入资本的保值增值情况，又体现了保护债权人权益的理念。

所有者权益的来源包括所有者投入的资本、其他综合收益、留存收益等，通常由股本（或实收资本）、资本公积（含股本溢价或资本溢价、其他资本公积）、其他综合收益、盈余公积和未分配利润等构成。

所有者投入的资本是指所有者投入企业的资本部分，它既包括构成企业注册资本或者股本的金额，也包括投入资本超过注册资本或股本部分的金额，即资本溢价或股本溢价，这部分投入资本作为资本公积（资本溢价）反映。

其他综合收益，是指企业根据会计准则规定未在当期损益中确认的各项利得和损失。

留存收益是指企业从历年实现的利润中提取或形成的留存于企业的内部积累，包括盈余公积和未分配利润。

②所有者权益的确认条件。

所有者权益体现的是所有者在企业中的剩余权益，因此，所有者权益的确认和计量主要依赖于资产和负债的确认和计量。例如，企业接受投资者投入的资产，在该资产符合资产确认条件时，就相应地符合所有者权益的确认条件；当该资产的价值能够可靠计量时，所有者权益的金额也就可以确定。

小贴士：所有者权益与债权权益的区别

所有者权益与债权权益的区别具体如下：

（1）债权人对企业资产的要求权优于所有者权益。

（2）企业的投资者可以参与企业的经营管理，而债权人往往无权参与企业的经营管理。

（3）对于所有者而言，在企业持续经营的情况下，除按法律程序减资外，其一般不能提前撤回投资。而负债都有规定的偿还期限，必须在一定的时期内偿还。

（4）投资者可以通过获得股利或利润的形式参与企业的利润分配，而债权人的债权只能按规定的条件得到偿付并获取利息收入。

（4）收入

①收入的定义。

收入是指企业在日常活动中形成的、会导致所有者权益增加的、与所有者投入资本无关的经济利益的总流入。

②收入的特征。

根据收入的定义，收入具有三方面特征：

第一，收入是企业在日常活动中形成的。日常活动，是指企业为完成其经营目标所从事的经常性活动，以及与之相关的活动。例如，工业企业制造并销售产品，就属于企业的日常活动。日常活动产生的收入通常包括主营业务收入和其他业务收入，即营业收入。

第二，收入是与所有者投入资本无关的经济利益的总流入。收入应当会导致经济利益的流入，从而导致资产的增加。例如，企业销售商品，应当收到现金或者有权在未来收到现金，才表明该交易符合收入的定义。但是在实务中，经济利益的流入有时是所有者投入资本的增加导致的，所有者投入资本的增加不应当确认为收入，应当将其直接确认为所有者权益。

第三，收入会导致所有者权益的增加。与收入相关的经济利益的流入应当会导致所有者权益的增加，不会导致所有者权益增加的经济利益的流入不符合收入的定义，不应确认为收入。

③收入的确认条件。

当企业与客户之间的合同同时满足下列条件时，企业应当在客户取得相关商品控制权时确认收入：

合同各方已批准该合同并承诺将履行各自义务；

该合同明确了合同各方与所转让商品或提供劳务相关的权利和义务；

该合同有明确的与所转让商品或提供劳务相关的支付条款；

该合同具有商业实质，即履行该合同将改变企业未来现金流量的风险、时间分布或金额；

企业因向客户转让商品或提供劳务而有权取得的对价很可能收回。

（5）费用

①费用的定义。

费用是指企业在日常活动中发生的、会导致所有者权益减少的、与向所有者分配利润无关的经济利益的总流出。

②费用的特征。

根据费用的定义，费用具有三方面特征：

第一，费用是企业在日常活动中形成的。费用必须是企业在日常活动中形成的，这些日常活动的界定与收入定义中涉及的日常活动的界定相一致。日常活动产生的费用通常包括营业成本（主营业务成本和其他业务成本）、税金及附加、销售费用、管理费用、财务费用等。将费用界定为日常活动形成的，目的是将其与损失相区分，企业非日常活动形成的经济利益的流出不能确认为费用，而应当计入损失。

第二，费用是与向所有者分配利润无关的经济利益的总流出。费用的发生应当会导致经济利益的流出，从而导致资产的减少或者负债的增加，其表现形式包括现金或者现金等价物的流出或者存货、固定资产和无形资产等的流出或者消耗等。企业向所有者分配利润也会导致经济利益的流出，而该经济利益的流出属于所有者权益的抵减项目，不应确认为费用，应当将其排除在费用的定义之外。

第三，费用会导致所有者权益的减少。与费用相关的经济利益的流出应当会导致所有者权益的减少，不会导致所有者权益减少的经济利益的流出不符合费用的定义，不应确认为费用。

③费用的确认条件。

费用的确认除了应当符合其定义外，还至少应当符合以下条件：①与费用相关的经济利益应当很可能流出企业；②经济利益流出企业的结果会导致资产的减少或者负债的增加；③经济利益的流出额能够可靠计量。

（6）利润

①利润的定义。

利润是指企业在一定会计期间的经营成果，通常情况下，如果企业实现了利润，表明企业的所有者权益增加；反之，如果企业发生亏损（即利润为负数），表明企业的所有者权益减少。

利润包括收入减去费用后的净额、直接计入当期利润的利得和损失等。其中，收入减去费用后的净额反映的是企业日常活动的业绩。直接计入当期利润的利得和损失，是指应当计入当期损益、会导致所有者权益发生增减变动的、与所有者投入资本或者向所有者分配利润无关的利得或损失。其中，利得是指由企业非日常活动所形成的、会导致所有者权益增加的、与所有者投入资本无关的经济利益的流入；损失是指由企业非日常活动所发生的、会导致所有者权益减少的、与向所有者分配的利润无关的经济利益流出。

②利润的确认条件。

利润反映的是收入减去费用、利得减去损失后净额的概念。因此，利润的确认主要依赖于收入和费用，以及利得和损失的确认，其金额的确定也主要取决于收入、费用、利得和损失金额的计量。

2.1.2　会计要素计量属性及其应用原则

会计计量是为了将符合确认条件的会计要素登记入账并列报于财务报表而确定其金额的过程。会计计量属性主要包括历史成本、重置成本、可变现净值、现值和公允价值等。

（1）历史成本

历史成本也称实际成本，是指取得或制造某项财产物资时所实际支付的现金或者现金等价物。采用历史成本计量时，资产按照其购置时支付的现金或现金等价物的金额，或者按照购置时所付出对价的公允价值计量。负债按照其因承担现时义务而实际收到的款项、资产的金额、承担现时义务的合同金额、按照日常活动中为偿还负债预期需要支付的现金或者现金等价物的金额计量。例如，设备价款为 300 万元，运杂费为 2 万元，安装调试费用为 13 万元，则设备成本为 315 万元。

（2）重置成本

重置成本也称现行成本，是指按照当前市场条件，重新取得同样一项资产所需支付的现金或现金等价物金额。采用重置成本计量时，资产按照现在购买相同或者相似资产所需支付的现金或者现金等价物的金额计量。负债按照现在偿付该项债务所需支付的现金或者现金等价物的金额计量。重置成本常用于盘盈固定资产的计量。

（3）可变现净值

可变现净值是指在生产经营过程中，以预计售价减去进一步加工成本和销售所必需的预计税金、费用后的净值。采用可变现净值计量时，资产按照其正常对外销售所能收到现金或者现金等价物的金额，扣减该资产至完工时估计将要发生的成本、估计的销售费用以及相关税费后的金额计量。可变现净值常用于存货的期末计量。

（4）现值

现值是指对未来现金流量以恰当的折现率进行折现后的价值，是考虑货币时间价值因素等的一种计量属性。采用现值计量时，资产按照预计从其持续使用和最终处置中所产生的未来净现金流入量的折现金额计量。负债按照预计期限内需要偿还的未来净现金流出量的折现金额计量。

（5）公允价值

公允价值是指市场参与者在计量日发生的有序交易中，出售一项资产所能收到或者转移一项负债所需支付的价格。公允价值常用于交易性金融资产的计量。

经典考题回顾

1.【单选题】会计科目是对（　　）的具体内容进行分类核算的项目。

A. 会计对象　　B. 会计要素　　C. 账户　　D. 会计信息

2.【单选题】下列选项中应确认为企业资产的是（　　）。

A. 长期闲置且不再具有使用和转让价值的厂房　B. 已超过保质期的食品

C. 自然使用寿命已满但仍在使用的设备　　D. 已签订合同拟于下月购进的材料

扫码获取答案

任务 2.2　会计等式

2.2.1　会计等式的表现形式

资产、负债、所有者权益、收入、费用、利润六个会计要素之间存在着十分密切的联系。各个会计要素之间的关系可以用反映会计要素之间数量关系的表达式来表示，这个表达式就是会计等式，也称会计恒等式、会计方程式或会计平衡公式。会计等式是设置会计科目与账户、进行复式记账和编制财务报表的理论基础和依据，是会计基本理论的重要内容。

从实质上来说，会计等式揭示了会计主体的产权关系和基本财务状况。

会计等式包括以下三个：

等式一：资产=负债+所有者权益

等式二：利润=收入-费用

等式三：资产=负债+所有者权益+（收入-费用）

等式一反映的是企业资金运动的静态状况，表明了企业在某一时点（通常为会计期初或会计期末）的财务状况，该等式被称为财务状况等式、基本会计等式或静态会计等式，它是复式记账法的理论基础，也是编制资产负债表的依据。

等式二反映的是企业资金运动的显著变动状态，表明了企业在某个会计期间所取得的经营成果。该等式被称为经营成果等式或动态会计等式，是编制利润表的依据。

企业资金运动的静态状况是资金运动的特殊形式。企业的目标是追求利润最大化，而资金只有在运动中才能增值，因此，资金进入企业后被用于经营，一方面取得收入，另一方面发生费用，收入扣除费用就是利润，即净收益。

从企业的产权关系来看，净收益归属于所有者，净收益成了等式一与等式二的连接点。这种关系可以表示为：资产=负债+所有者权益+利润，结合等式二，可以演变为资产=负债+所有者权益+（收入-费用），所以等式三实际上是对等式一和等式二的扩展。

会计期末，企业结算后，收入减去费用等于利润，利润本质上归属于企业的所有者权益，因此，收入、费用消失，等式三就会变成第一等式。所以，等式一是一种恒等式，等式三不能代替等式一。同样的道理，等式三消失时，等式二也自然融入等式一。

从上述分析可以看出，企业通过负债和所有者权益两个渠道取得资产。资产用于生产经营并逐渐转化为费用，收入扣除费用为利润，利润属于企业的所有者权益。

资产、负债、所有者权益、收入、费用和利润六项会计要素，无论如何转化，最终都会回到资产、负债与所有者权益之间的平衡关系上来。因此，“资产=负债+所有者权益”

是会计恒等式，任何经济业务的发生都不会破坏这一平衡关系。

小贴士：经济业务的发生是否会破坏会计等式的平衡?

企业在经营过程中发生的经济业务是多种多样的，它们对企业资产与权益的影响是：任何一项经济业务的发生一定会引起资产和权益的至少两个项目发生增减变动，有时是资产与权益同增，有时是资产与权益同减，有时是资产或权益内部有增有减，但不论发生哪种变动，其金额都是相等的，所以经济业务发生不会破坏会计等式的平衡关系，具体见表2-1。

表2-1　经济业务发生对会计等式的影响

经济业务类型	会计等式	
	资产=权益	
资产项目和权益项目同增	+	+
资产项目和权益项目同减	−	−
资产项目内部有增有减	+　−	
权益项目内部有增有减		+　−
经济业务发生后	资产=权益	

2.2.2　交易或事项对会计等式的影响

企业发生的交易或事项按其对财务状况的影响不同，可以分为以下九种基本类型：

（1）一项资产增加、另一项资产等额减少的经济业务；

（2）一项资产增加、一项负债等额增加的经济业务；

（3）一项资产增加、一项所有者权益等额增加的经济业务；

（4）一项资产减少、一项负债等额减少的经济业务；

（5）一项资产减少、一项所有者权益等额减少的经济业务；

（6）一项负债增加、另一项负债等额减少的经济业务；

（7）一项负债增加、一项所有者权益等额减少的经济业务；

（8）一项所有者权益增加、一项负债等额减少的经济业务；

（9）一项所有者权益增加、另一项所有者权益等额减少的经济业务。

以财务状况等式为例，上述九类基本经济业务的发生均不影响会计等式的平衡关系，具体分为三种情形：基本经济业务（1）、（6）、（7）、（8）、（9）使会计等式左右两边的金额保持不变；基本经济业务（2）、（3）使会计等式左右两边的金额等额增加；基本经济业务（4）、（5）使会计等式左右两边的金额等额减少。

下面以海岛天涯船艇制造有限公司的经济业务来进行说明。

海岛天涯船艇制造有限公司 2019 年 12 月 31 日的资产、负债和所有者权益的资料如表 2-2 所示。

表 2-2　海岛天涯船艇制造有限公司的资产、负债和所有者权益资料　　单位：元

资产	金额	负债	金额	所有者权益	金额
库存现金	10 000	短期借款	50 000	实收资本	815 000
银行存款	320 000	应付账款	100 000	盈余公积	70 000
库存商品	400 000	应交税费	45 000	利润分配	30 000
固定资产	500 000	长期借款	120 000		
合计	1 230 000	合计	315 000	合计	915 000

该公司 2020 年 1 月份发生以下经济业务。

【例 2-4】1 月 5 日，公司开出一张现金支票，从银行提取现金 60 000 元，准备发放职工工资。

该会计事项发生后，公司的资产项目“银行存款”减少了 60 000 元，同时另一项资产项目“库存现金”增加了 60 000 元。该会计事项的发生，导致资产内部同数额一增一减，资产总额不变，因不涉及权益方，权益总额也不变，等式两边依然平衡。

变动前：

资产（1 230 000）= 负债（315 000）+所有者权益（915 000）

变动：库存现金（+60 000）

银行存款（-60 000）

变动后：

资产（1 230 000）= 负债（315 000）+所有者权益（915 000）

【例 2-5】1 月 8 日，借入短期借款偿还应付账款 20 000 元。

该会计事项发生后，公司的负债项目“短期借款”增加了 20 000 元，另一项负债项目“应付账款”减少了 20 000 元。这是负债类内部各项目之间的等额增减变动，负债总额保持不变，等式保持平衡。

变动前：

资产（1 230 000）= 负债（315 000）+所有者权益（915 000）

变动：短期借款（+20 000）

应付账款（-20 000）

变动后：

资产（1 230 000）= 负债（315 000）+所有者权益（915 000）

【例 2-6】1 月 12 日，经公司董事会商讨，同意将盈余公积 70 000 元转做资本。

该会计事项发生后，公司的所有者权益项目“实收资本”增加了70 000元，另一项所有者权益项目“盈余公积”减少了70 000元。这是所有者权益内部有关项目之间的变动，所有者权益总额不变，等式两边依然平衡。

变动前：

资产（1 230 000）=负债（315 000）+所有者权益（915 000）

变动：实收资本（+70 000）

盈余公积（-70 000）

变动后：

资产（1 230 000）=负债（315 000）+所有者权益（915 000）

【例2-7】1月15日，公司向金融机构借入长期借款60 000元，存入银行。

该会计事项发生后，公司的资产项目“银行存款”增加了60 000元，负债项目“长期借款”也增加了60 000元。这时资产类项目和负债类项目同时等额增加，会计等式的基本平衡关系保持不变。

变动前：

资产（1 230 000）=负债（315 000）+所有者权益（915 000）

变动：银行存款（+60 000）　　长期借款（+60 000）

变动后：

资产（1 290 000）=负债（375 000）+所有者权益（915 000）

【例2-8】1月17日，公司收到投资人张三以固定资产形式追加的投资，经双方商议确认价值400 000元。

该会计事项发生后，公司的资产类项目“固定资产”增加了400 000元，所有者权益项目“实收资本”增加了400 000元，会计等式保持平衡。

变动前：

资产（1 290 000）=负债（375 000）+所有者权益（915 000）

变动：固定资产（+400 000）　　实收资本（+400 000）

变动后：

资产（1 690 000）=负债（375 000）+所有者权益（1315 000）

【例2-9】1月18日，公司以银行存款45 000元缴纳税金。

该会计事项发生后，公司的资产类项目“银行存款”减少了45 000元，负债类项目“应交税费”减少了45 000元。该会计事项是资产和负债同时等额减少，所有者权益数额没有变化，会计等式保持平衡。

变动前：

资产（1 690 000）=负债（375 000）+所有者权益（1315 000）

变动：银行存款（-45 000）　　应交税费（-45 000）

变动后：

资产（1 645 000）= 负债（330 000）+所有者权益（1315 000）

【例 2-10】1 月 20 日，经董事会批准以银行存款退还投资者赵四股金 120 000 元。

该会计事项发生后，公司的资产项目“银行存款”减少了 120 000 元，所有者权益项目“实收资本”减少了 120 000 元。会计等式两边同时等额减少，会计等式保持平衡。

变动前：

资产（1 645 000）= 负债（330 000）+所有者权益（1315 000）

变动：银行存款（-120 000）　　实收资本（-120 000）

变动后：

资产（1 525 000）= 负债（330 000）+所有者权益（1195 000）

【例 2-11】1 月 22 日，公司偿还银行长期借款 150 000 元，因到期无力偿还，经双方协商，将此笔借款作为银行对公司的投资。

该会计事项发生后，使得公司的负债“长期借款”减少了 150 000 元，同时公司的所有者权益“实收资本”增加了 150 000 元。在会计等式的一侧等额一增一减，等式两边依然平衡。

变动前：

资产（1 525 000）= 负债（330 000）+所有者权益（1195 000）

变动：长期借款（-150 000）　　实收资本（+150 000）

变动后：

资产（1 525 000）= 负债（180 000）+所有者权益（1345 000）

【例 2-12】1 月 27 日，公司按规定从税后利润中分配给投资者 20 000 元。

该会计事项发生后，公司的负债项目“应付利润”增加了 20 000 元，同时所有者权益项目“利润分配”减少了 20 000 元。这一事项的发生，资产总额不变，在负债和所有者权益一侧等额增加，等式两边依然平衡。

变动前：

资产（1 525 000）= 负债（180 000）+所有者权益（1345 000）

变动：应付利润（+20 000）　　利润分配（-20 000）

变动后：

资产（1 525 000）= 负债（200 000）+所有者权益（1325 000）

从以上这些实例中可以看出，无论会计要素的项目如何增减变化，其会计等式双方的数额始终是相等的，见表 2-3。

表 2-3 海岛天涯船艇制造有限公司资产、负债和所有者权益变动表

单位：元

资产	期初数	增减数	期末数	负债	期初数	增减数	期末数	所有者权益	期初数	增减数	期末数
库存现金	10 000	+60 000	70 000	短期借款	50 000	+20 000	70 000	实收资本	815 000	+70 000 +400 000 −120 000 +150 000	1315 000
银行存款	320 000	−60 000 +60 000 −45 000 −120 000	155 000	应付账款	100 000	−20 000	80 000	盈余公积	70 000	−70 000	0
库存商品	400 000		400 000	应交税费	45 000	−45 000	0	利润分配	30 000	−20 000	10 000
固定资产	500 000	+400 000	900 000	长期借款	120 000	+60 000 −150 000	30 000				
				应付利润		+20 000	20 000				
合计	1 230 000	+2 95 000	1 525 000	合计	315 000	−115 000	200 000	合计	915 000	410 000	1325 000

任务 2.3　会计科目

2.3.1　会计科目的定义

会计科目简称科目，是对会计要素具体内容进行分类核算的项目，是进行会计核算和提供会计信息的基本单元，在会计核算中具有重要意义。

①会计科目是复式记账的基础。复式记账要求每一笔经济业务在两个或两个以上相互联系的账户中进行登记，以反映资金运动的来龙去脉。

②会计科目是编制记账凭证的基础。会计凭证是确定所发生的经济业务应记入何种科目以及分门别类登记账簿的凭据。

③会计科目为成本计算与财产清查提供了前提条件。会计科目的设置，有助于成本核算，使各种成本计算成为可能；而账面记录与实际结存的核对，又为财产清查、保证账实相符提供了必备条件。

④会计科目为编制会计报表提供了方便。会计报表是提供会计信息的主要手段，为了保证会计信息的质量及其提供的及时性，会计报表中的许多项目与会计科目是一致的，并根据会计科目的本期发生额或余额填列。

2.3.2　会计科目的分类

(1) 按反映的经济内容分类

会计科目按其反映的经济内容不同，可分为资产类科目、负债类科目、共同类科目、所有者权益类科目、成本类科目和损益类科目。每一类会计科目可按一定标准再分为若干具体科目。

①资产类科目是对资产要素的具体内容进行分类核算的项目，按资产的流动性分为反映流动资产的科目和反映非流动资产的科目。反映流动资产的科目主要有“库存现金”“银行存款”“应收账款”“原材料”“库存商品”等科目；反映非流动资产的科目主要有“长期股权投资”“长期应收款”“固定资产”“在建工程”“无形资产”等科目。

②负债类科目是对负债要素的具体内容进行分类核算的项目，按负债的偿还期限长短分为反映流动负债的科目和反映非流动负债的科目。反映流动负债的科目主要有“短期借款”“应付账款”“应付职工薪酬”“应交税费”等科目；反映非流动负债的科目主要有“长期借款”“应付债券”“长期应付款”等科目。

③共同类科目是既有资产性质又有负债性质的科目，主要有“清算资金往来”“货币兑换”“套期工具”“被套期项目”等科目。

④所有者权益类科目是对所有者权益要素的具体内容进行分类核算的项目，主要有“实收资本”（或“股本”）“资本公积”“其他综合收益”“盈余公积”“本年利润”“利润分配”“库存股”等科目。

⑤成本类科目是对可归属于产品生产成本、劳务成本等的具体内容进行分类核算的项目，主要有“生产成本”“制造费用”“合同取得成本”“合同履约成本”“研发支出”等科目。

⑥损益类科目是对收入、费用等要素的具体内容进行分类核算的项目。其中，反映收入的科目主要有“主营业务收入”“其他业务收入”等科目；反映费用的科目主要有“主营业务成本”“其他业务成本”“销售费用”“管理费用”“财务费用”等科目。

（2）按提供信息的详细程度及其统驭关系分类

会计科目按其提供信息的详细程度及其统驭关系，可分为总分类科目和明细分类科目，也称总账科目或一级科目，是对会计要素的具体内容进行总括分类，提供总括信息的会计科目。

明细分类科目也称明细科目，是对总分类科目做进一步分类，提供更为详细和具体会计信息的科目。如果某一总分类科目所辖的明细分类科目较多，可在总分类科目下设置二级明细科目，在二级明细科目下设置三级明细科目，以此类推。二级明细科目是对总分类科目进一步分类的科目，三级明细科目是对二级明细科目进一步分类的科目。

2.3.3 会计科目的设置

（1）会计科目的设置原则

因为各单位经济活动的具体内容、规模大小和业务的繁简程度都不相同，所以设置会计科目时应当考虑各自的特点和具体情况。企业在设置会计科目时，应遵循以下原则：

①合法性原则，即统一性原则，是指企业所设置的会计科目都应当符合国家统一会计

准则规定的要求，应当参照财政部统一制定的《企业会计准则》，只有这样才能保证会计信息的相互可比。

②相关性原则，指会计科目的设置应当为提供相关各方所需要的会计信息服务，满足企业对外报告和对内管理的需要。

③实用性原则，即灵活性原则，是指企业在设置会计科目时，既应当按照会计准则及其应用指南规定的要求，保证其合法性，也可以在不违反统一性的前提下，根据本单位的实际情况灵活地自行增设、分拆和合并会计科目。不存在的交易或者事项，可以不设置相关的会计科目。

（2）企业常用会计科目表

2007 年 1 月，由中华人民共和国财政部编写的《企业会计准则——应用指南》出版，该指南设置会计科目 156 个，涵盖了我国所有企业的交易或事项，企业可在不违反《企业会计准则——应用指南》规定的基本原则的前提下，根据自己的实际情况增设、合并某些科目。

此后，财政部陆续发布和调整了《企业会计准则》及其解释，截至 2019 年 6 月底，常用企业会计账户见表 2-4。

表 2-4　会计账户一览表

序号	编号	会计账户名称	序号	编号	会计账户名称
一、资产类			87	2211	应付职工薪酬
1	1001	库存现金	88	2221	应交税费
2	1002	银行存款	89	2231	应付股利
3	1003	存放中央银行款项	90	2232	应付利息
4	1011	存放同业	91	2241	其他应付款
5	1012	其他货币资金	92	2251	应付保单红利
6	1021	结算备付金	93	2261	应付分保账款
7	1031	存出保证金	94	2311	代理买卖证券款
8	1101	交易性金融资产	95	2312	代理承销证券款
9	1111	买入返售金融资产	96	2313	代理兑付证券款
10	1121	应收票据	97	2314	委托代销商品款（代理业务负债）
11	1122	应收账款	98	2401	递延收益
12	1123	预付账款	99	2245	持有待售负债
13		合同资产	100	2501	长期借款
14		合同资产减值准备	101	2502	应付债券

表2-4(续)

序号	编号	会计账户名称	序号	编号	会计账户名称
15	1131	应收股利	102	2601	未到期责任准备金
16	1132	应收利息	103	2602	保险责任准备金
17	1201	应收代位追偿款	104	2611	保户储金
18	1211	应收分保账款	105	2621	独立账户负债
19	1212	应收分保未到期责任准备金	106	2701	长期应付款
20	1221	其他应收款	107	2702	未确认融资费用
21	1231	坏账准备	108	2711	专项应付款
22	1301	贴现资产	109	2801	预计负债
23	1302	拆出资金	110	2901	递延所得税负债
24	1303	贷款	三、共同类		
25	1304	贷款损失准备	111	3001	清算资金往来
26	1311	代理兑付证券	112	3002	外汇买卖
27	1321	受托代销商品（代理业务资产）	113	3101	衍生工具
28	1401	材料采购	114	3201	套期工具
29	1402	在途物资	115	3202	被套期项目
30	1403	原材料	四、所有者权益类		
31	1404	材料成本差异	116	4001	实收资本
32	1405	库存商品	117	4002	资本公积
33	1406	发出商品	118	4101	其他综合收益
34	1407	商品进销差价	119	4101	盈余公积
35	1408	委托加工物资	120	4102	一般风险准备
36	1411	周转材料	121	4103	本年利润
37	1421	消耗性生物资产	122	4104	利润分配
38	1431	贵金属	123	4201	库存股
39	1441	抵债资产	124	4301	专项储备
40	1451	损余物资	五、成本类		
41	1461	融资租赁资产	125	5001	生产成本
42	1471	存货跌价准备	126	5101	制造费用
43	1481	持有待售资产	127	5201	劳务成本
44	1482	持有待售资产减值准备	128	5301	研发支出
45	1501	持有至到期投资	129	5401	工程施工

表2-4(续)

序号	编号	会计账户名称	序号	编号	会计账户名称
46	1502	持有至到期投资减值准备	130	5402	工程结算
47	1503	可供出售金融资产	131	5403	机械作业
48	1511	长期股权投资	132		合同履约成本
49	1512	长期股权投资减值准备	133		合同履约成本减值准备
50	1521	投资性房地产	134		合同取得成本
51	1531	长期应收款	135		合同取得成本减值准备
52	1532	未实现融资收益	六、损益类		
53	1541	存出资本保证金	136	6001	主营业务收入
54	1601	固定资产	137	6011	利息收入
55	1602	累计折旧	138	6021	手续费及佣金收入
56	1603	固定资产减值准备	139	6031	保费收入
57	1604	在建工程	140	6041	租赁收入
58	1605	工程物资	141	6051	其他业务收入
59	1606	固定资产清理	142	6061	汇兑损益
60	1611	未担保余值	143	6101	公允价值变动损益
61	1621	生产性生物资产	144	6111	投资收益
62	1622	生产性生物资产累计折旧	145		资产处置损益
63	1623	公益性生物资产	146		其他收益
64	1631	油气资产	147	6201	摊回保险责任准备金
65	1632	累计折耗	148	6202	摊回赔付支出
66	1701	无形资产	149	6203	摊回分保费用
67	1702	累计摊销	150	6301	营业外收入
68	1703	无形资产减值准备	151	6401	主营业务成本
69	1711	商誉	152	6402	其他业务成本
70	1801	长期待摊费用	153	6403	税金及附加
71	1811	递延所得税资产	154	6411	利息支出
72	1812	独立账户资产	155	6421	手续费及佣金支出
73	1901	待处理财产损溢	156	6501	提取未到期责任准备金
二、负债类			157	6502	提取保险责任准备金
74	2001	短期借款	158	6511	赔付支出
75	2002	存入保证金	159	6521	保户红利支出

表2-4(续)

序号	编号	会计账户名称	序号	编号	会计账户名称
76	2003	拆入资金	160	6531	退保金
77	2004	向中央银行借款	161	6541	分出保费
78	2011	吸收存款	162	6542	分保费用
79	2012	同业存放	163	6601	销售费用
80	2021	贴现负债	164	6602	管理费用
81	2101	交易性金融负债	165	6603	财务费用
82	2111	卖出回购金融资产款	166	6604	勘探费用
83	2201	应付票据	167	6701	资产减值损失
84	2202	应付账款	168	6711	营业外支出
85	2203	预收账款	169	6801	所得税费用
86		合同负债	170	6901	以前年度损益调整

2011 年 10 月 18 日，中华人民共和国财政部印发《小企业会计准则》，自 2013 年 1 月 1 日起施行。《小企业会计准则》附录——会计科目、主要账务处理和财务报表中列示的会计科目见表 2-5。

表 2-5 《小企业会计准则》会计科目名称

序号	编号	会计科目名称	序号	编号	会计科目名称	序号	编号	会计科目名称
一、资产类			24	1601	无形资产	45	4402	工程结算
1	1001	库存现金	25	1701	长期待摊费用	46	4403	机械作业
2	1002	银行存款	26	1801	待处理财产损溢	五、损益类		
3	1101	短期投资	二、负债类			47	5001	主营业务收入
4	1201	应收票据	27	2001	短期借款	48	5002	其他业务收入
5	1202	应收账款	28	2101	应付账款	49	5101	投资收益
6	1203	预付账款	29	2102	预收账款	50	5201	营业外收入
7	1211	应收股利	30	2201	应付职工薪酬	51	5301	主营业务收入
8	1221	应收利息	31	2301	应交税费	52	5302	税金及附加
9	1231	其他应收款	32	2401	应付利息	53	5303	其他业务支出
10	1301	材料采购	33	2501	应付利润	54	5401	销售费用
11	1302	在途物资	34	2601	其他应付款	55	5402	财务费用
12	1303	原材料	35	2701	长期借款	56	5403	管理费用

表2-5(续)

序号	编号	会计科目名称	序号	编号	会计科目名称	序号	编号	会计科目名称
13	1304	包装物	36	2801	递延收益	57	5501	营业外支出
14	1305	低值易耗品	三、所有者权益类			58	5601	所得税费用
15	1311	消耗性生物资产	37	3001	实收资本（或股本）			
16	1401	长期债券投资	38	3002	资本公积			
17	1411	长期股权投资	39	3101	盈余公积			
18	1501	固定资产	40	3103	本年利润			
19	1502	累计折旧	41	2012	利润分配			
20	1503	在建工程	四、成本类					
21	1504	固定资产清理	42	4001	生产成本（劳务成本）			
22	1511	生产性生物资产	43	4101	制造费用			
23	1512	生产性生物资产累计折旧	44	4401	工程施工			

小贴士：企业在设置会计科目时如何兼顾统一性和灵活性？

统一性就是指企业在设置会计科目时，应参照《企业会计准则》中规定的会计科目，使用统一的会计核算指标。灵活性是指企业会计科目的设置不仅要使用统一的核算指标，而且要根据企业自身的经营特点、规模变化情况及管理者的要求，对统一规定的会计科目做必要增补或合并，如材料按实际成本核算的企业，可以不设置“材料采购”和“材料成本差异”科目，而设置“在途物资”科目。再如，从事产品生产制造的工业企业，必须设置反映生产过程的会计科目如“生产成本”“制造费用”等；而商品流通企业由于不生产产品，而是以商品买卖为主，因此不必设置“生产成本”“制造费用”科目。每个单位在设置会计科目时应兼顾统一性与灵活性原则，此外还应防止两种倾向：一要防止会计科目过于简单化，不利于企业的经营管理；二要防止会计科目的过于烦琐，增加会计核算的工作量。

会计科目是对会计对象的具体内容进行科学分类。但会计科目只有名称，没有一定的格式和结构，无法将企业发生的经济业务连续、系统、完整地记录下来。因此，企业设置会计科目后，还必须根据设置的会计科目开设相应的会计账户。

经典考题回顾

1.【单选题】下列各选项中，企业确认当期销售部门使用车辆应缴纳的车船税，应借记的会计科目是(　　)。

A. 税金及附加　　B. 其他业务成本　　C. 管理费用　　D. 销售费用

2.【单选题】某企业采用计划成本法分配辅助生产费用时，应将生产车间实际发生的费用与按计划单位成本分配转出的费用之间的差额记入的会计科目是(　　)。

A. 制造费用　　B. 管理费用　　C. 生产成本　　D. 销售费用

扫码获取答案

任务 2.4　会计账户

2.4.1　会计账户的定义

会计账户是根据会计科目设置的，具有一定格式和结构，用于系统、连续地记载会计要素增减变动情况及其结果的载体。设置会计账户是对会计要素的具体内容用货币计量进行日常归类、核算与监督的一种方法。企业应根据规定的会计科目在账簿中开设账户，以便提供日常管理需要的会计信息。

小贴士：会计科目与账户的关系

会计科目是设置会计账户的依据，两者之间的关系密不可分，既有联系又有区别。

（1）联系

会计科目与账户都是对会计对象具体内容的科学分类，两者反映的经济内容相同，性质相同。会计科目是账户的名称，账户是根据会计科目开设的，如“原材料”科目与“原材料”账户反映的经济内容、性质完全相同。没有会计科目，账户便失去了设置的依据；没有账户，会计科目就无法发挥作用。

（2）区别

会计科目只是账户的名称，没有结构，不能记录发生的经济业务。而账户除了名称以外还有一定的格式和结构，可以记录经济业务的增减变化及结果。

在实际工作中，会计科目和账户并不加以严格区分，可以相互通用。

同会计科目分类相对应，账户可以根据其核算的经济内容、提供信息的详细程度及其统驭关系进行分类。按核算的经济内容，账户分为资产类账户、负债类账户、共同类账户、所有者权益类账户、成本类账户和损益类账户；根据提供信息的详细程度及其统驭关系，账户分为总分类账户和明细分类账户。

2.4.2　会计账户的基本结构

会计账户的基本结构是指核算和监督会计要素增减变化及结果的具体格式。

尽管企业的经济业务错综复杂，但从数量上来看不外乎增加和减少两种情况。为了清晰反映各项经济业务的增减变动，通常将账户划分为左方、右方，分别登记增加数和减少数。在借贷记账法下，左方称借方，右方称贷方。

①账户的基本结构，通常包括账户名称、经济业务日期、记账凭证的编号、经济业务摘要、增加或减少的金额和账户余额六个方面的内容。借贷记账法下三栏式账户的结构见表 2-6。

表 2-6　三栏式账户的结构

年		凭证		摘要	借方	贷方	借或贷	余额
月	日	字	号					

②账户基本结构的简化形式。为了方便教学，通常使用一种简化的 T 形账户，主要包括账户名称、借方和贷方，如图 2-2 所示。

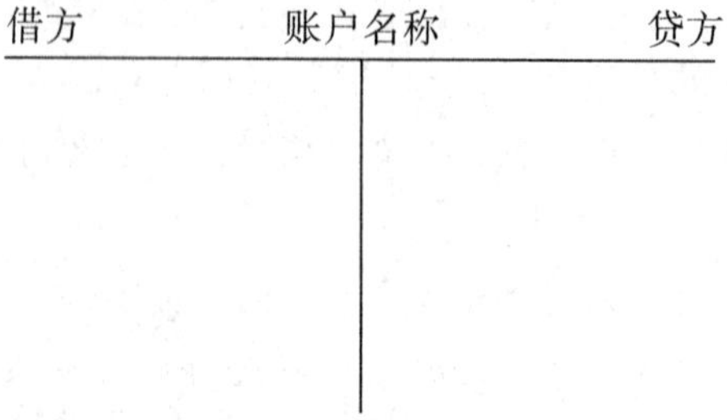

图 2-2　T 形账户的结构

③账户反映的金额指标。账户可以反映期初余额、本期增加额、本期减少额和期末余额四项金额指标。用来登记本期增加数的金额，称为本期增加发生额；用来登记本期减少数的金额，称为本期减少发生额；增减相抵后的差额，称为余额，余额按时间不同，分为期初余额和期末余额，一定会计期间的期末余额，又可以理解为下一个会计期间的期初余额。它们之间的数量关系如下：

期末余额=期初余额+本期增加发生额-本期减少发生额

【例 2-13】以“库存商品”账户为例，说明账户的基本结构，见表 2-7。

“库存商品”三栏式账户的结构见表 2-7。

表 2-7　“库存商品”三栏式账户的结构　　单位：元

2019 年		凭证		摘要	借方	贷方	借或贷	余额
月	日	字	号					
5	1	略		期初余额			借	3 000
	8			入库	6 500		借	9 500
	15			出库		3 000	借	6 500
	20			入库	3 000		借	9 500
	28			出库		4 500	借	5 000
	31			本期合计	9 500	7 500	借	5 000

上述“库存商品”三栏式账户可简化为 T 形账户格式，如图 2-3 所示。

借方	库存商品		贷方
期初余额	3 000		
本期增加发生额	6 500 3 000	本期减少发生额	3 000 4 500
期末余额	5 000		

图2-3 “库存商品”T形账户

能力训练

一、单项选择题

1. 下列选项中，属于资产项目的是(　　)。

A. 应付利息　　B. 预收账款

C. 资本公积　　D. 交易性金融资产

2. 长期待摊费用属于会计要素中的(　　)。

A. 流动资产　　B. 非流动资产　　C. 负债　　D. 费用

3. 下列选项中，属于负债的是(　　)。

A. 应收账款　　B. 预收账款

C. 资本公积　　D. 长期待摊费用

4. 下列各选项中，不属于费用要素内容的是(　　)。

A. 销售费用　　B. 管理费用　　C. 财务费用　　D. 预付账款

5. 下列选项中，属于所有者权益的是(　　)。

A. 长期借款　　B. 预收账款　　C. 实收资本　　D. 库存现金

6. 资本溢价是所有者投入资本中超过(　　)的部分。

A. 全部资本　　B. 注册资本　　C. 资本公积　　D. 盈余公积

7. 正确的会计等式是(　　)。

A. 资产=负债+所有者权益　　B. 资产=负债-所有者权益

C. 资产+负债=所有者权益　　D. 资产+所有者权益=负债

8. 资产、负债和所有者权益是(　　)。

A. 反映企业经营状况的会计要素　　B. 反映企业财务状况的会计要素

C. 反映企业经营成果的会计要素　　D. 反映企业财务成果的会计要素

9. 构成所有者权益主体的是(　　)。

A. 资本公积　　B. 盈余公积　　C. 实收资本　　D. 未分配利润

10. 账户是根据(　　)在账簿中开设的记账单元。

A. 会计科目　　B. 会计对象　　C. 资金运动　　D. 财务状况

二、多项选择题

1. 资产的特征可以归纳为(　　)。

A. 资产应为企业拥有或者控制的资源

B. 资产预期会给企业带来经济利益

C. 资产是由企业过去的交易或者事项形成的

D. 资产是伴随着收入的取得而取得

2. 下列各选项中属于所有者权益的项目有(　　)。

A. 未分配的利润　　B. 已分配的利润

C. 从银行取得的贷款　　D. 投资者投入资本

3. 下列选项中属于流动负债的有(　　)。

A. 短期借款　　B. 应付账款　　C. 预收账款　　D. 应交税费

4. 资产的确认条件有(　　)。

A. 与该资源有关的经济利益很可能流入企业

B. 与该资源有关的经济利益可能流入企业

C. 该资源的成本或者价值能够可靠地计量

D. 该资源的成本或者价值能够计量

5. 企业的留存收益包括(　　)。

A. 投入资本　　B. 资本公积　　C. 盈余公积　　D. 未分配利润

6. 费用的发生可能会引起(　　)。

A. 所有者权益的减少　　B. 所有者权益的增加

C. 负债的增加　　D. 资产的减少

7. 下列选项中，应计入“收入要素”的有(　　)。

A. 销售产品的收入　　B. 销售材料的收入

C. 提供劳务的收入　　D. 取得的违约金收入

8. 账户的结构一般应包括(　　)等内容。

A. 账户名称　　B. 日期和摘要

C. 凭证编号　　D. 增加和减少的金额

三、判断题

1. 存货属于会计要素中的非流动资产。(　　)

2. 预收账款和预付账款均属于负债。(　　)

3. 企业向银行借了 10 000 元，到期归还时，企业要从自己的银行存款账户中转出10 000元还给银行，也就是说企业的资产减少了 10 000 元。(　　)

4. 与收入相关的经济利益的流入应当会导致所有者权益的增加，不会导致所有者权益增加的经济利益的流入不符合收入的定义，不应确认为收入。(　　)

5. 采用重置成本计量时，资产按照现在购买相同或者相似资产所需支付的现金或者现金等价物的金额计量。(　　)

6. 任何经济业务发生后，均会引起资产和权益同时发生增减变化，但资产和权益在数量上仍然相等。(　　)

7. 经济业务的发生可能对会计恒等式的平衡产生影响。(　　)

8. 资产与所有者权益在数量上始终是相等的。(　　)

扫码获取答案

延伸阅读　趣解科目与账户

回到家里，我打开课本，翻到资产负债表和利润表，继续细致地研究，看那钱到底是怎么从资产负债表的右边跑到左边，又从资产负债表的左边跑到利润表中的成本和费用中的；递减收入后得到的利润，剔除所得税、费用后变成净利润，也就是老板赚的钱，却不拿出去吃喝玩乐，仍然留在企业继续经营，让企业发展壮大，于是那钱就从利润表上跑到资产负债表的右下方，成为所有者权益的一部分，即相当于老板又投入了资金。

那么，整个资产负债表和利润表就是钱在那儿跑来跑去？整个企业就是让钱跑来跑去？

好像是这样噢。那么报表上的会计科目就都是钱啦，啊，我知道啦，它们都是钱的名字，钱一天到晚跑来跑去，而且变来变去，在不同的地方有不同的形式，自然在不同的地方就有不同的名字，我突然觉得自己像发现新大陆似的。于是，我按照这个思路把那些常用的会计科目的含义都梳理一遍。首先，从源头开始，也就是从资产负债表的右边开始。

1. 钱的来源：企业经营所需的资金从哪里来

(1) 负债类：欠着别人的，即用别人的钱经营，借鸡生蛋

短期借款：从银行或其他金融机构借来的款项，期限在1年以下，包括1年期借款，要不怎么叫短期呢？

长期借款：从银行或其他金融机构借来的款项，期限在1年以上。

应付账款：购买商品或服务应该支付却还没有支付的款项，欠着别人的钱不给，相当于拿别人的钱给自己用，而且还不用付利息。难怪国美电器可以利用供应商的钱去搞房地产，你想，他把电器卖给消费者，收的是现金，而他的进货款项却可以是应付账款，这不是空手套白狼吗？

预收账款：有的企业很牛，要先付钱再给货，所以又多了一部分经营的资金。

应交税费：那就和应付账款一样，应该交的税金还没有交，欠着国家的，但是国家的欠不了多久，有一个纳税申报期限，超过这个期限就会受到惩罚，但在这个期限内企业还是可以用这笔资金的。

应付职工薪酬：应该支付却还没支付给员工的各种薪酬，包括工资、奖金、津贴、补贴、福利等，现在很多企业发生拖欠员工工资的现象，都是为了企业经营，因为这相当于无利息的借款。

其他应付款：其他应该支付还没支付的款项，中国人总是喜欢用“其他”，找不到具体名目的时候，就放在“其他”里面。

……

资料来源：陈艳红. 小艾上班记：真账实操教你学会计［M］. 3版. 大连：东北财经大学出版社，2020.

项目 3　复式记账

学习目标：

1. 了解复式记账的概念及其理论依据；
2. 掌握借贷记账法下的账户结构特点；
3. 掌握借贷记账法的记账规则及运用方法；
4. 掌握借贷记账法下会计分录的编制方法。

复式记账思维导图如图 3-1 所示。

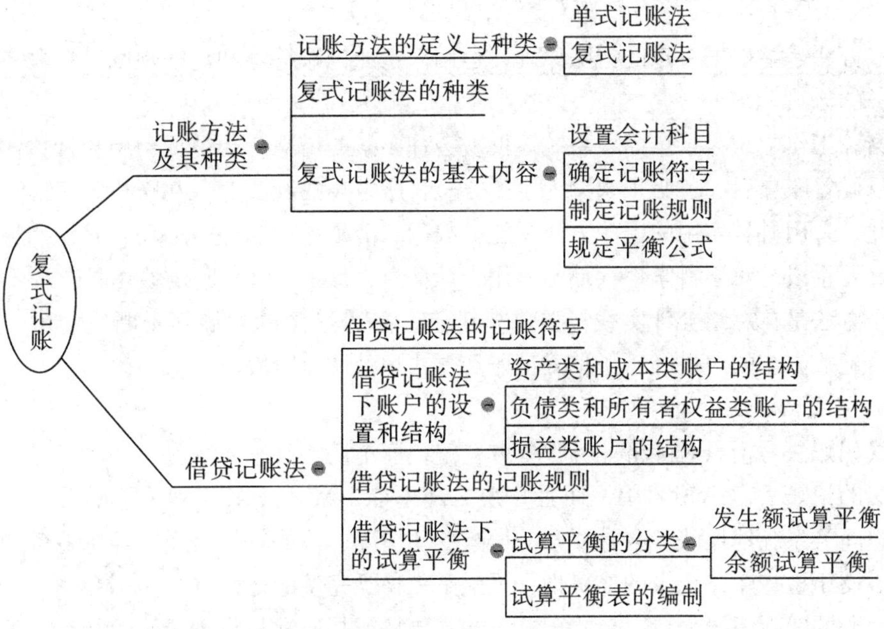

图 3-1　复式记账思维导图

任务 3.1　复式记账概述

3.1.1　记账方法的定义与种类

记账方法是指根据一定的记账原理，运用一定的记账符号和记账规则，在账户中记录经济业务的方法。

在会计工作中，为了全面、系统地反映会计要素的增减变化情况，各会计主体在依据会计科目设置账户后，还必须采用一定的方法将所发生的经济业务在账户中正式地予以记录。因此，采用科学实用的记账方法，能够准确、清晰地记载经济活动，是正确进行会计核算的重要手段，对于科学地存储与利用会计信息，保证会计信息的质量具有重要意义。

记账方法是在总结会计实践经验的基础上，随着经济的发展而不断完善的。历史地看，会计记账方法的演进经历了单式记账和复式记账两个阶段。

(1) 单式记账法

单式记账法是指只对经济业务作单方登记，而不反映其来龙去脉的一种记账方法。单式记账法的记账手续比较简单，而且账户之间不能形成相互对应和平衡的关系，不能全面、完整而又系统地反映各会计要素的增减变动情况，不能较好地反映经济业务的来龙去脉，也不便于检查账户记录的准确性，因此是一种不完整的记账方法。

从记账的实际情况来看，单式记账法的主要特征是通常只将现金、银行存款的收付业务和应收、应付等往来账款业务以及业主权益业务在账户中予以登记，而对实物的收付业务一般不作登记。例如，用现金购买材料业务，在记账时，只在库存现金账户中记录减少，而不在材料账户中记录增加。只有当经济业务既涉及现金和银行存款，又涉及债权债务变化时，才同时在两个相应的账户上进行记录。例如，企业在收到某单位偿还所欠的货款并存入银行时，则既要在银行存款账上记录增加，又要在应收账款账上记录减少。

总的来说，单式记账法并不是很科学，适用范围相对狭窄，只适用于经济业务很简单或者很单一的经济个体和家庭。

(2) 复式记账法

复式记账法是指以资产与权益平衡关系作为记账基础，对于发生的每一笔经济业务，都要在两个或两个以上相互联系的账户中进行登记，从而系统地反映资金运动变化结果的一种记账方法。从提供信息完整性的角度及反映经济业务全面性的角度来看，复式记账法比单式记账法提供的信息更加完整、更加清晰，而且更能反映出经济业务的来龙去脉。

会计主体所发生的任何一项经济业务，都会引起有关会计要素之间或某个会计要素内部至少两个项目发生增减变化，为了全面反映这些变化的实际情况，就需要采用复式记账的方法。例如，企业用现金 800 元购买原材料的业务，一方面引起现金的减少，应在“库存现金”账户中登记现金减少 800 元；另一方面引起存货的增加，应在“原材料”账户中登记原材料增加 800 元，现金减少的金额应与原材料增加的金额相等。再比如，用银行存款偿还之前拖欠某公司的货款 2 000 元，一方面应在“银行存款”账户中登记减少 2 000 元；另一方面引起的企业负债的减少，应在“应付账款”账户中登记应付的款项减少 2 000 元，银行存款减少的金额应与应付款减少的金额相等。只有这样，才能把所发生的经济业务全面、清楚地反映出来。

由此可见，复式记账法主要的特点主要体现为：

①对发生的每一项经济业务都要在相互联系的两个或两个以上的账户中作双重记录，通过账户的完整记录，可以全面反映经济业务所引起资金运动的来龙去脉。

②对每项经济业务以相等的金额进行记录，可以对记录的结果进行试算平衡，有利于检查账户记录的正确性。

3.1.2　复式记账法的种类

我国先后产生的复式记账法有“龙门账”与“四脚账”，后来在 20 世纪六七十年代曾先后出现过“增减记账法”和“收付记账法”。通常，复式记账法按照记账符号和记账规则的不同，可以具体划分为借贷记账法、增减记账法和收付记账法三种。记账法的具体分类情况如图 3-2 所示。

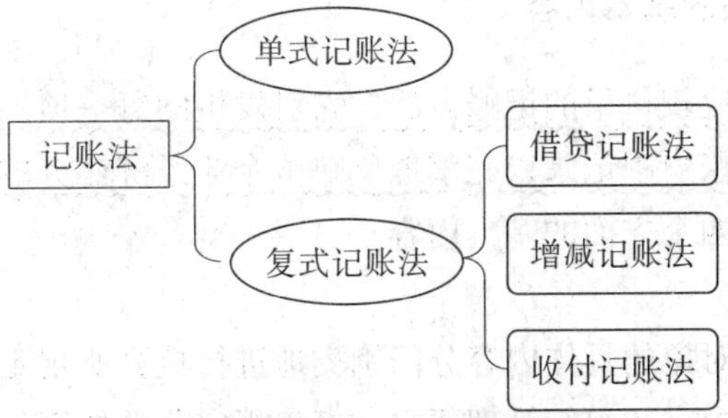

图 3-2　记账法的具体分类

借贷记账法是指在复式记账法中，以借贷作为记账符号的一种记账方法；增减记账法是指以增减作为记账符号的一种记账方法（该法曾经普遍应用于商品流通企业）；收付记账法是指以收付作为记账符号的一种记账方法。

小贴士：借贷记账法的由来

借贷记账法最早产生于12—13世纪的意大利。当时，意大利的海上贸易比较发达，一些沿海城市成为与东方贸易的连接中心，在当地形成了许多商业贸易组织，随之也出现了一些钱庄，专门从事资本借贷、货币兑换等业务。借贷资本家在记录吸收的存款和放出的贷款等业务时，首先使用了“借”“贷”二字作为记账符号，从而成为借贷记账法的原始形态。由此可见，会计上以“借”“贷”二字作为记账符号，最初是为了适应借贷资本家经营货币业务的需要。当时，借贷资本家对于收进的存款，记在贷主的名下，表示“欠人”的增加，即债务；对于付出去的放款，则记在借主的名下，表示“人欠”的增加，即债权。这样，“借”“贷”二字分别表示借贷资本家的债权（人欠）、债务（欠人）及其增减变化。

随着商品经济的不断发展，经济活动的内容日趋复杂化，会计所记录的经济业务也不再局限于货币资本的借贷，而逐渐扩展到商品交易、经营损益的结算等，会计不仅要记录货币资本的借贷，而且要记录财产物资的增减变化。为了求得账簿记录的统一，对于非货币资本借贷的业务也利用“借”“贷”二字来说明经济业务的变化情况，这样“借”“贷”二字也就逐渐失去了原来的字面含义，而演变为一对纯粹的记账符号，成为会计上用来标明记账方向的专门术语。

到15世纪，借贷记账法已逐渐完备。1494年意大利数学家卢卡·帕乔利出版了《算术、几何、比及比例概要》一书，系统地总结了意大利的借贷记账方法。随后，借贷记账法逐步推广到欧洲、美洲等世界各国，目前借贷记账法已经成为世界各国通用的会计记账方法，使得会计成为一种国际通用的“商业语言”。

借贷记账法于20世纪初传入我国。我国《企业会计准则——基本准则》明确规定，企业会计应当采用借贷记账法记账。

3.1.3 复式记账法的基本内容

复式记账法是一种比较科学的记账方法，它对发生的每一项经济业务都要以相等的金额在两个或两个以上的账户中记录，完整地反映了企业经济业务的全貌。复式记账法在具体运用时，要涉及以下四个方面的基本内容。

（1）设置会计科目

会计科目是对会计对象的具体内容分门别类地进行核算所规定的项目。设置会计科目是根据会计对象的具体内容和组织管理要求，事先规定分类核算的项目，并依据该项目在账簿中开设相应账户，以便获得所要的核算指标。

（2）确定记账符号

记账符号是记账方向的标志，是复式记账法的第一要素。确定记账符号，对于记账方法其他要素的确定以及正确反映资金运动的规律有着十分重要的作用。虽然记账符号不是决定复式记账法的本质要素，但记账对象和记账主体以及记账对象价值量变化与记账符号的联系方式，则构成了复式记账法的本质要素。

（3）制定记账规则

记账规则是指记录经济业务和账簿启用与登记时所应遵守的规则。在应用复式记账法时，制定科学合理的记账规则对于进行账簿登记和核算会计信息具有重要意义。复式记账中的一项基本内容就是要制定科学、合理的记账规则。其中，在借贷记账法中，遵循“有借必有贷，借贷必相等”的记账规则。

（4）规定平衡公式

会计平衡公式也称会计基本等式，它表明构成会计对象的诸要素之间经济上的内在联系和数量上的相互关系，即会计要素的基本平衡关系，它是构建会计报表的基本依据，也是复式记账的一项基本内容。

任务3.2　借贷记账法

3.2.1　借贷记账法的记账符号

借贷记账法的记账符号是“借”和“贷”。“借”“贷”二字与具体账户相结合，有以下两层含义：

①表示记账的方向。账户的左方为“借方”，账户的右方为“贷方”。至于哪一方登记增加数，哪一方登记减少数，取决于账户的性质及核算的经济内容；

②表示资金的增减，如资产类账户，用“借”表示增加，“贷”表示减少；负债及所有者权益类账户，则用“贷”表示增加，“借”表示减少。

3.2.2 借贷记账法下账户的设置和结构

借贷记账法下，账户的左方称为借方，右方称为贷方。所有账户的借方和贷方按相反方向记录增加数和减少数，即一方登记增加额，另一方就登记减少额。至于“借”表示增加（或减少），还是“贷”表示增加（或减少），则取决于账户的性质与所记录经济内容的性质。

通常情况下，资产类、成本类和费用类账户的增加记“借”方，减少记“贷”方；负债类、所有者权益类和收入类账户的增加记“贷”方，减少记“借”方。

（1）资产类和成本类账户的结构

在借贷记账法下，资产类、成本类账户的借方登记增加额；贷方登记减少额；期末余额一般在借方。其余额计算公式为

期末借方余额=期初借方余额+本期借方发生额-本期贷方发生额

资产类和成本类账户结构用T形账户表示，如图3-3所示。

借方	资产和成本类账户		贷方
期初余额	×××		
本期增加额	×××	本期减少额	×××
	×××		×××
	…		…
本期借方发生额合计	×××	本期贷方发生额合计	×××
期末余额	×××		

图3-3 资产类和成本类账户结构

（2）负债类和所有者权益类账户的结构

在借贷记账法下，负债类、所有者权益类账户的借方登记减少额；贷方登记增加额；期末余额一般在贷方。其余额计算公式为

期末贷方余额=期初贷方余额+本期贷方发生额-本期借方发生额

负债类和所有者权益类账户结构用T形账户表示，如图3-4所示。

借方	负债类和所有者权益类账户		贷方
		期初余额	×××
本期减少额	×××	本期增加额	×××
	×××		×××
	…		…
本期借方发生额合计	×××	本期贷方发生额合计	×××
		期末余额	×××

图 3-4　负债类和所有者权益类账户结构

(3) 损益类账户的结构

损益类账户主要包括收入类账户和费用类账户。

在借贷记账法下，收入类账户的借方登记减少额；贷方登记增加额。本期收入净额在期末转入“本年利润”账户，用以计算当期损益，结转后无余额。收入类账户结构用 T 形账户表示，如图 3-5 所示。

借方	收入类账户		贷方
本期减少额	×××	本期增加额	×××
本期转出额	×××		×××
	…		…
本期借方发生额合计	×××	本期贷方发生额合计	×××

图 3-5　收入类账户结构

在借贷记账法下，费用类账户的借方登记增加额；贷方登记减少额。本期费用净额在期末转入“本年利润”账户，用以计算当期损益，结转后无余额。费用类账户结构用 T 形账户表示，如图 3-6 所示。

借方	费用类账户		贷方
本期增加额	×××	本期减少额	×××
	×××	本期转出额	×××
	…		…
本期借方发生额合计	×××	本期贷方发生额合计	×××

图 3-6　费用类账户结构

3.2.3　借贷记账法的记账规则

记账规则是指采用某种记账方法登记具体经济业务时应当遵循的规则。借贷记账法的记账规则为“有借必有贷，借贷必相等”。即，任何经济业务的发生总会涉及两个或两个以上的相关账户，一方（或几方）记入借方，另一方（或几方）必须记入贷方，记入借方的金额等于记入贷方的金额。如果涉及多个账户，记入借方账户金额的合计数等于记入贷方账户金额的合计数。

【例 3-1】海岛天涯船艇制造有限公司 2020 年 1 月初的余额见表 3-1。

表 3-1　海岛天涯船艇制造有限公司期初余额　　单位：元

资产	期初余额	负债和所有者权益	期初余额
库存现金	1 000	短期借款	22 000
银行存款	104 000	应付账款	64 000
原材料	75 000	长期借款	102 000
固定资产	420 000	实收资本	412 000
合计	600 000	合计	600 000

1 月份，海岛天涯船艇制造有限公司发生的经济业务如下：

（1）以银行存款购入原材料 8 000 元。这项业务的发生，使“原材料”和“银行存款”两个资产项目一增一减。“原材料”增加 8 000 元记借方，“银行存款”减少 8 000 元记贷方。该业务在 T 形账户表示，如图 3-7 所示。

借方　　　银行存款	贷方
期初余额：104 000	
	（1）8 000

借方　　　原材料	贷方
期初余额：75 000	
（1）8 000	

图 3-7　资产类账户记录方法示例

该业务属于资产项目此增彼减，在一个账户的借方，另一个账户的贷方以相同的金额进行登记。

（2）借入短期借款 5 000 元，直接偿还应付账款。这项业务的发生，使“短期借款”和“应付账款”两个负债项目一增一减。“短期借款”增加 5 000 元记贷方，“应付账款”减少 5 000 元记借方。该业务在 T 形账户表示，如图 3-8 所示。

借方	短期借款	贷方
		期初余额：22 000
		（2）5 000

借方	应付账款	贷方
		期初余额：64 000
（2）5 000		

图 3-8 负债类账户和所有者权益类账户记录方法示例

该业务属于负债项目此增彼减，在一个账户的借方，另一个账户的贷方以相同的金额进行登记。

（3）收到投资人投入的一台设备，价值 27 000 元。这项业务的发生，使“固定资产”与“实收资本”两个项目同时增加，“固定资产”增加 27 000 元记借方，“实收资本”增加 27 000 元记贷方。该业务在 T 形账户表示，如图 3-9 所示。

借方固定资产	贷方
期初余额：420 000	
（3）27 000	

借方实收资本	贷方
	期初余额：412 000
	（3）270 000

图 3-9 资产类账户和所有者权益类账户记录方法示例

该业务属于资产和所有者权益项目同时增加，在一个账户的借方，另一个账户的贷方以相同的金额进行登记。

（4）以银行存款偿还长期借款 82 000 元。此业务使“银行存款”与“长期借款”两个项目同时减少，“长期借款”减少 82 000 元记借方，“银行存款”减少 82 000 元记贷方。该业务在 T 形账户表示，如图 3-10 所示。

借方银行存款	贷方
期初余额：104 000	
	（1）8 000
	（4）82 000

借方长期借款	贷方
	期初余额：102 000
（4）82 000	

图 3-10　资产类账户和负债类账户记录方法示例

该业务属于资产类和负债项目同时减少，在一个账户的借方，另一个账户的贷方以相同的金额进行登记。

从以上实例可以看到，每一笔经济业务的发生，都必须在记入一个账户借方的同时记入另一个账户的贷方，而且记入借方和记入贷方的金额必须相等，这是借贷记账法处理经济业务的规律。依据这个规律，我们把借贷记账法的记账规则归纳为：有借必有贷，借贷必相等。

应用借贷记账法记账时，有关账户之间都会形成应借、应贷的相互关系，叫作账户的对应关系。发生对应关系的账户叫作对应账户。

为了保证账户对应关系的正确性，登账前应先根据经济业务所涉及的账户及其借贷方向和金额，编制会计分录，再根据会计分录登账。会计分录是记明经济业务应借、应贷账户名称、方向和金额的形式。

按照例 3-1 业务编制会计分录如下：

①借：原材料　　8 000
　　贷：银行存款　　8 000

②借：应付账款　　5 000
　　贷：短期借款　　5 000

③借：固定资产　　27 000
　　贷：实收资本　　27 000

④借：长期借款　　82 000
　　贷：银行存款　　82 000

会计分录有两种，一种为简单会计分录，即一借一贷的会计分录，以上几项业务的会计分录均为简单会计分录；另一种为复合会计分录，指一借多贷或多借一贷的会计分录。

（5）购入原材料 15 000 元，其中用银行存款偿付 7 000 元，其余未付。依该项业务编制会计分录如下：

借：原材料　　15 000

　贷：银行存款　　7 000

　　　应付账款　　7 000

每一个复合分录都可以分解为几个一借一贷的简单分录。

将按照经济业务编制的会计分录记入有关总账账户，并结出本期发生额和期末余额，如图 3-11 所示。

借方　　库存现金　　贷方

借方		贷方	
期初余额	1 000		
本期借方发生额合计		本期贷方发生额合计	

借方　　银行存款　　贷方

借方		贷方	
期初余额	104 000		
			（1）8 000
			（4）83 000
			（5）7 000
本期借方发生额合计		本期贷方发生额合计	98 000
期末余额	6 000		

借方　　原材料　　贷方

借方		贷方	
期初余额	75 000		
	（1）8 000		
	（5）15 000		
本期借方发生额合计	23 000	本期贷方发生额合计	
期末余额	98 000		

借方 固定资产 贷方

期初余额	420 000		
	（3）27 000		
本期借方发生额合计	27 000	本期贷方发生额合计	
期末余额	447 000		

借方 短期借款 贷方

		期初余额	22 000
			（2）5 000
		本期贷方发生额合计	5 000
		期末余额	27 000

借方 应付账款 贷方

		期初余额	64 000
	（2）5 000		（5）7 000
本期借方发生额合计	5 000	本期贷方发生额合计	7 000
		期末余额	66 000

借方 长期借款 贷方

		期初余额	102 000
	（4）82 000		
本期借方发生额合计	82 000	本期贷方发生额合计	
		期末余额	20 000

借方 实收资本 贷方

		期初余额	412 000
			（3）27 000
本期借方发生额合计		本期贷方发生额合计	27 000
		期末余额	439 000

图 3-11 借贷记账法账户记录方法示例

试算平衡是指根据借贷记账法的记账规则和资产与权益（负债和所有者权益）的恒等关系，通过对所有账户的发生额和余额的汇总计算与比较，来检查账户记录是否正确的一种方法。

（1）试算平衡的分类

①发生额试算平衡。

发生额试算平衡，是指全部账户本期借方发生额合计与全部账户本期贷方发生额合计保持平衡，即

全部账户本期借方发生额合计=全部账户本期贷方发生额合计

发生额试算平衡的直接依据是借贷记账法的记账规则，即“有借必有贷，借贷必相等”。

②余额试算平衡。

余额试算平衡，是指全部账户借方期末（初）余额合计与全部账户贷方期末（初）余额合计保持平衡，即

全部账户借方期末（初）余额合计=全部账户贷方期末（初）余额合计

余额试算平衡的直接依据是财务状况等式，即

资产=负债+所有者权益。

（2）试算平衡表的编制

试算平衡是通过编制试算平衡表进行的。试算平衡表通常是在期末结出各账户的本期发生额合计和期末余额后编制的，试算平衡表中一般应设置“期初余额”“本期发生额”“期末余额”三大栏目，其下分设“借方”和“贷方”两个小栏。各大栏中的借方合计与贷方合计应该平衡相等，否则，便存在记账错误。为了简化表格，试算平衡表也可只根据各个账户的本期发生额编制，不填列各账户的期初余额和期末余额。

试算平衡表的一般格式见表 3-2。

表 3-2 海岛天涯船艇制造有限公司试算平衡表

2020 年 1 月 31 日

单位：元

会计科目	期初余额		本期发生额		期末余额	
	借方	贷方	借方	贷方	借方	贷方
库存现金	1 000				1 000	
银行存款	104 000			98 000	6 000	
原材料	75 000		23 000		98 000	
固定资产	420 000		27 000		447 000	
短期借款		22 000		5 000		27 000
应付账款		64 000	5 000	7 000		66 000
长期借款		102 000	82 000			20 000
实收资本		412 000		27 000		439 000
合计	600 000	600 000	137 000	137 000	552 000	552 000

试算平衡只是通过借贷金额是否平衡来检查账户记录是否正确的一种方法。如果借贷双方发生额或余额相等，表明账户记录基本正确，但有些错误并不影响借贷双方的平衡，因此，试算不平衡，表示记账一定有错误，但试算平衡时，不能表明记账一定正确。

不影响借贷双方平衡关系的错误通常有：

①漏记某项经济业务，使本期借贷双方的发生额等额减少，借贷仍然平衡；

②重记某项经济业务，使本期借贷双方的发生额等额虚增，借贷仍然平衡；

③某项经济业务记录的应借、应贷科目正确，但借贷双方金额同时多记或少记，且金额一致，借贷仍然平衡；

④某项经济业务记错有关账户，借贷仍然平衡；

⑤某项经济业务在账户记录中，颠倒了记账方向，借贷仍然平衡；

⑥某借方或贷方发生额中，偶然发生多记和少记并相互抵销，借贷仍然平衡。

由于账户记录可能存在上述不能由试算平衡表发现的错误，所以会计人员需要对一切会计记录进行日常或定期的复核，以保证账户记录的正确性。

经典考题回顾

1.【判断题】借贷记账法的记账规则“有借必有贷，借贷必相等”是余额试算平衡的直接依据。(　　)

扫码获取答案

能力训练

一、单项选择题

1. 复式记账法是对每一笔经济业务，都以相等的金额在(　　)中进行登记。

A. 一个账户　　B. 两个账户

C. 一个或两个账户　　D. 两个或两个以上的账户

2. 在下列账户中与负债账户结构相同的是(　　)账户。

A. 资产　　B. 收入

C. 费用　　D. 所有者权益

3. 所有者权益类账户的期末余额是根据(　　)计算。

A. 借方期末余额=借方期初余额+借方本期发生额-贷方本期发生额

B. 借方期末余额=借方期初余额+贷方本期发生额-借方本期发生额

C. 贷方期末余额=贷方期初余额+借方本期发生额-贷方本期发生额

D. 贷方期末余额=贷方期初余额+贷方本期发生额-借方本期发生额

4. 损益类账户中的收入账户年末应(　　)。

A. 没有余额　　B. 有借方余额

C. 有贷方余额　　D. 借贷方均有余额

5. 对于资产类账户，下列说法中正确的是(　　)。

A. 余额一般在借方　　B. 余额一般在贷方

C. 借方登记减少数　　D. 贷方登记增加数

6. 存在着对应关系的账户，称为(　　)。

A. 对应账户　B. 平衡账户　C. 恒等账户　D. 联系账户

7. 借贷记账法的贷方表示(　　)。

A. 资产增加、负债及所有者权益减少　B. 资产增加、负债及所有者权益增加

C. 资产减少、负债及所有者权益减少　D. 资产减少、负债及所有者权益增加

8. 简单会计分录的特征是(　　)。

A. 一借多贷　B. 一贷多借　C. 一借一贷　D. 多借多贷

9. 账户发生额试算平衡是根据(　　)确定的。

A. 经济业务的内容　B. 经济业务的类型

C. 借贷记账法的记账规则　D. “资产=负债+所有者权益”的恒等式

10. 下列选项中错误能够通过试算平衡查找的是(　　)。

A. 重记经济业务　B. 漏记经济业务

C. 借贷方向相反　D. 借贷金额不等

二、多项选择题

1. 下列经济业务中，会引起会计等式左右两方同时发生增减变化的有(　　)。

A. 以存款归还借款　B. 投资者投入货币资金

C. 收到应收款存入银行　D. 从银行提取现金

2. 下列经济业务中，会引起会计等式左右两方中一方发生变化的有(　　)。

A. 从银行取得贷款

B. 以银行存款购入材料

C. 购进材料尚未付款

D. 从银行取得借款直接归还欠供应商货款

3. 借贷记账法中的“借”字表示(　　)。

A. 资产的增加　B. 负债的减少　C. 收入的转销　D. 费用成本的增加

4. 借贷记账法下的试算平衡公式有(　　)。

A. 借方科目金额=贷方科目金额

B. 借方期末余额=借方期初余额+本期借方发生额-本期贷方发生额

C. 全部账户借方发生额合计=全部账户贷方发生额合计

D. 全部账户借方余额合计=全部账户贷方余额合计

5. 每一笔会计分录都包括(　　)。

A. 金额　B. 账户名称　C. 记账方向　D. 会计科目编号

6. 下列选项中，试算平衡不能发现的错误有(　　)。

A. 某笔交易被重复入账

B. 某笔交易被漏记，未入账

C. 借贷双方中一方多记金额，一方少付金额

D. 某笔交易借方记错了账户，应记入银行存款，误记入应收账款

7. 下列账户中，在期末结账后有余额的是(　　)。

A. 生产成本　　B. 在途物资

C. 管理费用　　D. 主营业务收入

8. 月末结账后无余额的账户是(　　)。

A. 财务费用　　B. 累计折旧

C. 主营业务成本　　D. 主营业务收入

三、判断题

1. 单式记账法是指只对经济业务作单方登记，而不反映其来龙去脉的一种记账方法。(　　)

2. 在借贷记账法下，资产类、成本类账户的借方登记增加额；贷方登记减少额；期末余额一般在借方。(　　)

3. 在借贷记账法下，负债类、所有者权益类账户的借方登记减少额；贷方登记增加额；期末余额一般在贷方。(　　)

4. 为了保持账户对应关系清楚，一般不宜把不同类型的经济业务合并在一起编制多借多贷的会计分录。(　　)

5. 会计科目与会计账户反映的经济内容是相同的。(　　)

6. 会计科目仅是名称而已，若要体现会计要素的增减变化及结果则要借助于账户。(　　)

7. 通过试算平衡表检查账户记录是否正确，如果借贷平衡，就说明记账没有错误。(　　)

8. 因为会计科目和账户所反映的经济内容是相同的，所以会计科目和账户没有什么区别。(　　)

9. 明细分类账户的核算只用货币计量。(　　)

10. 为了保证账户的对应关系，一般不宜编制一借多贷和一贷多借的复合会计分录。(　　)

扫码获取答案

延伸阅读　疯狂演练会计语

……

“老师以前好像是说过，会计是一门商业语言，不过我好像没什么体会。”

“会计就是把一项项经济业务用其独特的语言表述出来。会计科目就好比单词，借贷规则和登账流程就好比语法。借贷把科目组成句子，登账把句子一步一步组成文章，也就是财务报告。会计每月的任务就是把企业的财务状况和经营成果写成财务报告，以供需要它的人使用。”

“啊，记单词？单词是世界上最难背的。”我想起了过英语四六级时的那些痛苦岁月。

“会计科目是不能死记的呀，会计科目其实就是经济业务的浓缩，随着对经济业务的了解，对会计科目，你自然就理解了。”

“那你的意思是我现在不需要记会计科目啦？”

“也不是这个意思，我的意思是说你现在对会计科目能理解多少就理解多少，能记多少就记多少，不需要把所有的会计科目都记下来，因为有的你可能一辈子也用不着，就像有的单词你一辈子也用不着一样。你现在需要了解的就是借贷规则和登账流程。”

“借贷规则我知道，就是资产、成本、费用增加记借方，负债、所有者权益、收入、利润增加记贷方。不过登账流程我不太熟，我只是大概地知道会计分录—记账凭证—明细账—总账—报表，脑子只是有这么一个概念，但是却没什么感觉。”

“登账流程需要演练后，你才有感觉。”

“演练？”

“也就是需要自己动手按照步骤一步一步地去做。对于初学者，就是假设一个新成立的企业，这个月只发生两三笔业务，你是否能从做凭证到做总账到做报表？”“不知道噢，我心里没底。”

“那这样，我给你两三笔比较典型的业务，看你是否能顺利地出具报表。”

……

更多精彩内容，参见《小艾上班记：真账实操教你学会计（第三版）》。

资料来源：陈艳红. 小艾上班记：真账实操教你学会计［M］. 3 版. 大连：东北财经大学出版社，2020.

项目 4　企业主要经济业务的核算

学习目标：

1. 了解制造业企业的主要经济业务；
2. 掌握主要账户的性质、结构及运用；
3. 掌握主要经济业务的会计核算方法。

企业主要经济业务的核算思维导图如图 4-1 所示。

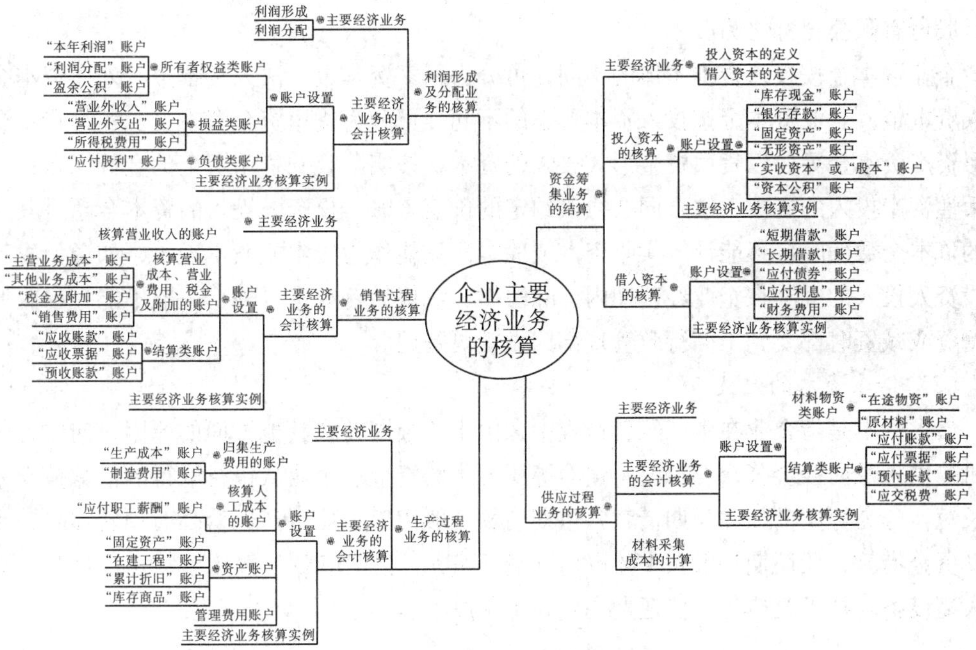

图 4-1　企业主要经济业务的核算思维导图

任务 4.1 资金筹集业务的核算

4.1.1 主要经济业务

资金筹集是指企业通过不同渠道，采取各种方式，按照一定程序筹措企业设立、生产经营所需资金的财务活动。资金是企业筹办和从事生产经营活动的物质基础，是企业经营活动的起点。目前，我国企业的资金来源渠道主要是投资者投入和向银行、金融机构筹借以及发行债券等。因此，接受投资者投入资本业务和借入资本业务的核算，就构成了资金筹集业务核算的主要内容。

（1）投入资本的定义

投入资本也称资本金，是指企业所有者按照企业章程、合同或协议的约定，实际投入企业的资本，即企业在工商行政管理部门登记注册的资金。有限责任公司称之为实收资本，股份有限公司称之为股本。

企业资本金按投入资本主体的不同，可分为国家资本金、法人资本金、外商资本金和个人资本金。企业资本金按投入资本形态的不同，可分为货币资金资本金、实物资本金和无形资产资本金等。以货币资金形式投入的资本，按实际收到货币资金的金额入账；以非货币性资产投入的资本，按合同或协议约定的价值入账。投资人投入的资本金超过其所认缴的资本金数额时，不能计入实收资本或股本，只能作为资本或股本溢价，如溢价发行股票投资人投入的资本在企业经营期内，除法律、法规另有规定以外，一般不能要求收回企业增资或减资时都要到工商行政管理部门做变更登记。

（2）借入资本的定义

借入资本是指企业在生产经营过程中，由于资金周转或其他方面的原因，向银行等金融机构借入及向社会公众发行公司债券等所筹集的资金。企业从银行取得的借款按偿还期的长短，分为短期借款和长期借款。短期借款一般用于企业生产经营临时周转需要，也称流动资金借款，偿还期一般在 1 年以内（含 1 年）。长期借款一般用于特定的项目，如购置大型设备、技术改造等，偿还期一般在 1 年以上。

小贴士：实收资本与资本公积同属于所有者权益，它们的来源、用途是否相同？为什么？

实收资本是企业所有者按照企业章程或合同、协议的约定，实际投入企业并依法进行注册的资本。它表明了所有者对企业的基本产权关系。资本公积是投资者的出资超出其在注册资本中所占份额的部分，以及直接计入所有者权益的利得和损失。它不直接体现所有者对企业的基本产权关系。实收资本是企业的原始资本，其构成比例决定了所有者对企业应享有的权利和所承担的义务。资本公积是企业的储备资本，它的主要用途是转增资本，它不能反映各所有者的出资比例，也就无法作为所有者享有企业权利和承担相应义务的依据。

4.1.2　投入资本的核算

（1）账户设置

为了总括地核算和监督投资者投入资金及其变动情况，企业应当设置以下账户，见表4-1。

表4-1　投入资本的账户设置

账户名称	账户设置
“银行存款”账户	①核算内容：企业存入银行或其他金融机构的款项。 ②性质：资产类。 ③账户结构：借方登记存款的存入数，贷方登记存款的支取数，期末借方余额，反映企业存放在银行的存款实有数。 ④明细账核算：按开户银行和其他金融机构及存款种类进行。有外币存款的企业，按人民币和各种外币进行明细核算
“实收资本”或“股本”账户	①核算内容：企业按照合同、章程的规定收到投资者或股东投入的资本。 ②性质：所有者权益类。 ③账户结构：贷方登记收到投入资本的实际数额或按股票面值计算的股本金额，借方登记按规定程序减少的注册资本或减少的股本数额，期末贷方余额，反映企业现有的实收资本或股本。 ④明细账核算：按投资者或股东名册进行
“资本公积”账户	①核算内容：企业资本公积的增减变动及结余情况。 ②性质：所有者权益类。 ③账户结构：贷方登记企业因资本溢价等原因而增加的资本公积数额，借方登记用于按法定程序转增注册资本等原因而减少的资本公积数额，期末贷方余额，反映企业现行的资本公积数额。 ④明细账核算：按资本公积形成的类别进行

表4-1(续)

账户名称	账户设置
“固定资产”账户	①核算内容：企业固定资产的原始价值。 ②性质：资产类。 ③账户结构：借方登记企业固定资产增加的账面原价，贷方登记因出售、报废和毁损而减少的固定资产的账面原价，期末借方余额，反映企业期末固定资产的账面原价。 ④明细账核算：按固定资产类别进行
“无形资产”账户	①核算内容：企业为生产商品、提供劳务、出租给他人或为管理目的而持有的、没有实物形态的非货币性长期资产，包括专利权、非专利技术、商标权、著作权和土地使用权等。 ②性质：资产类。 ③账户结构：借方登记企业通过外购等方式取得的无形资产原值，贷方登记对外转让的无形资产原值，期末借方余额，反映企业期末无形资产的原值。 ④明细账核算：按无形资产类别进行

2. 主要经济业务核算实例

【例4-1】海岛永久船艇制造有限公司2019年12月5日收到海岛路通集团有限公司的投资款300 000元，存入银行。

这项经济业务发生后，引起资产和所有者权益两个要素同时增加。“银行存款”增加300 000元，应记入借方，“实收资本”增加300 000元，应记入贷方。编制会计分录如下：

借：银行存款　　300 000

　贷：实收资本——海岛路通集团有限公司　　300 000

【例4-2】海岛永久船艇制造有限公司2019年12月10日收到海岛重工机械有限公司的投资，投入设备一台，双方确认该设备入账价值为500 000元。

这项经济业务发生后，引起资产和所有者权益两个要素同时增加。“固定资产”增加500 000元，应记入借方，“实收资本”增加500 000元，应记入贷方。编制会计分录如下：

借：固定资产——设备　　500 000

　贷：实收资本——海岛重工机械有限公司　　500 000

【例4-3】海岛永久船艇制造有限公司2019年12月15日收到海岛长风集团有限公司的投资，投入商标权一项，双方确认该商标权入账价值为150 000元。

这项经济业务发生后，引起资产和所有者权益两个要素同时增加。“无形资产”增加150 000元，应记入借方，“实收资本”增加150 000元，应记入贷方。编制会计分录如下：

借：无形资产——商标权　　150 000

　贷：实收资本——海岛长风集团有限公司　　150 000

【例4-4】海岛永久船艇制造有限公司2019年12月20日收到海岛远洋集团有限公司捐赠的一台汽车，该汽车入账价值为200 000元，已投入使用。

这项经济业务发生后，引起资产和所有者权益两个要素同时增加。“固定资产”增加200 000元，应记入借方，“营业外收入”增加200 000元，应记入贷方。则编制会计分录如下：

借：固定资产——车辆　　200 000

　贷：营业外收入——捐赠利得　　200 000

【例4-5】海岛永久船艇制造有限公司2019年12月25日经批准，将公司资本公积200 000元转增注册资本。

这项经济业务发生后，引起所有者权益要素内部的两个项目一增一减。“实收资本”增加200 000元，应记入贷方，“资本公积”减少200 000元，应记入借方。则编制会计分录如下：

借：资本公积　　200 000

　贷：实收资本　　200 000

4.1.3　借入资本的核算

(1) 账户设置

为了总括地核算和监督借入资金及其变动情况，企业应当设置以下账户，见表4-2。

表4-2　借入资本的账户设置

账户名称	账户设置
“短期借款”账户	①核算内容：企业向银行或其他金融机构等借入的偿还期在1年以下（含1年）的各种借款的发生、偿还等情况。 ②性质：负债类。 ③账户结构：贷方登记取得借款本金的数额，借方登记偿还借款本金的数额，期末贷方余额，反映企业尚未偿还的短期借款的本金。 ④明细账核算：按借款种类、贷款人和币种进行
“长期借款”账户	①核算内容：企业向银行或其他金融机构借入的期限在1年以上（不含1年）的各项借款的借入、归还等情况。 ②性质：负债类。 ③账户结构：贷方登记长期借款本息的增加额，借方登记长期借款本息的减少额，期末贷方余额，反映企业尚未偿还的长期借款。 ④明细账核算：按贷款单位和贷款种类区分“本金”“利息调整”进行
“财务费用”账户	①核算内容：企业为筹集资金而发生的费用。 ②性质：损益类。 ③账户结构：借方登记发生的财务费用，贷方登记期末转出的财务费用，期末一般无余额。 ④明细账核算：按费用项目进行

表4-2(续)

账户名称	账户设置
“应付利息”账户	①核算内容：企业按照合同约定应支付的利息，包括短期借款、分期付息到期还本的长期借款、企业债券等应支付的利息。 ②性质：负债类。 ③账户结构：贷方登记资产负债表日计算确定的利息费用，借方登记实际支付利息，期末贷方余额，反映企业尚未偿还的利息。 ④明细账核算：按存款人或债权人进行
“应付债券”账户	①核算内容：企业为筹集长期资金而发行债券以及计提利息、还本付息等情况。 ②性质：负债类。 ③账户结构：贷方登记应付债券的本金和利息，借方登记实际偿还的债券本金和利息，期末贷方余额，反映企业尚未偿还的长期债券。 ④明细账核算：按“面值”“利息调整”“应计利息”等进行

（2）主要经济业务核算实例

【例4-6】海岛永久船艇制造有限公司2019年12月1日向工商银行借款200 000元，期限3个月，利率6%，款项已收到并存入银行。

这项经济业务发生后，引起资产和负债两个要素同时增加。“短期借款”增加200 000元，应记入贷方，“银行存款”增加200 000元，应记入借方。则编制会计分录如下：

借：银行存款　　200 000

　贷：短期借款——工商银行　　200 000

【例4-7】海岛永久船艇制造有限公司2019年12月12日向中国银行借款500 000元，期限2年，利率10%，款项已收到并存入银行。

这项经济业务发生后，引起资产和负债两个要素同时增加。“长期借款”增加500 000元，应计入贷方，“银行存款”增加500 000元，应记入借方。则编制会记分录如下：

借：银行存款　　500 000

　贷：长期借款——中国银行　　500 000

【例4-8】海岛永久船艇制造有限公司2019年12月31日计提当月应负担的短期借款利息1 000（200 000×6%÷12）元。

这项经济业务发生后，引起费用和负债两个要素同时增加。“财务费用”增加1 000元，应记入借方，“应付利息”增加1 000元，应记入贷方。则编制会计分录如下：

借：财务费用——利息　　1 000

　贷：应付利息——工商银行　　1 000

2018年7月末计提利息分录同上。

【例4-9】海岛永久船艇制造有限公司2019年12月28日以银行存款偿还工商银行到期短期借款本金200 000元及利息3 000元。

这项经济业务发生后，引起负债和资产要素减少，费用要素增加。“财务费用”增加

1 000 元，应记入借方，“应付利息”减少 2 000 元，应记入借方，“短期借款”减少 200 000元，应记入借方，“银行存款”减少 203 000 元，应记入贷方。则编制会计分录如下：

借：短期借款——工商银行　　　　200 000
　　应付利息——工商银行　　　　2 000
　　财务费用——利息　　　　　　1 000
　贷：银行存款　　　　　　　　　　203 000

经典考题回顾

【多选题】下列各选项中，关于制造业企业预提短期借款利息的会计科目处理正确的有(　　)。

A. 贷记“应付账款”科目　　B. 借记“制造费用”科目
C. 贷记“应付利息”科目　　D. 借记“财务费用”科目

扫码获取答案

任务 4.2　供应过程业务的核算

4.2.1　主要经济业务

供应过程是企业生产经营过程的第一个阶段即生产准备阶段，企业用货币资金购买各种材料物资，保证生产的进行。这一阶段发生的主要经济业务是采购材料办理材料的验收入库手续，与供应单位之间办理货款的结算，支付采购费用，正确计算材料采购成本。

4.2.2　主要经济业务的会计核算

(1) 账户设置

供应过程的账户设置见表 4-3。

表 4-3　供应过程的账户设置

账户名称	账户设置	
材料物资类账户	①“在途物资”账户	A. 核算内容：企业购入的尚未到达或尚未验收入库的各种材料物资的实际成本。 B. 性质：资产类。 C. 账户结构：借方登记在途物资的增加，贷方登记在途物资验收入库，期末借方余额，表示尚未验收入库的在途物资的实际成本。 D. 明细账核算：按材料种类进行
	②“原材料”账户	A. 核算内容：企业库存的各种材料，包括原料及主要材料、辅助材料、外购半成品、修理用备件、包装材料和燃料等的增减变动及结存情况。 B. 性质：资产类。 C. 账户结构：借方登记入库材料的成本，贷方登记出库材料的成本，期末借方余额，表示库存材料的成本。 D. 明细账核算：按材料的种类或规格进行
结算类账户	①“应付账款”账户	A. 核算内容：企业因购买材料、商品和接受劳务等而应付给供应单位的款项。 B. 性质：负债类。 C. 账户结构：贷方登记应付而未付的款项，借方登记偿还的款项，期末贷方余额，表示尚未偿还的款项。 D. 明细账核算：按供应单位进行
	②“应付票据”账户	A. 核算内容：企业购买材料、商品和接受劳务等开出、承兑的商业汇票，商业汇票按照承兑人的不同分为商业承兑汇票和银行承兑汇票。我国纸质版商业汇票最长不超过 6 个月。 B. 性质：负债类。 C. 账户结构：贷方登记开出商业汇票，借方登记到期承付或无力支付转出的商业汇票，期末贷方余额，表示尚未到期的商业汇票。 D. 明细账核算：按供应单位进行
	③“预付账款”账户	A. 核算内容：企业因购买材料、商品或接受劳务按购货合同规定预付给供应单位的款项。 B. 性质：资产类。 C. 账户结构：借方登记预付或补付的款项，贷方登记所购材料、商品或接受劳务的金额及退回多付的款项，期末借方余额，表示实际预付的款项，期末贷方余额表示尚未补付的款项。 D. 明细账核算：按供应单位进行。对于预付账款业务不多的企业，可以不设本账户，而用“应付账款”账户反映
	④“应交税费”账户	A. 核算内容：反映各种税费的应交、缴纳等情况。 B. 性质：负债类。 C. 账户结构：贷方登记应缴纳的各种税费，借方登记实际缴纳的税费，期末贷方余额，表示企业尚未缴纳的税费，期末借方余额表示企业多交或尚未抵扣的税费。 D. 明细账核算：按税费项目进行。其中增值税一般纳税人应当在“应交税费”账户下设置“应交增值税”“未交增值税”“预交增值税”“待抵扣进项税额”“待认证进项税额”“待转销项税额”“增值税留抵税额”“简易计税”“转让金融商品应交增值税”“代扣代交增值税”等明细账户，并在“应交增值税”明细账内设置“进项税额”“销项税额抵减”“已交税金”“转出未交增值税”“减免税款”“出口抵减内销产品应纳税额”“销项税额”“出口退税”“进项税额转出”“转出多交增值税”等专栏。其中借方“进项税额”专栏，反映一般纳税人购进货物、加工修理修配劳务、服务、无形资产或不动产而支付或负担的、准予从当期销项税额中抵扣的增值税额。贷方“销项税额”专栏，反映一般纳税人销售货物、加工修理修配劳务、服务、无形资产或不动产应收取的增值税税额。企业当期应纳增值税税额等于当期销项税额减去当期进项税额

（2）主要经济业务核算实例

【例 4-10】2019 年 12 月 6 日，海岛永久船艇制造有限公司从海岛路通集团有限公司购入 H、K 两种材料。其中，H 材料 1 000 千克，单价 12 元，计 12 000 元；K 材料 2 000 千克，单价 25 元，计 50 000 元。增值税进项税额 8 060 元，上述款项以银行存款支付，材料尚未到达。

这项经济业务发生后，引起负债要素减少，资产要素内部两个项目一增一减。“在途物资”增加 62 000 元，应记入借方，“应交税费——应交增值税”减少 8 060 元，应记入借方，“银行存款”减少 70 060 元，应记入贷方。则编制会计分录如下：

借：在途物资——H 材料　　　　　　　　12 000
　　　　　　——K 材料　　　　　　　　50 000
　　应交税费——应交增值税（进项税额）　　8 060
　贷：银行存款　　　　　　　　　　　　　　70 060

【例 4-11】2019 年 12 月 10 日，海岛永久船艇制造有限公司从海岛路通集团有限公司购入的 H、K 两种材料已到货并且验收入库。

这项经济业务发生后，引起资产要素内部两个项目一增一减。“原材料”增加 62 000 元，应记入借方，“在途物资”减少 62 000 元，应记入贷方。则编制会计分录如下：

借：原材料——H 材料　　　　　　　　12 000
　　　　　——K 材料　　　　　　　　50 000
　贷：在途物资——H 材料　　　　　　　　12 000
　　　　　　　——K 材料　　　　　　　　50 000

【例 4-12】2019 年 12 月 13 日，海岛永久船艇制造有限公司从海岛重工机械有限公司购入 P 材料 1 600 千克，单价 20 元，计 32 000 元。增值税进项税额 4 160 元，上述款项尚未支付，材料已到达且验收入库。

这项经济业务发生后，引起资产要素增加，负债要素内部两个项目一增一减。“在途物资”增加 32 000 元，应记入借方，“应交税费——应交增值税”减少 4 160 元，应记入借方，“应付账款”增加 36 160 元，应记入贷方。则编制会计分录如下：

借：在途物资——P 材料　　　　　　　　32 000
　　应交税费——应交增值税（进项税额）　　4 160
　贷：应付账款——海岛重工机械有限公司　　　36 160
借：原材料——P 材料　　　　　　　　32 000
　贷：在途物资——P 材料　　　　　　　　32 000

【例 4-13】2019 年 12 月 23 日，海岛永久船艇制造有限公司以银行存款支付欠海岛重工机械有限公司的货税款 36 160 元。

这项经济业务发生后，引起资产和负债要素同时减少。“应付账款”减少 36 160 元，应记入借方，“银行存款”减少 36 160 元，应记入贷方。则编制会计分录如下：

借：应付账款——海岛重工机械有限公司　　36 160

　贷：银行存款　　36 160

【例 4-14】2019 年 12 月 24 日，海岛永久船艇制造有限公司以银行存款向海岛长风集团有限公司支付购买 Q 材料的预付款 24 000 元。

这项经济业务发生后，引起资产要素内部两个项目一增一减。“预付账款”增加 24 000元，应记入借方，“银行存款”减少 24 000 元，应记入贷方。则编制会计分录如下：

借：预付账款——海岛长风集团有限公司　　24 000

　贷：银行存款　　24 000

【例 4-15】2019 年 12 月 30 日，海岛永久船艇制造有限公司收到海岛长风集团有限公司发来的 Q 材料 2 000 千克，单价 12 元，计 24 000 元。增值税进项税额 3 120 元，货税款差额以银行存款支付，材料已到达且验收入库。

这项经济业务发生后，“在途物资”增加 24 000 元，应记入借方，“应交税费——应交增值税”减少 3 120 元，应记入借方，“预付账款”减少 24 000 元，应记入贷方，“银行存款”减少 3 120 元，应记入贷方。则编制会计分录如下：

借：在途物资——Q 材料　　24 000

　　应交税费——应交增值税（进项税额）　　3 120

　贷：预付账款——C 公司　　24 000

　　　银行存款　　3 120

借：原材料——Q 材料　　24 000

　贷：在途物资——Q 材料　　24 000

4.2.3　材料采购成本的计算

我国《企业会计准则第 1 号——存货》第六条规定，存货的采购成本包括购买价格、相关税费和运输费、装卸费、保险费以及其他可归属于存货采购成本的费用。

材料采购成本的计算就是把企业在材料采购过程中所支付的材料买价和采购费用，按材料的品种加以归集分配，计算每种材料的总成本和单位成本。买价是企业采购材料时，按发票支付的款项。采购费用是采购材料时所发生的运输费、装卸费、搬运费等费用。发生的采购费用凡是能够分清对象的，可将采购费用直接计入该种材料的采购成本；不能分清对象的，可按材料的重量、体积及买价等作为标准进行分配，计入各种材料的采购成本。其计算公式如下：

采购费用分配率＝采购费用÷各种材料的分配标准之和

某种材料应负担的采购费用＝该种材料的分配标准×采购费用分配率

某种材料采购成本＝该材料的买价+材料应负担的采购费用

【例 4-16】海岛永久船艇制造有限公司 2019 年 12 月 6 日在从海岛路通集团有限公司购入 H、K 两种材料时，以银行存款支付了 H、K 两种材料的运费 600 元（不考虑增值税），要求按材料重量分配运费。其中，H 材料 1 000 千克，单价 12 元，共计 12 000 元；K 材料 2 000 千克，单价 25 元，共计 50 000 元。

材料采购费用分配率 = 600÷（1 000+2 000）= 0.2（元/千克）

H 材料应分配的运费 = 1 000×0.2 = 200（元）

K 材料应分配的运费 = 2 000×0.2 = 400（元）

H 材料采购成本 = 12 000+200 = 12 200（元）

H 材料单位采购成本 = 12 200÷1 000 = 12.2（元）

K 材料采购成本 = 50 000+400 = 50 400（元）

K 材料单位采购成本 = 50 400÷2 000 = 25.2（元）

这项经济业务发生后，引起资产要素内部两个项目一增一减。“在途物资”增加 600 元，应记入借方，“银行存款”减少 600 元，应记入贷方。则编制会计分录如下：

借：在途物资——H 材料　　200

　　　　　　——K 材料　　400

　贷：银行存款　　600

经典考题回顾

【单选题】下列各选项中，不通过“应交税费”核算的是(　　)。

A. 应交城建税　　B. 应交增值税　　C. 应交房产税　　D. 应交耕地占用税

扫码获取答案

任务 4.3 生产过程业务的核算

4.3.1 主要经济业务

生产过程是制造业企业生产经营的重要阶段，在生产过程中，企业组织劳动者借助机器设备等劳动工具对各种材料进行加工，生产出符合社会需要的产品。产品的生产过程即生产的耗费过程，包括劳动力、劳动资料和劳动对象的耗费。

企业在生产过程中发生的、能够用货币表现的生产耗费，称为生产费用，主要包括为生产产品所消耗的材料、员工的薪酬、厂房及机器设备的折旧费以及为管理和组织生产而发生的各种费用。各项生产费用凡是为生产一定种类和数量的产品所发生的费用，称为产品的生产成本；不能直接归属于某个特定产品的费用，称为期间费用。例如销售费用、管理费用、财务费用。

生产过程业务核算的主要内容如下：

①直接材料的核算；

②直接人工的核算；

③制造费用的归集和分配；

④产品生产成本的计算和结转；

⑤期间费用的核算。

4.3.2 主要经济业务的会计核算

(1) 账户设置

生产过程的账户设置见表 4-4。

表 4-4 生产过程的账户设置

账户名称	账户设置	
归集生产费用的账户	“生产成本”账户	A. 核算内容：企业生产产品发生的各项生产费用。 B. 性质：成本类。 C. 账户结构：借方登记生产产品发生的直接材料、直接人工等各项直接费用和分配转入的制造费用，贷方登记结转至“库存商品”账户中的完工产品的成本，期末借方余额，表示尚未完工的在产品成本。 D. 明细账核算：按产品品种或批次进行
	“制造费用”账户	A. 核算内容：企业生产车间为组织、管理生产发生的各项间接费用，包括车间管理人员的薪酬、车间机物料消耗、车间固定资产折旧费、车间办公费、水电费和季节性停工损失等。 B. 性质：成本类。 C. 账户结构：借方登记发生的制造费用，贷方登记月末分配转入生产成本的制造费用，期末一般无余额。 D. 明细账核算：按车间进行

表4-4(续)

<table>
<tr><th>账户名称</th><th colspan="2">账户设置</th></tr>
<tr><td>核算人工成本的账户</td><td>“应付职工薪酬”账户</td><td>A. 核算内容：企业应付给职工的各种薪酬，包括工资、奖金、津贴、福利、社会保险、住房公积金等货币性薪酬和非货币性薪酬。
B. 性质：负债类。
C. 账户结构：贷方登记已分配计入有关成本费用项目的职工薪酬数额，借方登记实际发放职工薪酬的数额，期末贷方余额，表示企业应付未付的职工薪酬。
D. 明细账核算：按工资、职工福利、社会保险费、住房公积金、非货币性薪酬等进行</td></tr>
<tr><td rowspan="4">资产账户</td><td>“固定资产”账户</td><td>A. 核算内容：企业持有的固定资产的原价。
B. 性质：资产类。
C. 账户结构：借方登记增加的固定资产的原始价值，贷方登记减少的固定资产的原始价值，期末借方余额，表示企业期末固定资产的账面原价。
D. 明细账核算：按固定资产的类别、项目进行</td></tr>
<tr><td>“在建工程”账户</td><td>A. 核算内容：企业基建、更新改造等在建工程发生的支出。
B. 性质：资产类。
C. 账户结构：借方登记企业各项在建工程的实际支出，贷方登记工程达到预定可使用状态时的成本，期末借方余额，表示企业期末尚未达到预定可使用状态的在建工程的成本。
D. 明细账核算：按建筑工程、安装工程等进行</td></tr>
<tr><td>“累计折旧”账户</td><td>A. 核算内容：企业固定资产在使用过程中的损耗价值，包括有形损耗和无形损耗。
B. 性质：资产类。
C. 账户结构：资产类账户的备抵账户，记账规则与资产类账户的记账规则正好相反，即贷方登记折旧的增加，借方登记折旧的减少，期末贷方余额，表示现有固定资产的累计折旧额。
D. 明细账核算：该账户不进行明细分类核算。
《企业会计准则第 4 号——固定资产》第十七条规定，企业可选用的固定资产折旧方法有年限平均法、工作量法、双倍余额递减法和年数总和法</td></tr>
<tr><td>“库存商品”账户</td><td>A. 核算内容：企业库存商品的增减变动及其结存情况。
B. 性质：资产类。
C. 账户结构：借方登记完工验收入库的各种商品成本，贷方登记出库的各种商品成本，期末借方余额，表示现有库存商品的成本。
D. 明细账核算：按库存商品的种类、品种和规格进行</td></tr>
<tr><td>管理费用账户</td><td colspan="2">A. 核算内容：企业为组织和管理生产经营所发生的管理费用，包括企业筹建期间的开办费、董事会和行政管理部门在企业经营管理中发生的或者应由企业统一负担的公司经费（包括行政管理部门职工工资及福利费、物料消耗、低值易耗品摊销、办公费和差旅费等）、工会经费、董事会费、聘请中介机构费、咨询费、诉讼费、业务招待费、技术转让费、研发费用、排污费，以及企业生产车间、行政管理部门发生的日常固定资产修理费等。
B. 性质：损益类。
C. 账户结构：借方登记管理费用的发生，贷方登记期末转入“本年利润”账户的金额，期末一般无余额。
D. 明细账核算：按费用项目进行</td></tr>
</table>

（2）主要经济业务核算实例

【例 4-17】海岛永久船艇制造有限公司 2019 年 12 月 31 日根据领料汇总表分配材料费用，见表 4-5。

表 4-5 领料汇总表

附领料单 30 份　　2019 年 12 月 31 日　　单位：元

用途	H 材料		K 材料		合计
	数量/千克	金额	数量/千克	金额	
甲产品	20 000	240 000			240 000
乙产品			8 000	200 000	200 000
小计	20 000	240 000	8 000	200 000	440 000
车间耗用	3 000	36 000			36 000
企业管理部门耗用			1 000	25 000	25 000
合计	23 000	276 000	9 000	225 000	501 000

这项经济业务发生后，引起成本和费用要素增加，资产要素减少。“生产成本”增加 440 000 元，应记入借方，“制造费用”增加 36 000 元，应记入借方，“管理费用”增加 25 000元，应记入借方，“原材料”减少 501 000 元，应记入贷方。则编制会计分录如下：

借：生产成本——甲产品　　240 000
　　　　　　——乙产品　　200 000
　　制造费用　　36 000
　　管理费用　　25 000
　贷：原材料——H 材料　　276 000
　　　　　　——K 材料　　225 000

【例 4-18】海岛永久船艇制造有限公司 2019 年 12 月 31 日分配结转本月的工资费用。其中，生产甲产品工人工资为 70 000 元，生产乙产品工人工资为 60 000 元，生产车间管理人员工资 30 000 元，企业行政管理部门人员工资 40 000 元。

这项经济业务发生后，引起负债、成本及费用要素同时增加。“生产成本”增加130 000元，应记入借方，“制造费用”增加 30 000 元，应记入借方，“管理费用”增加40 000元，应记入借方，“应付职工薪酬”增加 200 000 元，应记入贷方。则编制会计分录如下：

借：生产成本——甲产品　　70 000
　　　　　　——乙产品　　60 000
　　制造费用　　30 000
　　管理费用　　40 000
　贷：应付职工薪酬——工资　　200 000

【例 4-19】海岛永久船艇制造有限公司 2019 年 12 月 31 日按应付工资总额的 15%计提职工福利费。

这项经济业务发生后，引起负债、成本及费用要素同时增加。“生产成本”增加18 200

元，应记入借方，“制造费用”增加 4 200 元，应记入借方，“管理费用”增加 5 600 元，应记入借方，“应付职工薪酬”增加 28 000 元，应记入贷方。则编制会计分录如下：

借：生产成本——甲产品　　9 800
　　　　　　——乙产品　　8 400
　　制造费用　　4 200
　　管理费用　　5 600
　贷：应付职工薪酬——职工福利　　28 000

【例 4-20】海岛永久船艇制造有限公司 2019 年 12 月 25 日开出现金支票，从银行提取现金 200 000 元，准备发放工资。

这项经济业务发生后，引起资产要素内部两个项目一增一减。“库存现金”增加200 000 元，应记入借方，“银行存款”减少 200 000 元，应记入贷方。则编制会计分录如下：

借：库存现金　　200 000
　贷：银行存款　　200 000

【例 4-21】海岛永久船艇制造有限公司 2019 年 12 月 25 日以现金支付本月应付职工工资 200 000 元。

这项经济业务发生后，引起负债和资产要素同时减少。“应付职工薪酬”减少 200 000 元，应记入借方，“库存现金”减少 200 000 元，应记入贷方。则编制会计分录如下：

借：应付职工薪酬——工资　　200 000
　贷：库存现金　　200 000

【例 4-22】海岛永久船艇制造有限公司 2019 年 12 月 30 日提取本月固定资产折旧费 30 000 元，其中，生产车间机器设备应提折旧 20 000 元，行政管理部门设备应提折旧 10 000 元。

这项经济业务发生后，引起成本、费用及资产要素同时增加。“制造费用”增加 20 000元，应记入借方，“管理费用”增加 10 000 元，应记入借方，“累计折旧”增加 30 000元，应记入贷方。则编制会计分录如下：

借：制造费用　　20 000
　　管理费用　　10 000
　贷：累计折旧　　30 000

【例 4-23】2019 年 12 月 28 日，海岛永久船艇制造有限公司财务部赵芳出差回来报销差旅费 1 800 元，余款交回。原预借款 2 400 元已进行账务处理。

这项经济业务发生后，引起费用要素增加，资产要素内部两个项目一增一减。“管理费用”增加 1800 元，应记入借方，“库存现金”增加 600 元，应记入借方，“其他应收款”减少 2 400 元，应记入贷方。则编制会计分录如下：

借：管理费用　　1 800
　　库存现金　　600

贷：其他应收款——赵芳　　2 400

【例 4-24】2019 年 12 月 31 日，海岛永久船艇制造有限公司以生产工时作为标准分配结转本月发生的制造费用。

对于车间发生的制造费用，应当在费用发生时先通过“制造费用”账户归集，月末再按照适当的分配标准分配计入各种产品的成本，从“制造费用”账户转入“生产成本”账户。可采用的分配标准包括产品的生产工时、机器工时和生产工人工资比例等。

制造费用分配率=制造费用总额÷分配标准之和

某产品应负担的制造费用=该产品的分配标准×分配率

海岛永久船艇制造有限公司本月制造费用分配表见表 4-6。

表 4-6　制造费用分配表

2019 年 12 月 31 日　　单位：元

分配对象	分配标准/生产工时	分配率	分配金额
甲产品	500	112.75	56 375
乙产品	300	112.75	33 825
合计	800		90 200

这项经济业务发生后，引起成本要素内部两个项目一增一减。“生产成本”增加 90 200元，应记入借方，“制造费用”减少 90 200 元，应记入贷方。则编制会计分录如下：

借：生产成本——甲产品　　56 375

　　　　　　——乙产品　　33 825

　贷：制造费用　　90 200

【例 4-25】海岛永久船艇制造有限公司 2019 年 12 月 31 日结转本月生产完工验收入库产品的生产成本。其中，甲产品投产 2 000 件，乙产品投产 1 000 件，月末全部生产完工。产品生产成本计算表见表 4-7。

表 4-7　产品生产成本计算表

单位：元

项目	甲产品（2 000 件）		乙产品（1 000 件）	
	总成本	单位成本	总成本	单位成本
直接材料	240 000	120	200 000	200
直接人工	79 800	39.9	68 400	68.4
制造费用	56 375	28.19	33 825	33.83
合计	376 175	188.09	302 225	302.23

这项经济业务发生后，引起资产要素增加，成本要素减少。“库存商品”增加678 400元，应记入借方，“生产成本”减少678 400元，应记入贷方。则编制会计分录如下。

借：库存商品——甲产品　　376 175
　　　　　　——乙产品　　302 225
　贷：生产成本——甲产品　　376 175
　　　　　　　——乙产品　　302 225

经典考题回顾

【多选题】下列各选项中，企业应记入“应付职工薪酬”科目贷方的是(　　)。

A. 发放职工工资

B. 确认因解除与职工劳动关系应给予的补偿

C. 支付职工的培训费

D. 缴存职工基本养老保险费

扫码获取答案

任务4.4 销售过程业务的核算

4.4.1 主要经济业务

销售过程是企业生产经营活动的最后阶段。企业通过产品销售，收回货币资金，以保证企业再生产的顺利进行。

在销售过程中，一方面，企业从事对外销售产品或提供劳务等主营业务，按照购销双方约定的价格向购货单位办理价款结算，并确认主营业务收入，同时交付相应的产品或劳务，结转相关产品或劳务的成本；另一方面，企业还可能发生一些其他经济业务，取得其他业务收入和发生其他业务成本；此外，在销售过程中还会发生一些销售费用，如销售产品的运输费、装卸费、广告费等。需要指出的是，企业在取得收入的同时，还应按国家税法规定计提并结转税金及附加，如消费税、资源税、城市维护建设税等。

销售过程业务核算的主要内容如下：

①确认营业收入的实现；

②计算并结转营业成本；

③确认销售费用；

④计算并缴纳税金及附加；

⑤与购货单位进行款项结算。

4.4.2 主要经济业务的会计核算

(1) 账户设置

销售过程的账户设置见表 4-8。

表 4-8 销售过程的账户设置

<table>
<tr><th>账户名称</th><th colspan="2">账户设置</th></tr>
<tr><td>核算营业收入的账户</td><td colspan="2">企业的营业收入包括主营业务收入和其他业务收入。工业企业的主营业务收入主要包括销售产品、自制半成品、代制品、代修品和提供工业性劳务等取得的收入。其他业务收入主要包括销售材料、出租无形资产的使用权、出租固定资产和包装物的租金收入等。
①“主营业务收入”账户
A. 核算内容：企业销售商品、提供劳务等主营业务取得的收入。
B. 性质：损益类。
C. 账户结构：贷方登记实现的主营业务收入，借方登记销售退回冲销的收入及期末转销至本年利润账户金额，期末一般无余额。
D. 明细账核算：按主营业务的种类或产品种类进行。
②“其他业务收入”账户
A. 核算内容：企业除主营业务活动以外的其他经营活动实现的收入。
B. 性质：损益类。
C. 账户结构：贷方登记实现的其他业务收入，借方登记销售退回冲销的其他业务收入及期末转销至本年利润账户金额，期末一般无余额。
D. 明细账核算：按其他业务收入的种类进行</td></tr>
<tr><td rowspan="2">核算营业成本、营业费用、税金及附加的账户</td><td>①“主营业务成本”账户</td><td>A. 核算内容：企业确认销售商品、提供劳务等主营业务收入时应结转的成本。
B. 性质：损益类。
C. 账户结构：借方登记已确认收入的主营业务的成本，贷方登记销售退回的商品成本及期末转销至本年利润账户金额，期末一般无余额。
D. 明细账核算：按主营业务的种类进行</td></tr>
<tr><td>②“其他业务成本”账户</td><td>A. 核算内容：企业确认的除主营业务活动以外的其他经营活动所发生的支出。
B. 性质：损益类。
C. 账户结构：借方登记已确认收入的其他业务的成本，贷方登记销售退回的其他业务成本及期末转销至本年利润账户金额，期末一般无余额。
D. 明细账核算：按其他业务的种类进行</td></tr>
</table>

表4-8（续）

账户名称	账户设置	
核算营业成本、营业费用、税金及附加的账户	③“税金及附加”账户	《财政部关于印发〈增值税会计处理规定〉的通知》（财会〔2016〕22号）规定，全面试行“营业税改征增值税”后，“营业税金及附加”科目名称调整为“税金及附加”科目。 A. 核算内容：企业经营活动发生的消费税、城市维护建设税、资源税、教育费附加及房产税、土地使用税、车船使用税、印花税等相关税费。 B. 性质：损益类。 C. 账户结构：借方登记按税法规定计算的经营活动应交的上述税费，贷方登记期末转销至本年利润账户金额，期末一般无余额。 D. 明细账核算：按税种及附加项目进行。该通知还规定，利润表中的“营业税金及附加”项目调整为“税金及附加”项目。 消费税＝应税消费品的销售额×消费税税率 城市维护建设税＝（消费税+增值税的应交额）×城市维护建设税税率 教育费附加＝（消费税+增值税的应交额）×教育费附加率
	④“销售费用”账户	A. 核算内容：企业销售商品和材料、提供劳务过程中发生的各种费用，包括运输费、装卸费、包装费、保险费、商品展览费、推销费和广告费以及专设销售机构的职工薪酬、业务费和折旧费等费用。 B. 性质：损益类。 C. 账户结构：借方登记销售费用的发生，贷方登记期末转销至本年利润账户金额，期末一般无余额。 D. 明细账核算：按费用项目进行
结算类账户	①“应收账款”账户	A. 核算内容：企业因销售商品、提供劳务等经营活动应向购货方或接受劳务方收取的款项，包括应收的货款、增值税销项税额和代垫的包装费、运杂费等。 B. 性质：资产类。 C. 账户结构：借方登记发生的应收账款，贷方登记收回的应收账款，期末借方余额，表示尚未收回的应收账款。 D. 明细账核算：按债务人进行
	②“应收票据”账户	A. 核算内容：企业因销售商品、提供劳务而收到的商业汇票。 B. 性质：资产类。 C. 账户结构：借方登记收到开出、承兑的商业汇票，贷方登记汇票到期收回货款或转销（商业汇票到期对方无款支付要转为应收账款），期末借方余额，表示尚未到期兑现的商业汇票。 D. 明细账核算：按开出、承兑商业汇票的单位进行
	③“预收账款”账户	A. 核算内容：企业按照合同规定向购货单位预收的款项。 B. 性质：负债类。 C. 账户结构：贷方登记收到的预收款项，借方登记销售实现时清偿的预收款项及退回多收的款项，期末贷方余额表示企业预收的款项，期末借方余额，表示尚未转销的款项。预收账款业务不多的企业，可以不设本账户，将预收的款项直接记入“应收账款”账户。 D. 明细账核算：按购货单位进行

小贴士：增值税是否通过“税金及附加”账户核算？为什么？

增值税虽然是一种流转税，但它不通过“税金及附加”账户核算。“税金及附加”账户用来核算企业日常经营活动中应负担的除增值税以外的流转税，如消费税、城市维护建设税、资源税等。购进货物或接受应税劳务而支付的、准予抵扣的增值税用“应交税费——应交增值税（进项税额）”账户核算。企业销售货物或提供应税劳务应向购货方收取的增值税用“应交税费——应交增值税（销项税额）”账户核算。企业当期应交增值税额等于当期销项税额减去当期进项税额，用“应交税额——应交增值税（已交税金）”账户核算。

（2）主要经济业务核算实例

【例 4-26】海岛永久船艇制造有限公司 2019 年 12 月 10 日销售给海岛路通集团有限公司甲产品 100 件，单价 120 元，增值税销项税额为1 560元，货税款已收到并存入银行。

这项经济业务发生后，引起资产、负债及收入要素同时增加。“银行存款”增加 13 560元，应记入借方，“主营业务收入”增加 12 000 元，应记入贷方，“应交税费”增加 1 560 元，应记入贷方。则编制会计分录如下：

借：银行存款　　13 560
　贷：主营业务收入——甲产品　　12 000
　　　应交税费——应交增值税（销项税额）　　1 560

【例 4-27】海岛永久船艇制造有限公司于 2019 年 12 月 15 日销售给海岛重工机械有限公司乙产品 200 件，单价 250 元，增值税销项税额 6 500 元，货税款未收到。

这项经济业务发生后，引起资产、负债及收入要素同时增加。“应收账款”增加 56 500元，应记入借方，“主营业务收入”增加 50 000 元，应记入贷方，“应交税费”增加 6 500 元，应记入贷方。则编制会计分录如下：

借：应收账款——海岛重工机械有限公司　　56 500
　贷：主营业务收入——乙产品　　50 000
　　　应交税费——应交增值税（销项税额）　　6 500

【例 4-28】海岛永久船艇制造有限公司于 2019 年 12 月 31 日结转上述已售甲、乙两产品的销售成本，其中甲产品单位成本为 100 元，乙产品单位成本为 150 元。

这项经济业务发生后，引起费用要素增加，资产要素减少。“主营业务成本”增加 40 000元，应记入借方，“库存商品”减少 40 000 元，应记入贷方。则编制会计分录如下：

借：主营业务成本——甲产品　　10 000
　　　　　　　　——乙产品　　30 000
　贷：库存商品——甲产品　　10 000
　　　　　　　——乙产品　　30 000

【例 4-29】海岛永久船艇制造有限公司于 2019 年 12 月 20 日收到海岛重工机械有限公司转账支票一张，金额 56 500 元，存入银行。

这项经济业务发生后，引起资产要素内部两个项目一增一减。“银行存款”增加 56 500元，应记入借方，“应收账款”减少 56 500 元，应记入贷方。则编制会计分录如下：

借：银行存款　　56 500

　贷：应收账款——海岛重工机械有限公司　　56 500

【例 4-30】海岛永久船艇制造有限公司于 2019 年 12 月 20 日以银行存款支付广告费 15 000元。

这项经济业务发生后，引起费用要素增加，资产要素减少。“销售费用”增加 15 000 元，应记入借方，“银行存款”减少 15 000 元，应记入贷方。则编制会计分录如下：

借：销售费用——广告费　　15 000

　贷：银行存款　　15 000

【例 4-31】海岛永久船艇制造有限公司于 2019 年 12 月 21 日销售材料一批，价值 20 000元，增值税销项税额 2 600 元，货税款已收到并存入银行。

这项经济业务发生后，引起资产、负债及收入要素同时增加。“银行存款”增加 22 600元，应记入借方，“其他业务收入”增加 20 000 元，应记入贷方，“应交税费”增加 2 600 元，应记入贷方。则编制会计分录如下：

借：银行存款　　22 600

　贷：其他业务收入　　20 000

　　　应交税费——应交增值税（销项税额）　　2 600

【例 4-32】海岛永久船艇制造有限公司于 2019 年 12 月 31 日结转上述已售材料的销售成本 18 000 元。

这项经济业务发生后，引起费用要素增加，资产要素减少。“其他业务成本”增加 18 000元，应记入借方，“原材料”减少 18 000 元，应记入贷方。则编制会计分录如下：

借：其他业务成本　　18 000

　贷：原材料　　18 000

【例 4-33】海岛永久船艇制造有限公司于 2019 年 12 月 31 日根据规定税率计算应交城市维护建设税 6 000 元，应交教育费附加 1 500 元。

这项经济业务发生后，引起费用要素和负债要素同时增加。“税金及附加”增加 7 500 元，应记入借方，“应交税费”增加 7 500 元，应记入贷方。则编制会计分录如下：

借：税金及附加　　7 500

　贷：应交税费——应交城建税　　6 000

　　　　　　——应交教育费附加　　1 500

经典考题回顾

1.【单选题】下列选项中应通过“应收票据”核算的(　　)。

A. 销售商品收到的商业汇票　　B. 提供劳务收到的银行本票

C. 转账收到的支票　　D. 销售商品收到的银行汇票

2.【多选题】选项中通过应交税费核算的是(　　)。

A. 对外销售应交税费的资源税

B. 计算应交税费的城建税

C. 对外转让厂房应缴纳的土地增值税

D. 购买印花税需缴纳的印花税

扫码获取答案

任务 4.5　利润形成及分配业务的核算

4.5.1　主要经济业务

(1) 利润形成

利润是指企业在一定会计期间的生产经营活动和其他活动取得的经营成果，包括收入减去费用后的净额，直接计入当期利润的利得和损失等。利润分为营业利润、利润总额和净利润。

营业利润=营业收入-营业成本-税金及附加-期间费用（销售费用、管理费用、财务费用）+其他收益±投资损益±公允价值变动净损益-信用减值损失（资产减值损失）±资产处置损益

利润总额=营业利润+营业外收入-营业外支出

净利润=利润总额-所得税费用

(2) 利润分配

《中华人民共和国公司法》规定，企业利润分配的顺序是，弥补以前年度的亏损，按

净利润的 10%提取法定盈余公积金，根据股东大会决议或者公司章程的规定提取任意盈余公积金，向投资者分配股利或利润，当法定盈余公积金达到注册资本的 50%以上时，可以不再提取。企业提取的法定盈余公积金主要用于弥补亏损、扩大生产经营、转增资本或派送新股等。法定盈余公积金转为资本时，所留存的盈余公积金不得少于转增前公司注册资本的 25%。

小贴士：企业提取盈余公积的基数是否应包含年初未分配利润？为什么？

盈余公积是企业按照规定从净利润中提取的各种积累资金，包括法定盈余公积金和任意盈余公积金。《中华人民共和国公司法》规定，计提法定盈余公积金和任意盈余公积金的基数为本年度实现的净利润，不包括年初未分配利润。因为年初未分配利润是以前年度累计的未分配利润，如果企业以前年度亏损，就必须先弥补以前年度亏损后再提取法定盈余公积金。

4.5.2　主要经济业务的会计核算

(1) 账户设置

利润形成过程的账户设置见表 4-9。

表 4-9　利润形成过程的账户设置

账户名称	账户设置	
所有者权益类账户	①“本年利润”账户	A. 核算内容：企业实现的净利润或发生的净亏损。 B. 性质：所有者权益类。 C. 账户结构：贷方登记期末转入的各项收入，借方登记期末转入的各项费用或损失，期末贷方余额，表示企业本年累计实现的净利润，期末借方余额，表示企业本年发生的净亏损，年终结账一般无余额
	②“利润分配”账户	A. 核算内容：企业利润的分配（或亏损的弥补）和历年分配（或弥补）后的余额。 B. 性质：所有者权益类。 C. 账户结构：贷方登记年终转入的净利润，借方登记本年度利润分配额，年终贷方余额，表示企业累计的未分配利润，年终借方余额，表示企业历年累计的未弥补亏损。 D. 明细账核算：按利润分配项目进行
	③“盈余公积”账户	A. 核算内容：企业从净利润中提取的盈余公积。 B. 性质：所有者权益类。 C. 账户结构：贷方登记期末按一定比例计提的盈余公积，借方登记盈余公积的减少数，期末贷方余额，表示企业提取的盈余公积余额。 D. 明细账核算：按盈余公积的种类进行

表4-9(续)

账户名称	账户设置	
损益类账户	①“营业外收入”账户	A. 核算内容：企业发生的各项营业外收入，包括非流动资产毁损报废收益、非货币性资产交换利得、政府补助、除固定资产盘盈的其他盘盈利得和捐赠利得等。 B. 性质：损益类。 C. 账户结构：贷方登记发生的各项营业外收入，借方登记期末结转至“本年利润”账户的金额，期末一般无余额。 D. 明细账核算：按营业外收入项目进行
	②“营业外支出”账户	A. 核算内容：企业发生的各项营业外支出，包括非流动资产毁损报废损失、非货币性资产交换损失、公益性捐赠支出、非常损失和盘亏损失等。 B. 性质：损益类。 C. 账户结构：借方登记发生的各项营业外支出，贷方登记期末结转至“本年利润”账户的金额，期末一般无余额。 D. 明细账核算：按营业外支出项目进行
	③“所得税费用”账户	A. 核算内容：企业按规定从当期利润总额中扣除的所得税费用。 B. 性质：损益类。 C. 账户结构：借方登记本期发生的所得税费用，贷方登记期末结转至“本年利润”账户的金额，期末一般无余额。 D. 明细账核算：按当期所得税费用和递延所得税费用进行
负债类账户	“应付股利”账户	A. 核算内容：企业经董事会或股东大会，或类似机构决议确定分配的现金股利或利润。 B. 性质：负债类。 C. 账户结构：贷方登记应支付的现金股利或利润，借方登记实际支付的现金股利或利润，期末贷方余额，表示企业尚未支付的现金股利或利润。 D. 明细账核算：按投资者进行

（2）主要经济业务核算实例

【例4-34】海岛永久船艇制造有限公司于2019年12月10日收到客户违约罚款8 000元，存入银行。

这项经济业务发生后，引起资产要素和收入要素同时增加。“银行存款”增加8 000元，应记入借方，“营业外收入”增加8 000元，应记入贷方。则编制会计分录如下：

借：银行存款　　8 000

　贷：营业外收入　　8 000

【例4-35】海岛永久船艇制造有限公司于2019年12月16日根据投资协议收到投资利润40 000元，存入银行。

这项经济业务发生后，引起资产要素和收入要素同时增加。“银行存款”增加40 000元，应记入借方，“投资收益”增加40 000元，应记入贷方。则编制会计分录如下：

借：银行存款　　40 000

　贷：投资收益　　40 000

【例4-36】海岛永久船艇制造有限公司于2019年12月31日结转各损益类账户，见

表4-10。

表 4-10　损益类账户发生额汇总表　　单位：元

会计科目	借方发生额	会计科目	贷方发生额
主营业务成本	40 000	主营业务收入	62 000
其他业务成本	18 000	其他业务收入	20 000
销售费用	20 000	营业外收入	8 000
管理费用	1 800	投资收益	40 000
财务费用	600		
税金及附加	7 500		

收入类账户转入“本年利润”账户，“本年利润”增加，登记在贷方；费用类账户转入“本年利润”账户，“本年利润”减少，登记在借方。则编制会计分录如下：

（1）将收入类账户转入“本年利润”。

借：主营业务收入　　62 000
　　其他业务收入　　20 000
　　营业外收入　　8 000
　　投资收益　　40 000
　贷：本年利润　　130 000

（2）将费用类账户转入“本年利润”。

借：本年利润　　87 900
　贷：主营业务成本　　40 000
　　　其他业务成本　　18 000
　　　销售费用　　20 000
　　　管理费用　　1 800
　　　财务费用　　600
　　　税金及附加　　7 500

经过上述收入和费用的结转，“本年利润”账户的贷方发生额为 130 000 元，借方发生额为 87 900 元，期末贷方余额 42 100（130 000−87 900）元，即为本年实现的利润总额。

【例 4-37】海岛永久船艇制造有限公司于 2019 年 12 月 31 日按照税法规定计算应纳所得税额，税率为 25%，假设企业没有利润调整项目。

企业应纳所得税额＝当期应纳税所得额×适用税率＝42 100×25%＝10 525（元）

这项经济业务发生后，引起费用要素和负债要素同时增加。“所得税费用”增加 10 525元，应记入借方，“应交税费”增加 10 525 元，应记入贷方。则编制会计分录如下：

借：所得税费用　　10 525
　贷：应交税费——应交所得税　　10 525

【例 4-38】海岛永久船艇制造有限公司于 2019 年 12 月 31 日将所得税费用转入“本年利润”账户。

费用类账户转入“本年利润”账户，“本年利润”减少，登记在借方。则编制会计分录如下：

借：本年利润　　10 525
　贷：所得税费用　　10 525

结转后，本年度净利润＝42 100－10 525＝31 575（元）

【例 4-39】海岛永久船艇制造有限公司于 2019 年 12 月 31 日结转本年实现的净利润，将净利润 31 575 元从“本年利润”账户转入“利润分配”账户。

这项经济业务发生后，引起所有者权益要素内部两个项目一增一减。“利润分配”增加 31 575 元，应记入贷方，“本年利润”减少 31 575 元，应记入借方。则编制会计分录如下：

借：本年利润　　31 575
　贷：利润分配——未分配利润　　31 575

【例 4-40】海岛永久船艇制造有限公司于 2019 年 12 月 31 日按净利润的 10%提取法定盈余公积金。

应提取的法定盈余公积＝31 575×10%＝3 157.5（元）

这项经济业务发生后，引起所有者权益要素内部两个项目一增一减。“盈余公积”增加 3 157.5 元，应记入贷方，“利润分配”减少 3 157.5 元，应记入借方。则编制会计分录如下：

借：利润分配——提取法定盈余公积　　3 157.5
　贷：盈余公积——法定盈余公积　　3 157.5

【例 4-41】2019 年 12 月 31 日，海岛永久船艇制造有限公司股东大会决定向投资者分配现金股利股利 20 000 元。

这项经济业务发生后，引起负债要素增加，所有者权益要素减少。“应付股利”增加 20 000 元，应记入贷方，“利润分配”减少 20 000 元，应记入借方。则编制会计分录如下：

借：利润分配——应付股利　　20 000
　贷：应付股利　　20 000

【例 4-42】海岛永久船艇制造有限公司于 2018 年 12 月 31 日以银行存款向股东支付股利 20 000 元。

这项经济业务发生后，引起资产要素和负债要素同时减少。“应付股利”减少20 000

元，应记入借方，“银行存款”减少 20 000 元，应记入贷方。则编制会计分录如下：

借：应付股利　　20 000

　贷：银行存款　　20 000

经典考题回顾

【单选题】下列各选项中，年终结转后“利润分配——未分配利润”科目借方余额反映的是(　　)。

A. 本年发生的净亏损　　B. 本年实现的净利润

C. 历年累积未弥补的亏损　　D. 历年累积未分配的利润

扫码获取答案

能力训练

一、单项选择题

1. 某企业购进材料一批，买价 20 000 元，运输费 600 元，入库前整理挑选费 400 元。该批材料的采购成本是(　　)。

A. 20 400 元　　B. 20 600 元　　C. 21 000 元　　D. 20 000 元

2. 企业购入材料发生的运杂费等采购费用，应计入(　　)。

A. 生产成本　　B. 材料采购成本　　C. 管理费用　　D. 制造费用

3. 下列选项中不应当直接计入当期损益的是(　　)。

A. 管理费用　　B. 财务费用　　C. 制造费用　　D. 所得税费用

4. 购入需安装的固定资产，其价值应先记入(　　)科目，待安装完毕后再转入固定资产科目。

A. 材料采购　　B. 在途物资　　C. 周转材料　　D. 在建工程

5. 某企业购买材料一批，买价 4 000 元，增值税进项税额为 520 元，运杂费 200 元，开出商业汇票支付，但材料尚未收到，应贷记(　　)科目。

A. 原材料　　B. 材料采购　　C. 银行存款　　D. 应付票据

6.“累计折旧”账户按经济内容分类，属于(　　)。

A. 资产类账户　　B. 损益类账户　　C. 共同类账户　　D. 负债类账户

7. 应计入生产成本的费用是(　　)。

A. 销售费用　　B. 财务费用　　C. 制造费用　　D. 管理费用

8. 某企业月末计提短期借款利息600元，应借记(　　)科目。

A. 管理费用　　B. 销售费用　　C. 财务费用　　D. 制造费用

9. 下列人员工资中，通过“管理费用”科目核算的是(　　)。

A. 生产车间工人工资　　B. 车间管理人员工资

C. 企业管理人员工资　　D. 销售部门职工工资

10. 某企业收到捐赠款20 000元，收存银行，应贷记(　　)科目。

A. 主营业务收入　　B. 其他业务收入

C. 营业外收入　　D. 营业外支出

二、多项选择题

1. 下列各选项中计入材料采购成本的有(　　)。

A. 材料买价　　B. 材料的运输费

C. 入库前的整理挑选费用　　D. 入库后的挑选整理费用

2. 下列费用中，属于生产过程中发生的费用有(　　)。

A. 车间机器设备折旧费　　B. 材料采购费用

C. 生产工人工资　　D. 生产产品耗用的材料费

3. 如果企业将购入固定资产的10 000元，错误地记入了“管理费用”账户，其结果会导致(　　)。

A. 费用多计10 000元　　B. 资产多计10 000元

C. 资产少计10 000元　　D. 利润少计10 000元

4. 关于“利润分配”账户，下列选项中表述正确的是(　　)。

A. 平时，贷方一般不作登记

B. 借方登记实际分配的利润数额

C. 年末结转后，本账户应无余额

D. 年末结转后，借方余额表示未弥补亏损

5. 企业实现的净利润应进行下列分配(　　)。

A. 计算缴纳所得税　　B. 支付子弟学校经费

C. 提取法定盈余公积金　　D. 提取任意盈余公积金

6. 投资者投入的资本，依据投资者的身份不同可以是(　　)。

A. 国家资本金　　B. 个人资本金

C. 法人资本金　　　　　　　　D. 货币资本金

7. 制造企业采购业务核算应设置的主要账户有(　　)。

A. 在途物资　　B. 原材料　　C. 应付账款　　D. 应收账款

8. 某车间领用材料一批，价值40 000元，直接用于产品生产，做会计分录时，应使用的会计科目有(　　)。

A. 制造费用　　B. 在途物资　　C. 原材料　　D. 生产成本

9. 下列项目中，应记入“财务费用”账户的是(　　)。

A. 利息支出　　　　　　　　B. 汇兑损失

C. 支付金融机构手续费　　　　D. 财务会计人员工资

10. 下列税金列作“税金及附加”核算的有(　　)。

A. 增值税　　B. 城建税　　C. 房产税　　D. 印花税

三、判断题

1. “本年利润”科目余额如果在借方，则表示自年初至本期末累计发生的亏损。(　　)

2. 购入固定资产时，其借方科目为“固定资产”。(　　)

3. “本年利润”和“利润分配”账户年末结账后余额为零。(　　)

4. “累计折旧”科目属于资产类账户，增加记“借方”，减少记“贷方”。(　　)

5. 企业的营业外收支，既不影响企业的营业利润，也不影响企业的净利润。(　　)

6. “生产成本”账户如果有借方余额，则表示期末在产品的成本。(　　)

7. 企业应缴纳的城市建设维护税应计入企业当期损益，应记在“管理费用”科目中。(　　)

8. 企业提取法定盈余公积时，应按照利润总额的50%计算。(　　)

9. 在材料采购过程中，采购费用应记入“管理费用”科目中。(　　)

10. 超出企业法定资本额的投入资本应作为营业外收入处理。(　　)

扫码获取答案

项目 5　会计凭证

学习目标：

1. 了解会计凭证的概念、作用及分类；
2. 了解会计凭证传递及保管的相关要求；
3. 掌握原始凭证填制及审核的方法和要求；
4. 掌握记账凭证填制及审核的方法和要求。

会计凭证思维导图如图 5-1 所示。

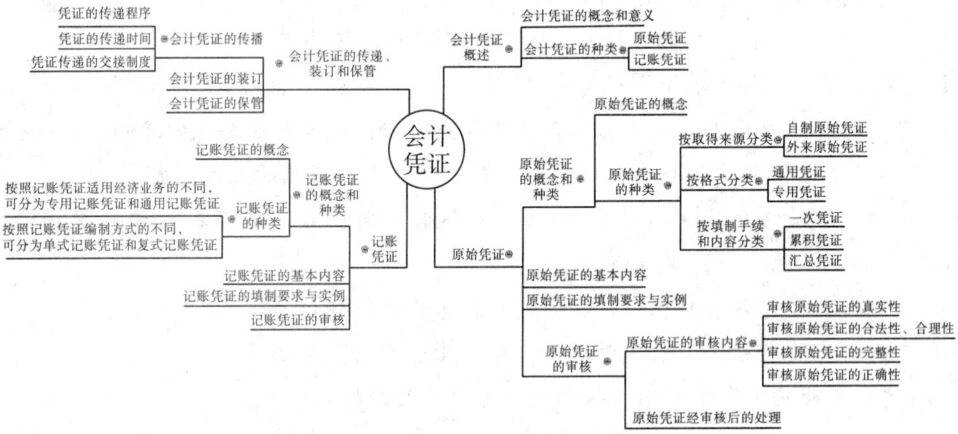

图 5-1　会计凭证思维导图

任务 5.1　会计凭证概述

5.1.1　会计凭证的概念和意义

（1）会计凭证的概念

会计凭证是指记录经济业务发生或者完成情况的书面证明，是登记账簿的依据，包括纸质会计凭证和电子会计凭证两种形式。每个企业都必须按一定的程序填制和审核会计凭证，根据审核无误的会计凭证进行账簿登记，如实反映企业的经济业务。

（2）会计凭证的意义

会计凭证对于如实反映和有效监督经济业务，确保会计信息真实、正确，发挥会计在经济管理中的作用具有重要意义。

①记录经济业务，提供记账依据。任何一项经济业务的发生，首先应填制或取得会计凭证，然后才能据以记账。

②明确经济责任，强化内部控制。由于每项经济业务都要由经办单位和有关人员在会计凭证上签名或盖章，这样就明确了各经办单位及有关人员的责任。

③监督经济活动，控制经济运行。通过取得和填制会计凭证，可以检查各项财产是否完整，监督各项经济业务是否符合国家政策、法规和制度。

经典考题回顾

【单选题】(　　)是记录交易或者事项发生完成情况的书面证明，也是登记账簿的依据。

A. 科目汇总表　　B. 原始凭证　　C. 会计凭证　　D. 交易凭证

扫码获取答案

5.1.2　会计凭证的种类

会计凭证按照填制程序和用途可以分为原始凭证和记账凭证。

原始凭证的主要作用在于记录经济业务，明确经济责任。常用的原始凭证有增值税专用发票、支票存根和领料单等。记账凭证的主要作用在于确定会计分录，并以此作为记账的依据。

小贴士：实际工作中，成本计划、销售计划等属于会计凭证吗？为什么？

会计凭证是记录经济业务发生和完成情况的书面证明。“计划”是单位、组织或个人在未来一定时期为实现某种目标而制订的方案，是尚未发生的。因此，“计划”不属于会计凭证的范畴。

同理，企业中较常见的“预算”“制度”，由于它们都不代表任何经济业务的发生和完成情况，因此也不属于会计凭证的范围。

任务 5.2 原始凭证

5.2.1 原始凭证的概念和种类

(1) 原始凭证的概念

原始凭证也称单据，是指在经济业务发生或完成时取得或填制的，用以记录或证明经济业务的发生或完成情况的原始凭证。原始凭证的作用主要是记载经济业务的发生过程和具体内容。常用的原始凭证有现金收据、发货单、增值税专用（或普通）发票、差旅费报销单、产品入库单、领料单等。

(2) 原始凭证的种类

原始凭证可以按照取得来源、格式、填制的手续和内容进行分类。

①按取得来源分类。

原始凭证按照取得来源，可分为自制原始凭证和外来原始凭证。

自制原始凭证，是指由本单位有关部门和人员，在执行或完成某项经济业务时填制的原始凭证，如领料单、入库单、出库单、借款单等，如图 5-2~图 5-5 所示。

领 料 单　　　　№：000008

提货部门：销售科　　　　20××-06-24　　　　仓库名称：成品1库

货号	商品名称	规格	数量	单位	单价	金额
	主控单元件		300	个	100.16	30,048.00
合计						¥30,048.00
备注						

第三联 记账联

重庆宝迪电子有限公司 发货专用章

主管：赵一　　经手人：王云　　保管：王云　　制单：刘燕

图 5-2 领料单

入 库 单

供应单位：深圳蓝莓电子设计研发中心　　20××年6月10日　　收料仓库：1号库

发票号数：0000026、00000069　　编号：00008

材料编号	商品名称	规格	数量	单位	单价	采购费用	金额
01	主控单元件		20,000	个	100.00	5,580.00	2,005,580.00
合计	贰佰万伍仟伍佰捌拾元整						2,005,580.00
验收意见和入库时间	质量合格，如实验收入库。20××年6月10日						

第二联　报销凭证

重庆宝迪电子有限公司　业务专用章

主管：赵一　　经手人：王云　　保管：王云　　制单：刘燕

（此为一式三联，一联采购部门存查、二联采购报销凭证，三联交保管部门备查）

图 5-3　入库单

出 库 单

№：000006

提货部门：销售科　　20××-06-24　　仓库名称：成品1库

货号	商品名称	规格	数量	单位	单价	金额
	不可充电速走神经刺激器		1,600	个		
合计						
备注						

第三联　记账联

重庆宝迪电子有限公司　发货专用章

主管：赵一　　经手人：王云　　保管：王云　　制单：刘燕

图 5-4　出库单

借 款 单

资金性质：个人借款　　20××年6月4日

借款单位	销售部	
借款理由	招待客户	
借款金额	人民币（大写）：叁仟伍佰元整　　￥3500.00	
本单位负责人意见	同意 马宝迪　　借款人签章：叶子	
领导批示： 同意 李泽 20××年6月4日	会计主管核批： 同意 陈丰 20××年6月4日	付款记录： 20××年6月4日以第3号 支票或现金支出凭单付给叶子

图 5-5　借款单

外来原始凭证，是指在经济业务发生或完成时，从其他单位或个人处直接取得的原始凭证，如购买原材料取得的增值税专用发票、职工出差差旅费报销单中的车票和餐饮费发票等，如图 5-6~图 5-10 所示。

3200053140　　　　**重庆增值税专用发票**　　　　№ 02995682

记账联

开票日期：20××年 6 月 23 日

购货单位	名称：	常州静安医疗设备有限公司			密码区	>9+90>63676'+819"1386"+344< 加密版本：		
	纳税人识别号：	512413508269400×				>>"76<941>/64>xiaoai.org>1 13200053140		
	地址、电话：	江苏常州市××区××路 6 号				>0<>+1"8"1/85>0>>23<>"8>85 0299560		
	开户行及账号：	工行××分理处所 6020761				>0>>8<>"112/888		
货物或应税劳务名称	规格型号	单位	数量	单价	金额	税率	税额	
本可宽电速夹钟控制器		个	1,600	1,250.00	2,000,000.00	13%	260,000.00	
合计					¥2,000,000.00		¥260,000.00	
价税合计（大写）	⊗贰佰贰拾陆万元整				（小写）	¥2,260,000.00		
销货单位	名称：	重庆宝迪电子有限公司			备注			
	纳税人识别号：	510314689245128						
	地址、电话：	重庆市高新区××路 88 号 023-68600000						
	开户行及账号：	工行沙高新支行 262205						

第一联：记账联 销货方记账凭证

收款人：艾雅尼　　复核：丹丹　　开票人：admin　　销货单位：（章）

（印章：重庆宝迪电子有限公司 510314689245128 发票专用章）

图 5-6　增值税专用发票

差旅费报销单

20××年 6 月 3 日　　　　单位：元

起讫时间地点						出差补助		车船费		住宿费		会议费		其他		小计	
月	日	起点	月	日	终点	张数	金额	张数	金额	张数	金额	张数	金额	张数	金额	张数	金额
5	29	C市	5	29	S市			1	50	1	150					2	200
小计								1	50	1	150					2	200
合计人民币(大写)：贰佰元整															¥200		
出差事由：联系业务									预借 0　核销 0　应退补 200.00								

总经理：李明　　财务经理：陈丰　　部门经理：萧晓　　报销人：叶子

图 5-7　差旅费报销单

费用报销单

报销部门：销售部门　　20××-06-05　　单据及附件共 6 页

用途	金额(元)	备注	现金付讫
招待×××有限公司王总	2,000.00		
招待×××有限公司陈总	2,000.00		
		领导审批	符合公司规定，同意支出。20××年6月5日 李明
合计	¥4,000.00		
金额大写	肆仟元整	原借款：　元	应退款：　元

会计主管 王红英　复核：　出纳：艾雅尼　报销人：李征　领款人：李征

图 5-8 费用报销单

××省××市汽车运输总公司客运发票

××

发票代码：000000000000

发票号码：00000000

汉中至绵阳　　票价 ¥50.00

乘车站	乘车日期	发车时间	班 次	座 号	票 型	检票口
汉中	20××-06-03	14:50	03921	00	半	4

售票员：1018　　当日当次有效。

图 5-9 客运发票

××省地方税务局通用机打发票

发 票 联　发票代码 233001173633

发票号码 20733746

开票日期：20××年6月3日　　行业分类：餐饮、住宿业

纳税人识别号:330100665203582　　机打号码:20733745

机器编号:　　税控防伪码:T3KIQcUYYI77m6UKaCcG

付款户名:叶子　　付款方式:现金

项目及摘要	单位	数量	单价	金额
餐饮费	元	1	2,000.00	2,000.00

合计人民币(大写):贰仟元整

开票人:马丽　　收款人:××大嘴鸟酒店有限公司

第一联 发票联 付款方记账凭证 (手开无效)

图 5-10 餐饮费发票

②按格式分类。

原始凭证按照格式的不同，可分为通用凭证和专用凭证。

通用凭证是指由有关部门统一印制、在一定范围内使用的具有统一格式和使用方法的原始凭证。通用凭证的使用范围因制作部门的不同而有所差异，可以是分地区、分行业使用，也可以全国通用，如某省（市）印制的在该省（市）通用的发票、收据等，如图5-11所示；由中国人民银行制作的在全国通用的银行转账结算凭证、由国家税务总局统一印制的全国通用的增值税专用发票等。

××市地方税务局通用定额发票

青岛世园(集团)有限公司

发票代码 000000000000

发票号码 00000000

伍百元整

重庆地方税务局通用机打发票

发 票 联

发票代码 233001173633

发票号码 20733896

开票日期：20××年6月16日　　行业分类：广告业

纳税人识别号:332201665208865　　机打号码:21385331

机器编号:　　税控防伪码:U5TKCuAUU833tTACeUuG

付款户名:重庆宝迪电子有限公司　　付款方式:现金

项目及摘要	单位	数量	单价	金额
广告费	元	1	10,000	￥10,000

合计人民币(大写):壹万元整

开票人:付欣　　收款人:重庆创意广告有限公司

第一联 发票联 付款方记账凭证 （手开无效）

图5-11　通用发票格式

专用凭证是指由单位自行印制的原始凭证，如领料单、差旅费报销单、折旧计算表，工资费用分配表等。

③按填制的手续和内容分类。

原始凭证按照填制的手续和内容，可分为一次凭证、累计凭证和汇总凭证。

一次凭证是指一次填制完成，只记录一笔经济业务且仅一次有效的原始凭证，如收据、收料单、发货票、银行结算凭证等，如图5-12～图5-14所示。

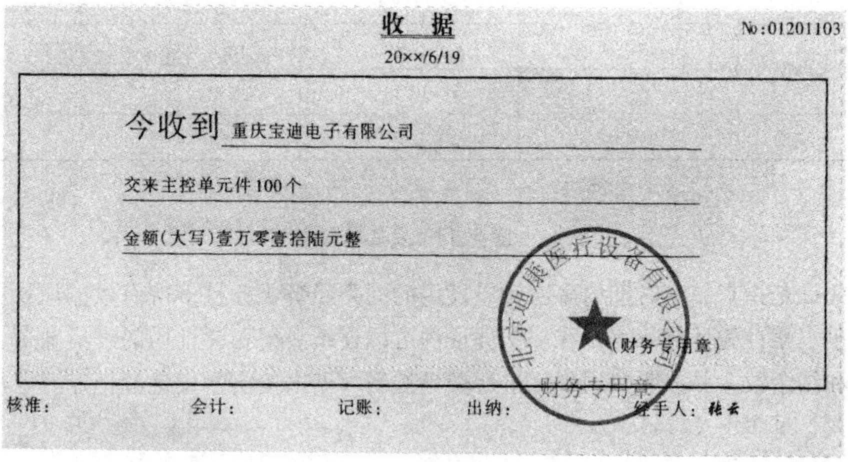
收　据　　№:01201103

20××/6/19

今收到 重庆宝迪电子有限公司

交来主控单元件100个

金额(大写)壹万零壹拾陆元整

北京迪康医疗设备有限公司 (财务专用章)

核准：　会计：　记账：　出纳：　经手人：张云

图5-12　收据

收　料　单

收料单位：　　日　期：　　车　号：　　编号：

供应单位：　　结算方式：　　合同号：

供应方式：　　点收形式：　　发票号：

材料编号	物资名称	规格型号	单位	数量	账面价		采购价		价差	出产厂商 出厂日期	炉号/批号 等级强度	备注
					单价	金额	单价	金额				
合　计												

物资主管：　　收料人：　　交料人：　　制单：

图5-13　收料单

发 货 单

购买单位：

结算方式：　　　　　　　　　年　　月　　日　　　　　　　　编号：

品名规格	单位	数量	单价	金额

会计：　　　　　　　　　　复核：　　　　　　　　　　制单：

图 5-14　发货单

累计凭证是指在一定时期内多次记录发生的同类经济业务且多次有效的原始凭证，如限额领料单。累计凭证的特点是在一张凭证内可以连续登记相同性质的经济业务，随时结出累计数和结余数，并按照费用限额进行费用控制，期末按实际发生额记账。限额领料单的一般格式，见表 5-1。

表 5-1　限额领料单

领料部门：　　　　　　　　　　　　　　　　　　发料仓库：

用途：　　　　　　　　　　年　　月　　日　　　　　　编号：

<table>
<tr><td rowspan="2">材料编号</td><td rowspan="2">材料名称</td><td rowspan="2">规格</td><td rowspan="2">计量单位</td><td rowspan="2">计划单价</td><td rowspan="2">领用限额</td><td colspan="2">全月实额</td></tr>
<tr><td>数量</td><td>金额</td></tr>
<tr><td></td><td></td><td></td><td></td><td></td><td></td><td></td><td></td></tr>
<tr><td>领用日期</td><td>请领数量</td><td colspan="2">实发数量</td><td>领料人签章</td><td>发料人签章</td><td colspan="2">限额结余数量</td></tr>
<tr><td></td><td></td><td></td><td></td><td></td><td></td><td></td><td></td></tr>
<tr><td></td><td></td><td></td><td></td><td></td><td></td><td></td><td></td></tr>
<tr><td></td><td></td><td></td><td></td><td></td><td></td><td></td><td></td></tr>
<tr><td></td><td></td><td></td><td></td><td></td><td></td><td></td><td></td></tr>
</table>

供应部门负责人：　　　　　　　领料部门负责人：　　　　　　　仓库负责人：

汇总凭证是指对一定时期内反映经济业务内容相同的若干张原始凭证，按照一定标准综合填制的原始凭证。汇总原始凭证合并了同类经济业务，简化了凭证编制和记账工作。发料凭证汇总表是一种常用的汇总凭证，格式见表 5-2。

表5-2　发料凭证汇总表

年　　月

借方科目 / 材料	生产成本	制造费用	管理费用	销售费用	合计
合计					

5.2.2　原始凭证的基本内容

各单位经济业务的具体内容不同，决定了所使用的原始凭证的名称、格式和内容也不相同。但是，任何原始凭证都是经济业务的原始证据，应详细地记载经济业务的发生或完成情况及经办单位和个人的经济责任，因此，任何原始凭证都具有共同的基本经济内容。这些基本经济内容如下：

①凭证的名称；

②填制凭证的日期；

③填制凭证单位名称和填制人姓名；

④经办人员的签名或者盖章；

⑤接受凭证单位名称；

⑥经济业务内容；

⑦数量、单价和金额。

5.2.3　原始凭证填制的要求与实例

(1) 原始凭证填制的基本要求

①记录真实。原始凭证填列的经济业务的内容和数字，必须真实可靠，符合实际情况。

②内容完整。原始凭证要求填列的项目必须逐项填列齐全，不得遗漏或省略。原始凭证中的年、月、日要按照填制原始凭证的实际日期填写；名称要齐全，不能简化；品名或用途要填写明确，不能含糊不清；有关人员的签章必须齐全。

③手续完备。单位自制的原始凭证必须有经办单位相关负责人的签名盖章；对外开出的原始凭证必须加盖本单位公章或者财务专用章；从外部取得的原始凭证，必须盖有填制单位的公章或者财务专用章；从个人处取得的原始凭证，必须有填制人员的签名或盖章。

④书写清楚、规范。原始凭证要按规定填写，文字要简明，字迹要清楚，易于辨认，不得使用未经国务院公布的简化汉字。大小写金额必须符合填写规范，小写金额用阿拉伯数字逐个书写，不得写连笔字。在金额前要填写人民币符号“¥”（使用外币时填写相应符号），且与阿拉伯数字之间不得留有空白。金额数字一律填写到角、分，无角无分的，写“00”或符号“-”；有角无分的，分位写“0”，不得用符号“-”。大写金额用汉字壹、贰、叁、肆、伍、陆、柒、捌、玖、拾、佰、仟、万、亿、元、角、分、零、整等，一律用正楷或行书字书写。大写金额前未印有“人民币”字样的，应加写“人民币”三个字且和大写金额之间不得留有空白。大写金额到元或角为止的，后面要写“整”或“正”字；有分的，不写“整”或“正”字，如小写金额为¥1 007.00，大写金额应写成“壹仟零柒元整”。

⑤编号连续。各种凭证要连续编号，以便检查。如果凭证已预先印定编号，如发票、支票等重要凭证，在因错作废时，应加盖“作废”戳记，妥善保管，不得撕毁。

⑥不得涂改、刮擦、挖补。原始凭证金额有错误的，应当由出具单位重开，不得在原始凭证上更正。原始凭证有其他错误的，应当由出具单位重开或更正，更正处应当加盖出具单位印章。

⑦填制及时。各种原始凭证一定要及时填写，并按规定的程序及时送交会计机构审核。

（2）自制原始凭证填制的基本要求

①一次凭证，应在经济业务发生或完成时，由相关业务人员一次填制完成。该凭证往往只能反映一项经济业务，或者同时反映若干项同一性质的经济业务。一次凭证有些是自制的原始凭证，如收料单、领料单、工资结算表、制造费用分配表等；有些是外来的原始凭证，如增值税专用发票、税收缴款书、各种银行结算凭证等。

②累计凭证，应在每次经济业务完成后，由相关人员在同一张凭证上重复填制完成。该凭证能在一定时期内不断重复地反映同类经济业务的完成情况。典型的累计凭证是限额领料单。

③汇总凭证，应由相关人员在一定汇总时期内反映同类经济业务的原始凭证后填制完成。该凭证只能将类型相同的经济业务进行汇总，不能汇总两类或两类以上的经济业务。

【例5-1】深圳中天电子设计研究院（纳税人登记号为440313508269340，开户银行是工商银行××分理处，账号是802077，位于深圳市××区××路5号，电话为0755-65330000）于2019年6月11日按照2019年第12号合同销售给重庆宝迪电子有限公司（纳税登记号为510314689245128，开户银行是工商银行高新支行，账号是262205，位于重庆市高新区××路88号，电话023-68600000）钛合金10 000个，单价为110.00元/个，总价款1 100 000元，税款合计143 000元，并于同日收到对方货款，到开户行办理进账手续。该公司开具给宝迪电子有限公司增值税发票一张，并于当天收到银行进账单回单。

问题：根据上述业务填写一张增值税专用发票和中国工商银行进账单（回单或收账通知）。

分析：原始凭证是经济业务的载体，会计人员会经常和各种各样的原始凭证打交道，因此，正确填制原始凭证是对会计人员的一项基本要求。本例中涉及的原始凭证有增值税专用发票和银行进账单回单，其填制内容分别见表 5-3。

表 5-3　中国工商银行进账单

交款日期：　　2019 年 6 月 11 日　　第 001 号

<table>
<tr><td rowspan="3">收款人</td><td>全称</td><td>深圳中天电子设计研究院</td><td rowspan="3">付款人</td><td>全称</td><td>重庆宝迪电子有限公司</td></tr>
<tr><td>账号</td><td>802077</td><td>账号</td><td>262205</td></tr>
<tr><td>开户银行</td><td>工行××分理处</td><td>开户银行</td><td>工行沙高新支行</td></tr>
<tr><td>人民币（大写）</td><td colspan="5">壹佰贰拾肆万叁仟元整 ¥1 243 000. 00</td></tr>
<tr><td>票据种类</td><td>支票</td><td></td><td colspan="3" rowspan="3">收款人：开户行盖章</td></tr>
<tr><td>票据张数</td><td>1</td><td></td></tr>
<tr><td colspan="3">单位主管　会计　复核　记账</td></tr>
</table>

第一联回单

5. 2. 4　原始凭证的审核

为了正确反映经济业务的执行和完成情况，发挥会计工作的监督作用，财会部门对各种原始凭证要进行严格的审查和核对。只有经过审查合格的原始凭证，才能作为编制记账凭证和登记账簿的依据。

（1）原始凭证的审核内容

审核的内容主要包括以下几点：

①审核原始凭证的真实性。真实性的审核包括凭证日期是否真实、业务内容是否真实、数据是否真实等。对外来原始凭证，必须有填制单位公章或财务专用章和填制人员签章；对自制原始凭证，必须有经办部门和经办人员的签名或盖章。此外，对通用原始凭证，还应审核凭证本身的真实性，以防作假。

②审核原始凭证的合法性、合理性。审核原始凭证所记录经济业务是否符合国家法律法规，是否履行了规定的凭证传递和审核程序；审核原始凭证所记录经济业务是否符合企业经济活动的需要、是否符合有关的计划和预算等。

③审核原始凭证的完整性。审核原始凭证各项基本要素是否齐全，是否有漏项情况，日期是否完整，数字是否清晰，文字是否工整，有关人员签章是否齐全，凭证联次是否正

确等。

④审核原始凭证的正确性。审核原始凭证记载的各项内容是否正确，包括：第一，接受原始凭证单位的名称是否正确。第二，金额的填写和计算是否正确。阿拉伯数字分位填写，不得连写。小写金额前要标明“￥”字样，中间不能留有空位。大写金额前要加“人民币”字样，大写金额与小写金额要相符。第三，更正是否正确。原始凭证记载的各项内容均不得涂改、刮擦和挖补。

（2）原始凭证经审核后的处理

①对于完全符合要求的原始凭证，应及时据以编制记账凭证入账。

②对于真实、合法、合理，但内容不够完整、填写有错误的原始凭证，应退回给有关经办人员，由其负责将有关凭证补充完整，更正错误或重开后，再办理正式会计手续。

③对于不真实、不合法的原始凭证，会计机构、会计人员有权不予接受，并向单位负责人报告。

经典考题回顾

【判断题】企业生产车间多次使用一张限额领料单，该凭证为累计原始凭证。（　　）

扫码获取答案

任务 5.3　记账凭证

5.3.1　记账凭证的概念和种类

（1）记账凭证的概念

记账凭证，也称记账凭单，是指会计人员根据审核无误的原始凭证，按照经济业务的内容加以归类，并据以确定会计分录后填制的会计凭证，是登记账簿的直接依据。记账凭证的作用主要是确定会计分录，进行账簿登记，反映经济业务的发生或完成情况，监督企业经济活动，明确相关人员的责任。

（2）记账凭证的种类

实际工作中，企业可根据本单位业务的特点选择使用特定格式的记账凭证，记账凭证按照不同的标准可进行不同的分类。

①按照记账凭证适用经济业务的不同，可分为专用记账凭证和通用记账凭证。

专用记账凭证。专用记账凭证是指按照经济业务的某种特定属性，定向使用的记账凭证。根据登记经济业务的不同，专用记账凭证又可分为三种，即收款凭证、付款凭证和转账凭证。

收款凭证是指专门用于登记现金和银行存款收款业务的记账凭证。收款凭证又可以分为现金收款凭证和银行存款收款凭证，它们分别根据现金和银行存款收款业务的原始凭证填制，是出纳人员收讫款项的依据，也是登记总账、库存现金日记账和银行存款日记账及有关明细账的依据，见表5-4。

表5-4　收款凭证

借方科目：　　　　　　　　　　　　　　年　　月　　日　　　　　　　　　　　　收字第　　号

摘要	贷方科目		记账符号	金额										
	总账科目	明细科目		亿	千	百	十	万	千	百	十	元	角	分
附单据　张	合　计													

会计主管：　　　　　记账：　　　　　出纳：　　　　　审核：　　　　　制单：

付款凭证是指专门用于登记现金和银行存款付款业务的记账凭证。付款凭证又可以分为现金付款凭证和银行存款付款凭证，它们分别根据现金和银行存款付款业务的原始凭证填制，是出纳人员支付款项的依据，也是登记总账、库存现金日记账、银行存款日记账及有关明细账的依据，见表5-5。

表 5-5　付款凭证

贷方科目：　　　　　　　　　　年　　月　　日　　　　　　　　　付字第　　号

摘要	贷方科目		记账符号	金额										
	总账科目	明细科目		亿	千	百	十	万	千	百	十	元	角	分
附单据　张	合　计													

会计主管：　　　　记账：　　　　出纳：　　　　审核：　　　　制单：

转账凭证是指专门用于登记现金和银行存款收付款业务以外的转账业务的记账凭证。它根据相关转账业务的原始凭证填制，是登记总账和有关明细账的依据，见表 5-6。

表 5-6　转账凭证

年　　月　　日　　　　　　　　　转字第　　号

摘要	会计科目		记账符号	借方金额									贷方金额								
	总账科目	明细科目		百	十	万	千	百	十	元	角	分	百	十	万	千	百	十	元	角	分
附单据　张	合　计																				

会计主管：　　　　记账：　　　　审核：　　　　制单：

通用记账凭证是指不分收款、付款和转账业务，各类业务共同使用且具有统一格式的记账凭证。在实际工作中，一般适用于经济业务数量较少的企事业单位，见表 5-7。

表5-7　通用记账凭证

出纳编号：　　　　　　　　　　　　　年　　月　　日　　　　　　　　　　　凭证编号：

摘要	会计科目		记账符号	借方金额									贷方金额								
	总账科目	明细科目		百	十	万	千	百	十	元	角	分	百	十	万	千	百	十	元	角	分
附单据　张	合　计																				

会计主管：　　　　　　　记账：　　　　　　　出纳：　　　　　　审核：　　　　　　　制单：

②按照记账凭证编制方式的不同，可分为单式记账凭证和复式记账凭证。

单式记账凭证是指按每笔经济业务所涉及的各个会计科目分别填列的记账凭证。填列借方账户的称为借项记账凭证，填列贷方账户的称为贷项记账凭证。一项经济业务涉及几个账户就分别填制几张凭证，并采用一定的编号方法将它们联系起来。其优点是：内容单一，便于记账工作的分工，也便于按科目汇总，并可加速凭证的传递。其缺点是：凭证张数多，内容分散，在一张凭证上不能完整地反映一笔经济业务的全貌，因此需要加强凭证的复核、装订和保管工作。

复式记账凭证是指将某项经济业务所涉及的全部会计科目集中在一起填列的记账凭证。上述专用记账凭证和通用记账凭证都属于复式记账凭证。其优点是：能完整地反映一笔经济业务的全貌，即经济业务所涉及的全部账户及其对应关系，且填写方便，附件集中，便于凭证的分析和审核。其缺点是：不便于分工记账，也不便于科目汇总。

小贴士：原始凭证与记账凭证的区别

原始凭证和记账凭证的共同之处在于都是登记账簿的依据，其区别主要包括：一是填制人不同。原始凭证一般是在经济业务发生或完成时由经办人员填制的，而记账凭证则是由会计人员填制。二是填制依据不同。原始凭证的填制依据是真实存在的经济业务，而记账凭证的填制依据是审核无误的原始凭证。三是作用不同。原始凭证的作用在于记录、证明经济业务的发生及完成，而记账凭证则要对原始凭证上记录的经济业务进行归类整理，为登记账簿提供直接依据。

5.3.2 记账凭证的基本内容

记账凭证是登记账簿的依据，为了保证登账的正确和方便，记账凭证必须包括以下基本内容：

①填制凭证的日期；

②凭证编号；

③经济业务摘要；

④应借应贷会计科目；

⑤金额；

⑥所附原始凭证张数；

⑦填制凭证人员、稽核人员、记账人员、会计机构负责人、会计主管人员签名或者盖章。收款和付款记账凭证还应当由出纳人员签名或者盖章。

5.3.3 记账凭证的填制要求与实例

(1) 记账凭证的填制要求

①记账凭证应根据审核无误的原始凭证编制。

②记账凭证的内容必须完整。以自制的原始凭证或者原始凭证汇总表代替记账凭证的，也必须具备记账凭证应有的项目。

③记账凭证应连续编号。一笔经济业务需要填制两张或两张以上的记账凭证时，可以采用分数编号法编号。如 1 号会计事项需填制三张记账凭证，则可将三张记账凭证分别编号为：“$1\frac{1}{3}$”“$1\frac{2}{3}$”“$1\frac{3}{3}$”。

④除结账和更正错误的记账凭证可以不附原始凭证外，其他记账凭证必须附有原始凭

证，并注明所附原始凭证的张数。所附原始凭证的张数的计算，一般以原始凭证的自然张数为准。如果一张原始凭证涉及几张记账凭证的，可以把原始凭证附在一张主要的记账凭证后面，并在其他记账凭证上注明附有该原始凭证的记账凭证的编号或者附原始凭证复印件。

⑤如果在填制记账凭证时发生错误，应当重新填制。已经登记入账的记账凭证，在当年内发现填写错误时，可用红字填写一张与原内容相同的记账凭证，在摘要栏内注明“注销某月某日某号凭证”字样，同时再用蓝字重新填制一张正确的记账凭证，注明“订正某月某日某号凭证”字样。如果会计科目没有错误，只是金额有错误，也可以将正确数字与错误数字之间的差额，另编一张调整的记账凭证，调增金额用蓝字，调减金额用红字。发现以前年度记账凭证有错误的，应当用蓝字填制一张更正的记账凭证。

⑥记账凭证填制完成后，如有空行，应自金额栏最后一笔数字下的空行处至合计数上的空行处划线注销。

⑦填制记账凭证时，字迹必须清晰工整。

⑧实行电算化会计的单位，对于机制记账凭证要认真审核，做到会计科目使用正确，数字准确无误。打印的机制记账凭证要加盖制单人员、审核人员、记账人员及会计机构负责人、会计主管人员的印章或签字。

（2）收款凭证的填制实例

【例5-2】2019年11月5日，海岛冲鸭船艇制造有限公司收到远洋有限责任公司签发的支票，用以偿付前欠货款123 000元，公司将款项存入银行。

该业务的原始凭证为“银行进账单（收账通知）”。

根据原始凭证分析，该业务使银行存款增加123 000元，应记入“银行存款”账户的借方，同时，应收账款减少123 000元，记入“应收账款”账户贷方。因为银行存款增加，所以选择填制收款凭证，见表5-8。

收款凭证填制完成后，由制证人在“制单”处签章，以明确经济责任，再将原始凭证附在记账凭证的后面，最后交由稽核员审核、签章。

表 5-8　收款凭证

借方科目：银行存款　　　　2019 年 11 月 05 日　　　　收字第 001 号

摘要	贷方科目		记账符号	金额										
	总账科目	明细科目		亿	千	百	十	万	千	百	十	元	角	分
收到货款	应收账款	远洋有限责任公司					1	2	3	0	0	0	0	0
附单据 1 张	合　计					¥	1	2	3	0	0	0	0	0

会计主管：　　　　记账：　　　　出纳：　　　　审核：刘长山　　　　制单：赵凤英

（3）付款凭证的填制实例

【例 5-3】2019 年 11 月 10 日，海岛冲鸭船艇制造有限公司以银行转账支票向星海商厦有限公司购买 3 000 元的办公用品。

该业务的凭证包括：增值税普通发票（发票联）、转账支票（存根联）、入库单和办公用品出库单。

根据原始凭证分析，该业务使管理费用增加 3 000 元，记入“管理费用——办公费”账户的借方，同时，签发转账支票使银行存款减少 3 000 元，记入“银行存款”账户贷方。因为银行存款减少，所以选择填制付款凭证，见表 5-9。

表 5-9　付款凭证

贷方科目：银行存款　　　　　　2019 年 11 月 10 日　　　　　　付字第 003 号

摘要	贷方科目		记账符号	金额										
	总账科目	明细科目		亿	千	百	十	万	千	百	十	元	角	分
购买办公用品	管理费用	办公费							3	0	0	0	0	0
附单据 4 张	合　计							¥	3	0	0	0	0	0

会计主管：　　　　记账：　　　　出纳：　　　　审核：刘长山　　　　制单：赵凤英

付款凭证填制完成后，由制证人在“制单”处签章，以明确经济责任，再将原始凭证附在记账凭证的后面，最后交由稽核员审核、签章。

（4）转账凭证的填制实例

【例 5-4】2019 年 11 月 15 日，海岛冲鸭船艇制造有限公司将在途 G 材料验收入库。该业务的原始凭证为“原材料入库单”。

根据原始凭证分析，该业务使原材料增加 20 000 元，应记入“原材料——G 材料”账户的借方，同时，在途物资减少 20 000 元，应记入“在途物资”账户贷方。因不涉及库存现金和银行存款增减变动，所以选择填制转账凭证，见表 5-10。

表 5-10 转账凭证

2019 年 11 月 15 日　　转字第 008 号

摘要	会计科目		记账符号	借方金额									贷方金额								
	总账科目	明细科目		百	十	万	千	百	十	元	角	分	百	十	万	千	百	十	元	角	分
材料入库	原材料	G材料				2	0	0	0	0	0	0									
	在途物资	G材料													2	0	0	0	0	0	0
附单据 1 张	合　计				¥	2	0	0	0	0	0	0		¥	2	0	0	0	0	0	0

会计主管：　　记账：　　审核：刘长山　　制单：赵凤英

填制转账凭证后的处理与收款凭证、付款凭证相同，此处不再重复讲述。

需要强调的是，凡涉及库存现金与银行存款互转的经济业务（提现和存款业务），一般只填制付款凭证，不填收款凭证，以免重复记账。

5.3.4 记账凭证的审核

为了保证会计信息的质量，在记账之前应由有关稽核人员对记账凭证进行严格的审核，审核的内容主要包括：记账凭证是否有原始凭证为依据，所附原始凭证或原始凭证汇总表的内容与记账凭证的内容是否一致；记账凭证各项目的填写是否齐全，如日期、凭证编号、摘要、会计科目、金额、所附原始凭证张数及有关人员签章等；记账凭证的应借、应贷科目以及对应关系是否正确；记账凭证所记录的金额与原始凭证的有关金额是否一致，计算是否正确；记账凭证中的记录是否文字工整、数字清晰，是否按规定进行更正等；出纳人员在办理收款或付款业务后，是否已在原始凭证上加盖“收讫”或“付讫”的戳记。

任务5.4 会计凭证的传递、装订和保管

5.4.1 会计凭证的传递

会计凭证的传递是指各种会计凭证从填制、取得到归档保管为止的全部过程，即在单位内部有关人员和部门之间传送、交接的过程。

各种会计凭证所记录的经济业务的内容不同，所涉及的部门和人员不同，因此需要办理的业务手续和所需要的时间也不尽相同。为了使会计凭证有序传递，并符合内部牵制的原则，应当为每一种凭证规定合理的传递程序和在各个环节停留及传递的时间。会计凭证的传递是企业会计制度的一个重要组成部分，应当在企业会计制度中做出明确的规定。

（1）凭证的传递程序

各单位应根据经济业务特点、内部机构设置和人员分工等，恰当地规定各种会计凭证的联数及所流动的环节，做到既要使各有关部门和人员能利用凭证了解经济业务情况，并按照规定手续进行处理和审核，又要避免凭证传递过程中的不必要环节，影响传递速度。

（2）凭证的传递时间

在确定会计凭证的传递时间时，应充分考虑各环节的工作内容和工作量，以及在正常情况下完成工作所需要的时间。会计凭证的传递和处理，应在规定时间内完成，以防止拖延处理和积压凭证，保证会计核算的及时性。

（3）凭证传递的交接制度

凭证传递过程中的交接应建立签收制度，在各个环节都应办理交接手续，以明确责任，确保会计凭证的安全和完整。

5.4.2 会计凭证的装订

会计凭证的装订是把定期整理完毕的会计凭证按照编号顺序，外加封面、封底，装订成册，并在装订线上加贴封签。

在封面上，应写明单位名称、年度、月份、记账凭证的种类、起讫日期、起讫号数，以及记账凭证和原始凭证的张数，并在封签处加盖会计主管的骑缝图章。

对各种重要的原始单据，以及各种需要随时查阅和退回的单据，应另编目录，单独登记保管，并在有关的记账凭证和原始凭证上相互注明日期和编号。汇总装订后的会计凭证封面如图5-15所示。

会计凭证装订的要求是要既美观大方又便于翻阅，所以在装订时要先设计好装订册数及每册的厚度。一般情况下，一本凭证的厚度以2厘米左右为宜。凭证装订册数可以根据

凭证的多少来定，原则上以月份为单位装订，每月订成一册或若干册。因此，凭证装订工作不一定非得在月底所有凭证都填制完毕后再进行，平时在凭证达到一定数量时就可以装订成册，这样可以避免出现月底、月初工作量太集中的情况。有些单位业务量小，凭证不多，把若干个月份的凭证合并订成一册就可以，只要在凭证封面注明本册所含的凭证月份即可。

<table>
<tr><td>年

月
份
第

册</td><td>（企业名称）
年　月　　　　　　份　　共　　册第　　册
收款
付款　　　　凭证　第　　号至第　　号共　　张
转账
附：原始凭证共　　张
会计主管：（签章）　　　　　　保管：（签章）</td></tr>
</table>

图 5-15　会计凭证的封面

5.4.3　会计凭证的保管

会计凭证的保管是指会计凭证登账后的整理、装订和归档存查。会计凭证是记账的依据，是重要的经济档案和历史资料，所以对会计凭证必须妥善整理和保管，不得丢失或任意销毁。

会计凭证的保管，既要做到会计凭证的安全和完整无缺，又要便于凭证的事后调阅和查找。会计凭证归档保管的主要方法和要求包括以下几个方面的内容：

①会计凭证封面应注明单位名称、凭证种类、凭证张数、起讫号数、年度、月份、会计主管人员、装订人员等有关事项，会计主管人员和保管人员应在封面上签章。

②每月记账完毕后，要将本月各种记账凭证加以整理，检查有无缺号和附件是否齐全。然后按顺序号排列，装订成册。为了便于事后查阅，应加具封面，并由有关人员签章。为了防止人为拆分，在装订线上要加贴封签，应有会计主管人员签章。

③如果在一个月内，凭证数量过多，可分装若干册，在封面上加注“共计　册”字样。

④装订成册的会计凭证应集中保管，并指定专人负责。查阅时，要履行一定的手续。

⑤会计凭证的保管期限和销毁手续，必须严格遵守会计制度的规定，任何人无权自行随意销毁。

能力训练

一、单项选择题

1. 会计凭证分为原始凭证和记账凭证，其分类标准是(　　)。

A. 按其填制的方法不同　　B. 按其反映的经济内容不同

C. 按其填制的程序和用途不同　　D. 按其取得的来源不同

2. 原始凭证金额有错误的，应当(　　)。

A. 在原始凭证上更正

B. 由出具单位更正并且加盖公章

C. 由经办人更正

D. 由出具单位重开，不得在原始凭证上更正

3. 限额领料单属于(　　)。

A. 外来原始凭证　　B. 累计凭证

C. 一次凭证　　D. 汇总原始凭证

4. 将现金存入银行这笔业务，按规定应编制(　　)。

A. 现金收款凭证　　B. 现金付款凭证

C. 转账凭证　　D. 银行存款收款凭证

5. 收款凭证左上角“借方科目”后应填写(　　)科目。

A. 材料采购　　B. 主营业务收入

C. 其他业务收入　　D. 银行存款或库存现金

6. 记账凭证的填制是由(　　)完成的。

A. 出纳人员　　B. 会计人员　　C. 经办人员　　D. 主管人员

7. 企业出售产品一批，售价10 000元，收到一张转账支票送存银行。这笔业务应编制的记账凭证为(　　)。

A. 收款凭证　　B. 付款凭证　　C. 转账凭证　　D. 以上均可

8. 某企业接收外单位投资的机器设备一部，应填制(　　)。

A. 收款凭证　　B. 付款凭证　　C. 转账凭证　　D. 汇总凭证

9. 财务部王青出差归来，报销差旅费2 000元，交回多余现金200元，应编制的记账凭证是(　　)。

A. 收款凭证　　B. 转账凭证

C. 收款凭证和转账凭证　　D. 收款凭证和付款凭证

10. 对于一些经常重复发生的经济业务，可以根据同类原始凭证编制(　　)。

A. 记账凭证　　B. 汇总凭证
C. 一次凭证　　D. 外来原始凭证

二、多项选择题

1. 专用记账凭证按其所记录的经济业务内容的不同，可分为(　　)。
A. 一次凭证　　B. 付款凭证　　C. 收款凭证　　D. 转账凭证

2. 下面哪些是原始凭证应包含的基本内容(　　)。
A. 原始凭证的名称和填制日期　　B. 接受凭证单位名称
C. 经济业务的内容　　D. 数量、单价和大小写金额

3. 下面哪些是记账凭证应包含的基本内容(　　)。
A. 记账凭证的名称　　B. 填制日期和编号
C. 经济业务的简要说明　　D. 会计分录

4. 对原始凭证审核的内容包括(　　)。
A. 审核真实性　　B. 审核合理性　　C. 审核合法性　　D. 审核完整性

5. 下列经济业务中，应填制付款凭证的是(　　)。
A. 提现金备用　　B. 购买材料预付订金
C. 购买材料未付款　　D. 以存款支付前欠某单位账款

6. 下列经济业务中，应填制转账凭证的是(　　)。
A. 国家以厂房对企业投资　　B. 外商以货币资金对企业投资
C. 购买材料未付款　　D. 销售商品收到商业汇票一张

三、判断题

1. 记账凭证可以根据若干张原始凭证汇总编制。(　　)

2. 外来凭证一般都是一次凭证。(　　)

3. 凡是库存现金或银行存款增加的经济业务必须填制收款凭证。(　　)

4. 在审核原始凭证时，发现有伪造、涂改或不合法的原始凭证，应退回经办人员更改后再受理。(　　)

5. 任何会计凭证都必须经过有关人员的严格审核，确认无误后，才能作为记账的依据。(　　)

6. 原始凭证必须按规定的格式和内容逐项填写齐全，同时必须由经办业务的部门和人员签字盖章。(　　)

7. 原始凭证金额有错误的，应当由出具单位重开或更正，更正处应当加盖出具单位印章。(　　)

8. 原始凭证可以由非财会部门和人员填制，但记账凭证只能由财会部门人员填制。(　　)

9. 会计档案保管期满后，可由档案管理部门自行销毁。(　　)

10. 会计凭证的传递是指各种会计凭证从填制、取得到归档保管为止的全部过程，即在单位内部有关人员和部门之间传送、交接的过程。(　　)

扫码获取答案

延伸阅读　实际工作中如何装订会计凭证呢?

可以采用角订法装订会计凭证，具体操作步骤参考如下：

(1) 将凭证封面和封底裁开，分别附在凭证前面和后面，再拿一张质地相同的纸放在封面左上角，做护角。

(2) 在凭证的左上角画一张长为 5 厘米的等腰三角形，用夹子夹住，用凭证装订机在底线上分布均匀地打两个孔。

(3) 用大针引线穿过两个孔和凭证的两端，用线将凭证订牢，如果凭证较厚，可以多穿几次线。

(4) 在凭证的背面打线结，线结最好系在凭证中端上。

(5) 将护角向左上侧折，并将一侧剪开至凭证的左上角，然后抹上胶水。

(6) 向后折叠，并将侧面和背面的线结粘死，将凭证角包好。

(7) 待晾干后，在凭证本的脊背上面写上“某年某月第几册共几册”的字样。在装订线封签处签名或盖章。现金凭证、银行凭证和转账凭证最好依次顺序编号，一个月从头编一次序号，如果单位的凭证少，可以全年顺序编号。

项目 6　会计账簿

学习目标：

1. 理解会计账簿的概念和意义；
2. 掌握会计账簿的启用方法；
3. 掌握会计账簿的记账规则；
4. 掌握正确的错账更正方法；
5. 能够正确区分各类会计账簿，掌握其分类方法；
6. 能够熟练、准确地登记总分类账、日记账及明细分类账；
7. 能够正确地运用错账的更正方法。

会计账簿思维导图如图 6-1 所示。

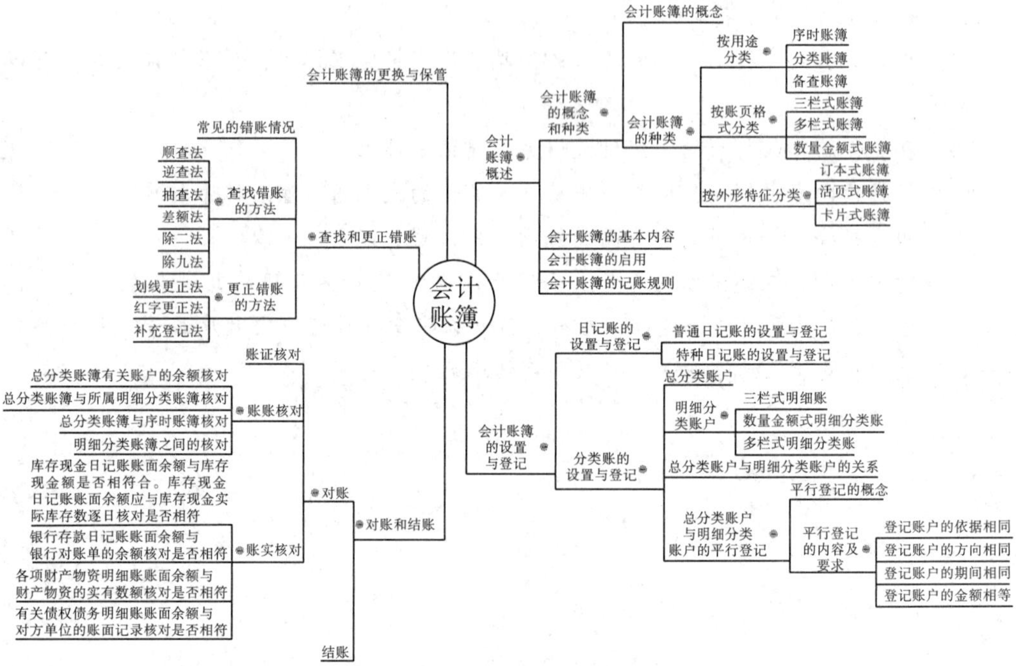

图 6-1　会计账簿思维导图

任务 6.1　会计账簿概述

6.1.1　会计账簿的概念和种类

（1）会计账簿的概念

会计账簿简称账簿，是指由一定格式的账页组成的，以经过审核的会计凭证为依据，全面、系统、连续地记录各项经济业务和会计事项的簿籍。它是编制财务报表的依据，也是保存会计资料的重要工具。

（2）会计账簿的种类

会计账簿可以按照用途、账页格式、外形特征等进行分类。

①按用途分类。

会计账簿按照用途分类，主要分为序时账簿、分类账簿、备查账簿。

序时账簿也称日记账，是按照经济业务发生时间的先后顺序逐日、逐笔登记的账簿。在我国企业、行政事业单位中，库存现金日记账和银行存款日记账是应用比较广泛的日记账。其格式见表 6-1 和表 6-2。

表 6-1　库存现金日记账　　　　第　页

××××年		记账凭证		对方科目	摘要	收入	支出	结余
月	日	字	号					

表 6-2　银行存款日记账　　　　第　页

××××年		记账凭证		对方科目	摘要	收入	支出	结余
月	日	字	号					

分类账簿是指按照分类账户设置登记的账簿。分类账簿是会计账簿的主体，也是编制财务报表的主要依据。分类账簿按其反映经济业务的详略程度，可分为总分类账簿和明细分类账簿。其中，总分类账簿，简称总账，是根据总分类账户设置的，总括地反映某类经济活动。总分类账簿主要为编制财务报表提供直接数据资料，通常采用三栏式，其格式见表 6-3。明细分类账簿，简称明细账，是根据明细分类账户设置的，用来提供明细的核算资料。明细分类账簿可采用的格式主要有三栏式明细账（格式与三栏式总分类账相同，见表 6-3）、多栏式明细账（见表 6-4）、数量金额式明细账（见表 6-5）等。

表 6-3　总分类账

第　页

××××年		记账凭证		摘要	借方	贷方	借或贷	余额
月	日	种类	编号					

表 6-4　××××明细分类账

明细科目：××××

第　页

××××年		凭证号码	摘要	借方					贷方	余额
月	日			职工薪酬	折旧费	机物料消耗	办公费	水电费		

表6-5　××××明细分类账

会计科目：××××　　　　　　　　　　　　　　　　　　　　　　　　第　页

类别：××××　　　　品名及规格：××××　　　　计量单位：××××　　　　存放地点：××××

××××年		凭证号码	摘要	收入			发出			结存		
月	日			数量	单价	金额	数量	单价	金额	数量	单价	金额

备查账簿也称辅助登记簿或补充登记簿，是对某些在序时账簿和分类账簿中未能记载或记载不全的经济业务进行补充登记的账簿。例如，反映企业租入固定资产的“租入固定资产登记簿”、反映为其他企业代管商品的“代管商品物资登记簿”等。备查账簿只是对其他账簿记录的一种补充，与其他账簿之间不存在严密的依存和钩稽关系。备查账簿根据企业的实际需要设置，没有固定的格式要求。

②按账页格式分类。

会计账簿按照账页格式，主要分为三栏式账簿、多栏式账簿、数量金额式账簿。

三栏式账簿是设有借方、贷方和余额三个金额栏目的账簿。各种日记账、总账以及资本、债权、债务明细账都可采用三栏式账簿。三栏式账簿又分为设对方科目和不设对方科目两种。区别是在摘要栏和借方科目栏之间是否有一栏“对方科目”。设有“对方科目”栏的，称为设对方科目的三栏式账簿；不设有“对方科目”栏的，称为不设对方科目的三栏式账簿。其格式与总账的格式基本相同。

多栏式账簿是在账簿的两个金额栏目（借方和贷方）按需要分设若干专栏的账簿。这种账簿可以按“借方”和“贷方”分设专栏，也可以只设“借方”或“贷方”专栏，设多少栏则根据需要确定。收入、成本、费用明细账一般采用多栏式账簿（见表6-4）。

数量金额式账簿是在账簿的借方、贷方和余额三个栏目内，每个栏目再分设数量、单价和金额三小栏，借以反映财产物资的实物数量和价值量的账簿。原材料、库存商品等明细账一般采用数量金额式账簿（见表6-5）。

③按外形特征分类。

会计账簿按照外形特征，可以分为订本式账簿、活页式账簿、卡片式账簿。

订本式账簿简称订本账，是在启用前将编有顺序页码的一定数量账页装订成册的账簿。订本账的优点是能避免账页散失和防止抽换账页；缺点是不能准确为各账户预留账页。订本式账簿一般适用于重要的和具有统驭性的总分类账、库存现金日记账和银行存款日记账。

活页式账簿简称活页账，是将一定数量的账页置于活页夹内，可根据记账内容的变化随时增加或减少部分账页的账簿。活页式账簿的优点是记账时可以根据实际需要，随时将空白账页装入账簿，或抽去不需要的账页，便于分工记账；缺点是如果管理不善，可能会造成账页散失或故意抽换账页。活页式账簿一般适用于明细分类账。

卡片式账簿简称卡片账，是将一定数量的卡片式账页存放于专设的卡片箱中，可以根据需要随时增添账页的账簿。在我国，企业一般只对固定资产的核算采用卡片账形式，也有少数企业在材料核算中使用材料卡片。

6.1.2 会计账簿的基本内容

在实际工作中，由于各种会计账簿所记录的经济业务不同，账簿的格式也多种多样，但各种账簿都应具备以下基本内容：

①封面。主要用来标明账簿的名称，如总分类账、各种明细分类账、库存现金日记账、银行存款日记账等。

②扉页。其主要用来列明会计账簿的使用信息，如科目索引、账簿启用和经管人员一览表等。“账簿启用登记和经管人员一览表”格式，见表6-6。

表6-6 账簿启用登记和经管人员一览表

账簿名称：________　　单位名称：________

账簿编号：________　　账簿册数：________

账簿页数：________　　启用日期：________

会计主管：________　　记账人员：________

移交日期			移交人		接管日期			接管人		会计主管	
年	月	日	签名	签章	年	月	日	签名	签章	签名	签章

③账页。其是账簿用来记录经济业务的主要载体，包括账户的名称、日期栏、凭证种类和编号栏、摘要栏、金额栏，以及总页次和分户页次等基本内容。

6.1.3 会计账簿的启用

在启用会计账簿时，应当在账簿封面上写明单位名称和账簿名称，并在账簿扉页上附启用表，表内应详细载明：单位名称、账簿名称、账簿编号、账簿页数、账簿册数、启用日期、记账人员和会计主管人员姓名，并加盖有关人员的签章和单位公章。更换记账人员时，应办理交接手续，在交接记录内填写交接日期和交接人员姓名并签章，具体格式见表6-6。启用订本式账簿，应当从第一页到最后一页按顺序编定页数，不得跳页、缺号。使用活页式账簿，应当按账户顺序编号，并须定期装订成册，装订后再按实际使用的账页顺序编定页码，另加目录，记录每个账户的名称和页次。

6.1.4　会计账簿的记账规则

①为保证会计账簿记录的准确、整洁，应当根据审核无误的会计凭证登记会计账簿。登记会计账簿时，应当将会计凭证日期、编号、业务内容摘要、金额和其他有关资料逐项记入账内，做到数字准确、摘要清楚、登记及时、字迹工整。每一项会计事项，一方面要记入有关的总账，另一方面要记入该总账所属的明细账。账簿记录的日期，应该填写记账凭证上的日期；以自制原始凭证（如收料单、领料单等）作为记账依据的，账簿记录中的日期应按有关自制凭证上的日期填列。

②账簿登记完毕后，要在记账凭证上签名或者盖章，并在记账凭证的“过账”栏内注明账簿页数或者画“√”，表示已经过账完毕，避免重记、漏记的情况发生。

③账簿中书写的文字和数字上面要留有适当的空格，不要写满格，一般应占格距的1/2。一旦发生登记错误时，能比较容易地进行更正，同时也方便查账工作。

④正常情况下使用蓝黑墨水。为了保持账簿记录的持久性，防止涂改，登记账簿必须使用蓝黑墨水或碳素墨水并用钢笔书写，不得使用圆珠笔（银行的复写账簿除外）或者铅笔书写。

⑤特殊记账时使用红墨水，具体情形如下：

第一，按照红字冲账的记账凭证，冲销错误记录；

第二，在不设借贷等栏的多栏式账页中，登记减少数；

第三，在三栏式账簿的余额栏前，如未印明余额方向的，在余额栏内登记负数余额；

第四，依据国家统一的会计制度的规定可以用红字登记的其他会计记录。

⑥在登记各种账簿时，应当按页次顺序连续登记，不得隔页、跳行，如无意发生隔页、跳行现象，应在空页、空行处用红色墨水画对角线注销，或者注明“此页空白”或“此行空白”字样，并由记账人员签名或者盖章。

⑦凡需要结出余额的账户，结出余额后，应当在“借或贷”栏内注明“借”或“贷”字样，以示余额的方向；对于没有余额的账户，应在“借或贷”栏内写“平”字，并在“余额”栏内用“∅”表示。库存现金日记账和银行存款日记账必须逐日结出余额。

⑧每一账页登记完毕结转下页时，应当结出本页合计数及余额，写在本页的最后一行和下页的第一行有关栏内，分别在摘要栏注明“过次页”和“承前页”字样；并将本页合计数及余额只写在下页第一行有关栏内，并在该行摘要栏内注明“承前页”字样，以保持账簿记录的连续性，便于对账和结账。

对需要结出本月发生额的账户，结计“过次页”的本页合计数应当为自本月初起至本页末止的发生额合计数；对需要结出本年累计发生额的账户，结计“过次页”的本页合计数应当为自年初起至本页末止的累计数；对既不需要结出本月发生额也不需要结出本年累计发生额的账户，可以只将每页末的余额结转次页。

小贴士：账簿“过次页”和“承前页”的注意事项

“过次页”是将本页账簿的内容结转到下页，“承前页”则是指承继前面账簿的内容。在会计记录中，一般不可能在同一账页里完成所有的经济业务，因此需要分页记录。“过次页”和“承前页”二者相辅相成，在账簿登记中前呼后应，起到了承前启后的作用。“过次页”和“承前页”使分页的会计记录得以衔接，使账簿所载业务内容有了一致性和连贯性，从而保证了账簿的清晰和条理。此外，“过次页”和“承前页”还有平衡账簿登记工作量，加快会计信息处理的功能。

在实际工作中，“过次页”是将本月初至本页倒数第二行的借贷方发生额合计数与目前的余额写在本页末行，并在摘要栏注明“过次页”；而“承前页”是在次页的第一行抄写上页“过次页”行的借贷方发生额和余额，并在摘要栏注明“承前页”字样。

在实际操作中，需要注意的几个问题是：

（1）“过次页”的借贷方合计数与本页中间的“本月合计”“本季合计”“本年累计”之间没有衔接关系，故“过次页”的借贷方合计数不应包括本页中间的“本月合计”“本季合计”“本年累计”。

（2）如果“过次页”行恰好是“本月合计”“本季合计”“本年累计”，此时合计数或累计数不必转入次页。本页末行和次页第一行不必写“过次页”和“承前页”。

（3）如果“过次页”的上一行是“本月合计”“本季合计”“本年累计”，最后一行数字则无须合计，因为合计数就是它本身。此时，最后一行可不写“过次页”字样，可直接在下页第一行写上上页最后一行数字，在摘要栏填写上“承前页”字样。

（4）现金和银行账虽然是日清月结，但当日的会计记录超过一页时，同样要“过次页”和“承前页”。

（5）对于如材料等不需要本月发生额合计数和全年发生额合计数的多栏式明细账，每页末的余额也要“过次页”和“承前页”。

（6）费用明细账虽然每月一结，如果当月记录超过一页时间，也要“过次页”和“承前页”。

⑨实行会计电算化的单位，总账和明细账应当定期打印。发生收款和付款业务的，在输入收款凭证和付款凭证的当天必须打印出库存现金日记账和银行存款日记账，并与库存现金核对无误。

任务 6.2　会计账簿的设置与登记

6.2.1　日记账的设置与登记

日记账是按照经济业务发生的时间先后顺序，逐日逐笔登记经济业务的簿籍。可以连续记录某一类经济业务的完成情况，也可以记录全部经济业务的完成情况。在实际工作中，各单位一般需设置特种日记账，即现金日记账和银行存款日记账，来分别登记库存现金和银行存款的收支及结存情况。如果企业有其他要求，还可以采用普通日记账登记全部经济业务的发生和完成情况。

（1）普通日记账的设置与登记

如果单位设置普通日记账，一般不再使用记账凭证，而在经济业务发生后，根据原始凭证或汇总原始凭证，直接登记普通日记账。其具体要求如下：

①“日期”栏：登记经济业务发生的时间；

②“摘要”栏：填写经济业务的内容；

③“账户名称”栏：填写应借应贷会计科目，先写借方科目，再写贷方科目；

④“金额”栏：将借方金额记入“借方金额”栏内，将贷方金额记入“贷方金额”栏内。

普通日记账登记见表 6-7。

表 6-7　普通日记账　　单位：元

2020 年		摘要	账户名称	借方金额	贷方金额	记账符号
月	日					
1	2	从银行取得短期借款	银行存款	20 000		√
			短期借款		20 000	√
	5	收到某公司投资	银行存款	250 000		√
			实收资本		250 000	√
	18	领用材料	生产成本	15 000		√
			制造费用	5 000		√
			管理费用	3 000		√
			销售费用	900		√
			原材料		23 900	√
		合　计		293 900	293 900	

（2）特种日记账的设置与登记

特种日记账是专门用来记录某一特定项目经济业务发生情况的日记账。将该类经济业务，按其发生的先后顺序记入账簿中，反映这一特定项目的详细情况。特种日记账包括现金日记账、银行存款日记账、转账日记账等。在实际工作中应用比较广泛的特种日记账是现金日记账和银行存款日记账。设置这两种日记账便于及时反映现金和银行存款的收支和结存情况，便于加强对货币资金的管理和监督。

现金日记账是由出纳人员根据审核无误的现金收款凭证和付款凭证以及从银行提取现金业务的银行存款付款凭证逐日逐笔登记，并于每日业务终了时结出本日发生额和余额的会计账簿。每日终了，库存现金日记账余额要与库存现金实有数相核对；每月终了，库存现金日记账的月末余额要与现金总账余额相核对，应做到“日清月结”。现金日记账一般采用“三栏式账簿”。

现金日记账的具体登记要求如下：

①“日期”栏：登记发生经济业务的日期，年度记入日期栏的上端，月、日分在两小栏中登记；

②“凭证号数”栏：登记该项经济业务所填制的记账凭证的种类和编号，表明登记会计账簿的依据；

③“摘要”栏：简明扼要地描述经济业务的内容；

④“对方账户”栏：根据记账凭证上会计分录中库存现金的对应科目填列，表明该项业务的来龙去脉；

⑤“借方”栏：根据现金收款凭证及提取现金业务的银行存款付款凭证上应借账户金额登记；

⑥“贷方”栏：根据现金付款凭证上应贷账户金额登记；

⑦“余额”栏：根据“上日余额+本日收入-本日支出=本日余额”计算公式，计算出“本日余额”进行登记。

【例 6-1】2020 年 3 月 1 日，海岛冲鸭船艇制造有限公司现金账余额为 20 000 元，当日发生如下经济业务。

(1) 欠款单位以现金的方式归还前欠货款 3 000 元。会计部门填制了收款收据，并编制了现金收款凭证（现收 001 号）。

(2) 为行政管理部门购买办公用品一批，用现金支付 830 元。会计部门根据购货发票编制了付款凭证（现付 001 号）。

(3) 从银行提取现金 200 000 元，备发工资。会计部门填制了现金支票（2250 号）交存银行，并根据现金支票存根编制了银行付款凭证（银付 001 号）。

(4) 以现金发放工资 20 000 元。会计部门根据工资结算单编制了现金付款凭证（现付 2 号）。

(5) 以银行存款支付广告费 80 000 元，转账支票（3526 号），根据发票及转账支票存根编制了银行存款付款凭证（银付 002 号）。

(6) 收到转账支票（5612 号）120 000 元，系股东追加投资款。会计部门填制了收款收据，并编制了银行存款收款凭证（银收 001 号）。

现金日记账登记见表 6-8。

银行存款日记账是由出纳人员根据审核无误的银行存款收款凭证和付款凭证以及将现金存入银行业务的现金付款凭证逐日逐笔登记，并于每日业务终了时结出本日发生额和余额的会计账簿。银行存款日记账要定期与银行对账单进行核对，每月终了，还要与银行存款总账余额相核对。银行存款日记账一般采用“三栏式账簿”，登记方法与库存现金日记账基本相同，其“结算凭证”栏内应登记结算凭证的种类和号数。

【例 6-2】海岛冲鸭船艇制造有限公司 2020 年 3 月 1 日银行存款账期初余额为375 000 元，当日发生业务见【例 6-1】。银行存款日记账登记见表 6-9。

表 6-8 现金日记账

2020年		凭证编号	摘要	对应科目	借方									√	贷方									√	余额								
月	日				百	十	万	千	百	十	元	角	分		百	十	万	千	百	十	元	角	分		百	十	万	千	百	十	元	角	分
3	1		期初余额																								2	0	0	0	0	0	0
	1	现收001	收回欠款	应收账款				3	0	0	0	0	0																				
	1	现付001	办公费	管理费用															8	3	0	0	0										
	1	银付001	提取现金	银行存款			2	0	0	0	0	0	0																				
	1	现付002	发工资	应付职工薪酬													2	0	0	0	0	0	0										
			本日合计				2	3	0	0	0	0	0				2	0	8	3	0	0	0				2	2	1	7	0	0	0

表 6-9　银行存款日记账

2020 年		凭证编号	摘要	结算凭证		对应科目	借方									√	贷方									√	余额								
月	日			种类	号数		百	十	万	千	百	十	元	角	分		百	十	万	千	百	十	元	角	分		百	十	万	千	百	十	元	角	分
3	1		期初余额																									3	7	5	0	0	0	0	0
	1	银付 001	提取现金	现支	2250	车存现金													2	0	0	0	0	0	0										
	1	银付 002	付广告费	现支	3526	销售费用														8	0	0	0	0	0										
	1	银收 001	收投资款	转支	5612	实收资本		1	2	0	0	0	0	0	0																				
			本日合计					1	2	0	0	0	0	0	0				2	8	0	0	0	0	0			2	1	5	0	0	0	0	0

经典考题回顾

【单选题】下列各选项中，出纳人员根据会计凭证登记现金日记账正确的做法是(　　)。

A. 根据库存现金收付业务凭证逐笔、序时登记

B. 根据现金收付款凭证金额相抵的差额登记

C. 将现金收款凭证汇总后再登记

D. 将现金付款凭证汇总后再登记

扫码获取答案

6.2.2　分类账簿的设置与登记

分类账是分类登记经济业务的账簿，根据提供资料的详细程度不同，可分为总分类账和明细分类账。

(1) 总分类账户

总分类账户是根据总分类科目设置的，用来对会计要素具体内容进行总括分类核算的账户，简称总账账户或总账。为了保持会计信息的一致性、可比性，目前总分类账户一般根据国家所规定的有关会计制度设置。总分类账户核算的是某一经济内容的总体信息，具

有概括性。例如，原材料总分类账户的结构见表6-10。

表6-10 原材料总分类账户的结构

账户名称：原材料　　　　　　　　　　　　　　　　　　　　　　　　　　第　页

××××年		凭证号数	摘要	借方	贷方	借或贷	余额
月	日						

总分类账簿一般采用借方、贷方和余额三栏式的订本账。在总分类账中按照会计科目的编码顺序设置账户，事先为每个账户预留若干账页；总分类账可以根据记账凭证逐笔登记，也可以根据汇总记账凭证或科目汇总表进行登记。经济业务较少的单位，可以采用多栏式总分类账，也称为日记总账，它是把序时账簿和总分类账结合起来的一种联合账簿。

总分类账由单位负责总账的会计进行登记，其登记的方法和依据取决于单位所采用的账务处理程序。具体登记要求如下：

①“日期”栏。在记账凭证逐笔登记的情况下，填写经济业务发生的具体日期；在汇总登记的情况下，填写汇总凭证的日期。

②“凭证”栏。填写登记总账依据的凭证字号。若是根据记账凭证逐笔登记，登记记账凭证的字和号；若是根据科目汇总表登记，填写“科汇”的字和号；若是根据汇总记账凭证登记，填写“银（现）汇收”字和号、“银（现）汇付”字和号、“汇转”字和号。

③“摘要”栏。简明扼要地填写凭证依据。若是根据记账凭证逐笔登记，填写记账凭证中的摘要内容；若是根据科目汇总表登记，填写“某日至某日经济业务”；若是根据汇总记账凭证登记，填写“根据第某号至第某号记账凭证编制”。

④“金额”栏。登记总账的借方发生额、贷方发生额及余额。

⑤“借或贷”栏：填写总账余额的方向。如果余额在借方，就写“借”；如果余额在贷方，就写“贷”；如果期末余额为零，就写“平”，并在“余额”栏的中间划“____”。

【例6-3】海岛冲鸭船艇制造有限公司2020年4月，应付账款期初余额为60 000元（贷），其中应付账款——晴空公司40 000元（贷），应付账款——原野公司20 000元（贷）。当月发生业务如下：

（1）4月5日，向晴空公司购买K材料10吨，每吨1 000元，增值税1 300元，货税款暂欠，材料已入1号仓库，凭证号为转001。

（2）4月12日，以银行存款支付前欠晴空公司货税款24 300元，凭证号为银付001。

（3）4月16日，为生产甲产品领用K材料7吨，每吨1 000元，凭证号为转002。

（4）4月26日，分配本月应付工资24 000元，其中生产甲产品工人工资12 000元，乙产品工人工资7 000元，车间管理人员工资5 000元。凭证号为转003。

（5）4月31日，将当月制造费用8 000元分配计入产品成本，其中甲产品5 000元，乙产品3 000元，凭证号为转004。

应付账款总分类账登记见表6-11。

表6-11 总分类账

账户名称：应付账款

2020年		凭证		摘要	借方									贷方									借或贷	余额								
月	日	字	号		百	十	万	千	百	十	元	角	分	百	十	万	千	百	十	元	角	分		百	十	万	千	百	十	元	角	分
4	1			期初余额																			贷			6	0	0	0	0	0	0
	5	转	001	购材料												1	1	3	0	0	0	0	贷			7	1	3	0	0	0	0
	12	银付	001	还欠款			2	4	3	0	0	0	0										贷			4	7	0	0	0	0	0
				本月合计			2	4	3	0	0	0	0			1	1	3	0	0	0	0				4	7	0	0	0	0	0

（2）明细分类账户

明细分类账户是根据明细分类科目设置的，用来对会计要素的具体内容进行明细分类核算的账户，简称明细账。明细账核算的内容更加具体、详细。例如，原材料账户的明细分类账户结构见表6-12。

表6-12 原材料——K材料明细分类账户结构

明细账户：K材料　　　　计量单位：千克　　　　第　　页

××××年		凭证号数	摘要	收入			发出			结存		
月	日			数量	单价	金额	数量	单价	金额	数量	单价	金额

表6-12(续)

××××年		凭证号数	摘要	收入			发出			结存		
月	日			数量	单价	金额	数量	单价	金额	数量	单价	金额

明细分类账根据其反映的经济业务类型不同，可以采用三栏式、数量金额式和多栏式三种。

①三栏式明细账。

三栏式明细账只设置借方、贷方和余额三个金额栏，不设数量栏。三栏式明细账适用于只需要进行金额核算而不要求进行数量核算的相关账户，如“应收账款”“应付账款”“短期借款”等明细账。根据【例 6-3】，登记应付账款——晴空公司明细账，见表 6-13。

表 6-13　应付账款明细分类账

账户名称：晴空公司

2020 年		凭证		摘要	借方									贷方									借或贷	余额								
月	日	字	号		百	十	万	千	百	十	元	角	分	百	十	万	千	百	十	元	角	分		百	十	万	千	百	十	元	角	分
4	1			期初余额																			贷			4	0	0	0	0	0	0
	5	转	001	购材料												1	1	3	0	0	0	0	贷			4	1	3	0	0	0	0
	12	银付	001	还欠款			2	4	3	0	0	0	0										贷			1	7	0	0	0	0	0
				本月合计			2	4	3	0	0	0	0			1	1	3	0	0	0	0				1	7	0	0	0	0	0

②数量金额式明细分类账。

数量金额式明细分类账是在“借方（收入）”“贷方（发出）”“余额（结存）”三栏的每一栏下分别设置“数量”“单价”“金额”栏，用来登记实物资产收发存的数量和金额。数量金额式明细账适用于既要核算金额，又要核算数量的各种财产物资的明细核算，如原材料、库存商品等。

【例 6-4】海岛冲鸭船艇制造有限公司在 2020 年 4 月的原材料——K 材料期初余额 8 000元（借），数量 8 吨，单价 1 000 元。当月发生业务见【例 6-3】，登记原材料——K 材料明细分类账见表 6-14。

③多栏式明细分类账

多栏式明细分类账不按照明细科目开设账页，它是根据经济业务的特点和经营管理上的需要，在账页的“借方”或“贷方”按明细科目或明细项目设置若干专栏。例如，生产成本、制造费用、管理费用、财务费用等科目所属的明细分类科目，一般采取借方多栏式明细账；主营业务收入和营业外收入等科目所属明细分类科目，一般采取贷方多栏式明细账：本年利润、利润分配和应交税费等科目所属的明细科目一般采用借、贷方都设多栏的明细账。

【例 6-5】海岛冲鸭船艇制造有限公司在 2020 年 4 月的“生产成本——甲产品”期初余额为 30 000 元（借），具体包括：直接材料 18 000 元，直接人工 10 000 元，制造费用 2 000元。当月发生业务见【例 6-3】，共生产甲产品 10 件，登记“生产成本——甲产品”明细分类账见表 6-15。

表 6-14　原材料明细账

明细科目：K 材料

材料类别：　　　　存出地点：1 号仓库　　　　材料规格：　　　　计量单位：吨　　　　储备定额：

2020 年		凭证号	摘要	收入											发出											结存										
月	日			数量	单价	金额									数量	单价	金额									数量	单价	金额								
						百	十	万	千	百	十	元	角	分			百	十	万	千	百	十	元	角	分			百	十	万	千	百	十	元	角	分
4	1		期初余额																							8	1 000				8	0	0	0	0	0
	5	转 001	购材料	10	1 000			1	0	0	0	0	0	0												18	1 000			1	8	0	0	0	0	0
	16	转 002	领材料												7	1 000				7	0	0	0	0	0	11	1 000			1	1	0	0	0	0	0
			本月合计	10	1 000			1	0	0	0	0	0	0	7	1 000				7	0	0	0	0	0	37	1000			3	7	0	0	0	0	0

表 6-15　生产成本明细分类账

产品名称：甲产品　　　　产量 10 件

2020 年		凭证		摘要	成本项目																																			
					直接材料									直接人工									制造费用									合计								
月	日	字	号		百	十	万	千	百	十	元	角	分	百	十	万	千	百	十	元	角	分	百	十	万	千	百	十	元	角	分	百	十	万	千	百	十	元	角	分
4	1			期初余额			1	8	0	0	0	0	0			1	0	0	0	0	0	0				2	0	0	0	0	0			3	0	0	0	0	0	0
	16	转	002	领材料				7	0	0	0	0	0																						7	0	0	0	0	0
	26	转	003	分配工资												1	2	0	0	0	0	0												1	2	0	0	0	0	0
	31	转	004	制造费用																						5	0	0	0	0	0				5	0	0	0	0	0
				本月合计			2	5	0	0	0	0	0			2	2	0	0	0	0	0				7	0	0	0	0	0			5	4	0	0	0	0	0

（3）总分类账户与明细分类账户的关系

①总分类账户对明细分类账户具有统驭控制作用。总分类账户提供的总括核算资料是对有关明细分类账户资料的综合；明细分类账户所提供的明细核算资料是对其总分类账户核算资料的具体化。

②明细分类账户对总分类账户具有补充说明作用。总分类账户是对会计要素各项目增减变化的总括反映，提供总括的资料；明细分类账户反映的是会计要素各项目增减变化的详细情况，提供了某一具体方面的详细资料，有些明细分类账户还可以提供实物数量指标和劳动量指标等。

③总分类账户与其所属明细分类账户在总金额上应当相等。由于总分类账户与其所属明细分类账户是根据相同的依据来进行平行登记的，因此所反映的经济内容是相同的，其总金额必然也相等。

小贴士：企业为什么要设置总分类账户与明细分类账户？

对于企业来讲，设置总分类账户和明细分类账户主要是为了满足经营管理的需求。经营管理者要求会计人员一方面要提供会计要素各项目的综合总括资料，另一方面也要提供会计要素各项目的详细具体资料。综合总括资料可以通过总分类账户来提供，详细具体资料可以通过明细分类账户来提供。例如，“原材料”总分类账户可以提供企业在原材料方面占用的资金数额，用以反映原材料方面占用的资金是否过多，是否超过了预定限额，以便控制原材料方面占用的资金在合理的范围之内。但是，单纯有了原材料占用总额还不够，还需要了解各种原材料的占用情况。在实际工作中也可能出现原材料占用总额在合理的数额之内，而个别原材料存在超储积压的情况，或者原材料总额超过了规定的限额，而个别原材料存在不足的情况。这些情况只有通过明细分类账户才能反映出来。因此，同时设置总分类账户和明细分类账户，可为经营管理者提供既综合总括又详细具体的会计信息，便于经营管理者进行生产经营控制和决策。

（4）总分类账户与明细分类账户的平行登记

①平行登记的概念。

平行登记是指对所发生的每一笔经济业务都要以会计凭证为依据，一方面记入有关总分类账户，另一方面记入有关总分类账户所属的明细分类账户的一种记账方法。在会计中，同时设置总分类账户和明细分类账户，是为了确保核算资料的正确完整，满足经济管理者对会计资料的不同需求。

②平行登记的内容及要求。

由于总分类账户与其所属的明细分类账户反映的经济业务相同，登记的依据也相同，它们提供的资料相互补充，因此总分类账户和明细分类账户必须平行登记，从而满足会计信息使用者对信息详细程度的不同要求。

总分类账户与明细分类账户在平行登记时，要做到以下四点。

登记账户的依据相同。依据相同是指对发生的经济业务，都要以相关的会计凭证为依据，既要登记有关总分类账户，又要登记其所属明细分类账户。

登记账户的方向相同。方向相同是指将经济业务记入总分类账和明细分类账时，记账方向必须相同。即总分类账户记入借方，明细分类账户也记入借方；总分类账户记入贷方，明细分类账户也记入贷方。

登记账户的期间相同。期间相同是对每项经济业务在记入总分类账户和明细分类账户的过程中，可以有先有后，但必须在同一会计期间全部登记入账。

登记账户的金额相等。金额相等是指记入总分类账户的金额，应与记入其所属明细分类账户的金额合计相等。

通过平行登记，总分类账户与其所属的明细分类账户之间在数量上形成如下关系：

总分类账户的期初余额=所属明细分类账户期初余额的合计数

总分类账户的本期发生额=所属明细分类账户本期发生额的合计数

总分类账户的期末余额=所属明细分类账户期末余额的合计数

下面举例来说明总分类账户和明细分类账户平行登记的方法。

【例 6-6】2020 年 1 月 1 日，海岛冲鸭船艇制造有限公司“原材料”和“应付账款”总分类账户及其所属的明细分类账户的余额情况如下。

(1)“原材料”总分类账户为借方余额 60 000 元，其所属明细账户结存情况如下：

①“M 材料”明细账户，结存 1 500 千克，单位成本为 30 元，金额计 45 000 元。

②“N 材料”明细账户，结存 100 吨，单位成本为 150 元，金额计 15 000 元。

(2)“应付账款”总分类账户为贷方余额 24 000 元，其所属明细账户余额如下：

①“长美公司”明细账户，贷方余额 14 000 元。

②“绿源公司”明细账户，贷方余额 10 000 元。

2020 年 1 月份，海岛冲鸭船艇制造有限公司发生的有关交易或事项及其会计处理如下：

(1) 1 月 9 日，从长美公司购入 M 材料 500 千克，单价 30 元，共计 15 000 元；从绿源公司购入 N 材料 80 吨，单价 150 元，共计 12 000 元。M、N 材料均已验收入库，货款尚未支付。

对发生的该交易或事项，海岛冲鸭船艇制造有限公司应编制会计分录如下：

借：原材料——M 材料	15 000	
——N 材料	12 000	
贷：应付账款——长美公司		15 000
——绿源公司		12 000

(2) 1 月 12 日，向长美公司购入 M 材料 400 千克，单价 30 元，共计 12 000 元；N 材料 50 吨，单价 150 元，共计 7 500 元。材料均已验收入库，货款尚未支付。

对发生的该交易或事项，海岛冲鸭船艇制造有限公司应编制会计分录如下：

借：原材料——M 材料　　12 000

　　　　　——N 材料　　7 500

　贷：应付账款——长美公司　　19 500

(3) 1 月 20 日，以银行存款偿付前欠长美公司的货款 30 000 元、绿源公司的货款 21 000元。

对发生的该交易或事项，海岛冲鸭船艇制造有限公司应编制会计分录如下：

借：应付账款——长美公司　　30 000

　　　　　　——绿源公司　　21 000

　贷：银行存款　　51 000

(4) 1 月 26 日，生产车间为生产产品从仓库领用 M 材料 1 200 千克，金额为 36 000 元；领用 N 材料 100 吨，金额为 15 000 元。

对发生的该交易或事项，海岛冲鸭船艇制造有限公司应编制会计分录如下：

借：生产成本　　51 000

　贷：原材料——M 材料　　36 000

　　　　　　——N 材料　　15 000

根据平行登记的要求，将上述交易或事项在“原材料”和“应付账款”总分类账户及其所属的明细分类账户中进行登记。

平行登记结果见表 6-16~表 6-21。

表 6-16　总分类账户——原材料

账户名称：原材料　　　　第　　页

2020 年		凭证字号	摘要	借方	贷方	借或贷	余额
月	日						
1	1		期初余额			借	60 000
	9	(1)	购入材料	27 000		借	87 000
	12	(2)	购入材料	19 500		借	106 500
	26	(4)	生产领料		51 000	借	55 500
			本月发生额及余额	46 500	51 000	借	55 500

表 6-17　总分类账户——应付账款

账户名称：原材料　　　　　　　　　　　　　　　　　　　　　　　　第　页

2020 年		凭证字号	摘要	借方	贷方	借或贷	余额
月	日						
1	1		期初余额			贷	24 000
	9	（1）	购料欠款		27 000	贷	51 000
	12	（2）	购料欠款		19 500	贷	70 500
	20	（3）	偿还欠款	51 000		贷	19 500
			本月发生额及余额	51 000	46 500	贷	19 500

表 6-18　原材料明细分类账户——M 材料

明细账户：M 材料　　　　　　计量单位：千克　　　　　　金额：元

2020 年		凭证号数	摘要	收入			发出			结存		
月	日			数量	单价	金额	数量	单价	金额	数量	单价	金额
1	1		期初余额							1 500	30	45 000
	9	（1）	购入材料	500	30	15 000				2 000	30	60 000
	12	（2）	购入材料	400	30	12 000				2 400	30	72 000
	26	（4）	生产领料				1 200	30	36 000	1 200	30	36 000
			本月合计	900	30	27 000	1 200	30	36 000	1 200	30	36 000

表 6-19　原材料明细分类账户——N 材料

明细账户：N 材料　　　　　　计量单位：吨　　　　　　金额：元

2020 年		凭证号数	摘要	收入			发出			结存		
月	日			数量	单价	金额	数量	单价	金额	数量	单价	金额
1	1		期初结存							100	150	15 000
	9	（1）	购入材料	80	150	12 000				180	150	27 000
	12	（2）	购入材料	50	150	7 500				230	150	34 500
	26	（4）	生产领料				100	150	15 000	130	150	19 500
			本月合计	130	150	19 500	100	150	15 000	130	150	19 500

表 6-20 应付账款明细账户——长美公司

账户名称：原材料 单位：元

2020年		凭证字号	摘要	借方	贷方	借或贷	余额
月	日						
1	1		期初余额			贷	14 000
	9	（1）	购料欠款		15 000	贷	29 000
	12	（2）	购料欠款		19 500	贷	48 500
	20	（3）	偿还欠款	30 000		贷	18 500
			本月发生额及余额	30 000	34 500	贷	18 500

表 6-21 应付账款明细账户——绿源公司

账户名称：原材料 单位：元

2020年		凭证字号	摘要	借方	贷方	借或贷	余额
月	日						
1	1		期初余额			贷	10 000
	9	（1）	购料欠款		12 000	贷	22 000
	20	（3）	偿还欠款	21 000		贷	1 000
			本月发生额及余额	21 000	12 000	贷	1 000

根据上述各表所登记的情况，从表 6-16、表 6-18 以及表 6-19 中，关于“原材料”总分类账户及其所属明细分类账户平行登记的结果情况能够看出，“原材料”总分类账户的期初余额为 60 000 元，借方本期发生额合计为 46 500 元，贷方本期发生额合计为51 000 元，期末余额为 55 500 元，分别与其所属的两个明细分类账户的期初余额之和 60 000（45 000+15 000）元，借方本期发生额之和 46 500（27 000+19 500）元，贷方本期发生额之和 51 000（36 000+15 000）元，以及期末余额之和 55 500（36 000+19 500）元均相等，表明原材料总分类账户与其所属明细分类账户的平行登记未发生差错。

另外，从表 6-17、表 6-20 以及表 6-21 中，关于“应付账款”总分类账户及其所属明细分类账户平行登记的结果也可以看出，“应付账款”总分类账户期初余额为 24 000 元，借方本期发生额为 51 000 元，贷方本期发生额为 46 500 元，期末余额为 19 500 元，分别与其所属的明细分类账户的期初余额之和 24 000（14 000+10 000）元，借方本期发生额之和 51 000（30 000+21 000）元，贷方本期发生额之和 46 500（34 500+12 000）元，以及期末余额之和 19 500（18 500+1 000）元均相等，表明应付账款总分类账户与其所属明细分类账户的平行登记未发生差错。

综上所述，通过对总分类账户与明细分类账户登记金额的检验，再次验证了总分类账户与其所属明细分类账户记账金额相等的平行登记规则。利用总分类账户与其所属明细分类账户平行登记所形成的账户金额必然相等的关系，可以通过定期核对双方有关金额，来检查账户的记录是否正确、完整。如果在核对过程中发现有关金额不相等，那么则表明账户登记工作必然存在差错，应及时进行检查，查找导致金额不等的原因，并予以更正。

任务 6.3　对账和结账

6.3.1　对账

对账是对账簿记录所进行的核对，也就是核对账目。对账工作一般在记账之后结账之前，即在月末进行。

实际工作中，在填制凭证、记账、过账、算账、结账和计算的过程中，难免会发生差错，如账账不符、账实不符的情况。因而，在结账前后，要通过对账，将有关账簿记录进行核对，确保会计核算资料的正确性和完整性，为编制会计报表提供真实可靠的数据资料。对账的内容一般包括账证核对、账账核对、账实核对三个方面。

(1) 账证核对

账证核对是指将账簿记录与有关会计凭证相核对，查看会计账簿记录与原始凭证、记账凭证的时间、凭证字号、内容、金额是否一致，记账方向是否相符。一般来说，日记账应与收、付款凭证相核对，总账应与明细账相核对，明细账应与记账凭证或原始凭证相核对。通常这些核对工作是在日常制证和记账工作中进行的。

(2) 账账核对

账账核对是指核对不同的账簿记录是否相符。为了保证账账相符，必须将各种账簿之间的有关数据进行核对。具体核对的内容包括：

①总分类账簿有关账户的余额核对。资产类账户的余额应等于权益类账户的余额，或总账账户的借方期末余额合计数应等于贷方期末余额合计数。

②总分类账簿与所属明细分类账簿核对。总账账户的期末余额应与所属明细分类账期末余额之和相等。

③总分类账簿与序时账簿核对。库存现金日记账和银行存款日记账期末余额应分别同有关总分类账户的期末余额相符。

④明细分类账簿之间的核对。会计部门有关实物资产的明细账应与财产物资保管部门或使用部门的明细账定期核对，以检查其余额是否相符。

(3) 账实核对

账实核对是指各项财产物资、债权债务等账面余额与实有数额的核对。具体核对内容包括：

①库存现金日记账账面余额与库存现金额是否相符。库存现金日记账账面余额应与库存现金实际库存数逐日核对是否相符。

②银行存款日记账账面余额与银行对账单的余额核对是否相符。

③各项财产物资明细账账面余额与财产物资的实有数额核对是否相符。

④有关债权债务明细账账面余额与对方单位的账面记录核对是否相符。

经典考题回顾

【多选题】对账工作包括(　　)。

A. 账证核对　　B. 账实核对　　C. 账账核对　　D. 账表核对

扫码获取答案

6.3.2　结账

结账是将账簿记录定期结算清楚的会计工作。在一定时期结束时（如月末、季末或年末），为编制财务报表，需要进行结账，具体包括月结、季结和年结。结账的内容通常包括两个方面：一是结清各种损益类账户，据以计算确定本期利润；二是结出各资产、负债和所有者权益账户的本期发生额合计和期末余额。结账的要点主要有：

①对不需按月结计本期发生额的账户，如各项应收、应付款明细账和各项财产物资明细账等，每次记账以后，都要随时结出余额，每月最后一笔余额是月末余额。月末结账时，只需要在最后一笔经济业务记录下面通栏划单红线，不需要再次结计余额。

②库存现金、银行存款日记账和需要按月结计发生额的收入、费用等明细账，每月结账时，要在最后一笔经济业务记录下面通栏划单红线，结出本月发生额和余额，在摘要栏内注明“本月合计”字样，并在下面通栏划单红线。

③对于需要结计本年累计发生额的明细账户，每月结账时，应在“本月合计”行下结出自年初起至本月末止的累计发生额，登记在月份发生额下面，在摘要栏内注明“本年累计”字样，并在下面通栏划单红线。12月末的“本年累计”就是全年累计发生额，全年累计发生额下面通栏划双红线。

④总账账户平时只需结出月末余额。年终结账时，为总括反映全年各项资金运动情况

的全貌，核对账目，要将所有总账账户结出全年发生额和年末余额，在摘要栏内注明“本年合计”字样，并在合计数下面通栏划双红线。

⑤年度终了结账时，有余额的账户，应将其余额结转下年，并在摘要栏注明“结转下年”字样；在下一会计年度新建的有关账户的第一行余额栏内填写上年结转的余额，并在摘要栏注明“上年结转”字样，使年末有余额账户的余额如实地在账户中加以反映，以免混淆有余额的账户和无余额的账户。

任务 6.4　查找和更正错账

6.4.1　常见的错账情况

（1）影响借贷平衡的错误

①数字颠倒，如 78 错记为 87；

②位数错误，如 50 000 错记为 5 000；

③登记反向，是指应记在借方（贷方）的记到了贷方（借方），导致一方多记，另一方少记；

④漏记一方。

以上错误一般可通过试算平衡发现。

（2）不影响借贷平衡的错误

①重记，重复登记某一笔经济业务；

②漏记，漏记经济业务，没有登记某一笔经济业务；

③串户，把应记入甲账户的金额登记到了乙账户；

④错误交织，存在几种错误，但差数抵消。

以上错误在试算平衡中无法发现。

6.4.2　查找错账的方法

（1）顺查法

顺查法是按账务处理的顺序，从原始凭证开始，逐笔检查到试算平衡表的方法。首先，检查记账凭证和所附原始凭证的内容是否相符、计算结果有无错误等。其次，将记账凭证和所附原始凭证同有关总分类账、日记账、明细分类账逐项核对。最后，检查试算平衡表上的数字是否抄错。这种检查方法可以发现重记、漏记、错记科目金额等。优点是检查范围广，不易遗漏；缺点是工作量比较大。在实际工作中，这种方法适用于其他方法查找不到差错的情况。

（2）逆查法

逆查法是按与账务处理相反的顺序，从试算平衡表追溯到原始凭证进行核对的方法。首先，检查试算平衡表中的数字计算是否正确，是否抄错。其次，逐笔复核账簿记录是否与记账凭证相符。最后，检查记账凭证与原始凭证的记录是否相符。在实际工作中，相关人员经常采用这种方法。

（3）抽查法

抽查法是抽取账簿记录中的某部分进行局部检查的方法。当发现账簿记录有错误时，可以根据差错的具体情况抽取重点查找，不必一一检查。这种方法的优点是范围小，节省时间，工作量小；缺点是容易遗漏。

（4）差额法

差额法是根据错账的金额查找漏记、重记差错的一种方法。例如，由于工作疏忽可能漏记（重记）某个数字，从而导致账账不符，其差额可能是漏记（重记）金额。

（5）除二法

除二法是将差额数字除以 2，如果能够除尽，根据商数查找错误的一种方法。例如，总账借方合计数比贷方合计数多 2 000 元，用 2 000 元除以 2，等于 1000 元，则在总账中查找是否有一笔记录金额为 1 000 元的业务错将贷方金额登记在了借方。这种方法的优点是有一定目标地在账目中查找差错，而不必逐笔查找。在实际工作中，除二法是查找方向记反错误的有效方法。

（6）除九法

除九法是将差额数字除以 9，如果能够除尽，根据商数查找错误的一种方法。例如，登记账簿时会把数字记错，把 270 记成 27，或数字颠倒，把 27 记成 72，这两种错误差额均可以被 9 整除。这种方法适用于查找数字错位和数字颠倒的错误。

6.4.3 更正错账的方法

通过以上方法查找出错账后，会计人员必须根据错误的具体情况采用相应的更正方法进行更正。更正错账的方法主要有划线更正法、红字更正法和补充登记法三种。

（1）划线更正法

划线更正法也称红线更正法，适用于记账后发现记账凭证正确，而账簿记录出现文字或数字错误的情况。

操作步骤：①将错误的文字或数字用一条红色横线予以注销（必须使原有文字或数字清晰可认以备查阅）；②在划线文字或数字的上方用蓝字或黑字填写正确的文字或数字，并在更正处签章。

小贴士：采用划线更正法的注意事项

采用划线更正法更正错账时应注意：对于文字差错，只划去错误的文字，而不必将全部文字划去；对于数字差错，应将错误的数字全部划去，而不能只划去错误数额中的个别位数。

（2）红字更正法

红字更正法也称红字冲销法，适用于记账后发现记账凭证出现所写科目、方向、金额有误或金额大于应记金额的错误，从而导致账簿记录出现错误的情况。红字更正法包括两种更正方法，下面通过【例 6-7】进行说明。

【例 6-7】2020 年 5 月 15 日，海岛冲鸭船艇制造有限公司从银行提取现金 5 600 元（已填制凭证付字 009 号），5 月 20 日发现在填制付款凭证时，误将金额填写为 6 500 元，并据以登记入账。

更正方法一的具体步骤：

①编制一张红字（金额）记账凭证，用以冲销全部错误金额，其格式见表 6-22。

表 6-22　红字（金额）付账凭证

付款凭证

应贷科目：银行存款　　　　2020 年 5 月 20 日　　　　付字 015 号

摘要	应借科目		记账	金额								
	一级科目	二级或明细科目		百	十	万	千	百	十	元	角	分
冲销 15 日付字 009 号凭证	库存现金						6	5	0	0	0	0

表6-22(续)

摘要	应借科目		记账	金额								
	一级科目	二级或明细科目		百	十	万	千	百	十	元	角	分
附件　张												
合　计					¥	6	5	0	0	0	0	

财会主管：　　　记账：　　　出纳：　　　审核：刘长山　　　制单：赵凤英

②编制一张正确的蓝字或黑字（金额）记账凭证，见表6-23。

表6-23　蓝字或黑字（金额）付账凭证

付款凭证

应贷科目：银行存款　　　2020年5月20日　　　付字016号

摘要	应借科目		记账	金额								
	一级科目	二级或明细科目		百	十	万	千	百	十	元	角	分
更正15日付字009号凭证	库存现金						5	6	0	0	0	0
附件　张												
合　计					¥	5	6	0	0	0	0	

附件　张

财会主管：　　　记账：　　　出纳：　　　审核：刘长山　　　制单：赵凤英

③更正后的现金日记账记录见表6-24。

表6-24　更正后的现金日记账（1）

现金日记账

2020年		凭证编号	摘要	借方金额	贷方金额	余额	√
月	日						
…	…	…	…	…	…	3 000.00	
5	15	009	提取现金	6 500.00		9 500.00	
	20	015	冲销15日付字009号凭证	6 500.00		3 000.00	
	20	016	更正15日付字009号凭证	5 600.00		8 600.00	

表6-24(续)

2020年		凭证编号	摘要	借方金额	贷方金额	余额	√
月	日						

“银行存款日记账”的账簿更正此处省略。

更正方法二的具体步骤：

编制一张红字（金额）的记账凭证，用以冲销多记金额，其格式见表6-25。

表6-25　红字（金额）付账凭证

付款凭证

应贷科目：银行存款　　　　2020年5月20日　　　　付字015号

摘要	应借科目		记账	金额								
	一级科目	二级或明细科目		百	十	万	千	百	十	元	角	分
冲销15日付字009号凭证	库存现金							9	0	0	0	0
附件　张												
合　计						¥	9	0	0	0	0	

财会主管：　　　记账：　　　出纳：　　　审核：刘长山　　　制单：赵凤英

更正后的现金日记账记录见表6-26。

表6-26　更正后的现金日记账（2）

现金日记账

2020年		凭证编号	摘要	借方金额	贷方金额	余额	√
月	日						
…	…	…	…	…	…	3 000.00	
5	15	009	提取现金	6 500.00		9 500.00	
	20	015	冲销15日付字009号凭证	900.00		8 600.00	

表6-26(续)

2020年		凭证编号	摘要	借方金额	贷方金额	余额	√
月	日						

“银行存款日记账”的账簿更正此处省略。

（3）补充登记法

补充登记法是编制一张补记差额的记账凭证，据以登记入账的更正方法。它主要适用于记账以后，发现记账凭证中应借、应贷会计科目和记账方向正确，只是所记金额小于应记金额的情况。

更正方法：将少记金额用蓝字填制一张与原错误记账凭证科目名称和方向一致的记账凭证，在该凭证的“摘要”栏填写“补充×年×月×日×号凭证少记金额”并用蓝字据以登记入账。

【例6-8】2020年6月10日，海岛冲鸭船艇制造有限公司以转账支票（转支0320）归还前欠长美公司的购货款83 000元，在填制记账凭证时，误将金额填为38 000元，并据以登记入账。6月15日发现记账错误。

更正时，只需用蓝（或黑）字，填写一张补记错误金额的记账凭证即可，其形式见表6-27。

表6-27　补记的付款凭证

付款凭证

应贷科目：银行存款　　　　2020年6月10日　　　　付字012号

摘要	应借科目		记账	金额								
	一级科目	二级或明细科目		百	十	万	千	百	十	元	角	分
补充10日付字005号凭证	应付账款	长美公司				4	5	0	0	0	0	0
附件　张												
合　计				¥	4	5	0	0	0	0	0	

财会主管：　　　记账：　　　出纳：　　　审核：刘长山　　　制单：赵凤英

更正后的银行存款日记账记录见表6-28。

表6-28 更正后的银行存款日记账

银行存款日记账

开户行：海岛银行星海支行　　　　账号：0523-23456

2020年		凭证编号	摘要	结算凭证		对方科目	借方金额	贷方金额	余额	√
月	日			种类	号数					
…	…	…	…	…	…	…	…	…	823 000. 00	
6	10	付005	偿付前欠款	转支	0320	应付账款		38 000. 00	785 000. 00	
	15	付012	补充10日付005号凭证			应付账款		45 000. 00	740 000. 00	

任务6.5　会计账簿的更换与保管

6.5.1　会计账簿的更换

账簿的更换是指在会计年度终了时，将上年度的账簿更换为次年度的新账簿。在每个会计年度结束，新的会计年度开始时，应按会计制度的规定，更换一次总账、日记账和大部分明细账。一小部分明细账还可以继续使用的，年初可以不必更换账簿，如固定资产明细账等。

更换账簿时，应将上年度各账户的余额直接记入新年度相应的账簿中，并在旧账簿中各账户年终余额的摘要栏内加盖“结转下年”戳记。同时，在新账簿中相关账户的第一行摘要栏内加盖“上年结转”戳记，并在余额栏内记入上年余额。

6.5.2　会计账簿的保管

会计账簿是会计工作的重要历史资料，也是重要的经济档案。在经营管理中具有重要作用。因此，每一个企业、单位都应按照国家有关规定，加强对会计账簿的管理，做好账簿的管理工作。

账簿的保管应该明确责任，保证账簿的安全和会计资料的完整，防止交接手续不清和可能发生的舞弊行为。在账簿交接保管时，应将该账簿的页数、记账人员姓名、启用日期、交接日期等列表附在账簿的扉页上，并由有关方面签字盖章。账簿要定期（一般为年终）收集，审查核对，整理立卷，装订成册，专人保管，严防丢失和损坏。

账簿应按照规定期限保管。各账簿的保管期限一般为30年。保管期满后，要按照会计档案管理办法的规定，由档案管理机构会同有关部门共同鉴定，报经批准后进行处理。

合并、撤销单位的会计账簿，要根据不同情况，分别移交给并入单位、上级主管部门或主管部门指定的其他单位接受保管，并由交接双方在移交清册上签名盖章。

账簿日常应由各自分管的记账人员专门保管，未经领导和会计负责人或有关人员批准，不许非经管人员翻阅、查看、摘抄和复制。会计账簿除非特殊需要或司法介入要求，一般不允许携带外出。

新会计年度对更换下来的旧账簿应进行整理、分类，对有些缺少手续的账簿，应补办必要的手续，然后装订成册，并编制目录，办理移交手续，按期归档保管。

对会计账簿的保管既是会计人员应尽的职责，又是会计工作的重要组成部分。

能力训练

一、单项选择题

1. 会计账簿按(　　)的不同可以分为两栏式账簿、三栏式账簿、多栏式账簿及数量金额式账簿。

A. 用途　　B. 作用　　C. 账页格式　　D. 外形特征

2. 能够提供企业某一类经济业务增减变化总括会计信息的账簿是(　　)。

A. 明细分类账　　B. 总分类账　　C. 备查账　　D. 日记账

3. 能够提供企业某一类经济业务增减变化较为详细会计信息的账簿是(　　)。

A. 明细分类账　　B. 总分类账　　C. 备查账　　D. 日记账

4. 一般情况下，不需要根据记账凭证登记的账簿是(　　)。

A. 明细分类账　　B. 总分类账　　C. 备查账　　D. 日记账

5. 下列明细账中，可以采用数量金额式账页的是(　　)。

A. 库存商品明细分类账　　B. 应付账款明细分类账

C. 管理费用明细分类账　　D. 待摊费用明细分类账

6. 下列各选项中应建立备查簿登记的是(　　)。

A. 融资租入固定资产　　B. 经营性租入固定资产

C. 资本公积　　D. 固定资产明细账

7. 如果填制记账凭证没有错误，但根据其登记账簿时，误将20 000元记为2 000元，则应采用(　　)。

A. 划线更正法　　B. 红字更正法　　C. 补充登记法　　D. 更换账页法

8. 会计人员在记账以后，发现所依据的记账凭证中的应借、应贷会计科目有错误，而且记账凭证中所列金额小于应记金额，该会计人员应采用的错账更正方法是(　　)。

A. 划线更正法　　B. 红字更正法　　C. 补充登记法　　D. 更换账页法

9. 下列选项的做法中，不符合记账规则的是(　　)。

A. 登账后在记账凭证中作记账符号“√”

B. 记账时发生跳行，在该空行处划线注销

C. 在每一账页的最后一行及下一页的第一行都要办理转页手续

D. 使用圆珠笔记账

10. 制造费用明细账一般采用的账页格式是(　　)。

A. 三栏式账页　　B. 借方多栏式账页

C. 贷方多栏式账页　　D. 借贷方均多栏式账页

二、多项选择题

1. 以下账簿需要在每年年初更换新账的是(　　)。

A. 库存现金日记账　　B. 辅助账

C. 总分类账　　D. 银行存款日记账

2. 会计账簿按用途不同，可以分为(　　)。

A. 活页式账簿　　B. 卡片式账簿　　C. 序时账　　D. 分类账

3. 下列账簿中，可采用活页式账簿的是(　　)。

A. 原材料明细账　　B. 库存商品明细账

C. 银行存款日记账　　D. 固定资产明细账

4. 下列应该使用多栏式账页的是(　　)。

A. 原材料明细账　　B. 生产成本明细账

C. 制造费用明细账　　D. 本年利润明细账

5. 明细分类账可以根据(　　)登记。

A. 原始凭证　　B. 汇总原始凭证

C. 经济合同　　D. 汇总记账凭证

6. 下列错账中，应该运用错账更正法更正的是(　　)。

A. 记账凭证错了，并已据此登账

B. 记账凭证错了，但还未登账

C. 记账凭证没错，登账出错

D. 记账凭证中科目没错，但借贷方发生额均多记相等金额并已登账

7. 在实际工作中，由于各种会计账簿所记录的经济业务不同，账簿的格式也多种多样；但各种账簿都应具备(　　)基本内容。

A. 封面　　B. 账夹　　C. 扉页　　D. 账页

8. 账账核对包括(　　)核对是否相等。

A. 所有总账的借方发生额合计、贷方发生额合计

B. 总账金额与所属明细账余额合计

C. 现金日记账和银行存款日记账余额与其总账金额

D. 银行存款日记账和银行对账单

三、判断题

1. 企业的序时账簿和分类账簿必须采用订本式账簿。(　　)

2. 登记账簿时发生的空行、空页一定要补充书写。(　　)

3. 年终更换新账时，新旧账簿有关账户之间的转记金额，应该编制相应的记账凭证。(　　)

4. 明细分类账除了采用货币单位进行登记外，有的还需要用实物计量单位进行登记。(　　)

5. 会计核算中，红笔一般在在划线、冲账和表示负数金额时使用。(　　)

6. 登记账簿时，不得写满格，文字或数字一般只占格距的1/2。(　　)

扫码获取答案

延伸阅读　会计旅途第一步

第二天，我又碰到了刘国华，他很急的样子，说是要找一个兼职会计，所长又找到万老师希望她能接这笔业务。事务所现在审计验资的业务很多，所以没人想去做这个。你知道，一笔小审计至少五六千元，两三天就完成了，而一个兼职会计做一个月才几百块，事务所是拿提成的。万老师说很忙，不是很想接。这时所长看见了我，说："小艾不是可以吗？记账是一件很简单的事，万老师，你指导一下，就没问题了。好了，事情就那么定了！"

从此，我就开始了代理记账的生涯。

万老师问我会不会建账，我摇头说不会。万老师叹了口气说："现在很多会计都不会建账，那个小刘还说，他招了好几个会计，可是一听说什么也没有，还要建账，就都不敢

来了。”我站着没说话，其实这也是事实，我也是正规院校本科毕业，可是你要我单独去接，我也不敢。你也知道，在学校学了4年的会计，全是理论，老师讲了很多账簿的知识，可是一考完试，我就把学到的东西全还给他了。万老师见我有点尴尬，连忙说："建账不像你想象的那么难，你照我说的去做，做几遍就会了；首先你要去我们财务支取些现金，买些会计用品。”

“到财务支取现金?”

“是呀，等到结算的时候再让所长和小刘去算吧，反正我们也帮他做不了多久，顶多两三个月；等理顺了，他自己就会招个会计。”

“买什么呀?”

“我给你写个清单。”说完，万老师就刷刷地写了起来。清单上写着：

10本会计凭证：3本收款凭证、3本付款凭证、4本转账凭证；

库存现金日记账1本、银行存款日记账一本；

数量金额式明细账1本、借方多栏式明细账1本、贷方多栏式明细账1本、借方贷方多栏式明细账1本、三栏式明细账1本；

总分类账1本；

资产负债表、利润表、现金流量表各1本；

档案盒1个、胶水1瓶、订书机1个、回形针1盒。

“好了，暂时就买这些吧!”

“还要买什么呀?”我想要买就干脆一起买了，免得再跑腿。

“发票、进账单、支票这些不知道小刘买了没有，到时候再说吧。噢，如果没有收付款凭证，就买10本通用记账凭证代替。”

“通用记账凭证和收付款凭证有区别吗?”

“通用、通用，就是都可以用，不用分得那么细了。”

“噢!”我怕自己忘，连忙在纸上打个括号，注明通用记账凭证也行。

我本来还想问，借方多栏式明细账、贷方多栏式明细账、借方贷方多栏式明细账有什么区别，但又一想到时问店员不是更好嘛；于是，到财务支取了500块钱后就直接出去买东西了。

……

资料来源：陈艳红. 小艾上班记：真账实操教你学会计［M］. 3版. 大连：东北财经大学出版社，2020.

项目 7　财产清查

学习目标：

1. 了解财产清查的意义、种类和程序；
2. 掌握确定财产物资账面盘存的两种方法：永续盘存制和实地盘存制。
3. 掌握库存现金、银行存款的清查方法和清查结果的账务处理；
4. 掌握实物资产的清查及调整记录；
5. 掌握往来款项的清查方法和清查结果的账务处理。

财产清查思维导图如图 7-1 所示。

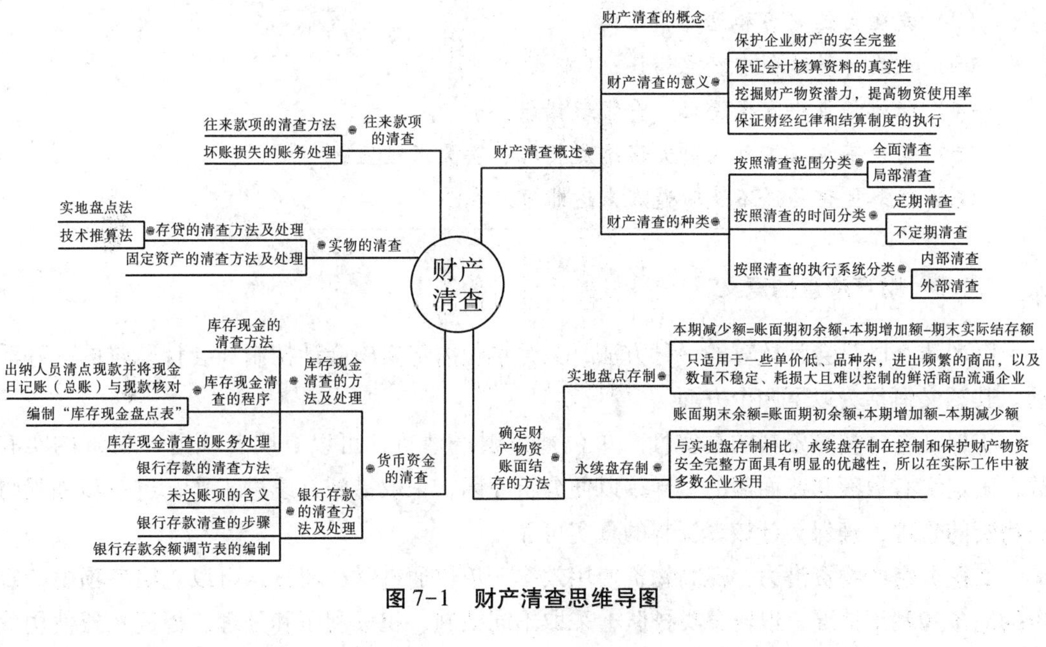

图 7-1　财产清查思维导图

任务 7.1 财产清查概述

7.1.1 财产清查的概念

财产清查是指通过对货币资金、实物资产和往来款项等财产物资进行盘点或核对，确定其实存数，查明账存数与实存数是否相符的一种专门方法。

小贴士：为什么要进行财产清查？

财产的管理要通过账簿记录来反映其增减变动以及结存情况理论。理论上讲，账簿记录的各项财产的结存数与实有数应当一致。但账簿记录并不能完全反映客观实际，存在一些因素导致账簿记录的结存数与实际数不一致。为保证账簿记录的正确性，需要对各种财产进行定期或不定期的清查、盘点，并与相关账簿进行核对。

导致账簿记录与财产实有数不一致的因素包括：

(1) 保管过程中的自然损耗或升溢；

(2) 发生自然灾害和意外损失；

(3) 收发计量过程中发生错误；

(4) 账簿记录中发生漏记、重记或错记；

(5) 管理不善或工作人员失误造成损坏、丢失或被盗；

(6) 结算凭证传递不及时造成未达账项。

7.1.2 财产清查的意义

财产清查既是会计核算的一种方法，又是单位内部实施会计控制和会计监督的一种活动。其意义概括为以下四个方面。

①保证会计核算资料的真实性。单位通过财产清查，可以查明各项财产物资的实有数，确定实有数额和账面额的差异，以便分析原因，采取措施，改进工作，进一步加强财产物资的管理，确保会计核算资料的真实可靠。

②挖掘财产物资潜力，提高物资使用效率。单位通过财产清查，可以查明各项财产物资的储备和利用情况，以便分类排队，采取不同措施，积极利用和处理，提高物资使用效率。对储备不足的，应予以补充，确保生产需要；对超储、积压、呆滞的财产物资，应及时处理，防止盲目采购和不合理地积压，充分挖掘物资潜力，加速资金周转，提高资金使用效率，提高经济效益。

③保证财经纪律和结算制度的执行。单位通过对财产物资、货币资金及往来款项的清

查，可以查明有关业务人员是否遵守财经纪律和结算制度，有无贪污盗窃、挪用公款的情况；查明各项资金使用是否合理，是否符合党和国家的方针政策和法规，从而使工作人员更加自觉地遵纪守法，自觉维护和遵守财经纪律。

④完善财产管理的岗位责任制。单位通过财产清查，可以促使财产保管人员吸取教训，总结经验，不断学习先进的管理技术，增强敬业精神，提高业务素质。

7.1.3 财产清查的种类

(1) 按照清查范围分类

财产清查按照清查范围，分为全面清查和局部清查。

①全面清查

全面清查是指对所有的财产进行全面的盘点和核对。需要进行全面清查的情况通常有：

- 年终决算前；
- 在合并、撤销或改变隶属关系前；
- 中外合资、国内合资前；
- 股份制改造前；
- 开展全面的资产评估、清产核资前；
- 单位主要领导调离工作前等。

②局部清查

局部清查是指根据需要只对部分财产进行盘点和核对。局部清查的范围和对象，应根据业务需要和相关具体情况而定。一般而言，对于流动性较大的财产物资，如原材料、在产品、产成品，企业应根据需要随时轮流盘点或重点抽查；对于贵重财产物资，企业每月都要进行清查盘点；对于库存现金，每日终了，共应由出纳人员进行清点核对；对于银行存款，企业至少每月同银行核对一次；对债权、债务，企业应每年至少同债权人、债务人核对一至两次。

(2) 按照清查的时间分类

财产清查按照清查的时间，分为定期清查和不定期清查。

①定期清查

定期清查是指按照预先计划安排的时间对财产进行的盘点和核对。定期清查一般在年末、季末、月末进行。

②不定期清查

不定期清查是指事前不规定清查日期，而是根据特殊需要临时进行的盘点和核对。

不定期清查主要在以下情况下进行：

- 财产物资、库存现金保管人员更换时，要对有关人员保管的财产物资、库存现金进行清查，以分清经济责任，便于办理交接手续；

- 发生自然灾害和意外损失时，要对受损失的财产物资进行清查，以查明损失情况；
- 上级主管、财政、审计和银行等部门，对本单位进行会计检查，应按检查的要求和范围对财产物资进行清查，以验证会计资料的可靠性；
- 开展临时性清产核资时，要对本单位的财产物资进行清查，以便摸清家底。

（3）按照清查的执行系统分类

财产清查按照清查的执行系统，分为内部清查和外部清查。

①内部清查

内部清查是指由本单位内部自行组织清查工作小组所进行的财产清查工作。大多数财产清查都是内部清查。

②外部清查

外部清查是指由上级主管部门、审计机关、司法部门、注册会计师等根据国家有关规定或情况需要对本单位进行的财产清查。一般来讲，进行外部清查时应有本单位相关人员参加。

经典考题回顾

【单选题】财产清查按照（　　）的不同，可以分为全面清查和局部清查。

A. 清查的范围　　B. 清查的时间

C. 清查的内容　　D. 清查的地点

扫码答案

任务 7.2　确定财产物资账面结存的方法

确定财产物资账面结存的方法有两种：实地盘存制和永续盘存制。

7.2.1　实地盘存制

实地盘存制也称定期盘存制，是指平时只根据会计凭证在账簿中登记各种财产的增加数额，不登记减少数额，在期末时通过盘点实物来确定各种财产的结存数额，并据以倒轧出本期减少数额，再登记到有关账簿中的一种盘存制度。

定期盘存制结计本期减少额的公式为：

本期减少额=账面期初余额+本期增加额-期末实际结存额

式中，“期末实际结存额”是期末通过实地盘点而确定的。

依前例，按实地盘存制登记缆绳明细账见表 7-1。

表 7-1　原材料明细账（实地盘存制）

品名：缆绳　　　　　　　　　　　　　　　　　　单位成本：220.00 元

2020		业务号数	摘要	借方		贷方		结存	
月	日			数量/米	金额/元	数量/米	金额/元	数量/米	金额/元
1	1		期初					1 000	220 000.00
	3	（略）	入库	1 500	330 000.00				
	12		入库	1 300	286 000.00				
	24		入库	1 700	374 000.00				
	31		发出			3 800	836 000.00	1 700	374 000.00
	31		月结	4 500	990 000.00	3 800	836 000.00	1 700	374 000.00

实地盘存制的优点在于简化了日常核算工作，不必逐笔登记存货减少的业务，且期末结存是实地盘点所得，不会出现账实不符的情况。

实地盘存制的缺点：

①不能随时反映财产物资的收入、发出和结存的动态情况，不利于财产物资的日常监督和管理。

②由于该方法的原理是以存计耗或以存计销，除盘存外的所有财产物资都被认为已耗用或售出；于是盗窃、浪费或自然损耗等都会被计入耗用或销售成本中，不能反映销售成本的实际情况。

③不能及时反映财产物资的耗用成本或销售成本，影响成本结转的及时性。

实地盘存制只适用于一些单价低、品种杂、进出频繁的商品，以及数量不稳定、耗损大且难以控制的鲜活商品流通企业。

7.2.2　永续盘存制

永续盘存制也称账面盘存制，是指通过设置各种财产物资明细账，根据会计凭证对财产物资的收入与发出逐笔或逐日连续登记，并随时结出账面结存数的方法。

永续盘存制结计期末余额的公式为：

账面期末余额=账面期初余额+本期增加额-本期减少额

【例 7-1】海岛冲鸭船艇制造有限公司于 2020 年 1 月 1 日结存缆绳 1 000 米，单价 220.00 元/米，金额 220 000.00 元，本月收发料的情况见表 7-2。

表 7-2　本月材料收发情况汇总表

本月收发料情况（会计科目）

2020		业务号数	收料			发料数量/个
月	日		数量/米	单价/元	金额/元	
1	3	（略）	1 500	220.00	330 000.00	
	7					1 200
	12		1 300	220.00	286 000.00	
	18					1 480
	24		1 700	220.00	374 000.00	
	31					1 020
合　计			4 500	220.00	990 000.00	3 700

根据以上情况登记缆绳明细账，见表 7-3。

表 7-3　原材料明细账（永续盘存制）

品名：缆绳　　　　　　　　　　　　　　　　　　单位成本：220.00 元

2020		业务号数	摘要	借方		贷方		结存	
月	日			数量/米	金额/元	数量/米	金额/元	数量/米	金额/元
1	1		期初					1 000	220 000.00
	3	（略）	入库	1 500	330 000.00			2 500	550 000.00
	7		发出			1 200	264 000.00	1 300	286 000.00
	12		入库	1 300	286 000.00			2 600	572 000.00
	18		发出			1 480	325 600.00	1 120	246 400.00
	24		入库	1 700	374 000.00			2 820	620 400.00
	31		发出			1 020	224 400.00	1 800	396 000.00
	31		盘亏			100	22 000.00	1 700	374 000.00
	31		月结	4 500	990 000.00	3 800	836 000.00	1 700	374 000.00

永续盘存制的优点：

①在存货明细账中，可以随时反映出每种存货的收入、发出和结存情况，并从数量和金额上加以控制，有利于加强存货的日常监督与管理。

②明细账的结存数量，可以通过盘点随时与实存数量相核对，及时发现存货的溢余或短缺，有利于加强对存货的管理。

③可以随时将明细账上的结存数与预定的最高和最低库存限额进行比较，判断库存是积压还是不足，便于及时组织购销或处理，加速资金周转。

④在明细账上可以计算出本期耗用或销售成本，不用等到期末盘点以后，从而可以提高成本计算和成本结转的及时性（加权平均法除外）。

永续盘存制的缺点：存货明细分类账核算的工作量比较大，耗用的人力、物力也较多。

与实地盘存制相比，永续盘存制在控制和保护财产物资安全完整方面具有明显的优越性，所以在实际工作中被多数企业采用。

任务 7.3　货币资金的清查

7.3.1　库存现金清查的方法及处理

库存现金是企业流动性、支付性最强的资产，由于收支频繁，很容易出错，容易成为贪污、盗窃分子的目标，所以企业应在每日业务终了时对库存现金进行清查。

（1）库存现金的清查方法

库存现金的清查是采用实地盘点法确定库存现金的实存数，然后与库存现金日记账的账面余额相核对，确定账实是否相符。

（2）库存现金清查的程序

①出纳人员清点现款并将现金日记账（总账）与现款核对。对于库存现金，出纳人员应做到“日清日结”。“日清日结”是指当天的收入、支出应当在当天填写现金收付凭证并记入现金日记账且结算出当日余额。每日业务结束前清点保险柜中的现金余额并与现金日记账余额相核对。

②编制“库存现金盘点表”，见表 7-4。

表 7-4　库存现金盘点表

年　　月　　日

实存金额/元	账存金额/元	对比结果		原因
		长款/元	短款/元	

清查小组组长：　　　　　　　　财务主管：　　　　　　　　出纳：

小贴士：对库存现金进行盘点时的注意事项

对库存现金进行盘点时，出纳人员必须在场，有关业务必须在库存现金日记账中全部登记完毕。盘点时，一方面要注意账实是否相符，另一方面还要检查现金管理制度的遵守情况，如库存现金有无超过其限额，有无白条抵库、挪用舞弊等情况。盘点结束后，应填制“库存现金盘点报告表”，作为重要原始凭证。

（3）库存现金清查的账务处理

发现库存现金盘盈、盘亏未做处理前，应当在账面上调加或调减库存现金，同时记入“待处理财产损溢”账户过渡。

“待处理财产损溢”账户属于资产类账户，可按盘盈、盘亏的资产种类和项目进行明细核算。其核算内容是企业在清查财产过程中查明的各种财产盘盈、盘亏和毁损的价值。

“待处理财产损溢”账户的主要账务处理为：盘盈的现金及各种材料、库存商品等，借记“库存现金”“原材料”“库存商品”等科目，贷记本科目；盘盈的除固定资产以外的其他财产，按管理权限报经批准后处理时借记本科目，贷记“管理费用”“营业外收入”“其他应收款”等科目。盘亏、毁损的现金及各种材料、库存商品等，盘亏的固定资产，借记本科目，贷记“库存现金”“原材料”“库存商品”“固定资产”等科目，涉及增值税的，还应进行相应处理；盘亏、毁损的各项资产，按管理权限报经批准后处理时，按残料价值，借记“原材料”等科目，按可收回的保险赔偿或过失人赔偿，借记“其他应收款”科目，按本科目余额，贷记本科目，按其借方差额，借记“管理费用”“营业外支出”等科目。企业的财产损益，应查明原因，在期末结账前处理完毕，处理后本科目应无余额。

【例 7-2】2019 年 12 月 5 日，海岛明星船艇制造有限公司收到远洋有限责任公司发现现金短缺 310.47 元，原因待查。本业务取得的原始凭证见表 7-5。

表 7-5　库存现金盘点表（第一联）

2019 年 12 月 5 日

实存金额/元	账存金额/元	对比结果		原因
		长款/元	短款/元	
4 689.53	5 000.00		310.47	待查

清查小组组长：张青　　　　财务主管：卢雪　　　　出纳：方静

根据库存现金盘点表（第一联）编制会计分录如下：

借：待处理财产损溢——现金盘亏　　310.47

　贷：库存现金　　310.47

填制记账凭证见表 7-6。

表 7-6 记账凭证

2019 年 12 月 5 日 编号 009 号

摘要	会计科目		记账符号	借方金额									贷方金额									账页
	总账科目	明细科目		百	十	万	千	百	十	元	角	分	百	十	万	千	百	十	元	角	分	
现金短款	待处理财产损溢	现金盘亏						3	1	0	4	7										
	库存现金																3	1	0	4	7	
附件 1 张	合　计						¥	3	1	0	4	7				¥	3	1	0	4	7	

会计主管： 记账： 出纳： 审核：刘长山 制单：赵凤英

【例 7-3】现金短缺中有 240 元为出纳找现差错，其余原因不明。本业务取得的原始凭证见表 7-7。

表 7-7 库存现金盘点表（第二联）

2019 年 12 月 5 日

实存金额/元	账存金额/元	对比结果		原因
		长款/元	短款/元	
4 689.53	5 000.00		310.47	240 元为找现差错，其余原因不明

清查小组组长：张青 财务主管：卢雪 出纳：方静

根据库存现金盘点表（第二联）编制会计分录如下：

借：其他应收款——方静 240.00

　　管理费用——盘亏损失 70.47

　贷：待处理财产损溢——现金盘亏 310.47

填制记账凭证见表 7-8。

表 7-8　记账凭证

2019 年 12 月 5 日　　　　编号 010 号

摘要	会计科目		记账符号	借方金额									贷方金额									账页
	总账科目	明细科目		百	十	万	千	百	十	元	角	分	百	十	万	千	百	十	元	角	分	
现金短款	其他应收款	方静						2	4	0	0	0										
	管理费用	盘亏损失							7	0	4	7										
	待处理财产损溢	现金盘亏															3	1	0	4	7	
附件 1 张	合　计						¥	3	1	0	4	7				¥	3	1	0	4	7	

会计主管：　　　记账：　　　出纳：　　　审核：刘长山　　　制单：赵凤英

【例 7-4】2019 年 12 月 25 日，海岛明星船艇制造有限公司收到远洋有限责任公司发现现金长余 1 535 元，原因待查。本业务取得的原始凭证见表 7-9。

表 7-9　库存现金盘点表（第一联）

2019 年 12 月 25 日

实存金额/元	账存金额/元	对比结果		原因
		长款/元	短款/元	
6 535.00	5 000.00	1 535.00		待查

清查小组组长：张青　　　财务主管：卢雪　　　出纳：方静

根据库存现金盘点表（第一联）编制会计分录如下：

借：库存现金　　　1 535.00

　贷：待处理财产损溢——现金盘盈　　　1 535.00

填制记账凭证见表 7-10。

表 7-10　记账凭证

2019 年 12 月 25 日　　　　　　　　　　　　编号 020 号

摘要	会计科目		记账符号	借方金额									贷方金额									账页
	总账科目	明细科目		百	十	万	千	百	十	元	角	分	百	十	万	千	百	十	元	角	分	
现金长余	库存现金						1	5	3	5	0	0										
	待处理财产损溢	现金盘盈														1	5	3	5	0	0	
附件 1 张	合　计					¥	1	5	3	5	0	0			¥	1	5	3	5	0	0	

会计主管：　　　　记账：　　　　出纳：　　　　审核：刘长山　　　　制单：赵凤英

【例 7-5】现金长余中有 1 100 元为应付给客户李某的，其余原因不明。本业务取得的原始凭证见表 7-11。

表 7-11　库存现金盘点表（第二联）

2019 年 12 月 25 日

实存金额/元	账存金额/元	对比结果		原因
		长款/元	短款/元	
6 535.00	5 000.00	1 535.00		1 100 元应付给客户李某，其余无法查明原因

清查小组组长：张青　　　　财务主管：卢雪　　　　出纳：方静

根据库存现金盘点表（第二联）编制会计分录如下：

借：待处理财产损溢——现金盘盈　　　　1 535.00

　贷：其他应付款——客户李某　　　　1 100.00

　　　营业外收入——现金长余　　　　435.00

填制记账凭证见表 7-12。

表 7-12　记账凭证

2019 年 12 月 25 日　　　　编号 021 号

摘要	会计科目		记账符号	借方金额									贷方金额									账页
	总账科目	明细科目		百	十	万	千	百	十	元	角	分	百	十	万	千	百	十	元	角	分	
现金长余	待处理财产损溢	现金盘盈					1	5	3	5	0	0										
	其他应付款	客户李某														1	1	0	0	0	0	
	营业外收入	现金长余															4	3	5	0	0	
附件 1 张	合　计					¥	1	5	3	5	0	0			¥	1	5	3	5	0	0	

会计主管：　　　　记账：　　　　出纳：　　　　审核：刘长山　　　　制单：赵凤英

7.3.2　银行存款的清查方法及处理

（1）银行存款的清查方法

银行存款的清查是采用与开户银行核对账目的方法进行的，即将本单位银行存款日记账的账簿记录与开户银行转来的对账单逐笔进行核对，查明银行存款的实有数额。银行存款的清查一般在月末进行。将截止到清查日所有银行存款的收付业务都登记入账后，对发生的错账、漏账应及时查清更正，再与银行的对账单逐笔核对。如果二者余额相符，通常说明没有错误；如果二者余额不相符，则可能是企业或银行一方或双方记账过程有错误或者存在未达账项。

（2）未达账项的含义

未达账项是指企业与银行之间，一方收到凭证并已入账，另一方未收到凭证因而未能入账的账项。

未达账项一般分为以下四种情况：

①企业已收款记账，银行未收款未记账的款项。例如，企业已将收到的购货单位开出的转账支票送存银行并且入账，但是，因银行尚未办妥转账收款手续而没有入账。

②企业已付款记账，银行未付款未记账的款项。例如，企业开出的转账支票已经入账，

但是，因收款单位尚未到银行办理转账手续或银行尚未办妥转账付款手续而没有入账。

③银行已收款记账，企业未收款未记账的款项。例如，企业委托银行代收的款项，银行已经办妥收款手续并且入账，但是，因收款通知尚未到达企业而使企业没有入账。

④银行已付款记账，企业未付款未记账的款项。例如，企业应付给银行的借款利息，银行已经办妥付款手续并且入账，但是，因付款通知尚未到达企业而使企业没有入账。

上述任何一种未达账项的存在，都会使企业银行存款日记账的余额与银行开出的对账单的余额不符。所以，在与银行对账时首先应查明是否存在未达账项，如果存在未达账项，就应当编制“银行存款余额调节表”，据以确定企业银行存款实有数。

（3）银行存款清查的步骤

银行存款的清查按以下步骤进行：

①根据经济业务、结算凭证的种类、号码和金额等资料，逐日逐笔核对银行存款日记账和银行对账单，凡双方都有记录的，用铅笔在金额旁打上记号“√”。

②找出未达账项（银行存款日记账和银行对账单中没有打“√”的款项）。

③将日记账和对账单的月末余额及找出的未达账项填入“银行存款余额调节表”，并计算出调整后的余额。

④将调整平衡的“银行存款余额调节表”，经主管会计签章后，送达开户银行。

（4）银行存款余额调节表的编制

银行存款余额调节表的编制，是以企业银行存款日记账余额和银行对账单余额为基础，各自分别加上对方已收款入账而己方尚未入账的数额，减去对方已付款入账而己方尚未入账的数额。其计算公式如下：

企业银行存款日记账余额+银行已收企业未收款+银行已付企业未付款＝银行对账单存款余额+企业已收银行未收款-企业已付银行未付款

调节后，如果银行存款日记账余额与银行对账单余额相同，则说明造成企业账簿记录与银行记录不一致的原因只是存在未达账项，双方记账正确无误。如果调解后的余额仍然不一致，说明会计记录存在差别，还需要逐笔核对企业和银行的记录，发现错误后加以改正。

需要注意的是，编制“银行存款余额调节表”的目的只是检查账簿记录的正确性，不需要根据“银行存款余额调节表”做任何账务处理。待未达账项的收账通知到达企业，方可根据会计凭证作相应的账务处理。

小贴士：清查银行存款需注意的问题

（1）银行存款日记账要依不同银行账户分列登记，注意区分人民币和外币。

（2）银行对账单一定要加盖银行业务章，防止提供虚假单据。

（3）各项存款应由银行出具证明文件。

（4）银行存款的清查应由出纳以外的人员来负责。

经典考题回顾

1.【单选题】某企业现金盘点时发现库存现金短款351元，经核准需由出纳员赔偿200元，其余短款无法查明原因，关于现金短款相关会计科目处理正确的是(　　)。

A. 借记“财务费用”科目151元　　B. 借记“其他应付款”科目200元

C. 借记“管理费用”科目151元　　D. 借记“营业外支出”科目151元

2.【判断题】编制银行存款余额调节表只是为了核对账目，不能为调节银行存款日记账账面余额的记账依据。(　　)

扫码获取答案

任务7.4　实物的清查

7.4.1　存货的清查方法及处理

实物资产的清查就是对实物资产数量和质量进行的清查。通常采用以下两种清查方法：

①实地盘点法。通过点数、过磅、量尺等方法来确定实物资产的实有数量。实地盘点法适用范围较广，在多数财产物资清查中都可以采用。

②技术推算法。利用一定的技术方法对财产物资的实存数进行推算，所以也称估推法。采用这种方法，对于财产物资不是逐一清点计数，而是通过量方、计尺等技术推算财产物资的结存数量。技术推算法只适用于成堆量大而价值不高，逐一清点的工作量和难度较大的财产物资的清查。例如，露天堆放的煤炭等。

对于实物的质量，企业应根据不同实物的性质或特征，采用物理或化学方法，来检查实物的质量。

在实物清查过程中，实物保管人员和盘点人员必须同时在场。对于盘点结果，应如实登记盘存单，并由盘点人和实物保管人签字或盖章，以明确经济责任。盘存单既是记录盘点结果的书面证明，也是反映财产物资实存数的原始凭证。盘存单的一般格式，见表7-13。

表 7-13 盘存单

单位名称： 盘点时间： 编号：
财产类别： 存放地点：

编号	名称	计量单位	数量	单价	金额	备注

盘点人： 保管人：

为了查明实存数与账存数是否一致，确定盘盈或盘亏情况，企业应根据盘存单和有关账簿记录，编制实存账存对比表。实存账存对比表是用以调整账簿记录的重要原始凭证，也是分析产生差异的原因、明确经济责任的依据。实存账存对比表的一般格式，见表 7-14。

表 7-14 实存账存对比表

单位名称： 年 月 日

编号	类别及名称	计量单位	单价	实存		账存		对比结果				备注
								盘盈		盘亏		
				数量	金额	数量	金额	数量	金额	数量	金额	

主管负责人： 复核： 制表：

存货清查如果出现盘盈、盘亏情况，企业应将“盘存表”“实存账存对照表”作为原始凭证，调整存货的账存数，使之与该存货的实存数相等。

【例 7-6】海岛明星船艇制造有限公司在财产清查中，盘盈 A 材料 100 千克，价值 1 500元。经核查，该项盘盈系计量仪器不准所致，经批准作冲减管理费用处理。

①在批准前，进行如下账务处理：

借：原材料 1 500

　贷：待处理财产损溢——待处理流动资产损溢 1 500

②在批准后，进行如下账务处理：

借：待处理财产损溢——待处理流动资产损溢 1 500

　贷：管理费用 1 500

【例 7-7】海岛明星船艇制造有限公司在财产清查中，盘亏 B 材料 1 500 元（假定不考虑增值税）。经查明，有 500 元为定额内的自然损耗，另外 1 000 元属于过失人造成的损失，责令赔偿。

①在批准前，进行如下账务处理：

借：待处理财产损溢——待处理流动资产损溢　　1 500

　贷：原材料　　1 500

②在批准后，分不同情况，进行如下账务处理：

借：其他应收款——××责任人　　1 000

　　管理费用　　500

　贷：待处理财产损溢——待处理流动资产损溢　　1 500

小贴士：存货清查应注意的问题

（1）每年在编制年度报表前，必须对存货进行一次全面清查。

（2）为了加强控制，还应在年内结合企业实际情况进行定期或不定期的轮流或重点清查。

（3）除了要进行实物盘点，账、实核对外，应注意存货的质量和储存情况。

7.4.2 固定资产的清查方法及处理

（1）固定资产的清查方法

固定资产的清查一般采用实地盘点的方法，对于出租的固定资产可以采取信函、电话等询证方法进行清查。

固定资产清查可以参考以下步骤进行：

①财会部门整理“固定资产总账”“固定资产登记簿”“固定资产卡片”，并将其类别、存放地点、保管人员等情况填入“固定资产盘点表”，见表 7-15。

表 7-15　固定资产盘点表

盘点日：　　　　年　　月　　日

名称	规格型号	存放地点	购置时间	使用年限	计量单位	账面值		实盘数		盘盈		盘亏		备注
						数量	原值	数量	原值	数量	原值	数量	原值	

盘点人：　　　　主管会计：　　　　实物保管人：

②固定资产清查人员根据财会部门提供的“固定资产盘点表”中的相关资料进行固定资产的逐项盘点计数。在固定资产的清查过程中，财会人员、固定资产实物负责人必须在

场。清点完毕，应在已查固定资产上加贴“已清查”标志。

③根据清查结果将计算出的盘盈（亏）情况填入“固定资产盘点表”。

④提出固定资产盘点结果的处理意见。

（2）固定资产清查结果的账务处理

企业在财产清查过程中发现盘盈的固定资产，经查明确属企业所有，按管理权限报经批准后，应根据盘存凭证填制固定资产交接凭证，经有关人员签字后送交企业会计部门，填写固定资产卡片账，并作为前期差错处理，通过“以前年度损益调整”科目核算。

盘盈的固定资产通常按其重置成本作为入账价值，借记“固定资产”科目，贷记“以前年度损益调整”科目。

企业在财产清查中盘亏的固定资产，按盘亏固定资产的账面价值，借记“待处理财产损溢”科目，按已计提的累计折旧，借记“累计折旧”科目，按固定资产的原价，贷记“固定资产”科目。按管理权限报经批准后处理时，按可收回的保险赔偿或过失人赔偿，借记“其他应收款”科目，按应计入营业外支出的金额，借记“营业外支出——盘亏损失”科目，贷记“待处理财产损溢”科目。

【例 7-8】海岛明星船艇制造有限公司进行财产清查时发现短缺柴油机一台，原价为 12 000 000 元，已计提折旧 10 000 000 元。公司应做如下会计处理：

（1）盘亏固定资产时：

借：待处理财产损溢——固定资产盘亏	2 000 000	
累计折旧——柴油机	10 000 000	
贷：固定资产——柴油机		12 000 000

（2）报经批准转销时：

借：营业外支出——盘亏损失	2 000 000	
贷：待处理财产损溢——固定资产盘亏		2 000 000

任务 7.5　往来款项的清查

7.5.1　往来款项的清查方法

往来款项的清查是指对本单位发生的各种债权、债务等结算业务进行清查，如对应收账款、应付账款、预付账款、预收账款、其他应收款、其他应付款等进行清查。

往来款项的清查方法一般采用账目核对法，如采用信函查询、电话查询方式与对方进行账目核对。清查完毕，应编制“往来款项清查报告表”，列示清查的具体结果。“往来款项清查报告表”的格式见表 7-16。

表 7-16　往来款项清查报告表

明细账户名称	账面应收金额	清查情况		发生日期	对方不同意付款原因		备注
		对方同意付款金额	对方不同意付款金额		按合同规定拒付金额	争执中的款项	

清查人员签章：　　　　　　　　　　　　　　经管人员签章：

7.5.2　坏账损失的账务处理

对于符合坏账条件的应收款项，应做相应的会计处理。企业确实无法收回的应收款项，按管理权限报经批准后作坏账转销时，应当冲减已计提的坏账准备，借记“坏账准备”，贷记“应收账款”“应收票据”“其他应收款”“预付账款”等。

能力训练

一、单项选择题

1. 财产清查的目的是达到(　　)。

A. 账实相符　　B. 账证相符　　C. 账账相符　　D. 账表相符

2. 财产物资的盘盈是指(　　)。

A. 实存数大于账存数　　B. 账存数大于实存数

C. 由于记账出错多记的金额　　D. 由于记账出错少记的金额

3. 企业银行存款日记账与银行对账单的核对，属于(　　)。

A. 账表核对　　B. 账证核对　　C. 账账核对　　D. 账实核对

4. 在记账无误的情况下，银行对账单与企业银行存款日记账账面余额不一致是(　　)。

A. 由于未达账项造成的　　B. 由于坏账损失造成的

C. 应付账款造成的　　D. 应收账款造成的

5. 产生未达账项的原因是(　　)。

A. 双方记账时间不一致　　B. 双方结账时间不一致

C. 双方对账时间不一致　　　　D. 双方记账金额不一致

6. 采用实地盘存制，平时对财产物资(　　)。

A. 只登记发出数，不登记收入数

B. 只登记收入数，不登记发出数

C. 先登记发出数，后登记收入数

D. 先登记收入数，后登记发出数

7. 企业银行存款日记账与开户银行所提供的对账单核对，是通过编制“银行存款余额调节表”进行的。假如双方的账簿记录都没有发生差错，则调整后的存款余额(　　)。

A. 企业存款余额一般应该小于银行对账单余额

B. 企业存款余额一般应该大于银行对账单余额

C. 双方应该相等

D. 双方不可能相等

8. 财产清查按照清查范围不同，可分为(　　)。

A. 全面清查和局部清查　　　　B. 定期清查和不定期清查

C. 永续盘存制和实地盘存制　　　　D. 实地盘点法和技术推算盘点法

9. 在财产清查中填制的“账存实存对比表”是(　　)。

A. 调整账面记录的记账凭证　　　　B. 调整账面记录的原始凭证

C. 登记总分类账的直接依据　　　　D. 登记日记账的直接依据

10. 企业实际可以动用的银行存款数额是(　　)。

A. 银行存款日记账余额　　　　B. 银行对账单余额

C. 调节前余额　　　　D. 调节后余额

二、多项选择题

1. 财产清查的意义包括(　　)。

A. 保护企业财产的安全和完整

B. 保证会计核算资料的真实性

C. 挖掘财产物资潜力，提高物资使用效率

D. 保证财经纪律和结算制度的执行

2. 定期清查的时间一般为(　　)。

A. 年末　　　　B. 月末　　　　C. 季末　　　　D. 清产核算时

3. 未达账项一般包含以下几种情形(　　)。

A. 企业已收款记账，银行未收款未记账的款项

B. 企业已付款记账，银行未付款未记账的款项

C. 银行已收款记账，企业未收款未记账的款项

D. 银行已付款记账，企业未付款未记账的款项

4. 银行存款日记账账面余额小于银行对账单余额的原因有(　　)。

A. 企业收款入账而银行未收款入账

B. 银行收款入账而企业未收款入账

C. 一方或双方记账有错误

D. 企业已付款入账而银行未付款入账

5. 造成财产物资账实不符的原因有(　　)。

A. 贪污盗窃　　B. 自然损耗或升溢

C. 管理不善　　D. 未达账项

三、判断题

1. 财产清查是指通过对货币资金、实物资产和往来款项等财产物资进行盘点或核对，确定其实存数，查明账存数与实存数是否相符的一种专门方法。(　　)

2. 不论采用何种盘存制度，企业资产账面上都应反映资产的增减变动及结存情况。(　　)

3. 财产清查按照清查的执行系统，分为内部清查和外部清查。(　　)

4. 发现库存现金盘盈、盘亏未做处理前，应当在账面上调加或调减库存现金，同时记入“待处理财产损溢”账户过渡。(　　)

5. 企业可以以“银行存款余额调节表”作为登记账簿的依据。(　　)

6. 只要账簿记录正确，就说明账簿所做的记录真实可靠，就不会造成账实不符，从而不需进行财产清查。(　　)

扫码获取答案

项目8　财务会计报告

学习目标：

1. 了解会计的产生与发展；
2. 了解财务会计报告的概念、作用、种类及编制要求；
3. 掌握资产负债表的概念、内容、结构及编制方法；
4. 掌握利润表的概念、内容、格式及编制方法；
5. 掌握现金流量表的概念、内容及结构；
6. 掌握所有者权益变动表的概念、内容及结构。

财务会计报告思维导图如图8-1所示。

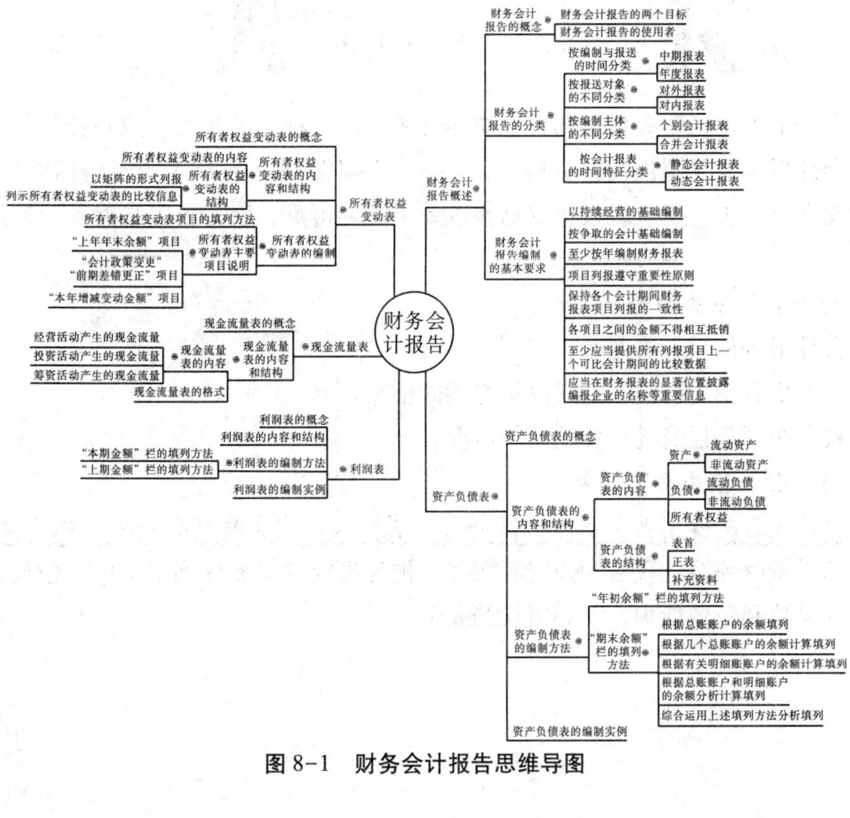

图8-1　财务会计报告思维导图

任务8.1 财务会计报告概述

8.1.1 财务会计报告的概念

编制财务会计报告，既是会计核算的最后环节，又是会计核算工作的总结，任何一个单位都要在会计期末编制财务会计报告并按照有关规定报送。

财务会计报告包括财务报表和其他应在财务会计中披露的相关信息和资料，其中，财务报表由会计报表及其附注两部分构成，一套完整的财务报表至少应当包括资产负债表、利润表、现金流量表、所有者权益变动表以及附注。可见，财务报表是财务会计报告的核心内容。

(1) 财务会计报告的两个目标

财务会计报告的目标有两个：

①向财务报告使用者提供对其决策有用的信息。

②反映企业管理层受托责任的履行情况。

(2) 财务会计报告的使用者

财务会计报告的使用者主要包括投资者、债权人、政府及其有关部门和社会公众等。其中，特别强调财务会计报告为投资者服务，把为投资者服务放到了首位。债权人要关心企业的财务风险和偿债能力，关心债权的安全。

小贴士：哪些人需要懂得会计知识？

很多人以为只有做会计的人才需要掌握会计知识，实际上并不是这样的，所有从事经济管理工作的人都需要懂得会计知识，都要能看懂财务报表，这样才能在经济活动中做到游刃有余。比如，企业的总经理可以通过财务报表，对企业的财务状况、经营情况和资金状况等做到心中有数，较好地进行长、短期经营决策；股民可以通过财务报表了解自己投资的股票业绩如何、收益如何等；营销人员不懂会计知识，就不能很好地确定产品的推销价格；业务人员不懂得会计知识，不会计算成本、税费，就不能清楚地计算每笔生意的利润；管理人员不懂得会计知识，就不能在管理过程中利用会计知识为自己的管理服务；普通大众不懂得会计知识，就不能很好地进行理财，不能将自己辛苦赚来的钱进行合理的投资。

8.1.2 财务会计报告的分类

财务报表按不同的标准有多种分类方法。

(1) 按编制与报送的时间分类

①中期报表。中期报表分为月度报表、季度报表和半年度报表。月报和季报，是企业每月末、季末编制的报表，其提供的会计信息资料，要求简明扼要，以便于及时反映企业主要情况，如资产负债表、利润表。半年度报表是企业每个会计年度的前 6 个月结束后编制的会计报表，主要包括资产负债表、利润表，有的还要编制现金流量表，在会计报表附注中至少应披露所有的重大交易或事项。

②年度报表。年度报表是企业年度终了时编制的财务会计报表，其提供的信息比较完备，能够全面地总结全年的经济活动情况，包括资产负债表、利润表、现金流量表和所有者权益变动表以及会计报表附注。

(2) 按报送对象的不同分类

①对外报表。它是向单位外部的利益关系集团公开报送的财务会计报表，主要包括资产负债表、利润表、现金流量表和所有者权益变动表。其具体格式编制说明由企业会计准则统一规定。

②对内报表。它是企业为内部管理需要而编制的、只向单位内部的经营管理者报送的财务会计报表，如成本报表、销售报表。对内报表一般属于保密性资料，不对外公开。其内容和格式没有统一的规定，通常由企业根据经营管理的需要自行规定。

(3) 按编制主体的不同分类

①个别会计报表。个别会计报表也称单位报表或基层报表，个别会计报表是由企业在自身会计核算基础上对账簿记录进行加工而编制的财务会计报表，它主要用以反映企业自身的财务状况、经营成果和现金流量情况。

②合并会计报表。合并会计报表是以母公司和子公司组成的企业集团为会计主体，根据母公司和所属子公司的会计报表，由母公司编制的对企业集团内部交易进行相互抵销后综合反映企业集团财务状况、经营成果及现金流量的财务会计报表。

(4) 按会计报表的时间特征分类

①静态会计报表。静态会计报表也称为时点报表，它是反映企业在一定时点的各类资源及其权益情况的存量表，如资产负债表。

②动态会计报表。动态会计报表也称为时期报表，它是反映企业在一定时期内经济指标变动情况的报表，如利润表、现金流量表和所有者权益变动表。

8.1.3 财务会计报告编制的基本要求

财务会计报告编写的基本要求如下：

(1) 以持续经营为基础编制

企业应当以持续经营为基础，根据实际发生的交易和事项，按照《企业会计准则——基本准则》和其他各项会计准则的规定进行确认和计量，并在此基础上编制财务报表。以持续经营为基础编制财务报表不再合理时，企业应当采用其他基础编制财务报表，并在附注中声明财务报表未以持续经营为基础编制的事实，披露未以持续经营为基础编制的原因和财务报表的编制基础。

(2) 按争取的会计基础编制

除现金流量表按照收付实现制原则编制外，企业应当按照权责发生制原则编制财务报表。

(3) 至少按年编制财务报表

企业至少应当按年编制财务报表。年度财务报表涵盖的期间短于一年的，应当披露年度财务报表的涵盖期间、短于一年的原因以及报表数据不具可比性的事实。

(4) 项目列报遵守重要性原则

在编制财务报表的过程中，企业应当考虑报表项目的重要性。重要性是判断项目是否单独列报的重要标准。2006年企业会计准则首次对“重要性”概念进行了定义，即如果财务报表某项目的省略或错报会影响使用者据此做出经济决策的，则该项目具有重要性。重要性应当根据企业所处的具体环境，从项目的性质和金额两方面予以判断，且对各项目重要性的判断标准一经确定，不得随意变更。一方面，判断项目性质的重要性，应当考虑该项目在性质上是否属于企业日常活动、是否显著影响企业的财务状况、经营成果和现金流量等因素；另一方面，判断项目金额大小的重要性，应当考虑该项目金额占资产总额、负债总额、所有者权益总额、营业收入总额、营业成本总额、净利润、综合收益总额等直接相关项目金额的比重或所属报表单列项目金额的比重。具体来说，性质或功能不同的项目，应当在财务报表中单独列报，但不具有重要性的项目除外。对于性质或功能类似的项目，如库存商品、原材料等，应当予以合并，作为存货项目列报。某些项目的重要性程度不足以在资产负债表、利润表、现金流量表或所有者权益变动表中单独列示，但对附注却具有重要性，则应当在附注中单独披露。

《企业会计准则第 30 号——财务报表列报》规定在财务报表中单独列报的项目，应当单独列报。其他会计准则规定单独列报的项目，应当增加单独列报项目。

（5）保持各个会计期间财务报表项目列报的一致性

可比性是会计信息质量的一项重要质量要求，目的是使同一企业不同期间和同一期间不同企业的财务报表相互可比。因此，财务报表项目的列报应当在各个会计期间保持一致，不得随意变更，这一要求不仅针对财务报表中的项目名称，还包括财务报表项目的分类、排列顺序等方面。但在会计准则要求改变财务报表项目的列报以及企业经营业务的性质发生重大变化后，变更财务报表项目的列报能够提供更可靠、更相关的信息的情况下，财务报表项目的列报是可以改变的。

（6）各项目之间的金额不得相互抵销

财务报表项目应当以总额列报，资产和负债、收入和费用不能相互抵销，即不得以净额列报，但企业会计准则另有规定的除外。因为如果相互抵销，所提供的信息就不完整，信息的可比性有所降低，很难在同一企业不同期间以及同一期间不同企业的财务报表之间实现相互可比，报表使用者很难据以做出判断。比如，企业欠客户的应付款不得与其他客户欠本企业的应收款相互抵销，如果相互抵销就掩盖了交易的实质。再如，收入和费用反映了企业投入和产出之间的关系，是企业经营成果的两个方面，为了更好地反映经济交易的实质、考核企业经营管理水平以及预测企业未来现金流量，收入和费用不得相互抵销。

（7）至少应当提供所有列报项目上一个可比会计期间的比较数据

当期财务报表的列报，至少应当提供所有列报项目上一个可比会计期间的比较数据，以及与理解当期财务报表相关的说明，但其他会计准则另有规定的除外。

财务报表的列报项目发生变更的，应当至少对可比期间的数据按照当期的列报要求进行调整，并在附注中披露调整的原因和性质以及调整的各项目金额。对可比数据进行调整不切实可行的，应当在附注中披露不能调整的原因。

（8）应当在财务报表的显著位置披露编报企业的名称等重要信息

企业应当在财务报表的显著位置（如表首）至少披露下列各项：

①编报企业的名称。

②资产负债表日或财务报表涵盖的会计期间。

③人民币金额单位。

④财务报表是合并财务报表的，应当予以标明。

任务8.2 资产负债表

8.2.1 资产负债表的概念

资产负债表是反映企业在某一特定日期（月末、季末、半年末、年末）的财务状况的会计报表。由于它反映的是某一时点的情况，所以，又称为静态报表。

财务状况是指企业的资产、负债、所有者权益及其相互关系。因此，资产负债表是根据“资产=负债+所有者权益”这一会计等式，按照一定的分类标准和顺序，将企业在一定日期的全部资产、负债和所有者权益项目进行分类、汇总、排列后编制而成的。

资产负债表的作用主要有：

①可以提供某一日期资产的总额及其结构，表明企业拥有或控制的资源及其分布情况；

②可以提供某一日期的负债总额及其结构，表明企业未来需要用多少资产或劳务清偿债务以及清偿时间；

③可以反映所有者所拥有的权益，据以判断资本保值、增值的情况以及对负债的保障程度。

8.2.2 资产负债表的内容和结构

(1) 资产负债表的内容

资产负债表主要反映资产、负债和所有者权益三个方面的内容，应当列示资产总计项目、负债和所有者权益总计项目。其具体内容如下：

①资产。

资产类各项目是按照资产的流动性大小排列的，流动性强的排列在前。

资产类应当单独列示反映下列项目：

流动资产。它是指预计在一年或超过一年的一个正常营业周期内变现或耗用的资产，主要包括货币资金、交易性金融资产、应收票据、应收账款、预付账款、其他应收款、应收利息、应收股利、存货等项目。

非流动资产。它是指流动资产以外的资产，主要包括长期应收款、长期股权投资、固定资产、在建工程、工程物资、固定资产清理、无形资产、长期待摊费用等项目。

②负债。

负债类各项目按照偿还期长短列示，偿还期短的排列在前。

负债类至少应当单独列示反映下列项目：

流动负债。它是指预计在一年或超过一年的一个正常营业周期内应偿还的负债，主要包括短期借款、应付票据、应付账款、预收账款、应付职工薪酬、应交税费、应付利息、应付股利、其他应付款等项目；

非流动负债。它是指流动负债以外的负债，包括长期借款、应付债券、长期应付款和其他非流动负债。

③所有者权益。

所有者权益类各项目按照权益的永久性排列，拥有期限长的权益排列在前。其顺序为实收资本（或股本）、资本公积、其他综合收益、盈余公积和未分配利润。

（2）资产负债表的结构

资产负债表一般由表首、正表和补充资料三部分内容构成。

表首部分包括报表名称、编制单位、编制日期和货币单位；正表列示的是一定时点上企业的资产、负债和所有者权益各项目数额，该部分是资产负债表的主要部分；补充资料主要用于进一步详细说明报表中的某些主要项目和编制基础。

根据资产负债表主体部分排列方式的不同，资产负债表分为账户式和报告式两种，我国的资产负债表采用账户式。

账户式资产负债表直接根据等式“资产 = 负债+所有者权益”，将表分为左右两部分，左侧列示资产项目，右侧列示负债和所有者权益项目，不管哪一种结构，资产负债表的资产总计总是等于负债和所有者权益的总计。在资产负债表中，资产按照其流动性大小分类分项列示，流动性大的排在前面，流动性小的排在后面，它包括流动资产和非流动资产。负债按照其偿还期限分类分项列示，包括流动负债和非流动负债等；所有者权益按照实收资本（或股本）、资本公积、其他综合收益、盈余公积和未分配利润等项目分列。我国账户式资产负债表的格式见表 8-1。

表 8-1 资产负债表

编制单位：　　　　　　　　　　　　____年____月____日　　　　　　　　　　　　单位：元

资产	期末余额	上年年末余额	负债和所有者权益（或股东权益）	期末余额	上年年末余额
流动资产：			流动负债：		
货币资金			短期借款		
交易性金融资产			交易性金融负债		
衍生金融资产			衍生金融负债		
应收票据			应付票据		
应收账款			应付账款		
应收款项融资			预收款项		

表8-1(续)

资产	期末余额	上年年末余额	负债和所有者权益（或股东权益）	期末余额	上年年末余额
预付款项			合同负债		
其他应收款			应付职工薪酬		
存货			应交税费		
合同资产			其他应付款		
持有待售资产			持有待售负债		
一年内到期的非流动资产			一年内到期的非流动负债		
其他流动资产			其他流动负债		
流动资产合计			流动负债合计		
非流动资产：			非流动负债：		
债权投资			长期借款		
其他债权投资			应付债券		
长期应收款			其中：优先股		
长期股权投资			永续债		
其他权益工具投资			租赁负债		
其他非流动金融资产			长期应付款		
投资性房地产			预计负债		
固定资产			递延收益		
在建工程			递延所得税负债		
生产性生物资产			其他非流动负债		
油气资产			非流动负债合计		
使用权资产			负债合计		
无形资产			所有者权益（或股东权益）：		
开发支出			实收资本（或股本）		
商誉			其他权益工具		
长期待摊费用			其中：优先股		
递延所得税资产			永续债		
其他非流动资产			资本公积		

表8-1(续)

资产	期末余额	上年年末余额	负债和所有者权益（或股东权益）	期末余额	上年年末余额
非流动资产合计			减：库存股		
			其他综合收益		
			专项储备		
			盈余公积		
			未分配利润		
			所有者权益（或股东权益）合计		
资产总计			负债和所有者权益（或股东权益）总计		

8.2.3 资产负债表的编制方法

根据《企业会计准则第 30 号——财务报表列报》的规定，企业需要提供比较资产负债表，以便报表使用者通过比较不同时点资产负债表的数据掌握企业财务状况的变动情况及发展趋势，所以，资产负债表还就各个项目再分为“年初余额”和“期末余额”两栏填列。

（1）“年初余额”栏的填列方法

资产负债表“年初余额”栏内各项数字，应根据上年年末资产负债表“期末余额”栏内所列数字填列。如果上年度资产负债表规定的各个项目的名称和内容同本年度不相一致，那么应对上年年末资产负债表各项目的名称和数字按照本年度的规定进行调整，填入表中“年初余额”栏。

（2）“期末余额”栏的填列方法

“期末余额”是指某一资产负债表日的数字，即月末、季末、半年末或年末的数字。资产负债表各项目“期末余额”的数据来源，可以通过以下五种方式取得。

①根据总账账户的余额填列。

资产负债表中的有些项目，可直接根据有关总账账户的余额填列，如“交易性金融资产”“工程物资”“固定资产清理”“递延所得税资产”“短期借款”“交易性金融负债”“应付票据”“应付职工薪酬”“应交税费”“应付利息”“应付股利”“其他应付款”“专项应付款”“预计负债”“递延所得税负债”“实收资本”“资本公积”“盈余公积”“库存股”等项目应根据总账账户的余额填列。有些项目则应根据几个总账账户的期末余额计算填列。例如，“货币资金”项目应根据“库存现金”“银行存款”“其他货币资金”三个总账账户余额的合计数填列。

②根据几个总账账户的余额计算填列。

例如，“货币资金”项目，需要根据“库存现金”“银行存款”“其他货币资金”三个总账账户余额合计填列。

③根据有关明细账账户的余额计算填列。

例如，“开发支出”项目应根据“研发支出”账户所属的“资本化支出”明细账户的期末余额填列；“应付账款”项目应根据“应付账款”和“预付账款”两个账户所属的相关明细账户的期末贷方余额计算填列；“预收账款”项目应根据“预收账款”和“应收账款”两个账户所属的相关明细账户的期末贷方余额合计数计算填列。“一年内到期的非流动资产”“一年内到期的非流动负债”项目应根据有关非流动资产或负债项目的明细账户的余额分析填列；“长期借款”“应付债券”项目应分别根据“长期借款”“应付债券”账户的明细账户余额分析填列；“未分配利润”项目，应根据“利润分配”账户中所属的“未分配利润”明细账户的期末余额填列。

④根据总账账户和明细账户的余额分析计算填列。

例如，“长期借款”项目应根据“长期借款”总账账户的余额扣除“长期借款”账户所属的明细账户中将在资产负债表日起一年内到期且企业不能自主地将清偿义务展期的长期借款后的金额填列。

⑤综合运用上述填列方法分析填列。

例如，资产负债表中的“存货”项目，需要根据“原材料”“库存商品”“委托加工物资”“周转材料”“材料采购”“在途物资”“发出商品”“材料成本差异”等总账账户期末余额的分析汇总数，再减去“存货跌价准备”账户余额后的金额填列。

经典考题回顾

1.【单选题】企业将持有的不带息商业汇票向银行申请贴现，支付给银行的贴现利息应记入的会计科目是(　　)。

A. 财务费用　　B. 管理费用　　C. 投资收益　　D. 营业外支出

2.【单选题】下列选项中，不属于货币资金的是(　　)。

A. 库存现金　　B. 银行存款　　C. 应收账款　　D. 其他货币资金

3.【单选题】11月5日，某企业以890万元购入可供出售金融资产100万股，其中包含已宣告未发放的每股股利0.8元，另外支付交易费用2万元，12月31日，该可供出售金融资产公允价值为960万元，则其账面价值为(　　)元。

A. 890　　B. 810　　C. 892　　D. 960

4.【单选题】下列各选项中，关于原材料按计划成本核算会计处理表述正确的有(　　)。

A. 入库原材料的超支差异应借记“材料成本差异”科目

B. 发出材料应负担的节约差异应借记“材料成本差异”科目

C. 发出材料应负担的超支差异应贷记“材料成本差异”科目

D. 入库材料的节约差异应借记“材料成本差异”科目

5. 【单选题】某企业随同商品出售不单独计价的包装物，应记入的会计科目为(　　)。

A. 主营业务成本　B. 管理费用　　C. 其他业务成本　D. 销售费用

6.【单选题】下列各选项中，关于无形资产会计处理表述正确的是(　　)。

A. 已确认的无形资产减值损失在以后会计期间可以转回

B. 使用寿命不确定的无形资产按月进行摊销

C. 处置无形资产的净损益计入营业利润

D. 出租无形资产的摊销额计入其他业务成本

7.【多选题】下列各选项中，引起应收账款账面价值发生增减变化的有(　　)。

A. 收回应收账款　　B. 计提应收账款坏账准备

C. 收回已作为坏账准备的应收账款　　D. 结转已到期未兑现的应收票据

8.【多选题】下列选项中，填入资产负债表“货币资金”的有(　　)。

A. 库存现金

B. 银行存款

C. 其他货币资金

D. 以公允价值计量且其变动计入当期损益的金融资产

9. 【多选题】下列各选项中，在资产负债表中“非流动资产”项目下列示的有(　　)。

A. 持有待售资产　B. 在建工程　　C. 投资性房地产　D. 债权投资

10.【判断题】达到预定可使用状态前固定资产不予以资本化的利息支出应计入财务费用。(　　)

扫码获取答案

8.2.4 资产负债表的编制实例

【例 8-1】海岛冲鸭船艇制造有限公司 2020 年 3 月 31 日的账户余额表见表 8-2。

表 8-2 账户余额表

2020 年 3 月 31 日 单位：元

总账账户	明细账户	借方余额	贷方余额
库存现金		3 500.00	
银行存款	海岛银行星海支行	424 781.69	
交易性金融资产	海岛长帆股份股票	75 000.00	
应收账款	海岛长远商贸公司	689 500.00	
预付账款	长岛帆布公司	161 200.00	
其他应收款	海岛快运服务公司	6 000.00	
原材料	玻璃钢	26 020.20	
库存商品	休闲艇	68 000.00	
	豪华艇	120 000.00	
固定资产	厂房	3 114 165.80	
累计折旧	厂房		100 000.00
生产成本	观光艇	90 000.00	
短期借款	海岛银行中路支行		160 720.00
应付账款	长岛玻璃钢公司		126 181.00
应交税费	应交增值税		57 080.00
	应交消费税		15 000.00
	应交城建税		3 600.00
	应交教育费附加		1 500.00
	应交企业所得税		83 120.69
其他应付款	长岛帆布公司押金		7 000.00
长期借款	海岛银行凌海支行		46 140.00
实收资本	海岛路通集团有限公司		3 800 000.00
盈余公积			36 000.00
本年利润			6 991 290.00
利润分配		6 649 464.00	

“货币资金”项目，根据“库存现金”账户与“银行存款”账户余额之和填列，则资产负债表上“货币资金”项目“期末余额”的列报金额＝3 500.00＋424 781.69＝428 281.69（元）。

“交易性金融资产”项目，根据“交易性金融资产”账户余额75 000.00元直接填列。

“应收账款”项目，应根据“应收账款”账户的期末余额689 500.00元直接填列。

“预付账款”项目，根据“预付账款”所属明细账户借方余额与“应付账款”所属明细账户借方余额之和填列，列报金额为161 200.00元。

“其他应收款”项目，根据“其他应收款”借方余额填列，则“其他应收款”项目“期末余额”的列报金额6 000.00元。

“存货”项目，根据“原材料”“生产成本”“库存商品”账户借方余额之和填列，则“存货”项目“期末余额”的列报金额＝26 020.20＋90 000.00＋68 000.00＋120 000.00＝304 020.20（元）。

“流动资产合计”项目，根据“货币资金”“交易性金融资产”“应收账款”“预付账款”“其他应收款”“存货”项目期末余额之和填列，则“流动资产合计”项目“期末余额”的列报金额＝428 281.69＋75 000.00＋689 500.00＋161 200.00＋6 000.00＋304 020.20＝1 664 001.89（元）。

“固定资产”项目，根据“固定资产”账户的期末余额，减去“累计折旧”账户的期末余额后的净额填列，则“固定资产”项目“期末余额”的列报金额＝3 114 165.80－100 000.00＝3 014 165.80（元）。

“非流动资产合计”项目，应根据“固定资产”项目金额填列，则“非流动资产合计”项目“期末余额”的列报金额为3 014 165.80元。

“资产总计”项目，应根据“流动资产合计”项目与“非流动资产合计”项目之和填列，则“资产总计”项目“期末余额”的列报金额＝1 664 001.89＋3 014 165.80＝4 678 167.69（元）。

“短期借款”项目，根据“短期借款”账户贷方余额直接填列，则“短期借款”项目“期末余额”的列报金额为160 720.00元。

“应付账款”项目，根据“应付账款”所属明细账户贷方余额填列，则“应付账款”项目“期末余额”的列报金额126 181.00元。

“应交税费”项目，根据“应交税费”账户贷方余额填列，则“应交税费”项目“期末余额”的列报金额＝57 080.00＋15 000.00＋3 600.00＋1 500.00＋83 120.69＝160 300.69（元）。

“其他应付款”项目，应根据“其他应付款”账户余额填列，则“其他应付款”项目“期末余额”的列报金额为7 000.00元。

“流动负债合计”项目，根据“短期借款”“应付账款”“应交税费”“其他应付款”

项目期末余额之和填列，则“流动负债合计”项目“期末余额”的列报金额=160 720.00+126 181.00+160 300.69+7 000.00=454 201.69（元）。

“长期借款”项目，根据“长期借款”账户期末贷方余额直接填列，则“长期借款”项目“期末余额”的列报金额为46 140.00元。

“非流动负债合计”项目，根据“长期借款”项目期末余额填列，则“非流动负债”项目“期末余额”的列报金额为46 140.00元。

“负债合计”项目，应根据“流动负债合计”项目与“非流动负债合计”项目之和填列，则“负债合计”项目“期末余额”的列报金额=454 201.69+46 140.00=500 341.69（元）。

“实收资本（股本）”项目，根据“实收资本”账户期末贷方余额直接填列，则“实收资本”项目“期末余额”的列报金额为3 800 000.00元。

“盈余公积”项目，根据“盈余公积”账户期末余额直接填列，则“盈余公积”项目“期末余额”的列报金额为36 000.00元。

“未分配利润”项目，根据“本年利润”账户的期末余额减去“利润分配”账户的余额后的净额填列，则“未分配利润”项目“期末余额”的列报金额=6 991 290.00-6 649 464.00=341 826.00（元）。

“所有者权益合计”项目，根据“实收资本”“盈余公积”“未分配利润”项目之和填列，则“所有者权益合计”项目“期末余额”的列报金额=3 800 000.00+36 000.00+341 826.00=4 177 826.00（元）。

“负债与所有者权益总计”项目，根据“负债合计”和“所有者权益合计”项目之和填列，则“负债与所有者权益总计”项目“期末余额”的列报金额=500 341.69+4 177 826.00=4 678 167.69（元）。

根据以上资料编制的资产负债表见表8-3。

表8-3　资产负债表

编制单位：海岛神鸭船艇制造有限公司　　2020年3月31日　　单位：元

资产	期末余额	上年年末余额	负债和所有者权益（股东权益）	期末余额	上年年末余额
流动资产：			流动负债：		
货币资金	428 281.69		短期借款	160 720.00	
交易性金融资产	75 000.00		交易性金融负债		
衍生金融资产			衍生金融负债		
应收票据			应付票据		
应收账款	689 500.00		应付账款	126 181.00	

表8-3(续)

资产	期末余额	上年年末余额	负债和所有者权益（股东权益）	期末余额	上年年末余额
应收款项融资			预收款项		
预付款项	161 200.00		合同负债		
其他应收款	6 000.00		应付职工薪酬		
存货	304 020.20		应交税费	160 300.69	
合同资产			其他应付款	7 000.00	
持有待售资产			持有待售负债		
一年内到期的非流动资产			一年内到期的非流动负债		
其他流动资产			其他流动负债		
流动资产合计	1 664 001.89		流动负债合计	454 201.69	
非流动资产：			非流动负债：		
债权投资			长期借款	46 140.00	
其他债权投资			应付债券		
长期应收款			其中：优先股		
长期股权投资			永续债		
其他权益工具投资			租赁负债		
其他非流动金融资产			长期应付款		
投资性房地产			预计负债		
固定资产	3 014 165.80		递延收益		
在建工程			递延所得税负债		
生产性生物资产			其他非流动负债		
油气资产			非流动负债合计	46 140.00	
使用权资产			负债合计	500 341.69	
无形资产			所有者权益（或股东权益）：		
开发支出			实收资本（或股本）	3 800 000.00	
商誉			其他权益工具		
长期待摊费用			其中：优先股		
递延所得税资产			永续债		
其他非流动资产			资本公积		
非流动资产合计	3 014 165.80		减：库存股		
			其他综合收益		
			专项储备		
			盈余公积	36 000.00	
			未分配利润	341 826.00	

表8-3(续)

资产	期末余额	上年年末余额	负债和所有者权益（股东权益）	期末余额	上年年末余额
			所有者权益（或股东权益）合计	4 177 826.00	
资产总计	4 678 167.69		负债和所有者权益（或股东权益）总计	4 678 167.69	

经典考题回顾

1.【单选题】某企业2019年1月1日短期经营租入管理用办公设备一批，月租金为2 000元（含增值税），每季度末一次性支付本季度租金，不考虑其他因素。该企业1月31日计提租入设备租金时，相关会计科目处理正确的是(　　)。

A. 贷记“预收账款”科目2 000元　　B. 贷记“应付账款”科目2 000元

C. 贷记“预付账款”科目2 000元　　D. 贷记“其他应付款”科目2 000元

2.【单选题】甲公司购入乙公司股票并划分为交易性金融资产，共支付价款3 600 000元（其中包含已宣告但尚未发放的现金股利100 000元），另支付相关交易费用10 000元，取得并经税务机关认证的增值税专用发票上注明的增值税税额为600元。不考虑其他因素，甲公司取得乙公司股票时应借记“交易性金融资产”科目的金融为(　　)元。

A. 3 610 000　　B. 3 510 000　　C. 3 600 000　　D. 3 500 000

3.【单选题】某企业2014年12月31日固定资产账户余额为3 000万元，累计折旧账户余额为800万元，固定资产减值准备账户余额为200万元，固定资产清理借方余额为50万元，在建工程账户余额为200万元。该企业2014年12月31日，资产负债表中固定资产项目金额为(　　)万元。

A. 3 000　　B. 1 950　　C. 2 050　　D. 3 200

4.【多选题】下列各选项中，属于企业流动负债的有(　　)。

A. 收取客户的购货订金　　B. 本期从银行借入的三年期借款

C. 赊购材料应支付的货款　　D. 销售应税消费品应缴纳的消费税

扫码获取答案

任务 8.3 利润表

8.3.1 利润表的概念

利润表是反映企业在一定会计期间内经营成果的动态报表，它是以“利润=收入-费用”这一会计等式为依据编制而成的。

利润表的作用主要有：

①反映一定会计期间收入的实现情况；

②反映一定会计期间的费用耗费情况；

③反映企业经济活动成果的实现情况，据以判断资本保值增值等情况。

8.3.2 利润表的内容和结构

利润表一般有表首和正表两部分。表首包括表名、编制单位、编制期间和货币单位等内容。正表是利润表的主体，反映形成经营成果的各个项目和计算过程。正表有单步式和多步式两种格式。单步式利润表是将当期所有收入列在一起，再将所有的费用列在一起，将两者相减即可得出当期净损益。多步式利润表是对收入、费用及损失项加以归类，分步计算出当期净损益。目前，我国一般采用多步式利润表。多步式利润表的格式及计算过程见表 8-4。

表 8-4 利润表

编制单位：　　　　　　　　＿＿年＿＿月＿＿日　　　　　　　　单位：元

项目	本期金额	上期金额
一、营业收入		
减：营业成本		
税金及附加		
销售费用		
管理费用		
研发费用		
财务费用		
其中：利息费用		
利息收入		
加：其他收益		
投资收益（损失以“-”号填列）		
其中：对联营企业和合营企业的投资收益		

表8-4(续)

项目	本期金额	上期金额
以摊余成本计量的金融资产终止确认收益（损失以“-”号填列）		
净敞口套期收益（损失以“-”号填列）		
公允价值变动收益（损失以“-”号填列）		
信用减值损失（损失以“-”号填列）		
资产减值损失（损失以“-”号填列）		
资产处置收益（损失以“-”号填列）		
二、营业利润（亏损以“-”号填列）		
加：营业外收入		
减：营业外支出		
三、利润总额（亏损总额以“-”号填列）		
减：所得税费用		
四、净利润（净亏损以“-”号填列）		
（一）持续经营净利润（净亏损以“-”号填列）		
（二）终止经营净利润（净亏损以“-”号填列）		
五、其他综合收益的税后净额		
（一）不能重分类进损益的其他综合收益		
1. 重新计量设定受益计划变动额		
2. 权益法下不能转损益的其他综合收益		
3. 其他权益工具投资公允价值变动		
4. 企业自身信用风险公允价值变动		
……		
（二）将重分类进损益的其他综合收益		
1. 权益法下可转损益的其他综合收益		
2. 其他债权投资公允价值变动		
3. 金融资产重分类计入其他综合收益的金额		
4. 其他债权投资信用减值准备		
5. 现金流量套期		
6. 外币财务报表折算差额		
……		
六、综合收益总额		
七、每股收益		
（一）基本每股收益		
（二）稀释每股收益		

8.3.3　利润表的编制方法

（1）“本期金额”栏的填列方法

“本期金额”栏根据“主营业务收入”“主营业务成本”“税金及附加”“销售费用”“管理费用”“财务费用”“资产减值损失”“信用减值损失”“公允价值变动损益”“投资收益”“营业外收入”“营业外支出”“所得税费用”等科目的发生额分析填列。其中，“营业利润”“利润总额”“净利润”等项目根据该表中相关项目计算填列。

（2）“上期金额”栏的填列方法

“上期金额”栏应根据上年该期利润表“本期金额”栏内所列数字填列。如果上年该期利润表规定的各个项目的名称和内容同本期不一致，应对上年该期利润表各项目的名称和数字按本期的规定进行调整，填入利润表“上期金额”栏内。

由于利润表是动态报表，反映企业在某一期间经营成果的构成，其日期的填写不同于资产负债表，应填具体的会计期间，如月份、季度或年度。在编制年终利润报表时，应将“本月数”“本年累计数”分别改为“本年金额”“上年金额”。

经典考题回顾

1.【单选题】某企业 2019 年发生短期借款利息 120 万元，享受购货现金折扣 10 万元，取得银行存款利息收入 30 万元，2019 年该企业列入利润表“财务费用”项目的本期金额应为(　　)万元。

A. 80　　B. 100　　C. 90　　D. 150

2.【多选题】下列各选项中，应列入利润表“营业成本”项目的有(　　)。

A. 随同商品出售单独计价的包装物成本

B. 销售材料的成本

C. 商品流通企业销售外购商品的成本

D. 随同商品出售不单独计价的包装物成本

扫码获取答案

8.3.4 利润表的编制实例

【例 8-2】海岛冲鸭船艇制造有限公司 2020 年 4 月份有关损益账户发生额见表 8-5。

表 8-5 账户发生额汇总表

2020 年 04 月 30 日 单位：元

账户名称	借方发生额	贷方发生额	账户名称	借方发生额	贷方发生额
主营业务收入		700 000.00	财务费用（其中利息费用 20 000 元，利息收入 2 000 元）	18 000.00	
主营业务成本	420 000.00		投资收益		18 000.00
税金及附加	25 000.00		公允价值变动损益	1 800.00	
其他业务收入		26 000.00	资产减值损失		3 000.00
其他业务成本	42 000.00		营业外收入		3 000.00
销售费用	36 000.00		营业外支出	9 000.00	
管理费用（其中研发费用 16 200 元）	56 200.00		所得税	55 200.00	

“营业收入”项目，应根据“主营业务收入”与“其他业务收入”账户的发生额合计填列，则“营业收入”项目“本期金额”的列报金额 = 700 000.00 + 26 000.00 = 726 000.00（元）。

“营业成本”项目，应根据“主营业务成本”与“其他业务成本”账户的发生额合计填列，则“营业成本”项目“本期金额”的列报金额 = 420 000.00 + 42 000.00 = 462 000.00（元）。

“税金及附加”项目，应根据“税金及附加”账户的发生额填列，则“税金及附加”项目“本期金额”的列报金额为 25 000.00 元。

“销售费用”项目，应根据“销售费用”账户的发生额填列，则“销售费用”项目“本期金额”的列报金额为 36 000.00 元。

“管理费用”项目，应根据“管理费用”账户的发生额填列，则“管理费用”项目“本期金额”的列报金额为 56 200.00 元。

“研发费用”项目，应根据“管理费用”账户下的“研究费用”明细账户的发生额填列。则“研发费用”项目“本期金额”的列报金额为 16 200.00 元。

“财务费用”项目，应根据“财务费用”账户的发生额填列，则“财务费用”项目

“本期金额”的列报金额为 18 000.00 元。

“利息费用”项目，应根据“财务费用”账户的相关明细账户的发生额分析填列，则“利息费用”项目“本期金额”的列报金额为 20 000.00 元。

“利息收入”项目，应根据“财务费用”账户的相关明细账户的发生额分析填列，则“利息收入”项目“本期金额”的列报金额为 2 000.00 元。

“投资收益”项目，应根据“投资收益”账户的发生额分析填列，则“投资收益”项目“本期金额”的列报金额为 18 000.00 元。

“公允价值变动收益”项目，应当根据“公允价值变动损益”账户的发生额分析填列，则“公允价值变动收益”项目“本期金额”的列报金额为-1 800.00 元。

“资产减值损失”项目，应根据“资产减值损失”账户的发生额分析填列，则“资产减值损失”项目“本期金额”的列报金额为 3 000.00 元。

“营业利润”项目“本期金额”的列报金额=726 000.00-462 000.00-25 000.00-36 000.00-56 200.00-16 200.00-18 000.00+18 000.00+（-1 800.00）+3 000.00=131 800.00（元）。

“营业外收入”项目，应根据“营业外收入”账户的发生额分析填列，则“营业外收入”项目“本期金额”的列报金额为 3 000.00 元。

“营业外支出”项目，应根据“营业外支出”账户的发生额分析填列，则“营业外支出”项目“本期金额”的列报金额为 9 000.00 元。

“利润总额”项目“本期金额”的列报金额=131 800.00+3 000.00-9 000.00=125 800.00（元）。

“所得税费用”项目，应根据“所得税费用”账户的发生额填列，则“所得税费用”项目“本期金额”的列报金额为 55 200.00 元。

“净利润”项目“本期金额”的列报金额=125 800.00-55 200.00=70 600.00（元）。

根据上述资料编制的 2019 年 5 月份该公司利润表见表 8-6。

表 8-6　利润表

海岛冲鹏船艇制造有限公司

编制单位：海岛冲鹏船艇制造有限公司　　2020 年 4 月　　单位：元

项目	本期金额	上期金额
一、营业收入	726 000.00	
减：营业成本	462 000.00	
税金及附加	25 000.00	
销售费用	36 000.00	

表8-6(续)

项目	本期金额	上期金额
管理费用	56 200.00	
研发费用	16 200.00	
财务费用	18 000.00	
其中：利息费用	20 000.00	
利息收入	2 000.00	
加：其他收益		
投资收益（损失以“-”号填列）	18 000.00	
其中：对联营企业和合营企业的投资收益		
以摊余成本计量的金融资产终止确认收益（损失以“-”号填列）		
净敞口套期收益（损失以“-”号填列）		
公允价值变动收益（损失以“-”号填列）	-1 800.00	
信用减值损失（损失以“-”号填列）		
资产减值损失（损失以“-”号填列）	3 000.00	
资产处置收益（损失以“-”号填列）		
二、营业利润（亏损以“-”号填列）	131 800.00	
加：营业外收入	3 000.00	
减：营业外支出	9 000.00	
三、利润总额（亏损总额以“-”号填列）	125 800.00	
减：所得税费用	55 200.00	
四、净利润（净亏损以“-”号填列）	70 600.00	
（一）持续经营净利润（净亏损以“-”号填列）	70 600.00	
（二）终止经营净利润（净亏损以“-”号填列）		
五、其他综合收益的税后净额	70 600.00	
（一）不能重分类进损益的其他综合收益		
1. 重新计量设定受益计划变动额		
2. 权益法下不能转损益的其他综合收益		
3. 其他权益工具投资公允价值变动		
4. 企业自身信用风险公允价值变动		

表8-6(续)

项目	本期金额	上期金额
……		
(二）将重分类进损益的其他综合收益		
1. 权益法下可转损益的其他综合收益		
2. 其他债权投资公允价值变动		
3. 金融资产重分类计入其他综合收益的金额		
4. 其他债权投资信用减值准备		
5. 现金流量套期		
6. 外币财务报表折算差额		
……		
六、综合收益总额	70 600. 00	
七、每股收益		
(一）基本每股收益		
(二）稀释每股收益		

任务 8. 4　现金流量表

8. 4. 1　现金流量表的概念

现金流量表是指反映企业在一定会计期间现金和现金等价物流入和流出情况的报表。

现金流量是指一定会计期间内企业现金和现金等价物的流入和流出。企业从银行提取现金、用现金购买短期到期的国债等现金和现金等价物之间的转换不属于现金流量。

现金流量表作为企业主要会计报表，被越来越多的投资者所关注，其作用不可小觑。新颁布的《企业会计准则第 31 号——现金流量表》对其编制和列报作了具体的规范。通过现金流量表，可为报表使用者提供企业一定会计期间内现金和现金等价物流入和流出的信息，使使用者了解和评价企业获取现金和现金等价物的能力，并据以预测企业未来的现金流量。

小贴士：现金、现金等价物与现金流量表的关系

现金是指企业库存现金以及随时用于支付的存款，包括“库存现金”账户核算的库存现金，以及企业“银行存款”账户核算的存入金融机构、随时可以用于支付的存款，也包括“其他货币资金”账户核算的外埠存款、银行汇票存款、银行本票存款和在途货币资金等其他货币资金等。

需要注意的是，银行存款和其他货币资金中不能随时用于支付的存款，不能作为现金，而应列作投资。

现金等价物是指企业持有的期限短、流动性强、易于转换为已知金额现金、价值变动风险很小的投资。期限短，一般指从购买日起三个月内到期，如企业持有的三个月内到期的债券投资。现金等价物虽然不是现金，但其支付能力与现金差别不大，因此可视为现金。企业应当根据具体情况，确定现金等价物的范围，一经确定，不得随意变更。

现金流量表是指企业现金和现金等价物的流入和流出的数量，流入量和流出量的差额即为现金净流量。

8.4.2 现金流量表的内容和结构

（1）现金流量表的内容

现金流量分为经营活动产生的现金流量、投资活动产生的现金流量和筹资活动产生的现金流量三大类。

①经营活动产生的现金流量。

经营活动是指企业投资活动和筹资活动以外的所有交易和事项。例如，工商企业的经营活动主要包括销售商品、提供劳务、经营性租赁、购买商品、接受劳务、广告宣传、推销产品支付工资和交纳税款等流入和流出现金和现金等价物的活动与事项。各类企业由于行业特点不同，对经营活动的认定存在一定差异，在编制现金流量表时，应根据企业的实际情况，进行合理的归类。

②投资活动产生的现金流量。

投资活动是指企业长期资产的购买、建设和不包括在现金等价物范围内的投资及其处置活动。投资活动主要包括：取得和收回投资，购买、建设和处置固定资产、无形资产和其他长期资产，处置子公司及其他营业单位等流入和流出现金和现金等价物的活动与事项。

③筹资活动产生的现金流量。

筹资活动是指导致企业资本及债务规模和构成发生变化的活动。筹资活动一般包括吸收投资、发行股票、分配利润、发行债券、偿还债务等流入和流出现金和现金等价物的活动与事项。其中的债务是指企业对外举债所借入的款项，如发行债券、向金融机构借入款项以及偿还债务等。

偿还应付账款、应付票据等商业应付款属于经营活动，不属于筹资活动。

（2）现金流量表的格式

在我国，现金流量表采用报告式结构。现金流量表有六项内容，前三项分类反映经营活动产生的现金流量、投资活动产生的现金流量和筹资活动产生的现金流量，分段揭示现金净流量。第四项是汇率变动对现金及现金等价物的影响；第五项是现金及现金等价物净增加额；第六项是期末现金及现金等价物余额。

现金流量表包括正表和附注两部分。具体格式和内容见表 8-7、表 8-8。

表 8-7　现金流量表

编制单位：　　　　　　____年____月____日　　　　　　单位：元

项目	本期金额	上期金额
一、经营活动产生的现金流量		
销售商品、提供劳务收到的现金		
收到的税费返还		
收到其他与经营活动有关的现金		
经营活动现金流入小计		
购买商品、接受劳务支付的现金		
支付给职工以及为职工支付的现金		
支付的各项税费		
支付其他与经营活动有关的现金		
支付的各项税费		
支付其他与经营活动有关的现金		
经营活动现金流出小计		
经营活动产生的现金流量净额		
二、投资活动产生的现金流量		
收回投资收到的现金		
取得投资收益收到的现金		
处置固定资产、无形资产和其他长期资产收回的现金净额		
处置子公司及其他营业单位收到的现金净额		
收到其他与投资活动有关的现金		

表8-7(续)

项目	本期金额	上期金额
投资活动现金流入小计		
购建固定资产、无形资产和其他长期资产支付的现金		
投资支付的现金		
取得子公司及其他营业单位支付的现金净额		
支付其他与投资活动有关的现金		
投资活动现金流出小计		
投资活动产生的现金流量净额		
三、筹资活动产生的现金流量		
吸收投资收到的现金		
取得借款收到的现金		
收到其他与筹资活动有关的现金		
筹资活动现金流入小计		
偿还债务支付的现金		
分配股利、利润或偿付利息支付的现金		
支付其他与筹资活动有关的现金		
筹资活动现金流出小计		
筹资活动产生的现金流量净额		
四、汇率变动对现金及现金等价物的影响		
五、现金及现金等价物净增加额		
加：期初现金及现金等价物余额		
六、期末现金即现金等价物余额		

表 8-8　现金流量表补充资料

补充资料	本期金额	上期金额
1. 将净利润调节为经营活动现金流量		
净利润		
加：资产减值准备		
固定资产折旧、油气资产折耗、生产性生物资产折旧		
无形资产摊销		

表8-8(续)

补充资料	本期金额	上期金额
长期待摊费用摊销		
处置固定资产、无形资产和其他长期资产的损失（收益以“-”号填列）		
固定资产报废损失（收益以“-”号填列）		
公允价值变动损失（收益以“-”号填列）		
财物费用（收益以“-”号填列）		
投资损失（收益以“-”号填列）		
递延所得税资产的减少（增加以“-”号填列）		
递延所得税负债的增加（减少以“-”号填列）		
存货的减少（增加以“-”号填列）		
经营性应收项目的减少（增加以“-”号填列）		
经营性应付项目的增加（减少以“-”号填列）		
其他		
经营活动产生的现金流量净额		
2. 不涉及现金收支的重大投资和筹资活动		
债务转为资本		
一年内到期的可转换公司债券		
融资租入固定资产		
3. 现金及现金等价物净变动情况		
现金的期末余额		
减：现金的期初余额		
加：现金等价物的期末余额		
减：现金等价物的期初余额		
现金及现金等价物净增加额		

任务 8.5 所有者权益变动表

8.5.1 所有者权益变动表的概念

所有者权益变动表是反映所有者权益各组成部分当期增减变动情况的报表。通过所有者权益变动表，可为报表使用者提供以下信息：

①所有者权益总量的增减变动。

②所有者权益增减变动的重要结构性信息。

③直接计入所有者权益的利得和损失。

8.5.2 所有者权益变动表的内容和结构

(1) 所有者权益变动表的内容

在所有者权益变动表中，企业至少应当单独列示反映下列信息的项目：

①净利润。

②直接计入所有者权益的利得和损失项目及其总额。

③会计政策变更和差错更正的累积影响金额。

④所有者投入资本和向所有者分配利润等。

⑤提取的盈余公积。

⑥实收资本或股本、资本公积、盈余公积、未分配利润的期初和期末余额及其调节情况。其中“直接计入所有者权益的利得和损失”的项目为其他综合收益项目。

(2) 所有者权益变动表的结构

①以矩阵的形式列报。

为了清楚地表明构成所有者权益的各组成部分当期的增减变动情况，所有者权益变动表以矩阵的形式列示。一方面，列示导致所有者权益变动的交易或事项，即所有者权益变动的来源，对一定时期所有者权益变动情况进行全面的反映；另一方面，按照所有者权益各组成部分（包括实收资本、资本公积、盈余公积、未分配利润和库存股）列示交易或事项对所有者权益各部分的影响。

②列示所有者权益变动表的比较信息。

根据财务报表列报准则的规定，企业需要提供所有者权益变动表，因此，所有者权益变动表还就各项目再分为“本年金额”和“上年金额”两栏分别填列。

我国所有者权益变动表的具体格式见表 8-9。

表 8-9 所有者权益变动表

编制单位： ____年____月____日 单位：元

项目	本年金额											上年金额										
	实收资本（或股本）	其他权益工具			资本公积	减：库存股	其他综合收益	专项储备	盈余公积	未分配利润	所有者权益合计	实收资本（或股本）	其他权益工具			资本公积	减：库存股	其他综合收益	专项储备	盈余公积	未分配利润	所有者权益合计
		优先股	永续债	其他									优先股	永续债	其他							
一、上年年末余额																						
加：会计政策变更																						
前期差错更正																						
其他																						
二、本年年初余额																						
三、本年增减变动金额（减少以“-”号填列）																						
（一）综合收益总额																						
（二）所有者投入和减少资本																						
1. 所有者投入的普通股																						
2. 其他权益工具持有者投入资本																						
3. 股份支付计入所有者权益的金额																						
4. 其他																						
（三）利润分配																						

表8-9(续)

项目	本年金额											上年金额										
	实收资本（或股本）	其他权益工具			资本公积	减：库存股	其他综合收益	专项储备	盈余公积	未分配利润	所有者权益合计	实收资本（或股本）	其他权益工具			资本公积	减：库存股	其他综合收益	专项储备	盈余公积	未分配利润	所有者权益合计
		优先股	永续债	其他									优先股	永续债	其他							
1. 提取盈余公积																						
2. 对所有者（或股东）的分配																						
3. 其他																						
(四）所有者权益内部结转																						
1. 资本公积转增资本（或股本）																						
2. 盈余公积转增资本（或股本）																						
3. 盈余公积弥补亏损																						
4. 设定受益计划变动额结转留存收益																						
5. 其他综合收益结转留存收益																						
6. 其他																						
四、本年年末余额																						

8.5.3　所有者权益变动表的编制

(1) 所有者权益变动表项目的填列方法

所有者权益变动表各项目均需填列“本年金额”和“上年金额”两栏。

所有者权益变动表“上年金额”栏内各项数字，应根据上年度所有者权益变动表“本年金额”栏内所列数字填列。上年度所有者权益变动表规定的各个项目的名称和内容同本年度不一致的，应对上年度所有者权益变动表各项目的名称和数字按照本年度的规定进行调整，填入所有者权益变动表的“上年金额”栏内。

所有者权益变动表“本年金额”栏内各项数字一般应根据“实收资本（或股本）”“其他权益工具”“资本公积”“库存股”“其他综合收益”“专项储备”“盈余公积”“利润分配”“以前年度损益调整”科目的发生额分析填列。

企业的净利润及其分配情况作为所有者权益变动的组成部分，不需要单独编制利润分配表列示。

(2) 所有者权益变动表主要项目说明

①“上年年末余额”项目。

“上年年末余额”项目反映企业上年资产负债表中实收资本（或股本）、其他权益工具、资本公积、库存股、其他综合收益、专项储备、盈余公积、未分配利润的年末余额。

②“会计政策变更”“前期差错更正”项目。

“会计政策变更”“前期差错更正”项目分别反映企业采用追溯调整法处理的会计政策变更的累积影响金额和采用追溯重述法处理的会计差错更正的累积影响金额。

③“本年增减变动金额”项目。

A.“综合收益总额”项目，反映净利润和其他综合收益扣除所得税影响后的净额相加后的合计金额。

B.“所有者投入和减少资本”项目，反映企业当年所有者投入的资本和减少的资本。

- “所有者投入的普通股”项目，反映企业接受投资者投入形成的实收资本（或股本）和资本溢价或股本溢价。
- “其他权益工具持有者投入资本”项目，反映企业发行的除普通股以外分类为权益工具的金融工具的持有者投入资本的金额。
- “股份支付计入所有者权益的金额”项目，反映企业处于等待期中的权益结算的股份支付当年计入资本公积的金额。

C.“利润分配”项目，反映企业当年的利润分配金额。

D.“所有者权益内部结转”项目，反映企业构成所有者权益的组成部分之间当年的增减变动情况。

- “资本公积转增资本（或股本）”项目，反映企业当年以资本公积转增资本或股本的金额。

● "盈余公积转增资本（或股本）" 项目，反映企业当年以盈余公积转增资本或股本的金额。

● "盈余公积弥补亏损" 项目，反映企业当年以盈余公积弥补亏损的金额。

● "设定受益计划变动额结转留存收益" 项目，反映企业因重新计量设定受益计划净负债或净资产所产生的变动计入其他综合收益，结转至留存收益的金额。

● "其他综合收益结转留存收益" 项目，主要反映：第一，企业指定为以公允价值计量且其变动计入其他综合收益的非交易性权益工具投资终止确认时，之前计入其他综合收益的累计利得或损失从其他综合收益中转入留存收益的金额；第二，企业指定为以公允价值计量且其变动计入当期损益的金融负债终止确认时，之前由企业自身信用风险变动引起而计入其他综合收益的累计利得或损失从其他综合收益中转入留存收益的金额等。

小贴士：会计报表附注

会计报表附注是会计报表的重要组成部分，是对在资产负债表、利润表、现金流量表和所有者权益变动表等列表中列示项目的文字描述或明细资料，以及对未能在这些报表中列示项目的补充说明和详细解释。

附注是财务报表的重要组成部分。应按照如下顺序披露其内容：

（1）企业的基本情况。

①企业注册地、组织形式和总部地址。

②企业的业务性质和主要经营活动。

③母公司以及集团最终母公司的名称。

④财务报告的批准报出者和财务报告批准报出日。

（2）财务报表编制基础。

财务报表的编制基础是在持续经营还是非持续经营基础之上。

（3）遵循企业会计准则的声明。

（4）重要会计政策、会计估计。

企业应当披露采用的重要会计政策和会计估计，不重要的会计政策和会计估计可以不披露。在披露时，企业应当披露重要会计政策的确定依据和财务报表项目的计量依据，以及会计估计中所采用的关键假设和不确定因素。

（5）会计政策和会计估计变更以及差错更正的说明。

（6）报表重要项目的说明。

企业对报表重要项目的说明，应当按照资产负债表、利润表、现金流量表、所有者权益变动表及其项目列示的顺序，采用文字加数字描述相结合的方式进行披露。报表重要项目的明细金额合计，应当与报表项目金额相衔接。

(7) 其他需要说明的重要事项。

重要事项主要包括或有事项、资产负债表日后非调整事项、关联方关系及其交易等。

经典考题回顾

1.【单选题】下列各选项中，导致企业所有者权益总额发生增减变动的业务项是(　　)。

A. 当年实现净利润　　B. 盈余公积转实收资本

C. 资本公积转实收资本　　D. 盈余公积补亏

2.【单选题】下列各选项中，不属于所有者权益变动表中单独列示的项目是(　　)。

A. 所有者投入资本　　B. 综合收益总额

C. 会计估计变更　　D. 会计政策变更

3.【多选题】下列各选项中，不会使资本公积发生增减变动的有(　　)。

A. 企业现实净利润

B. 可供出售金融资产公允价值变动

C. 资本公积转增资本

D. 投资者超过注册资本额的投入资本

4.【多选题】下列各选项中，企业应当在所有者权益变动表中单独列示反映的信息有(　　)。

A. 向所有者（或股东）分配利润　　B. 所有者投入资本

C. 提取的盈余公积　　D. 综合收益总额

5.【判断题】所有者权益的内部结转项目，反映企业构成所有者权益组成部分之间的增减变动情况。(　　)

扫码获取答案

能力训练

一、单项选择题

1. 资产负债表是反映企业(　　)财务状况的报表。

A. 一定时间内　　B. 一年内

C. 一月内　　D. 某一特定日期

2. 下列报表中，属于静态报表的是(　　)。

A. 利润表　　B. 资产负债表

C. 现金流量表　　D. 所有者权益变动表

3. 资产负债表的下列项目中，需要根据几个总账账户的期末余额进行汇总填列的是(　　)。

A. 应收账款　　B. 短期借款　　C. 货币资金　　D. 固定资产

4. 下列报表中，不属于企业内部报表的是(　　)。

A. 产品成本表　　B. 现金流量表

C. 销售日报表　　D. 主营业务收支明细表

5. 下列资产项目中，流动性最好的是(　　)。

A. 交易性金融资产　　B. 预付账款

C. 存货　　D. 长期待摊费用

6. 在编制资产负债表时，可以根据有关账簿记录直接填列的项目有(　　)。

A. 货币资金　　B. 存货

C. 短期借款　　D. 未分配利润

7. “应收账款”账户所属明细账户如有贷方余额，应反映在资产负债表中的(　　)。

A. 预付账款　　B. 预收账款　　C. 应收账款　　D. 应付账款

8. 编制年末资产负债表时，未分配利润项目应根据(　　)账户余额填列。

A. 本年利润　　B. 利润分配　　C. 盈余公积　　D. 实收资本

9. 某企业期末“在建工程”“原材料”“生产成本”“库存商品”总账借方余额分别为1 500元、4 000元、5 000元和6 400元。该企业资产负债表“存货”项目期末数为(　　)。

A. 6 400元　　B. 5 400元　　C. 15 400元　　D. 16 900元

10. 我国利润表的格式为(　　)。

A. 单步式　　B. 多步式　　C. 报告式　　D. 账户式

11. 利润表中的“净利润”是根据企业的(　　)扣除所得税费用后的净额。

A. 营业利润　　B. 主营业务利润

C. 本年利润　　D. 利润总额

12. 现金流量表是以(　　)为基础编制的财务报表。

A. 权责发生制　B. 收付实现制　C. 应收应付制　D. 费用配比制

二、多项选择题

1. 企业财务报告的使用者包括(　　)。

A. 投资者　　B. 债权人

C. 政府及相关机构　　D. 企业管理人员、职工

2. 资产负债表是(　　)。

A. 反映企业财务状况的报表

B. 反映企业报告期末财务状况的报表

C. 反映企业报告期间财务状况的报表

D. 反映企业财务状况的静态报表

3. 资产负债表的存货项目，应根据(　　)账户的期末余额填列。

A. 原材料　B. 生产成本　C. 库存商品　D. 在途物资

4. 下列各账户其余额可能影响资产负债表中“固定资产”项目金额的有(　　)。

A. 固定资产　　B. 累计折旧

C. 在建工程　　D. 固定资产减值准备

5. 下列各账户其余额可能影响资产负债表中“无形资产”项目金额的有(　　)。

A. 无形资产　　B. 累计摊销

C. 开发支出　　D. 无形资产减值准备

6. 在计算企业营业利润时需要考虑的项目有(　　)。

A. 主营业务收入　　B. 投资收益

C. 资产减值损失　　D. 营业外收入

7. 编制资产负债表时，可直接根据总分类账户余额填列的项目有(　　)。

A. 固定资产　B. 无形资产　C. 短期借款　D. 其他应付款

8. 下列报表中属于动态报表的有(　　)。

A. 资产负债表　　B. 利润表

C. 现金流量表　　D. 所有者权益变动表

9. 利润表中的“营业收入”应根据(　　)之和来填列。

A. 主营业务收入　　B. 其他业务收入

C. 投资收益　　D. 营业外收入

10. 现金流量表中现金包括(　　)。

A. 库存现金　　B. 银行存款

C. 其他货币资金　　　　　　　　　　D.3 个月内到期的短期债券投资

三、判断题

1. 资产负债表的格式有单步式和多步式。(　　)

2. 资产负债表中“期末数”栏内各项目金额指的是总账账户的期末余额。(　　)

3. 资产负债表中“长期借款”项目应根据“长期借款”总账账户余额填列。(　　)

4. 资产负债表中“固定资产”项目应根据“固定资产”账户余额减去“累计折旧”“固定资产减值准备”等账户的期末余额后的金额填列。(　　)

5. 利润表是反映企业一定日期经营状况的财务报表。(　　)

6. 现金流量表反映了企业一定时期的经营成果。(　　)

扫码获取答案

延伸阅读 1　看报表如同看男人

不管是一个刚成立的创业小公司，还是已经上市的大公司，至少都会有三张表：资产负债表、利润表和现金流量表（当然我们还有权益变动表及其他资料）。

资产负债表就是一个企业的家底，代表企业的实力，它是一个时点的概念，相当于一张照片。比如我想知道你们家家底怎么样，就会赶紧去你们家拍一张照片，把你们家此时此刻的所有资产用一张照片拍下来。

利润表是一个企业一段时间内的效益，代表企业的能力，它是一个时间段的概念，有开始点和结束点，比如这个月的利润，就是从这个月 1 号到最后一天的损益情况，相当于一段录像，把企业一段时间的经营情况录制下来。

现金流量表是一个企业在经营过程中，现金流进流出的状况，也就是钱是怎么来的，又是怎么花出去的，它代表一个企业的活力，是企业存活的血液，现金流枯竭了，企业也就死了。

看这三张表有时候跟看一个男人差不多，我们不但要看一个男人的家底（资产负债表）怎么样，还要看一个男人赚钱的能力（利润表）怎么样，一个月能赚多少钱，否则的话，就算他家境好，但是一个扶不起的刘阿斗，一点能力都没有，总有一天要坐吃山空；除此之外，还要看他手上拿得出的现金有多少，如果一个男人家境不错，能力也不错，每个月赚的钱也挺多，但是这些钱全部被他妈控制了，他手上基本上没有什么现金，这日子也没法过。

所以，资产负债表代表他的底子，利润表是一个男人的面子，男人最要面子，最害怕别人说他没能力。有能力才能让人看到希望，就算你现在穷点，只要能力在，将来还是会发达的。所以，上市公司造假的一般是利润表。现金流量表则代表日子，看一个男人日子好不好过，就要看他手上有没有现金。

不管是一个小小的咖啡店，还是一个大的集团，报表的基本结构是一样的。就像建房子，不管是平房，还是别墅，房子的核心架构其实是差不多的，都是四面有墙，上面有顶，能够遮风挡雨。

……

资料来源：陈艳红. 小艾上班记：真账实操教你学会计［M］. 3 版. 大连：东北财经大学出版社，2020.

延伸阅读 2　企业领导为什么要看懂资产负债表?

现实生活中，不少企业老板拿着财务部经理报上来的财务报表，都喜欢看损益表，而不太喜欢看资产负债表。因为损益表就是利润表，上面能清楚地反映企业的营业收入、营业成本、税金及附加、销售费用、管理费用、利润总额等项目，这些项目是大部分人比较熟悉并能理解的内容。当然，其中也有一些看不明白的内容，比如财务费用、每股收益、稀释每股收益等概念，但没关系，这并不影响领导看企业总体的经营成果。通过这张报表领导可以知道企业这一时期的收入、费用和利润有多少。但资产负债表却不是这样，一张表上有许多内容是不好理解的，只有少部分项目是平时经常接触到的，比如固定资产、存货、应收账款、短期借款、长期借款等，但是像交易性金融资产、债权投资、递延所得税资产、资本公积、盈余公积等项目，是大家不明白意思、不容易理解的概念，因此领导们不爱看这张表，即使财务跟领导解释过是什么意思，下次再报给领导，他可能又不记得这些项目是什么意思了。由于资产负债表是能够反映企业财务状况的报表，如果不能正确读懂它，对企业的经营决策会有一定的影响，所以，作为领导还是有必要弄清楚这张表的真正含义。

假设李总准备在海岛市投资一家酒店，他自己有资金 3 000 万元，向银行贷款 1 000 万元（6 年后归还）。这 4 000 万元的资金，酒店盖大楼花费 2 800 万元，购买设施设备花费 600 万元，购买客房日用品、厨房原料等材料花费 300 万元，还剩 300 万元留在银行账户上准备周转使用。酒店建设完成开始经营后，每年实现营业收入 3 000 万元，开支成本费用2 500万元，实现利润500万元。案例中，李总用来投资酒店的资金也就是我们所说的资金的来源，其中有3 000万元是李总自己的，是投资者自己投入的资本，这个就是实收资本，属于资产负债表中的所有者权益中的一项。除了自己投入的3 000万元以外，李总还向银行贷款1 000万元，期限为6年，这个就是长期借款，属于资产负债表中的负债。可以这么理解，李总投资酒店的资金是由实收资本和长期借款组成的。这些钱用到哪里去了，就称为资金的运用。由上述可知，资金用来盖酒店大楼和购买设备共花费了3 400万元，大楼和设施设备是酒店的固定资产；购买材料用去300万元，这是酒店的存货；剩下300万元留在银行账户上，这是酒店的货币资金。固定资产、存货和货币资金都属于酒店的资产，加起来一共是4 000万元，与资金的来源是相等的。这些内容可以通过资产负债表反映出来。酒店营业后，每年为客人提供住宿、用餐等消费，收到客人消费的收入3 000万元，这个是营业收入；为了给客人提供服务，酒店要支付各种原材料消耗、水电费、燃料费、人员工资等，这些费用开支一年达2 500万元，这个是费用；酒店在收到客人的消费后，减去支付的各种费用开支，剩下的就是酒店的利润。这些内容可以通过损益表来反映。

也就是说，通过资产负债表，李总可以知道企业的钱是从哪里来的，用到哪里去了，可以掌握企业的财务状况；通过损益表，李总可以知道企业做了多少业务，耗费了多少钱，有多少利润，从而可以掌握企业的经营成果。

项目 9 账务处理程序

学习目标：

1. 了解企业账务处理程序的意义和种类；
2. 熟悉账务处理程序的一般步骤；
3. 掌握各种账务程序的特点、优缺点及适用范围；
4. 掌握记账凭证账务处理程序的内容；
5. 掌握汇总记账凭证账务处理程序的内容；
6. 掌握科目汇总表账务处理程序的内容；
7. 在正确区分各种账务程序的基础上，熟练运用记账凭证账务处理程序、科目汇总表账务处理程序处理经济业务。

账务处理程序思维导图如图 9-1 所示。

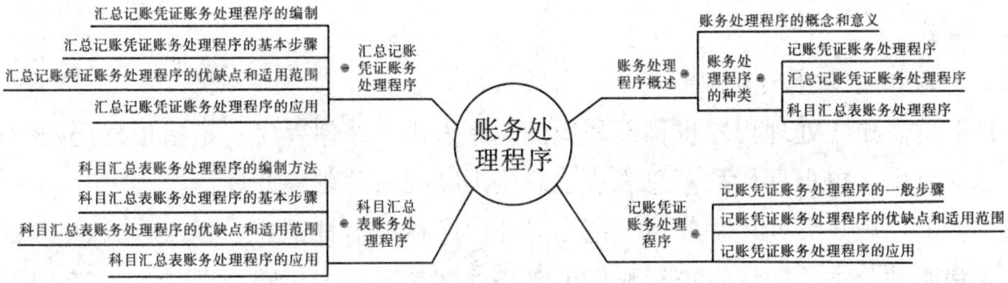

图 9-1 账务处理程序思维导图

任务 9.1 账务处理程序概述

9.1.1 账务处理程序的概念和意义

账务处理程序，也称会计核算组织程序或会计核算形式，是指会计凭证、会计账簿、财务报表相结合的方式，包括账簿组织和记账程序。账簿组织是指会计凭证和会计账簿的种类、格式，会计凭证与账簿之间的联系方法；记账程序是指由填制、审核原始凭证到填制、审核记账凭证，登记日记账、明细分类账和总分类账，编制财务报表的工作程序和方法等。

科学、合理地选择账务处理程序的意义主要有以下几个方面：

①有利于规范会计工作，保证会计信息加工过程的严密性，提高会计信息质量。

②有利于保证会计记录的完整性和正确性，增强会计信息的可靠性。

③有利于减少不必要的会计核算环节，提高会计工作效率，保证会计信息的及时性。

9.1.2 账务处理程序的种类

企业常用的账务处理程序主要有记账凭证账务处理程序、汇总记账凭证账务处理程序和科目汇总表账务处理程序等。它们之间的主要区别为登记总分类账的依据和方法不同。

(1) 记账凭证账务处理程序

记账凭证账务处理程序是指对发生的经济业务，先根据原始凭证或汇总原始凭证填制记账凭证，再直接根据记账凭证登记总分类账的一种账务处理程序。

在记账凭证账务处理程序下，记账凭证一般采用收款凭证、付款凭证和转账凭证三种格式，分别用以反映单位日常发生的各种收、付款和转账经济业务。账簿的设置一般包括日记账、总分类账和明细分类账。日记账包括库存现金日记账和银行存款日记账，分别序时记录库存现金、银行存款收付业务，其格式一般采用三栏式。总分类账应按总分类科目设置，格式可采用三栏式。明细分类账可根据经济管理的需要设置，采用三栏式、多栏式或数量金额式。

(2) 科目汇总表账务处理程序

科目汇总表账务处理程序也称记账凭证汇总表账务处理程序，是指根据记账凭证定期编制科目汇总表，再根据科目汇总表登记总分类账的一种账务处理程序。

在科目汇总表账务处理程序下，记账凭证、库存现金日记账、银行存款日记账、各种总分类账和明细分类账的设置与记账凭证账务处理程序基本相同。同时为了将记账凭证定期地进行汇总，还需设置科目汇总表（又称记账凭证汇总表）。

(3) 汇总记账凭证账务处理程序

汇总记账凭证账务处理程序是指先根据原始凭证或汇总原始凭证填制记账凭证，定期根据记账凭证分类编制汇总收款凭证、汇总付款凭证和汇总转账凭证，再根据汇总记账凭证登记总分类账的一种账务处理程序。

各种记账凭证、账簿的设置种类、格式与记账凭证账务处理程序基本相同。但总分类账需设“对应账户”栏，此外还需设置汇总记账凭证。

小贴士：如何选择账务处理程序？

选择科学、合理的会计账务处理程序是组织会计工作，进行会计核算的前提。虽然在实际工作中有不同的会计账务处理程序，但是它们都应符合以下三个要求。

（1）要适合本单位所属行业的特点，即在设计会计账务处理程序时，要考虑自身企业单位组织规模的大小，经济业务的性质和复杂程度，同时，还要有利于会计工作的分工协作和内部控制。

（2）要能够正确、及时和完整地提供本单位各方面的会计信息，在保证会计信息质量的前提下，满足本单位各部门、人员和社会各相关行业的信息需要。

（3）适当的会计账务处理程序还应当力求简化，减少不必要的环节，节约人力、物力和财力，不断提高会计工作的效率。

任务 9.2　记账凭证账务处理程序

9.2.1　记账凭证账务处理程序的一般步骤

记账凭证账务处理程序的一般步骤是：

①根据原始凭证填制汇总原始凭证。

②根据原始凭证或汇总原始凭证，填制收款凭证、付款凭证和转账凭证，也可以填制通用记账凭证。

③根据收款凭证和付款凭证逐笔登记库存现金日记账和银行存款日记账。

④根据原始凭证、汇总原始凭证和记账凭证，登记各种明细分类账。

⑤根据记账凭证逐笔登记总分类账。

⑥期末，将库存现金日记账、银行存款日记账和明细分类账的余额与有关总分类账的余额核对相符。

⑦期末，根据总分类账和明细分类账的记录，编制财务报表。

记账凭证账务处理程序的编制步骤如图 9-2 所示。

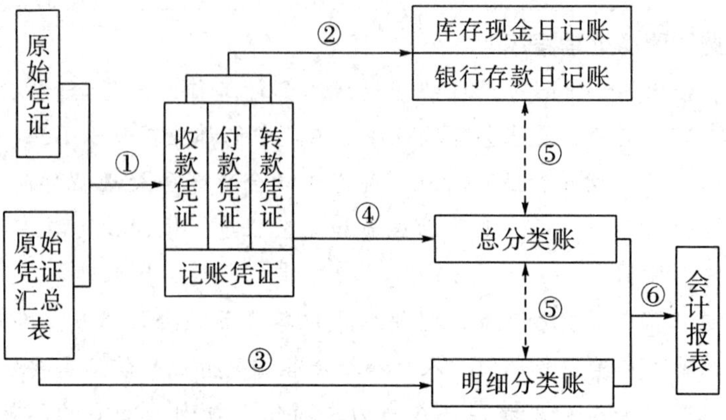

图 9-2　记账凭证账务处理程序

9.2.2　记账凭证账务处理程序的优缺点和适用范围

（1）特点

记账凭证账务处理程序的特点是直接根据记账凭证对总分类账进行逐笔登记。

（2）优缺点

记账凭证账务处理程序的优点是简单明了，易于理解，总分类账可以较详细地反映经济业务的发生情况；缺点是登记总分类账的工作量较大。

（3）适用范围

该账务处理程序适用于规模较小、经济业务量较少、凭证不多的企事业单位。

9.2.3　记账凭证账务处理程序的应用

【例 9-1】2019 年 12 月 1 日，海岛冲鸭船艇制造有限公司各总分类账及明细账期初余额见表 9-1 及表 9-2。

表 9-1　总分类账余额表　　单位：元

会计科目	借方	贷方
库存现金	6 000.00	
银行存款	400 000.00	
应收账款	220 000.00	
原材料	270 000.00	
库存商品	500 000.00	
固定资产	1 500 000.00	
累计折旧		180 000.00

表9-1(续)

会计科目	借方	贷方
无形资产	300 000.00	
短期借款		40 000.00
应付账款		120 000.00
应交税费		100 000.00
长期借款		500 000.00
实收资本		1 916000.00
盈余公积		120 000.00
本年利润		200 000.00
利润分配		20 000.00
合　计	3 196 000.00	3 196 000.00

表9-2　原材料明细账余额表　　单位：元

材料名称	数量/吨	单价/元	金额
R材料	1 000	150.00	150 000
T材料	1 000	120.00	120 000

2019年12月，海岛冲鸭船艇制造有限公司发生如下经济业务。

(1) 12月2日，和海岛银行达成借款协议，借款25 000元，期限6个月，年利率4.8%，到期后一次还本付息，借款已收到，存入银行。

(2) 12月2日，向东方公司采购材料一批，其中R材料100吨，单价150元，计15 000元；T材料100吨，单价120元，计12 000元；增值税4 000元，货税款均未付，材料已到达并验收入库。

(3) 12月2日，领用价值60 000元R材料，其中生产甲产品耗用30 000元，生产乙产品耗用15 000元，车间一般耗用8 000元，企业管理部门耗用7 000元。

(4) 12月10日，销售甲产品一批，价值240 000元，增值税26 000元，货税款已收到，存入银行。

(5) 12月10日，结转已实现销售甲产品的成本120 000元。

(6) 12月10日，以银行存款支付电视台广告费8 000元。

(7) 12月16日，从银行提取现金95 000元，准备发放工资。

(8) 12月16日，以现金95 000元支付职工工资。

(9) 12月30日，提取本月固定资产折旧44 000元，其中生产车间机器折旧38 000元，企业管理部门办公设备折旧6 000元。

（10）12月30日，本月共发生制造费用40 000元，生产甲产品工时为250，生产乙产品工时为150，要求以产品生产工时作为标准分配本月发生的制造费用。

（11）12月30日，本月投产产品月末全部完工且验收入库，其中甲产品成本为120 000元，乙产品成本为60 000元，结转已完工产品成本。

（12）12月30日，分配本月应付工资95 000元，其中生产甲产品工人工资5 1875元，生产乙产品工人工资31 125元，车间管理人员工资6 000元，企业行政管理部门人员工资6 000元。

（13）12月30日，按税法规定，本月应交消费税16 000元。

（14）12月31日，将本月取得的主营业务收入240 000元转入"本年利润"账户。

（15）12月31日，将本月发生的各项费用转入"本年利润"账户，其中，主营业务成本120 000元，税金及附加16 000元，管理费用19 000元，销售费用8 000元。

（16）12月31日，计算并结转应交所得税，企业当月利润总额为40 000元，所得税税率为25%。

（17）12月31日，结转全年实现的净利润267 000元。

步骤1：根据海岛冲鸭船艇制造有限公司12月经济业务编制记账凭证

记账凭证见表9-3至表9-20。

表9-3　收款凭证（1）

借方科目：银行存款　　　　2019年12月2日　　　　收字第001号

摘要	贷方科目		记账符号	金额										
	总账科目	明细科目		亿	千	百	十	万	千	百	十	元	角	分
银行存款	短期借款	海岛银行						2	5	0	0	0	0	0
附单据　张	合　计						¥	2	5	0	0	0	0	0

会计主管：　　记账：　　出纳：　　审核：刘长山　　制单：赵凤英

表 9-4 转账凭证（1）

2019 年 12 月 2 日 转字第 001 号

摘要	会计科目		记账符号	借方金额									贷方金额								
	总账科目	明细科目		百	十	万	千	百	十	元	角	分	百	十	万	千	百	十	元	角	分
购材料	原材料	R材料				1	5	0	0	0	0	0									
	原材料	T材料				1	2	0	0	0	0	0									
	应交税费	增值税					4	0	0	0	0	0									
	应付账款	长美													3	1	0	0	0	0	0
附单据 张	合	计			¥	3	1	0	0	0	0	0		¥	3	1	0	0	0	0	0

会计主管： 记账： 审核：刘长山 制单：赵凤英

表 9-5 转账凭证（2）

2019 年 12 月 2 日 转字第 002 号

摘要	会计科目		记账符号	借方金额									贷方金额								
	总账科目	明细科目		百	十	万	千	百	十	元	角	分	百	十	万	千	百	十	元	角	分
领用材料	生产成本	甲产品				3	0	0	0	0	0	0									

表9-5(续)

摘要	会计科目		记账符号	借方金额									贷方金额								
	总账科目	明细科目		百	十	万	千	百	十	元	角	分	百	十	万	千	百	十	元	角	分
	生产成本	乙产品				1	5	0	0	0	0	0									
	制造费用						8	0	0	0	0	0									
	管理费用						7	0	0	0	0	0									
	原材料	R材料													6	0	0	0	0	0	0
附单据 张	合 计				¥	6	0	0	0	0	0	0		¥	6	0	0	0	0	0	0

会计主管： 记账： 审核：刘长山 制单：赵凤英

表 9-6 收款凭证（2）

借方科目：银行存款 2019 年 12 月 10 日 收字第 002 号

摘要	贷方科目		记账符号	金额										
	总账科目	明细科目		亿	千	百	十	万	千	百	十	元	角	分
销售产品	主营业务收入	甲产品					2	4	0	0	0	0	0	0
	应交税费	增值税						2	6	0	0	0	0	0

表9-6(续)

摘要	贷方科目		记账符号	金额										
	总账科目	明细科目		亿	千	百	十	万	千	百	十	元	角	分
附单据　张	合　计					¥	2	6	6	0	0	0	0	0

会计主管：　　　　记账：　　　　出纳：　　　　审核：刘长山　　　　制单：赵凤英

表 9-7　转账凭证（3）

2019 年 12 月 10 日　　　　转字第 003 号

摘要	会计科目		记账符号	借方金额									贷方金额								
	总账科目	明细科目		百	十	万	千	百	十	元	角	分	百	十	万	千	百	十	元	角	分
结转成本	主营业务成本	甲产品			1	2	0	0	0	0	0	0									
	库存商品	甲产品												1	2	0	0	0	0	0	0
附单据　张	合　计			¥	1	2	0	0	0	0	0	0	¥	1	2	0	0	0	0	0	0

会计主管：　　　　记账：　　　　审核：刘长山　　　　制单：赵凤英

表 9-8　付款凭证（1）

借方科目：银行存款　　　　2019 年 12 月 10 日　　　　付字第 001 号

摘要	贷方科目		记账符号	金额										
	总账科目	明细科目		亿	千	百	十	万	千	百	十	元	角	分
付广告费	销售费用								8	0	0	0	0	0
附单据　张	合　计							¥	8	0	0	0	0	0

会计主管：　　　记账：　　　出纳：　　　审核：刘长山　　　制单：赵风英

表 9-9　付款凭证（2）

借方科目：银行存款　　　　2019 年 12 月 16 日　　　　付字第 002 号

摘要	贷方科目		记账符号	金额										
	总账科目	明细科目		亿	千	百	十	万	千	百	十	元	角	分
取现金	库存现金							9	5	0	0	0	0	0
附单据　张	合　计						¥	9	5	0	0	0	0	0

会计主管：　　　记账：　　　出纳：　　　审核：刘长山　　　制单：赵风英

表 9-10　付款凭证（3）

借方科目：银行存款　　　　　　　　2019 年 12 月 16 日　　　　　　　　付字第 003 号

摘要	贷方科目		记账符号	金额										
	总账科目	明细科目		亿	千	百	十	万	千	百	十	元	角	分
付工资	应付职工薪酬	工资						9	5	0	0	0	0	0
附单据　张	合　计						¥	9	5	0	0	0	0	0

会计主管：　　　　记账：　　　　出纳：　　　　审核：刘长山　　　　制单：赵凤英

表 9-11　转账凭证（4）

2019 年 12 月 30 日　　　　　　　　转字第 004 号

摘要	会计科目		记账符号	借方金额									贷方金额								
	总账科目	明细科目		百	十	万	千	百	十	元	角	分	百	十	万	千	百	十	元	角	分
提折旧	制造费用					3	8	0	0	0	0	0									
	管理费用						6	0	0	0	0	0									
	累计折旧														4	4	0	0	0	0	0
附单据　张	合　计				¥	4	4	0	0	0	0	0		¥	4	4	0	0	0	0	0

会计主管：　　　　记账：　　　　审核：刘长山　　　　制单：赵凤英

表 9-12 转账凭证（5）

2019 年 12 月 30 日　　　　转字第 005 号

摘要	会计科目		记账符号	借方金额									贷方金额								
	总账科目	明细科目		百	十	万	千	百	十	元	角	分	百	十	万	千	百	十	元	角	分
分配制造费用	生产成本	甲产品				2	5	0	0	0	0	0									
	生产成本	乙产品				1	5	0	0	0	0	0									
	制造费用														4	0	0	0	0	0	0
附单据　张	合　计				¥	4	0	0	0	0	0	0		¥	4	0	0	0	0	0	0

会计主管：　　　　记账：　　　　审核：刘长山　　　　制单：赵凤英

表 9-13 转账凭证（6）

2019 年 12 月 30 日　　　　转字第 006 号

摘要	会计科目		记账符号	借方金额									贷方金额								
	总账科目	明细科目		百	十	万	千	百	十	元	角	分	百	十	万	千	百	十	元	角	分
结转成本	库存商品	甲产品			1	2	0	0	0	0	0	0									
	库存商品	乙产品				6	0	0	0	0	0	0									
	生产成本	甲产品												1	2	0	0	0	0	0	0
	生产成本	乙产品													6	0	0	0	0	0	0
附单据 张	合 计			¥	1	8	0	0	0	0	0	0	¥	1	8	0	0	0	0	0	0

会计主管：　　　　记账：　　　　审核：刘长山　　　　制单：赵凤英

表 9-14 转账凭证（7）

2019 年 12 月 30 日　　　　转字第 007 号

摘要	会计科目		记账符号	借方金额									贷方金额								
	总账科目	明细科目		百	十	万	千	百	十	元	角	分	百	十	万	千	百	十	元	角	分
分配工资	生产成本	甲产品				5	1	8	7	5	0	0									
	生产成本	乙产品				3	1	1	2	5	0	0									
	制造费用						6	0	0	0	0	0									
	管理费用						6	0	0	0	0	0									
	应付职工薪酬	工资													9	5	0	0	0	0	0
附单据　张	合　计				¥	9	5	0	0	0	0	0		¥	9	5	0	0	0	0	0

会计主管：　　　　记账：　　　　审核：刘长山　　　　制单：赵凤英

表 9-15　转账凭证（8）

2019 年 12 月 30 日　　　　　　转字第 008 号

摘要	会计科目		记账符号	借方金额									贷方金额								
	总账科目	明细科目		百	十	万	千	百	十	元	角	分	百	十	万	千	百	十	元	角	分
计提税费	税金及附加					1	6	0	0	0	0	0									
	应交税费	消费税													1	6	0	0	0	0	0
附单据　张	合　计				¥	1	6	0	0	0	0	0		¥	1	6	0	0	0	0	0

会计主管：　　　　记账：　　　　审核：刘长山　　　　制单：赵凤英

表 9-16　转账凭证（9）

2019 年 12 月 30 日　　　　　　转字第 009 号

摘要	会计科目		记账符号	借方金额									贷方金额								
	总账科目	明细科目		百	十	万	千	百	十	元	角	分	百	十	万	千	百	十	元	角	分
结转收入	主营业务收入					2	4	0	0	0	0	0									

表9-16(续)

摘要	会计科目		记账符号	借方金额									贷方金额								
	总账科目	明细科目		百	十	万	千	百	十	元	角	分	百	十	万	千	百	十	元	角	分
	本年利润														2	4	0	0	0	0	0
附单据　张	合　计				¥	2	4	0	0	0	0	0		¥	2	4	0	0	0	0	0

会计主管：　　　　　　记账：　　　　　　审核：刘长山　　　　制单：赵凤英

表 9-17　转账凭证（10）

2019 年 12 月 30 日　　　　　　转字第 010 号

摘要	会计科目		记账符号	借方金额									贷方金额								
	总账科目	明细科目		百	十	万	千	百	十	元	角	分	百	十	万	千	百	十	元	角	分
结转成本费用	本年利润				1	6	3	0	0	0	0	0									
	主营业务成本													1	2	0	0	0	0	0	0
	税金及附加														1	6	0	0	0	0	0

表9-17（续）

摘要	会计科目		记账符号	借方金额									贷方金额								
	总账科目	明细科目		百	十	万	千	百	十	元	角	分	百	十	万	千	百	十	元	角	分
	管理费用														1	9	0	0	0	0	0
	销售费用															8	0	0	0	0	0
附单据　张	合　计			¥	1	6	3	0	0	0	0	0	¥	1	6	3	0	0	0	0	0

会计主管：　　　　　　记账：　　　　　　审核：刘长山　　　　制单：赵凤英

表9-18　转账凭证（11）

2019年12月30日　　　　　　　　转字第011号

摘要	会计科目		记账符号	借方金额									贷方金额								
	总账科目	明细科目		百	十	万	千	百	十	元	角	分	百	十	万	千	百	十	元	角	分
计算所得税	所得税费用					1	0	0	0	0	0	0									
	应交税费	所得税													1	0	0	0	0	0	0

表9-18(续)

摘要	会计科目		记账符号	借方金额									贷方金额								
	总账科目	明细科目		百	十	万	千	百	十	元	角	分	百	十	万	千	百	十	元	角	分
附单据　张	合　计				¥	1	0	0	0	0	0	0		¥	1	0	0	0	0	0	0

会计主管：　　　　记账：　　　　审核：刘长山　　　　制单：赵凤英

表 9-19　转账凭证（12）

2019 年 12 月 30 日　　　　转字第 012 号

摘要	会计科目		记账符号	借方金额									贷方金额								
	总账科目	明细科目		百	十	万	千	百	十	元	角	分	百	十	万	千	百	十	元	角	分
结转所得税	本年利润					1	0	0	0	0	0	0									
	所得税费用														1	0	0	0	0	0	0
附单据　张	合　计				¥	1	0	0	0	0	0	0		¥	1	0	0	0	0	0	0

会计主管：　　　　记账：　　　　审核：刘长山　　　　制单：赵凤英

表 9-20　转账凭证（13）

2019 年 12 月 30 日　　　　　　　　　　　　　　　　　　　　转字第 013 号

摘要	会计科目		记账符号	借方金额									贷方金额								
	总账科目	明细科目		百	十	万	千	百	十	元	角	分	百	十	万	千	百	十	元	角	分
结转利润	本年利润				2	6	7	0	0	0	0	0									
	利润分配													2	6	7	0	0	0	0	0
附单据　张	合　计			¥	2	6	7	0	0	0	0	0	¥	2	6	7	0	0	0	0	0

会计主管：　　　　　　记账：　　　　　　审核：刘长山　　　　制单：赵凤英

步骤 2：根据收款凭证和付款凭证登记现金日记账和银行存款日记账。

现金日记账和银行存款日记账见表 9-21 和表 9-22。

步骤 3：根据记账凭证登记相关明细账，以原材料为例。

原材料明细账见表 9-23 和表 9-24。

表 9-21　现金日记账

2019年		凭证编号	摘要	对应科目	借方									√	贷方									√	余额								
月	日				百	十	万	千	百	十	元	角	分		百	十	万	千	百	十	元	角	分		百	十	万	千	百	十	元	角	分
12	1		期初余额																									6	0	0	0	0	0
	16		取现金	银行存款			9	5	0	0	0	0	0																				
	16		付工资	应付职工薪酬													9	5	0	0	0	0	0										
			本日合计				9	5	0	0	0	0	0				9	5	0	0	0	0	0					6	0	0	0	0	0
	31		本月合计				9	5	0	0	0	0	0				9	5	0	0	0	0	0					6	0	0	0	0	0

表 9-22　银行存款日记账

2019年		凭证编号	摘要	结算凭证		对应科目	借方									√	贷方									√	余额								
月	日			种类	号数		百	十	万	千	百	十	元	角	分		百	十	万	千	百	十	元	角	分		百	十	万	千	百	十	元	角	分
12	1		期初余额																									4	0	0	0	0	0	0	0
	2	收 001	银行借款			短期借款			2	5	0	0	0	0	0																				
			本日合计						2	5	0	0	0	0	0													4	2	5	0	0	0	0	0
	10	收 002	销售产品			主营业务收入		2	6	6	0	0	0	0	0																				
	10	付 001	付广告费			销售费用														8	0	0	0	0	0										
			本日合计					2	6	6	0	0	0	0	0					8	0	0	0	0	0			6	8	3	0	0	0	0	0
	16	付 002	取现金			库存现金													9	5	0	0	0	0	0										
			本日合计																9	5	0	0	0	0	0			1	8	8	0	0	0	0	0
	31		本月合计					2	9	1	0	0	0	0	0			1	0	3	0	0	0	0	0										

表 9-23 原材料明细账（1）

明细科目：R 材料

材料类别：　　　存出地点：　　　材料规格：　　　计量单位：吨　　　储备定额：

2019 年		凭证号	摘要	收入											发出											结存										
月	日			数量	单价	金额									数量	单价	金额									数量	单价	金额								
						百	十	万	千	百	十	元	角	分			百	十	万	千	百	十	元	角	分			百	十	万	千	百	十	元	角	分
12	1		期初余额																							1 000	150		1	5	0	0	0	0	0	0
	2	转 001	购材料	100	150			1	5	0	0	0	0	0												1 100	150		1	6	5	0	0	0	0	0
	2	转 002	领材料												400	150			6	0	0	0	0	0	0	700	150		1	0	5	0	0	0	0	0
	31		本月合计	100	150			1	5	0	0	0	0	0	400	150			6	0	0	0	0	0	0				1	0	5	0	0	0	0	0

表 9-24 原材料明细账（2）

明细科目：R 材料

材料类别：　　　存出地点：　　　材料规格：　　　计量单位：吨　　　储备定额：

2019 年		凭证号	摘要	收入											发出											结存										
月	日			数量	单价	金额									数量	单价	金额									数量	单价	金额								
						百	十	万	千	百	十	元	角	分			百	十	万	千	百	十	元	角	分			百	十	万	千	百	十	元	角	分
12	1		期初余额																							1 000	120		1	2	0	0	0	0	0	0
	2	转 001	购材料	100	120			1	2	0	0	0	0	0												1 100	120		1	3	2	0	0	0	0	0
	31		本月合计	100	120			1	2	0	0	0	0	0															1	3	2	0	0	0	0	0

步骤 4：根据记账凭证登记相关总分类账

总分类账见表 9-25 至表 9-49。

表 9-25　总分类账（1）

账户名称：库存现金

2019 年		凭证		摘要	借方									贷方									借或贷	余额								
月	日	字	号		百	十	万	千	百	十	元	角	分	百	十	万	千	百	十	元	角	分		百	十	万	千	百	十	元	角	分
12	1			期初余额																			借				6	0	0	0	0	0
	16	付	002	取现金			9	5	0	0	0	0	0										借		1	0	1	0	0	0	0	0
	16	付	003	付工资												9	5	0	0	0	0	0	借				6	0	0	0	0	0
	31			本月合计			9	5	0	0	0	0	0			9	5	0	0	0	0	0										

表 9-26　总分类账（2）

账户名称：银行存款

2019 年		凭证		摘要	借方									贷方									借或贷	余额								
月	日	字	号		百	十	万	千	百	十	元	角	分	百	十	万	千	百	十	元	角	分		百	十	万	千	百	十	元	角	分
12	1			期初余额																			借		4	0	0	0	0	0	0	0
	2	收	001	银行借款			2	5	0	0	0	0	0										借		4	2	5	0	0	0	0	0
	10	收	002	销售产品		2	6	6	0	0	0	0	0										借		6	9	1	0	0	0	0	0
	10	付	001	付广告费													8	0	0	0	0	0	借		6	8	3	0	0	0	0	0
	16	付	002	取现金												9	5	0	0	0	0	0	借		5	8	8	0	0	0	0	0
	31			本月合计		2	9	1	0	0	0	0	0		1	0	3	0	0	0	0	0										

表 9-27　总分类账（3）

账户名称：应收账款

2019年		凭证		摘要	借方									贷方									借或贷	余额								
月	日	字	号		百	十	万	千	百	十	元	角	分	百	十	万	千	百	十	元	角	分		百	十	万	千	百	十	元	角	分
12	1			期初余额																			借		2	2	0	0	0	0	0	0

表 9-28　总分类账（4）

账户名称：原材料

2019年		凭证		摘要	借方									贷方									借或贷	余额								
月	日	字	号		百	十	万	千	百	十	元	角	分	百	十	万	千	百	十	元	角	分		百	十	万	千	百	十	元	角	分
12	1			期初余额																			借		2	7	0	0	0	0	0	0
	2	转	001	购材料			2	7	0	0	0	0	0										借		2	9	7	0	0	0	0	0
	2	转	002	领用材料												6	0	0	0	0	0	0	借		2	3	7	0	0	0	0	0
	31			本月合计			2	7	0	0	0	0	0			6	0	0	0	0	0	0										

表 9-29　总分类账（5）

账户名称：库存商品

2019年		凭证		摘要	借方									贷方									借或贷	余额								
月	日	字	号		百	十	万	千	百	十	元	角	分	百	十	万	千	百	十	元	角	分		百	十	万	千	百	十	元	角	分
12	1			期初余额																			借		5	0	0	0	0	0	0	0
	10	转	003	结转销售成本											1	2	0	0	0	0	0	0	借		3	8	0	0	0	0	0	0

表9-29(续)

2019 年		凭证		摘要	借方									贷方									借或贷	余额								
月	日	字	号		百	十	万	千	百	十	元	角	分	百	十	万	千	百	十	元	角	分		百	十	万	千	百	十	元	角	分
	30	转	006	结转完工成本		1	8	0	0	0	0	0	0										借		5	6	0	0	0	0	0	0
	31			本月合计		1	8	0	0	0	0	0	0		1	2	0	0	0	0	0	0										

表 9-30　总分类账（6）

账户名称：固定资产

2019 年		凭证		摘要	借方									贷方									借或贷	余额								
月	日	字	号		百	十	万	千	百	十	元	角	分	百	十	万	千	百	十	元	角	分		百	十	万	千	百	十	元	角	分
12	1			期初余额																			借	1	5	0	0	0	0	0	0	0

表 9-31　总分类账（7）

账户名称：累计折旧

2019 年		凭证		摘要	借方									贷方									借或贷	余额								
月	日	字	号		百	十	万	千	百	十	元	角	分	百	十	万	千	百	十	元	角	分		百	十	万	千	百	十	元	角	分
12	1			期初余额																			贷		1	8	0	0	0	0	0	0
	30	转	004	提取折旧												4	4	0	0	0	0	0	贷		2	2	4	0	0	0	0	0
	31			本月合计												4	4	0	0	0	0	0										

表 9-32　总分类账（8）

账户名称：无形资产

2019 年		凭证		摘要	借方									贷方									借或贷	余额								
月	日	字	号		百	十	万	千	百	十	元	角	分	百	十	万	千	百	十	元	角	分		百	十	万	千	百	十	元	角	分
12	1			期初余额																			借		3	0	0	0	0	0	0	0

表 9-33　总分类账（9）

账户名称：短期借款

2019 年		凭证		摘要	借方									贷方									借或贷	余额								
月	日	字	号		百	十	万	千	百	十	元	角	分	百	十	万	千	百	十	元	角	分		百	十	万	千	百	十	元	角	分
12	1			期初余额																			贷			4	0	0	0	0	0	0
	2	收	001	银行借款												2	5	0	0	0	0	0	贷			6	5	0	0	0	0	0
	31			本月合计												2	5	0	0	0	0	0										

表 9-34　总分类账（10）

账户名称：应付账款

2019 年		凭证		摘要	借方									贷方									借或贷	余额								
月	日	字	号		百	十	万	千	百	十	元	角	分	百	十	万	千	百	十	元	角	分		百	十	万	千	百	十	元	角	分
12	1			期初余额																			贷		1	2	0	0	0	0	0	0
	2	转	001	购材料												3	1	0	0	0	0	0	贷		1	5	1	0	0	0	0	0
	31			本月合计												3	1	0	0	0	0	0										

表9-34(续)

2019年		凭证		摘要	借方									贷方									借或贷	余额								
月	日	字	号		百	十	万	千	百	十	元	角	分	百	十	万	千	百	十	元	角	分		百	十	万	千	百	十	元	角	分

表 9-35 总分类账（11）

账户名称：应交税费

2019年		凭证		摘要	借方									贷方									借或贷	余额								
月	日	字	号		百	十	万	千	百	十	元	角	分	百	十	万	千	百	十	元	角	分		百	十	万	千	百	十	元	角	分
12	1			期初余额																			贷		1	0	0	0	0	0	0	0
	2	转	001	购材料				4	0	0	0	0	0										贷			9	6	0	0	0	0	0
	10	收	002	销售产品												2	6	0	0	0	0	0	贷		1	2	2	0	0	0	0	0
	30	转	008	应交消费税												1	6	0	0	0	0	0	贷		1	3	8	0	0	0	0	0
	31	转	011	应交所得税												1	0	0	0	0	0	0	贷		1	4	8	0	0	0	0	0
	31			本月合计				4	0	0	0	0	0			5	2	0	0	0	0	0										

表 9-36 总分类账（12）

账户名称：长期借款

2019年		凭证		摘要	借方									贷方									借或贷	余额								
月	日	字	号		百	十	万	千	百	十	元	角	分	百	十	万	千	百	十	元	角	分		百	十	万	千	百	十	元	角	分
12	1			期初余额																			贷		5	0	0	0	0	0	0	0

表 9-37　总分类账（13）

账户名称：实收资本

2019 年		凭证		摘要	借方									贷方									借或贷	余额								
月	日	字	号		百	十	万	千	百	十	元	角	分	百	十	万	千	百	十	元	角	分		百	十	万	千	百	十	元	角	分
12	1			期初余额																				1	5	7	4	0	0	0	0	0

表 9-38　总分类账（14）

账户名称：盈余公积

2019 年		凭证		摘要	借方									贷方									借或贷	余额								
月	日	字	号		百	十	万	千	百	十	元	角	分	百	十	万	千	百	十	元	角	分		百	十	万	千	百	十	元	角	分
12	1			期初余额																					1	2	0	0	0	0	0	0

表 9-39　总分类账（15）

账户名称：本年利润

2019 年		凭证		摘要	借方									贷方									借或贷	余额								
月	日	字	号		百	十	万	千	百	十	元	角	分	百	十	万	千	百	十	元	角	分		百	十	万	千	百	十	元	角	分
12	1			期初余额																			贷		2	0	0	0	0	0	0	0
	31	转	009	结转收入											2	4	0	0	0	0	0	0	贷		4	4	0	0	0	0	0	0
	31	转	010	结转成本费用		1	6	3	0	0	0	0	0										贷		2	7	7	0	0	0	0	0

表9-39(续)

2019 年		凭证		摘要	借方									贷方									借或贷	余额								
月	日	字	号		百	十	万	千	百	十	元	角	分	百	十	万	千	百	十	元	角	分		百	十	万	千	百	十	元	角	分
	31	转	012	结转所得税			1	0	0	0	0	0	0										贷		2	6	7	0	0	0	0	0
	31	转	013	转入利润分配		2	6	7	0	0	0	0	0										平									0
	31			本月合计		4	4	0	0	0	0	0	0		2	4	0	0	0	0	0	0										

表 9-40 总分类账（16）

账户名称：利润分配

2019 年		凭证		摘要	借方									贷方									借或贷	余额								
月	日	字	号		百	十	万	千	百	十	元	角	分	百	十	万	千	百	十	元	角	分		百	十	万	千	百	十	元	角	分
12	1			期初余额																			贷			2	0	0	0	0	0	0
	31	转	013	本年利润转入											2	6	7	0	0	0	0	0	贷		2	8	7	0	0	0	0	0
	31			本月合计											2	6	7	0	0	0	0	0										

表 9-41 总分类账（17）

账户名称：生产成本

2019 年		凭证		摘要	借方									贷方									借或贷	余额								
月	日	字	号		百	十	万	千	百	十	元	角	分	百	十	万	千	百	十	元	角	分		百	十	万	千	百	十	元	角	分
12	2	转	2	生产领用材料			4	5	0	0	0	0	0										借			4	5	0	0	0	0	0
	30	转	005	转入制造费用			4	0	0	0	0	0	0										借			8	5	0	0	0	0	0

表9-41（续）

2019年		凭证		摘要	借方									贷方									借或贷	余额								
月	日	字	号		百	十	万	千	百	十	元	角	分	百	十	万	千	百	十	元	角	分		百	十	万	千	百	十	元	角	分
	30	转	006	结转完工成本											1	8	0	0	0	0	0	0	贷			9	5	0	0	0	0	0
	30	转	007	工资			9	5	0	0	0	0	0										平									0
	31			本月合计		1	8	0	0	0	0	0	0		1	8	0	0	0	0	0	0										

表 9-42　总分类账（18）

账户名称：制造费用

2019年		凭证		摘要	借方									贷方									借或贷	余额								
月	日	字	号		百	十	万	千	百	十	元	角	分	百	十	万	千	百	十	元	角	分		百	十	万	千	百	十	元	角	分
12	2	转	002	领用材料				8	0	0	0	0	0										借				8	0	0	0	0	0
	30	转	004	提折旧			3	8	0	0	0	0	0										借			4	6	0	0	0	0	0
	30	转	005	分配制造费用												5	2	0	0	0	0	0	贷				6	0	0	0	0	0
	30	转	007	工资				6	0	0	0	0	0										平									0
	31			本月合计			5	2	0	0	0	0	0			5	2	0	0	0	0	0										

表 9-43　总分类账（19）

账户名称：管理费用

2019年		凭证		摘要	借方									贷方									借或贷	余额								
月	日	字	号		百	十	万	千	百	十	元	角	分	百	十	万	千	百	十	元	角	分		百	十	万	千	百	十	元	角	分
12	2	转	002	领用材料				7	0	0	0	0	0										借				7	0	0	0	0	0
	30	转	004	提折旧				6	0	0	0	0	0										借			1	3	0	0	0	0	0
	30	转	007	工资				6	0	0	0	0	0										借			1	9	0	0	0	0	0
	31	转	010	转入利润												1	9	0	0	0	0	0	平									0

表9-43(续)

2019 年		凭证		摘要	借方									贷方									借或贷	余额								
月	日	字	号		百	十	万	千	百	十	元	角	分	百	十	万	千	百	十	元	角	分		百	十	万	千	百	十	元	角	分
	31			本月合计			1	9	0	0	0	0	0			1	9	0	0	0	0	0										

表 9-44 总分类账（20）

账户名称：主营业务收入

2019 年		凭证		摘要	借方									贷方									借或贷	余额								
月	日	字	号		百	十	万	千	百	十	元	角	分	百	十	万	千	百	十	元	角	分		百	十	万	千	百	十	元	角	分
12	10	收	002	销售产品											2	4	0	0	0	0	0	0	贷		2	4	0	0	0	0	0	0
	31	转	009	转入利润		2	4	0	0	0	0	0	0										平									0
	31			本月合计		2	4	0	0	0	0	0	0		2	4	0	0	0	0	0	0										

表 9-45 总分类账（21）

账户名称：主营业务成本

2019 年		凭证		摘要	借方									贷方									借或贷	余额								
月	日	字	号		百	十	万	千	百	十	元	角	分	百	十	万	千	百	十	元	角	分		百	十	万	千	百	十	元	角	分
12	10	转	003	结转销售成本		1	2	0	0	0	0	0	0										借		1	2	0	0	0	0	0	0
	31	转	010	转入利润											1	2	0	0	0	0	0	0	平									0
	31			本月合计		1	2	0	0	0	0	0	0		1	2	0	0	0	0	0	0										

表 9-46　总分类账（22）

账户名称：销售费用

2019年		凭证		摘要	借方									贷方									借或贷	余额								
月	日	字	号		百	十	万	千	百	十	元	角	分	百	十	万	千	百	十	元	角	分		百	十	万	千	百	十	元	角	分
12	10	付	001	付广告费				8	0	0	0	0	0										借				8	0	0	0	0	0
	31	转	010	转入利润													8	0	0	0	0	0	平									0
	31			本月合计				8	0	0	0	0	0				8	0	0	0	0	0										

表 9-47　总分类账（23）

账户名称：应付职工薪酬

2019年		凭证		摘要	借方									贷方									借或贷	余额								
月	日	字	号		百	十	万	千	百	十	元	角	分	百	十	万	千	百	十	元	角	分		百	十	万	千	百	十	元	角	分
12	16	付	003	付工资			9	5	0	0	0	0	0										借			9	5	0	0	0	0	0
	30	转	007	分配工资												9	5	0	0	0	0	0	平									0
	31			本月合计			9	5	0	0	0	0	0			9	5	0	0	0	0	0										

表 9-48　总分类账（24）

账户名称：税金及附加

2019年		凭证		摘要	借方									贷方									借或贷	余额								
月	日	字	号		百	十	万	千	百	十	元	角	分	百	十	万	千	百	十	元	角	分		百	十	万	千	百	十	元	角	分
12	30	转	008	应交消费税			1	6	0	0	0	0	0										借			1	6	0	0	0	0	0
	31	转	010	转入利润												1	6	0	0	0	0	0	平									0

表9-48(续)

2019 年		凭证		摘要	借方									贷方									借或贷	余额								
月	日	字	号		百	十	万	千	百	十	元	角	分	百	十	万	千	百	十	元	角	分		百	十	万	千	百	十	元	角	分
	31			本月合计			1	6	0	0	0	0	0			1	6	0	0	0	0	0										

表 9-49　总分类账（25）

账户名称：所得税费用

2019 年		凭证		摘要	借方									贷方									借或贷	余额								
月	日	字	号		百	十	万	千	百	十	元	角	分	百	十	万	千	百	十	元	角	分		百	十	万	千	百	十	元	角	分
12	31	转	011	计算所得税			1	0	0	0	0	0	0										借			1	0	0	0	0	0	0
	31	转	012	转入利润												1	0	0	0	0	0	0	平									0
	31			本月合计			1	0	0	0	0	0	0			1	0	0	0	0	0	0										

步骤 5：月末对账。

总账与明细账核对。原材料总账期末借方余额 270 000 元。原材料——R 材料明细账期末借方余额 105 000 元，原材料——T 材料明细账期末借方余额 132 000 元。总账余额与所属明细账的余额之和相等。

总账与日记账核对。库存现金总账期末借方余额 6 000 元与库存现金日记账余额相等；银行存款总账期末借方余额 588 000 元与银行存款日记账余额相等。

步骤 6：根据账簿记录编制会计报表。

“货币资金”项目，根据“库存现金”账户与“银行存款”账户余额之和填列，则资产负债表上“货币资金”项目“期末余额”的列报金额 = 6 000.00 + 588 000.00 = 594 000.00（元）。

“应收账款”项目，应根据“应收账款”账户的期末余额 220 000.00 元直接填列。

“存货”项目，根据“在途物资”“原材料”“生产成本”“库存商品”账户借方余额之和填列，则“存货”项目“期末余额”的列报金额 = 237 000.00 + 560 000.00 =

797 000.00（元）。

“流动资产合计”项目，根据“货币资金”“交易性金融资产”“应收账款”“预付账款”“其他应收款”“存货”项目期末余额之和填列，则“流动资产合计”项目“期末余额”的列报金额=594 000.00+220 000.00+797 000.00=1 611 000.00（元）。

“固定资产”项目，根据“固定资产”账户的期末余额，减去“累计折旧”账户的期末余额后的净额填列，则“固定资产”项目“期末余额”的列报金额=1 500 000.00-224 000.00=1 276 000.00（元）。

“无形资产”项目，应根据“无形资产”项目金额填列，“无形资产”项目的列报金额为300 000.00元。

“非流动资产合计”项目，应根据“固定资产”项目和“无形资产”项目之和填列，则“非流动资产合计”项目“期末余额”的列报金额为1 276 000.00+300 000.00=1 576 000.00（元）。

“资产总计”项目，应根据“流动资产合计”项目与“非流动资产合计”项目之和填列，则“资产总计”项目“期末余额”的列报金额=1 611 000.00+1 576 000.00=3 187 000.00（元）。

“短期借款”项目，根据“短期借款”账户贷方余额直接填列，则“短期借款”项目“期末余额”的列报金额为65 000.00元。

“应付账款”项目，根据“应付账款”所属明细账户贷方余额与“预付账款”所属明细账户贷方余额之和填列，则“应付账款”项目“期末余额”的列报金额为151 000.00元。

“应交税费”项目，根据“应交税费”账户贷方余额填列，则“应交税费”项目“期末余额”的列报金额为148 000.00元。

“流动负债合计”项目，根据“短期借款”“应付账款”“应交税费”“其他应付款”项目期末余额之和填列，则“流动负债合计”项目“期末余额”的列报金额=65 000.00+151 000.00+148 000.00=364 000.00（元）。

“长期借款”项目，根据“长期借款”账户期末贷方余额直接填列，则“长期借款”项目“期末余额”的列报金额为500 000.00元。

“非流动负债合计”项目，根据“长期借款”项目期末余额填列，则“非流动负债”项目“期末余额”的列报金额为500 000.00元。

“负债合计”项目，应根据“流动负债合计”项目与“非流动负债合计”项目之和填列，则“负债合计”项目“期末余额”的列报金额=364 000.00+500 000.00=864 000.00（元）。

“实收资本（股本）”项目，根据“实收资本”账户期末贷方余额直接填列，则“实收资本”项目“期末余额”的列报金额为1 916 000.00元。

“盈余公积”项目，根据“盈余公积”账户期末余额直接填列，则“盈余公积”项目

"期末余额"的列报金额为 120 000. 00 元。

"未分配利润"项目，根据"本年利润"账户的期末余额减去"利润分配"账户的余额后的净额填列，则"未分配利润"项目"期末余额"的列报金额 287 000. 00 元。

"所有者权益合计"项目，根据"实收资本""盈余公积""未分配利润"项目之和填列，则"所有者权益合计"项目"期末余额"的列报金额＝1 916 000. 00+120 000. 00+287 000. 00＝2 323 000. 00（元）。

"负债与所有者权益总计"项目，根据"负债合计"和"所有者权益合计"项目之和填列，则"负债与所有者权益总计"项目"期末余额"的列报金额＝864 000. 00＋2 323 000. 00＝3 187 000. 00（元）。

根据以上资料编制的资产负债表见表 9-50。

表 9-50　资产负债表

编制单位：海岛冲鹏船艇制造有限公司　　2019 年 12 月 31 日　　单位：元

资产	期末余额	上年年末余额	负债和所有者权益（或股东权益）	期末余额	上年年末余额
流动资产：			流动负债：		
货币资金	594 000. 00		短期借款	65 000. 00	
交易性金融资产			交易性金融负债		
衍生金融资产			衍生金融负债		
应收票据			应付票据		
应收账款	220 000. 00		应付账款	151 000. 00	
应收款项融资			预收款项		
预付款项			合同负债		
其他应收款			应付职工薪酬		
存货	797 000. 00		应交税费	148 000. 00	
合同资产			其他应付款		
持有待售资产			持有待售负债		
一年内到期的非流动资产			一年内到期的非流动负债		
其他流动资产			其他流动负债		
流动资产合计	1 611 000. 00		流动负债合计	364 000. 00	

表9-50(续)

资产	期末余额	上年年末余额	负债和所有者权益（或股东权益）	期末余额	上年年末余额
非流动资产：			非流动负债：		
债权投资			长期借款	500 000. 00	
其他债权投资			应付债券		
长期应收款			其中：优先股		
长期股权投资			永续债		
其他权益工具投资			租赁负债		
其他非流动金融资产			长期应付款		
投资性房地产			预计负债		
固定资产	1 276 000. 00		递延收益		
在建工程			递延所得税负债		
生产性生物资产			其他非流动负债		
油气资产			非流动负债合计	500 000. 00	
使用权资产			负债合计	864 000. 00	
无形资产	300 000. 00		所有者权益（或股东权益）：		
开发支出			实收资本（或股本）	1916 000. 00	
商誉			其他权益工具		
长期待摊费用			其中：优先股		
递延所得税资产			永续债		
其他非流动资产			资本公积		
非流动资产合计	1 576 000. 00		减：库存股		
			其他综合收益		
			专项储备		
			盈余公积	120 000. 00	
			未分配利润	287 000. 00	
			所有者权益（或股东权益）合计	2 323 000. 00	
资产总计	3 187 000. 00		负债和所有者权益（或股东权益）总计	3 187 000. 00	

“营业收入”项目，应根据“主营业务收入”与“其他业务收入”账户的发生额合计填列，则“营业收入”项目“本期金额”的列报金额为 240 000. 00 元。

“营业成本”项目，应根据“主营业务成本”与“其他业务成本”账户的发生额合计填列，则“营业成本”项目“本期金额”的列报金额为 120 000. 00 元。

“税金及附加”项目，应根据“税金及附加”账户的发生额填列，则“税金及附加”项目“本期金额”的列报金额为 16 000. 00 元。

“销售费用”项目，应根据“销售费用”账户的发生额填列，则“销售费用”项目“本期金额”的列报金额为 8 000. 00 元。

“管理费用”项目，应根据“管理费用”账户的发生额填列，则“管理费用”项目“本期金额”的列报金额为 19 000. 00 元。

“营业利润”项目“本期金额”的列报金额 = 240 000. 00 − 120 000. 00 − 16 000. 00 − 8 000. 00 − 19 000. 00 = 77 000. 00（元）。

“利润总额”项目“本期金额”的列报金额为 77 000. 00 元。

“所得税费用”项目，应根据“所得税费用”账户的发生额填列，则“所得税费用”项目“本期金额”的列报金额为 10 000. 00 元。

“净利润”项目“本期金额”的列报金额 = 77 000. 00 − 10 000. 00 = 67 000. 00（元）。

根据上述资料编制利润表见表 9-51。

表 9-51　利润表

编制单位：海岛冲鹏船艇制造有限公司　　2019 年 12 月　　单位：元

项目	行数	本月数	本年累计数
一、营业收入		240 000. 00	
减：营业成本		120 000. 00	
税金及附加		16 000. 00	
销售费用		8 000. 00	
管理费用		19 000. 00	
研发费用			
财务费用			
其中：利息费用			
利息收入			
加：其他收益			

表9-51(续)

项目	行数	本月数	本年累计数
投资收益（损失以“-”号填列）			
其中：对联营企业和合营企业的投资收益			
以摊余成本计量的金融资产终止确认收益（损失以“-”号填列）			
净敞口套期收益（损失以“-”号填列）			
公允价值变动收益（损失以“-”号填列）			
信用减值损失（损失以“-”号填列）			
资产减值损失（损失以“-”号填列）			
资产处置收益（损失以“-”号填列）			
二、营业利润（亏损以“-”号填列）		77 000.00	
加：营业外收入			
减：营业外支出			
三、利润总额（亏损总额以“-”号填列）		77 000.00	
减：所得税费用		10 000.00	
四、净利润（净亏损以“-”号填列）		67 000.00	
（一）持续经营净利润（净亏损以“-”号填列）			
（二）终止经营净利润（净亏损以“-”号填列）			
五、其他综合收益的税后净额			

任务9.3　科目汇总表账务处理程序

9.3.1　科目汇总表账务处理程序的编制方法

科目汇总表的编制方法是根据一定时期内的全部记账凭证，按各个账户的借、贷方进行归类，计算出每一总分类账户的本期借方发生额和贷方发生额，并填写在科目汇总表的相关栏内。对于库存现金、银行存款账户的借方发生额和贷方发生额，也可直接根据库存现金、银行存款日记账的收支合计数填列，而不再根据收、付款凭证归类汇总填列。科目汇总表可以每月汇总一次、编制一张，也可以按旬汇总一次，按月编制一张。业务量较多的单位也可每日进行汇总。按月编制的科目汇总表的格式见表 9-52。

表 9-52　科目汇总表

年　月　日至　日　　　　字第　号

会计科目	本期发生额		记账凭证起讫号码
	借方	贷方	

9.3.2　科目汇总表账务处理程序的基本步骤

科目汇总表账务处理程序的一般步骤如下：

①根据原始凭证填制汇总原始凭证。

②根据原始凭证或汇总原始凭证填制记账凭证。

③根据收款凭证、付款凭证逐笔登记库存现金日记账和银行存款日记账。

④根据原始凭证、汇总原始凭证和记账凭证，登记各种明细分类账。

⑤根据各种记账凭证编制科目汇总表。

⑥根据科目汇总表登记总分类账。

⑦期末，将库存现金日记账、银行存款日记账和明细分类账的余额同有关总分类账的余额核对相符。

⑧期末，根据总分类账和明细分类账的记录，编制财务报表。

科目汇总表的编制程序如图 9-3 所示。

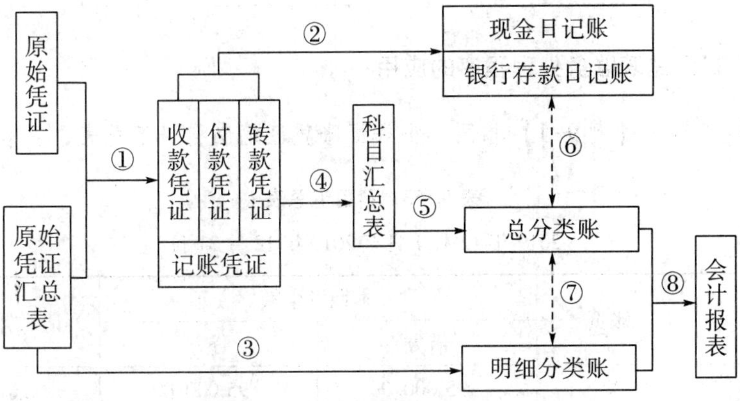

图 9-3　科目汇总表账务处理程序

9.3.3 科目汇总表账务处理程序的优缺点和适用范围

（1）特点

科目汇总表账务处理程序的特点是先将所有记账凭证汇总编制成科目汇总表，然后以科目汇总表为依据登记总分类账。

（2）优缺点

科目汇总表账务处理程序的优点是减轻了登记总分类账的工作量，易于理解，方便学习，并可做到试算平衡；缺点是科目汇总表不能反映各个账户之间的对应关系，不利于对账目进行检查。

（3）适用范围

该账务处理程序适用于经济业务较多的单位。

小贴士：科目汇总表与科目余额汇总表相同吗？

科目汇总表也称“记账凭证汇总表”，是定期对全部记账凭证进行汇总，按各个会计科目列示其借方发生额和贷方发生额的一种汇总凭证。依据借贷记账法的基本原理，科目汇总表中各个会计科目的借方发生额合计与贷方发生额合计应该相等，因此，科目汇总表具有试算平衡的作用。科目汇总表是科目汇总表核算形式下总分类账登记的依据。

科目余额汇总表也称“总账余额汇总表”，是按照总账科目余额编制的。科目余额汇总表的编制遵循下列公式：

资产类科目：期末借方余额=期初借方余额+本期借方发生额-本期贷方发生额

负债及所有者权益类科目：

期末贷方余额=期初贷方余额+本期贷方发生额-本期借方发生额

由此可见，两者不同，但有一定的联系。

9.3.4 科目汇总表账务处理程序的应用

【例 9-2】资料与【例 9-1】相同，根据记账凭证编制科目汇总表，见表 9-53。

表 9-53 科目汇总表

2019 年 12 月 1 日至 2019 年 12 月 31 日　　　　第 001 号

会计科目	账页	本期发生额		记账凭证起讫号数
		借方	贷方	
库存现金	√	95 000.00	95 000.00	收款 001~002
银行存款	√	291 000.00	103 000.00	付款 001~003

表9-53(续)

会计科目	账页	本期发生额		记账凭证起讫号数
		借方	贷方	
原材料	√	27 000.00	60 000.00	转账 001~013
库存商品	√	180 000.00	120 000.00	
累计折旧	√		44 000.00	
短期借款	√		25 000.00	
应付账款	√		31 000.00	
应交税费	√	4 000.00	52 000.00	
本年利润	√	440 000.00	240 000.00	
利润分配	√		267 000.00	
生产成本	√	180 000.00	180 000.00	
制造费用	√	52 000.00	52 000.00	
主营业务收入	√	240 000.00	240 000.00	
主营业务成本	√	120 000.00	120 000.00	
应付职工薪酬	√	95 000.00	95 000.00	
管理费用	√	19 000.00	19 000.00	
销售费用	√	8 000.00	8 000.00	
所得税费用	√	10 000.00	10 000.00	
税金及附加	√	16 000.00	16 000.00	
合　计	√	1 777 000.00	1 777 000.00	

任务 9.4　汇总记账凭证账务处理程序

9.4.1　汇总记账凭证账务处理程序的编制

汇总记账凭证是根据记账凭证汇总填制的，汇总的期间一般不超过 10 天，以便登记总分类账。其种类可分为汇总收款凭证、汇总付款凭证和汇总转账凭证。

汇总收款凭证是根据库存现金、银行存款收款凭证，分别按库存现金、银行存款账户的借方科目设置，并按对应的贷方科目归类，月末结计其合计数，分别记入库存现金、银行存款总账的借方及各对应总账的贷方。

汇总付款凭证是根据库存现金、银行存款付款凭证，分别按库存现金、银行存款账户的贷方科目设置，并按对应的借方科目归类，月末结计其合计数，分别记入库存现金、银行存款总账的贷方及各对应总账的借方。

汇总转账凭证既可按借方科目设置，也可按贷方科目设置，但在会计实务惯例中一般按贷方科目分别设置，并按借方科目归类，月末结计其合计数，分别根据汇总转账凭证应贷账户的贷方及借方记入总账。为了便于编制汇总转账凭证，转账凭证应填制一借一贷或多借一贷的会计分录，尽量不编制一借多贷的会计分录。当然，如果在月份内某一贷方科目的转账凭证不多，可直接根据转账凭证登记总分类账，而不编制汇总转账凭证。汇总记账凭证的格式见表 9-54、表 9-55 和表 9-56。

表 9-54　汇总收款凭证

借方科目：	年　月　日—　月　日		______字第______号
贷方科目	金额	总账页数	
		借方	贷方
合计			
附注：收款凭证自　　号至　　号　共　　张 会计主管：　　记账：　　复核：　　制单：			

表 9-55　汇总付款凭证

贷方科目：	年　月　日—　月　日		______字第______号
借方科目	金额	总账页数	
		借方	贷方
合计			
附注：付款凭证自　　号至　　号　共　　张 会计主管：　　记账：　　复核：　　制单：			

表 9-56　汇总转账凭证

贷方科目：	年　月　日—　月　日		______字第______号
借方科目	金额	总账页数	
		借方	贷方
合计			
附注：转账凭证自　　号至　　号　共　　张 会计主管：　　记账：　　复核：　　制单：			

9.4.2　汇总记账凭证账务处理程序的基本步骤

汇总记账凭证账务处理程序的一般步骤如下：

①根据原始凭证填制汇总原始凭证。

②根据原始凭证或汇总原始凭证，填制收款凭证、付款凭证和转账凭证，也可以填制通用记账凭证。

③根据收款凭证、付款凭证逐笔登记库存现金日记账和银行存款日记账。

④根据原始凭证、汇总原始凭证和记账凭证，登记各种明细分类账。

⑤根据各种记账凭证编制有关汇总记账凭证。

⑥根据各种汇总记账凭证登记总分类账。

⑦期末，将库存现金日记账、银行存款日记账和明细分类账的余额与有关总分类账的余额核对相符。

⑧期末，根据总分类账和明细分类账的记录，编制财务报表。

汇总记账凭证账务处理程序如图9-4所示。

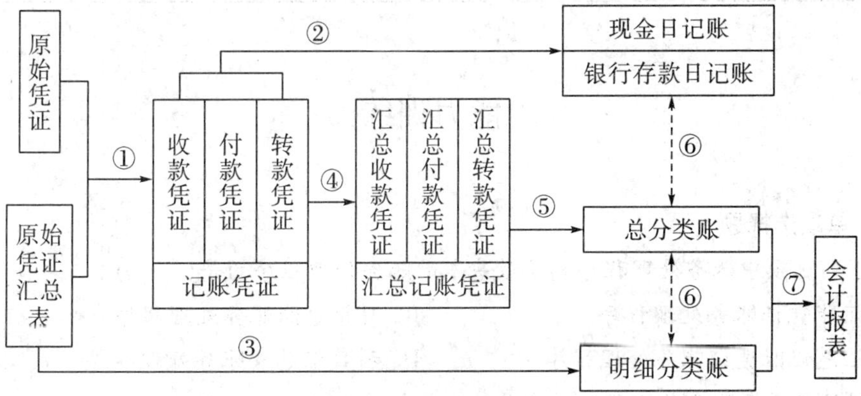

图9-4　汇总记账凭证账务处理程序

9.4.3　汇总记账凭证账务处理程序的优缺点和适用范围

（1）特点

汇总记账凭证账务处理程序的特点是先根据记账凭证编制汇总记账凭证，再根据汇总记账凭证登记总分类账。

（2）优缺点

汇总记账凭证账务处理程序的优点是减轻了登记总分类账的工作量；缺点是当转账凭证较多时，编制汇总转账凭证的工作量较大，并且按每一贷方账户编制汇总转账凭证，不利于会计核算的日常分工。

(3) 适用范围

该账务处理程序适用于规模较大、经济业务较多的单位。

9.3.4 汇总记账凭证账务处理程序的应用

【例 9-3】资料与【例 9-1】相同，根据海岛冲鸭船艇制造有限公司 2019 年 12 月收款凭证填制汇总收款凭证，见表 9-57。

表 9-57 汇总收款凭证

借方科目：银行存款　　　　2019 年 12 月　　　　汇收字第 001 号

贷方科目	金额				总账账页	
	1 至 10 日 收字 001 号	11 至 20 日 收字 002 号	21 至 31 日 收字　号	合计	借方	贷方
短期借款	25 000.00			25 000.00		
主营业务收入		240 000.00		240 000.00		
应交税费		26 000.00		26 000.00		
合计	25 000.00	266 000.00		291 000.00		

能力训练

一、单项选择题

1. 下列选项中账务处理程序属于最基本的账务处理程序的是(　　)。

A. 记账凭证账务处理程序　　B. 日记总账账务处理程序

C. 汇总记账凭证账务处理程序　　D. 科目汇总表账务处理程序

2. 科目汇总表账务处理程序的主要缺点是(　　)。

A. 不能进行试算平衡　　B. 能够进行试算平衡

C. 不能反映账户之间的对应关系　　D. 能够反映账户之间的对应关系

3. 既可以减少登记总账的工作量，又可以反映账户之间对应关系的账务处理程序是(　　)。

A. 记账凭证账务处理程序　　B. 日记总账账务处理程序

C. 汇总记账凭证账务处理程序　　D. 科目汇总表账务处理程序

4. 规模小、业务简单的企业可以采用的账务处理程序是(　　)。

A. 记账凭证账务处理程序　　B. 日记总账账务处理程序

C. 汇总记账凭证账务处理程序　　D. 科目汇总表账务处理程序

5. 汇总收款凭证是根据(　　)汇总编制而成的。

A. 原始凭证　　B. 记账凭证　　C. 收款凭证　　D. 转账凭证

6. 汇总记账凭证账务处理程序适用于(　　)。

A. 规模较小、经济业务较多的企业　　B. 规模较大、经济业务较多的企业

C. 规模较大、经济业务不多的企业　　D. 规模较小、经济业务不多的企业

7. 科目汇总表账务处理程序适用于(　　)。

A. 业务量较多的单位　　B. 业务量较少的单位

C. 业务量少、运用会计科目少的单位　　D. 运用电子计算机核算的单位

8. 汇总记账凭证账务处理程序与科目汇总表账务处理程序的相同点是(　　)。

A. 登记总账的依据相同　　B. 记账凭证的汇总方法相同

C. 保持了账户之间的对应关系　　D. 减少了登记总账的工作量

二、多项选择题

1. 常用的账务处理程序主要有(　　)。

A. 记账凭证账务处理程序　　B. 原始凭证账务处理程序

C. 汇总记账凭证账务处理程序　　D. 科目汇总表账务处理程序

2. 各种账务处理程序的主要不同点是(　　)。

A. 登记总账的依据不同　　B. 登记总账的方法不同

C. 登记明细账的依据不同　　D. 登记日记账的依据不同

3. 汇总记账凭证又可以分为(　　)。

A. 汇总收款凭证　　B. 汇总付款凭证

C. 汇总转账凭证　　D. 汇总原始凭证

4. 在采用汇总记账凭证账务处理程序时，收款凭证账户对应关系只能是(　　)。

A. 一借一贷　　B. 多借一贷

C. 多借多贷　　D. 一借多贷

5. 科目汇总表账务处理程序优点有(　　)。

A. 减轻了登记总分类账的工作量

B. 易于理解，方便学习，并可做到试算平衡

C. 不能反映账户间的来龙去脉

D. 适用于规模小、业务量少、凭证不多的单位

三、判断题

1. 记账凭证账务处理程序的特点是根据记账凭证逐笔登记总账。(　　)

2. 科目汇总表账务处理程序的优点是便于了解账户之间的对应关系。(　　)

3. 记账凭证账务处理程序的优点是简单明了，易于理解，总分类账可以较详细地反映经济业务的发生情况。(　　)

4. 科目汇总表账务处理程序的缺点是科目汇总表不能反映各个账户之间的对应关系，

不利于对账目进行检查。(　　)

5. 汇总记账凭证是根据记账凭证汇总填制的，汇总的期间一般不超过 10 天，以便登记总分类账。(　　)

6. 在汇总记账凭证账务处理程序下，填制的记账凭证应该是专用记账凭证。(　　)

扫码获取答案

延伸阅读　会计就是摄影师

杜老师走后，我坐在星巴克，细细地揣摩杜老师所说的，脑子里开始像电影放映一样闪过咖啡店的经营及对应的会计处理。

我们都知道，电影胶片是一张一张的，但放映时我们看到的却是连续的，因为胶片的放映速度小于 0.1 秒（从一个胶片开始进入镜头到下一个胶片开始进入镜头的时间），所以人眼的感觉就不会是一张一张的画面，而是连续的了。人眼反应时间是 0.1 秒，小于 0.1 秒时间的事，人眼无法区分。

企业的经营活动也是一样，它是连续的，像放电影一样，而资产负债表本质上就是一张张的胶片，它不停地拍摄企业的经营活动，会计就是那个摄影师，每做一笔账，就相当于拍一下，所以资产负债表本质上是一个时点的概念，在不同的时点这张胶片的样子是不一样的。平时我们说资产负债表，经常会这样说：2018 年 12 月 31 日的资产负债表。

下面我们就从第一张胶片讲起，第一张胶片是这样的：

假如我自己当老板，去开一家咖啡店，那这账该如何记呢？首先开咖啡店得需要一笔钱，我要先把自己银行存款里的 50 000 元拿出来，这就是我的原始投入，也是资金的来源之一，原始投入为 50 000 元，换个专业点的名字，就叫“实收资本”。那实收资本就是 50 000元，计入资产负债表的右边；取出的 50 000 元就放在柜子里，于是这家咖啡店拥有了一笔钱，叫库存现金（如下表所示）。

咖啡店的资产负债表　　单位：元

咖啡店的家底		资金的来源	
库存现金	50 000	实收资本	50 000
合计	50 000	合计	50 000

咖啡店目前还没有正式成立，只有库存现金 50 000 元，这 50 000 元是我自己投入的。资产负债表左边等于右边，资金的来源等于资金的去向，一来一去，肯定相等，不然钱会到哪去呢？

……

资料来源：陈艳红. 小艾上班记：真账实操教你学会计［M］. 3 版. 大连：东北财经大学出版社，2020.

项目 10　会计工作组织

学习目标：

1. 了解会计工作组织的内容、意义及要求；
2. 掌握会计机构设置的基本要求及会计人员的职权；
3. 掌握设置及保管会计档案的基本要求。

会计工作组织思维导图如图 10-1 所示。

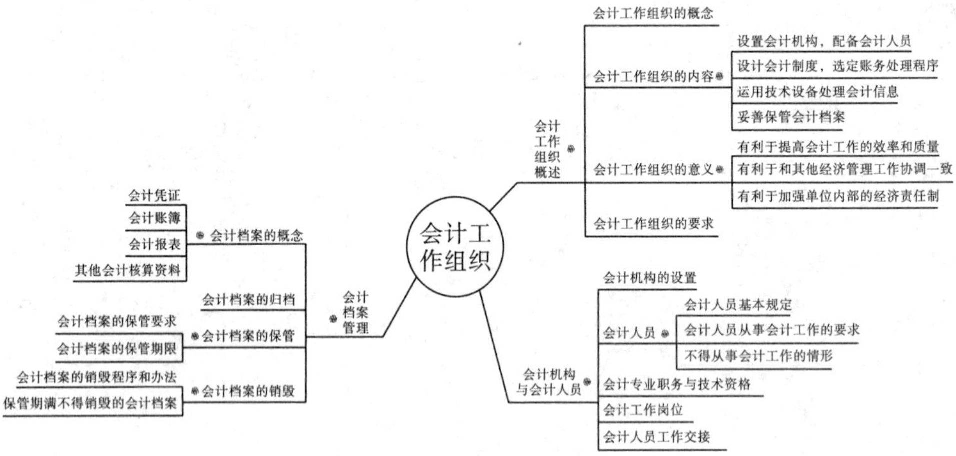

图 10-1　会计工作组织思维导图

任务 10.1　会计工作组织概述

10.1.1　会计工作组织的概念

会计工作组织有宏观和微观两层含义。从宏观上讲，会计工作组织是指一个国家或地区会计工作的组织内容和模式，包括会计管理体制、会计规范的制定与执行以及国家对会计人员的管理等内容。从微观上讲，会计工作组织是指各独立核算的单位为顺利开展会计工作，根据国家对会计工作的管理规定，结合本单位的具体情况，设置会计机构、配备会计人员、划分岗位责任、制定工作规章等工作的总称。

10.1.2 会计工作组织的内容

企业会计工作组织的内容主要包括：设置会计机构、配备会计人员、设计会计制度、选定账务处理程序、运用技术设备处理会计信息及保管会计档案等。

(1) 设置会计机构，配备会计人员

各单位应当根据会计业务的需要，设置会计机构，或者在有关机构中设置会计人员并指定会计主管人员；不具备设置条件的，应当委托经批准设立从事会计代理记账业务的中介机构代理记账。会计工作是一项技术性很强的工作，各单位必须配备合格的会计专业人员进行会计工作。

(2) 设计会计制度，选定账务处理程序

根据会计准则设计符合本单位特点的会计制度，并认真贯彻执行，可以促使会计工作人员按章办事，更好地发挥其主观能动性，从而保证会计工作正常、有序地进行。在确定会计制度的同时，企业需要根据本单位经济业务的特点及管理要求，选择合适的账务处理程序，设计企业会计记账和提供会计信息的方法和步骤。选择科学合理的账务处理程序是提高会计工作效率、满足企业内部管理需要的一个重要环节。

(3) 运用技术设备处理会计信息

在不断提高会计人员业务水平的同时，也应重视会计技术设备的升级改造，逐渐运用先进的技术设备代替手工操作。会计工作电算化的实施和普及将大大提高会计工作的效率，也使会计工作的质量得到全面改进。

(4) 妥善保管会计档案

我国《会计法》规定，各单位应将会计凭证、会计账簿、财务会计报告等会计资料建立档案，妥善保管。会计档案的科学归类、整理和保管，对于企业的预测、决策及分析检查等工作具有十分重要的意义。

10.1.3 会计工作组织的意义

会计工作是各个单位经济管理工作的重要组成部分，也是确保市场经济正常有序运行的重要工作。合理组织会计工作，对于完成会计任务，发挥会计在宏观和微观经济管理中的作用具有十分重要的意义。

(1) 有利于提高会计工作的效率和质量

会计工作是一项严密细致的经济管理工作，它反映的是在生产过程中各个阶段以货币表现的经济活动，从经济活动的确认、计量、记录、计算、分类，直至会计报表的编制，每个环节都需要一系列的程序和手续，各种手续、各个步骤及各项数据环环相扣、紧密联系。任何一个环节的缺失、手续的遗漏或数据的错记，都会造成会计信息的不正确、不及时，进而影响整个会计工作的质量。因此，只有严格按照会计工作制度、会计工作程序和会计工作方法，科学、合理地组织会计工作，才能保证会计工作有条不紊地进行，不断提高会计工作的效率和会计工作的质量。

（2）有利于和其他经济管理工作协调一致

会计工作既独立于其他经济管理工作，又同它们保持密切的联系，它一方面能够促进其他经济管理工作，另一方面也需要其他管理工作的配合。内部控制制度是指对涉及货币资金的收付、财产物资的增减、往来款项的结算等会计事项，都应由两个或两个以上不同的部门或人员分工掌管的一种相互牵制、相互制约的管理制度。严密完善的内部控制制度，既有利于保护企业资产的安全完整，又有利于加强会计人员之间的相互牵制、相互监督，防止舞弊行为和工作失误等现象的发生，保证会计工作的质量。而且通过内部控制制度的建立，还有利于健全和完善企业经营管理制度，充分发挥会计在企业经营管理中的作用。而内部控制制度的建立和完善，必须依靠科学的会计工作组织。

（3）有利于加强单位内部的经济责任制

合理地组织会计工作，有利于会计部门更好地履行自己的经济责任，管好、用好资金，增收节支，争取最大的经济效益；同时也有利于建立和落实其他部门的经济责任制。只有通过合理的组织工作，才能提供真实可靠的财务指标，实现预期的奖惩效果，经济责任制才能落到实处。可见，加强会计工作组织，有利于推动单位内部各部门更好地履行自己的职责，全面做好单位的各项工作，从而有效地落实单位内部的经济责任制。

10.1.4 会计工作组织的要求

组织和管理会计工作必须遵循以下要求：

（1）统一性要求

统一性要求是指必须按照《中华人民共和国会计法》和《企业会计准则》以及其他相关会计法规制度的统一要求来组织会计工作，进行会计核算，实行会计监督。

（2）适应性要求

适应性要求是指各单位应在遵守国家法规和准则的前提下，根据自身管理特点及规模大小等情况组织会计工作，以适应企业自身发展的需要。

（3）效益性要求

效益性要求是指在保证会计工作质量的前提下，会计工作组织应讲求效益，节约人力和物力。会计凭证、账簿、报表的设计，会计机构的设置以及会计人员的配备等，都应避免烦琐，力求精简，引入会计电算化，从工艺上改进会计操作技术，提高工作效率。

（4）内部控制及责任制要求

内部控制及责任制要求是指在组织会计工作时，要遵循内部控制的原则，从现金出纳、财产物资进出以及各项费用的开支等方面形成彼此相互牵制的机制，防止工作中的失误和弊端。建立和完善会计工作责任制，对会计工作进行合理分工，不同岗位上的会计人员各司其职，使得会计处理手续和会计工作程序达到规范化、条理化。

任务 10.2　会计机构与会计人员

10.2.1　会计机构的设置

《中华人民共和国会计法》第三十六条规定："各单位应依据会计业务的需要，设置会计机构，或者在有关机构中设置会计人员并指定会计主管人员；不具备设置条件的，应当委托经批准设立从事会计代理记账业务的中介机构代理记账。"

（1）设置会计机构

设置会计机构是指各单位可以根据本单位的会计业务复杂适度和会计管理工作的需要决定是否设置会计机构。一个单位是设置会计机构，还是在有关机构中设置专职的会计人员，完全由各单位根据会计业务的复杂程度和实际情况来决定。

（2）指定会计主管人员

规模小、经济业务简单、业务量相对较少的单位，可以不单独设置会计机构，将会计职能并入其他职能部门，并设置会计人员，同时指定会计主管人员。

（3）实行代理记账

代理记账是指从事代理记账业务的社会中介机构接受委托人的委托办理会计业务，委托人是指委托代理记账机构办理会计业务的单位。代理记账机构是指从事代理记账业务的中介机构。

10.2.2　会计人员

（1）会计人员基本规定

《会计人员管理办法》规定，会计人员是指根据《中华人民共和国会计法》的规定，在国家机关、社会团体、企业、事业单位和其他组织（以下统称单位）中从事会计核算、实行会计监督等会计工作的人员，包括从事下列具体会计工作的人员：出纳；稽核；资产、负债和所有者权益（净资产）的核算；收入、费用（支出）的核算；财务成果（政府预算执行结果）的核算；财务会计报告（决算报告）编制；会计监督；会计机构内会计档案管理；其他会计工作。

担任单位会计机构负责人（会计主管人员）、总会计师的人员，属于会计人员。

（2）会计人员从事会计工作的要求

会计人员从事会计工作，应当符合下列要求：遵守《中华人民共和国会计法》和国家统一的会计制度等法律法规；具备良好的职业道德；按照国家有关规定参加继续教育；具备从事会计工作所需要的专业能力。

《中华人民共和国会计法》第三十八条规定："会计人员应当具备从事会计工作所需要的专业能力。担任单位会计机构负责人（会计主管人员）的，应当具备会计师以上专业技术职务资格或者从事会计工作三年以上经历。"

会计人员具有会计类专业知识，基本掌握会计基础知识和业务技能，能够独立处理基本会计业务，具备从事会计工作所需要的专业能力。

单位应当根据国家有关法律法规和《会计人员管理办法》规定，判断会计人员是否具备从事会计工作所需要的专业能力。

（3）不得从事会计工作的情形

《中华人民共和国会计法》第四十条规定："因有提供虚假财务会计报告，做假账，隐匿或者故意销毁会计凭证、会计账簿、财务会计报告，贪污，挪用公款，职务侵占等与会计职务的有关违法行为被依法追究刑事责任的人员，不得再从事会计工作。"

因发生与会计职务有关的违法行为被依法追究刑事责任的人员，单位不得任用（聘用）其从事会计工作。

因违反《中华人民共和国会计法》第四十一条、第四十二条、第四十三条和第四十四条有关规定，受到行政处罚五年内不得从事会计工作的人员，处罚期届满前，单位不得任用（聘用）其从事会计工作。违法人员行业禁入期限，自其违法行为被认定之日起计算。

小贴士：学完会计可以从事哪些工作？

很多人可能会问，学完会计我到底可以从事哪些工作呢？其实，并不是所有学会计专业的人将来都一定要做会计，但是现在社会中许多岗位都需要掌握一定的会计知识。下面列举的岗位都与会计有关，具体包括：企业的统计员、核算员、品质检验员、稽核员、出纳、收银员、采购员、仓库保管员、材料会计、工资会计、往来账会计、固定资产会计、销售会计、成本会计、税务会计、总账报表会计、银行会计、注册会计师助理、注册会计师、合伙人财务科长（经理）助理、财务总监、总经理助理、总经理、董事、董事长、总裁等，从事这些岗位的人员都必须有会计知识作为基础，才能更好地胜任。

10.2.3　会计专业职务与技术资格

（1）会计专业职务

会计专业职务是区别会计人员业务技能的技术等级。会计专业职务分为高级会计师、会计师、助理会计师和会计员。高级会计师（又分为正高级会计师和副高级会计师）为高级职务，会计师为中级职务，助理会计师和会计员为初级职务。

（2）会计专业技术资格

会计专业技术资格是指担任会计专业职务的任职资格，分为初级资格、中级资格和高级资格。

10.2.4　会计工作岗位

会计工作岗位，是指一个单位会计机构内部根据业务分工而设置的职能岗位。会计工作岗位可以一人一岗、一人多岗或者一岗多人。但出纳人员不得兼管稽核、会计档案保管、收入、费用和债权债务等账目的登记工作。

会计工作岗位一般可分为：总会计师、会计机构负责人或者会计主管人员、出纳、财产物资核算、工资核算、成本费用核算、财务成果核算、资金核算、往来结算、总账报表、稽核和会计机构内会计档案管理等。开展会计电算化和管理会计的单位，可以根据需要设置相应工作岗位，也可以与其他工作岗位相结合。

小贴士：哪些不属于会计岗位？

医院门诊收费员、住院处收费员、药房收费员、药品库房记账员和商场收费（银）员所从事的工作均不属于会计岗位。单位内部审计、社会审计和政府审计工作也不属于会计岗位。对于会计档案管理岗位，在会计档案正式移交之前，即会计机构内的会计档案管理工作属于会计岗位，正式移交档案管理部门之后，不再属于会计岗位。

一般来说，各个会计工作岗位的职责如下：

①会计主管。

会计主管是单位会计工作的组织者和领导者，其主要职责包括：领导本单位的财务会计工作；组织制定和贯彻适应于本单位经济核算需要的各项财务制度；组织编制和实施本单位财务成本、银行借款等计划；组织实施全面的经济核算，参与生产经营会议、经营决策等；负责编制和审核单位的会计报告；负责会计人员的培训、考核、管理和聘用等。

②出纳。

出纳是单位货币资金的主要管理者，其工作职责包括：按照国家有关现金管理和银行结算制度规定，办理现金收付和银行结算任务；保管库存现金；编制和审核有关货币资金收付业务的原始凭证；登记现金日记账和银行存款日记账；保管有关印章、空白收据和空白支票等。

③财产物资核算岗位。

财产物质核算岗位主要针对单位的固定资产和库存材料进行核算和管理，其主要职责包括：参与签订有关固定资产、材料等财产物资的购买合同；负责固定资产、材料等财产物资明细账的登记、固定资产折旧额的计算；组织参与固定资产、材料等财产物资的清查工作；分析固定资产使用效果和材料的利用率；参与制定固定资产、材料等财产物资的日常管理制度等。

④工资核算岗位。

工资核算岗位的职责包括：监督单位用工制度的执行情况；参与制定工资制度；审核和发放工资、奖金、津贴等；负责工资费用的分配和明细核算；负责职工福利费的计提等。

⑤往来结算岗位。

往来结算岗位主要核算和管理本单位与其他单位或个人在经济往来中发生的结算款项。主要职责包括：登记各种应收、应付款明细账；及时清算结算资金，加速资金周转；分析应收账款的账龄和回收率；计提坏账准备，核销坏账；参与制定资金管理制度等。

⑥总账报表岗位。

总账报表岗位的主要职责是：对记账凭证进行汇总，并根据记账凭证或汇总记账凭证等登记总分类账；根据总账记录定期与其他各种账簿进行核对；负责编制和报送会计报表；管理会计档案。

⑦稽核岗位。

会计稽核是对本单位的会计记录、会计报告和其他会计资料，进行自我检查或审核的一项工作。其岗位职责主要包括：审查财务计划、经费预算的编制依据是否科学，各项指标计算是否正确；审核各项财务收支是否合法、合理、合规；审核会计凭证、账簿登记和会计报告等会计资料是否准确可靠，会计处理是否符合会计准则和会计制度的规定等。

小贴士：出纳人员只能进行库存现金和银行存款日记账的登记工作，不能进行其他账目的登记工作，这种说法是否正确？为什么？

这种说法不正确。会计岗位体现钱账分管原则，主要是为了加强会计人员相互制约、相互监督，防止工作失误和舞弊等行为的发生。但出纳人员也不是完全不能登记其他账目，只要所记的账不是收入、支出、费用、债权和债务等直接与资金收支增减往来有关的账目，还是可以承担部分记账工作的，如兼管固定资产明细账的记账工作。

10.2.5　会计人员工作交接

会计人员工作交接，是指会计人员在工作调动、离职或因病暂时不能工作时，应与接管人员办理交接手续的一种工作程序。《中华人民共和国会计法》第四十一条规定："会计人员调动工作或者离职，必须与接管人员办清交接手续。"

①会计人员办理移交手续前，必须及时做好以下工作：已经受理的经济业务尚未填制会计凭证的，应当填制完毕。尚未登记的账目，应当登记完毕，并在最后一笔余额后加盖经办人员印章。整理应该移交的各项资料，对未了事项写出书面材料。编制移交清册，列明应当移交的会计凭证、会计账簿、会计报表、印章、现金、有价证券、支票簿、发票、文件以及其他会计资料和物品等内容。实行会计电算化的单位，从事该项工作的移交人员还应当在移交清册中列明会计软件及密码、会计软件数据磁盘及有关资料、实物等内容。

②专人负责监交。一般会计人员办理交接手续，由单位的会计机构负责人（会计主管人员）负责监交；会计机构负责人（会计主管人员）办理交接手续，由单位负责人负责监交，必要时上级主管部门可以派人会同监交。

③移交人员在办理移交时，要按移交清册逐项移交；接替人员要逐项核对点收。

④交接完毕后，交接双方和监交人员要在移交清册上签名或者盖章，并在移交清册上注明单位名称、交接日期、交接双方和监交人员的职务及姓名、移交清册页数以及需要说明的问题和意见等。

⑤接替人员应当继续使用移交的会计账簿，不得自行另立新账，以保持会计记录的连续性。

⑥交接人员的责任。交接工作完成后，移交人员所移交的会计凭证、会计账簿、财务会计报告和其他会计资料是在其经办会计工作期间内发生的，应当对这些会计资料的合法性、真实性承担法律责任；即使接替人员在交接时因疏忽没有发现所接会计资料在合法性、真实性方面的问题，如事后发现仍由原移交人员负责，原移交人员不能以会计资料已经移交为理由推脱责任。

小贴士：会计人员临时离职或暂时不能工作的，是否要办理交接手续？为什么？

《中华人民共和国会计法》规定："会计人员调动工作或者离职，必须与接管人员办清交接手续，"《会计基础工作规范》对此做了进一步规定，会计人员在临时离职或其他原因暂不能工作时，也应办理会计工作交接。临时离职或因病不能工作且需要接替或代理的，会计机构负责人（会计主管人员）或单位负责人必须指定专人接替或者代理，并办理会计工作交接手续。临时离职或因病不能工作的会计人员恢复工作时，应当与接替或代理人员办理交接手续。移交人员因病或其他特殊原因不能亲自办理移交手续的，经单位负责人批准，可由移交人委托他人代办交接，但委托人应当对所移交的会计凭证、会计账簿、财务会计报告和其他有关资料的真实性、合法性承担法律责任。

任务 10.3　会计档案管理

会计档案管理是会计工作的一项基本内容，也是实现会计基础工作规范化的重要环节。随着市场经济的不断发展和完善，会计档案管理工作的重要性日益凸显。

10.3.1　会计档案的概念

会计档案是指会计凭证、会计账簿和会计报表以及其他会计资料等会计核算的专业材料，它是记录和反映经济业务的重要历史资料和证据。具体内容如下：

（1）会计凭证

会计凭证是记录经济业务、明确经济责任的书面证明。它包括自制原始凭证、外来原始凭证、原始凭证汇总表、记账凭证（收款凭证、付款凭证、转账凭证三种）、记账凭证汇总表、银行存款对账单、银行存款余额调节表等。

（2）会计账簿

会计账簿是由一定格式、相互联结的账页组成，以会计凭证为依据，全面、连续、系统地记录各项经济业务的簿籍。它包括按会计科目设置的总分类账、各类明细分类账、现金日记账、银行存款日记账以及辅助登记备查簿等。

（3）会计报表

会计报表是反映企业会计财务状况和经营成果的总结性书面文件，主要有月、季会计报表及年度会计报表，包括资产负债表、损益表、财务情况说明书等。

（4）其他会计核算资料

其他会计核算资料属于经济业务范畴，包括与会计核算、会计监督紧密相关的，由会计部门负责办理的有关数据资料，如经济合同、财务数据统计资料、财务清查汇总资料、核定资金定额的数据资料、会计档案移交清册、会计档案保管清册、会计档案销毁清册等。实行会计电算化的单位存储在磁性介质上的会计数据、程序文件及其他会计核算资料均应视同会计档案一并管理。

10.3.2　会计档案的归档

根据《会计档案管理办法》规定，单位当年形成的会计档案，在会计年度终了后，可暂由单位会计机构保管一年。期满之后，应由会计机构编制移交清册，移交本单位的档案机构统一保管；未设立档案机构的，应当在会计机构内部指定专人保管。但出纳人员不得兼管会计档案。

单位会计机构向单位档案部门移交会计档案的程序如下：

①编制移交清册，填写交接清单。

②在账簿使用日期栏填写移交日期。

③交接人员按移交清册和交接清单所列项目核查无误后签章。

移交本单位档案机构保管的会计档案原则上应当保持原卷册的封装，一般不得拆封，个别需要拆封重新整理的，档案机构应当会同会计机构和经办人员共同拆封整理，以分清责任。

10.3.3　会计档案的保管

（1）会计档案的保管要求

会计档案是重要的历史资料，必须妥善保管。电算化会计档案的保管还要注意采取防盗、防磁措施。会计档案的保管要求如下：

①会计档案室应选择在干燥防水的地方，并远离易燃品堆放地，周围应备有适应的防火器材。

②采用透明塑料膜作防尘罩、防尘布，遮盖所有档案架和堵塞鼠洞。

③会计档案室内应经常用消毒药剂喷洒，经常保持清洁卫生，以防虫蛀。

④会计档案室保持通风透光，并有适当的空间、通道和查阅地方，以利查阅，并防止潮湿。

⑤设置归档登记簿、档案目录登记簿、档案借阅登记簿，严防毁坏损失、散失和泄密。

⑥会计电算化档案保管要注意防盗、防磁等安全措施。

（2）会计档案的保管期限

会计档案的保管期限可分为永久和定期两类。定期保管期限分为 10 年和 30 年两类（修订后的《会计档案管理办法》已于 2015 年 12 月 11 日公布，2016 年 1 月 1 日正式施行，规定会计凭证及会计账簿等主要会计档案的最低保管期限延长至 30 年，其他辅助会计资料最低保管期限延长至 10 年）。会计档案保管期限，从会计年度终了后的第一天算起。各类会计档案的具体保管期限按照《会计档案管理办法》的规定执行。企业和其他组织会计档案保管期限见表 10-1。

表 10-1 《小企业会计准则》会计科目名称

序号	档案名称	保管期限	备注
一	会计凭证类		
1	原始凭证	30年	
2	记账凭证	30年	
3	汇总凭证	30年	
二	会计账簿类		
4	总账	30年	
5	明细账	30年	
6	日记账	30年	
7	固定资产卡片		固定资产报废清理后保管5年
8	辅助账簿	30年	
三	财务报告类		包括各级主管部门汇总财务报告
9	月、季度财务报告	10年	包括文字分析
10	年度财务报告（决算）	永久	包括文字分析
四	其他类		
11	会计移交清册	30年	
12	会计档案保管清册	永久	
13	会计档案销毁清册	永久	
14	银行余额调节表	10年	
15	银行对账单	10年	
16	纳税申报表	10年	

10.3.4 会计档案的销毁

（1）会计档案的销毁程序和办法

单位会计档案保管期满需要销毁的，可以按照以下程序和办法进行：

①本单位档案机构会同会计机构共同鉴定，严格审查，提出销毁意见，编制会计档案销毁清册，列明销毁会计档案的名称、卷号、册数、起止年度和档案编号、应保管期限、销毁时间等内容。

②单位负责人在会计档案销毁清册上签署意见。

③单位销毁会计档案时，单位档案机构和会计机构应共同派员监销；国家机关销毁会计档案时，应当由同级财政部门和审计部门派员参加监销；财政部门销毁会计档案时，应

当由同级审计部门派员参加监销。

④监销人在会计档案销毁前，应当按照会计档案销毁清册所列内容清点核对所要销毁的会计档案；会计档案销毁后，监销人和经办人员应当在会计档案销毁清册上签名盖章，注明“已销毁”字样和销毁日期，同时将监销情况写出书面报告，一式两份，一份报告本单位负责人，另一份归入档案备查。

（2）保管期满不得销毁的会计档案

对于保管期满但未结清的债权债务原始凭证和涉及其他未了事项的原始凭证，不得销毁，应单独抽出立卷，由档案部分保管到未了事项完结时为止。单独抽出立卷的会计档案应当在会计档案销毁清册和会计档案保管清册中列明。

正在建设项目期间的建设单位，其保管期满的会计档案也不得销毁。

会计档案的销毁是一项严肃的工作，各单位必须严格按照《中华人民共和国会计法》和《会计档案管理办法》的规定进行。故意销毁依法应当保存的会计凭证、会计账簿、财务会计报告的行为，以及授意、指使、强令会计机构、会计人员及其他人员故意销毁依法应当保存的会计凭证、会计账簿、财务会计报告的行为，都是违法行为，如果构成犯罪的，要依法追究刑事责任；尚不构成犯罪的，也要承担行政责任，违法单位和责任人员会受到相应的行政处罚和行政处分。

能力训练

一、单项选择题

1. 在一些规模小、会计业务简单的单位，应(　　)。

A. 单独设置会计机构　　　　B. 在其他有关机构中设置会计人员

C. 不设置会计机构和会计人员　　　　D. 由单位负责人兼任会计人员

2. 保证会计工作正常进行，充分发挥会计职能作用的重要前提条件是(　　)。

A. 建立健全会计机构　　　　B. 配备适当的会计人员

C. 制定相应的会计法规制度　　　　D. 设置总会计师

3. 不属于会计专业技术职务的是(　　)。

A. 总会计师　　B. 高级会计师　　C. 会计师　　D. 助理会计师

二、多项选择题

1. 企业会计人员的主要权限有(　　)。

A. 有权要求本单位有关部门、人员认真执行国家批准的计划、预算

B. 有权参与本单位编制计划、制定定额、签订经济合同等工作

C. 有权参加有关的生产、经营管理会议

D. 有权提出有关财务开支和经济效益方面的问题和建议

2. 企业会计人员的主要职责有(　　)。

A. 进行会计核算

B. 实行会计监督

C. 拟定本单位办理会计事物的具体办法

D. 参与拟定经济计划、业务计划，考核、分析预算、财务计划的执行情况

3. 设计会计机构应考虑的因素包括(　　)。

A. 单位规模的大小

B. 经济业务和财务收支的繁简

C. 经营管理的要求

D. 会计人员的素质

三、判断题

1. 会计工作是各个单位经济管理工作的重要组成部分，也是确保市场经济正常有序运行的重要工作。(　　)

2. 会计工作岗位可以一人一岗、一人多岗或者一岗多人。(　　)

3. 出纳人员可以兼管稽核、会计档案保管、收入、费用和债权债务等账目的登记工作。(　　)

4. 对于保管期满但未结清的债权债务原始凭证和涉及其他未了事项的原始凭证，不得销毁，应单独抽出立卷，由档案部分保管到未了事项完结时为止。(　　)

扫码获取答案

延伸阅读　初级会计职称考试报考指南

◎考试简介

初级会计专业技术资格实行全国统一组织、统一考试时间、统一考试大纲、统一考试命题、统一合格标准的考试制度。(初级) 会计专业技术资格考试，原则上每年举行一次。在国家机关、社会团体、企业、事业单位和其他组织中从事会计工作，并符合报名条件的人员，均可报考。

会计专业技术初级资格考试合格者，颁发人事部统一印制，人事部、财政部用印的

《会计专业技术资格证书》，该证书在全国范围内有效。用人单位可以根据工作需要和德才兼备的原则，从获得会计专业技术资格的会计人员中择优聘任。

◎考试科目

会计专业技术初级资格考试设经济法基础、初级会计实务两个科目。

初级资格《初级会计实务》科目的考试时长为 2 小时，《经济法基础》科目的考试时长为 1.5 小时，两个科目连续考试，时间不得混用，分别计算考试成绩。

◎报名条件

报名参加初级资格考试的人员，应具备下列条件：

1. 坚持原则，具备良好的职业道德品质；

2. 认真执行《中华人民共和国会计法》和国家统一的会计制度，以及有关财经法律、法规、规章制度，无严重违反财经记录的行为；

3. 履行岗位职责，热爱本职工作；

4. 具备国家教育部门认可的高中毕业以上学历。

◎报名手续

报考人员报名时，应提交学历证书、居民身份证明（香港、澳门居民应提交本人身份证明，台湾居民应提交《台湾居民来往大陆通行证》）等材料。

◎报名流程

首次报考人员：登录网站→报考人员必读事项→接受网上报名协议→选择报考省份→查看报名流程→填写报考信息、照片上传→生成报名注册号→打印报名表、单位盖章、考生签字→到报名点审核、验证、交费→领取报名回执表→报名结束

非首次报考的考生（上一年参加过职称考试并有通过科目的考生）：登录网站→报考人员必读事项→接受网上报名协议→选择报考省份→查看报名流程→填写报考信息、照片上传→生成报名注册号→打印报名表、单位盖章、考生签字→到报名点交费（跨级报考的需要审核、验证）→领取报名回执表→报名结束

◎报名方式须知

初级会计职称考试一般实行“网上报名”方式。考生在网上报名时须牢记报名注册号、初始密码。进行独立网上报名省份的初级会计职称考试报考人员，在各自省级会计资格考试管理机构指定的报名网站已通过注册的，必须在本省（区、市）规定的报名时间截止日期之前，自行登录本省级会计资格考试管理机构指定的报名网站查询确认自己的报名状态；

其他各省（区、市）及新疆生产建设兵团的报考人员，在财政部会计资格评价中心官网“全国会计资格评价网”或财政部“全国会计行业管理网”上已通过注册的，必须在全国统一的报名时间截止日期之前，自行登录初级会计职称报名系统，查询并确认自己的报名状态。

◎审核方式须知

初级会计职称考试报名资格审核：部分地区依然实行“现场审核”，部分地区实行“网上审核”，部分地区实行“考后资格审核”。

◎报名时间

关注“全国会计资格评价网”初级资格考试报名系统了解具体时间。

◎考试题型

初级会计职称两个科目试题全部采用客观题，各科目试题题型如下：

《初级会计实务》科目试题题型为单项选择题、多项选择题、判断题、不定项选择题。

《经济法基础》科目试题题型为单项选择题、多项选择题、判断题、不定项选择题。

◎合格标准

初级会计资格考试每门满分100分，各科考试成绩合格标准均以考试年度当年标准确定，一般为60分及格。

◎成绩管理

参加初级资格考试的人员必须在一个考试年度内通过全部科目的考试。

参考文献

［1］中华人民共和国财政部. 企业会计准则（合订本）2020［M］. 北京：中国财经出版传媒集团，经济科学出版社，2020.

［2］企业会计准则编审委员. 企业会计准则详解与实务：条文解读+实务应用+案例讲解（2020 年版）［M］. 北京：人民邮电出版社，2020.

［3］企业会计准则编审委员. 企业会计准则及应用指南实务详解（2020 年版）［M］. 北京：人民邮电出版社，2020.

［4］财政部会计资格评价中心. 初级会计实务［M］. 北京：中国财经出版传媒集团，经济科学出版社，2019.

［5］财政部会计资格评价中心. 中级会计实务［M］. 北京：中国财经出版传媒集团，经济科学出版社，2020.

［6］全国税务师职业资格考试教材编写组. 财务与会计［M］. 北京：中国税务出版社，2019.

［7］中国注册会计师协会. 会计［M］. 北京：中国财经出版传媒集团，中国财政经济出版社，2020.

［8］会计从业资格考试辅导教材编写组. 会计基础［M］. 成都：西南财经大学出版社，2016.

［9］会计从业资格考试辅导教材编写组. 财经法规与会计职业道德［M］. 成都：西南财经大学出版社，2016.

［10］中华人民共和国会计法.［M］. 北京：中国法制出版社，2017.

［11］陈艳红. 小艾上班记 7：生命需要我们努力——做账高手训练营［M］. 大连：东北财经大学出版社，2015.

［12］王艳茹 刘泉军. 基础会计［M］. 4 版. 北京：中国人民大学出版社，2017.

［13］李海波 蒋瑛. 新编会计学原理——基础会计［M］. 18 版. 北京：立信会计出版社，2017.

［14］吴国萍. 基础会计学［M］. 5 版. 上海：上海财经大学出版社，2019.

［15］李贻玲. 基础会计学［M］. 北京：电子工业出版社，2017.

［16］李云宏. 基础会计［M］. 北京：中国经济出版社，2018.

U0965862

九年数学教与学参考

——青年数学教师教学素养提升教程

（综合题解析）

華東理工大學出版社
EAST CHINA UNIVERSITY OF SCIENCE AND TECHNOLOGY PRESS
·上海·

序

本书积累了作者在几十年的工作经历中遇到的各种讨论和争论后的研究结果.有的是在做教师培训时教师提出的问题,有的是在考试阅卷时阅卷教师争论的问题,有的是在课堂教学中学生表现出的困惑,有的是在教研活动听课时发现的问题,有的是在课程教材改革过程中发现的问题,有的是教学方法的问题,还有对如何减轻学生题海训练量的思考.每当作者把一些研究思考的内容在各种培训、研讨、教学活动时阐述后,总能得到与会教师或学生的高度认可.他们常问:"老师,你讲的这些从哪里可以找到?"有的同行常称作者的讲解为"句号".有的学生说:"我第一次听到这样好的课."作者并不敢认为这些是多大的学问,但是产生了想法:这些问题以后还是会在其他地方或其他人中产生,趁自己脑子还清楚的时候把它们写下来,供青年教师参考,也可以给学生和家长使用.基于这样的想法,作者从 2013 年末开始系统撰写,陆续修改,历时 3 年半基本完成.

数学的基本特征是:(1) 有应用的广泛性和描述的精确性;(2) 有高度的抽象性和严密的逻辑性.

数学是科学和技术的语言和工具,数学的概念、公式和理论已经渗透在其他学科中,许多数学方法被写成软件,成为产品高科技含量的核心.另外,数学在经济学、系统科学、管理学中也占据重要的位置,通过数学建模和数学推演探求规律,数学成为研究的基本工具.

中小学数学教育最主要的目的之一在于提高学生的逻辑思维能力.小学教育中的数学学科的教学要重视初中数学教学内容中的本源性知识的教学,不能碎片化.数学学科的本质是工具学科,数学教学需要重视数学的应用,但是相比物理、化学等应用型学科是有区别的,工具学科更注重工具的原理和科学性,如果基础数学只注意加强应用却忽视基本原理,那么就有可能造成教与学中有些问题得不到合理解释.数学基础教育不宜过分追求计算的熟练度,否则会加重学生的学业负担.

中小学数学教师在进入基础教育领域担任教学工作之后,有必要对初等数学作系统性的研究,这是教师在专业发展过程中十分重要但却往往被忽视的部分.

教师的学科素养是学科教师对自己所教学科拥有的知识、能力与思维模式;教师的教学素养是学科教师在教学过程中累积的经验、技能与技巧.在提升学科素养的基础上进一步提升教学素养,是青年教师走向成功的不可避免的课题.

基于此,在编写本丛书之前,还有必要讨论以下问题.

一、什么样的基础课教材是最好的?作者十分赞同以下观点:

1. 每套教材自身要尽量保持系统性,即尽量保证系统、有序、清晰、易懂.教材要以学生为中心,尽可能满足不同学习水平的学生,包括需要以跳跃式的方式学习的人.

2. 每套教材自身都要保证它的完整性.

3. 基础课教材一定要包含练习、测验以及答案.

二、什么样的基础课教学是最好的?

马卡连柯用两句话概括——尽可能多地要求学生,尽可能多地尊重学生.

学习始于模仿.在传授知识的过程和培养学生自主探索的过程中,传授知识与自主探索不应该是二律背反的互斥的两个过程,而应该是相辅相成的有机结合的一个过程,有思维价值的问题可以成为有机结合的纽带.在这个意义上说,叙述式、讲解式、示范式、启发式等教学方式的有机结合可以成为高效的教学方式.

三、什么样的教学有利于学生可持续的发展?

作者的感悟是:要用质疑引起思维、争论.思维基于经验之上,教学中如果完全没有设置思维障碍,学生的发展就会萎靡;如果问题过于困难,学生会不由自主地走上机械记忆的道路.高效的教学就是要在学生的不同起点上建立不同的“最近发展区”,促使每个学生的最佳发展.

在上述观点的前提下,作者编写了“九年数学教与学参考”,全套分为三册:《代数初步》(包含《代数基础》即《小学算术》)、《几何初步》和《综合题解析》.其中《小学算术》主要供家长参考,所以写得简洁.为顾全系统性并方便查阅,把《小学算术》作为代数基础放在《代数初步》的第一部分.《代数初步》和《几何初步》从源头开始详细推理,帮助读者知其然且知其所以然,并用例题形式帮助读者理解.《综合题解析》主要侧重于数学思想方法的具体运用,兼顾问题类型的归纳,帮助教师指导学生提高分析综合能力,提高解题水平.《代数初步》《几何初步》是根,《综合题解析》是叶,根深才能叶茂.

总之,本书的编写十分注意知识内容的顺序性、完整性,避免碎片化.本书努力在基础数学的本源性知识方面做些认知拓宽的补充与归纳,愿此书能对读者有所帮助.

本书如有疏漏和不当之处,欢迎批评指正.

前　言

数学是研究数量关系与空间形式的科学.综合性问题的一个特点,就是以几何母体或者代数母体为载体提出问题,在解决问题的过程中,数形结合地思考,可以灵活选用几何方法或代数方法通过计算、论证,进行分析、判断,最终找出解决问题的最佳途径.综合性问题的另一个特点,就是重视图形运动,研究静态图形在动态环境下的性质变化或者运动图形在变化中的不变性质以及变量和不变量之间的关系.

近20年来我国初升高考试的数学卷压轴题都以综合题形式呈现.解综合性问题的训练是一种思维的体操,本书定位于帮助青年教师指导那些掌握了九年制教育阶段数学基础知识的学生研究压轴题,帮助他们提高数学思维能力与解题技巧.

目　录

1 方法

1.1 待定系数法

待定系数法是数学中的一种重要方法，利用待定系数法可以解决许多问题.

1. 什么叫做待定系数法

首先看一个简单的问题：

p,q,r 是什么数时，多项式 x^3+px^2+qx+r 与 $(x-1)(x-2)(x-3)$ 恒等？

"恒等"的意思是指用任何数值代入 x，这两个多项式的值总相等."恒等"可用符号"≡"表示，上述问题也可以叙述为：

已知 $x^3+px^2+qx+r\equiv(x-1)(x-2)(x-3)$，求系数 p、q、r.

解 不妨用 $0,-1,1$ 代入式中的 x 得 $\begin{cases}r=-6,\\-1+p-q+r=-24,\\1+p+q+r=0,\end{cases}$

解方程组得 $\begin{cases}p=-6,\\q=11,\\r=-6.\end{cases}$

上面解题过程中，p、q、r 是待定的系数，把这些系数看作是未知数，然后根据两个多项式恒等的定理，列出方程组来求出这些待定的系数，这种方法叫做待定系数法.

2. 待定系数法的依据

定理 如果 $a_0x^n+a_1x^{n-1}+\cdots+a_{n-1}x+a_n\equiv b_0x^n+b_1x^{n-1}+\cdots+b_{n-1}x+b_n$，那么 $a_0=b_0,a_1=b_1,\cdots,a_n=b_n$.

证明 因为 $a_0x^n+a_1x^{n-1}+\cdots+a_{n-1}x+a_n\equiv b_0x^n+b_1x^{n-1}+\cdots+b_{n-1}x+b_n$，移项得

$(a_0-b_0)x^n+(a_1-b_1)x^{n-1}+\cdots+(a_{n-1}-b_{n-1})x+(a_n-b_n)\equiv 0$，

因为 x 取任何值，左边多项式的值总为 0，

所以各项系数全为 0，所以 $a_0=b_0,a_1=b_1,\cdots,a_{n-1}=b_{n-1},a_n=b_n$.

例 1　如图,直线 $y=4x+4$ 与 x 轴、y 轴相交于 B、C 两点,抛物线 $y=ax^2-2ax+c\ (a\neq0)$ 过点 B、C,且与 x 轴另一个交点为 A,以 OC、OA 为边作矩形 $OADC$,CD 交抛物线于点 G.

(1) 求抛物线的解析式以及点 A 的坐标;

(2) 已知直线 $x=m$ 交 OA 于点 E,交 CD 于点 F,交 AC 于点 M,交抛物线(CD 上方部分)于点 P,请用含 m 的代数式表示 PM 的长;

(3) 在(2)的条件下,连接 PC,若 $\triangle PCF$ 和 $\triangle AEM$ 相似,求 m 的值.

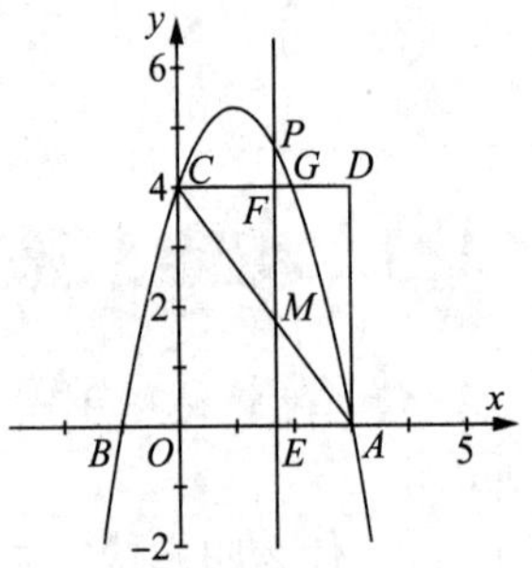

例 1 图

解　(1) 直线 $y=4x+4$ 与 x 轴、y 轴交于 $B(-1,0)$、$C(0,4)$,

因为抛物线 $y=ax^2-2ax+c\ (a\neq0)$ 经过点 $B(-1,0)$、$C(0,4)$,

所以 $\begin{cases}a+2a+c=0,\\c=4,\end{cases}$ 解得 $\begin{cases}a=-\dfrac{4}{3},\\c=4,\end{cases}$ 所以抛物线的解析式为 $y=-\dfrac{4}{3}x^2+\dfrac{8}{3}x+4$.

因为 $-\dfrac{4}{3}x^2+\dfrac{8}{3}x+4=0$, $x_1=-1$, $x_2=3$, 所以点 A 的坐标为$(3,0)$.

(2) 设直线 AC 的解析式为 $y=kx+b\ (k\neq0)$. 因为点 $A(3,0)$、点 $C(0,4)$.

所以 $\begin{cases}3k+b=0,\\b=4,\end{cases}$ 解得 $\begin{cases}k=-\dfrac{4}{3},\\b=4.\end{cases}$ 所以直线 AC 的解析式为 $y=-\dfrac{4}{3}x+4$.

因为点 M 在 AC 上,点 P 在抛物线 $y=-\dfrac{4}{3}x^2+\dfrac{8}{3}x+4$ 上,且点 M 和点 P 的横坐标都为 m,

所以点 M 的坐标为 $\left(m,-\dfrac{4}{3}m+4\right)$、点 P 的坐标为 $\left(m,-\dfrac{4}{3}m^2+\dfrac{8}{3}m+4\right)$,

所以 $PM=PE-ME=-\dfrac{4}{3}m^2+4m$.

(3) 由题意 $PF=PE-EF=-\dfrac{4}{3}m^2+\dfrac{8}{3}m$, $CF=m$.

因为 $ME\parallel CO$,所以 $\triangle AOC\backsim\triangle AEM$.

因为 $\triangle PCF$ 和 $\triangle AEM$ 相似,所以 $\triangle PCF$ 和 $\triangle AOC$ 相似.

① 若 $\angle PCF=\angle ACO$,则 $\dfrac{PF}{CF}=\dfrac{3}{4}$,即 $\left(-\dfrac{4}{3}m^2+\dfrac{8}{3}m\right)\div m=\dfrac{3}{4}$;解得 $m=\dfrac{23}{16}$.

② 若$\angle PCF=\angle CAO$，则$\dfrac{PF}{CF}=\dfrac{4}{3}$，即$\left(-\dfrac{4}{3}m^2+\dfrac{8}{3}m\right)\div m=\dfrac{4}{3}$，解得$m=1$.

综上所述，当$\triangle PCF$和$\triangle AEM$相似时，$m=\dfrac{23}{16}$或$m=1$.

例 2 已知抛物线$y=ax^2-2ax-4$与x轴交于点A、B(点A在点B的左侧)，与y轴交于点C，$\triangle ABC$的面积为12.

(1) 求抛物线的对称轴及表达式；

(2) 若点P在x轴上方的抛物线上，且$\tan\angle PAB=\dfrac{1}{2}$，求点$P$的坐标；

(3) 在(2)的条件下，过C作射线交线段AP于点E，使得$\tan\angle BCE=\dfrac{1}{2}$，连接$BE$，试问$BE$与$BC$是否垂直？请通过计算说明.

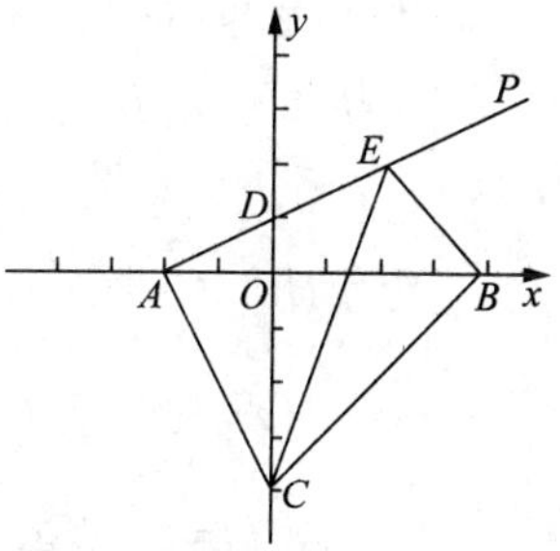

例 2 图

解 (1) 因为抛物线$y=ax^2-2ax-4$，所以与y轴交点$C(0,-4)$，

所以对称轴为直线$x=\dfrac{2a}{2a}=1$，

因为抛物线与x轴交于点A、B，且$\triangle ABC$的面积为12，高$CO=4$，所以$AB=6$，所以点$A(-2,0)$，$B(4,0)$.

因为抛物线过点$A(-2,0)$，所以$0=4a+4a-4$，所以$a=\dfrac{1}{2}$，所以抛物线表达式为$y=\dfrac{1}{2}x^2-x-4$.

(2) **解法一** 过P作$PH\perp x$轴，因为$\tan\angle PAB=\dfrac{1}{2}$，所以设$PH=k$，$AH=2k$，

所以P点的坐标是$(2k-2,k)(k>0)$

因为点P在抛物线上，所以$k=\dfrac{1}{2}(2k-2)^2-(2k-2)-4$，所以$k=\dfrac{7}{2}$，所以点$P$的坐标是$\left(5,\dfrac{7}{2}\right)$.

解法二 因为$k_{AP}=\dfrac{1}{2}$，$A(-2,0)$，所以直线AP的解析式为$y=\dfrac{1}{2}x+1$.

解方程组$\begin{cases}y=\dfrac{1}{2}x+1,\\ y=\dfrac{1}{2}x^2-x-4,\end{cases}$ 得$x_1=5$，$x_2=-2$(舍)，所以点P的坐标

是$\left(5,\frac{7}{2}\right)$.

(3) BE 与 BC 垂直

证法一 设 AE 交 y 轴于点 D,

因为 $A(-2,0)$,$C(0,-4)$,所以 $\tan\angle ACO=\frac{1}{2}$,因为 $\tan\angle PAB=\frac{1}{2}$,所以$\angle PAB=\angle ACO$,

因为$\angle ACO+\angle OAC=90^\circ$,所以$\angle PAB+\angle OAC=90^\circ$,所以 $PA\perp AC$,

因为 $\tan\angle BCE=\frac{1}{2}$,所以$\angle ACO=\angle BCE$,所以$\angle ACE=\angle OCB$.

因为 $B(4,0)$, $C(0,-4)$,所以$\angle OCB=45^\circ$,$\angle ACE=45^\circ$,

因为 $A(-2,0)$,$C(0,-4)$,所以 $AO=2$,$OC=4$,所以 $AC=2\sqrt{5}$,所以$CE=2\sqrt{10}$,

因为 $B(4,0)$, $C(0,-4)$, 所以 $BC=4\sqrt{2}$.

在$\triangle AOC$ 和$\triangle EBC$ 中,$\frac{AC}{OC}=\frac{2\sqrt{5}}{4}=\frac{\sqrt{5}}{2}$,$\frac{CE}{CB}=\frac{2\sqrt{10}}{4\sqrt{2}}=\frac{\sqrt{5}}{2}$,所以$\frac{AC}{OC}=\frac{CE}{CB}$,

又$\angle ACO=\angle ECB$,所以$\triangle AOC\backsim\triangle EBC$,所以$\angle EBC=\angle AOC=90^\circ$,所以 $BE\perp BC$.

证法二 因为 $\tan\angle PAB=\frac{1}{2}$,$\tan\angle BCE=\frac{1}{2}$,$\tan\angle ACO=\frac{1}{2}$,所以$\angle PAB=\angle BCE=\angle ACO$,所以$\angle EAB=\angle BCE$,

所以点 E、A、C、B 四点共圆,且$\angle EAB+\angle CAO=90^\circ$,所以$\angle EBC=90^\circ$,所以 $BE\perp BC$.

例 3 如图,抛物线 $y=\frac{1}{3}x^2+bx+c$ 经过 $A(-\sqrt{3},0)$、$B(0,-3)$两点,此抛物线的对称轴为直线 l,顶点为 C,且 l 与直线 AB 交于点 D.

(1) 求此抛物线的解析式及点 C 的坐标;

(2) 在直线 l 上找点 P,使$\triangle BPD$ 为等腰三角形.

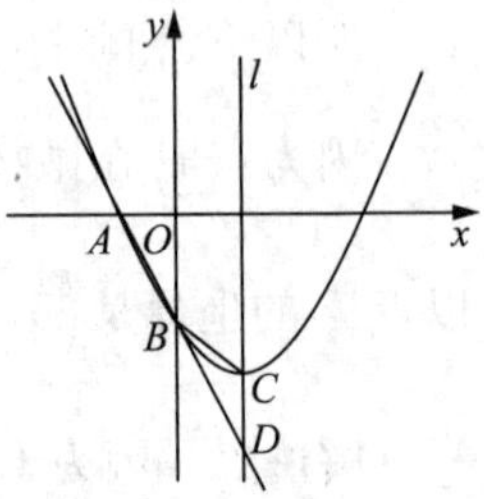

例 3 图

解 (1) 因为抛物线 $y=\frac{1}{3}x^2+bx+c$ 经过 $A(-\sqrt{3},0)$、$B(0,-3)$两点,

所以$\begin{cases}\frac{1}{3}(-\sqrt{3})^2-\sqrt{3}b+c=0,\\ c=-3.\end{cases}$解得$\begin{cases}b=-\frac{2}{3}\sqrt{3},\\ c=-3.\end{cases}$

所以抛物线的解析式为 $y=\frac{1}{3}x^2-\frac{2\sqrt{3}}{3}x-3$.

抛物线的对称轴 l 为 $x=\sqrt{3}$，顶点 C 的坐标为 $(\sqrt{3},-4)$.

(2) **解** 因为过 A、B 两点的直线解析式为 $y=-\sqrt{3}x-3$，

所以当 $x=\sqrt{3}$ 时，$y=-6$. 所以点 D 的坐标为 $(\sqrt{3},-6)$.

因为点 P 在直线 $x=\sqrt{3}$ 上，

所以设 $P(\sqrt{3},p)$，$BD=2\sqrt{3}$，$BP=\sqrt{p^2+6p+12}$，$DP=|p+6|$

因为 $\triangle BPD$ 为等腰三角形，

所以 $P_1(\sqrt{3},0)$，$P_2(\sqrt{3},-4)$，$P_3(\sqrt{3},2\sqrt{3}-6)$，$P_4(\sqrt{3},-2\sqrt{3}-6)$.

1.2 设元、用代数式表示、找等量关系

在研究几何图形时，可以采取类似于解应用题的方法：设元(未知数)、用代数式表示、找等量关系，列方程解方程，求得线段的长或角的大小，从而判断线段或角的数量关系或位置关系.

例 1 已知：在 $\triangle ABC$ 中，$AB=6$，$AC=5$，$\angle A$ 为锐角，$\triangle ABC$ 的面积为 9. 点 P 为边 AB 上动点，过点 B 作 $BD\parallel AC$，交 CP 的延长线于点 D. $\angle ACP$ 的平分线交 AB 于点 E.

(1) 如图(1)，当 $CD\perp AB$ 时，求 PE 的长；

(2) 如图(2)，当点 E 为 AB 中点时，请猜想并证明：线段 AC、CD、DB 的数量关系.

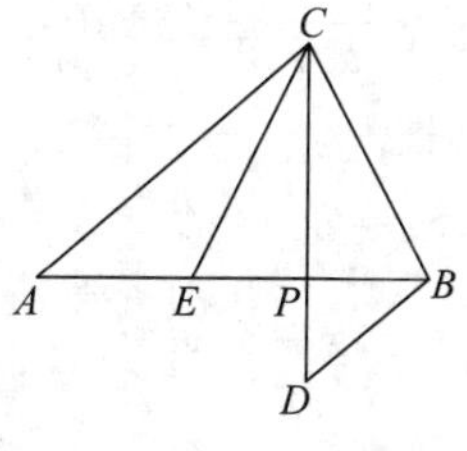

(1)

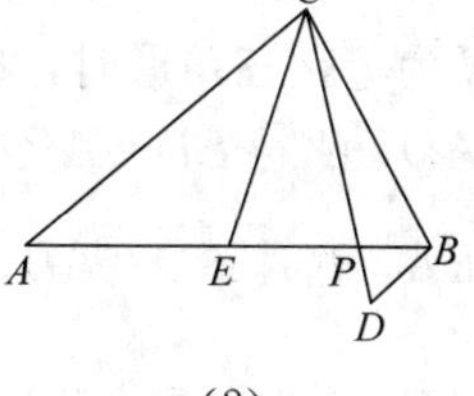

(2)

例 1 图

(1) **解法一** 因为 $CD\perp AB$ 垂足为 P，又因为 $\triangle ABC$ 的面积为 9，$AB=6$，

所以 $CP=3$，因为 $AC=5$，所以 $AP=4$，

因为 CE 平分 $\angle ACP$，所以 $\frac{AE}{PE}=\frac{AC}{CP}=\frac{5}{3}$，所以 $PE=\frac{3}{8}\times 4=\frac{3}{2}$.

解法二 设 $PE=x$，运用三角形的角平分线性质可直接得 $\frac{x}{4-x}=\frac{3}{5}$，

$x=\frac{3}{2}$.

(2) AC、CD、DB 的数量关系是 $AC=CD+DB$

证明:延长 CE 交 BD 的延长线于点 M,因为 CE 平分 $\angle ACP$,所以 $\angle ACM=\angle MCP$,

因为 $AC\parallel BD$,所以 $\angle ACM=\angle CMD$,所以 $\angle MCP=\angle CMD$,所以 $CD=MD$,

所以 $CD+DB=MD+DB=BM$.

因为点 E 为 AB 的中点,所以 $AE=EB$,又因为 $\angle ACM=\angle CMD$,$\angle AEC=\angle BEM$,

所以 $\triangle AEC\cong\triangle BEM$,所以 $AC=BM$,所以 $AC=CD+DB$.

例 2 如图,已知 $\triangle ABC$ 中,$\angle C=90°$,$\sin B=\frac{4}{5}$,$AC=4$,D 是 BC 延长线上的动点,$AE\parallel BC$,$\angle EDA=\angle B$. 当 $\triangle ADE$ 为等腰三角形时,求 AE 及所对应的 CD 的长.

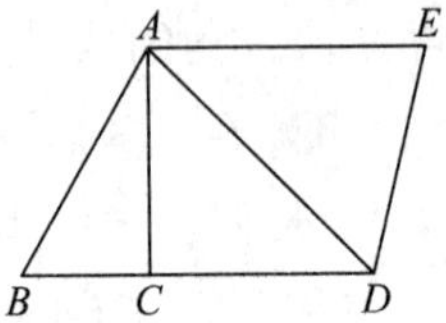

例 2 图

解 在 $\triangle ABC$ 中,$\angle C=90°$,$\sin B=\frac{4}{5}$,$AC=4$,所以 $AB=5$,$BC=3$.

设 $CD=x$, $AE=y$. 则 $BD=x+3$,$AD^2=x^2+4^2$.

因为 $AE\parallel BC$,所以 $\angle EAD=\angle ADB$.

在 $\triangle ABD$ 和 $\triangle EDA$ 中,因为 $\angle EDA=\angle B$,$\angle EAD=\angle ADB$,所以 $\triangle ABD\backsim\triangle EDA$.

所以 $\frac{AE}{AD}=\frac{DE}{AB}=\frac{AD}{BD}$,所以 $\frac{y}{AD}=\frac{AD}{x+3}$,$y=\frac{x^2+16}{x+3}$ $(x>0)$.

当 $\triangle ADE$ 为等腰三角形时,可能有三种情况:

① $ED=AD$, 此时 $BD=AB$, $x+3=5$,$x=2$,$y=4$;

② $ED=EA$, 此时 $AD=AB$,$\sqrt{x^2+4^2}=5$,$x=3$,$y=\frac{25}{6}$;

③ $AE=AD$, 此时 $AD=BD$,$\sqrt{x^2+4^2}=x+3$,$x=\frac{7}{6}$,$y=\frac{25}{6}$.

所以当 $\triangle ADE$ 为等腰三角形时,AE 的长为 4(所对应的 CD 的长为 2)或 $\frac{25}{6}$(所对应的 CD 的长为 3 或 $\frac{7}{6}$),

例 3 已知 $\triangle ABC$ 中,$AB=AC=10$,$BC=12$,点 D 在边 BC 上,且 $BD=4$. 以 D 为顶点作 $\angle EDF=\angle B$,分别交边 AB 于点 E,交射线 CA 于点 F.

(1) 当 $AE=6$ 时,求 AF 的长;

(2) 当以点 C 为圆心,CF 长为半径的 $\odot C$ 与以点 A 为圆心,AE 长为半

径的圆 A 相切时，求 BE 的长；

(3) 以 AC 长为直径的 $\odot O$ 与线段 DE 相切时，求 CF 的长.

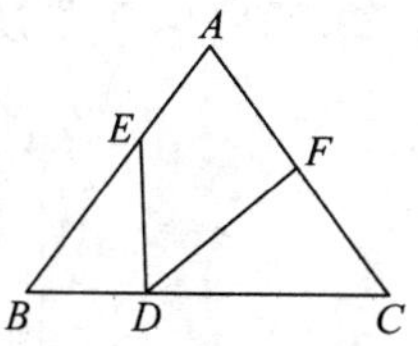

例 3 图

解 设 $BE=x(0<x<10)$，则 $AE=10-x$. 由已知得 $\angle EDF=\angle B=\angle C$，所以 $\angle CDF=\angle BED$，

所以 $\triangle BED\backsim\triangle CDF$，所以 $\frac{BE}{DC}=\frac{BD}{CF}$，$\frac{x}{8}=\frac{4}{CF}$，$CF=\frac{32}{x}$.

(1) 当 $AE=6$ 时，$10-x=6$，$x=4$，$CF=8$，所以 $AF=2$.

(2) 如图，当 $\odot C$ 与 $\odot A$ 相切时，可能外切或内切，

① 外切时，$10-x+\frac{32}{x}=10$，因为 $x>0$，所以 $x=4\sqrt{2}$；

② 内切时，$\left|10-x-\frac{32}{x}\right|=10$，$x=10\pm2\sqrt{17}$，因为 $0<x<10$，所以 $x=10-2\sqrt{17}$.

所以当 BE 长为 $4\sqrt{2}$ 或 $10-2\sqrt{17}$ 时，$\odot C$ 与 $\odot A$ 相切.

(3) 如图，过 O 分别作 BC、DE 的垂线，垂足分别为 H、G.

$OD=\sqrt{OH^2+DH^2}=\sqrt{41}$，当 $\odot O$ 与 DE 相切时，$DG=5$，所以 $DG=\sqrt{41-25}=4$，

四边形 $DHOG$ 中，因为 $DG=OH$，$DH=OG$，$\angle OHD=90°$，所以四边形 $DHOG$ 是矩形，所以 $DE\perp BC$.

因为 $BD=4$，$\cos B=\frac{3}{5}$，所以 $BE=4\times\frac{5}{3}=\frac{20}{3}$. 所以 $CF=\frac{32}{x}=\frac{32}{\frac{20}{3}}=\frac{24}{5}$.

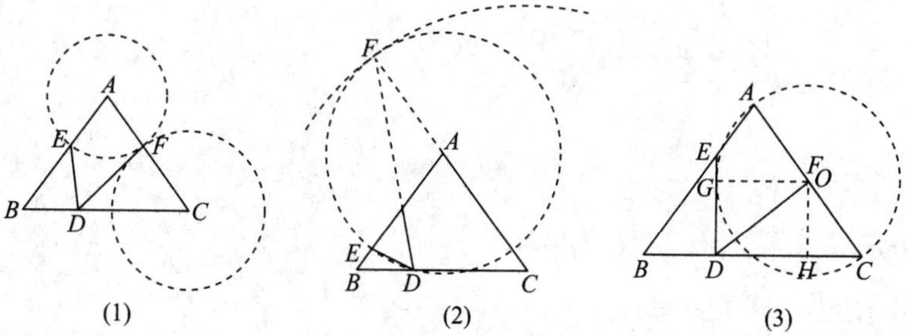

例 3 解图

例 4 如图(1)，在 $Rt\triangle ABC$ 中，$\angle CAB=90°$，$AC=3$，$AB=4$，点 P 是边 AB 上任意一点，过点 P 作 $PQ\perp AB$ 交 BC 于点 E，截取 $PQ=AP$，连接

AQ,线段 AQ 交 BC 于点 D,设 $AP=x,DQ=y$.

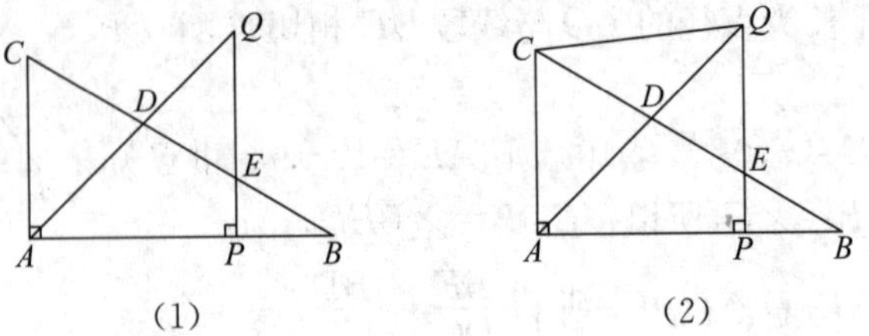

例 4 图

(1) 求 y 关于 x 的函数解析式及定义域;

(2) 如图(2),连接 CQ,当$\triangle CDQ$ 和$\triangle ADB$ 相似时,求 x 的值;

(3) 当以点 C 为圆心,CQ 为半径的$\odot C$ 和以点 B 为圆心,BQ 为半径的$\odot B$ 相交的另一个交点在边 AB 上时,求 AP 的长.

解　(1) **解法一**　过点 D 作 $DT\perp AC$,垂足为 T.

由题意可知,$\triangle APQ$ 是等腰直角三角形,所以 $AQ=\sqrt{2}x$.

易得$\triangle CTD\backsim\triangle CAB$,所以$\dfrac{CT}{DT}=\dfrac{CA}{AB}=\dfrac{3}{4}$.

设 $CT=3k,DT=4k$,所以 $AT=4k$,所以 $k=\dfrac{3}{7}$,$DT=AT=\dfrac{12}{7}$,

所以 $AD=\dfrac{12}{7}\sqrt{2}$.

所以 $y=\sqrt{2}x-\dfrac{12\sqrt{2}}{7}$. 定义域是$\dfrac{12}{7}\leqslant x\leqslant 4$.

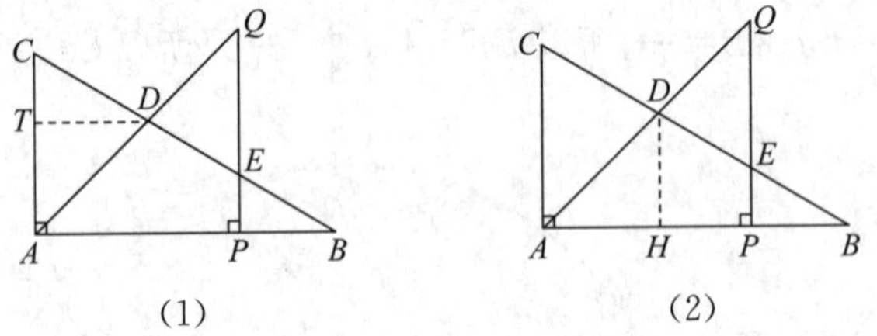

例 4 解图

解法二　作 $DH\perp AB$ 于点 H.

因为$\dfrac{DH}{3}=\dfrac{4-DH}{4}$,$DH=\dfrac{12}{7}$,$AD=\dfrac{12\sqrt{2}}{7}$.

所以 $EQ=x-EP=x-\dfrac{3}{4}(4-x)=\dfrac{7}{4}x-3$,

$\dfrac{EQ}{3}=\dfrac{y}{AD}$,因为 $AD=\dfrac{12\sqrt{2}}{7}$,$EQ=x-EP=x-\dfrac{3}{4}(4-x)=\dfrac{7}{4}x-3$,

所以$\dfrac{\frac{7}{4}x-3}{3}=\dfrac{y}{\frac{12\sqrt{2}}{7}}$，$y=\sqrt{2}x-\dfrac{12\sqrt{2}}{7}$，$\left(\dfrac{12}{7}\leqslant x\leqslant 4\right)$.

(2) 因为$\angle CDQ=\angle ADB$，所以当$\triangle CDQ$和$\triangle ADB$相似时，分以下两种情况：

① 当$\angle QCD=\angle B$时，所以$CQ/\!/AB$，易得四边形$CAPQ$是正方形；

所以$x=AP=AC=3$.

② 当$\angle QCD=\angle DAB$时，所以$\dfrac{CD}{AD}=\dfrac{QD}{BD}$，

由上述(1)解得，$CD=\dfrac{15}{7}$，$BD=\dfrac{20}{7}$，$AD=\dfrac{12\sqrt{2}}{7}$，

所以$\dfrac{12\sqrt{2}}{7}y=\dfrac{15}{7}\times\dfrac{20}{7}$，所以$y=\dfrac{25\sqrt{2}}{14}$. 所以$\sqrt{2}x-\dfrac{12\sqrt{2}}{7}=\dfrac{25\sqrt{2}}{14}$，解得$x=\dfrac{7}{2}$.

综合①、②，当$\triangle CDQ$和$\triangle ADB$相似时，x的值为3或$\dfrac{7}{2}$.

(3) **解法一** 如图，设$\odot C$与$\odot B$相交的另一个交点为M，连接QM交BC于点N.

因为$BQ=BM$，$CQ=CM$，所以BC是QM的垂直平分线，所以$\angle BMN=90^\circ-\angle ABC=\angle ACB$，

所以$\dfrac{MN}{BN}=\dfrac{AC}{AB}=\dfrac{3}{4}$，设$MN=3t$，$BN=4t$，所以$BM=5t$.

所以$QM=6t$，所以$PQ=\dfrac{24}{5}t$；因为$BQ=BM=5t$，所以$BP=\dfrac{7}{5}t$.

又$AP=PQ=\dfrac{24}{5}t$，所以$\dfrac{24}{5}t+\dfrac{7}{5}t=4$，解得$t=\dfrac{20}{31}$.

所以$AP=\dfrac{24}{5}\times\dfrac{20}{31}=\dfrac{96}{31}$.

解法二 如图，因为$BQ=BM$，

$BQ=\sqrt{(4-x)^2+x^2}$，$BM=\dfrac{3x}{4}+(4-x)$，

$\sqrt{(4-x)^2+x^2}=\dfrac{3x}{4}+(4-x)$，$\dfrac{31}{16}x^2-6x=0$，

因为$x>0$，所以$x=\dfrac{96}{31}$.

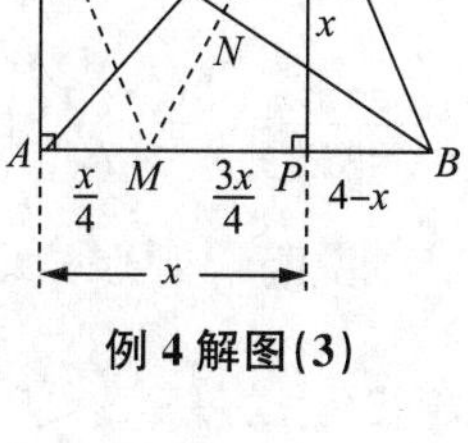

例4解图(3)

解法二运用了“一量两表”法，“一量两表”是指把

某一个量(如 BM)用两种不同的代数式表示,这两个代数式相等即建立了方程.

解法三 由$\angle QMP=\angle BCA$,

$\triangle QMP$ 是"3,4,5"的三角形,$QP=x$,$MP=\frac{3}{4}x$,$QM=\frac{5}{4}x$,$MN=\frac{5}{8}x$.

$\triangle MNB$ 是"3,4,5"的三角形,$MB=\frac{5}{3}MN=\frac{25}{24}x$,所以$\frac{3}{4}x+(4-x)=\frac{25}{24}x$,$x=\frac{96}{31}$.

例 5 如图,在矩形 $ABCD$ 中,$AB=3$,$AD=4$,点 P 是对角线 AC 上的一个动点,过点 P 作 BP 的垂线分别交射线 BC、DC 于点 E、Q,设 $AP=x$,$DQ=y$.

(1) 当 E 在线段 BC 上且 $CE=CQ$ 时,求 AP 的长;

(2) 当 E 在线段 BC 上时,求 y 关于 x 的函数解析式及定义域;

(3) 当$\triangle PBE$ 与$\triangle CBQ$ 相似时,求 AP 的长.

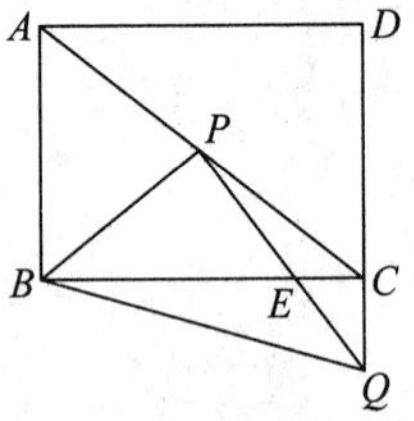

例 5 图

分析 如果过点 P 作 $MN/\!/BC$,就可以构成一个动态的一线三等角的基本图形.

解 过点 P 作 $MN/\!/BC$,分别交 AB、CD 于点 M、N. 因为$\angle NPQ=90°-\angle MPB=\angle MBP$,

所以 $\text{Rt}\triangle MBP\backsim\text{Rt}\triangle NPQ$,

因为$MN/\!/BC$,所以 $\text{Rt}\triangle CEQ\backsim\text{Rt}\triangle NPQ$.

因为 $AB=3$,$AD=4$,所以 $\sin\angle BAC=\frac{4}{5}$, $\sin\angle BCA=\frac{3}{5}$.

因为 $AP=x$,所以 $AM=\frac{3x}{5}$,$MP=\frac{4x}{5}$,$BM=3-\frac{3x}{5}$,$PN=4-\frac{4x}{5}$.

(1) 当点 E 在线段 BC 上且 $CE=CQ$ 时,$BM=MP$, $\frac{4x}{5}=3-\frac{3x}{5}$,$4x=15-3x$,$x=\frac{15}{7}$.

(2) 当点 E 在线段 BC 上时,$\frac{PN}{NQ}=\frac{MB}{MP}$,所以$\frac{4-\frac{4x}{5}}{y-\frac{3x}{5}}=\frac{3-\frac{3x}{5}}{\frac{4x}{5}}$,所以$\frac{4(5-x)}{5y-3x}=\frac{3(5-x)}{4x}$,$y=\frac{5x}{3}\left(\frac{9}{5}\leqslant x<5\right)$.

说明 因为当 Q 重合于点 C 时,$BP\perp AC$,$x=\frac{9}{5}$. $0<x<\frac{9}{5}$时,E 在 BC 延长线上. $\frac{9}{5}\leqslant x<5$ 时,E 在线段 BC 上. 所以$\frac{9}{5}\leqslant x<5$.

(3) 当$\triangle PBE$与$\triangle CBQ$相似时，$x=3$或$x=1$.

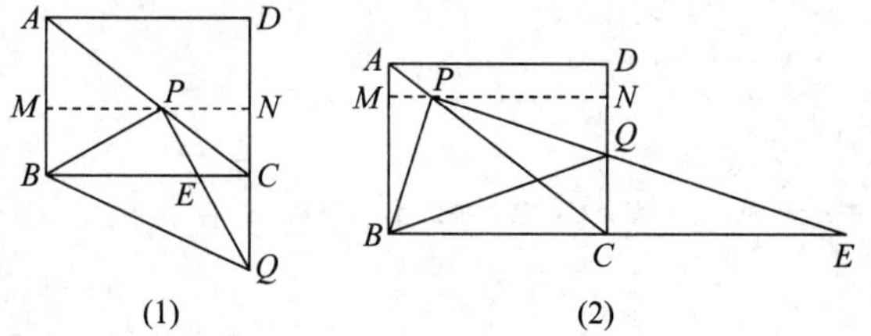

例5解图

① 当点E在线段BC上时，$\frac{BP}{PE}=\frac{BC}{CQ}$，因为$\angle MPB=\angle PBE$，

所以$\frac{BC}{CQ}=\frac{BP}{PE}=\frac{MP}{MB}$，所以$\frac{\frac{4x}{5}}{3-\frac{3x}{5}}=\frac{4}{y-3}$，所以$y=\frac{15}{x}$. 又因为$y=\frac{5x}{3}$，所以$\frac{15}{x}=\frac{5x}{3}$，因为$x>0$，所以$x=3$. 即$AP=3$.

② 当点E在BC延长线上时，$\frac{BP}{PE}=\frac{CQ}{BC}$，因为$\angle BEP=\angle CBQ$，

所以$BC=CE$. 在$\mathrm{Rt}\triangle BPE$中，C是斜边BE的中点，所以$PC=CB=4$，所以$AP=1$.

说明 用代数解法如下：

当点E在BC延长线上时，一般情况下有$\triangle NPQ\backsim\triangle MBP$，$\frac{y-\frac{3}{5}x}{4-\frac{4}{5}x}=\frac{\frac{4}{5}x}{3-\frac{3}{5}x}$，$y=\frac{5}{3}x\left(0<x<\frac{9}{5}\right)$.

当$\triangle PBE$与$\triangle CBQ$相似时，因为$\triangle PBE\backsim\triangle MPB$，所以$\triangle MPB\backsim\triangle CBQ$，$\frac{\frac{4}{5}x}{3-\frac{3}{5}x}=\frac{3-y}{4}$，$y=\frac{5(9-5x)}{3(5-x)}$，所以$\frac{5}{3}x=\frac{5(9-5x)}{3(5-x)}$，$x^2-10x+9=0$，$x_1=1$，$x_2=9$(舍去).

例6 求作一直线，使所作直线平分已知$\triangle ABC$的面积和周长.

分析 设$AB+BC+CA=a+b+c=2s$，假设所求作直线分别交边AB、AC于点M、N，则$S_{\triangle AMN}=\frac{1}{2}S_{\triangle ABC}$，且$AM+AN=\frac{1}{2}(AB+BC+CA)$. 设$AM=x$，$AN=y$，依题意得

$S_{\triangle AMN}=\frac{1}{2}S_{\triangle ABC}\Rightarrow\frac{1}{2}AM\cdot AN\cdot\sin\angle MAN=\frac{1}{2}\cdot\frac{1}{2}AB\cdot AC\cdot\sin\angle BAC$，$xy=\frac{1}{2}bc$；

$AM+AN=\frac{1}{2}(AB+BC+CA)\Rightarrow x+y=s$.

解方程组$\begin{cases}xy=\frac{1}{2}bc,\\x+y=s,\end{cases}$(不妨设 $x>y$)，得$\begin{cases}x=\frac{s}{2}+\sqrt{\frac{s^2}{4}-\frac{bc}{2}},\\y=\frac{s}{2}-\sqrt{\frac{s^2}{4}-\frac{bc}{2}}.\end{cases}$

解　(1) 延长 CA 到点 D，使 $AD=\frac{1}{2}AB=\frac{c}{2}$；

(2) 以 CD 为直径作半圆，$CD=\frac{c}{2}+b$；

(3) 过 A 作 $AE\perp CD$ 交半圆于 E，$AE^2=AD\cdot AC=\frac{bc}{2}$；

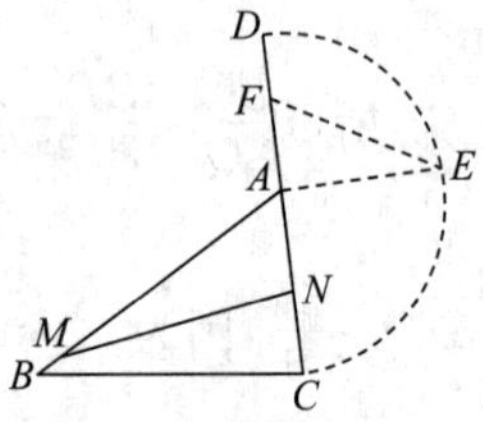

例 6 解图

(4) 以 E 为圆心，以$\frac{s}{2}$为半径作弧交 CD 于点 F；

(5) 在 FC 上截取 $FN=EF$，在 AB 上截取 $AM=EF+AF$；

(6) 连 MN，则直线 MN 为所求.

证　$FA^2=EF^2-AE^2=\left(\frac{s}{2}\right)^2-\frac{bc}{2}=\frac{s^2}{4}-\frac{bc}{2}$，当$\frac{s^2}{4}>\frac{bc}{2}$时，$FA=\sqrt{\frac{s^2}{4}-\frac{bc}{2}}$，

$AN=FN-FA=\frac{s}{2}-\sqrt{\frac{s^2}{4}-\frac{bc}{2}}$，$AM=EF+AF=\frac{s}{2}+\sqrt{\frac{s^2}{4}-\frac{bc}{2}}$，$AM+AN=s$.

$$\begin{aligned}S_{\triangle AMN}&=\frac{1}{2}AM\cdot AN\cdot\sin\angle MAN\\&=\frac{1}{2}\left(\frac{s}{2}+\sqrt{\frac{s^2}{4}-\frac{bc}{2}}\right)\left(\frac{s}{2}-\sqrt{\frac{s^2}{4}-\frac{bc}{2}}\right)\cdot\sin\angle MAN\\&=\frac{1}{4}bc\cdot\sin\angle MAN=\frac{1}{2}S_{\triangle ABC}.\end{aligned}$$

所以直线 MN 平分$\triangle ABC$ 的面积和周长.

例 7　已知：直线 DE 平分已知$\triangle ABC$ 的面积和周长.

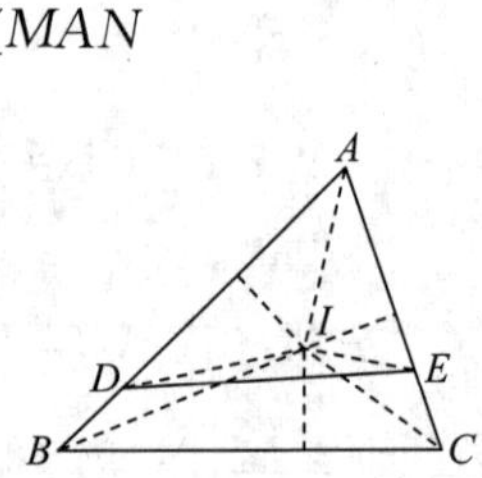

例 7 图

求证：直线 DE 过$\triangle ABC$ 的内心 I.

证 设△ABC 的内切圆半径为 r，则

$S_{ADIE}=S_{\triangle AID}+S_{\triangle AIE}=\frac{1}{2}r(AD+AE)$，

$S_{BCEID}=S_{\triangle BID}+S_{\triangle CIE}+S_{\triangle BIC}=\frac{1}{2}r(BD+CE+BC)$，

因为已知 $AD+AE=BD+CE+BC$，所以 $S_{\triangle AID}+S_{\triangle AIE}=S_{\triangle BID}+S_{\triangle CIE}+S_{BIC}$，所以 $S_{ADIE}=S_{BCEID}$.

因为已知 $S_{\triangle ADE}=S_{BCED}$，所以 $S_{\triangle DIE}=0$，所以直线 DE 过内心 I.

1.3 解析法

解析法通过建立坐标系，把几何的基本对象（点）和代数的基本对象（数）联系起来，进而使作为动点轨迹的曲线和方程联系起来，从而将平面图形问题转化为代数问题.

1.3.1 从三个尺规作图问题的讨论进行分析

1. 以三等分角问题为例讨论

问 1 你能用尺规作图三等分已知角吗？

如果回答“能”，要说出你的作法，回答“不能”，要说出为什么？

问 2 下面的各种作法是否正确？

作法例 1 “对任意角 C，以角 C 顶点为圆心，任意长为半径，在角 C 的两边上截取 $CA=CB$，连接 AB，作 AB 的三等分点 D、E. 连 DC、EC，则$\angle DCE=\frac{1}{3}\angle ACB$.”

分析 尺规三等分线段是可作的，如图(2)所示. 但是作法例 1 的整个作法对不对？

答 不正确.

证法一(举反例) 对 $120°$的角 C，以角 C 顶点为圆心，任意长为半径，在角 C 的两边上截取 $CA=CB$，连接 AB，作 AB 的三等分点 D、E. 连 DC、EC，则$\angle DCE\neq\frac{1}{3}\angle ACB$.

因为$\angle ACB=120°$，$AC=BC$，所以$\angle A=\angle B=30°$，作 $CH\perp AB$，则 $AH=BH$.

因为 $AD=DE=EB$，所以 $DH=\frac{1}{2}AD$，设 $DH=k$，则 $AH=3k$，$CH=\sqrt{3}k$. 所以$\frac{DH}{CH}=\frac{1}{\sqrt{3}}$.

因为$\frac{CH}{AH}=\frac{1}{\sqrt{3}}$,所以$\frac{DH}{CH}=\frac{CH}{AH}$,所以$\triangle DHC\backsim\triangle CHA$,$\angle DCH=\angle A=30^\circ$. $\angle DCE=60^\circ\neq\frac{1}{3}\angle ACB$.

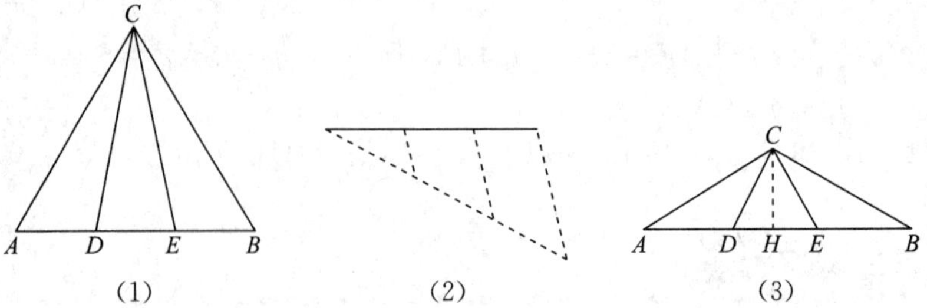

作法例1图

证法二 如图(4),对任意角C,以角C顶点为圆心,任意长为半径,在角C的两边上截取$CA=CB$,连接AB,作AB的三等分点D、E. 连DC、EC.

因为$AC=BC$,所以$\angle A=\angle B$.

因为$\angle ADC>\angle B$. 所以$\angle ADC>\angle A$,

所以$\triangle ADC$中,$AC>DC$(三角形中,大角所对的边也大).

取BC中点F,连接EF,因为E是DB的中点,

所以$EF\parallel CD$且$EF=\frac{1}{2}CD$,

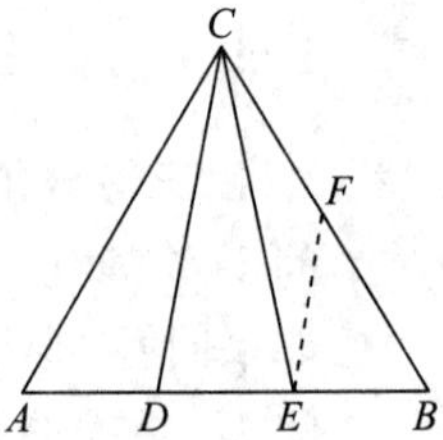

作法例1图(4)

则$CF=\frac{1}{2}BC=\frac{1}{2}AC>\frac{1}{2}CD=EF$,所以$\angle CEF>\angle ECF$(三角形中,大边所对的角也大).

因为$EF\parallel CD$,所以$\angle CEF=\angle DCE$,

所以$\angle DCE>\angle ECB$.

尺规作图三等分已知角是一个两千多年来没有人能解决的问题,是三大几何作图问题之一. 三大几何作图问题是:倍立方、化圆为方和三等分任意角. 由于限制了只能使用直尺和圆规,使问题变得难以解决并富有理论魅力,刺激了许多学者投身研究. 帕波斯等人则给出了三等分角的方法. 当然所有这些研究都无法严格遵守尺规作图的限制,但它们却引出了大量的新发现.

问3 下面的"借助函数三等分锐角"的方法正确吗? 证明你的结论.

作法例2 "将给定的锐角$\angle AOB$置于直角坐标系中,点O重合于原点,边OB在x轴上,边OA与函数$y=\frac{1}{x}$ $(x>0)$的图像交于点P. 以点P为圆心,以$2OP$为半径作弧交$y=\frac{1}{x}$ $(x>0)$的图像于点R. 分别过点P和R作x

轴和 y 轴的平行线,交点为 M,连接 OM,则$\angle MOB=\frac{1}{3}\angle AOB$."

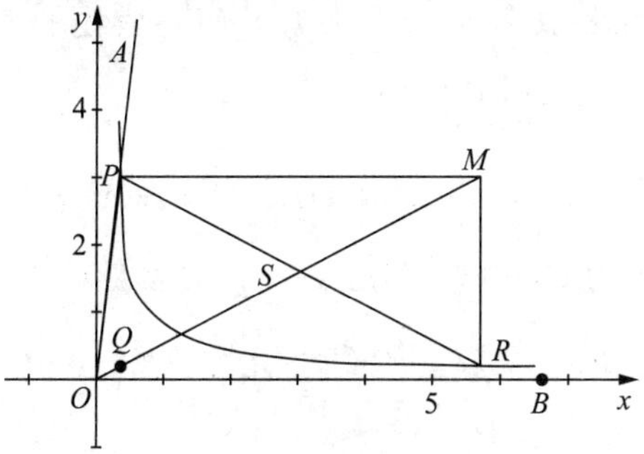

作法例 2 图(1)

某学生认可上述作法正确并证明如下,请你判断这个证明过程的本身对吗?

证 分别过点 P 和 R 作 y 轴和 x 轴的平行线交点为 Q,

因为 $PQRM$ 是矩形,所以$\angle PSQ=2\angle SQR=\angle POS$.

又因为 $QR/\!/OB$,$\angle MQR=\angle MOB$,

所以$\angle MOB=\frac{1}{3}\angle AOB$.

疑问 1 问题在于,点 Q 是过 P 作 y 轴的平行线与过点 R 作 x 轴的平行线得到的交点,它是否恰好在直线 OM 上,恰好形成"两平行线被第三条直线所截"?

疑问 2 在上面的证明中,没有用到条件 $y=\frac{1}{x}$,是否对任意点都对呢?

问题的症结在于:如何证明点 Q 恰好落在直线 OM 上,这就需要写出点 Q 的坐标和 OM 函数解析式,检查点 Q 的坐标是否满足解析式.

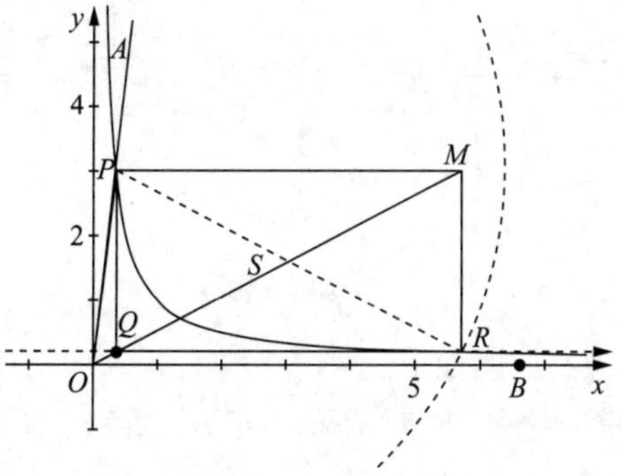

作法例 2 图(2)

答 上述作法正确,证明如下.

证　设 $P\left(a,\frac{1}{a}\right)$,$R\left(b,\frac{1}{b}\right)$,则 $M\left(b,\frac{1}{a}\right)$,

设直线 OM 的解析式为 $y=kx$. 因为点 M 在直线上,

所以$\frac{1}{a}=kb$,$k=\frac{1}{ab}$,所以 $y=\frac{1}{ab}x$.

分别过点 P,Q 作 y 轴、x 轴的平行线,设交点为 Q,

则 $Q\left(a,\frac{1}{b}\right)$,因为 $Q\left(a,\frac{1}{b}\right)$满足 $y=\frac{1}{ab}x$,所以点 Q 在 OM 上.

因为 $PQRM$ 是矩形,所以$\angle PSQ=2\angle SQR=\angle POS$.

所以$\angle MOB=\frac{1}{3}\angle AOB$.

——这样的证明是解释性证明,在操作实践后说明操作是正确的. 在证明时,作法为已知,结论为求证,通过推理或计算证明结论正确.

证明的方法:肯定结论时,可用直接证法或间接证法(反证法、同一法等). 否定结论时,可用举反例或推理论证法. 研究结论时,可从特殊情形入手,再寻找一般规律.

问 4　下面的"用几何画板三等分角"的方法正确吗? 证明你的结论.

作法例 3　设已知角 α 的顶点为 O,在一边上取定点 A,以 O 为圆心,以 AO 的长为半径作圆,交角 α 的另一边交圆于点 B. 在 BO 延长线上任取一点 D,连接 DA 交圆 O 于点 F. 作 DO 的中垂线交圆 O 于 E,交 OD 于点 G. 移动点 D 时,点 E、点 F 也随之移动. 当点 F 重合于点 E 时,得$\angle ADB=\frac{1}{3}\angle AOB$.

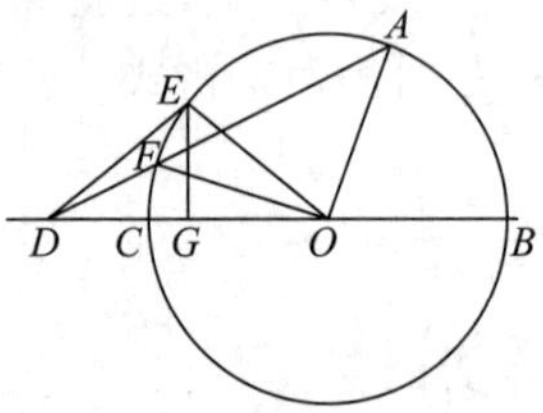

(1)

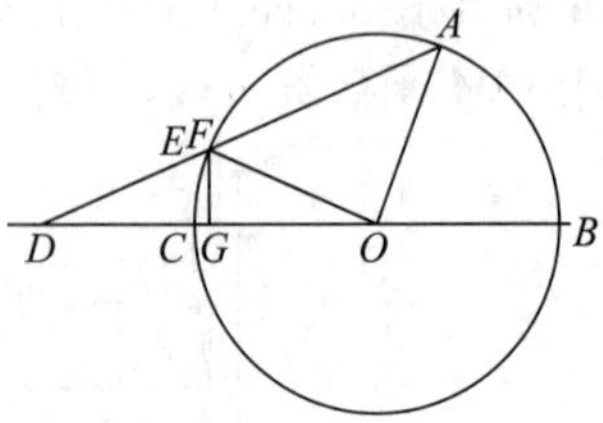

(2)

作法例 3 图

答:上述作法正确,证明如下.

证　当点 F 重合于点 E 时,$FD=FO$,$\angle D=\angle FOD$,所以$\angle AFO=2\angle D$,所以$\angle A=2\angle D$,$\angle AOB=\angle A+\angle D=3\angle D$,

所以$\angle ADB=\frac{1}{3}\angle AOB$

人们获得几何知识的途径如下：

① 实验的方法. 通过观察、操作、比较得出猜想.

② 论证的方法. 通过推理证明猜想正确或否定猜想.

上面对三等分角的讨论证明了借助反比例函数图像三等分角和借助几何画板三等分角的方法是正确的，但是还没有解决“尺规作图不能三等分角”是否正确. 这个问题将在问题 6 中解答.

2. 倍立方问题的分析

这个问题始于神话. 传说公元前 5 世纪古希腊的雅典流行着一场瘟疫. 人们为了消除这场瘟疫向神祈祷. 神说：“要使瘟疫不再流行，除非把神殿前的立方体香案的体积扩大一倍.”开始人们以为很容易，只须把香案的各棱放大一倍就可以了. 不料神灵大怒，疫势一发不可收拾. 人们只好再次向神灵顶礼膜拜，才知道新香案的体积不等于原香案的两倍. 这个传说的结局如何，今天已无从推知，但是这个古老的问题就此流传下来.

问 5 给你一把直尺和一个圆规，经过有限的步骤，你能否作一个立方体，使它的体积是已知立方体体积的两倍?

——关键是求作一条线段等于已知线段的$\sqrt[3]{2}$倍.

问 6 圆规和直尺作图究竟有多大的能耐?

——(无刻度)直尺作图是画直线，在笛卡儿直角坐标平面中的一般表达式是 $Ax+By+C=0$. 圆规作图是画圆，在笛卡儿直角坐标平面中的一般表达式是 $x^2+y^2+Dx+Ey+F=0$. 圆规和直尺有限次作图的实质是作直线与直线、直线与圆、圆与圆的交点，就是解一元二次方程或二元二次(x^2 与 y^2 的系数相等)方程组，所以有限次尺规作图的解必定是有限层二次根式. 也就是说，不能表示为已知线段(或量)的有限层二次根式的线段(或量)，就是尺规作图所不能. $\sqrt[3]{2}$不能化为有限层二次根式，因而不能用圆规和直尺作出. 三等分角的问题转化为代数问题后，是关于一个角的三角比的三次方程，这个方程的解不能表示为有限层二次根式的量，所以历经两千余年，最终被证明不可能仅用直尺、圆规求解.

倍立方问题就没有办法解决了吗? ——以下介绍① 方程与图像解决倍立方问题；② 双直角尺解决倍立方问题.

作法例 4 用方程与图像解决倍立方问题.

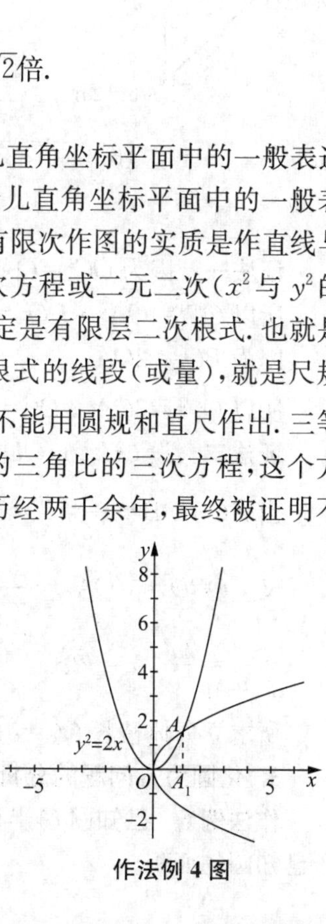

作法例 4 图

设原立方体棱长为 1，则所求立方体棱长为$\sqrt[3]{2}$. 为求线段 $\sqrt[3]{2}$，可以在直角坐标系中作图

像 $y=x^2$ 和 $y^2=2x$,解方程组$\begin{cases}y=x^2\\y^2=2x\end{cases}$,$\begin{cases}x=\sqrt[3]{2}\\y=\sqrt[3]{4}\end{cases}$,所以 $A(\sqrt[3]{2},\sqrt[3]{4})$,$OA_1=\sqrt[3]{2}$.

所求立方体棱长 $OA_1=\sqrt[3]{2}$,体积为 2,是原立方体体积的 2 倍.

作法例 5 用双直角尺解决倍立方问题.

设原立方体棱长为 a,则所求立方体棱长为$\sqrt[3]{2}a$. 为了求线段$\sqrt[3]{2}a$,可以在直角坐标系中作 $A(a,0)$,$B(0,-2a)$,然后用直角尺 C 和直角尺 D 相对叠合,即使一条直角边重合. 调整双直角尺,使另两条直角边分别过点 A 和 B(如图所示),求证:当点 C 和 D 分别落在 y 轴和 x 轴上时,OC 为所求.

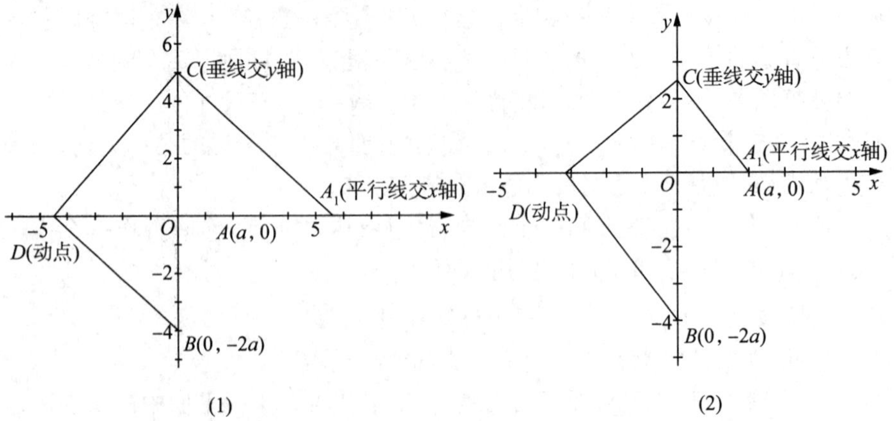

作法例 5 图

证法一 因为 $OC^2=OA\cdot DO$,$DO^2=OC\cdot BO$,

所以 $OC^4=OA^2\cdot DO^2=OA^2\cdot OC\cdot BO$,

因为 $BO=2OA$,

所以 $OC^3=2OA^3$,$OC=\sqrt[3]{2}OA=\sqrt[3]{2}a$

证法二 设 $OC=x$,$OD=y$.

由 $AC/\!/DB\Rightarrow\dfrac{x}{2a}=\dfrac{a}{y}\Rightarrow xy=2a^2,\Rightarrow y=\dfrac{2a^2}{x}$,

又$\angle OCD=\angle OAC\Rightarrow\dfrac{y}{x}=\dfrac{x}{a}\Rightarrow y=\dfrac{x^2}{a}$,

$\Rightarrow\dfrac{x^2}{a}=\dfrac{2a^2}{x}$,$x=\sqrt[3]{2}a$.

所求立方体棱长 $OC=\sqrt[3]{2}a$,体积为 $2a^3$,是原立方体体积的 2 倍.

3. 化圆为方问题的分析

作法例 6 已知圆 O 半径为 r,求作一个正方形,使这个正方形的面积等于已知圆的面积.

解 作直圆柱,使底圆半径等于已知圆半径 r,高为$\frac{r}{2}$. 直圆柱侧面积$=2\pi r\cdot\frac{r}{2}=\pi r^2$. 把侧面放在平面上滚一周,得到长方形. 把这个长方形变换成等积的正方形,则这个正方形面积等于圆面积. 只要解决了化长方形为等积正方形问题,就解决了化圆为方的问题.

作法例 7 用尺规作图解决化长方形为等积正方形问题.

解 设长方形边长为 a、b,求线段 c,使 $c^2=ab$. 只需以 $a+b$ 为直径作圆,在 a 与 b 的连接点作垂直弦,则半弦长 c 为所求正方形的边长.

证明:如图,因为 AB 是直径,所以$\angle ADB=90°$. 因为 $CD\perp AB$,所以$CD^2=AC\cdot CB$,即 $c^2=ab$.

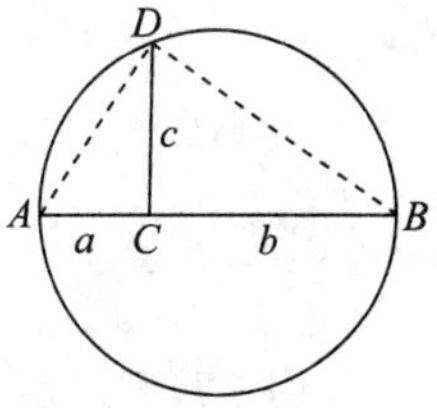

作法例 7 图

1.3.2 解析法解题举例

例 1 求与 x 轴切于点(5,0),并在 y 轴上截取弦长为 10 的圆的圆心坐标及半径.

解法一 设所作圆心为 G. 过圆心 G 作 $GH\perp y$ 轴于点 H,则 H 是 AB 的中点.

因为 $GH=5$,$BH=5$,所以 $GB=5\sqrt{2}$,所以圆心 $G(5,\pm5\sqrt{2})$,半径 $r=5\sqrt{2}$.

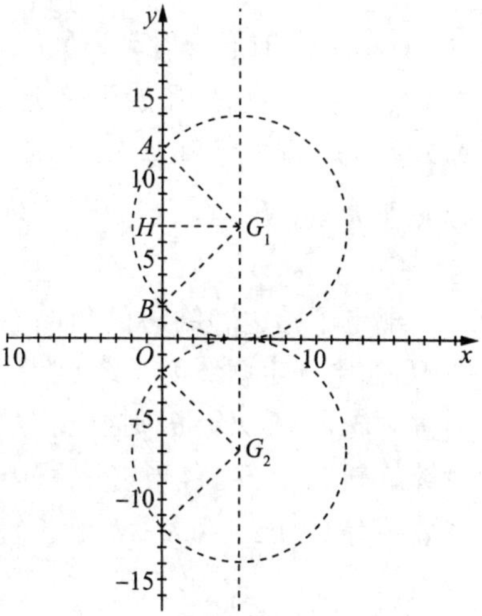

例 1 图

解法二 设圆心 G 坐标为$(5,b)$,则圆半径为 b.

设圆方程为$(x-5)^2+(y-b)^2=b^2$,与 y 轴交点为 A、B,

则$\begin{cases}(x-5)^2+(y-b)^2=b^2\\x=0\end{cases}$,

$y^2-2by+25=0$,

$y_1+y_2=2b$,$y_1\cdot y_2=25$,所以$|y_1-y_2|^2=4b^2-100=100$,

$|b|=5\sqrt{2}$,所以圆心$(5,\pm5\sqrt{2})$,半径 $r=5\sqrt{2}$.

例 2 用解析法证明三角形三高共点.

已知:$\triangle ABC$ 中,$AD\perp BC$,$BE\perp AC$,$CF\perp AB$,D、E、F 分别为垂足.

求证:AD、BE、CF 三线共点.

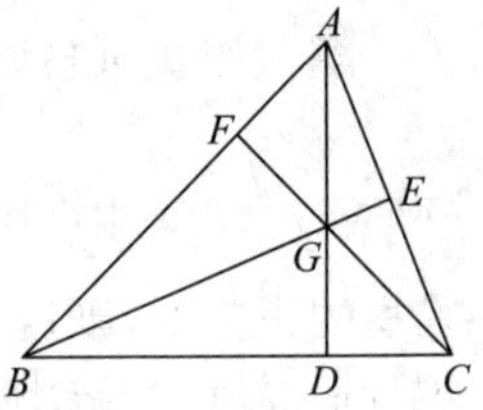

例 2 图

证明 以 BC 所在直线为 x 轴,AD 所在直线为 y 轴,建立直角坐标系.

设 $B(b,0)$, $C(c,0)$, $A(0,a)$, $D(0,0)$. 直线 AC 可表示为 $y=-\frac{a}{c}x+a$,直线 AB 可表示为 $y=-\frac{a}{b}x+a$,

设 BE 与 AD 交点为 G,因为 $BE\perp AC$,所以直线 BE 可表示为 $y=\frac{c}{a}x-\frac{bc}{a}$,得 $G\left(0,-\frac{bc}{a}\right)$,

设 CF 与 AD 交点为 G',因为 $CF\perp AB$,所以直线 CF 可表示为 $y=\frac{b}{a}x-\frac{bc}{a}$,得 $G'\left(0,-\frac{bc}{a}\right)$,所以 G 与 G' 重合,

因为 G 在 AD 上,所以 AD、BE、CF 三线共点.

1.3.3 有向线段与有向角

规定了起点和终点的线段叫有向线段. 我们可以把有向线段 AB 看作向量,$\overrightarrow{AB}$在 Ox 轴上的射影为$\overrightarrow{A'B'}$,$\overrightarrow{A'B'}$的模记为$|\overrightarrow{A'B'}|$或$|A'B'|$.

设平面上点 A、B 的坐标分别为 $A(x_A,y_A)$、$B(x_B,y_B)$. 点 A、B 在 x 轴、y 轴上的射影分别为 A'、B',A''、B'',则$\overrightarrow{A'B'}=x_B-x_A$,$|A'B'|=|x_B-x_A|$.

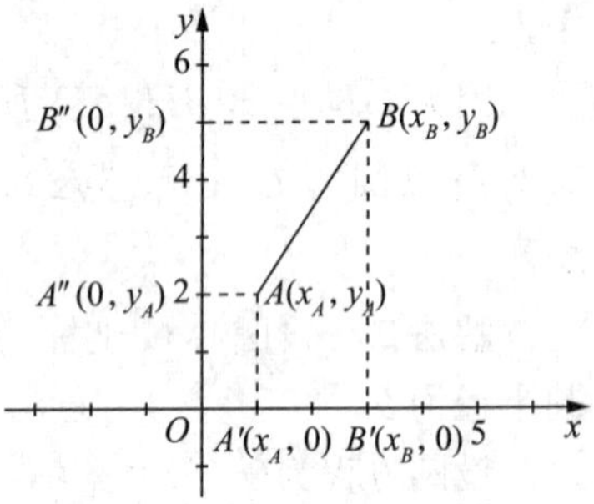

规定了始边和终边的角叫有向角. 在下图中,如果规定射线 OA 绕点 O 逆时针旋转为正方向,$\angle AOB=\theta$,则射线 OA 绕点 O 顺时针旋转为负方向,当$\angle AOC$ 与$\angle AOB$ 的度数相等时,记$\angle AOC=-\theta$.

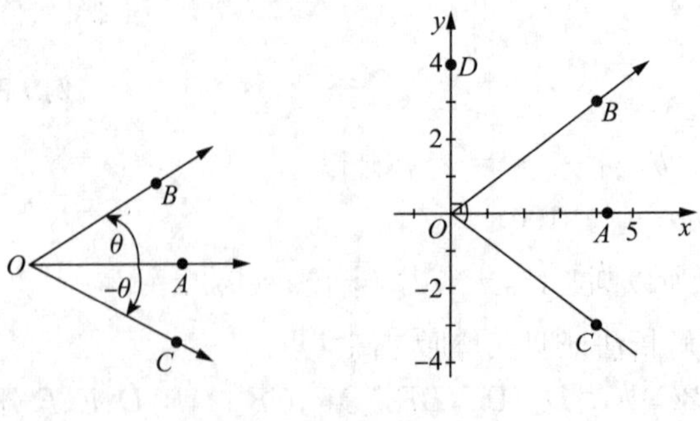

在平面直角坐标系中,使角的顶点与坐标原点重合,角的始边与 x 轴的正半轴重合,角的终边落在第几象限,就把这个角称为第几象限的角. 如上图的平面直角坐标系中,$\angle AOB$ 是第一象限的角,$\angle AOC$ 是第四象限的角. 如果角的终边落在 x 轴或 y 轴上,就把这个角称为界限角. $\angle AOD$ 是界限角.

1.3.4 角的弧度制

如同线段的度量可以有"毫米、厘米、米"或"英尺"或"寸、尺"等不同的单位一样,角的度量单位除了"度、分、秒",还有弧度制. 为了形象地描述 1 弧度的大小,我们可以画一个圆,如果圆 O 上两点 A、B 之间的弧长等于圆 O 的半径,则称弧 AB 所对的圆心角为 1 弧度. 由于圆周长与圆半径之比为 2π,所以半径 OA 绕点 O 逆时针旋转时,所转角是周角的几分之几、所对应的角度、所对应的弧度的对应关系可以从下表观察.

与周角的比	度数	弧度数	与周角的比	度数	弧度数
1	360°	2π	$\frac{1}{3}$	120°	$\frac{2\pi}{3}$
$\frac{1}{2}$	180°	π	$\frac{1}{6}$	60°	$\frac{\pi}{3}$
$\frac{1}{4}$	90°	$\frac{\pi}{2}$	$\frac{1}{12}$	30°	$\frac{\pi}{6}$
$\frac{1}{8}$	45°	$\frac{\pi}{4}$	$\frac{2}{3}$	240°	$\frac{4\pi}{3}$

角度制与弧度制之间的换算可以根据以下等量关系推得:

因为 1 平角 $=180°$,1 平角 $=\pi$ 弧度,所以 $1°=\frac{\pi}{180}$弧度≈ 0.01745 弧度,1 弧度$=\frac{180°}{\pi}\approx 57°17'44.8''$.

射线旋转生成角的定义、负角的概念以及角的弧度制的引入,使我们可以把角的大小用实数表示出来,把锐角三角比拓展到任意角,从而为研究三角函数打下了基础.

1.3.5 锐角三角比的定义和任意角三角函数的定义

我们已经知道在直角三角形 ABC 中,分别记直角边 BC、AC 与斜边 AB 为 a、b、c,记 $\angle A=\alpha$,定义 $\sin\alpha=\frac{a}{c}$,$\cos\alpha=\frac{b}{c}$,$\tan\alpha=\frac{a}{b}$,$\cot\alpha=\frac{b}{a}$,$\sec\alpha=\frac{c}{b}$,$\csc\alpha=\frac{c}{a}$,它们分别称为锐角 α 的正弦、余弦、正切、余切、正割、余割,它们都是锐角 α 的三角比.

设任意角 α 的顶点重合于直角坐标系的原点 O,始边与 x 轴的正半轴重合,在角的终边上任取一点 $P(x,y)$, $|OP|=r=\sqrt{x^2+y^2}$,定义 $\sin\alpha=\frac{y}{r}$, $\cos\alpha=\frac{x}{r}$, $\tan\alpha=\frac{y}{x}$, $\cot\alpha=\frac{x}{y}$, $\sec\alpha=\frac{r}{x}$, $\csc\alpha=\frac{r}{y}$,它们分别称为任意角 α 的正弦、余弦、正切、余切、正割、余割.

1.3.6 用单位圆中的线段表示终边在四个象限的角的三角函数值

下图中,设⊙O 半径 $OA=OC=1$(称⊙O 为单位圆),$OC\perp OA$,点 P 在⊙O 上,过点 P 作 $PB\perp OA$ 于点 B,分别过点 A、点 C 作⊙O 的切线交射线 OP 于点 S、T. 则下图中的$\angle AOP$ 的三角比值可以用线段表示:

$$BP=\frac{BP}{OP}=\sin\angle AOP, OB=\frac{OB}{OP}=\cos\angle AOP, AS=\frac{AS}{OA}=\tan\angle AOP,$$

$$CT=\frac{CT}{OC}=\cot\angle AOP, OS=\frac{OS}{OA}=\sec\angle AOP, OT=\frac{OT}{OC}=\csc\angle AOP.$$

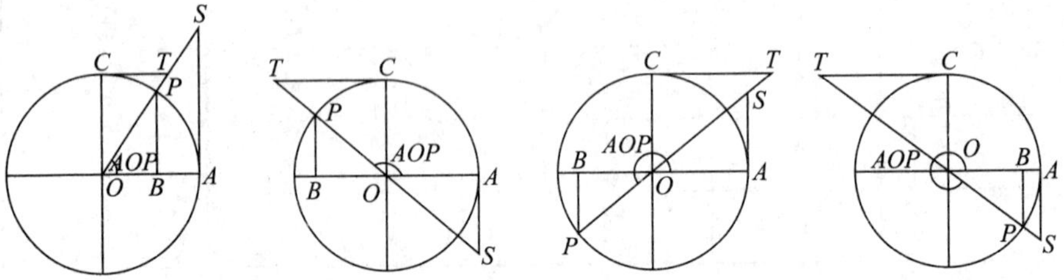

由图示可以方便记忆特殊角的三角函数值:

角 α	0°	30°	45°	60°	90°	120°	135°	150°	180°	270°
$\sin\alpha$	0	$\frac{1}{2}$	$\frac{\sqrt{2}}{2}$	$\frac{\sqrt{3}}{2}$	1	$\frac{\sqrt{3}}{2}$	$\frac{\sqrt{2}}{2}$	$\frac{1}{2}$	0	-1
$\cos\alpha$	1	$\frac{\sqrt{3}}{2}$	$\frac{\sqrt{2}}{2}$	$\frac{1}{2}$	0	$-\frac{1}{2}$	$-\frac{\sqrt{2}}{2}$	$-\frac{\sqrt{3}}{2}$	-1	0
$\tan\alpha$	0	$\frac{\sqrt{3}}{3}$	1	$\sqrt{3}$		$-\sqrt{3}$	-1	$-\frac{\sqrt{3}}{3}$	0	

1.3.7 同角三角函数的基本关系

由定义可得

倒数关系 $\sin\alpha\cdot\csc\alpha=1, \cos\alpha\cdot\sec\alpha=1, \tan\alpha\cdot\cot\alpha=1$,

商数关系 $\frac{\sin\alpha}{\cos\alpha}=\tan\alpha, \frac{\cos\alpha}{\sin\alpha}=\cot\alpha$,

平方关系 $\sin^2\alpha+\cos^2\alpha=1, \sec^2\alpha-\tan^2\alpha=1, \csc^2\alpha-\cot^2\alpha=1$.

1.3.8 互补角的三角函数的基本关系

由象限角三角函数的定义可得

$\sin(180°-\alpha)=\sin\alpha$，$\cos(180°-\alpha)=-\cos\alpha$，

$\tan(180°-\alpha)=-\tan\alpha$，$\cot(180°-\alpha)=-\cot\alpha$，

$\sec(180°-\alpha)=-\sec\alpha$，$\csc(180°-\alpha)=\csc\alpha$.

有了这组公式，我们就可以把在平面直角坐标系中直线的斜率与它和 x 轴正方向所成的角联系起来了.

1.3.9 互为负角的三角函数的基本关系

由定义可得

$\sin(-\alpha)=-\sin\alpha$，$\cos(-\alpha)=\cos\alpha$，

$\tan(-\alpha)=-\tan\alpha$，$\cot(-\alpha)=-\cot\alpha$，

$\sec(-\alpha)=\sec\alpha$，$\csc(-\alpha)=-\csc\alpha$.

1.3.10 直线的斜率与倾角的关系

设直线 L 与 x 轴交于点 A，则直线 L 的倾斜角是：将射线 Ax 绕点 A 按逆时针方向旋转到第一次与 L 重合时所生成的角.

为了保证任何一条直线都有唯一确定的倾斜角，我们规定：凡与 x 轴平行或重合的直线的倾斜角为 0°，所以任何直线的倾斜角 α 的取值范围是 $0°\leqslant\alpha<180°$.

在《代数初步探究》中，我们已经知道：形如 $y=kx+b$（k、b 是常数，$k\neq0$）的函数叫做一次函数. 一次函数的图像是直线，通常我们把 k 叫做直线 $y=kx+b$ 的斜率，除了倾斜角为 90°的直线外，其他直线的倾斜角 α 与斜率 k 之间存在一一对应的关系 $k=\tan\alpha$.

在 $y=k_1x+b_1$（k_1、b_1 是常数）与 $y=k_2x+b_2$（k_2、b_2 是常数）中，如果 $k_1=k_2$，那么 $\tan\alpha_1=\tan\alpha_2$，因为 $0°\leqslant\alpha_1<180°$，$0°\leqslant\alpha_2<180°$，所以 $\alpha_1=\alpha_2$，所以两直线平行.

如果 k_1、k_2 同时不存在，那么 $\alpha_1=90°$，$\alpha_2=90°$，所以两直线平行.

1.3.11 直线的表达式

一次函数的图像是直线，但是直线的表达式不一定都是一次函数.

与 x 轴平行且过 $(0,b)$ 的直线表达式为 $y=b$，是常值函数，其中，若 $b=0$，那么 $y=0$，$y=0$ 的图像是 x 轴所在的直线. x 轴所在直线可以用 $y=0$ 表示.

与 y 轴平行且过 $(a,0)$ 的直线的表达式为 $x=a$，其中，若 $a=0$，那么 $x=$

0，$x=0$ 的图像是 y 轴所在的直线. y 轴所在直线可以用 $x=0$ 表示. 与 y 轴平行的直线的斜率不存在.

在 $y=k_1x+b_1$(k_1、b_1是常数)与 $y=k_2x+b_2$(k_2、b_2是常数)中，如果两直线平行，那么 $k_1=k_2$ 或 k_1、k_2同时不存在.

已知直线 L 上两点 $P_1(x_1, y_1)$，$P_2(x_2, y_2)$，如果 $x_1\neq x_2$，那么$\frac{y_1-y_2}{x_1-x_2}=\tan\alpha=k$.

例 1 一辆汽车在行驶过程中，路程 y(km)与时间 x(h)之间的函数关系如图所示.

当 $0\leqslant x\leqslant 1$ 时，y 关于 x 的函数解析式为 $y=60x$，求当 $1\leqslant x\leqslant 2$ 时，y 关于 x 的函数解析式.

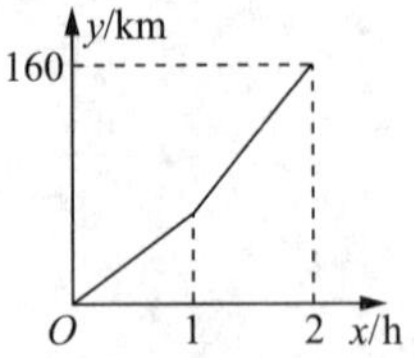

例 1 图

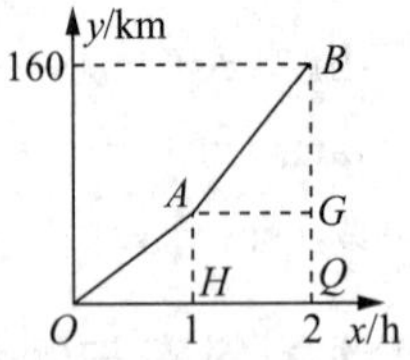

例 1 解图

解 对 $y=60x$ $(0\leqslant x\leqslant 1)$，当 $x=1$ 时，$y=60$，所以 $A(1,60)$.

因为直线 AB 过 $A(1,60)$ 和 $B(2,160)$，所以 $y=100x-40$ $(1\leqslant x\leqslant 2)$.

思考：图中的路程和时间表示很直观，平均速度是怎样体现出来的？

$v_{OA}=\frac{60}{1}=60$，$v_{OA}=\frac{HA}{OH}=\tan\angle AOH=k_{OA}$.

$v_{AB}=\frac{100}{1}=100$，$v_{AB}=\frac{GB}{AG}=\tan\angle BAG=k_{AB}$.

平面直角坐标系中的直线表达有多种形式：

因为已知直线 L 上两点 $P_1(x_1, y_1)$，$P_2(x_2, y_2)$，则$\frac{y_1-y_2}{x_1-x_2}=k$ $(x_1\neq x_2)$，

所以已知直线 L 上定点 $P_0(x_0, y_0)$，直线 L 上动点 $P(x, y)$，则$\frac{y-y_0}{x-x_0}=k$，因为 $x\neq x_0$，

所以直线 P_0P 可表示为 $y-y_0=k(x-x_0)(k\neq 0)$，

◇ $y-y_0=k(x-x_0)(k\neq 0)$称为直线的点斜式方程.

由 $y-y_0=k(x-x_0)$得 $y=kx+y_0-kx_0$，记常数 $y_0-kx_0=b$ 得 $y=kx+b$ $(k\neq 0)$

◇ $y=kx+b$ $(k\neq 0)$称为直线的斜截式方程.

当已知直线 L 上两定点 $P_0(x_0,y_0)$ 和 $P_1(x_1,y_1)$ 时，记直线 L 上动点 $P(x,y)$，

则 $\frac{y-y_0}{x-x_0}=k\ (k\neq 0)$，$\frac{y_1-y_0}{x_1-x_0}=k(x_1\neq x_0)$，$\frac{y-y_0}{x-x_0}=\frac{y_1-y_0}{x_1-x_0}(x_1\neq x_0$ 且 $y_1\neq y_0)$

◇ $\frac{y-y_0}{y_1-y_0}=\frac{x-x_0}{x_1-x_0}(x_1\neq x_0$ 且 $y_1\neq y_0)$称为直线的两点式方程.

当已知的两点都是直线与坐标轴的交点时，设直线交 x 轴于 $A(a,0)$，交 y 轴于 $B(0,b)$，

则 $\frac{y-0}{b-0}=\frac{x-a}{0-a}$，$\frac{x}{a}+\frac{y}{b}=1(ab\neq 0)$

◇ $\frac{x}{a}+\frac{y}{b}=1$ 称为直线的截距式方程.

平面直角坐标系中任何直线都可以表达为 $Ax+By+C=0$(A、B 不全为 0).

◇ $Ax+By+C=0$(A、B 不全为 0)称为直线的一般式方程.

上述直线表达式中，点斜式、斜截式不能表示垂直于 x 轴的直线；两点式不能表示垂直于 x 轴或 y 轴的直线，截距式不能表示垂直于 x 轴或 y 轴的直线以及经过原点的直线.

值得注意的是，由 $\tan(180°-\alpha)=-\tan\alpha$ 可得，斜率互为相反数的两直线关于经过这两直线交点且平行于 y 轴的直线对称，不妨以正比例函数图像为例，见下图及证明.

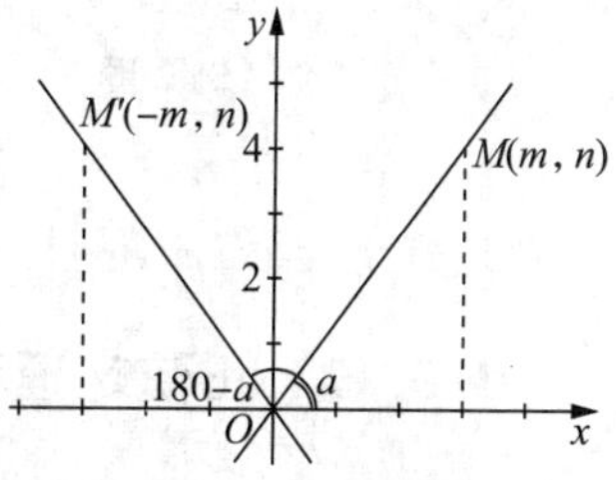

$k_{OM}=\frac{n}{m}=\tan\alpha$，$k_{OM'}=\frac{n}{-m}=-\tan\alpha$，由 M、M' 两点坐标为 (m,n) 和 $(-m,n)$ 得，M、M' 两点关于 y 轴对称，又因为两直线交点 O 在 y 轴上，所以直线 OM、OM' 关于 y 轴对称，反之亦然.

例 2 △ABC 中，AD 是 BC 上的高，点 P 是线段 AD 上任意点，连 BP 并延长交 AC 于点 E，连 CP 并延长交 AB 于点 F，连 ED、FD，求证：$\angle ADE=\angle ADF$.

证 以 D 为原点，BC 所在直线为 x 轴建立平面直角坐标系，

因为 $AD\perp BC$，所以点 A、P 在 y 轴上，设 $A(0,a)$，$B(b,0)$，$C(c,0)$，$P(0,p)$.

因为 AC：$\frac{x}{c}+\frac{y}{a}=1$，$BE$：$\frac{x}{b}+\frac{y}{p}=1$，

求点 E 坐标：$\begin{cases}\dfrac{x}{c}+\dfrac{y}{a}=1\\ \dfrac{x}{b}+\dfrac{y}{p}=1\end{cases}\Rightarrow\begin{cases}x=\dfrac{bc(a-p)}{ab-cp}\\ y=\dfrac{ap(b-c)}{ab-cp}\end{cases}\Rightarrow E\left(\dfrac{bc(a-p)}{ab-cp},\dfrac{ap(b-c)}{ab-cp}\right)$，

所以 $k_{DE}=\dfrac{ap(b-c)}{bc(a-p)}$；

因为 AB：$\dfrac{x}{b}+\dfrac{y}{a}=1$，$CF$：$\dfrac{x}{c}+\dfrac{y}{p}=1$，

求点 F 坐标：$\begin{cases}\dfrac{x}{c}+\dfrac{y}{p}=1\\ \dfrac{x}{b}+\dfrac{y}{a}=1\end{cases}\Rightarrow\begin{cases}x=\dfrac{bc(a-p)}{ac-bp}\\ y=\dfrac{ap(c-b)}{ac-bp}\end{cases}\Rightarrow F\left(\dfrac{bc(a-p)}{ac-bp},\dfrac{ap(c-b)}{ac-bp}\right)$，

所以 $k_{DF}=\dfrac{ap(c-b)}{bc(a-p)}$，

因为 $k_{DF}=-k_{DE}$，所以 DF、DE 所在直线关于直线 AD 对称，所以 $\angle ADE=\angle ADF$.

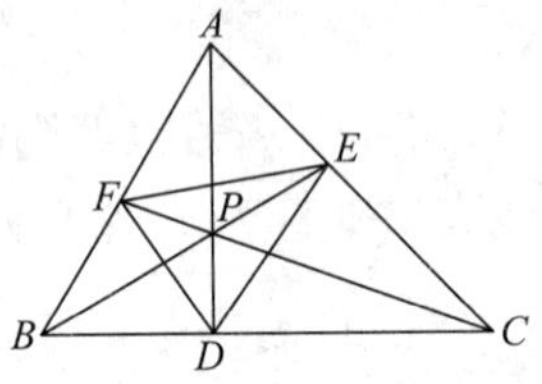

例 2 图

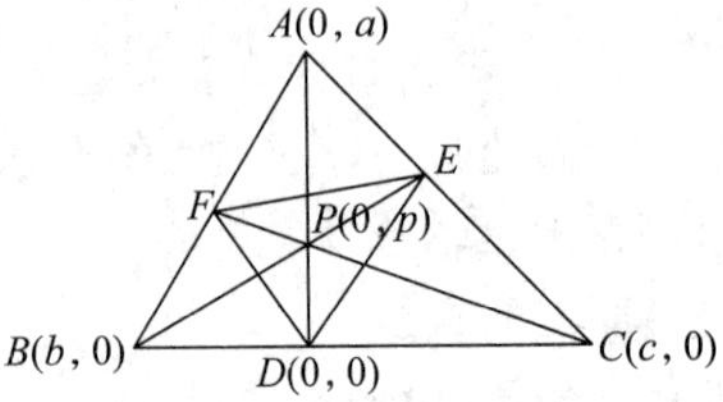

例 2 解图

特殊地，当点 P 是 $\triangle ABC$ 的垂心时，它又是垂足三角形 DEF 的内心.

1.3.12　正弦定理和余弦定理

正弦定理　在三角形中，各边与它对角的正弦之比相等，都等于这个三角形外接圆的直径，即在三角形 ABC 中有 $\dfrac{a}{\sin A}=\dfrac{b}{\sin B}=\dfrac{c}{\sin C}=2R$，

也可以表示为 $a=2R\sin A$，$b=2R\sin B$，$c=2R\sin C$.

证　① 若 $\angle A$ 是锐角，作直径 BA'，连接 $A'C$，则 $\angle A=\angle A'$. 在直角三角形 $A'BC$ 中，

$BC=A'B\cdot\sin A'=2R\sin A$，所以 $a=2R\sin A$.

② 若 $\angle A$ 是直角，由 $\mathrm{Rt}\triangle ABC$ 直接可得，$a=2R\sin A$.

③ 若 $\angle A$ 是钝角，作直径 BA'，连 $A'C$，则 $\angle A'=180^\circ-\angle A$. 在 $\mathrm{Rt}\triangle A'BC$ 中，$BC=A'B\cdot\sin A'=2R\sin(180^\circ-A)=2R\sin A$，所以 $a=2R\sin A$，

综上所述，在 $\triangle ABC$ 中，总有 $a=2R\sin A$，同理可得 $b=2R\sin B$，

$c=2R\sin C$.

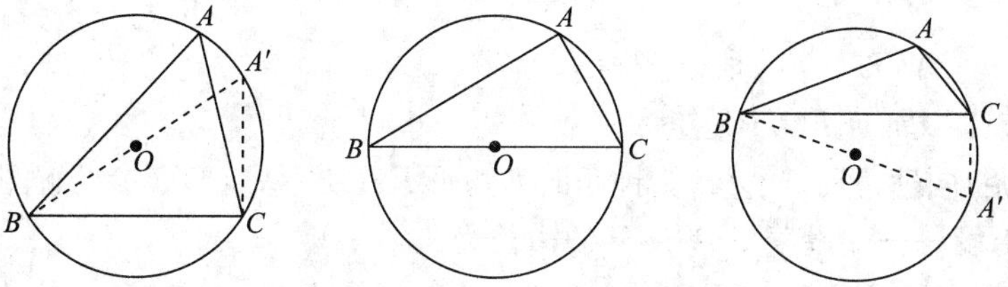

余弦定理 三角形任意一边的平方，等于其他两边的平方和减去这两边与它们夹角的余弦的乘积的 2 倍，即在$\triangle ABC$中有

$a^2=b^2+c^2-2bc\cos A, b^2=c^2+a^2-2ca\cos B, c^2=a^2+b^2-2ab\cos C$.

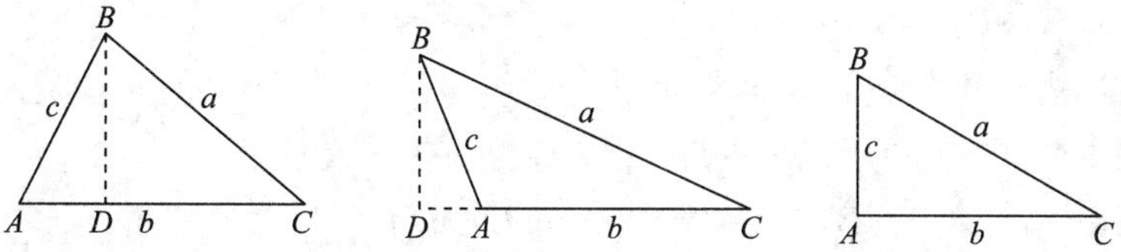

证 ① 若$\angle A$是锐角，则

$a^2=BD^2+(b-AD)^2=b^2+(BD^2+AD^2)-2b\cdot AD=b^2+c^2-2bc\cos A$.

② 若$\angle A$是钝角，则

$a^2=BD^2+(b+AD)^2=b^2+(BD^2+AD^2)+2b\cdot AD=b^2+c^2+2bc\cos(180°-A)=b^2+c^2-2bc\cos A$

③ 若$\angle A$是直角，$a^2=b^2+c^2=b^2+c^2-2bc\cos 90°$

综上所述，在$\triangle ABC$中，总有$a^2=b^2+c^2-2bc\cos A$.

同理可证$b^2=c^2+a^2-2ca\cos B, c^2=a^2+b^2-2ab\cos C$.

例 1 四边形 $ABCD$ 是菱形，过 A 作 $AF\perp BC$，$CH\perp AD$. 在射线 AB 上截取 $AE=AH$，在射线 CD 上截取 $CG=CF$. 依次连接 $EFGH$.

(1) 如图，求证四边形 $EFGH$ 是矩形；

(2) 当$\angle B$为多少度时，四边形 $EFGH$ 是正方形？

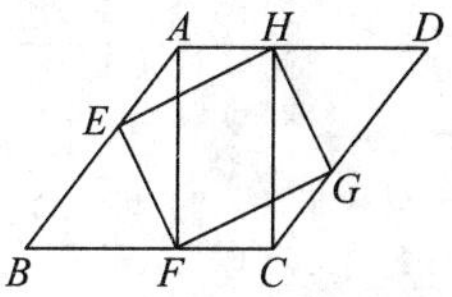

例 1 图

(1) **证** 因为 $ABCD$ 是菱形，所以 $AD/\!/BC$，$\angle BAD=\angle BCD=180°-\angle B$，$AB=BC$.

因为 $AD/\!/BC$，$AF\perp BC$，$CH\perp AD$，所以四边形 $AFCH$ 是矩形，所以 $AH=CF$.

因为 $AE=AH$，$CG=CF$，所以 $AE=AH=CF=CG$，又$\angle BAD=\angle BCD$，所以$\triangle AEH\cong\triangle CFG$，所以 $EH=FG$.

连接 BD，易证 $EH/\!/BD/\!/FG$，所以四边形 $EFGH$ 是平行四边形.

因为 $BE=BF$,所以$\angle BEF=\angle BFE=90^\circ-\dfrac{B}{2}$,因为$\angle AEH=\dfrac{B}{2}$,所以$\angle BEF+\angle AEH=90^\circ$,所以$\angle FEH=90^\circ$

所以四边形 $EFGH$ 是矩形.

说明:同理可证,当$\angle B$ 为钝角时四边形 $EFGH$ 是矩形.(参见解图(1))

(2) **解法一** 设菱形 $ABCD$ 的边长为 a,

因为 $AF\perp BC$,所以 $BF=a|\cos B|$,$AF=a\sin B$.

对锐角、直角、钝角 B,总有 $FC=AH=a(1-\cos B)$.

所以 $FH^2=AF^2+AH^2=a^2\sin^2B+a^2(1-\cos B)^2=2a^2(1-\cos B)$. ①

因为 $EH^2=AE^2+AH^2-2AE\cdot AH\cdot\cos(180^\circ-B)=2AH^2(1+\cos B)=2[a(1-\cos B)]^2(1+\cos B)$,

所以 $EH^2=2a^2(1-\cos B)\sin^2B$. ②

当 $EFGH$ 是正方形时,$FH=\sqrt{2}EH$,即 $FH^2=2EH^2$.

所以 $2a^2(1-\cos B)=2\cdot 2a^2(1-\cos B)\sin^2B$,

所以 $\sin^2B=\dfrac{1}{2}$,$\sin B=\dfrac{\sqrt{2}}{2}$.因为 $0^\circ<B<180^\circ$,所以 $B=45^\circ$或 135°.

反之,当$\angle B=45^\circ$时,

所以 $FH^2=2a^2\left(1-\dfrac{\sqrt{2}}{2}\right)$,$EH^2=2a^2\left(1-\dfrac{\sqrt{2}}{2}\right)\cdot\dfrac{1}{2}$,所以 $EH^2=\dfrac{1}{2}FH^2$,$\dfrac{EH}{FH}=\dfrac{\sqrt{2}}{2}$.

因为$\angle HEF=90^\circ$,所以$\angle EFH=45^\circ$,所以 $EF=EH$,所以 $EFGH$ 是正方形.

同理可证,当$\angle B=135^\circ$时,四边形 $EFGH$ 是正方形.

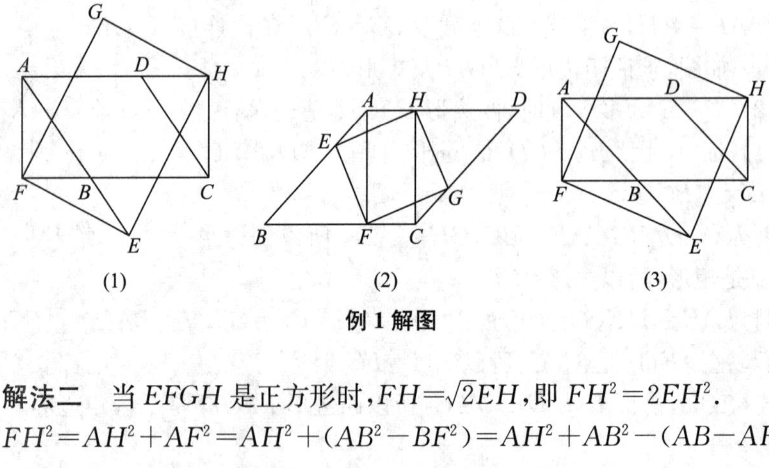

例 1 解图

解法二 当 $EFGH$ 是正方形时,$FH=\sqrt{2}EH$,即 $FH^2=2EH^2$.

$FH^2=AH^2+AF^2=AH^2+(AB^2-BF^2)=AH^2+AB^2-(AB-AH)^2=$

$2AB\cdot AH$.

记 $AB=a$, $AH=m$, 则 $FH^2=2am$.

因为 $EH^2=2m^2(1+\cos B)$, 所以当 $EFGH$ 是正方形时, $2am=2\cdot 2m^2\cdot(1+\cos B)$, $\cos B=\dfrac{a-2m}{2m}$.

因为 $AF\perp BC$, 所以 $\cos B=\dfrac{a-m}{a}$, 所以 $\dfrac{a-m}{a}=\dfrac{a-2m}{2m}$, $2m^2-4am+a^2=0$, $m=a\pm\dfrac{\sqrt{2}}{2}a$.

当 $m=a+\dfrac{\sqrt{2}}{2}a$ 时, $\cos B=-\dfrac{\sqrt{2}}{2}$, $\cos B<0$, B 为钝角, $\angle B=135°$;

当 $m=a-\dfrac{\sqrt{2}}{2}a$ 时, $\cos B=\dfrac{\sqrt{2}}{2}$, $\cos B>0$, B 为锐角, $\angle B=45°$.

同上可证,当 $\angle B=135°$ 或 $45°$ 时,四边形 $EFGH$ 是正方形.

回顾:在《几何初步》的勾股定理章节中,我们给出过下面的例题并提出在本书中证明其逆命题为真.《几何初步》的勾股定理章节中的例 3:依次连接平面上无三点共线的任意四点 A、B、C、D,已知:$AC\perp BD$,E 为垂足. 求证:$AB^2+CD^2=BC^2+AD^2$.

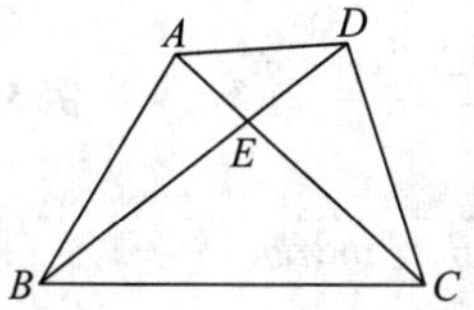

(1)

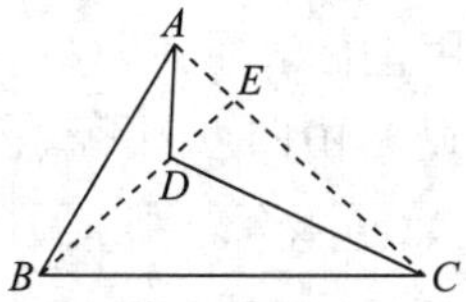

(2)

证 因为 $AC\perp BD$, E 为垂足,

所以 $AB^2+CD^2=(AE^2+BE^2)+(CE^2+DE^2)=(AE^2+DE^2)+(BE^2+CE^2)=BC^2+AD^2$.

说明:① 这个命题的逆命题是真命题,其证明将在本书中给出.

② 这个命题对平面上的凸、凹四边形都成立,对空间无三点共线的任意四点也成立.

现在来证明它的逆命题是真命题.

例 2 依次连接平面上无三点共线的任意四点 A、B、C、D, AC 与 BD 相交于点 E.

已知: $AB^2+CD^2=BC^2+AD^2$, 求证: $AC\perp BD$.

证:因为 $AB^2=AE^2+BE^2-2AE\cdot BE\cdot\cos\angle AEB$, $CD^2=DE^2+CE^2-2DE\cdot CE\cdot\cos\angle CED$,

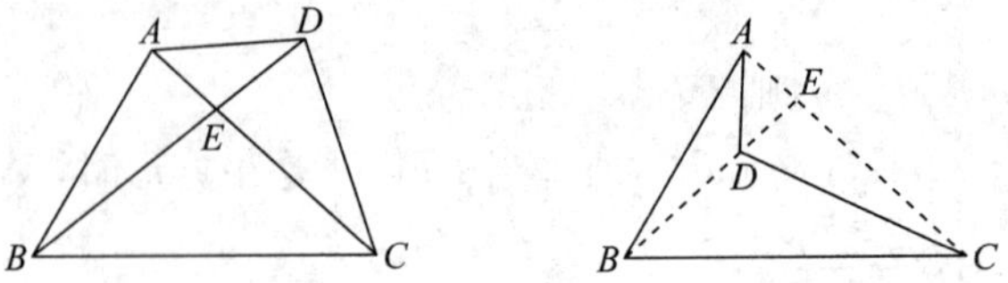

(1)　　(2)

例 2 图

$AD^2=AE^2+DE^2-2AE\cdot DE\cdot\cos\angle AED$，$BC^2=BE^2+CE^2-2BE\cdot CE\cdot\cos\angle CEB$，

因为 $AB^2+CD^2=BC^2+AD^2$，且 $\cos\angle CEB=-\cos\angle AEB$，

所以 $2\cos\angle AEB(AE\cdot BE+CE\cdot DE+AE\cdot DE+CE\cdot BE)=0$.

因为 $AE\cdot BE+CE\cdot DE+AE\cdot DE+CE\cdot BE\neq 0$，

所以 $\cos\angle AEB=0$，$\angle AEB=90°$，$BD\perp AC$.

例 3　已知射线 OP_1、OP_2 分别是 x 轴的正半轴按逆时针方向旋转 θ_1、θ_2 所成的射线，点 P_1、P_2 到点 O 的距离分别是 a、b. 求 P_1P_2 的距离.

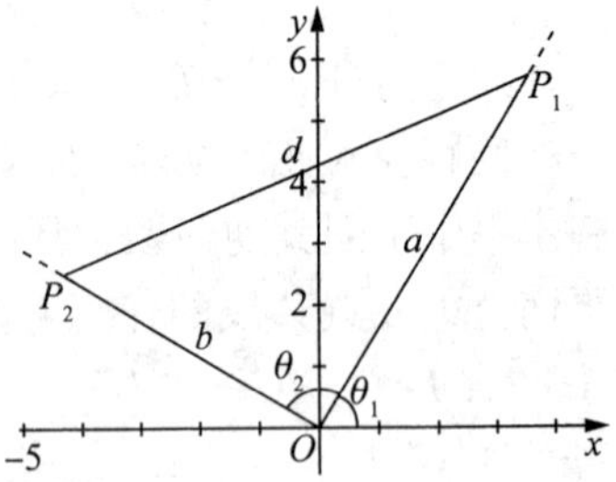

例 3 图

解法一　用坐标表示：$P_1(a\cos\theta_1,a\sin\theta_1)$、$P_2(b\cos\theta_2,b\sin\theta_2)$，由两点间距离公式可得

$$\begin{aligned}|P_1P_2|&=\sqrt{(a\cos\theta_1-b\cos\theta_2)^2+(a\sin\theta_1-b\sin\theta_2)^2}\\&=\sqrt{a^2+b^2-2ab(\cos\theta_1\cos\theta_2+\sin\theta_1\sin\theta_2)}.\end{aligned}$$

解法二　用余弦定理：$|P_1P_2|^2=a^2+b^2-2ab\cos(\theta_2-\theta_1)$，

所以 $|P_1P_2|=\sqrt{a^2+b^2-2ab\cos(\theta_2-\theta_1)}$.

说明：上述解法一和解法二所得的结果形式上不同，实质是相等的，比较两式可得 $\cos(\theta_2-\theta_1)=\cos\theta_1\cos\theta_2+\sin\theta_1\sin\theta_2$，若把 $-\theta_1$ 记为 θ_1 则 $\cos(\theta_2+\theta_1)=\cos\theta_1\cos\theta_2-\sin\theta_1\sin\theta_2$

在三角函数中，这两个等式即为两角和或差的余弦公式.

1.3.13　方位角问题分析

例 1　港口 B 位于港口 D 正西方向 120 海里处，小岛 C 位于港口 D 北偏西 60°的方向上，一艘科考船从港口 D 出发，沿北偏西 30°的方向以每小时 20 海里的速度驶离港口 D，同时一艘快艇从港口 B 出发，沿北偏东 30°的方向以每小时 60 海里的速度驶向小岛 C，在小岛 C 处用 1 小时装补给物资后立即选择航向按原来的速度给科考船送去.

(1) 快艇从港口 B 到小岛 C 需要多少时间?

(2) 快艇从小岛 C 出发后应选择怎样的方向才能在最短时间内和科考船相遇?

分析 ① 由已知易得三角形 BDC 是含 30° 角的直角三角形,$BC=60$,快艇从港口 B 到小岛 C 需要 1 小时;② 可设快艇从 C 出发后行 t 小时遇到科考船,则后者行驶的时间是 $t+2$. 假设快艇从小岛 C 出发后在 G 点与科考船相遇,则 $CG=60t$,$DG=20(t+2)$,$CD=60\sqrt{3}$,$\triangle CDG$ 可解(可用余弦定理解,也可以作 $CH\perp GD$ 分割为两个直角三角形来解). DG 的长求得后,G 为定点,则 CG 的方向为所求.

解 (1) $\triangle BCD$ 中,$\angle CDB=30^\circ$, $\angle CBD=60^\circ$,$BD=120$,所以 $BC=60$,所以快艇从港口 B 到小岛 C 需要 1 小时.

(2) **解法一** 设快艇从 C 出发后行 t 小时遇到科考船,则科考船从 D 出发后行驶的时间是 $t+2$. 作 $CH\perp GD$ 于点 H,则

由 $\angle HDC=30^\circ$,$CD=60\sqrt{3}$,得 $CH=30\sqrt{3}$,$DH=90$.

在直角三角形 GCH 中,$CG=60t$,$CH=30\sqrt{3}$,$GH=|20(t+2)-90|$,

所以 $(60t)^2=(30\sqrt{3})^2+[20(t+2)-90]^2$,$8t^2+5t-13=0$,$t_1=1$,$t_2=-\frac{13}{8}$(舍去).

所以 $DG=20(t+2)=60$. 所以 G 为定点.

因为 $\angle CBD=60^\circ$,$\angle GDB=60^\circ$,$BC=DG=60$,

所以点 C、G 到 BD 的距离相等,$CG /\!/ BD$.

所以快艇应从 C 出发向东行驶.

正确图形如解图(2).

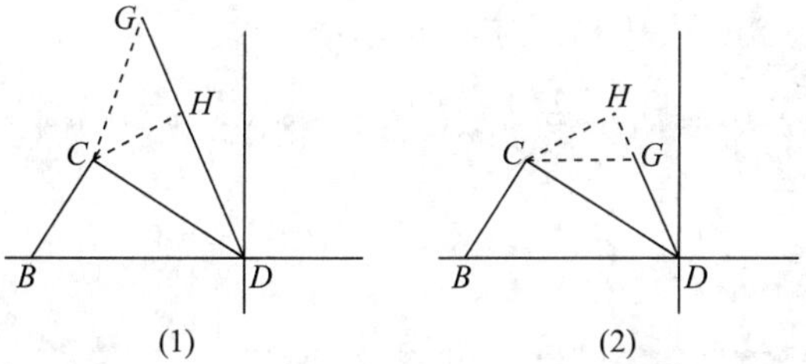

例 1 解图

解法二 设快艇从 C 出发后行 t 小时遇到科考船,则科考船从 D 出发后行驶的时间是 $t+2$. 在 $\triangle CDG$ 中,由余弦定理得

$CG^2=CD^2+DG^2-2CD\cdot DG\cdot\cos 30^\circ$,

$(60t)^2=(60\sqrt{3})^2+[20(t+2)]^2-2(60\sqrt{3})[20(t+2)]\cdot\frac{\sqrt{3}}{2}$,

$8t^2+5t-13=0$, $t_1=1$, $t_2=-\frac{13}{8}$(舍去).

同上面的解法一可得,快艇应从 C 出发向东航行.

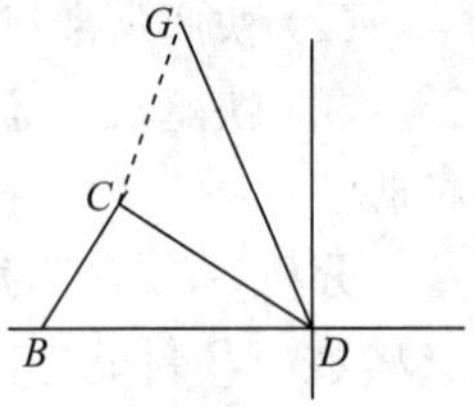

例 1 解图(3)

1.4 面积法

面积公式

(1) 一般三角形 $S=\frac{1}{2}ah_a=\frac{1}{2}ab\sin C$

(2) 直角三角形 $S=\frac{1}{2}ch_c=\frac{1}{2}ab$

(3) 等边三角形 $S=\frac{\sqrt{3}}{4}a^2$

(4) 平行四边形 $S=ah_a=ab\sin\theta$

(5) 矩形 $S=ab$

(6) 菱形 $S=\frac{1}{2}l_1\cdot l_2$($l_1$、$l_2$ 是对角线的长)

(7) 梯形 $S=\frac{1}{2}(a+b)h=mh$ (m 是中位线的长)

(8) 正 n 边形 $S=\frac{1}{2}nar=\frac{1}{2}nR^2\sin\frac{360°}{n}$ (r 是内切圆半径,R 是外接圆半径)

说明:有时公式的表达形式可能不同

$\frac{a_n}{2}=R\sin\frac{180°}{n}$, $r=R\cos\frac{180°}{n}$, $S_{正多边形}=n\cdot\frac{1}{2}a_n\cdot r=\frac{n}{2}\cdot 2R\sin\frac{180°}{n}\cdot R\cos\frac{180°}{n}$

因为 $\sin 2\alpha=2\sin\alpha\cos\alpha$,所以 $\sin\frac{360°}{n}=2\sin\frac{180°}{n}\cdot\cos\frac{180°}{n}$.

(9) 圆 $S=\pi r^2$

(10) 扇形 $S=\frac{1}{2}lr=\frac{n\pi r^2}{360}$

(11) 弓形 $S=\frac{n\pi r^2}{360}-\frac{1}{2}r^2\sin n$ (n 是弓形弧的度数,r 是弓形所在圆的半径)

说明 如图所示

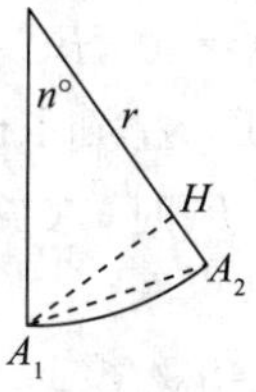

例1 已知:如图,在梯形 $ABCD$ 中,$DC/\!/AB$,$AD=BC$,BD 平分 $\angle ABC$,$\angle A=60°$. 当 $AD=2$ 时,求对角线 BD 的长和梯形 $ABCD$ 的面积.

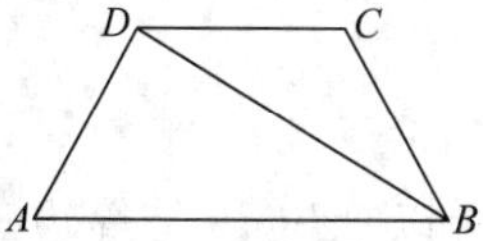

例1图

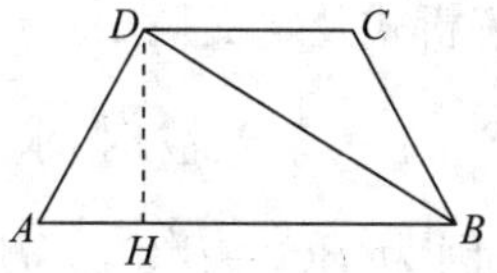

例1解图

解 过 D 作 $DH\perp AB$ 于点 H,因为在 $\mathrm{Rt}\triangle ADH$ 中,$AD=2$, $\angle A=60°$,所以 $AH=1$,$DH=\sqrt{3}$.

因为梯形 $ABCD$ 中,$DC/\!/AB$,$AD=BC$,所以$\angle ABC=60°$,因为 BD 平分$\angle ABC$,所以$\angle DBA=30°$,

所以 $BD=2\sqrt{3}$, $HB=3$, 所以 $S_{梯形ABCD}=\frac{1}{2}(AB+CD)\cdot DH=\frac{1}{2}(4+2)\sqrt{3}=3\sqrt{3}$.

例2 如图,在平行四边形 $ABCD$ 中,点 E、F 分别在线段 DC、DA 上,AE 与 CF 交于点 O,且 $AE=CF$. 求证:$\angle AOB=\angle COB$.

分析 若$\angle AOB=\angle COB$,即 OB 是$\angle AOC$ 的平分线,则应有点 B 到 AO、CO 距离相等,由已知 $AE=CF$,应有$\triangle AEB$ 与$\triangle CFB$ 等积,由 $ABCD$ 是平行四边形可以证得$\triangle AEB$ 与$\triangle CFB$ 等积成立.

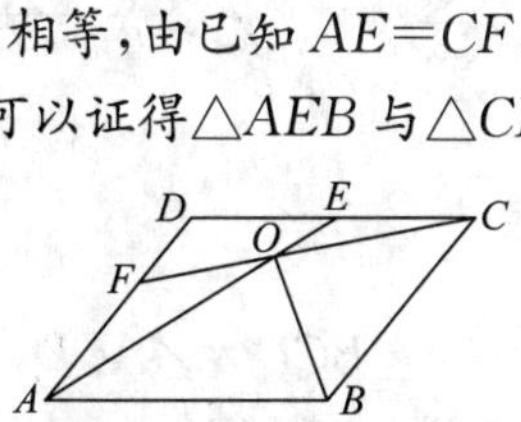

例2图

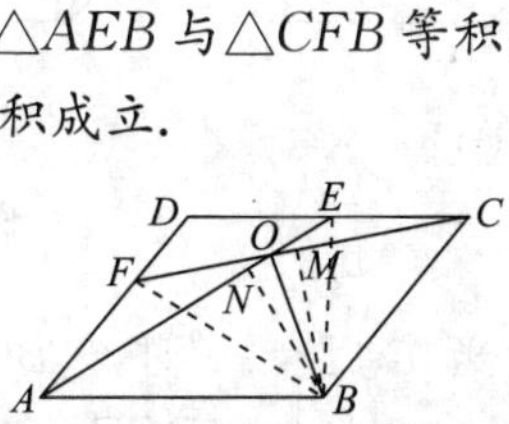

例2解图

证明 过 B 分别作 $BM\perp CF$、$BN\perp AE$,M、N 为垂足,连接 BE、BF.

因为四边形 $ABCD$ 是平行四边形,所以$\triangle AEB$ 与$\triangle CFB$ 等积.

因为 $AE=CF$,所以 $BN=BM$,

因为 $BM\perp CF$、$BN\perp AE$,M、N 为垂足,所以 B 在$\angle AOC$ 的平分线上,

所以$\angle AOB=\angle COB$.

例 3　在 Rt$\triangle ABC$ 中,$\angle A=30^\circ$,$BC=1$. 将其绕直角顶点 C 逆时针旋转一个角 α($0^\circ<\alpha<120^\circ$ 且 $\alpha\neq 90^\circ$),得到 Rt$\triangle A'B'C$,

(1) 如图,当 $A'B'$ 边经过点 B 时,求旋转角 α 的度数.

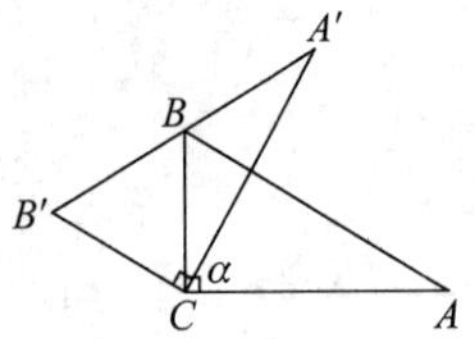

例 3 图

(2) 在三角板旋转的过程中,边 $A'C$ 与 AB 所在直线交于点 D,过点 D 作 $DE\parallel A'B'$,交 CB' 边于点 E,连接 BE. 当 $0^\circ<\alpha<90^\circ$ 时,设 $AD=x$,$CE=y$,求 y 与 x 之间的函数解析式及定义域.

(3) 当 $S_{\triangle BDE}=\frac{1}{3}S_{\triangle ABC}$ 时,求 AD 的长.

解　(1) 因为 $BC=B'C$,$\angle B'=60^\circ$,所以$\triangle BCB'$是等边三角形,所以$\angle BCB'=60^\circ$,所以旋转角 $\alpha=60^\circ$.

(2) 因为 $ED\parallel A'B'$,所以$\frac{CE}{CD}=\frac{1}{\sqrt{3}}$,即 $CE=\frac{CD}{\sqrt{3}}$. 过 D 作 $DH\perp AC$,H 为垂足,因为$\angle A=30^\circ$,

所以可设 $DH=\frac{x}{2}$,$AH=\frac{\sqrt{3}}{2}x$,$CH=\sqrt{3}-\frac{\sqrt{3}}{2}x$,所以 $CD=\sqrt{x^2-3x+3}$,

所以 $y=CE=\frac{\sqrt{x^2-3x+3}}{\sqrt{3}}$ $(0<x<2)$.

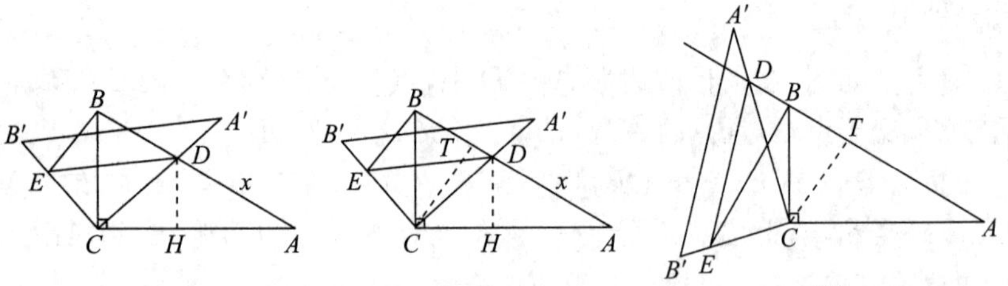

例 3 解图

(3) 因为当 $0^\circ<\alpha<90^\circ$ 时,$\angle BCE=90^\circ-\angle BCD=\angle ACD$,
当 $90^\circ<\alpha<120^\circ$ 时,$\angle BCE=90^\circ+\angle BCD=\angle ACD$,
又因为$\frac{CE}{CD}=\frac{1}{\sqrt{3}}=\frac{BC}{AC}$,所以$\frac{CE}{BC}=\frac{CD}{AC}$,所以总有$\triangle BCE\backsim\triangle ACD$,

所以$\angle EBC=\angle DAC=30^\circ$且$\frac{BE}{AD}=\frac{1}{\sqrt{3}}$,所以 $EB\perp AB$. 因为 $BE=\frac{1}{\sqrt{3}}x$,

$S_{\triangle BDE}=\frac{1}{2}|2-x|\cdot BE=\frac{1}{2}\cdot\frac{x}{\sqrt{3}}|2-x|=\frac{1}{3}S_{\triangle ABC}=\frac{1}{3}\cdot\frac{1}{2}\cdot 1\cdot\sqrt{3}$,即

$x|2-x|=1$,

所以① 当 $x<2$ 时，$x^2-2x+1=0$，$x_1=x_2=1$；

② 当 $x>2$ 时，$x^2-2x-1=0$，$x_1=1\pm\sqrt{2}$，舍去负值后 $x=1+\sqrt{2}$.

综合①、②得 AD 为 1 或 $1+\sqrt{2}$.

例 4 如图，抛物线 $y=-x^2+2x+3$ 与 x 轴相交于 A、B 两点（点 A 在点 B 的左侧），与 y 轴相交于点 C，顶点为 D.

(1) 直接写出 A、B、C 三点的坐标和抛物线的对称轴；

(2) 连接 BC，与抛物线的对称轴交于点 E，点 P 为线段 BC 上的一个动点，过点 P 作 $PF /\!/ DE$ 交抛物线于点 F，设点 P 的横坐标为 m；

① 用含 m 的代数式表示线段 PF 的长，并求出当 m 为何值时四边形 $PEDF$ 为平行四边形？

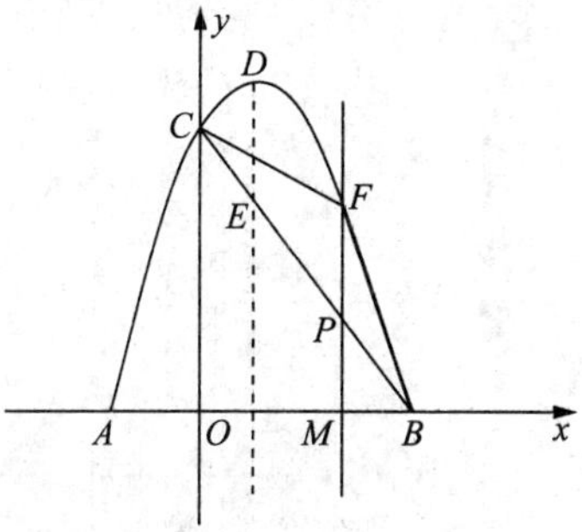

例 4 图

② 设△BCF 的面积为 S，求 S 与 m 的函数关系式.

解 (1) $A(-1,0)$，$B(3,0)$，$C(0,3)$. 抛物线的对称轴是 $x=1$.

(2) ① 设直线 BC 的函数关系式为 $y=kx+b$.

把 $B(3,0)$，$C(0,3)$ 分别代入得 $\begin{cases}3k+b=0,\\ b=3,\end{cases}$ 解得 $k=-1$，$b=3$.

所以直线 BC 的函数关系式为 $y=-x+3$.

当 $x=1$ 时，$y=-1+3=2$，所以 $E(1,2)$.

当 $x=m$ 时，$y=-m+3$，所以 $P(m,-m+3)$.

在 $y=-x^2+2x+3$ 中，当 $x=1$ 时，$y=4$. 所以 $D(1,4)$.

当 $x=m$ 时，$y=-m^2+2m+3$，所以 $F(m,-m^2+2m+3)$.

所以线段 $DE=4-2=2$，线段 $PF=-m^2+2m+3-(-m+3)=-m^2+3m$.

因为 $PF /\!/ DE$，所以当 $PF=ED$ 时，四边形 $PEDF$ 为平行四边形.

由 $-m^2+3m=2$，解得：$m_1=2$，$m_2=1$（不合题意，舍去）.

因此，当 $m=2$ 时，四边形 $PEDF$ 为平行四边形.

② 设直线 PF 与 x 轴交于点 M，由 $B(3,0)$，$O(0,0)$，可得 $OB=OM+MB=3$.

因为 $S=S_{\triangle BPF}+S_{\triangle CPF}$，即 $S=\frac{1}{2}PF\cdot BM+\frac{1}{2}PF\cdot OM=\frac{1}{2}PF(BM+OM)=\frac{1}{2}PF\cdot OB$.

所以 $S=\frac{1}{2}\times 3(-m^2+3m)=-\frac{3}{2}m^2+\frac{9}{2}m\ (0<m<3)$.

方法归纳

(1) 直角坐标系中求三角形的面积时,如果三角形的三边都不平行于坐标轴,那么可以用过顶点且垂直于坐标轴的直线切割,分而求之,然后求和.

(2) 定义三角形的铅垂高:如图,定义 PF 为 $\triangle BCF$ 的铅垂高,OB 为水平宽,则 $\triangle BCF$ 的面积等于铅垂高与水平宽乘积的一半.

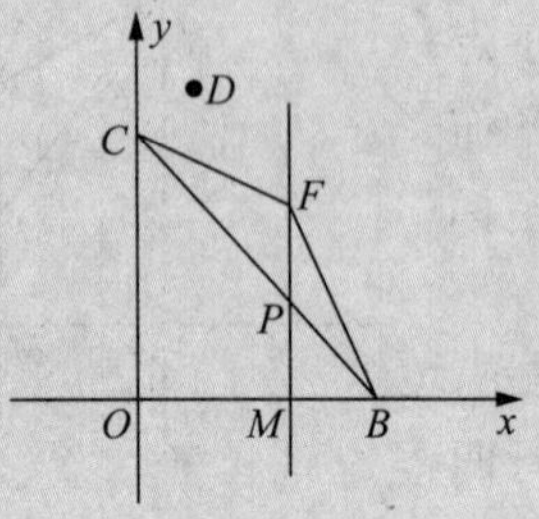

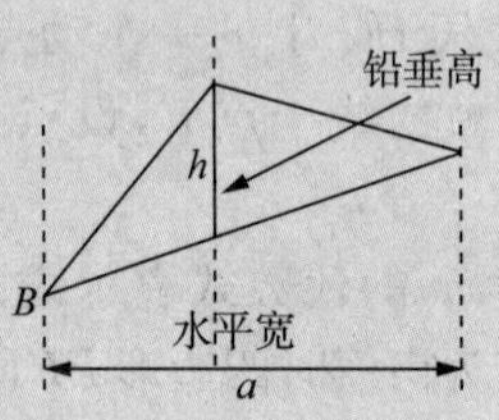

例 5　如图,在平面直角坐标系中,点 A 的坐标是 $(-1,2)$,$OB\perp OA$,且 $OB=2OA$.

(1) 求点 B 的坐标;

(2) 求过点 A、O、B 的抛物线的表达式;

(3) 连接 AB,在(2)中的抛物线上求出点 P,使得 $S_{\triangle ABP}=S_{\triangle ABO}$.

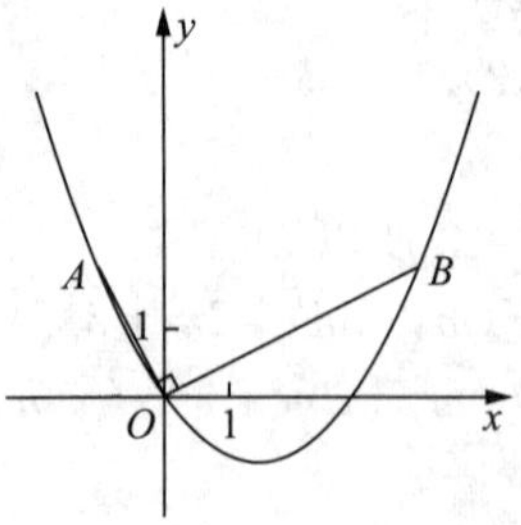

例 5 图

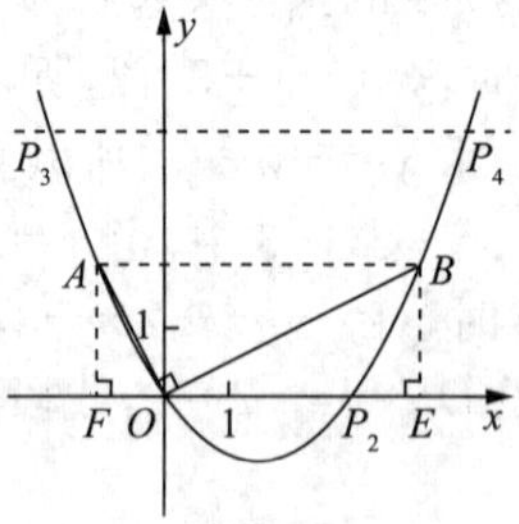

例 5 解图

解　(1)过点 A 作 $AF\perp x$ 轴,垂足为点 F,过点 B 作 $BE\perp x$ 轴,垂足为点 E,则 $AF=2$,$OF=1$.

因为 $OA\perp OB$,所以 $\angle AOF+\angle BOE=90^\circ$.

又因为 $\angle BOE+\angle OBE=90^\circ$,所以 $\angle AOF=\angle OBE$.

所以 $\text{Rt}\triangle AFO\backsim\text{Rt}\triangle OEB$. 所以 $\frac{BE}{OF}=\frac{OE}{AF}=\frac{OB}{OA}=2$.

所以 $BE=2, OE=4$. 所以 $B(4,2)$.

(2) 设过点 $A(-1,2)$, $B(4,2)$, $O(0,0)$ 的抛物线为 $y=ax^2+bx+c$.

所以$\begin{cases} a-b+c=2, \\ 16a+4b+c=2, \\ c=0. \end{cases}$ 解之,得$\begin{cases} a=\dfrac{1}{2}, \\ b=-\dfrac{3}{2}, \\ c=0. \end{cases}$

所以所求抛物线的表达式为 $y=\frac{1}{2}x^2-\frac{3}{2}x$.

(3) 由 $A(-1,2)$, $B(4,2)$, 知 $AB /\!/ x$ 轴.

设抛物线上符合条件的点 P 到 AB 的距离为 d, 则 $S_{\triangle ABP}=\frac{1}{2}AB \cdot d=\frac{1}{2}AB \cdot AF$.

所以 $d=2$. 所以点 P 的纵坐标只能是 0, 或 4.

令 $y=0$, 得 $\frac{1}{2}x^2-\frac{3}{2}x=0$. 解之, 得 $x=0$, 或 $x=3$. 所以符合条件的点 $P_1(0,0)$, $P_2(3,0)$.

令 $y=4$, 得 $\frac{1}{2}x^2-\frac{3}{2}x=4$. 解之, 得 $x=\frac{3\pm\sqrt{41}}{2}$.

所以符合条件的点 $P_3\left(\frac{3-\sqrt{41}}{2},4\right)$, $P_4\left(\frac{3+\sqrt{41}}{2},4\right)$.

所以综上, 符合题意的点有四个: $P_1(0,0)$, $P_2(3,0)$, $P_3\left(\frac{3-\sqrt{41}}{2},4\right)$, $P_4\left(\frac{3+\sqrt{41}}{2},4\right)$.

方法归纳

同底等积两三角形, 公共底边上的高相等, 第三个顶点的轨迹是平行于底边, 且到底边距离相等的两条直线.

例 6　如图, 已知正比例函数和反比例函数的图像都经过点 $A(3,3)$.

(1) 求正比例函数和反比例函数的解析式;

(2) 把直线 OA 向下平移后与反比例函数的图像交于点 $B(6,m)$, 求 m 的值和这个一次函数的解析式;

(3) 第(2)问中的一次函数的图像与 x 轴、y 轴分别交于 C、D, 求过 A、B、D 三点的二次函数的解析式;

(4) 在第(3)问的条件下, 在二次函数的图像上找点 E, 使四边形 $OECD$

的面积 S_1 与四边形 $OABD$ 的面积 S 满足:$S_1=\frac{2}{3}S$.

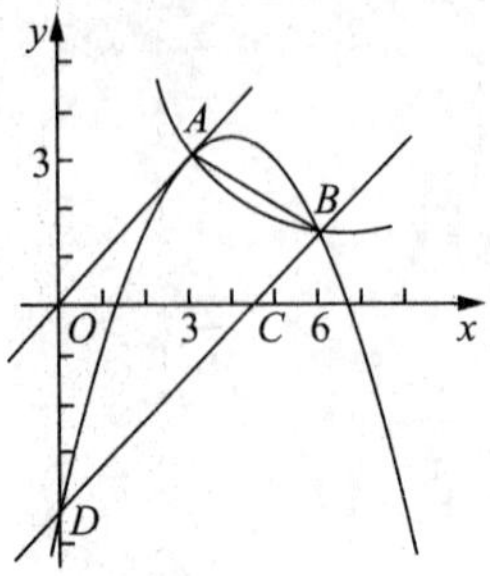

例 6 图

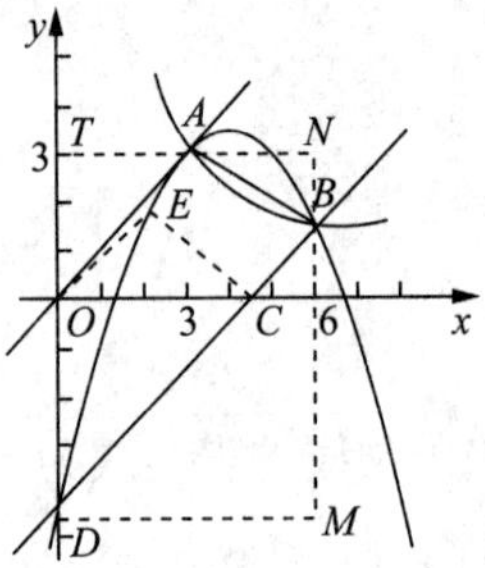

例 6 解图

解　(1) 设正比例函数的解析式为 $y=k_1x$ ($k_1\neq0$),

因为 $y=k_1x$ 的图像过点 $A(3,3)$,所以 $3=3k_1$,解得 $k_1=1$.

这个正比例函数的解析式为 $y=x$.

设反比例函数的解析式为 $y=\frac{k_2}{x}$ ($k_2\neq0$). 因为 $y=\frac{k_2}{x}$ 的图像过点 $A(3,3)$,

所以 $3=\frac{k_2}{3}$,解得 $k_2=9$. 这个反比例函数的解析式为 $y=\frac{9}{x}$.

(2) 因为点 $B(6,m)$ 在 $y=\frac{9}{x}$ 的图像上,所以 $m=\frac{9}{6}=\frac{3}{2}$,则点 $B\left(6,\frac{3}{2}\right)$.

设一次函数解析式为 $y=k_3x+b$ ($k_3\neq0$). 因为 $y=k_3x+b$ 的图像是由 $y=x$ 平移得到的,

所以 $k_3=1$,即 $y=x+b$.

又因为 $y=x+b$ 的图像过点 $B\left(6,\frac{3}{2}\right)$,所以 $\frac{3}{2}=6+b$,解得 $b=-\frac{9}{2}$,

所以一次函数的解析式为 $y=x-\frac{9}{2}$.

(3) 因为 $y=x-\frac{9}{2}$ 的图像交 y 轴于点 D,所以 D 的坐标为 $\left(0,-\frac{9}{2}\right)$.

设二次函数的解析式为 $y=ax^2+bx+c$ ($a\neq0$).

因为 $y=ax^2+bx+c$ 的图像过点 $A(3,3)$、$B\left(6,\frac{3}{2}\right)$ 和 $D\left(0,-\frac{9}{2}\right)$,

所以 $\begin{cases}9a+3b+c=3,\\ 36a+6b+c=\frac{3}{2},\\ c=-\frac{9}{2}.\end{cases}$　解得 $\begin{cases}a=-\frac{1}{2},\\ b=4,\\ c=-\frac{9}{2}.\end{cases}$

这个二次函数的解析式为 $y=-\frac{1}{2}x^2+4x-\frac{9}{2}$.

(4) 因为 $y=x-\frac{9}{2}$ 交 x 轴于点 C，所以点 C 的坐标是 $\left(\frac{9}{2},0\right)$，

解法一 如图所示，$S=S_{矩形DMNT}-S_{\triangle DMB}-S_{\triangle BNA}-S_{\triangle OAT}$

所以 $S=\frac{15}{2}\times 6-\frac{1}{2}\times 6\times 6-\frac{1}{2}\times\frac{3}{2}\times 3-\frac{1}{2}\times 3\times 3=45-18-\frac{9}{4}-\frac{9}{2}=\frac{81}{4}$.

解法二 过点 O 作 $OH\perp BD$ 于点 H，$OH=\frac{9}{2}\cdot\frac{1}{\sqrt{2}}=\frac{9\sqrt{2}}{4}$，

$S=\frac{1}{2}(AO+DB)\cdot OH=\frac{1}{2}(3\sqrt{2}+6\sqrt{2})\cdot\frac{9\sqrt{2}}{4}=\frac{81}{4}$.

设点 $E(x_0,y_0)$，使 $S_1=\frac{2}{3}S=\frac{81}{4}\times\frac{2}{3}=\frac{27}{2}$.

因为四边形 $CDOE$ 的顶点 E 只能在 x 轴上方，所以 $y_0>0$，

所以 $S_1=S_{\triangle OCD}+S_{\triangle OCE}=\frac{1}{2}\times\frac{9}{2}\times\frac{9}{2}+\frac{1}{2}\times\frac{9}{2}y_0=\frac{81}{8}+\frac{9}{4}y_0$. 所以 $\frac{81}{8}+\frac{9}{4}y_0=\frac{27}{2}$，所以 $y_0=\frac{3}{2}$.

因为 $E(x_0,y_0)$ 在二次函数的图像上，所以 $-\frac{1}{2}x_0^2+4x_0-\frac{9}{2}=\frac{3}{2}$. 解得 $x_0=2$ 或 $x_0=6$.

当 $x_0=6$ 时，点 $E\left(6,\frac{3}{2}\right)$ 与点 B 重合，这时 $CDOE$ 不是四边形，故 $x_0=6$ 舍去，

所以点 E 的坐标为 $\left(2,\frac{3}{2}\right)$.

说明 一般而言，"四边形 $OECD$"理解为依次读取顶点构成凸四边形，当 E 在 x 轴下方时，OE 成为四边形的对角线，所以不符合题意，这是一种减少分类讨论复杂性的表述方法.

例 7 如图，已知抛物线 $y=a(x-1)^2+3\sqrt{3}$ $(a\neq 0)$ 经过点 $A(-2,0)$，抛物线的顶点为 D，过 O 作射线 $OM\parallel AD$. 过顶点 D 且平行于 x 轴的直线交射线 OM 于点 C，B 在 x 轴正半轴上，连接 BC.

(1) 求该抛物线的解析式；

(2) 若动点 P 从点 O 出发，以每秒 1 个长度单位的速度沿射线 OM 运动，设点 P 运动的时间为 t(s). 问当 t 为何值时，四边形 $DAOP$ 分别为平行四边形？直角梯形？等腰梯形？

(3) 若 $OC=OB$,动点 P 和动点 Q 分别从点 O 和点 B 同时出发,分别以每秒 1 个长度单位和 2 个长度单位的速度沿 OC (C 为终点)和 BO (O 为终点)运动,当其中一个点停止运动时另一个点也随之停止运动. 设它们的运动的时间为 t(s),连接 PQ,当 t 为何值时,四边形 $BCPQ$ 的面积最小? 并求出最小值及此时 PQ 的长.

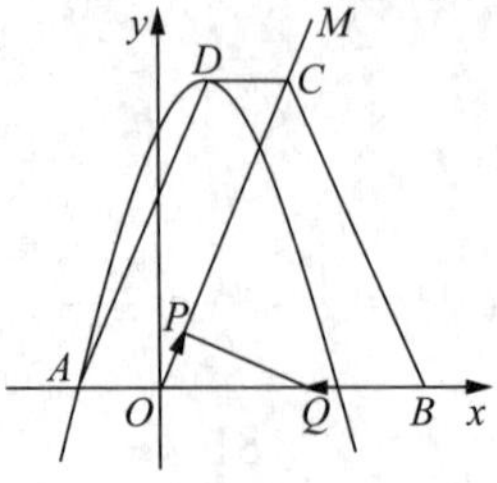

例 7 图

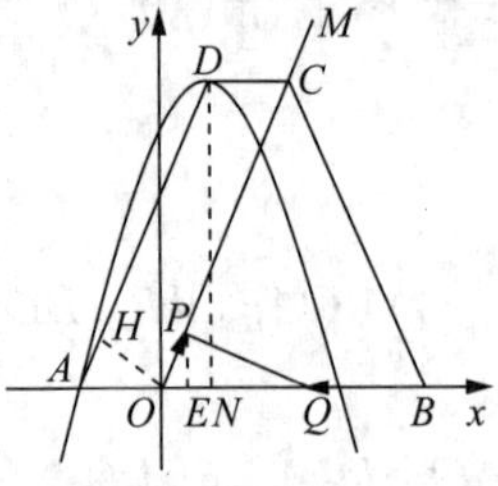

例 7 解图

解 (1)因为抛物线 $y=a(x-1)^2+3\sqrt{3}$ ($a\neq0$)经过点 $A(-2,0)$,所以 $0=9a+3\sqrt{3}$,所以 $a=-\frac{\sqrt{3}}{3}$. 所以二次函数的解析式为:

$$y=-\frac{\sqrt{3}}{3}x^2+\frac{2\sqrt{3}}{3}x+\frac{8\sqrt{3}}{3}.$$

(2) 因为 D 为抛物线的顶点,所以 $D(1,3\sqrt{3})$.

过 D 作 $DN\perp OB$ 于点 N,则 $DN=3\sqrt{3}$,

$AN=3$,所以 $AD=\sqrt{3^2+(3\sqrt{3})^2}=6$. 所以 $\angle DAO=60°$.

因为 $OM/\!/AD$,

① 当 $AD=OP$ 时,四边形 $DAOP$ 是平行四边形,

所以 $OP=6$ 所以 $t=6$(s).

② 当 $DP\perp OM$ 时,四边形 $DAOP$ 是直角梯形.

过 O 作 $OH\perp AD$ 于 H,$AO=2$,则 $AH=1$,所以 $OP=DH=5$, $t=5$(s).

③ 当 $PD=OA$ 时,四边形 $DAOP$ 是等腰梯形,所以 $OP=AD-2AH=6-2=4$. 所以 $t=4$(s).

综上所述:当 $t=6$、5、4 时,对应四边形分别是平行四边形、直角梯形、等腰梯形.

(3) 由(2)及已知,$\angle COB=60°$,$OC=OB$,$\triangle OCB$ 是等边三角形

则 $OB=OC=AD=6$,$OP=t$,$BQ=2t$,所以 $OQ=6-2t$ ($0<t<3$)

过 P 作 $PE\perp OQ$ 于点 E,则 $PE=\frac{\sqrt{3}}{2}t$,

所以 $S_{BCPQ}=\frac{1}{2}\times 6\times 3\sqrt{3}-\frac{1}{2}\times(6-2t)\times\frac{\sqrt{3}}{2}t=\frac{\sqrt{3}}{2}\left(t-\frac{3}{2}\right)^2+\frac{63}{8}\sqrt{3}$,

当 $t=\frac{3}{2}$ 时,S_{BCPQ} 的面积最小值为 $\frac{63}{8}\sqrt{3}$.

此时 $OQ=3$,$OP=\frac{3}{2}$,$OE=\frac{3}{4}$,所以 $QE=3-\frac{3}{4}=\frac{9}{4}$,$PE=\frac{3\sqrt{3}}{4}$.

所以 $PQ=\sqrt{PE^2+QE^2}=\sqrt{\left(\frac{3\sqrt{3}}{4}\right)^2+\left(\frac{9}{4}\right)^2}=\frac{3\sqrt{3}}{2}$.

例 8 如图,抛物线顶点坐标为点 $C(1,4)$,交 x 轴于点 $A(3,0)$,交 y 轴于点 B. 点 P 是抛物线(在第一象限内)上的一个动点,连接 PA,PB.

(1) 求抛物线和直线 AB 的解析式;

(2) 当点 P 运动到使 $S_{\triangle PAB}=\frac{9}{8}S_{\triangle CAB}$ 的位置时,求点 P 的坐标.

解 (1) 设抛物线的解析式为 $y_1=a(x-1)^2+4$.

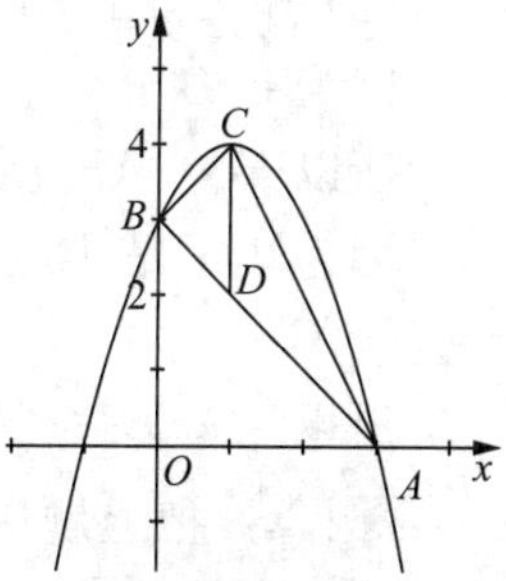

例 8 解图

把 $A(3,0)$ 代入解析式求得 $a=-1$,所以 $y_1=-(x-1)^2+4=-x^2+2x+3$.

设直线 AB 的解析式为 $y_2=kx+b$,由 $y_1=-x^2+2x+3$ 求得点 B 的坐标为 $(0,3)$,

把 $A(3,0)$,$B(0,3)$ 代入 $y_2=kx+b$ 中,解得 $k=-1$,$b=3$,所以 $y_2=-x+3$.

(2) $S_{\triangle CAB}=\frac{1}{2}\times 3\times 2=3$(平方单位). 设点 P 的横坐标为 x,$\triangle PAB$ 的铅垂高为 h,

则 $h=y_1-y_2=(-x^2+2x+3)-(-x+3)=-x^2+3x$.

由 $S_{\triangle PAB}=\frac{9}{8}S_{\triangle CAB}$ 得 $\frac{1}{2}\times 3\times(-x^2+3x)=\frac{9}{8}\times 3$,化简得 $4x^2-12x+9=0$,解得,$x=\frac{3}{2}$.

将 $x=\frac{3}{2}$ 代入 $y_1=-x^2+2x+3$ 中,解得点 P 坐标为 $\left(\frac{3}{2},\frac{15}{4}\right)$.

1.5 特殊与一般

特殊与一般的逻辑关系是:一般情况下成立的结论,特殊情况下肯定成立;而特殊情况下成立的结论在一般情况下不一定成立.

我们往往从特殊出发去思考能否推广到一般;或者对解决一个一般问题

有困难时,先从特殊情况入手寻找答案和解决问题的途径.

1.5.1　从特殊到一般的推广

例 1　在正方形 $ABCD$ 中,点 E 是边 AB 的中点,F 是边 AD 上的任一点,$\angle FEH=90^\circ$,H 在边 CB 上.

(1) 求证: $FH=AF+BH$; (2) 还可以得出什么结论? 并证明.

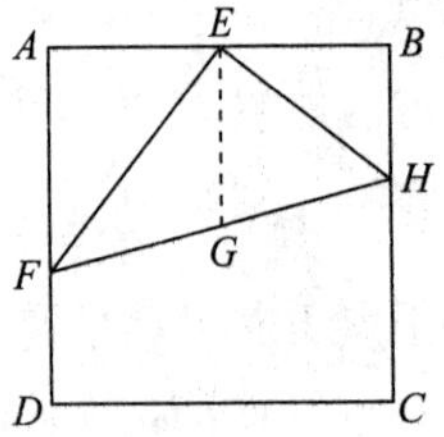

例 1 图

(1) **证**　取 FH 的中点 G,因为 EG 是 $\mathrm{Rt}\triangle EFH$ 斜边上的中线,所以 $FH=2EG$.

因为 E 是边 AB 的中点,所以 EG 是梯形 $AFHB$ 的中位线,所以 $AF+BH=2EG$.

所以 $FH=AF+BH$.

(2) 还可得出 EF 总是平分 $\angle AFH$. 证明如下.

因为 E、G 分别是 AB、FH 的中点,所以 EG 是梯形 $AFHB$ 的中位线,

所以 $EG/\!/AF$,所以 $\angle AFE=\angle FEG$.

因为 EG 是 $\mathrm{Rt}\triangle EFH$ 斜边上的中线,所以 $EG=FG$,所以 $\angle EFG=\angle FEG$.

所以 $\angle AFE=\angle EFH$.

例 2　把上题中的"正方形 $ABCD$"改为"四边形 $ABCD$ 中,$AD/\!/BC$",其他条件不变,结论(1)和(2)是否仍成立?

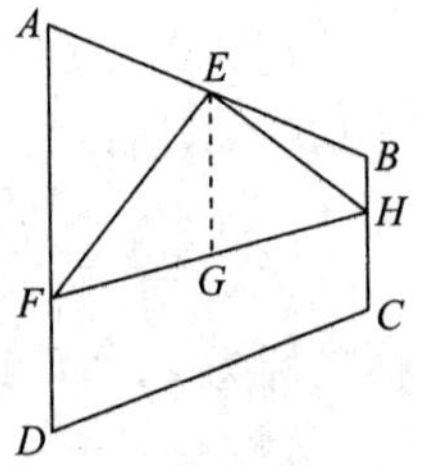

例 2 图

答　同 1 题可证结论仍成立.

于是,这个命题可以从正方形推广到梯形或平行四边形.

例 3　(1) 求证:$1+2+3+4+\cdots+n=\dfrac{n(n+1)}{2}$.

分析　我们可以先观察图(1). 图中左边的三角形阵列中,第一行有 1 点,第二行有 2 点,…,第五行有 5 点,共有 $1+2+3+4+5$ 点. 如果用一个倒置的三角形阵列拼上去,两个三角形共有五行,每行$(1+5)$点,总计 30 点,所以原三角形阵列有 15 点. 对 $1+2+\cdots+n$,也是一样的道理,用代数式子来表示并运算如下:

令 $S=1+2+3+4+\cdots+(n-1)+n$　　①

则 $S=n+(n-1)+\cdots+4+3+2+1$　　②

①+②得 $2S=n(n+1)$,$S=\dfrac{n(n+1)}{2}$

(1) (2)

例 3 图

(2) 求证：$1+3+5+7+\cdots+(2n-1)=n^2$

令 $S=1+3+\cdots+(2n-3)+(2n-1)$ ①

则 $S=(2n-1)+(2n-3)+\cdots+3+1$ ②

①+②得 $2S=2n\cdot n=2n^2$，$S=n^2$

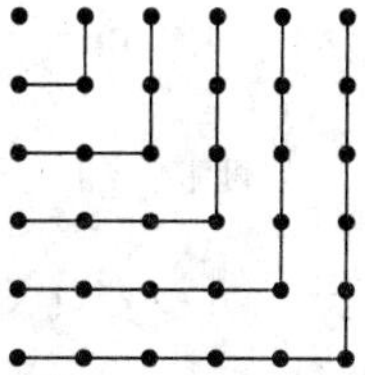

例 3 图(3)

(3) $1+4+7+\cdots+(3n-2)=\dfrac{n(3n-1)}{2}$

证明 令 $S=1+4+\cdots+(3n-5)+(3n-2)$ ①

则 $S=(3n-2)+(3n-5)+\cdots+4+1$ ②

①+②得 $2S=(3n-1)\cdot n$，$S=\dfrac{(3n-1)\cdot n}{2}$

说明 此题作为证明题，是告知了结论，请读者写出证明的过程. 如果只有左边的连加式，如何猜想右边的代数式呢？我们不妨观察 $n=5$ 时的情形：$1+4+7+10+13$ 可用下图中正五边形来表示，沿着从同一顶点出发点两条对角线，把正五边形分割为三个三角形，注意两侧的两个三角形有公共顶点. 则可以推出一般情况，左边有 n 项时，由三个三角形点阵之和得出以下结论：

$$S=\frac{n(n+1)}{2}\cdot 2-1+\frac{(n-2)(1+n-2)}{2}=\frac{n(3n-1)}{2}\ (n\geqslant 2)$$

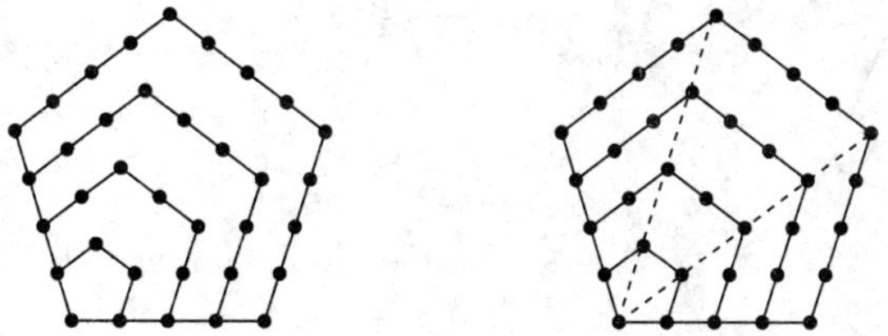

(4) (5)

例 3 图

例 4 已知，$\odot O$ 的半径为 R，点 A、B 在 $\odot O$ 上，且 $\angle AOB=120°$，点 P 是弧 AB 上任意一点，过 P 分别向 OA、OB 作垂线，垂足为 E、F. 问：线段 EF 的长是否随点 P 位置的变化而变化？如变化，两者之间有怎样的关系？如不变，证明之.

分析 不妨先观察点 P 在几个特殊位置时,线段 EF 的长.

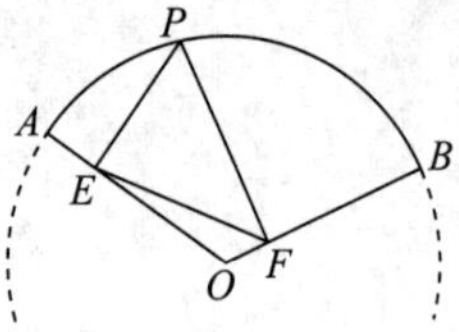

例 4 图

(1) 当$\angle POB=60^\circ$时,点 P 在弧 AB 的中点处,E、F 分别是 OA、OB 的中点,$\triangle PEF$ 是等边三角形,$EF=PE=\frac{\sqrt{3}}{2}R$;

(2) 当$\angle POB=45^\circ$时,$OF=PF=\frac{\sqrt{2}}{2}R$. 作 $FH\perp PE$ 于点 H. 因为$\angle HPF=60^\circ$, $\angle PHF=90^\circ$,

所以$\angle PFH=30^\circ$,所以 $FH=\frac{\sqrt{3}}{2}PF=\frac{\sqrt{3}}{2}\cdot\frac{\sqrt{2}}{2}R=\frac{\sqrt{6}}{4}R$.

因为 P、E、O、F 四点共圆,所以$\angle PEF=\angle POF=45^\circ$.

所以 $EF=\sqrt{2}FH=\sqrt{2}\cdot\frac{\sqrt{6}}{4}R=\frac{\sqrt{3}}{2}R$.

猜想:EF 是不变量,$EF=\frac{\sqrt{3}}{2}R$.

证 设点 P 是弧 AB 上的任意点,因为$\angle PEO=\angle PFO=90^\circ$,所以 P、E、O、F 四点共圆.

因为$\angle AOB=120^\circ$,所以$\angle EPF=60^\circ$. 过点 F 作 $FH\perp PE$ 于点 H. 则 $FH=\frac{\sqrt{3}}{2}PF$,因为 $PF=R\cdot\sin\angle POF$,所以 $FH=\frac{\sqrt{3}}{2}R\cdot\sin\angle POF$.

因为$\angle PEF=\angle POF$,所以 $EF=\frac{FH}{\sin\angle POF}=\frac{\sqrt{3}}{2}R$.

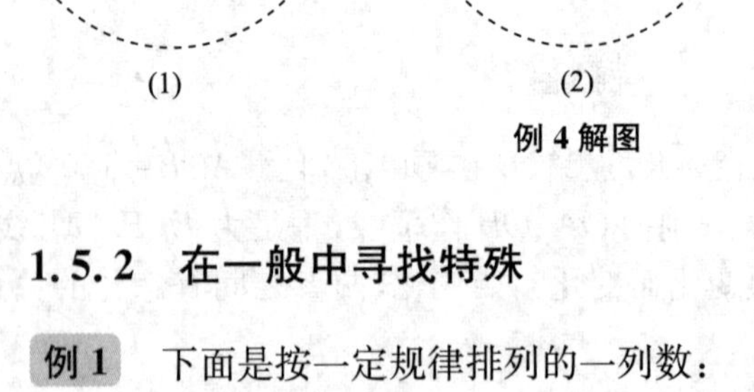

例 4 解图

1.5.2 在一般中寻找特殊

例 1 下面是按一定规律排列的一列数:

第 1 个数：$\frac{1}{2}-\left(1+\frac{-1}{2}\right)$；

第 2 个数：$\frac{1}{3}-\left(1+\frac{-1}{2}\right)\left(1+\frac{(-1)^2}{3}\right)\left(1+\frac{(-1)^3}{4}\right)$；

第 3 个数：$\frac{1}{4}-\left(1+\frac{-1}{2}\right)\left(1+\frac{(-1)^2}{3}\right)\left(1+\frac{(-1)^3}{4}\right)\left(1+\frac{(-1)^4}{5}\right)\left(1+\frac{(-1)^5}{6}\right)$；

……

第 n 个数：$\frac{1}{n+1}-\left(1+\frac{-1}{2}\right)\left(1+\frac{(-1)^2}{3}\right)\left(1+\frac{(-1)^3}{4}\right)\cdots\left(1+\frac{(-1)^{2n-1}}{2n}\right)$.

那么，在第 10 个数、第 11 个数、第 12 个数、第 13 个数中，最大的数是 ( )

A. 第 10 个数 B. 第 11 个数 C. 第 12 个数 D. 第 13 个数

分析 第 1 个数：$\frac{1}{2}-\left(1+\frac{-1}{2}\right)=\frac{1}{2}-\left(\frac{1}{2}\right)$；

第 2 个数：$\frac{1}{3}-\left(1+\frac{-1}{2}\right)\left(1+\frac{(-1)^2}{3}\right)\left(1+\frac{(-1)^3}{4}\right)=\frac{1}{3}-\left(\frac{1}{2}\cdot\frac{4}{3}\cdot\frac{3}{4}\right)=\frac{1}{3}-\left(\frac{1}{2}\right)$；

第 3 个数：$\frac{1}{4}-\left(1+\frac{-1}{2}\right)\left(1+\frac{(-1)^2}{3}\right)\left(1+\frac{(-1)^3}{4}\right)\left(1+\frac{(-1)^4}{5}\right)\left(1+\frac{(-1)^5}{6}\right)=\frac{1}{4}-\left(\frac{1}{2}\cdot\frac{4}{3}\cdot\frac{3}{4}\cdot\frac{6}{5}\cdot\frac{5}{6}\right)=\frac{1}{4}-\left(\frac{1}{2}\right)$；

第 n 个数：$\frac{1}{n+1}-\left(1+\frac{-1}{2}\right)\left(1+\frac{(-1)^2}{3}\right)\left(1+\frac{(-1)^3}{4}\right)\cdots\left(1+\frac{(-1)^{2n-1}}{2n}\right)=\frac{1}{n+1}-\left(\frac{1}{2}\cdot\frac{4}{3}\cdot\frac{3}{4}\cdot\frac{6}{5}\cdot\frac{5}{6}\cdot\cdots\cdot\frac{2n}{2n-1}\cdot\frac{2n-1}{2n}\right)=\frac{1}{n+1}-\left(\frac{1}{2}\right)$.

所以第 10 个数：$\frac{1}{11}-\left(\frac{1}{2}\right)$，第 11 个数：$\frac{1}{12}-\left(\frac{1}{2}\right)$，第 12 个数：$\frac{1}{13}-\left(\frac{1}{2}\right)$，第 13 个数：$\frac{1}{14}-\left(\frac{1}{2}\right)$，

所以给出的四个数中，最大的数是第 10 个数，所以选 A.

1.6 剥离基本图形

在解题中，遇到比较复杂的图形，要有分解基本图形的能力. 在本丛书的《几何初步探究》中，曾给出下题（包含 6 个命题）的全部证法，这里从一种重要思想方法的角度作个分析，为突出重点，略去了部分证明.

例 1 如图，在四边形 $OBAC$ 中，$AD\perp OB$，$\angle COA=\angle BOA$ ①，

$\angle ACO+\angle ABO=180^\circ$ ③

求证:(1) $AC=AB$ ②;(2) $OC+OB=2OD$ ④.

解 作$AE\perp OC$于点E.

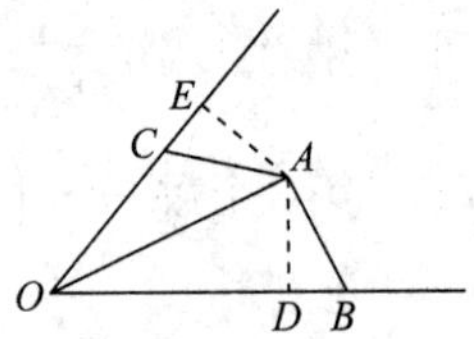

例1图

$$\left.\begin{array}{l}AO\text{是}\angle COB\text{的平分线}\Rightarrow AD=AE\\ \angle ABO=180^\circ-\angle ACO=\angle ACE\\ \angle ADB=\angle AEC=90^\circ\end{array}\right\}\Rightarrow\triangle ADB\cong$$

$\triangle AEC\Rightarrow AB=AC,DB=CE$.

$$\left.\begin{array}{l}AD=AE\\ \angle ADO=\angle AEO\\ \angle AOD=\angle AOE\end{array}\right\}\Rightarrow\triangle ADO\cong\triangle AEO\Rightarrow OD=OE$$

$OC+OB=(OE-CE)+(OD+DB)=2OD$

更深入的研究时可以提出一些问题,如:①、②、③、④中是否能任意知二推二?即在四边形$OBAC$中,$AD\perp OB$,如果在以下4个①$\angle COA=\angle BOA$;②$AC=AB$;③$\angle ACO+\angle ABO=180^\circ$;④$OC+OB=2OD$中任意选取两个作为条件,剩下的两个作为结论,则可以得到以下6个命题.

(1) 在四边形$OBAC$中,$AD\perp OB$,已知①、②,能否推得③、④?

分析:已知①$\angle COA=\angle BOA$、②$AC=AB$,可能有如下三种情况:

图(1)不能推得③$\angle ACO+\angle ABO=180^\circ$、④$OC+OB=2OD$;图(2)、(3)能推得③、④.

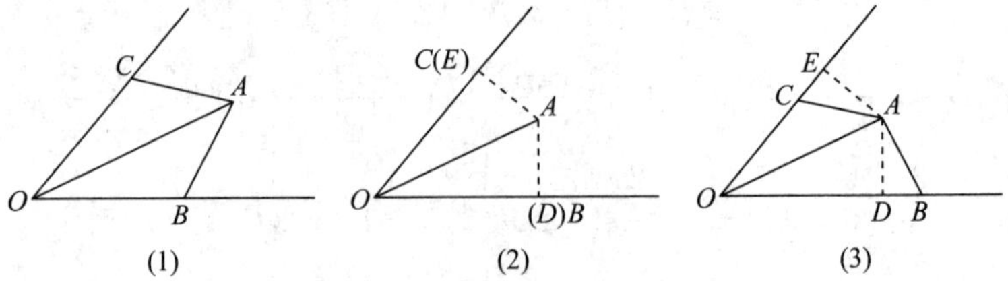

例1解图

(2) 在四边形$OBAC$中,$AD\perp OB$,已知①、③,求证②、④;

(3) 在四边形$OBAC$中,$AD\perp OB$,已知①、④,求证②、③;

(4) 在四边形$OBAC$中,$AD\perp OB$,已知②、③,求证①、④;

(5) 在四边形$OBAC$中,$AD\perp OB$,已知②、④,求证①、③;

说明 以上4个命题可以证明为真命题,证明过程见《几何初步探究》,这里略.

(6) 在四边形$OBAC$中,$AD\perp OB$,已知③、④,能否推得①、②?

我们从图形的生成、命题的叙述、添加辅助线的方法、命题的证明四个方面详细讨论,尤其关注图形的生成和添加辅助线的方法.作图:

① 作$\angle COB$，设$OB>OC$，在OB上截取$OD=\frac{OB+OC}{2}$.

② 过D作$AD\perp OB$，交$\triangle OCB$的外接圆于点A（A在$\angle COB$内）

③ 连接AC，AB.

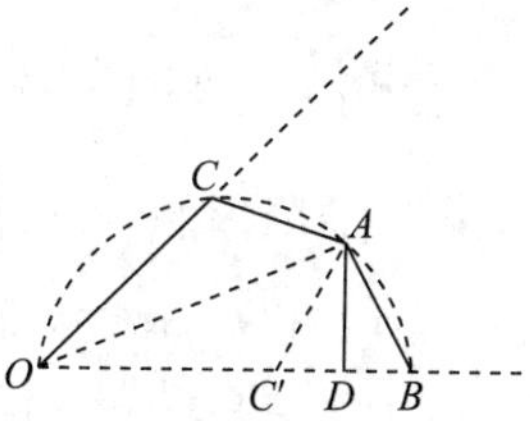

例 1 解图(4)

证 添线：截$OC'=OC$，连AC'、OA.

则$C'D=OD-OC=\frac{OB+OC}{2}-OC=\frac{OB-OC}{2}$

因为$DB=OB-OD=OB-\frac{OB+OC}{2}=\frac{OB-OC}{2}$，所以$C'D=DB$.

因为$AD\perp OB$，所以$AC'=AB$，$\angle AC'B=\angle ABC'$

因为$\angle ACO+\angle ABO=180°$，所以$\angle ACO=\angle AC'O$.

连CC'，因为$OC=OC'$，所以$\angle OCC'=\angle OC'C$，所以$\angle ACC'=\angle AC'C$，所以$AC=AC'=AB$.

所以$\angle AOC=\angle AOC'$.

所以①、②成立.

例 2 如图，等腰直角三角形ABC中，$\angle ACB=90°$，$CD\perp AB$，垂足为点D，点P在线段CD上，且$\angle CAP=15°$，连接PA，点E在AB的下方，且$\angle AEB=60°$，求$\frac{AE+BE}{PE}$的值.

分析 这道题如果在例 1 的基础上直接运用结论可以压缩思维过程，快速解决问题，否则难度会大些，然而沿用例 2 构筑全等直角三角形的通法还是可以解决的. 而压缩思维过程的基础——从复杂图形中剥离出基本图形，其过程可以根据“$PA=PB$”“$\angle E+\angle APB=180°$”找到四边形$AEBP$并判断点P在$\angle AEB$的平分线上，所以考虑作$PH\perp AE$，$PG\perp EB$并在基本图形中完成$AE+EB=2AH$的证明，而$AH=\frac{\sqrt{3}}{2}PE$，所以$\frac{AE+BE}{PE}=\sqrt{3}$.

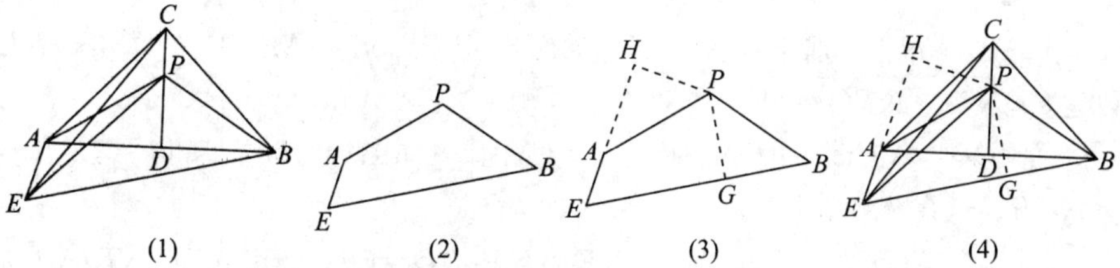

例 2 图

解题过程见《几何初步》，这里略.

例 3　如图直线 $y=-\frac{1}{2}x+2$ 交 x 轴、y 轴于点 A、点 B,C 为直线 AB 上第二象限内的一点,且 $S_{\triangle COA}=8$,双曲线 $y=\frac{k}{x}$ 经过点 C,

(1) 求 k 的值;

(2) Q 为双曲线上的一动点,连 OQ,过 C 作 $CM\perp OQ$,当 Q 在点 C 的下方(即 $x_Q<-4$)时,作 $CN\perp y$ 轴于点 N,当 Q 在点 C 的上方(即 $x_Q>-4$)时,作 $CN\perp x$ 轴于点 N,连 MN,

当 Q 点运动时,$\frac{MC+MO}{MN}$ 的值是否变化,若不变,求其值,并证明你的结论.

分析　剥离出基本图形后知 $MC+MO=2MD$,$MD=\frac{\sqrt{2}}{2}MN$,所以 $\frac{MC+MO}{MN}=\sqrt{2}$.

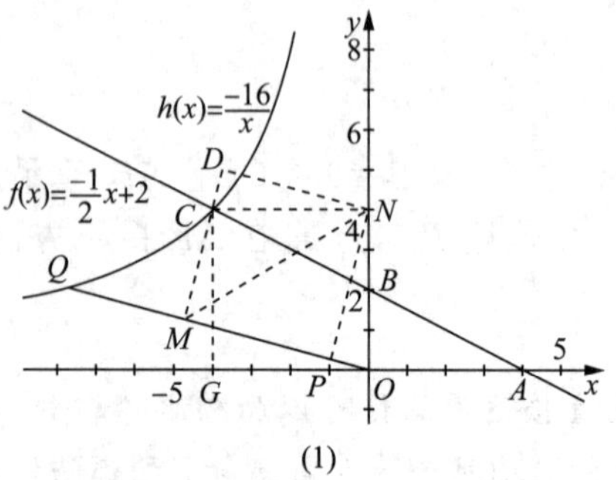

例 3 图

解　如图,当 Q 在点 C 的下方(即 $x_Q<-4$)时,

(1) $B(0,2)$、$A(4,0)$,作 $CG\perp x$ 轴于点 G,

因为 $S_{\triangle COA}=8$,所以 $CG=4$,$y=4$,则 $x=-4$,所以 $C(-4,4)$,所以 $k=4\times(-4)=-16$.

(2) 作 $CN\perp y$ 轴于点 N,$NP\perp OM$ 于点 P,$ND\perp MC$ 于点 D,连 MN.则 $\angle CDN=\angle NPO=90°$.

而 $CM\perp OQ$、$CN\perp ON$,所以 $\angle NCM+\angle NOM=180°$,所以 $\angle DCN=\angle NOP$,而 $CN=NO$,

所以 $\triangle NCD\cong\triangle NOP$,所以 $ND=NP$、$CD=OP$,所以矩形 $NDMP$ 为正方形.

所以 $\frac{MC+MO}{MN}=\frac{2MP}{MN}=\sqrt{2}$.

同理可证，当点 Q 在点 C 的上方(即 $x_Q>-4$)时，$\dfrac{MC+MO}{MN}=\dfrac{2MP}{MN}=\sqrt{2}$.

当点 Q 重合于 C 时，$CM=0$，$MO=4\sqrt{2}$，$MN=4$，$\dfrac{MC+MO}{MN}=\sqrt{2}$，

所以当点 Q 运动时，$\dfrac{MC+MO}{MN}$的值不变化，其值为$\sqrt{2}$.

例 4 如图，锐角三角形 ABC 中，$\angle A$ 的平分线交 BC 于点 L，交三角形 ABC 的外接圆于点 N，$LK\perp AB$ 于点 K，$LM\perp AC$ 于点 M，则 $S_{\triangle ABC}=S_{四边形AKNM}$.

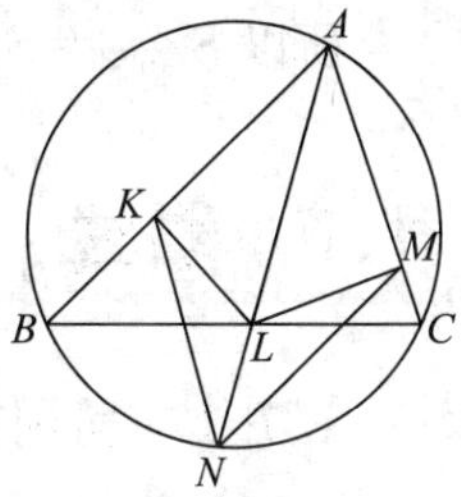

例 4 图

分析 本题是 1987 年第 28 届 IMO 试题，虽然有点难度，但是在理清解题思路时，分步将图中所含的基本图形剥离出来就可以逐步证明.

证 设$\angle BAN=\alpha$，则$\angle CAN=\alpha$，$\angle BAC=2\alpha$.

因为 AL 是$\angle A$ 的平分线且交 BC 于点 L，且 $LK\perp AB$ 于点 K，$LM\perp AC$ 于点 M，

所以 $LK=LM$，$AK=AM$，连接 KM 交 AL 于点 H，则 $KH=MH$.

(1) 如解图(1)，$AL\cdot\cos\alpha=AK$，$AK\cdot\sin\alpha=KH$，所以 $KH=AL\cdot\sin\alpha\cdot\cos\alpha$.

因为 $AK=AL\cdot\cos\alpha$，$KL=AL\cdot\sin\alpha$，

所以 $S_{四边形AKLM}=AK\cdot KL=AL^2\cdot\sin\alpha\cdot\cos\alpha$.

(2) 如解图(2)，因为 $S_{四边形AKLM}=\dfrac{1}{2}AK\cdot AM\cdot\sin2\alpha+\dfrac{1}{2}LK\cdot LM\cdot\sin(180°-2\alpha)=\dfrac{1}{2}\sin2\alpha(AK^2+KL^2)=\dfrac{1}{2}\sin2\alpha\cdot AL^2$，

所以$\dfrac{1}{2}\sin2\alpha=\sin\alpha\cdot\cos\alpha$，即 $\sin2\alpha=2\sin\alpha\cdot\cos\alpha$.

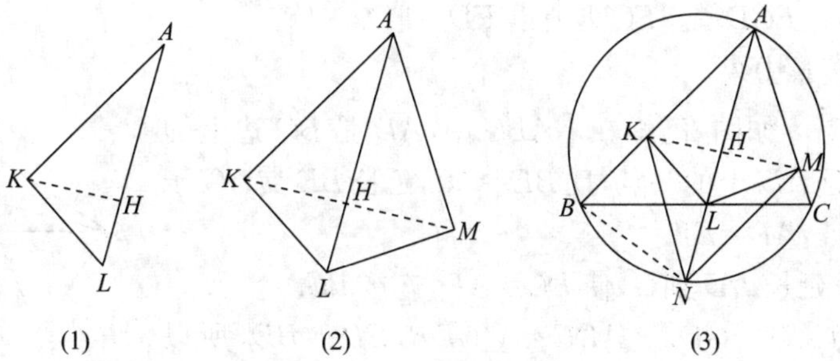

例 4 解图

(3) 因为 $S_{四边形AKNM}=\dfrac{1}{2}AN\cdot KH\cdot2=AN\cdot AL\sin\alpha\cdot\cos\alpha$，

$S_{\triangle ABC}=\frac{1}{2}AB\cdot AC\cdot\sin2\alpha=\frac{1}{2}AB\cdot AC\cdot2\sin\alpha\cdot\cos\alpha=AB\cdot AC\cdot\sin\alpha\cdot\cos\alpha$.

(4) 连接 BN,因为$\angle ANB=\angle ACL$,$\angle NAB=\angle CAL$,

所以$\triangle ABN\backsim\triangle ALC$,所以$\frac{AB}{AL}=\frac{AN}{AC}$,所以 $AB\cdot AC=AL\cdot AN$.

所以 $S_{\triangle ABC}=S_{\text{四边形}AKNM}$.

1.7 添线

1.7.1 利用重要定理

1. 利用全等三角形的性质证明线段相等

这种方法很普遍,如果所证两条线段分别在不同的三角形中,它们所在三角形看似全等,或者,通过简单处理,它们所在三角形看似全等,可考虑这种方法.

例 1 如图,已知$\triangle ABC$中,$AB=AC$,点 E 在 AB 上,点 F 在 AC 的延长线上,且 $BE=CF$,EF 与 BC 交于点 D,求证:$ED=DF$.

证 过点 E 作 $EG\parallel AF$ 交 BC 于点 G,所以$\angle EGB=\angle ACB$,$\angle EGD=\angle FCD$.

因为 $AB=AC$,所以$\angle B=\angle ACB$,所以$\angle B=\angle EGB$,$BE=GE$.

因为 $BE=CF$,所以 $GE=CF$,

在$\triangle EGD$和$\triangle FCD$中,

$\angle EGD=\angle FCD$,$\angle EDG=\angle FDC$,$GE=CF$,

所以$\triangle EGD\cong\triangle FCD$,所以 $ED=FD$.

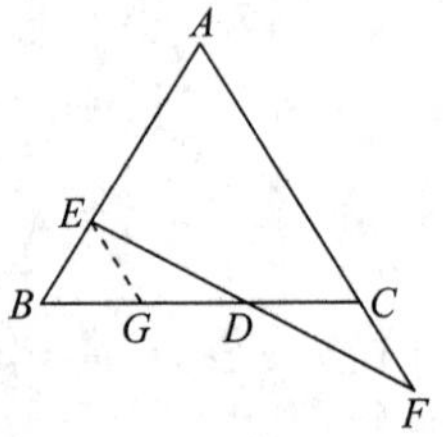

例 1 图

2. 倍长中线

例 2 如图,已知在$\triangle ABC$中,AD 是 BC 边上的中线,E 是 AD 上的一点,且 $BE=AC$,延长 BE 交 AC 于点 F.求证:$AF=EF$.

证 延长 AD 到 G,使 $DG=AD$,连接 BG.

因为 $AD=GD$,$\angle ADC=\angle GDB$,$CD=BD$,所以$\triangle ADC\cong\triangle GDB$,所以 $AC=GB$,$\angle FAE=\angle BGE$.

因为 $BE=AC$,所以 $BE=BG$,$\angle BGE=\angle BEG$,

所以$\angle FAE=\angle BGE=\angle BEG=\angle AEF$,所以 $AF=EF$.

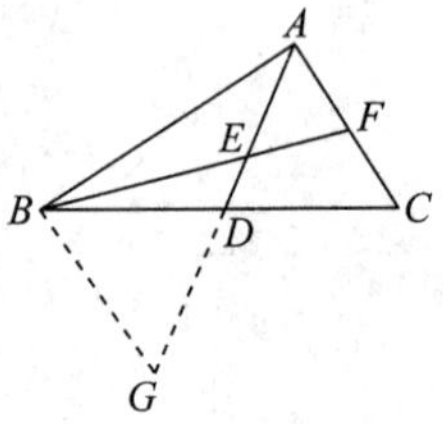

例 2 图

3. 利用平行四边形的性质证明线段相等

如果所证两线段在一直线上或看似平行，用上面的方法不易，可以考虑此法.

例 3 如图，$\triangle ABC$ 中，$\angle C=90°$，$\angle A=30°$，分别以 AB、AC 为边在 $\triangle ABC$ 的外侧作正 $\triangle ABE$ 和正 $\triangle ACD$，DE 与 AB 交于点 F，求证：$EF=FD$.

证 过 D 作 $DO\perp AC$ 交 AB 于点 O，交 AC 于点 H.

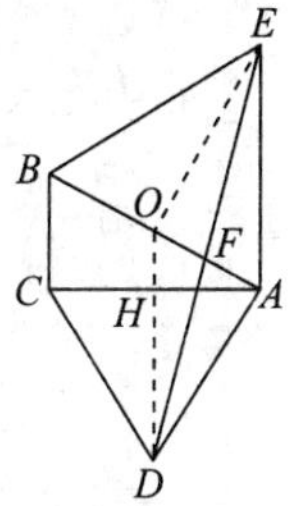

例 3 图

因为 $\triangle ACD$ 是等边三角形，OD 垂直于 AC 则必平分 AC，H 是 AC 的中点.

因为 $\angle ACB=90°$，所以 $BC\perp AC$，所以 $BC/\!/OH$.

所以点 O 必为 AB 的中点，连接 EO，则 $EO\perp AB$.

因为 $\angle CAB=30°$，$\angle BAE=\angle CAD=60°$，所以 $AD\perp AB$，$AE\perp AC$，

所以 $OE/\!/AD$，$AE/\!/OD$，所以四边形 $ODAE$ 为平行四边形，所以 $EF=FD$.

4. 利用中位线证明线段相等

如果已知条件中含有中点或等边，用上面方法较难，可以考虑此法.

例 4 如图，以 $\triangle ABC$ 的边 AB、AC 为斜边向外作直角三角形 ABD 和直角三角形 ACE，且使 $\angle ABD=\angle ACE$，M 是 BC 的中点. 证明：$DM=EM$.

证 延长 BD 至点 F，使 $DF=BD$. 延长 CE 到点 G，使 $EG=CE$，连接 AF、FC，连接 AG、BG，

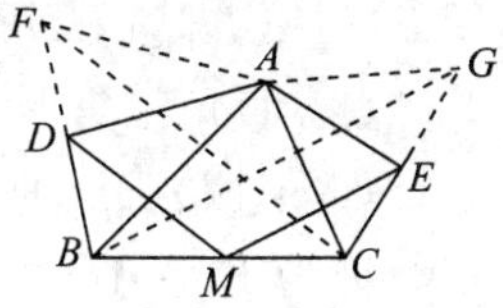

例 4 图

因为 $BD=FD$，$\angle ADB=\angle ADF=90°$，$AD=AD$，所以 $\text{Rt}\triangle ABD\cong\text{Rt}\triangle AFD$，所以 $\angle BAD=\angle FAD$.

同理可得 $\angle CAE=\angle GAE$.

因为 $\angle ABD=\angle ACE$，所以 $\angle FAB=\angle GAC$，故 $\angle FAC=\angle GAB$.

在 $\triangle ABG$ 和 $\triangle AFC$ 中，$AB=AF$，$\angle GAB=\angle CAF$，$AG=AC$，

所以 $\triangle ABG\cong\triangle AFC$，所以 $BG=FC$. 又因为 $DF=DB$，$EC=EG$，M 是 BC 的中点，

所以 $DM=\dfrac{1}{2}FC=\dfrac{1}{2}BG=EM$，即 $DM=EM$.

例 5 (1) 如图(1)，在四边形 $ABCD$ 中，$AB=CD$，E、F 分别是 BC、AD 的中点，连接 EF 并延长，分别与 BA、CD 的延长线交于点 M、N. 求证：

(1) $\angle BME=\angle CNE$；

(2) 如图(2)，在四边形 $ADBC$ 中，AB 与 CD 相交于点 O，$AB=CD$，E、F

分别是 BC、AD 的中点，连接 EF，分别交 DC、AB 于点 M、N，判断 $\triangle OMN$ 的形状.

(3) 如图(3)，在 $\triangle ABC$ 中，$AC>AB$，点 D 在 AC 上，$AB=CD$，E、F 分别是 BC、AD 的中点，连接 EF 并延长，与 BA 的延长线交于点 G，若 $\angle EFC=60^\circ$，连接 GD，判断 $\triangle AGD$ 的形状并证明.

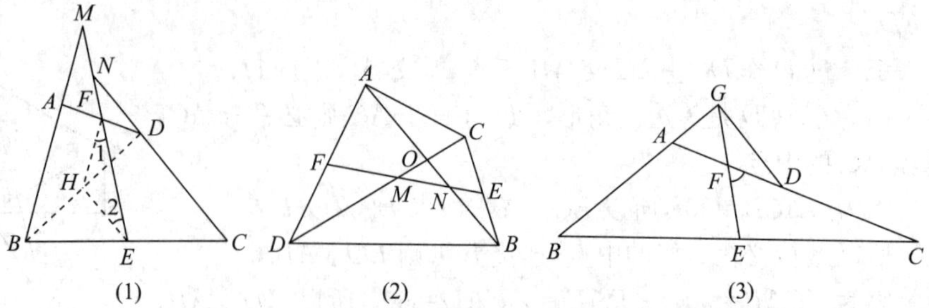

例 5 图

证 (1) 在图(1)中，连接 BD，取 BD 的中点 H，连接 HE、HF，根据三角形中位线定理，$HE /\!/ CD$，$HE=\frac{1}{2}CD$，$HF /\!/ AB$，$HF=\frac{1}{2}AB$，因为 $AB=CD$，所以 $HE=HF$，从而 $\angle 1=\angle 2$，再由平行线同位角相等和内错角相等可证得 $\angle BME=\angle CNE$.

(2) 等腰三角形.(提示：取 AC 的中点 H，连接 EH、FH，则由 $AB=CD$ 得 $EH=FH$，$\angle HEF=\angle HFE$，所以 $\angle OMN=\angle ONM$.)

(3) 直角三角形.

如图连接 BD，取 BD 的中点 H，连接 HF、HE，

因为 F 是 AD 的中点，

所以 $HF /\!/ AB$，$HF=\frac{1}{2}AB$，所以 $\angle 1=\angle 3$.

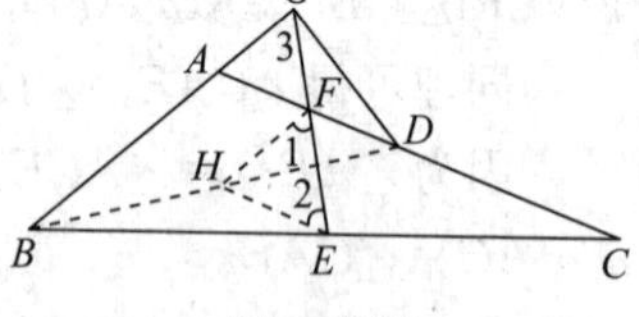

例 5 解图

同理，$HE /\!/ CD$，$HE=\frac{1}{2}CD$，所以 $\angle 2=\angle EFC=60^\circ$.

因为 $AB=CD$，所以 $HF=HE$，所以 $\angle 1=\angle 2=60^\circ$.

所以 $\angle 3=\angle EFC=\angle AFG=60^\circ$，所以 $\triangle AGF$ 是等边三角形.

因为 $AF=FD$，

所以 $GF=FD$，所以 $\angle FGD=\angle FDG=30^\circ$，所以 $\angle AGD=90^\circ$，即 $\triangle AGD$ 是直角三角形.

5. 利用"直角三角形斜边上的中线等于斜边的一半"证明线段相等

如果所证两线段所在的图形能构成直角三角形，并且可能构成斜边及斜边上的中线，用上面方法一时证不出来，可以考虑此法.

例 6 如图，正方形 $ABCD$ 中，E、F 分别为 AB、BC 的中点，EC 和 DF 相交于点 G，连接 AG，求证：$AG=AD$.

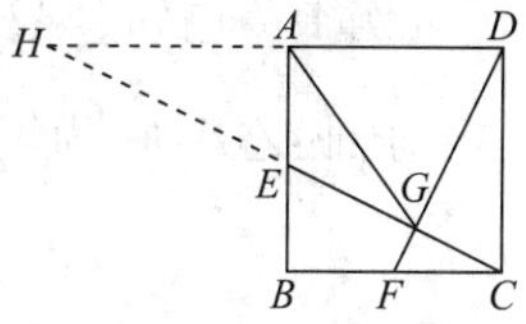

例 6 图

证 作 DA、CE 的延长线交于点 H.

因为 $ABCD$ 是正方形，E 是 AB 的中点，所以 $AE=BE$，$\angle AEH=\angle BEC$，$\angle EAH=\angle EBC=90°$，

所以 $\triangle AEH \cong \triangle BEC$（ASA），所以 $AH=BC$，$AD=AH$

又因为 F 是 BC 的中点，所以 $\mathrm{Rt}\triangle DFC \cong \mathrm{Rt}\triangle CEB$，所以 $\angle DFC=\angle CEB$

所以 $\angle GCF+\angle GFC=\angle ECB+\angle CEB=90°$，所以 $\angle CGF=90°$，所以 $\angle DGH=\angle CGF=90°$

所以 $\triangle DGH$ 是直角三角形，因为 $AD=AH$，所以 $AG=\frac{1}{2}DH=AD$.

6. 利用"等腰三角形的判定（等角对等边）"证明线段相等或利用"等腰三角形三线合一"定理

例 7 如图，$\triangle ABC$ 中，点 D 在 AC 边上，$BD=BC$，E 是 CD 的中点，F 是 AB 的中点.

求证：$EF=\frac{1}{2}AB$.

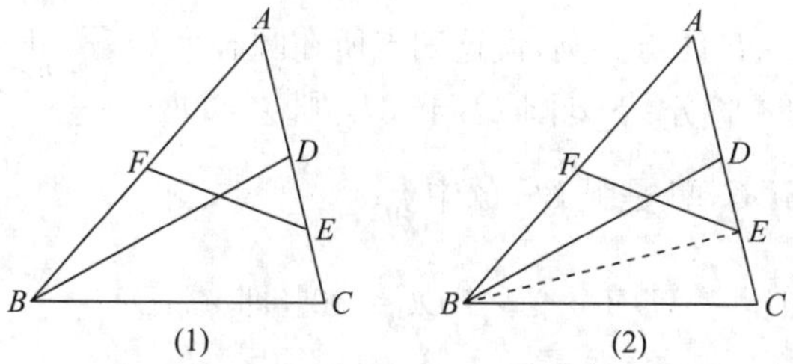

例 7 图

分析：已知 F 是 AB 的中点，要求证 $EF=\frac{1}{2}AB$，只需证得 $\triangle ABE$ 是直角三角形且 $\angle AEB$ 是直角，于是考虑连接 BE. 利用等腰三角形三线合一定理证垂直.

证 连接 BE. 因为 $\triangle DBC$ 中，$BD=BC$，E 是 CD 的中点，

所以 $BE \perp DC$.

在$\triangle ABE$中,$\angle AEB=90°$, F是AB的中点,所以$EF=\frac{1}{2}AB$.

1.7.2 延长相等、截取相等

例 1 已知$\angle ABD=\angle ACD$,$\angle ADB=90°-\frac{1}{2}\angle BDC$.

求证:$\triangle ABC$为等腰三角形.

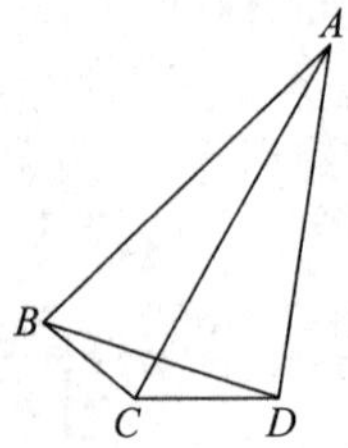

例 1 图

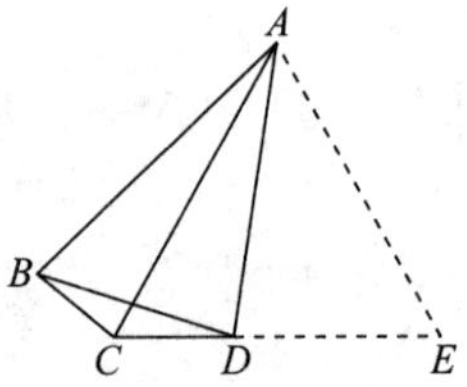

例 1 解图(1)

证法一 如图(1)延长CD到E,使$DE=DB$,连AE,

因为 $2\angle ADB=180°-\angle BDC=\angle BDE=\angle ADB+\angle ADE$, 所以$\angle ADE=\angle ADB$.

所以$\triangle ADB\cong\triangle ADE$,所以$AB=AE$,$\angle ABD=\angle E$.

因为$\angle ACD=\angle ABD$,所以$\angle ACD=\angle E$,因为C、D、E三点共线,

所以$AE=AC$,所以$AB=AC$, $\triangle ABC$为等腰三角形.

证法二 如图(2)因为$\angle ACD=\angle ABD$,且点B、C在AD的同侧,

所以A、B、C、E四点共圆,设这四点所在圆心为O.

作$\angle BDC$的平分线交圆O于M,则$\angle BDM=\angle CDM=\frac{1}{2}\angle BDC$,$M$是弧$BC$的中点.

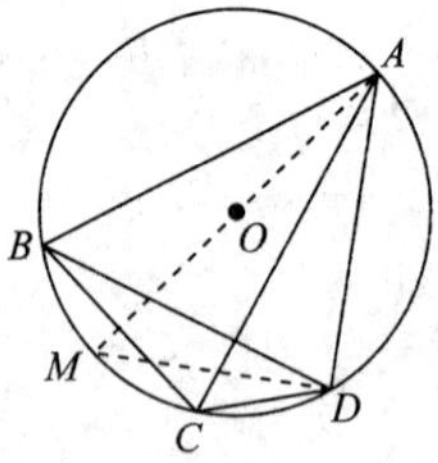

例 1 解图(2)

因为由已知得$\angle ADB+\frac{1}{2}\angle BDC=90°$,即$\angle ADM=90°$,

所以AM是圆O的直径,所以AM垂直平分弦BC,所以$AB=AC$,所以$\triangle ABC$为等腰三角形.

1.7.3 补全基本图形

例 1 在$\triangle ABC$中,$AB=AC$,$\angle BAC=90°$,BD平分$\angle ABC$交AC于

点D,$CE\perp$射线BD于点E,连接AE,求证$\angle AEB=45°$.

分析 由已知条件"BD平分$\angle ABC$"知,如果把图形沿直线BE翻折,BC与BA重叠,又由$CE\perp BD$可知折叠后的图形是直角三角形,所以打开,补全,可得到等腰三角形.

证法一 延长BA交CE的延长线于点F

因为BD平分$\angle ABC$,所以$\angle FBE=\angle CBE$.

而$BD\perp CE$,所以$\angle BEF=\angle CEB=90°$

因为$BE=BE$,所以$\triangle FBE\cong\triangle CBE$,所以$EF=EC$.

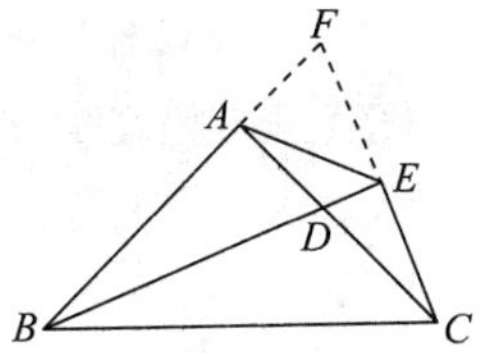

例1解图

而$\angle BAC=\angle FAC=90°$,所以$AE=CE=EF$.

由$\angle FEA=180°-2\angle F=\angle ABC=45°$,所以$\angle AEB=45°$.

证法二 因为$\angle BAC=90°$,$\angle BEC=90°$,所以A、B、C、E四点共圆,所以$\angle BEA=\angle BCA=45°$.

例2 如图,已知AD是Rt$\triangle ABC$斜边上的高,$\angle ABC$的平分线分别交AD于点M,交AC于点P,$AQ\perp BP$,垂足为Q,$AK=DK$,求证:$QK\perp AD$.

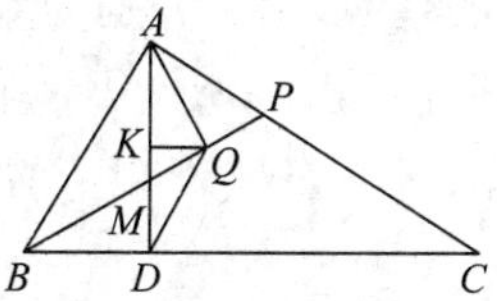

例2图

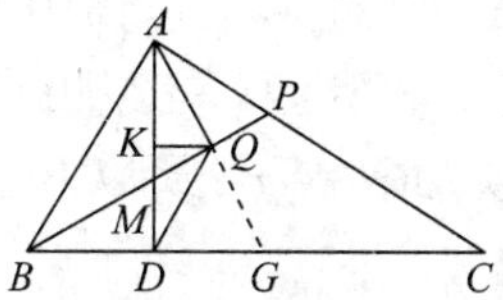

例2解图

分析 由已知BP是$\angle ABC$的平分线,$AQ\perp BP$,可以想到如果延长AQ交BC于点G,则$\triangle ABG$是等腰三角形,Q是底边AG的中点. 又由$AK=DK$,知K是AD的中点,所以$QK/\!/BC$.

由已知AD是Rt$\triangle ABC$斜边上的高,可得$KQ\perp AD$.

证法一 延长AQ交BC于点G,

因为BP是$\angle ABC$的平分线,$AQ\perp BP$,

所以$\triangle ABQ\cong\triangle GBQ$,$AQ=GQ$,

因为$AK=DK$,$AQ=GQ$,所以$QK/\!/BC$,

因为$BC\perp AD$,所以$KQ\perp AD$.

证法二 延长AQ交BC于点G,因为BP是$\angle ABC$的平分线,$AQ\perp BP$,

所以$\triangle ABQ\cong\triangle GBQ$,$AQ=GQ$,所以$DQ$是Rt$\triangle ADG$斜边上的中线,$AG=2DQ$,所以$DQ=AQ$,

所以KQ是等腰三角形AQD底边上的中线,所以$KQ\perp AD$.

例 3 在△ABC 中,$\angle C=90°$,$AC=BC=4$,在射线 AC、CB 上分别有动点 M、N,且 $AM=BN$,连接 MN 交射线 AB 于点 P.

(1) 线段 PM 和 PN 之间有怎样的大小关系?

(2) 设 $AM=x$,$BP=y$,求 y 关于 x 的函数关系式 $y=f(x)$.

(3) 过 M 作射线 AB 的垂线,垂足为 Q,在 M、N 的移动过程中,线段 PQ 的长度是否随之变化?如变化,则写出变化规律;如不变,则求出 PQ 的长.

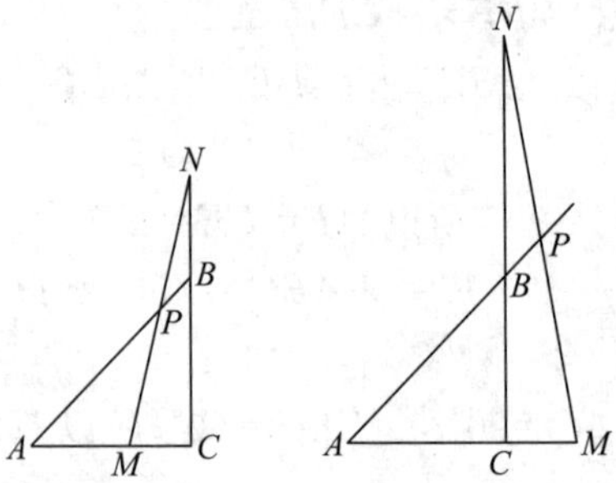

例 3 图

(1) **解法一** 过 M、N 分别作射线 AB 的垂线,垂足分别为 Q、H. 由已知可得△AMQ 和△BNH 是等腰直角三角形,且由 $AM=BN$ 得△AMQ≌△BNH,所以 $MQ=NH$. 所以 Rt△MQP≌Rt△NHP,所以 $PM=PN$.

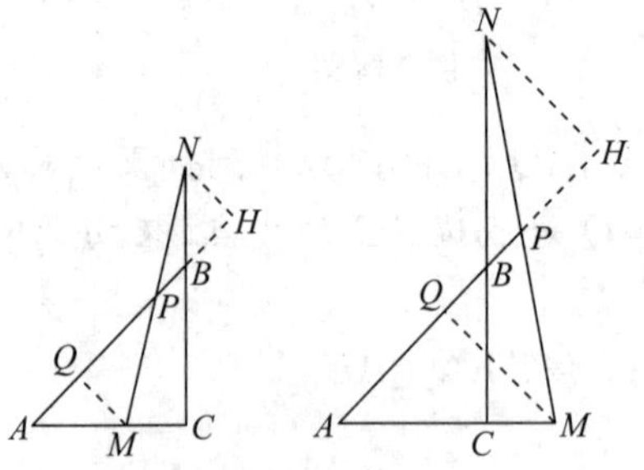

例 3 解法一图

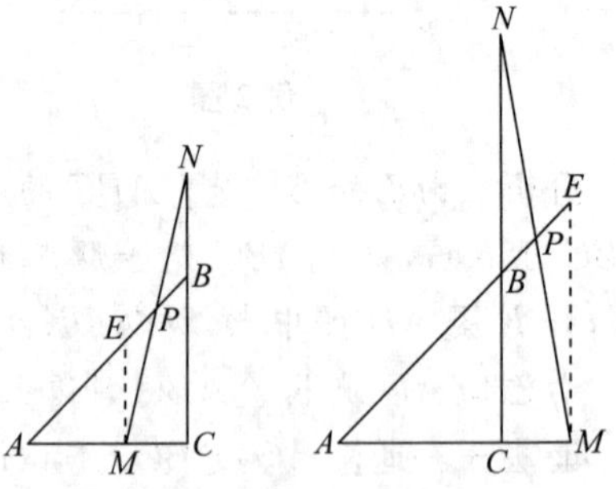

例 3 解法二图

解法二 过 M 作射线 AC 的垂线,交射线 AB 于点 E. 由已知可得△AEM 是等腰直角三角形,

所以 $ME=AM$,且由 $AM=BN$ 得△EMP≌△BNP,所以 $PM=PN$.

解 (2) 设 $AM=x$,$BP=y$,由解法二图易得 $BP=EP=\frac{1}{2}EB=\frac{1}{2}\left|4\sqrt{2}-\sqrt{2}x\right|$,

所以 $y=\frac{1}{2}\left|4\sqrt{2}-\sqrt{2}x\right|=\begin{cases}2\sqrt{2}-\frac{\sqrt{2}x}{2}\ (0<x\leqslant 4),\\ \frac{\sqrt{2}x}{2}-2\sqrt{2}\ (x>4),\end{cases}$

(3) 由解法一图易得 $PQ=PH=\frac{1}{2}QH=\frac{1}{2}(AB+BH-AQ)=\frac{1}{2}\left(4\sqrt{2}+\frac{\sqrt{2}x}{2}-\frac{\sqrt{2}x}{2}\right)=2\sqrt{2}$.

所以过 M 作射线 AB 的垂线，垂足为 Q，在 M、N 的移动过程中，线段 PQ 的长度不变. PQ 的长为 $2\sqrt{2}$.

这里，等腰直角三角形是基本图形，添线时首选考虑构成基本图形.

例 4　如图，在梯形 $ABCD$ 中，$AD=BC=10$，$\tan D=\frac{4}{3}$，E 是腰 AD 上一点，且 $AE:ED=1:3$.

(1) 当 $\angle ABE=\angle BCE$ 时，求线段 BE 的长；

(2) 当 $\triangle BCE$ 是直角三角形时，求边 AB 的长.

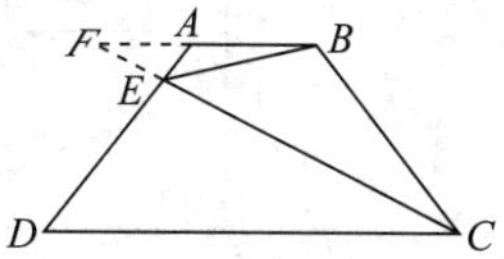

例 4 图

解　(1) 延长 BA、CE 交于点 F，因为 $\angle ABE=\angle BCE$，

所以 $\triangle BFE\backsim\triangle CFB$，所以 $\frac{BE}{BC}=\frac{EF}{BF}=\frac{BF}{CF}$，

所以 $BF^2=EF\cdot CF$，因为 $CF=4EF$，所以 $BF^2=4EF^2$，$BF=2EF$.

所以 $\frac{BE}{10}=\frac{EF}{BF}=\frac{1}{2}$，$BE=5$.

(2) 代数解法分析：

① 这个梯形由两个全等的 3、4、5 直角三角形“奠基”，但是形状不固定，“开关”在 AB，可设 AB 的长为 a；

② E 是定点，$AE=\frac{5}{2}$，E 到 AB 距离为 2，到 DC 距离为 6；

③ 图形变化过程中的不变性质或不变量，即“总有”：$EN=2$，$BN=\frac{3}{2}+a$，$EB^2=2^2+\left(\frac{3}{2}+a\right)^2$.

$EP=6$，$PC=12+a-\frac{9}{2}=\frac{15}{2}+a$，$EC^2=6^2+\left(\frac{15}{2}+a\right)^2$.（见解图(1)）

④ 如果 $\triangle EBC$ 是直角三角形，则可能有 $\angle EBC=90^\circ$ 或 $\angle BEC=90^\circ$ 两种情况，只需：

$EB^2+BC^2=EC^2$，即 $2^2+\left(\frac{3}{2}+a\right)^2+10^2=6^2+\left(\frac{15}{2}+a\right)^2$，　$a=\frac{7}{6}$.

或 $EB^2+EC^2=BC^2$，即 $2^2+\left(\frac{3}{2}+a\right)^2+6^2+\left(\frac{15}{2}+a\right)^2=10^2$，因为 $a>0$，所以 $a=\sqrt{21}-\frac{9}{2}$.

几何解法分析：

① 如果 $\angle EBC=90°$，则 $\angle NBE=\angle ABC-90°=\angle DAH$，(见解图(2))

所以 $NE=\frac{3}{4}(\frac{3}{2}+a)=2$，$a=\frac{7}{6}$.

② 如果 $\angle BEC=90°$，则出现一线三角的基本图形直角梯形 $BNPC$ 的直角边上有直角 BEC，则 $\triangle BNE\backsim\triangle EPC$，(见解图(3))

所以 $\frac{NE}{PC}=\frac{NB}{EP}$，$\left(\frac{3}{2}+a\right)\left(\frac{15}{2}+a\right)=12$，$4a^2+36a-3=0$，因为 $a>0$，所以 $a=\sqrt{21}-\frac{9}{2}$.

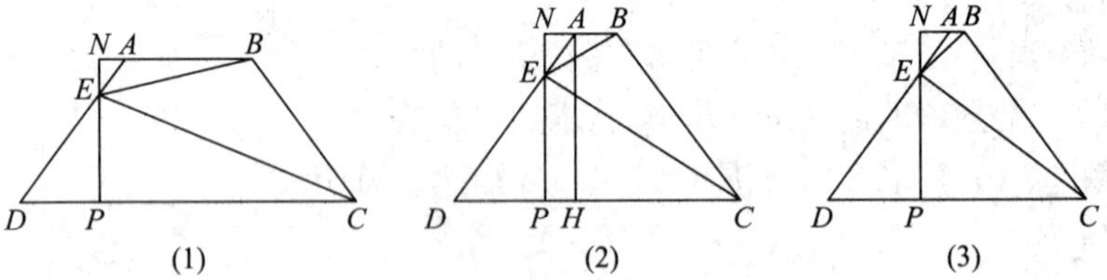

例 4 解图

综上，当 $\triangle BCE$ 是直角三角形时，边 AB 的长为 $\frac{7}{6}$ 或 $\sqrt{21}-\frac{9}{2}$.

1.7.4　将分散的条件集中

例 1　已知在正方形 $ABCD$ 中，点 E 是对角线 AC 上的一点，$EF\perp CD$，F 是垂足，$EG\perp AD$，G 是垂足，求证：$BE=GF$.

分析一　本题求证的 $BE=GF$ 这两条线段分散在不同区域，互相没有直接关联，由 GF 是四边形 $EFDG$ 的对角线，而 $EFDG$ 是矩形，根据矩形对角线相等可以将 GF 转移到 ED，ED 与 BE 有关联，既可以在同一个三角形内，也可以在两个全等三角形内，所以连接 DE.

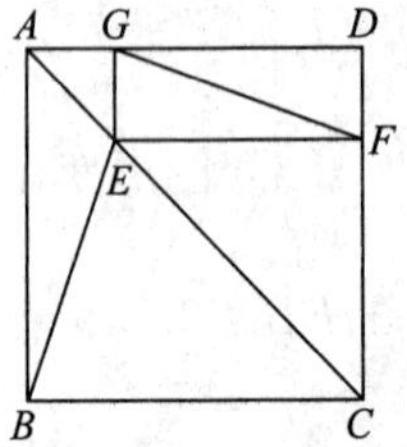

例 1 图

证法一　连接 DE. 因为四边形 $EFDG$ 是矩形，所以 $GF=ED$.

因为在 $\triangle ECB$ 和 $\triangle ECD$ 中，$BC=DC$，$\angle ECB=\angle ECD$，$EC=EC$，

所以 $\triangle ECB\cong\triangle ECD$，所以 $BE=ED$. 因为 $GF=ED$，所以 $BE=GF$.

分析二　本题求证的 $BE=GF$ 这两条线段分散在不同区域，互相没有直

接关联，而 GF 在 Rt$\triangle GEF$ 中，延长 FE 可将 BE 放在 Rt$\triangle EKB$ 中，只需证明这两个三角形全等.

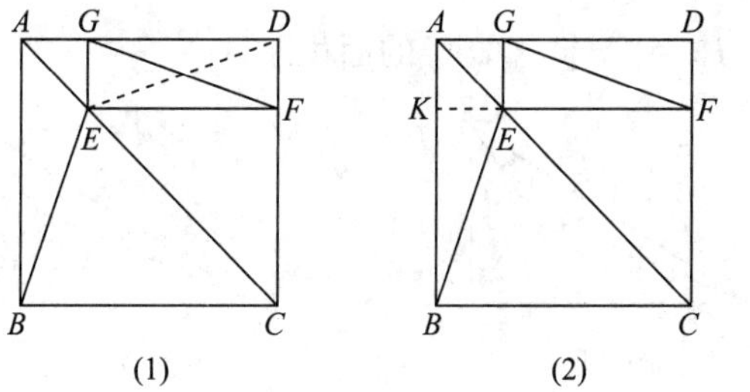

例 1 解图

证法二 延长 FE 交 AB 于点 K. 因为 $EF\perp CD$，$CD/\!/AB$，所以 $EF\perp AB$，$\triangle BEK$ 是直角三角形.

因为 AC 是正方形 $ABCD$ 的对角线，点 E 在 AC 上，

所以点 E 在 $\angle BAD$ 的平分线上，因为 $EF\perp AB$，K 是垂足，$EG\perp AD$，G 是垂足，

所以 $EK=EG$.

因为在$\triangle ECF$ 中，$\angle ECF=45^\circ$，$\angle EFC=90^\circ$，所以$\angle FEC=45^\circ$，所以 $EF=FC$，所以 $EF=FC=KB$.

因为在 Rt$\triangle EKB$ 和 Rt$\triangle GEF$ 中，$EK=EG$，$KB=EF$，

所以$\triangle EKB\cong\triangle GEF$，所以 $BE=GF$.

例 2 已知：如图，在$\triangle ABC$ 中，$BD\perp AC$，D 为垂足，E 是 AB 的中点，$EF/\!/BC$，交 AC 于点 F，$\angle A=2\angle C$. 求证：$DF=\frac{1}{2}AB$.

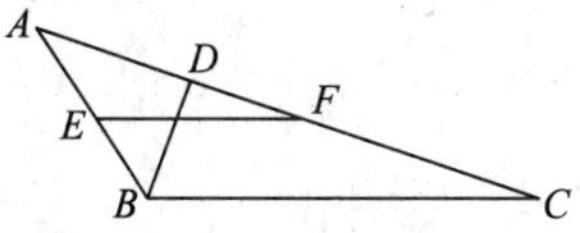

例 2 图

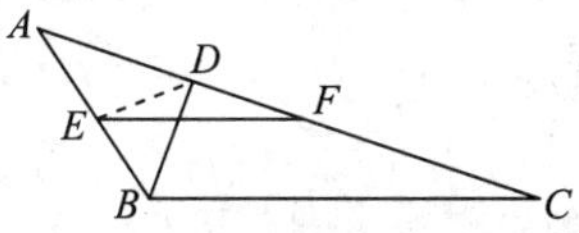

例 2 解图

证 连接 DE. 因为 $BD\perp AC$，D 为垂足，所以$\angle ADB=90^\circ$.

因为 E 是 AB 的中点，所以 $DE=AE=\frac{1}{2}AB$. 所以$\angle A=\angle ADE$.

因为 $EF/\!/BC$，所以$\angle AFE=\angle C$. 因为$\angle A=2\angle C$，所以$\angle ADE=2\angle AFE$.

因为$\angle ADE=\angle AFE+\angle DEF$，所以$\angle AFE=\angle DEF$. 所以 $DE=DF$. 所以 $DF=\frac{1}{2}AB$.

利用图形运动将分散的条件集中，举例如下.

例 3 如图，在$\triangle ABC$中，$\angle BAC=60°$，$AB=2AC$，点P在$\triangle ABC$内，$PA=\sqrt{3}$，$PB=5$，$PC=2$，求$\triangle ABC$的面积.

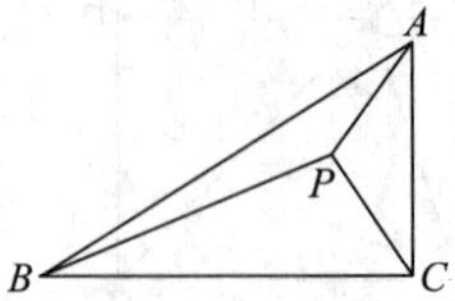

例 3 图

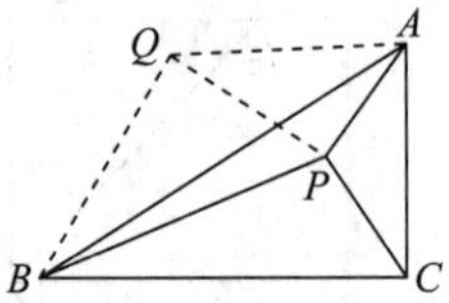

例 3 解图

解 作$\angle ABQ=\angle ACP$，$\angle BAQ=\angle CAP$，则$\triangle ABQ\backsim\triangle ACP$，所以$\dfrac{AQ}{AP}=\dfrac{AB}{AC}$.

因为在$\triangle APQ$和$\triangle ACB$中，由$\dfrac{AQ}{AP}=\dfrac{AB}{AC}$，可得$\dfrac{AQ}{AB}=\dfrac{AP}{AC}$

且$\angle QAP=\angle QAB+\angle BAP=\angle CAP+\angle BAP=\angle BAC$，所以$\triangle APQ\backsim\triangle ACB$，

所以$\angle APQ=\angle ACB$. 由$\angle BAC=60°$，$AB=2AC$，可得$\triangle ABC$是直角三角形，

所以$\angle ACB=90°$，所以$\angle APQ=90°$.

因为$\angle QAP=\angle BAC=60°$，所以$AQ=2AP=2\sqrt{3}$，$PQ=3$.

因为在$\triangle PQB$中，$BQ=2PC=4$，$QP=3$，$BP=5$，所以$\angle BQP=90°$，所以$\angle AQB=120°$.

因为$AQ=2\sqrt{3}$，$BQ=4$，$\angle AQB=120°$，

所以$AB^2=4^2+(2\sqrt{3})^2-2\cdot 4\cdot(2\sqrt{3})\cdot\cos 120°=28+8\sqrt{3}$.

所以$S_{\triangle ABC}=\dfrac{1}{2}AB\cdot\dfrac{\sqrt{3}}{2}AC=\dfrac{\sqrt{3}}{8}AB^2=\dfrac{6+7\sqrt{3}}{2}$.

1.8 基本图形的读、画、作与分析

1.8.1 定比分点类

问题 1 已知线段AB，在线段AB上求作一点P，使$AP:PB=3:2$.

作法 (1) 过A作射线并以任意长为单位在射线上依次截取$AC=CD=DE=EF=EG$；

(2) 连接GB；

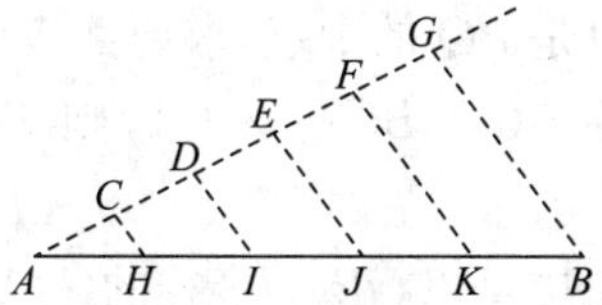

(3) 分别过点 C、D、E、F、作 GB 的平行线交线段 AB 与点 H、I、J、K,则 P 应取在点 J 处.

依据 平行线分线段成比例.

问题 2 已知线段 AB,在直线 AB 上求作一点 P,使 $AP:PB=3:2$.

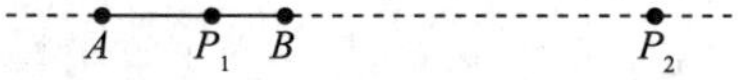

作法 (1) 方法同上;(2) 延长 AB 到 P_2,使 $BP_2=2AB$.

依据 设 $AP=3x$,$BP=2x$,

(1) 若 P 在线段 AB 上,则 $3x+2x=AB$,$5x=AB$,$x=\frac{AB}{5}$,$AP=\frac{3AB}{5}$.

(2) 若 P 在线段 AB 的延长线上,则 $3x-2x=AB$, $x=AB$, $AP=3AB$.

(3) 若 P 在线段 AB 的反向延长线上,则 $3x+AB=2x$,无解.

问题 3 已知线段 AB,在线段 AB 所在平面 M 上求作一点 P,使 $AP:PB=3:2$.

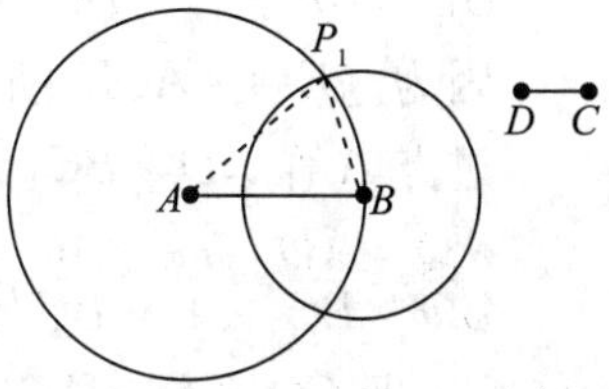

作法 (1) 作线段 $DC\left(DC>\frac{AB}{5}\right)$;(2)分别以 A、B 为圆心,$3DC$、$2DC$ 为半径画弧交于 P_1、P_2,则 P_1、P_2为所求.

思考 随着 DC 的长的变化,点 P 的位置也有变化,这里有没有规律呢?

介绍 若一点到两定点 A、B 距离的比等于两已知线段的比 $m:n$,则这点的轨迹是以 $m:n$ 为内分和外分线段 AB 的两个分点所连线段为直径的圆(阿波罗尼斯圆),(其中 $m\neq n$). 如图中的圆 O.

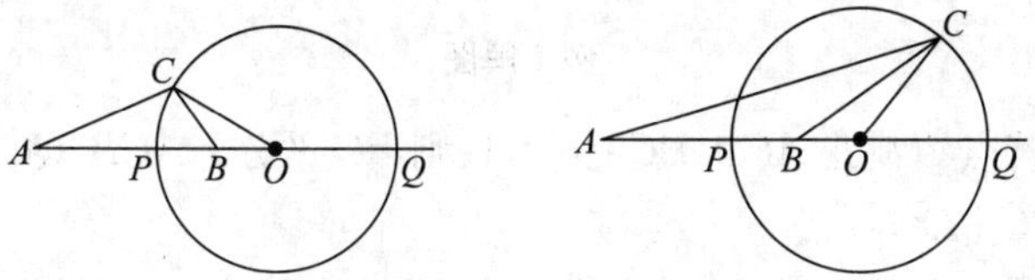

思考 如何证明呢?

例 1 线段 AB,点 P 内分 AB 为 $AP:BP=m:1(m>1)$, 点 Q 外分

AB 为 $AQ:BQ=m:1$,O 是 PQ 的中点,求证:(1) $OP^2=OA\cdot OB$;

(2) 若点 C 满足条件 $AC:BC=m:1$,则 PC 平分 $\angle ACB$,QC 平分 $\angle ACB$ 的外角;

(3) (2)中的点 C 的轨迹是以 OP 为半径的 $\odot O$.

证 (1) 设 $BP=k$,则 $AP=mk$,$AB=(m+1)k$,

因为$\dfrac{AQ}{BQ}=\dfrac{AB+BQ}{BQ}=\dfrac{AB}{BQ}+1=\dfrac{m}{1}$,$\dfrac{(m+1)k}{BQ}=m-1$,

所以 $BQ=\dfrac{(m+1)k}{m-1}$,$PQ=PB+BQ=k+\dfrac{(m+1)k}{m-1}=\dfrac{2mk}{m-1}$,$OP=\dfrac{1}{2}PQ=\dfrac{mk}{m-1}$.

$OA=AP+OP=mk+\dfrac{mk}{m-1}=\dfrac{m^2k}{m-1}$,$OB=OP-PB=\dfrac{mk}{m-1}-k=\dfrac{k}{m-1}$.

所以 $OA\cdot OB=\dfrac{m^2k^2}{(m-1)^2}=OP^2$.

(2) 过点 B 作 $BE\parallel AC$,交 CP 的延长线于点 E,则

$\dfrac{AC}{BE}=\dfrac{AP}{BP}=\dfrac{m}{1}=\dfrac{AC}{BC}$,所以 $BE=BC$,$\angle E=\angle BCE$,

因为$\angle E=\angle ACE$,所以$\angle ACE=\angle BCE$,即 CP 平分$\angle ACB$.

过点 A 作 $AD\parallel BC$,交 QC 的延长线于点 D,则

$\dfrac{AQ}{BQ}=\dfrac{AD}{BC}=\dfrac{m}{1}=\dfrac{AC}{BC}$,所以 $AD=AC$,所以$\angle D=\angle ACD$,所以$\angle BCQ=\angle QCT$,即 CQ 平分$\angle ACB$ 的外角.

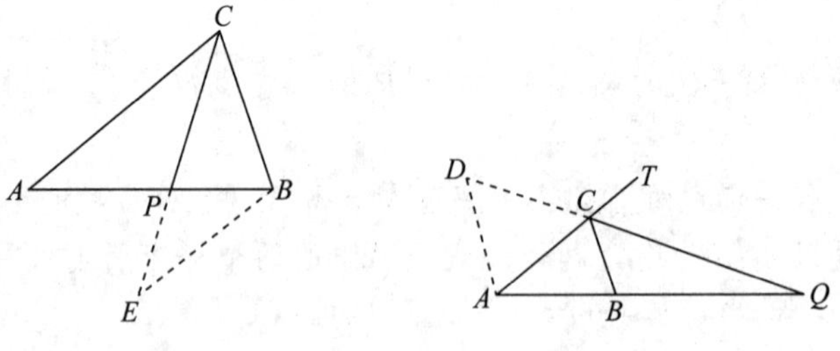

(1) (2)

例 1 解图

(3) ① 若点 C 满足 $AC:BC=m:1$,则 PC 平分$\angle ACB$,QC 平分$\angle ACB$ 的外角,则 $PC\perp QC$,

因为 O 是 PQ 的中点,所以 $OC=OP$,点 C 在$\odot O$ 上.

② 若点 C 在$\odot O$ 上且不在直线 AB 上时,则 $OC^2=OA\cdot OB$,$\dfrac{OC}{OB}=\dfrac{OA}{OC}$,

因为$\angle COB=\angle AOC$,

所以$\triangle COB\backsim\triangle AOC$. 所以$\dfrac{AC}{BC}=\dfrac{AO}{OC}=\dfrac{m^2k}{mk}=\dfrac{m}{1}$.

因为当C重合于点P时，有$AP:BP=m:1$，当C重合于点Q时，有$AQ:BQ=m:1$，

所以$\odot O$上的所有点C满足$AC:BC=m:1$.

综合①、②得，点C的轨迹是以OP为半径的$\odot O$.

1.8.2 沿直线变化类

问题4 已知直线$l_1/\!/l_2/\!/l_3$，求作正三角形ABC，使顶点A、B、C分别在l_1、l_2、l_3上.

(1) 作法：

① 在直线l_1上任取点A，作$AB'\perp l_2$，B'为垂足；

② 以AB'为边，作等边三角形$AB'C'$；

③ 过点C'作直线$l\perp AC'$，交l_3于点C；

④ 连AC；

⑤ 作$\angle CAB=60°$，交l_2于点B；

⑥ 连BC，则$\triangle ABC$即为所求.

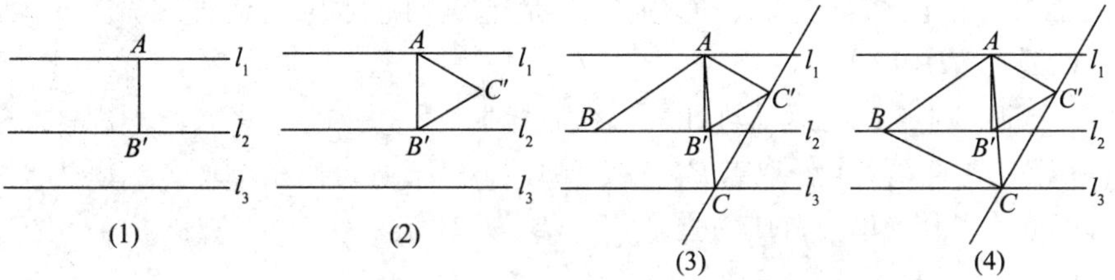

(2) 根据上述作法写出已知并证明$\triangle ABC$是等边三角形.

已知：点A在直线l_1上，$AB'\perp l_2$，B'为垂足，$\triangle AB'C'$是等边三角形. 直线$l\perp AC'$，交l_3于点C，$\angle CAB=60°$，交l_2于点B.

求证：$\triangle ABC$是等边三角形.

证 在$\triangle AC'C$和$\triangle AB'B$中，$\angle AC'C=90°$，$\angle AB'B=90°$，$\angle CAC'=60°-\angle CAB'=\angle BAB'$，且$AC'=AB'$，所以在$\triangle AC'C\cong\triangle AB'B$，所以$AC=AB$. 因为$\angle CAB=60°$，所以$\triangle ABC$是等边三角形.

思考：从图形运动的角度看，$\triangle ABC$与等边$\triangle AB'C'$相似且有公共顶点A，如果点C在直线l上移动，那么点B随之在直线l_2上变动.

问题5 画已知三角形ABC的内接正方形.

画法 ① 在BC上取点E；② 过点E作BC的垂线交AB于点D；③ 以DE为边在$\triangle ABC$内作正方形$DEFG$；④ 作射线BG交AC于点K；⑤ 作

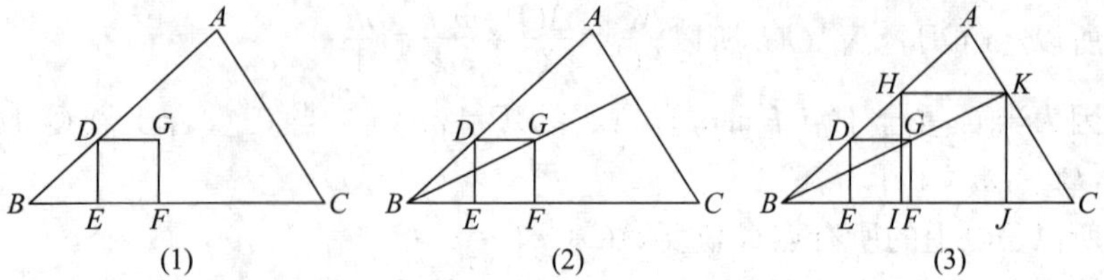

$KJ \perp BC$ 于点 J，作 $KH /\!/ BC$ 交 AB 于点 H；⑥ 过点 H 作 BC 的垂线交 BC 于点 I，则四边形 $JKHI$ 为所求.

依据　利用位似形画已知三角形的内接正方形.

思考：随着点 D 在 BA 上移动，点 G 的运动轨迹是线段.

思考与归纳：已知$\triangle ABC$，如果顶点 A 固定，顶点 B 在定直线 L 上运动，要使运动中的三角形始终保持与原三角形相似，则顶点 C 的运动轨迹是怎样的图形？

通过画图、观察，猜想当点 B 在 l 上运动时，点 C 的轨迹是直线.

命题：与定三角形相似的$\triangle ABC$，如果顶点 A 固定，顶点 B 在定直线 l 上运动，则顶点 C 的运动轨迹是一条定直线.

例 1　已知：$\triangle ABC$ 的顶点 A 是定点，顶点 B 在定直线 l 上运动，$\triangle ABC \backsim \triangle IKJ$.

求证：顶点 C 的运动轨迹是一条定直线.

证　在直线 l 上任取点 B，连接 AB，以 AB 为边，作$\triangle ABC \backsim \triangle IKJ$.

过点 A 作 $AB' \perp l$，B'为垂足. 以 AB'为边，作$\triangle AB'C' \backsim \triangle IKJ$. 则$\triangle ABC \backsim \triangle AB'C'$.

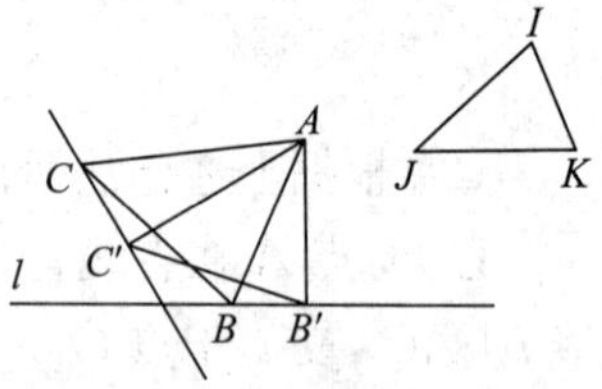

例 1 图

因为$\dfrac{AB}{A'B'}=\dfrac{AC}{A'C'}$，且$\angle C'AB'=\angle CAB$，

$\angle BAB'=\angle C'AB'-\angle C'AB=\angle CAB-\angle C'AB=\angle CAC'$，

所以$\triangle CAC' \backsim \triangle BAB'$

因为$\angle BB'A=90°$，所以$\angle CC'A=90°$.

因为 B'为定点，AB'为定长，所以 C'为定点，AC'为定线段.

所以过 C'且垂直于 AC'的直线 CC'是定直线.

1.8.3　线段长之间的关系变化类

问题 6　已知：$ABCD$ 是正方形，直线 $MN \perp AB$，分别交 AB、CD 于点 M、N. 点 E 是直线 AD 上一动点，连接 BE 交 MN 于点 O，过 O 作 $OP \perp BE$ 分别交直线 AB、CD 于点 P、Q.

探究 线段 AE、MP、NQ 的长度之间有怎样的数量关系？（直接写出结论）

分析 运用草图判断关系，研究规律，然后分类讨论.

解 作 $PP'/\!/BC$ 交直线 CD 于点 P'. 总有 $\triangle ABE \cong \triangle P'PQ$，$AE=P'Q$. 连接 BN 并延长交 AD 延长线于点 H.

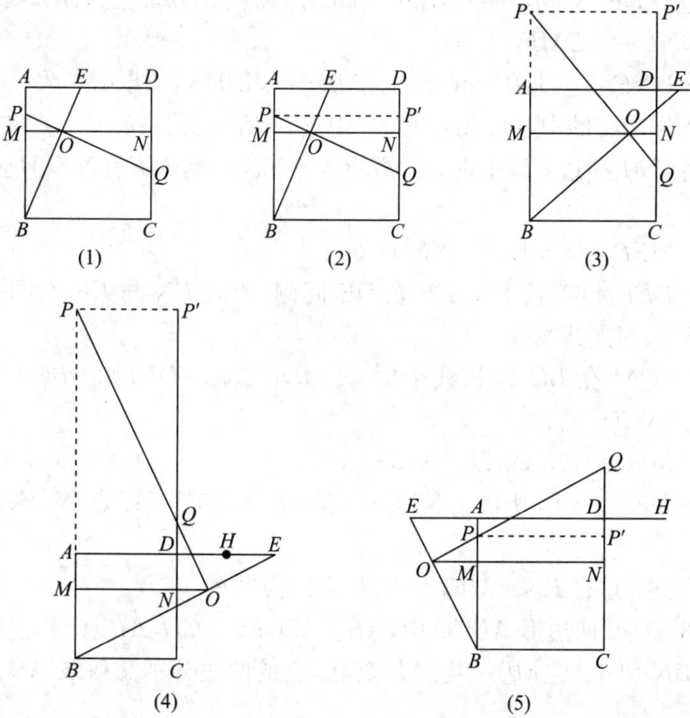

结论 如图(2)、(3)，若点 E 在线段 AH 上时，$AE=MP+NQ$；
如图(4)，若点 E 在线段 AH 的延长线上时，$AE=MP-NQ$；
如图(5)，若点 E 在线段 DA 的延长线上时，$AE=QN-MP$.

问题 7 如图，已知等边三角形 ABC 中，点 D、E、F 分别是三边的中点，M 为直线 BC 上一动点，三角形 DMN 为等边三角形，则 EN 和 MF 有怎样的数量关系？点 N、E、F 有怎样的位置关系？

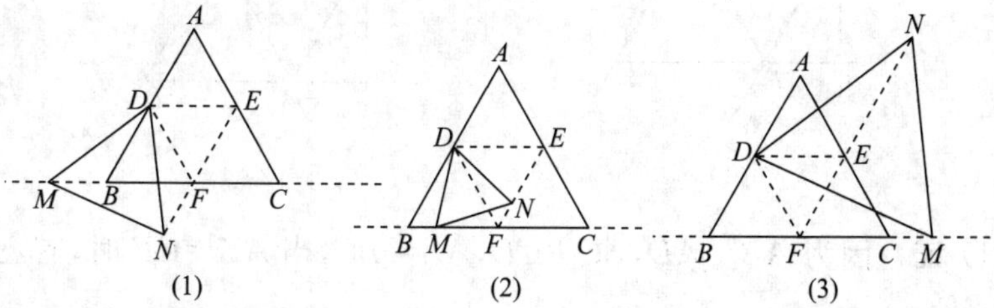

解　连接 DE、DF、EF. 因为点 D、E、F 分别是三边的中点，所以 DE、DF、EF 是三角形的中位线.

因为 $\triangle ABC$ 是等边三角形，所以 $\triangle DEF$ 是等边三角形.

(1) 当点 M 在 CB 延长线上时，$\angle MDB=60^\circ-\angle BDN=\angle NDF$，则 $\angle MDF=\angle NDE$. 又 $MD=ND$，$DF=DE$，所以 $\triangle MDF\cong\triangle NDE$，则 $MF=NE$，且 $\angle DNE=\angle DMF$.

因为 $\angle DNE=\angle DMF=60^\circ-\angle MDB=\angle BDN$，所以 $EN\parallel AB$.

由点 E 是 AC 的中点得 EN 过 BC 中点 F. 所以点 N、E、F 三点共线.

(2) 当点 M 在边 CB 上时，$\triangle MDF\cong\triangle NDE$，则 $MF=NE$，且 $\angle MFD=\angle NED$.

因为 $\angle MFD=60^\circ$，所以 $\angle NED=60^\circ$.

因为 $\angle DEF=60^\circ$ 且 EN、EF 在 DE 同侧，所以 EN 与 EF 在同一直线上，点 N、E、F 三点共线.

(3) 当点 M 在 BC 延长线上时，$\triangle MDF\cong\triangle NDE$，则 $MF=NE$，且 $\angle MFD=\angle NED$.

因为 $\angle MFD=120^\circ$，所以 $\angle NED=120^\circ$.

因为 $\angle DEF=60^\circ$，所以 $\angle NED+\angle DEF=180^\circ$. 所以点 N、E、F 三点共线.

综上所述，总有 $EN=MF$，点 N、E、F 三点共线.

问题 8　已知四边形 $ABCD$ 中，$AB\perp AD$，$BC\perp CD$，$AB=BC$，$\angle ABC=120^\circ$，$\angle MBN=60^\circ$，$\angle MBN$ 绕点 B 旋转，它的两边分别交射线 AD、DC 于点 E、F.

(1) 当 $\angle MBN$ 绕点 B 旋转到 $AE=CF$ 时，求证：$AE+CF=EF$.

(2) 当 $\angle MBN$ 绕点 B 旋转到 $AE\neq CF$ 时，上述结论是否仍成立？若成立，予以证明，若不成立，探索线段 AE、CF、EF 之间的数量关系并说明理由.

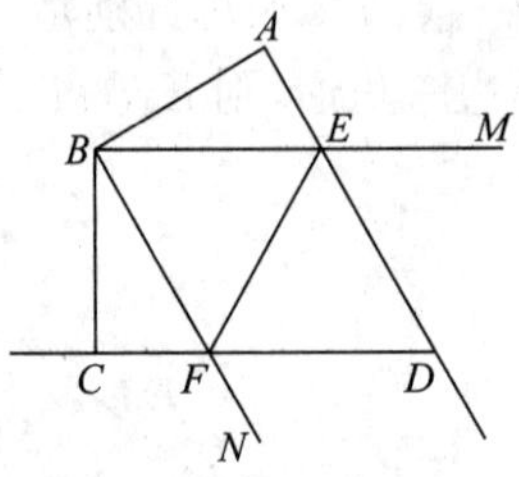

(1)

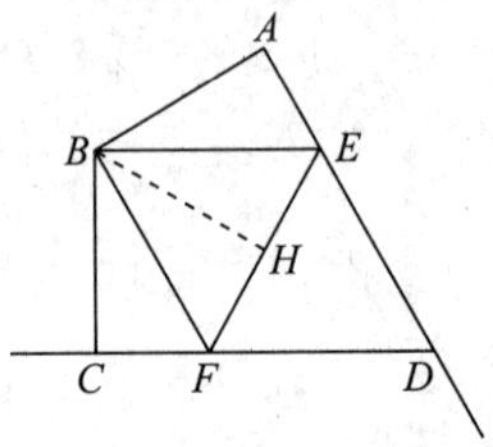

(2)

(1) **证**　因为 $AB\perp AD$，$BC\perp CD$，$AB=BC$，当 $AE=CF$ 时，有 $\triangle ABE\cong\triangle CBF$，

所以 $BE=BF$，$\angle ABE=\angle CBF=\frac{1}{2}\times(120^\circ-60^\circ)=30^\circ$.

因为 $\angle EBF=60^\circ$，所以 $\triangle BEF$ 是等边三角形，作 $BH\perp EF$，所以 $\angle HBE=\angle HBF=30^\circ$，

易证 $\triangle ABE\cong\triangle HBE$，$\triangle CBF\cong\triangle HBF$，所以 $AE=EH$，$CF=FH$，所以 $AE+CF=EF$.

(2) 当 $\angle MBN$ 绕点 B 旋转到 $AE\neq CF$ 时，线段的数量关系是 $EF=AE+CF$ 或 $AE=CF+EF$.

证法一 ① 当点 F 在线段 DC 上时，$EF=AE+CF$.

作 $\angle FBT=\angle FBC$，过点 F 作 $FH\perp BT$，垂足为点 H，如图(3).

易证 $\triangle BFC\cong\triangle BFH$，则 $CF=FH$，$BC=BH$.

因为 $\angle ABE=120^\circ-60^\circ-\angle CBF$，$\angle HBE=60^\circ-\angle HBF$，所以 $\angle HBE=\angle ABE$.

连接 HE. 因为 $BC=AB=BH$，$BE=BE$，所以 $\triangle BHE\cong\triangle BAE$，则 $HE=AE$，$\angle BHE=\angle BAE=90^\circ$.

所以 $\angle BHF+\angle BHE=180^\circ$，(这一步不可或缺，必须证 H、E、F 三点共线).

所以当点 F 在 CD 上时，$EF=FH+EH=AE+CF$(图(3)).

② 当点 F 在 DC 延长线上时，$AE=CF+EF$(图(4)).

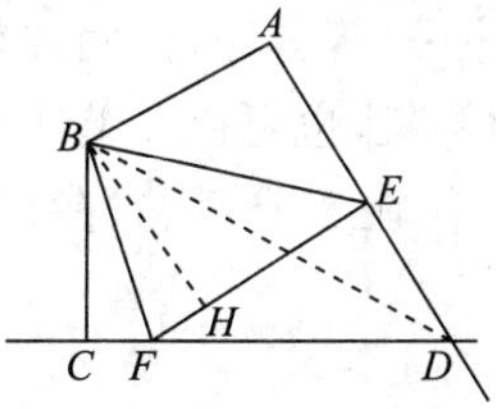

(3)

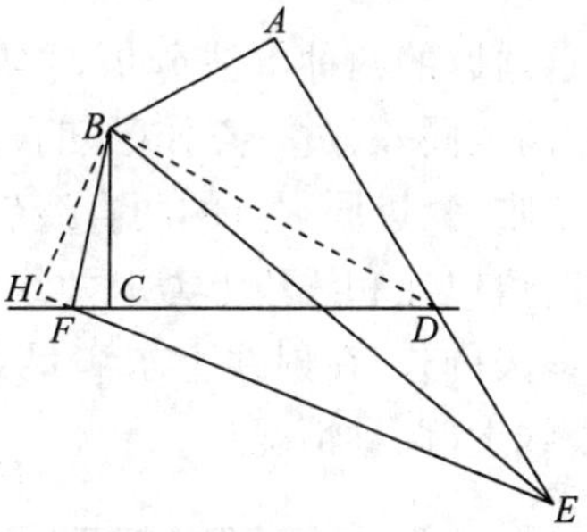

(4)

作 $\angle FBT=\angle FBC$，过点 F 作 $FH\perp BT$，垂足为点 H.

易证 $\triangle BFC\cong\triangle BFH$，则 $CF=FH$，$BC=BH$，$\angle HBF=\angle CBF=60^\circ-\angle CBE=\angle DBE$.

连接 HE. 因为 $\angle HBE=60^\circ+\angle HBF$，$\angle ABE=60^\circ+\angle DBE$，所以 $\angle HBE=\angle ABE$.

因为 $BC=AB=BH$，$BE=BE$，$\angle HBE=\angle ABE$，所以 $\triangle BHE\cong\triangle BAE$，所以 $HE=AE$，$\angle BHE=\angle BAE=90^\circ$.

因为过点 H 垂直于 BH 的直线唯一，即 FH 与 HE 重合，所以点 H、E、

F 三点共线.

所以 $AE=HE=HF+EF=CF+EF$.

证法二　① 当点 F 在 CD 上时,延长 DC 至点 G,(图(5)),使 $CG=AE$,则 $\triangle BGC\cong\triangle BEA$,$BG=BE$,$\angle GBC=\angle ABE$. 因为 $\angle ABE+\angle CBF=60°$,所以 $\angle GBF=60°=\angle EBF$,$\triangle BGF\cong\triangle BEF$,$EF=GF=CF+AE$.

② 当点 F 在 DC 延长线上时,在 AE 上截取 $AG=CF$,连 BG.(图(6))

则 $\triangle ABG\cong\triangle CBF$,$BG=BF$.

因为 $\angle EBF=60°$, $\angle CBD=60°$,所以 $\angle CBF=60°-\angle CBE=\angle DBE$.

因为 $\angle DBG+\angle ABG=60°$,所以 $\angle DBG+\angle DBE=60°$,所以 $\angle EBF=\angle EBG$.

所以 $\triangle BGE\cong\triangle BFE$,所以 $EG=EF$,所以 $AE=CF+EF$.

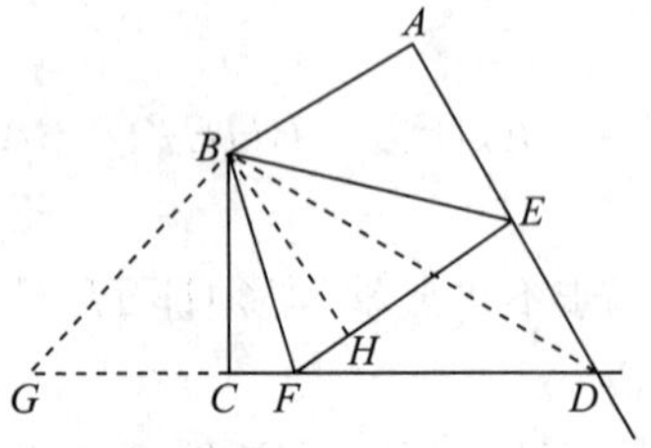

(5)

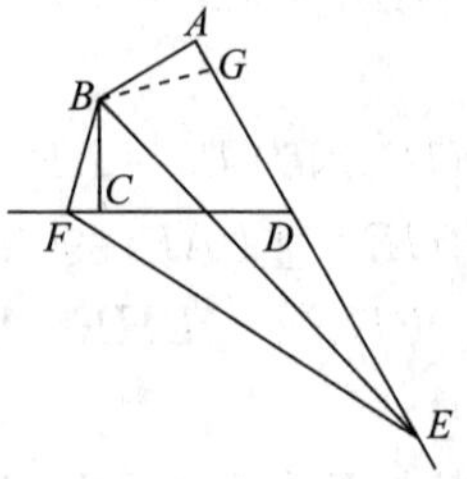

(6)

通过这道题的两种解法分析,我们可以看到:证三点共线时可以使用平角的定义、两线同一(过一点作已知直线的垂线唯一、过直线外一点作已知直线的平行线唯一、过同一点的两直线斜率相等……)等方法;证两线段之和等于第三段时可以在和线段上截取两线段之一的等长,也可以在差线段上延长等于另一线段的长. 在射线上求满足条件的点,往往需要考虑“在线段上”和“线段延长线上”两种情况.

1.8.4　作图或画图在解题中的应用

例 1　已知:$\angle MAN=60°$,点 B 在射线 AM 上,$AB=4$(如图(1)). 点 P 为直线 AN 上一动点,以 BP 为边作等边三角形 BPQ(点 B、P、Q 按顺时针排列),点 O 是 $\triangle BPQ$ 的外心.

(1) 求证:点 O 在 $\angle MAN$ 的平分线上.

(2) 若点 D 在射线 AN 上,$AD=2$,$\odot I$ 为 $\triangle ABD$ 的内切圆. 当 $\triangle BPQ$ 的边 BP 或 BQ 与 $\odot I$ 相切时,求出点 A 与点 O 的距离.

(1) **证**　如图(1),连接 OB、OP,

因为 O 是等边三角形 BPQ 的外心,所以 $OB=OP$,$\angle BOP=120°$.

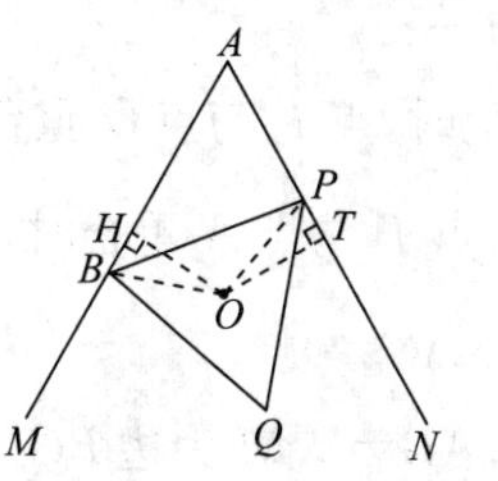

(1) (2)

例1图

① 当 OB 不垂直于 AM 时，

作 $OH\perp AM, OT\perp AN$，垂足分别为点 H、T.

由 $\angle HOT+\angle A+\angle AHO+\angle ATO=360°$，且 $\angle A=60°$，

$\angle AHO=\angle ATO=90°$，所以 $\angle HOT=120°$.

所以 $\angle BOH=\angle POT$. 所以 $\text{Rt}\triangle BOH\cong \text{Rt}\triangle POT$.

所以 $OH=OT$. 所以点 O 在 $\angle MAN$ 的平分线上.

② 当 $OB\perp AM$ 时，$\angle APO=360°-\angle A-\angle BOP-\angle OBA=90°$.

即 $OP\perp AN$，所以点 O 在 $\angle MAN$ 的平分线上.

综上所述，点 O 在 $\angle MAN$ 的平分线上.

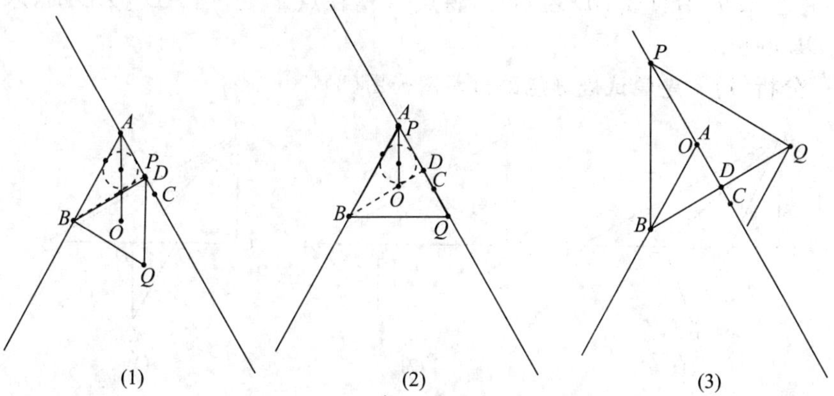

(1) (2) (3)

例1解图

(2) **分析** 当 $\triangle BPQ$ 的边 BP 或 BQ 与 $\odot I$ 相切时，$\triangle BPQ$ 的边 BP 或 BQ 落在线段 AB 或 BD 所在直线上. 解题关键在于画图. 而画图的关键在于了解当点 P 沿着直线 AN 运动时，点 Q 的运动规律. 通过前面的研究，我们知道点 Q 沿着一条定直线运动，怎样找到这条定直线呢？根据两点确定一直线，我们只要在图形中画出点 Q 的两个位置，然后连线即可. 有了这条轨迹，大家感到最困难的情况是：点 P 在射线 AN 反向延长线上时，如果边 BQ 切圆，即 BQ 与 BD 共线，那么点 Q 的位置在哪里？通过上述分析知点 Q 在 BD

与点 Q 的运动轨迹直线的交点处.

解 ① 当 BP 落在线段 BD 所在直线上时，点 P 与点 D 重合，$AO=2\sqrt{3}$；

② 当 BP 落在线段 AB 所在直线上时，点 P 与点 A 重合时，$AO=\frac{4}{3}\sqrt{3}$；

③ 当 BQ 落在线段 BD 所在直线上时，$AO=0$.

例 2 在 Rt△ABC 中，$\angle BAC=90°$，$AB=3$，M 为边 BC 上的点，连接 AM(如图所示). 如果将△ABM 沿直线 AM 翻折后，点 B 恰好落在边 AC 的中点处，求点 M 到 AC 的距离.

解 ① B' 落在 AC 上→AM 是 $\angle BAC$ 的平分线，$\angle MAN=45°$，且 $AB'=AB$.

② B' 恰好为边 AC 的中点→$AC=2AB=6$.

③ $MN\perp AC$→$MN/\!/AB$，△AMN 是等腰直角三角形.

④ 设 $MN=x$，则 $AN=MN=x$，$\frac{x}{3}=\frac{6-x}{6}$，$x=2$.

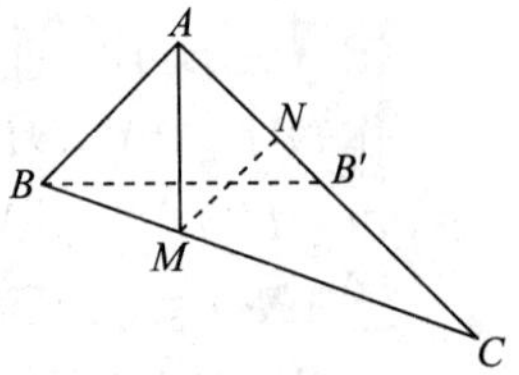

例 2 图

答 点 M 到 AC 的距离为 2.

例 3 如图，在 Rt△ABC 中，$\angle C=90°$，$\angle A=30°$，$BC=1$，点 D 在 AC 上，将△ADB 沿直线 BD 翻折后，将点 A 落在点 E 处，当 $AD\perp ED$ 时，求线段 DE 的长.

分析(1) 先尝试恰好能画出草图如图(3)：

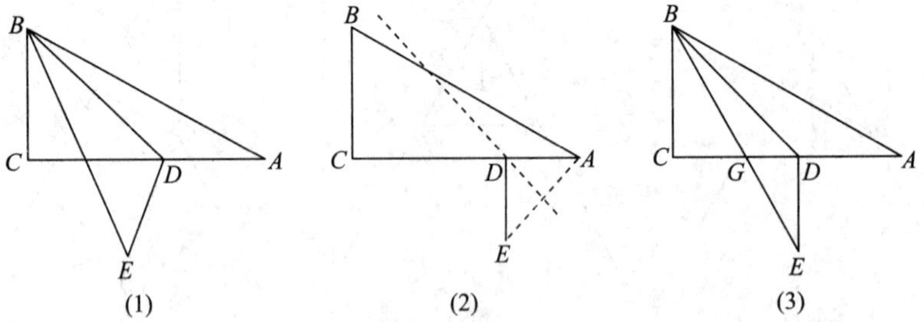

例 3 图

① 如果在 AC 上取点 D，作△ABC 关于 BD 的对称图形△EBD，则 ED 未必能垂直于 AC；

② 如果在 AC 上取点 D，过点 D 作 AC 的垂线，在垂线上截取 $DE=DA$，连 AE，则 AE 的中垂线未必能过点 B.

分析(2) 再通过推理计算找到点 D 的位置：

① $DE\perp AC$→$DE/\!/BC$.

② $\angle BED=\angle A=30°$→$\angle GBC=30°$→BG 是 $\angle ABC$ 的平分线，BD 是

$\angle ABE$ 的平分线.

解法一 设 $DE=x$，因为 $\angle GDE=90^\circ$，$\angle E=30^\circ$，所以 $DG=\frac{x}{\sqrt{3}}$，$x+\frac{x}{\sqrt{3}}=\sqrt{3}-\frac{1}{\sqrt{3}}$，$x=\sqrt{3}-1$.

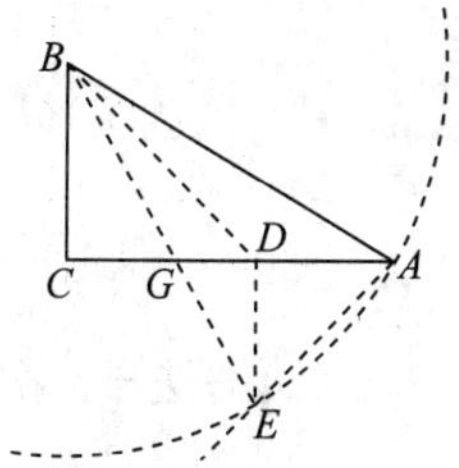

例 3 图(4)

解法二(尺规作图解) 过点 A 作 $\angle CAN=45^\circ$，射线 AN 交以点 B 为圆心、以 BA 为半径的圆于点 E，连 BE 交 AC 于点 G，过点 E 作 AC 的垂线交 AC 于点 D. 连接 BD，易得 $\angle DEA=45^\circ$，$\angle BED=30^\circ$，$\angle ABD=15^\circ$，$\triangle BCD$ 是等腰直角三角形.

所以 $CD=1$，$CG=\frac{1}{\sqrt{3}}$，$DG=1-\frac{1}{\sqrt{3}}$，$DE=\sqrt{3}DG=\sqrt{3}-1$.

例 4 在梯形 $ABCD$ 中，$AB\parallel CD$，$CD=2$，$AB=10$，$\cos A=\frac{4}{5}$，$\angle A+\angle B=90^\circ$，点 M 是边 AB 的中点，点 N 是边 AD 上的动点.

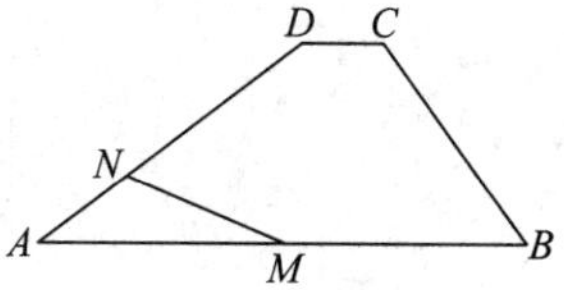

例 4 图

(1) 如图，连接 MN，设 $AN=x$，$MN=y$，求 y 关于 x 的关系式及定义域；

(2) 如果直线 MN 与直线 BC 交于点 P，当 $\angle P=\angle A$ 时，求 AN 的长.

分析 题中的梯形上下底边长已知，高和腰长是需要求的，过点 D 作 BC 的垂线，垂足为点 H；过点 C 作 BC 的垂线，垂足为点 G 可求出高和腰长. 在计算中比较容易出错的地方是，点 H 与点 M 很近但是不重合. 为求腰 AD 的长，可以用代数方法设 $DH=h$：

设 $DH=h$，由已知条件 $\cos A=\frac{4}{5}$，可得 $AH=\frac{4}{3}h$，由 $\angle A+\angle B=90^\circ$ 可得 $BG=\frac{3}{4}h$，$\frac{4}{3}h+2+\frac{3}{4}h=10$，$h=\frac{96}{25}$，所以 $AD=\frac{32}{5}$.

还可以根据 $\angle A+\angle B=90^\circ$，延长 AD、BC，交于点 Q，则 $\angle Q=90^\circ$. $\frac{DC}{AB}=\frac{2}{10}=\frac{1}{5}$，所以 $\frac{QD}{QA}=\frac{1}{5}$. 因为 $QD=2\times\frac{4}{5}=\frac{8}{5}$，所以 $AD=\frac{32}{5}$.

由于 $AH=\frac{4}{5}AD=\frac{4}{5}\times\frac{32}{5}=\frac{128}{25}\approx 5.12>AM$，所以点 H 在点 M 右边.

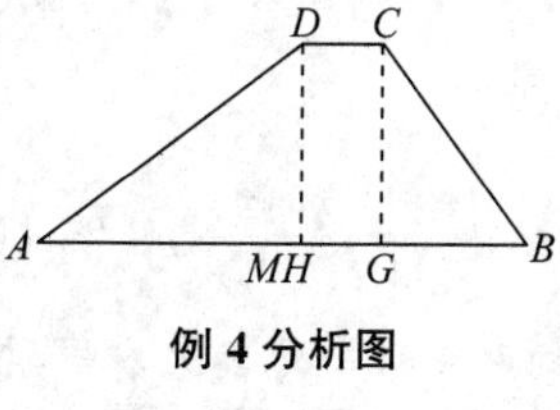

例 4 分析图

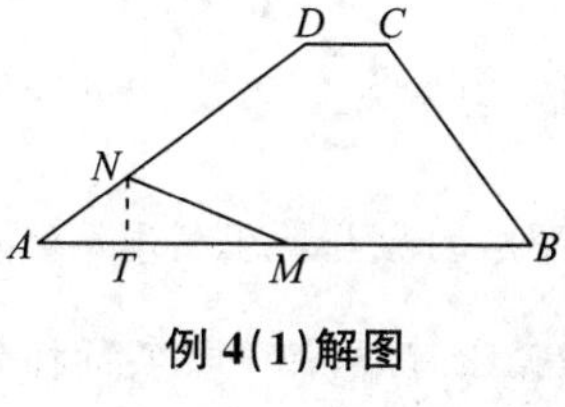

例 4(1)解图

解　(1)作 $NT\perp AB$ 于点 T. $AN=x$, $AT=\frac{4}{5}x$, $TN=\frac{3}{5}x$, $TM=\left|5-\frac{4}{5}x\right|$,因为 $y^2=\left(\frac{3}{5}x\right)^2+\left(5-\frac{4}{5}x\right)^2$,

所以 $y=\sqrt{x^2-8x+25}\ \left(0\leqslant x\leqslant\frac{32}{5}\right)$.

(2)**解法一**　分类讨论

① 当点 P 在 BC 的延长线上时,如果 $\angle P=\angle A$,那么 $\angle P+\angle B=90°$, $PM\perp AB$,

所以 $AN_1=\dfrac{AM}{\cos A}=\dfrac{5}{\frac{4}{5}}=\dfrac{25}{4}$.

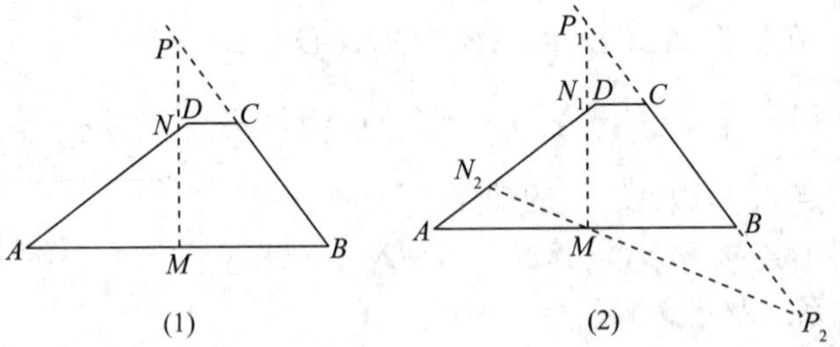

例 4(2)解法一图

② 当点 P 在 CB 的延长线上时,

甲解:考虑相似三角形 AMN_2 和 P_2MB 的对应边成比例,那么

$\dfrac{AN_2}{BP_2}=\dfrac{MN_2}{MB}$,作 $MT\perp BC$ 于点 T,则 $BP=4\times\frac{4}{3}-3$.

由 $\dfrac{AN_2}{BP_2}=\dfrac{MN_2}{MB}$,得 $\dfrac{x}{4\times\frac{4}{3}-3}=\dfrac{y}{5}$, $15x=7y$, $225x^2=49(x^2-8x+25)$,

$176x^2+392x-1225=0$, $(4x-7)(44x+175)=0$, $x=\frac{7}{4}$.

乙解:考虑相似三角形 AMN_2 和 P_2MB 的对应边成比例,那么

$\dfrac{AN_2}{BP_2}=\dfrac{AM}{MP_2}$,则 $\dfrac{x}{4\times\frac{4}{3}-3}=\dfrac{5}{4\times\frac{5}{3}}$, $x=\frac{7}{4}$.

综合①、②,当 $\angle P=\angle A$ 时, $AN=\frac{7}{4}$ 或 $\frac{25}{4}$.

说明:甲解的原意是想利用第(1)小题的结论 $y=\sqrt{x^2-8x+25}\ \left(0\leqslant x\leqslant\frac{32}{5}\right)$,这个方法理论上可解,但是在实际操作中遇到大系数一元二次方程,相比之下,乙

解选择的对应边中除了 AN_2 外，其他三条都是常量，运算量小得多.

解法二 过点 M 作 BC 的垂线，垂足为点 T；过点 M 作 AD 的垂线，垂足为点 G. 以点 M 为顶点，MT 为边作 $\angle TMP=90^\circ-\angle A=\angle B$（可有两个方向），交直线 BC 于点 P_1、P_2. 则 $\angle P_1=\angle P_2=\angle A$.

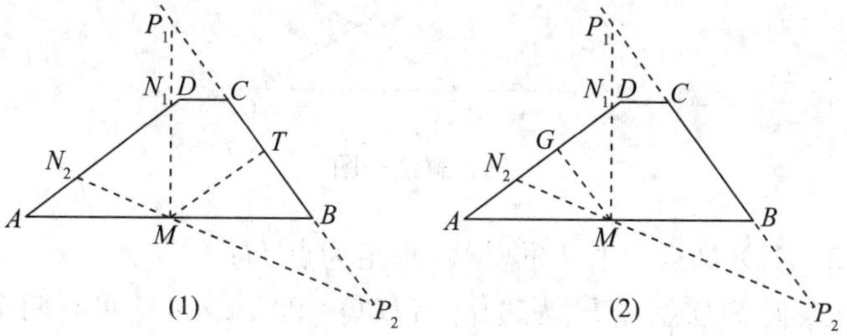

例 4(2)解法二图

因为 $\angle A+\angle B=90^\circ$，$\angle A+\angle GMA=90^\circ$，所以 $\angle GMA=\angle B$，所以 $GM\parallel BC$，

所以 $\angle GMN_1=\angle P_1$，$\angle GMN_2=\angle P_2$，所以 $\angle GMN_1=\angle GMN_2$，所以 $\triangle GMN_1\cong\triangle GMN_2$，$GN_1=GN_2$.

因为 $GM=3$，所以 $GN_2=3\times\frac{3}{4}=\frac{9}{4}$，$AN_2=AG-GN_2=4-\frac{9}{4}=\frac{7}{4}$，$AN_1=AG+GN_1=4+\frac{9}{4}=\frac{25}{4}$.

说明 在解题中不少人遇到困难的主要原因在于图画不出，其实，我们可以看到"过点 M 作直线与直线 BC 交于点 P，当 $\angle P=\angle A$ 时"由于 M 是定点，BC 是定直线，按基本作图方法可以作出两条直线，然后计算.

在计算时，按基本作图方法所添的垂线 MT 也是重要的辅助线，同样，在考虑用几何方法简化计算时，也自然考虑添 $MG\perp AD$. 如果没有这样考虑，运算量就可能比较大了，所以找出基本图形，选择合理的计算方法很重要.

值得关注的是解法二，在作图中已经呈现出两解之间的关系，既不会漏解，又能大大减少运算量，所以我们在解题开始时要站在整体的高度去分析问题.

例 5 已知 $\angle A$、直线 l 和 l 外一点 P，

求作过点 P 的直线 m，使 m 与 l 交于点 Q，且 $\angle Q=\angle A$.

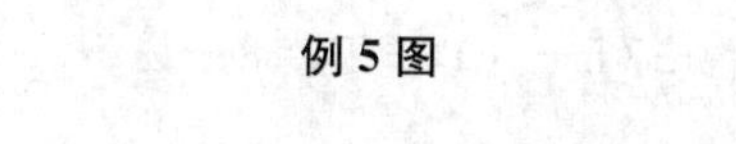

例 5 图

解法一　(1) 在 l 上任取点 Q' 把直线 l 分成两条射线 $Q'M$ 和 $Q'N$；

(2) 以 Q' 为顶点，射线 $Q'M$(或 $Q'N$)为一边作 $\angle MQ'R_1=\angle A$，$\angle NQ'R_2=\angle A$；

(3) 将所得的边平移过点 P 所得直线为所求直线 m(有两解).

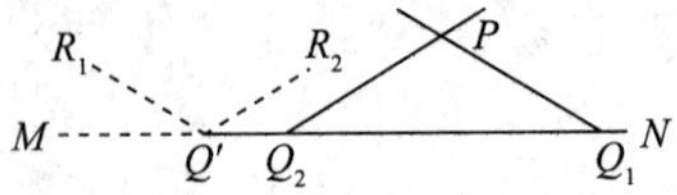

例 5 解法一图

解法二　(1) 过点 P 作 l 的垂线，垂足为点 H；

(2) 以点 P 为顶点，PH 为边作 $\angle HPQ=90°-\angle A$（可有两个方向)，交 l 于点 Q(有两解). 则 $\angle Q=\angle A$.

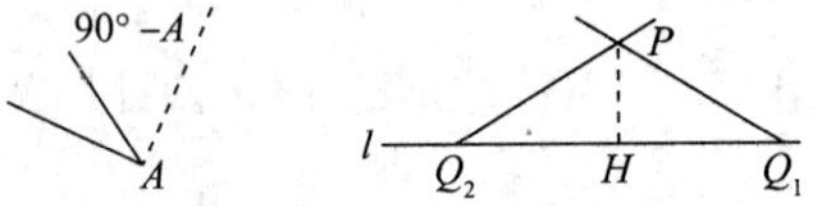

例 5 解法二图

例 6　已知梯形 $ABCD$ 中，$AD\parallel BC$，$AB\perp BC$. $AB=4$，$AD=5$，$CD=5$，求 BC 的长.

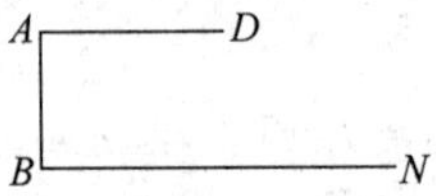

例 6 图

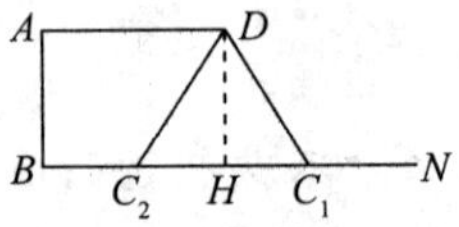

例 6 解图

解　以点 D 为圆心，$DC=5$ 为半径作弧与 AB 的垂线 BN 有两交点，$BC_1=8$，$BC_2=2$.（或过点 D 作 $DH\perp BN$ 于点 H，在 BN 上取 $HC=3$ 有两解).

例 7　上题中，若 $BC>AD$，点 P 在边 BC 上运动(不与 B、C 重合)一束光线从点 A 射向点 P，经 BC 反射后交射线 CD 于点 E. 设 $BP=x$，$DE=y$.

(1) 当点 E 在线段 CD 上时，求 y 关于 x 的函数解析式及 x 的取值范围；

(2) 连接 PD，当 $\triangle APD$ 与 $\triangle PCE$ 相似时，求 BP 的长.

解　(1) **解法一**　延长 PE 交 AD 延长线于点 Q，则 $AQ=2x$，$DQ=2x-5$，$\frac{y}{5-y}=\frac{2x-5}{8-x}$，$y=\frac{5(2x-5)}{x+3}$ $\left(\frac{5}{2}\leqslant x<8\right)$

解法二　过点 E 作 $ET\perp BC$ 于点 T.

$EC=5-y$，$ET=\frac{4}{5}(5-y)$，$PT=8-x-\frac{3}{5}(5-y)$，因为 $\angle APB=\angle EPT$，

所以 $\frac{x}{4}=\frac{8-x-\frac{3}{5}(5-y)}{\frac{4}{5}(5-y)}$，$\frac{5(8-x)}{5-y}-3=x$，$5-y=\frac{5(8-x)}{x+3}$，$y=\frac{5(2x-5)}{x+3}\left(\frac{5}{2}\leqslant x<8\right)$

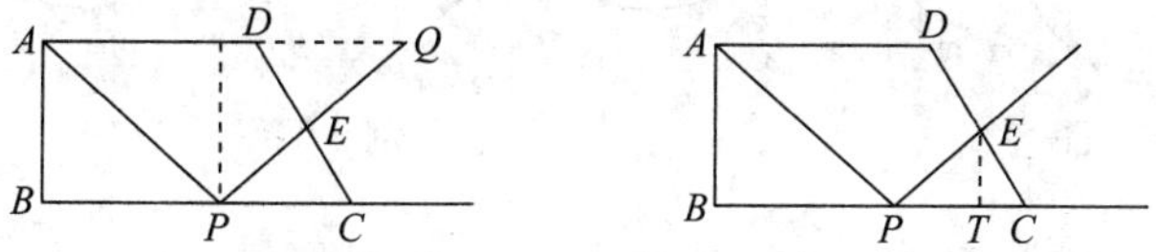

例 7 解法一图　　例 7 解法二图

(2) $\triangle APD$ 与 $\triangle PCE$ 中有一对总相等的角：$\angle DAP=\angle APB=\angle CPE$. $\triangle PCE$ 中有一定角 C，$\tan C=\frac{4}{3}$. 所以当 $\triangle APD$ 与 $\triangle PCE$ 相似时，须讨论两种情况：

① 当 $\angle ADP=\angle C$ 时，因为 $AD\parallel BC$，$\angle ADP=\angle DPC$，所以 $\angle DPC=\angle C$，$DP=DC=5$，则 $PC=6$，$BP=2$.

② 当 $\angle APD=\angle C$ 时，因为 $\angle ADP=\angle DPC$，所以 $\triangle ADP\backsim\triangle DPC$，

$\frac{AD}{DP}=\frac{AP}{DC}=\frac{DP}{PC}$，$\frac{5}{\sqrt{4^2+(5-x)^2}}=\frac{\sqrt{x^2+16}}{5}=\frac{\sqrt{4^2+(5-x)^2}}{8-x}$，

所以 $5(8-x)=4^2+(5-x)^2$，$x^2-5x+1=0$，$x=\frac{5\pm\sqrt{21}}{2}$.

综合①、②，BP 的长为 2 或 $\frac{5+\sqrt{21}}{2}$ 或 $\frac{5-\sqrt{21}}{2}$.

说明：如果解上述②时直接用 $\triangle APD$ 与 $\triangle PCE$ 的对应边成比例来计算，比较繁琐，借用“第三个三角形 $\triangle DPC$”可使计算简洁.

事实上，这三个解正是点 E 在线段 CD 上、重合于 D、在 CD 延长线上的三种形态：

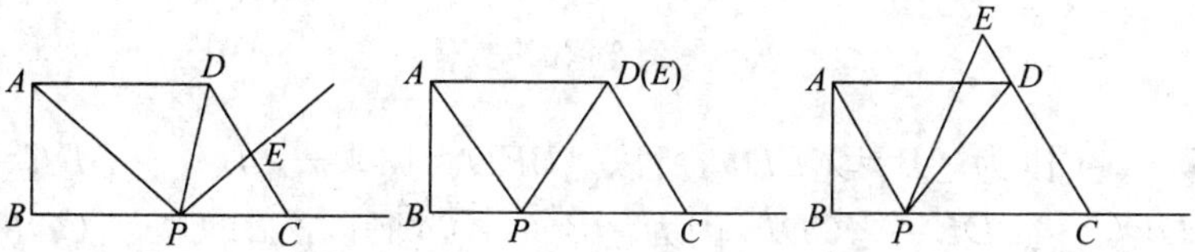

例 8 已知圆 O 和圆 O 外一点 P，求作过点 P 的直线 m，使 m 与圆 O 相切于点 Q.

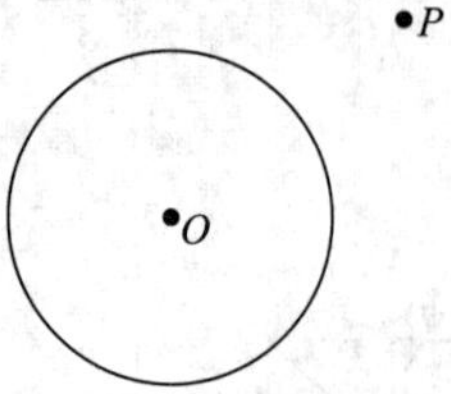

例 8 图

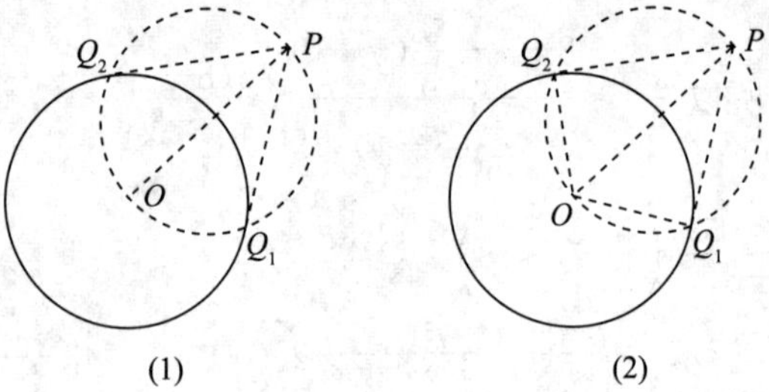

例 8 解图

解　(1) 连 OP，以 OP 为直径作圆交圆 O 于点 Q_1、Q_2；

(2) 直线 PQ_1、PQ_2 为所求.

证　因为 Q_1 在以 OP 为直径的半圆上，所以 $\angle OQ_1P=90°$. 因为 Q_1 在圆 O 上，所以 PQ_1 是圆 O 的切线(过半径的外端并且垂直于半径的直线是圆切线.)同理，PQ_2 也是圆 O 的切线.

例 9　如图，$\triangle ABC$ 中，$AB=AC=10$，$BC=12$，点 D 在边 BC 上，且 $BD=4$.

以点 D 为顶点作 $\angle EDF=\angle B$，分别交边 AB 于点 E，交射线 CA 于点 F. 设 $BE=x$，$CF=y$.

(1) 求 y 关于 x 的函数解析式及 x 的取值范围；

(2) 当以点 F 为圆心，以 CF 为半径的圆与 DE 相切时，求 BE 的长.

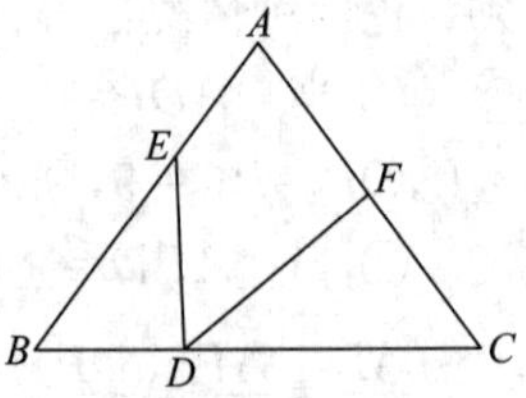

例 9 图

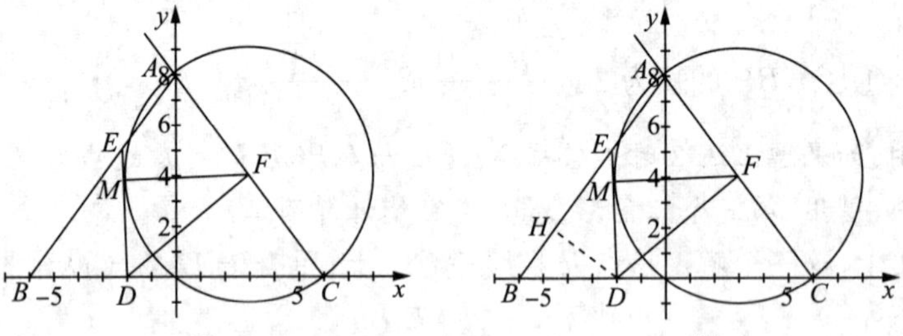

例 9 解图

解　(1) 因为 $\angle B=\angle EDF$，所以 $\angle BED=180°-\angle B-\angle BDE=180°-\angle EDF-\angle BDE=\angle CDF$. 因为 $\angle B=\angle C$，所以 $\triangle BED\backsim\triangle CDF$，所以 $\dfrac{y}{4}=\dfrac{8}{x}$，$y=\dfrac{32}{x}$，$(0<x\leqslant 10)$.

(2) 作 $FM\perp DE$ 于点 M，因为 $\angle EDF=\angle B$，所以 $\dfrac{MF}{DF}=\dfrac{4}{5}$，当 DE 与圆

F 相切时，$MF=CF=y$，即$\dfrac{y}{DF}=\dfrac{4}{5}$，

因为$\triangle EBD\backsim\triangle DCF$，所以$\dfrac{DE}{4}=\dfrac{DF}{y}=\dfrac{5}{4}$，$DE=5$.

过点 D 作 $DH\perp AB$ 于点 H，因为 $BD=4$，所以 $BH=4\times\dfrac{3}{5}=\dfrac{12}{5}$，$EH=x-\dfrac{12}{5}$，$DH=4\times\dfrac{4}{5}=\dfrac{16}{5}$，

$\mathrm{Rt}\triangle DHE$ 中，$\left(x-\dfrac{12}{5}\right)^2+\left(\dfrac{16}{5}\right)^2=5^2$，$x-\dfrac{12}{5}=\pm\dfrac{3\sqrt{41}}{5}$，因为 $0<x\leqslant 10$，所以 $x=\dfrac{12+3\sqrt{41}}{5}$.

例 10 如图，在菱形 $ABCD$ 中，$AB=3$，$\angle A=60°$，点 E 在射线 CB 上，$BE=1$，如果 AE 与射线 DB 相交于点 O，求 DO 的长.

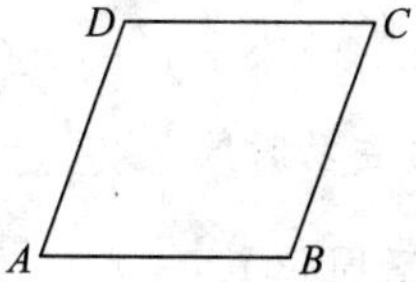

例 10 图

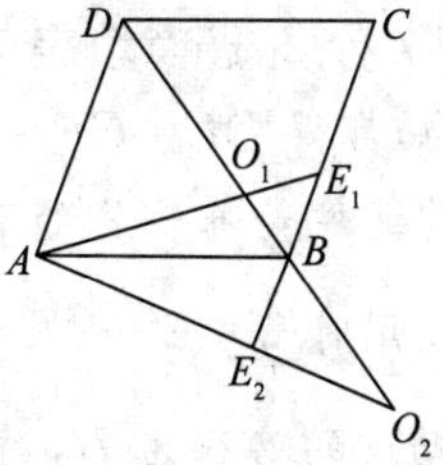

例 10 解图

解 由 $BE=1$ 可知点 E 可能在线段 CB 上或线段 CB 的延长线上，如图所示.

① 当点 E 在线段 BC 上时，$BO_1=\dfrac{1}{4}BD=\dfrac{3}{4}$，所以 $DO_1=\dfrac{9}{4}$；

② 当点 E 在线段 CB 的延长线上时，$BO_2=\dfrac{1}{3}DO_2=\dfrac{1}{2}DB$，所以 $DO_2=\dfrac{9}{2}$.

所以 DO 的长是$\dfrac{9}{4}$或$\dfrac{9}{2}$.

本例中，射线 CB 上的点 E 到定点 B 的距离为定长 1，E 有两解.

2 图形运动

2.1 点的运动

2.1.1 点沿直线(或折线)运动

例1 如图,在 Rt$\triangle ABC$ 中,$\angle C=90°$,$AB=50$,$AC=30$,D,E,F 分别是 AC,AB,BC 的中点.点 P 从点 D 出发沿折线 $DE-EF-FC-CD$ 以每秒 7 个单位长度的速度匀速运动,当点 P 绕行一周回到点 D 时停止运动,设点 P 运动的时间是 t 秒.依题意填表 1:

分析:由已知可得 $DE=CF=20$,$EF=CD=15$,因为点 P 的平均速度是每秒 7 个单位长度,所以从点 D 出发到达点 E 用时 $\frac{20}{7}=2\frac{6}{7}$ 秒.设点 P 的运动时间为 t,则点 P 运动过的路程为 $7t$,对点 P 的不同位置,图形上的各线段长的表示依 t 而变,如点 P 在 CD 上时,$CP=7t-55$,

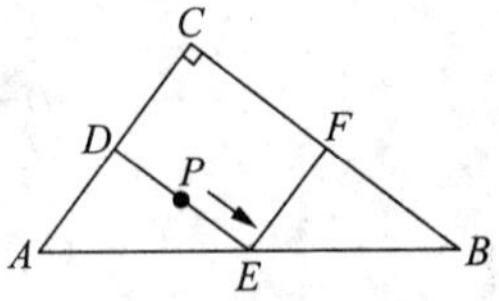

例 1 图

则 $AP=30-CP=30-(7t-55)=85-7t$.

解 填表如下:

表 1

点 P 所在线段	DE	EF	FC	CD
t 的取值范围	$0\leqslant t\leqslant 2\frac{6}{7}$	$2\frac{6}{7}\leqslant t\leqslant 5$	$5\leqslant t\leqslant 7\frac{6}{7}$	$7\frac{6}{7}\leqslant t\leqslant 10$
用 t 表示线段长	$PE=20-7t$	$PE=7t-20$	$PB=7t-15$	$PA=85-7t$

例2 如图,在 Rt$\triangle ABC$ 中,$\angle C=90°$,$AB=50$,$AC=30$,D、E、F 分别是 AC、AB、BC 的中点.点 Q 从点 B 出发沿 BA 方向以每秒 4 个单位长度的速度匀速运动,过点 Q 作射线 $QK\perp AB$,交折线 $BC-CA$ 于点 G.设点 Q 运动的时间是 t 秒.依题意填表 2.

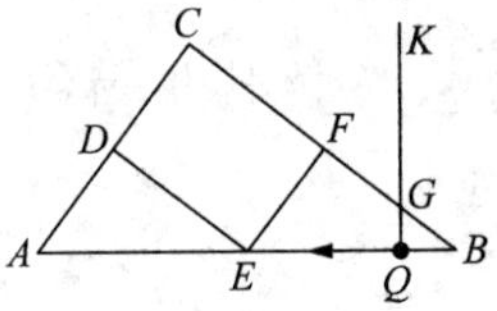

例 2 图

分析　分别过点 F、C、D 作 AB 的垂线，垂足依次为 F_1、C_1、D_1，则 $BF_1=16$，$BC_1=32$，$BD_1=41$.

解　填表如下：

表 2

点 G 所在线段	BF	FC	CD	DA
t 的取值范围	$0\leqslant t\leqslant 4$	$4\leqslant t\leqslant 8$	$8\leqslant t\leqslant 10\frac{1}{4}$	$10\frac{1}{4}\leqslant t\leqslant 12\frac{1}{2}$
用 t 表示线段长	$BQ=4t$,	$QG=3t$	$BQ=4t$,	$QG=\frac{4}{3}(50-4t)$

例 3　如图，在 $\mathrm{Rt}\triangle ABC$ 中，$\angle C=90°$，$AB=50$，$AC=30$，D、E、F 分别是 AC、AB、BC 的中点. 点 P 从点 D 出发沿折线 $DE-EF-FC-CD$ 以每秒 7 个单位长度的速度匀速运动；点 Q 从点 B 出发沿 BA 方向以每秒 4 个单位长度的速度匀速运动，过点 Q 作射线 $QK\perp AB$，交折线 $BC-CA$ 于点 G. 点 P、Q 同时出发，当点 P 绕行一周回到点 D 时停止运动，点 Q 也随之停止. 设点 P、Q 运动的时间是 t 秒.

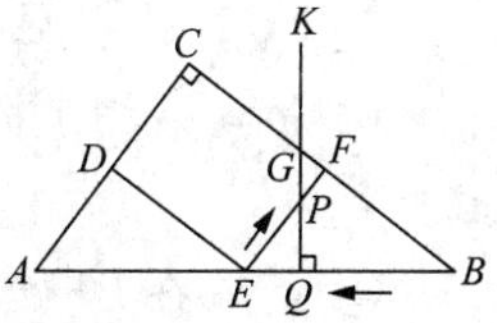

例 3 图

(1) 当点 P 运动到折线 $EF-FC$ 上，且点 P 又恰好落在射线 QK 上时，求 t 的值；

(2) 连接 PG，当 $PG/\!/AB$ 时，求出 t 的值.

解　(1) ① 当点 P 在 EF 上 $\left(2\frac{6}{7}\leqslant t\leqslant 5\right)$ 时，点 Q 在 BE 上 $0<t\leqslant 6\frac{1}{4}$，

所以 $2\frac{6}{7}\leqslant t\leqslant 5$，如解图(1)，$QB=4t$，$DE+EP=7t$，

由 $\triangle PQE\backsim\triangle BCA$，得 $\frac{EP}{AB}=\frac{EQ}{AC}$，$\frac{7t-20}{50}=\frac{25-4t}{30}$. 所以 $t=4\frac{21}{41}$.

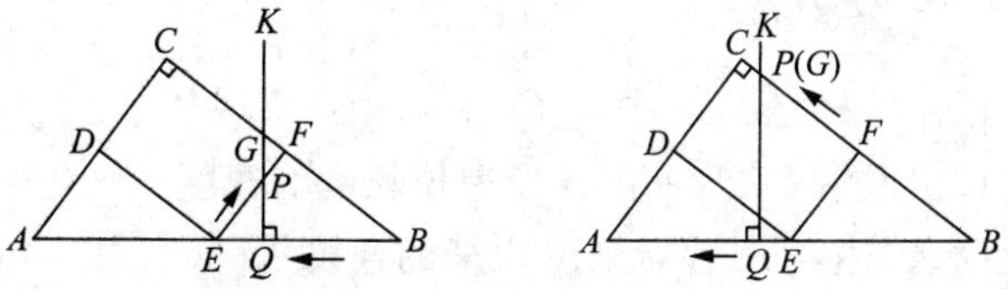

(1)　　(2)

例 3 解图

② 当点 P 在 FC 上时，点 P 与点 G 重合，因为点 P 在 CF 上时，$5\leqslant t\leqslant 7\frac{6}{7}$；点 G 在 FC 上时，$4\leqslant t\leqslant 8$，所以 $5\leqslant t\leqslant 7\frac{6}{7}$. 如解图(2). 已知 $QB=4t$，从而

$PB=5t$,

由 $PF=7t-35$,$BF=20$,得 $5t=7t-35+20$. 解得 $t=7\frac{1}{2}$.

(2) 如解图(3),$t=1\frac{2}{3}$;如解图(4),$t=7\frac{39}{43}$.

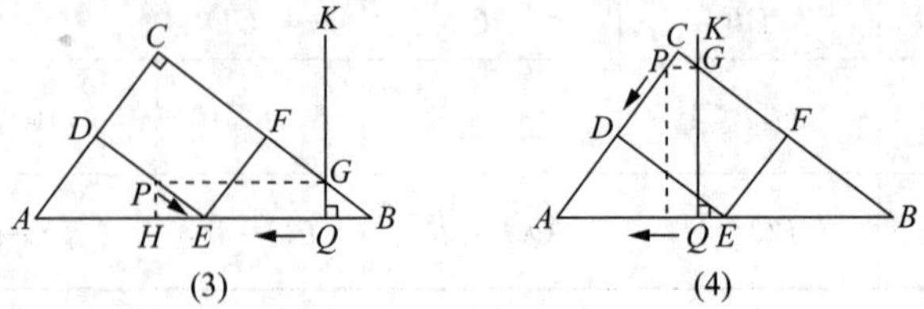

例 3 解图

因为 $0<t\leqslant 10$,所以 G 只可能在 BF $(0<t\leqslant 4)$,FC $(4\leqslant t\leqslant 8)$,$CD$ $(8\leqslant t\leqslant 10)$上.

① 点 G 在 BF $(0<t\leqslant 4)$上,点 P 在 DE 或 EF 上.

点 P 在 DE 上时,$0\leqslant t\leqslant 2\frac{6}{7}$,$QG=3t$,$PH=\frac{3}{5}(20-7t)$,$QG=PH$ 时,$t=\frac{5}{3}$,满足取值范围;

点 P 在 EF 上时,$QG=3t$,$PH=\frac{4}{5}(7t-20)$,$QG=PH$ 时,$t=6\frac{2}{13}>5$,舍去.

② 点 G 在 FC $(4\leqslant t\leqslant 8)$上,点 P 在 CD 上.

点 P 在 CD 上时,$7\frac{6}{7}\leqslant t\leqslant 10$,$AP=85-7t$,$PH=\frac{4}{5}(85-7t)=3t=QG$ 时,$t=7\frac{39}{43}$,满足取值范围.

③ 点 G 在 CD $(8\leqslant t\leqslant 10)$上,点 P 在 FC $\left(5\leqslant t\leqslant 7\frac{6}{7}\right)$上,不可能.

所以 $PG/\!/AB$ 时,$t_1=1\frac{2}{3}$,$t_2=7\frac{39}{43}$.

例 4 如图,在 Rt△ABC 中,$\angle C=90°$,$AC=3$,$AB=5$. 点 P 从点 C 出发沿 CA 以每秒 1 个单位长度的速度向点 A 匀速运动,到达点 A 后立刻以原来的速度沿 AC 返回;点 Q 从点 A 出发沿 AB 以每秒 1 个单位长度的速度向点 B 匀速运动. 伴随着点 P、Q 的运动,DE 保持垂直平分 PQ,且交 PQ 于点 D,交折线 QB-BC-CP 于点 E. 点 P、Q 同时出发,当点 Q 到达点 B 时停止运动,点 P 也随之停止. 设点 P、Q 运动的时间是 t 秒($t>0$).

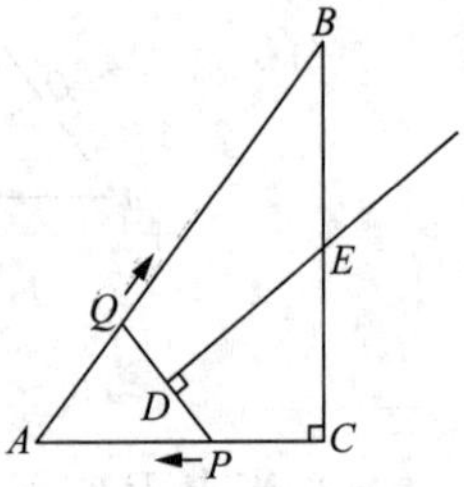

例 4 图

(1) 当 $t=2$ 时,$AP=$________,点 Q 到 AC 的距离是________.

(2) 在点 P 从 C 向 A 运动的过程中,求$\triangle APQ$ 的面积 S 与 t 的函数关系式.

(3) 在点 P 从 C 向 A 运动的过程中,当四边形 $QBED$ 为直角梯形时,求 t 的值.

(4) 当 DE 经过点 C 时,请直接写出 t 的值.

分析 当点 P 在$\overrightarrow{CA}$上运动时,$0\leqslant t\leqslant 3$,$CP=AQ$,$AP=3-CP=3-AQ$;当 P 在$\overrightarrow{AC}$上运动时,$3\leqslant t\leqslant 5$ ($t=5$ 时停止运动),$AP=t-3=AQ-3$.

解 (1) 当 $t=2$ 时,$AP=1$,$AQ=2$, 点 Q 到 AC 的距离是 $2\times\frac{4}{5}=\frac{8}{5}$;

(2) 作 $QF\perp AC$ 于点 F,如解图(1), $AQ=CP=t$,所以 $AP=3-t$.

由$\triangle AQF\backsim\triangle ABC$,$BC=\sqrt{5^2-3^2}=4$, 得$\frac{QF}{4}=\frac{t}{5}$. 所以 $QF=\frac{4}{5}t$.

所以 $S=\frac{1}{2}(3-t)\cdot\frac{4}{5}t$,即 $S=-\frac{2}{5}t^2+\frac{6}{5}t\ (0<t\leqslant 3)$.

(3) ① 当 $DE/\!/QB$ 时,如解图(2). 因为 $DE\perp PQ$,所以 $PQ\perp QB$,四边形 $QBED$ 是直角梯形.

此时$\angle AQP=90°$. 由$\triangle APQ\backsim\triangle ABC$,得$\frac{AQ}{AC}=\frac{AP}{AB}$,即$\frac{t}{3}=\frac{3-t}{5}$. 解得$t=\frac{9}{8}$.

② 如解图(3),当 $PQ/\!/BC$ 时,$DE\perp BC$,四边形 $QBED$ 是直角梯形.

此时$\angle APQ=90°$. 由$\triangle AQP\backsim\triangle ABC$,得 $\frac{AQ}{AB}=\frac{AP}{AC}$,即$\frac{t}{5}=\frac{3-t}{3}$. 解得 $t=\frac{15}{8}$.

综上,t 的值为$\frac{9}{8}$或$\frac{15}{8}$.

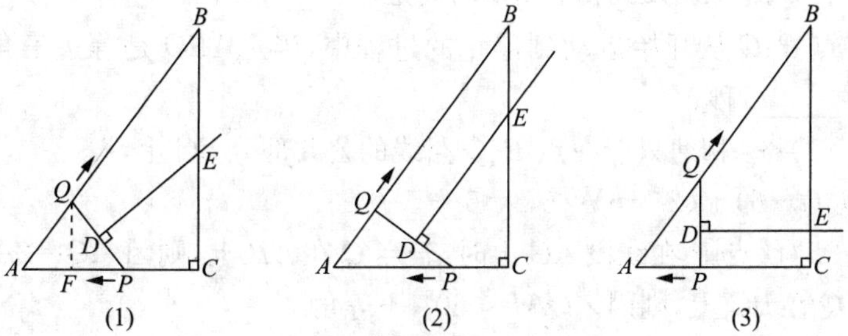

例 4 解图

(4) $t=\frac{5}{2}$或 $t=\frac{45}{14}$.

说明 ① 点 P 由 C 向 A 运动时,DE 经过点 C. 连接 QC,作 $QG\perp BC$ 于

点 G,如解图(4).

由 $CQ=CP=AQ$,得点 Q 在 AC 的中垂线上,

因为 $BC\perp AC$,所以点 Q 是 AB 的中点,所以 $AQ=BQ=\frac{5}{2}$. 所以 $t=\frac{5}{2}$.

② 点 P 由 A 向 C 运动时,DE 经过点 C,如解图(5). $AP=t-3$,$PC=6-t$,$BQ=5-t$,

$QG=\frac{3}{5}(5-t)$,$BG=\frac{4}{5}(5-t)$,$(6-t)^2=\left[\frac{3}{5}(5-t)\right]^2+\left[4-\frac{4}{5}(5-t)\right]^2$,$t=\frac{45}{14}$.

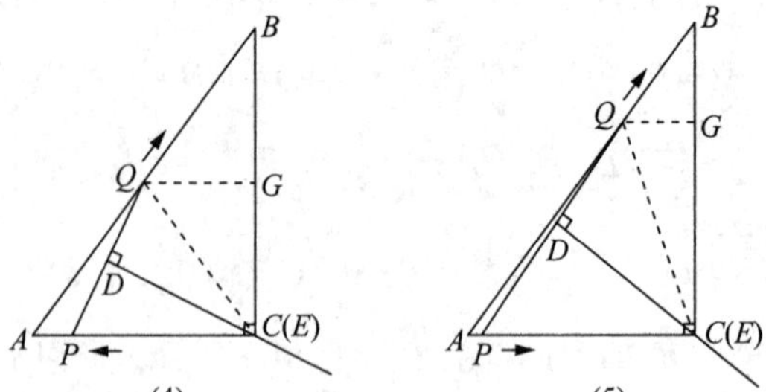

(4) (5)

例 4 解图

综合①、②可得,当 DE 经过点 C 时,$t_1=\frac{5}{2}$,$t_2=\frac{45}{14}$.

例 5 如图所示,菱形 $ABCD$ 的边长为 6 厘米,$\angle B=60°$. 从初始时刻开始,点 P、Q 同时从点 A 出发,点 P 以 1 厘米/秒的速度沿 $A\to C\to B$ 的方向运动,点 Q 以 2 厘米/秒的速度沿 $A\to B\to C\to D$ 的方向运动,当点 Q 运动到点 D 时,P、Q 两点同时停止运动,解答下列问题:

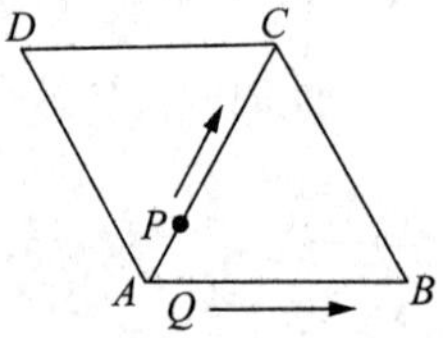

例 5 图

(1) 点 P、Q 从出发到相遇所用时间是________秒;

(2) 点 P、Q 从开始运动到停止的过程中,当 $\triangle APQ$ 是等边三角形时 x 的值是________秒;

解 (1) 6. 相遇只能在点 P、Q 路线的公共部分 BC 上,

所以 $(t-6)+(2t-6)=6$,$t=6$.

(2) 8. ① 点 P 在线段 AC 上时,若点 Q 在 AB 上,则因 $AQ=2AP$,不等边;若点 Q 在 BC 上,则因 $\angle QAP<60°$,不等角.

② 点 P 在线段 BC 上时,点 Q 在 CD 上,当 $\triangle APQ$ 是等边三角形时,

$$\left.\begin{array}{l}\angle PAB=\angle CAQ\\ AB=AC\\ \angle B=\angle ACQ\end{array}\right\}\Rightarrow\triangle ABP\cong\triangle ACQ\Rightarrow BP=CQ,$$

$12-t=2t-12, t=8$.

例 6　在四边形 $ABCD$ 中，BD 垂直平分 AC，垂足为点 O，$\angle ABD=60°$，AB 边长为 24 厘米，$\cot\angle ADB=\frac{\sqrt{3}}{3}$. 动点 P 以 4 厘米/秒的速度，从点 A 出发沿线路 $A\to B\to D$ 做匀速运动，动点 Q 以 5 厘米/秒的速度，与点 D 同时出发，沿线路 $D\to C\to B\to A$ 做匀速运动. 当 P、Q 中有一点到达终点时，两点同时停止运动.

(1) 求 BD 和 CD 的长，并确定四边形 $ABCD$ 的形状；

(2) 求经过多少秒，运动中的点 P、Q 构成的线段与四边形 $ABCD$ 的边平行？（不包括起始位置和两点均终止的情况）

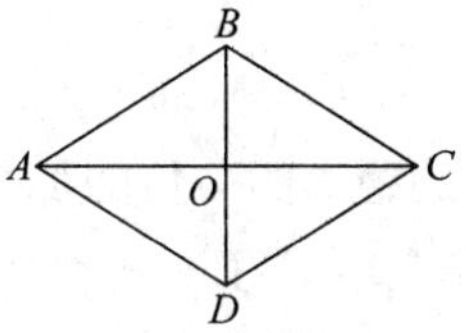

例 6 图

解　(1) 因为 $\cot\angle ADB=\frac{\sqrt{3}}{3}$，所以 $\angle ADB=60°$.

因为 $\angle ABD=60°$，所以 $\triangle ABD$ 是等边三角形. 所以 $AB=AD=BD=24$（厘米）.

因为 BD 垂直平分 AC，垂足为点 O，所以 $AB=AD=CB=CD=24$（厘米）.

所以四边形 $ABCD$ 为菱形.

(2) **分析**　因为 P、Q 运动的速度分别为 4 厘米/秒、5 厘米/秒，所以如下表：

点 P 在 AB 上		点 P 在 BD 上		点 P 停止运动
① $0\leqslant t<4\frac{4}{5}$	② $4\frac{4}{5}\leqslant t<6$	③ $6\leqslant t<9\frac{3}{5}$	④ $9\frac{3}{5}\leqslant t<12$	$12\leqslant t<14\frac{2}{5}$
点 Q 在 CD 上	点 Q 在 CB 上		点 Q 在 BA 上	

① 当点 Q 在 CD 上时，因为 $DQ>AP$，所以 PQ 不可能与四边形 $ABCD$ 的边平行；

② 当点 Q 在 CB 上时，点 P 运动到点 B，所以 $t_1=\frac{24}{4}=6$（秒），$PQ\parallel AD$；

点 P 运动到 BD 上时，$BQ=48-5t, BP=4t-24$，

因为 $PQ\parallel AB$，所以 $BP=BQ$，$48-5t=4t-24$，所以 $t_2=8$（秒）；

③ 当点 Q 在 AB 上时，$BQ=5t-48, BP=4t-24$，

点 P 运动到 BD 上时，因为 $PQ\parallel AD$，

所以 $BP=BQ$，$4t-24=5t-48$，所以 $t_3=24$ 秒.（$4t_3=96>AB+BD$ 不成立）

所以当时间为 6 秒和 8 秒时,线段 PQ 与四边形 $ABCD$ 的边平行.

2.1.2　点在二次函数图像上运动

例 1　点 P 在抛物线 $y=x^2-3x+1$ 上,且满足到 y 轴的距离是到对称轴的距离的 2 倍,求点 P 的坐标.

解法一(图像法)　$y=x^2-3x+1$ 对称轴为 $x=\frac{3}{2}$.

(1) 平面上点,满足到 y 轴 的距离是到对称轴的距离的 2 倍的都在 $x=1$ 或 $x=3$ 上;

(2) 在 $y=x^2-3x+1$ 上且 $x=1$,则只有点$(1,-1)$; 在 $y=x^2-3x+1$ 上且 $x=3$,则只有点$(3, 1)$.

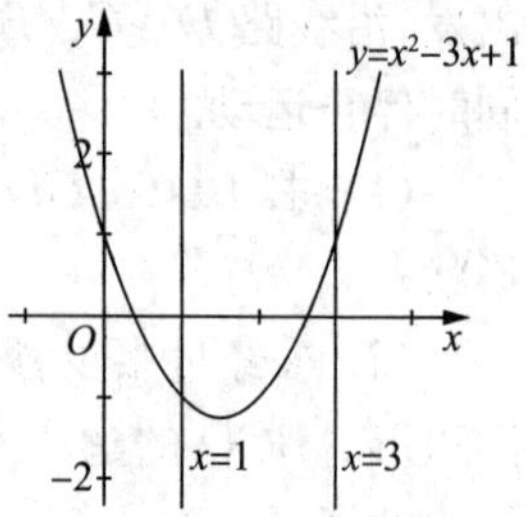

例 1 图

解法二(代数法)　设平面上点到 y 轴距离为 $|x-0|$,到直线 $x=\frac{2}{3}$ 的距离为$\left|x-\frac{2}{3}\right|$.

$|x-0|=2\left|x-\frac{3}{2}\right|$,$x=1$ 或 $x=3$.

所以点 P 坐标为$(3,1)$或$(1,-1)$.

例 2　已知 $F(0,1)$,过点 F 的直线 l 交 x 轴于点 Q,过 Q 作 $QT\perp FQ$,交 y 轴于点 T. 延长 TQ 至点 P,使 $QP=TQ$. 随着点 Q 位置的移动,求点 P 的运动轨迹.

解　设 $P(x,y)$, $Q(a,0)$. 作 $PH\perp x$ 轴于点 H.

$k_{FQ}=-\frac{1}{a}$,因为 $QT\perp FQ$,所以 $k_{QT}=a$. 设直线 QT 的解析式为 $y=ax+b$,因为直线 QT 过 $Q(a,0)$,

所以 $b=-a^2$,所以 $y=ax-a^2$,所以 $T(0,-a^2)$.

因为$\triangle PHQ\cong\triangle TOQ$,所以 $P(2a,a^2)$.

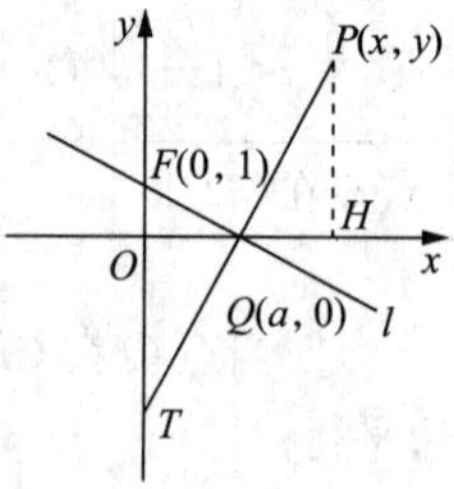

例 2 图

因为$\begin{cases}x=2a,\\ y=a^2,\end{cases}$

消去 a 得 $y=\frac{x^2}{4}$.

反之,取 $y=\frac{x^2}{4}$ 上的任意点 $P_0(x_0,y_0)$,取点 $T(0,-y_0)$,连 P_0T 交 x 轴于点 $Q\left(\frac{x_0}{2},0\right)$. 则 $k_{TQ}=\frac{y_0}{\frac{x_0}{2}}=\frac{\frac{x_0^2}{4}}{\frac{x_0}{2}}=\frac{x_0}{2}$,$k_{FQ}=\frac{1-0}{0-\frac{x_0}{2}}=\frac{-2}{x_0}$,所以 $k_{TQ}\cdot k_{FQ}=-1$,

所以 $TQ\perp FQ$. 又易证得 $TQ=P_0Q$.

所以点 P 的运动轨迹是抛物线 $y=\frac{x^2}{4}$.

2.1.3　点在圆上运动

例 1　已知点 P 在线段 AB 上,点 O 在线段 AB 的延长线上. 以点 O 为圆心,OP 为半径作圆,点 C 是圆 O 上的一点. 如果 $AP=m$(m 是常数,且 $m>1$),$BP=1$,OP 是 OA、OB 的比例中项. 当点 C 在圆 O 上运动时,讨论以 BC 为半径的圆 B 和以 CA 为半径的圆 C 的位置关系,并写出相应 m 的取值范围.

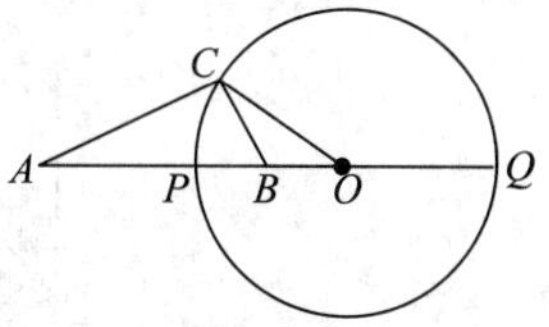

例 1 图

因为 $OP^2=OA\cdot OB=(m+OP)\cdot(OP-1)=OP^2+(m-1)OP-m$,

所以 $OP=\frac{m}{m-1}$,所以 $OC=\frac{m}{m-1}$,$OB=\frac{m}{m-1}-1=\frac{1}{m-1}$,$OA=\frac{m}{m-1}+m=\frac{m^2}{m-1}$.

当点 C 不在直线 AO 上时,因为 $\frac{OC}{OA}=\frac{OB}{OC}$ 且 $\angle COB=\angle AOC$,

所以 $\triangle COB\backsim\triangle AOC$,所以 $\frac{BC}{AC}=\frac{OB}{OC}=\frac{1}{m}$,

当点 C 重合于点 P 时,显然有 $\frac{BC}{AC}=\frac{1}{m}$,当点 C 重合于点 Q 时,$\frac{BC}{AC}=\frac{2OP-1}{2OP+m}=\frac{1}{m}$,

所以对圆 O 上任意点总有 $AC=mBC$.

$r_{\odot B}=BC$,$r_{\odot C}=mBC$,$d=BC$.

因为点 C 在圆 B 上,所以只可能内切、内含、相交.

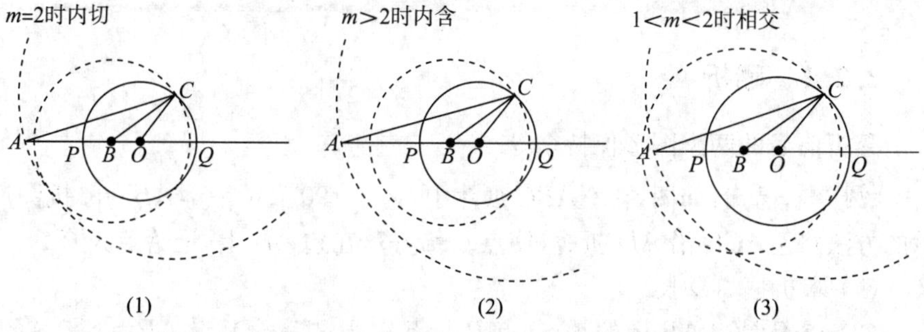

例 1 解图

(1) 若内切,则 $r_{\odot C}-r_{\odot B}=mBC-BC=BC, m=2$,

(2) 若相交,则 $r_{\odot C}-r_{\odot B}<d<r_{\odot C}+r_{\odot B}$,即 $mBC-BC<BC<mBC+BC$,

$0<m<2$,因为 $m>1$,所以 $1<m<2$,

(3) 若内含,则 $d<r_{\odot C}-r_{\odot B}$,即 $BC<mBC-BC, m>2$.

所以 $m=2$ 时内切,$m>2$ 时内含,$1<m<2$ 时相交.

例 2　已知定点 O 在定线段 AB 上,直线 AP、BQ 是 AB 的垂线,点 P、Q 分别在 AP、BQ 上运动,使 $\angle POQ=90°$,过点 O 作 $OM\perp PQ$ 于点 M,求点 M 的轨迹.

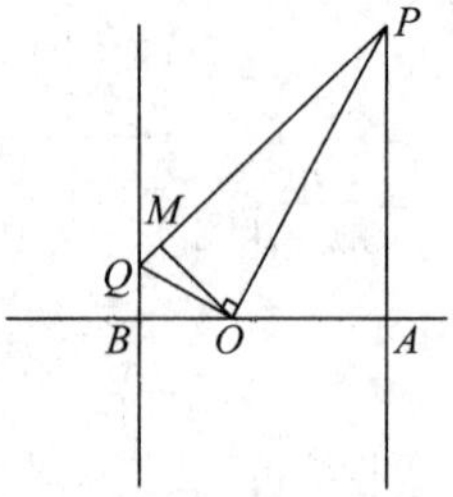

例 2 图

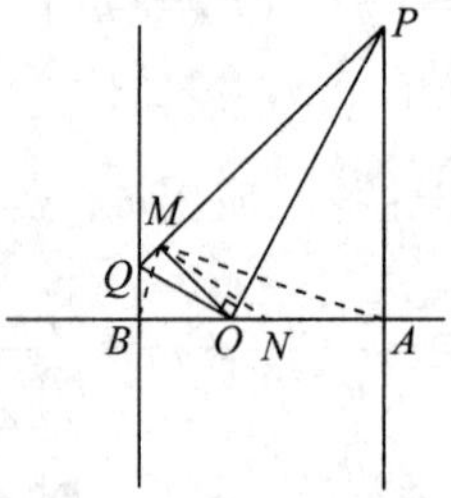

例 2 解图

解　因为 Q、B、O、M 四点共圆,所以 $\angle MBO=\angle MQO$;

因为 M、O、A、P 四点共圆,所以 $\angle MAO=\angle MPO$;

因为 $\angle MQO+\angle MPO=90°$,所以 $\angle MBO+\angle MAO=90°$,所以 $\angle BMA=90°$.

取 AB 的中点 N, $MN=\frac{1}{2}AB$ 为定长.

因为 AB 的中点 N 是定点,所以点 M 的轨迹是以 AB 为直径的圆.

2.2　始终保持相似的运动

2.2.1　翻折

翻折前后的两个图形保持全等.

例 1　已知:如图,在 $\triangle ABC$ 纸片中,$\angle C=90°$, $AC=3$, $AB=5$. 按图所示的方法将 $\triangle ACD$ 沿 AD 折叠,使点 C 恰好落在边 AB 上,记落点为 C'.

(1) 求折痕 AD 长.

(2) 点 P 是边 AB 上的动点(点 P 与点 A、B 不重合),设 $AP=x$, $\triangle APD$ 的面积为 y. 求 y 关于 x 的函数解析式,并写出此函数的定义域.

(3) 在(2)的条件下，当$\triangle APD$是等腰三角形时，求AP的长.

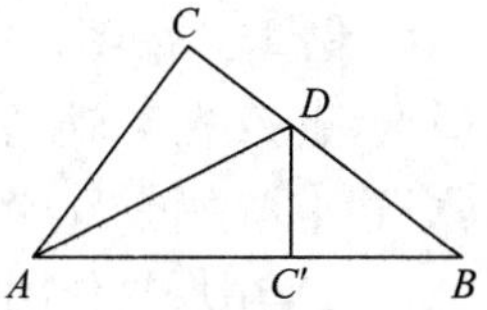

例 1 图

解 (1)**解法一** 因为在$\triangle ABC$纸片中，$\angle C=90°$，$AC=3$，$AB=5$. 所以$BC=4$.

因为按图所示的方法将$\triangle ACD$沿AD折叠，使点C恰好落在边AB上，落点为C'.

所以$\triangle ACD\cong\triangle AC'D$. 所以$AC=AC'=3$，$CD=C'D$，$\angle AC'D=\angle C=90°$.

所以$\angle BC'D=90°$. 设$CD=a$，那么$C'D=a$，$BD=4-a$.

在$\text{Rt}\triangle DC'B$中，$\angle BC'D=90°$，$C'D=a$，$BD=4-a$，$BC'=2$.

所以$2^2+a^2=(4-a)^2$. 解得$a=\frac{3}{2}$.

在$\text{Rt}\triangle ACD$中，$\angle C=90°$，$AC=3$，$CD=\frac{3}{2}$. 所以$AD=\sqrt{3^2+\left(\frac{3}{2}\right)^2}=\frac{3}{2}\sqrt{5}$.

解法二 因为$\angle CAD=\angle C'AD$，所以AD平分$\angle CAB$. 所以$\frac{CD}{BD}=\frac{CA}{BA}=\frac{3}{5}$. 因为$BC=4$，所以$CD=\frac{3}{2}$.

因为$\angle C=90°$，$AC=3$，所以$AD=\frac{3\sqrt{5}}{2}$.

(2) $y=\frac{3}{4}x$ $(0<x<5)$.

(3) 在(2)的条件下，当$\triangle APD$是等腰三角形时，可能有以下三种情况：

① $AP=AD$. $AP=\frac{3}{2}\sqrt{5}$.

② $DP=AD$. $AP=2AC'=6>AB$.

因为点P是边AB上的动点(点P与点A、B不重合). 所以不合题意，舍去.

③ $AP=DP$. 可得点P在AD的中垂线上. 可得$AP=PD=x$，那么$PC'=3-x$.

在$\text{Rt}\triangle DC'P$中，$\angle PC'D=90°$，$C'D=\frac{3}{2}$，$PD=x$，$PC'=3-x$.

所以$(3-x)^2+\left(\frac{3}{2}\right)^2=x^2$. 解得$x=\frac{15}{8}$.

所以在(2)的条件下，当$\triangle APD$是等腰三角形时，$AP=\frac{3}{2}\sqrt{5}$或$AP=\frac{15}{8}$.

例 2　如图,$OABC$ 是一张放在平面直角坐标系中的矩形纸片,点 O 为原点,点 A 在 x 轴的正半轴上,点 C 在 y 轴的正半轴上,$OA=5$,$OC=4$. 在 OC 边上取一点 D,将纸片沿 AD 翻折,使点 O 落在 BC 边上的点 E 处,

(1) 用尺规作图作出翻折后的图形;

(2) 求 D、E 两点的坐标;

(3) 若 AE 上有一动点 P(不与 A、E 重合)自点 A 沿 AE 方向向点 E 匀速运动,运动的速度为每秒 1 个单位长度,设运动的时间为 t 秒($0<t<5$),过点 P 作 ED 的平行线交 AD 于点 M,当 t 为何值时,以 D、M、E 为顶点的三角形为等腰三角形,并求出相应时刻点 M 的坐标.

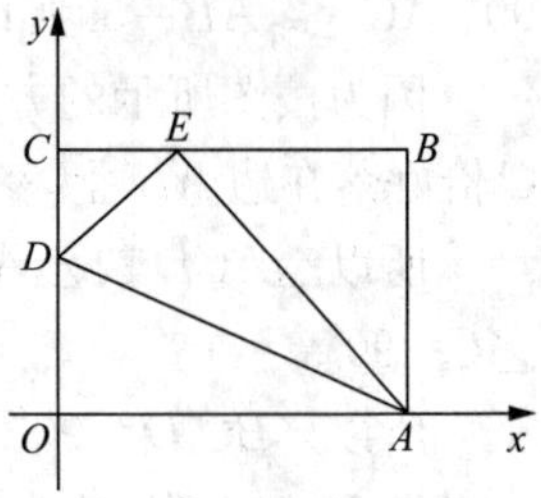

例 2 图

解　(1) 分析:$EA=OA$,以点 A 为圆心,OA 为半径作弧交 BC 于点 E,作$\angle EAO$ 的平分线交 OC 于点 D,连接 AE、ED,则$\triangle AED$ 是$\triangle AOD$ 翻折后的图形.

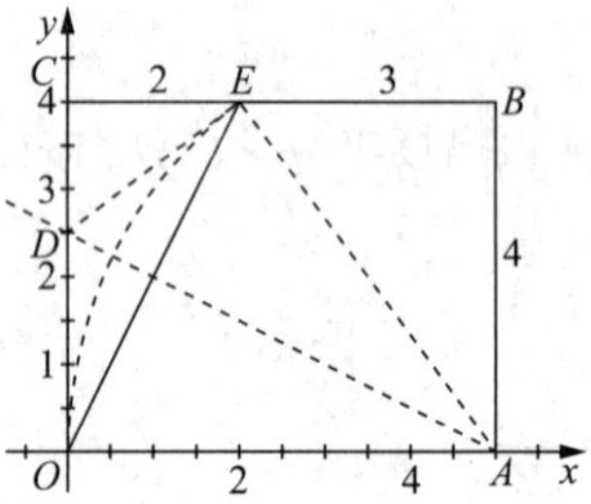

(1)

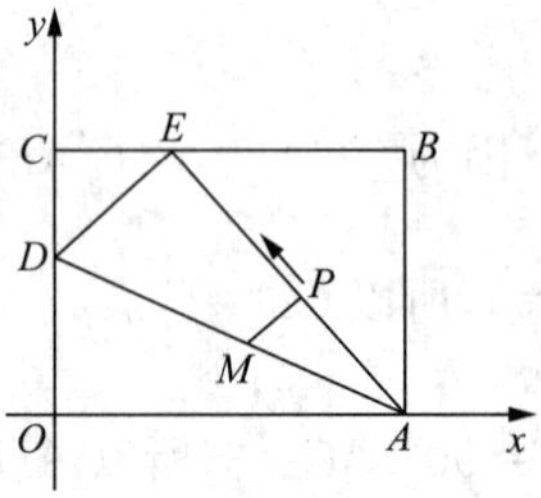

(2)

例 2 解图

(2) 由 $AE=OA=5$,$AB=4$,$\angle B=90^\circ$得 $BE=3$,$CE=2$,所以点 E 坐标为$(2,4)$.

设 $OD=d$,则 $CD=4-d$,$d^2=2^2+(4-d)^2$,$d=\frac{5}{2}$,所以点 D 坐标为$\left(0,\frac{5}{2}\right)$.

(3) **解法一**(几何解法)

① 若 $EM=DM$,则 M 在 AD 的中点,P 也在 AE 的中点,所以 $AP=t=\frac{5}{2}$,点 M 坐标为$\left(\frac{5}{2},\frac{5}{4}\right)$;

② 若 $DM=DE=\frac{5}{2}$,则 $AM=\frac{5\sqrt{5}-5}{2}$,所以 $t=5-\sqrt{5}$,点 M 坐标为$\left(\sqrt{5},\frac{5-\sqrt{5}}{2}\right)$;

③ 若 $ME=DE$，则 $DO=EM=OM$，$OMED$ 为菱形，$ME\parallel OD$.

延长 EM 交 OA 于点 H，则 $MH=CD=\frac{3}{2}$，$OH=CE=2$，$AH=3$. 所以 $t=3$，所以点 M 坐标为 $\left(2,\frac{3}{2}\right)$.

解法二（代数解法） 因为 $A(5,0)$，$D\left(0,\frac{5}{2}\right)$，所以 AD 所在直线的函数解析式为 $y=-\frac{1}{2}x+\frac{5}{2}$.

因为点 M 在 AD 上，所以可设 $M\left(x,-\frac{1}{2}x+\frac{5}{2}\right)$. 若△$DME$ 是等腰三角形，因为 $D\left(0,\frac{5}{2}\right)$、$E(2,4)$，

① 若 $DM=EM$，则 $(x-0)^2+\left(-\frac{1}{2}x+\frac{5}{2}-\frac{5}{2}\right)^2=(x-2)^2+\left(-\frac{1}{2}x+\frac{5}{2}-4\right)^2$，$x=\frac{5}{2}$，$y=\frac{5}{4}$，

所以点 M 坐标为 $\left(\frac{5}{2},\frac{5}{4}\right)$，$AP=t=\frac{5}{2}$；

② 若 $DM=DE=\frac{5}{2}$，则 $(x-0)^2+\left(-\frac{1}{2}x+\frac{5}{2}-\frac{5}{2}\right)^2=\left(\frac{5}{2}\right)^2$，$x=\sqrt{5}$，$y=\frac{5-\sqrt{5}}{2}$，

所以点 M 坐标为 $\left(\sqrt{5},\frac{5-\sqrt{5}}{2}\right)$，$t=5-\sqrt{5}$；

③ 若 $ME=DE=\frac{5}{2}$，$(x-2)^2+\left(-\frac{1}{2}x+\frac{5}{2}-4\right)^2=\left(\frac{5}{2}\right)^2$，$x=2$，$y=\frac{3}{2}$，

所以点 M 坐标为 $\left(2,\frac{3}{2}\right)$，所以 $t=3$.

例 3 如图，△ABC 中，$AB=AC$，$\angle B=70°$，D 是 AB 的中点，将△ABC 沿着过点 D 的直线 l 翻折，使点 B 落在边 AC 上的点 E 处，连接 DE，求 $\angle ADE$ 的度数.

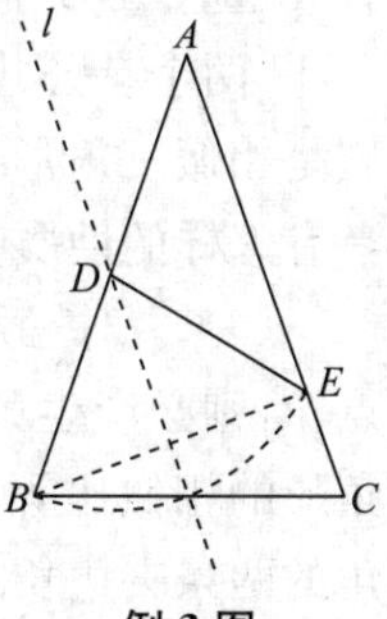

例 3 图

分析 首先要画出图形. 由于直线 l 的位置暂不确定，所以根据翻折后图形与原图形的对应线段相等的性质知，$DB=DE$. 由于在平面上到定点距离相等的点都在以定点为圆心，定长为半径的圆上，我们可以以点 D 为圆心，以 DB 长为半径作弧交 AC 于点 E，则 BE 的中垂线是对称轴 l，$\angle ADE=2\angle ABE$.

解　由 $DB=DE=DA$ 可得$\triangle ABE$是直角三角形，其中$\angle AEB=90^\circ$，

因为$\angle A=40^\circ$，所以$\angle ABE=50^\circ$. 因为 $DB=DE$，所以$\angle ABE=\angle DEB$，所以$\angle ADE=100^\circ$.

2.2.2　旋转

旋转型相似图形的性质

(1) 一个三角形绕它的一个顶点旋转 α 角，生成的图形中有两个等腰三角形，如下图中的$\triangle BAB'$和$\triangle CAC'$. 因为这两个等腰三角形的顶角相等，所以这两个等腰三角形相似，相似比等于 $AC:AB$.

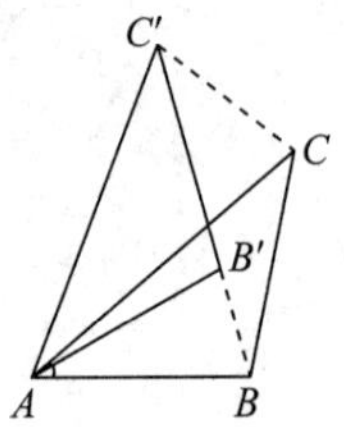

$0<\alpha<\angle BAC$

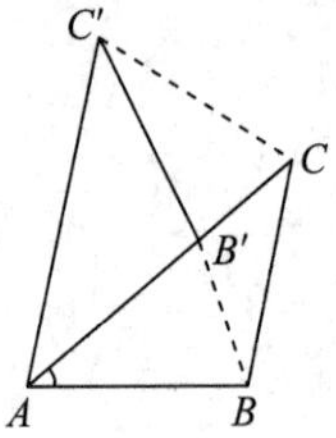

$\alpha=\angle BAC$

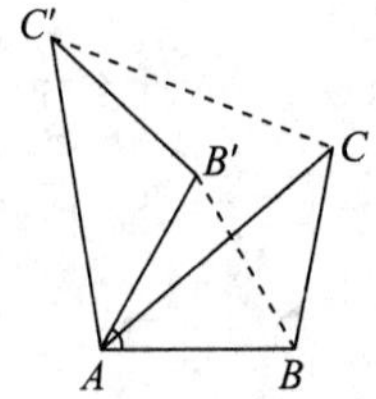

$\angle BAC<\alpha<180^\circ-\angle BAC$

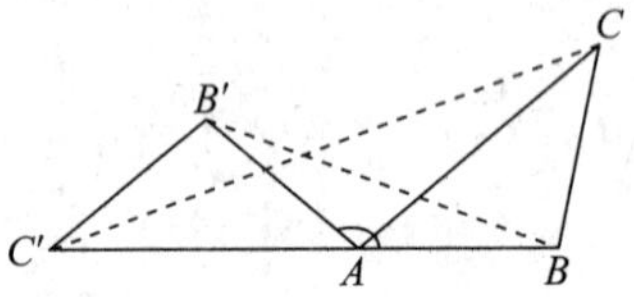

$\alpha=180^\circ-\angle BAC$

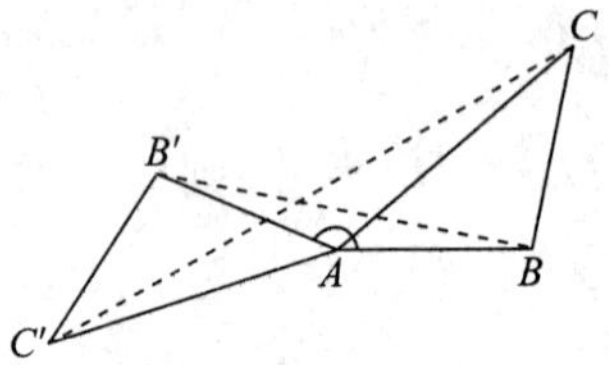

$180^\circ-\angle BAC<\alpha<180^\circ$

(2) 如果一个图形中存在两个有公共顶点、顶角均为 α 的等腰三角形，则这个图形可以看成是一个三角形绕它的一个顶点旋转 α 角后生成的. 如下图中的$\triangle ABC$ 和$\triangle EBG$ 是有公共顶点且顶角相等(等于 α)的等腰三角形，则这个图形可以看成是$\triangle ABE$ 绕点 B 旋转 α 角后生成$\triangle CBG$.

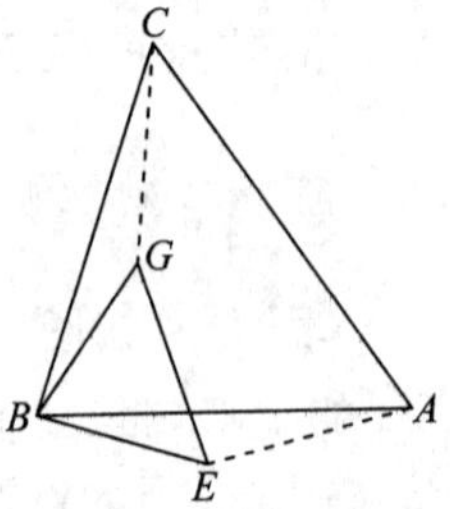

"两个有公共顶点、顶角均为 α 的等腰三角形"的实质是相似三角形. 对于任意的两个相似三角形，图形又具有怎样的性质呢?

(3) 一对三角形成旋转型相似("两个相似三角形的一对等角有公共顶点")，则必产生第二对相似三角形，且第二对相似三角形的相似比等于原三角形中以旋转中心为顶点的角的两条夹边长之比.

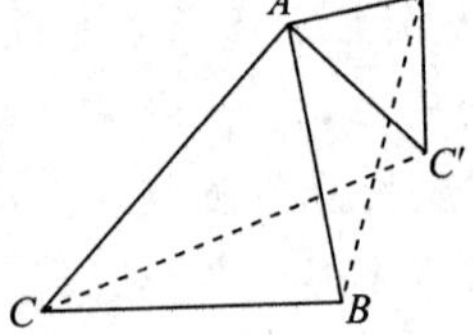

如图中$\triangle ABC\backsim\triangle AB'C'$，则$\triangle ABB'\backsim\triangle ACC'$.

证　因为$\triangle ABC\backsim\triangle AB'C'$，

所以$\angle BAC=\angle B'AC'$，且$\dfrac{AB}{AB'}=\dfrac{AC}{AC'}$，

所以$\angle BAB'=\angle CAC'$，且$\dfrac{AB}{AC}=\dfrac{AB'}{AC'}$，

所以$\triangle ABB'\backsim\triangle ACC'$.

例 1 在$\triangle ABC$中，$\angle ACB=90°$，$\angle B=60°$，点D是AB的中点. $\triangle EDF$中，$\angle EDF=90°$，$\angle E=45°$. DF过点C，DE交AC于点P. 现在将$\triangle EDF$绕点D顺时针旋转$\alpha(0<\alpha<60°)$，后得$\triangle E'DF'$，DE'交AC于点M，DF'交BC于点N，求$\dfrac{PM}{CN}$的值.

分析 $\angle PDM=\angle CDN=\alpha$，要求的线段比中的线段$PM$和$CN$分别是这两个角的对边，于是我们考虑它们所在的三角形之间有无相似关系，于是考查角：因为$\angle ACD=30°$，$\angle CDP=90°$，所以$\angle MPD=60°$，$\angle NCD=60°$，

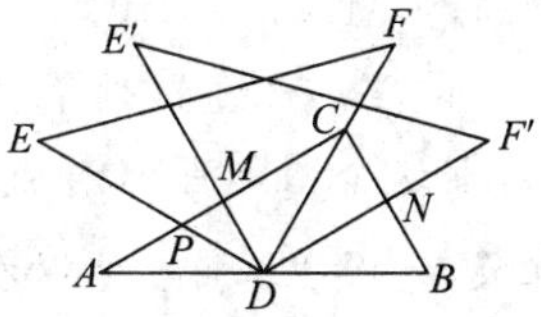

例 1 图

（或$\angle PMD=30°+(90°-\alpha)=120°-\alpha$，$\angle CND=60°+(60°-\alpha)=120°-\alpha$，$\angle PMD=\angle CND$），

所以$\triangle PMD\backsim\triangle CND$，所以$\dfrac{PM}{CN}=\dfrac{PD}{CD}=\tan\angle PCD=\dfrac{\sqrt{3}}{3}$.

(4) 一个三角形绕它的一个顶点旋转60°，生成的图形中有两个等边三角形.

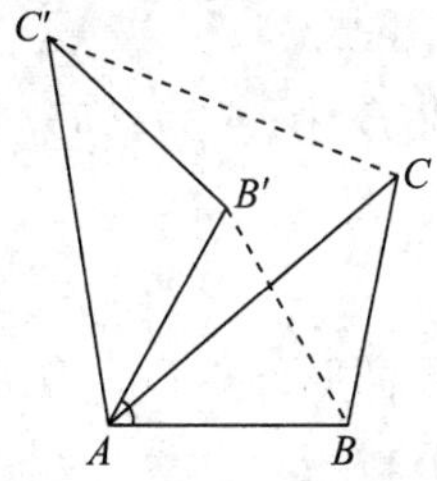

例 2 如图，P是等边三角形ABC内的一点，连接PA、PB、PC，以BP为边作$\angle PBQ=60°$，且$BQ=BP$，连接CQ.

(1) 观察并猜想AP与CQ之间的大小关系，并证明你的结论.

(2) 若$PA:PB:PC=3:4:5$，连接PQ，试判断$\triangle PQC$的形状，并说明理由.

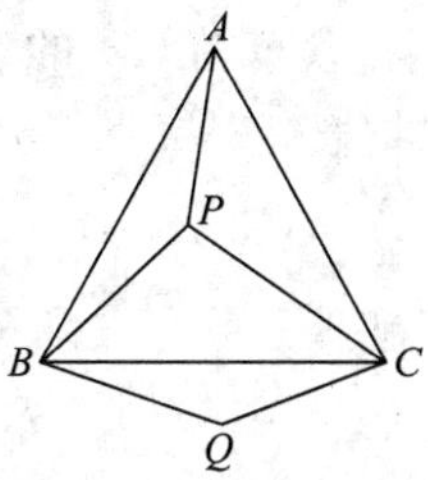

例 2 图

解 (1) 易证$\triangle ABP\cong\triangle CBQ$，所以$AP=CQ$.

(2) 连接PQ，则$CQ:PQ:PC=3:4:5$，所以$\triangle PQC$是直角三角形，$\angle CQP=90°$.

(5) 如果一个图形中存在两个有公共顶点的正三角形,则这个图形可以看成是一个三角形绕它的一个顶点旋转 60°生成的,如例 2 图中,连接 PQ 后,等边三角形 ABC 和等边三角形 PBQ 有公共顶点 B,则$\triangle CBQ$ 可以看成是$\triangle ABP$ 绕点 B 旋转 60°生成的.

例 3 如图,$\triangle ABC$ 中,$AB=4$,$AC=3$,$BC=5$,$\triangle ABD$、$\triangle ACE$、$\triangle BFC$ 都是等边三角形,求四边形 $ADFE$ 的面积.

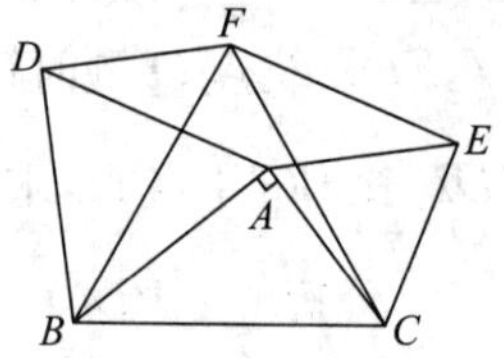

例 3 图

分析 在点 B 处有两个具有公共顶点的正三角形,则这个图形可以看成是一个三角形绕它的一个顶点旋转 60°生成的. 可以看成是$\triangle ABC$ 绕点 B 逆时针旋转 60°生成$\triangle DBF$.

同理,在点 C 处有两个具有公共顶点的正三角形,则这个图形可以看成是一个三角形绕它的一个顶点旋转 60°生成的. 可以看成是$\triangle ABC$ 绕点 C 顺时针旋转 60°生成$\triangle EFC$.

所以可以证明$\triangle ABC\cong\triangle DBF\cong\triangle EFC$,四边形 $ADFE$ 是平行四边形,$\angle AEF=90°-60°=30°$,过点 A 作 EF 边上的高 AH,可求得 $AH=\dfrac{3}{2}$,所以可以计算得四边形 $ADFE$ 的面积为 6.

(解略).

(6) 一个三角形绕它的一个顶点旋转 90°,生成的图形中有两个等腰直角三角形.

例 4 如图,在梯形 $ABCD$ 中,$AB/\!/CD$,$\angle BCD=90°$,且 $AB=1$,$BC=2$,$\tan\angle ADC=2$.

(1) 求证:$DC=BC$;

(2) E 是梯形内一点,F 是梯形外一点,$\angle EDC=\angle FBC$,$DE=BF$,试判断$\triangle EFC$ 的形状,并证明你的结论;

(3) 在(2) 的条件下,当 $BE:CE=1:2$,$\angle BEC=135°$时,求 $\sin\angle BFE$ 的值.

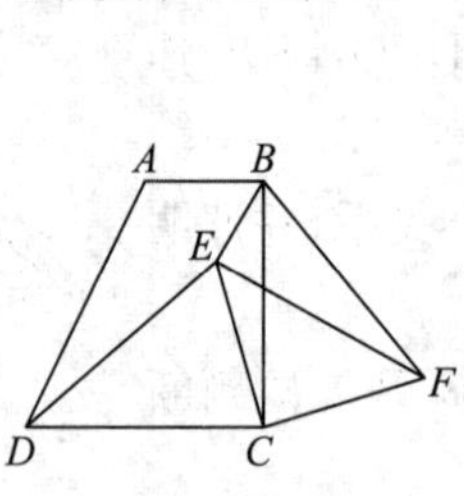

例 4 图

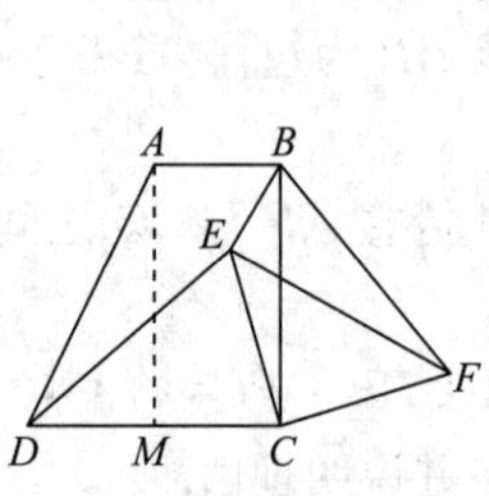

例 4 解图

解 (1) **证** 过点 A 作 $AM\perp DC$ 于点 M,四边形 $AMCB$ 是矩形. 由 $BC=2$,$\tan\angle ADC=2$ 得 $DM=1$.

由 $AB=MC=1$，得 $DC=2=BC$.

(2) $DC=BC$，$\angle EDC=\angle FBC$，$DE=BF$，得$\triangle EDC\cong\triangle FBC$，$EC=FC$，$\angle ECD=\angle FCB$，

所以$\angle ECF=\angle BCD=90^\circ$，$\triangle EFC$ 是等腰直角三角形.

(3) $\angle BEC=135^\circ$，$\angle FEC=45^\circ$，得$\angle BEF=90^\circ$.

因为 $BE:CE=1:2$，所以 设 $BE=k$，则 $EC=2k$，$EF=2\sqrt{2}k$

所以 Rt$\triangle EBF$ 中，$BF=\sqrt{k^2+(2\sqrt{2}k)^2}=3k$，所以 $\sin\angle BFE=\dfrac{BE}{BF}=\dfrac{k}{3k}=\dfrac{1}{3}$.

(7) 如果一个图形中存在两个有公共顶点的等腰直角三角形，则这个图形可以看成是一个三角形绕它的一个顶点旋转 90°生成的，如下图中的$\triangle ACF$ 和$\triangle GCB$ 都是等腰直角三角形，则$\triangle BFC$ 可以看成是$\triangle GAC$ 旋转 90°而生成的.

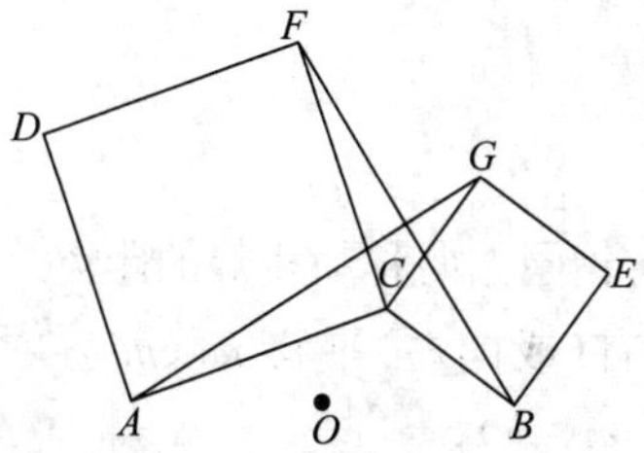

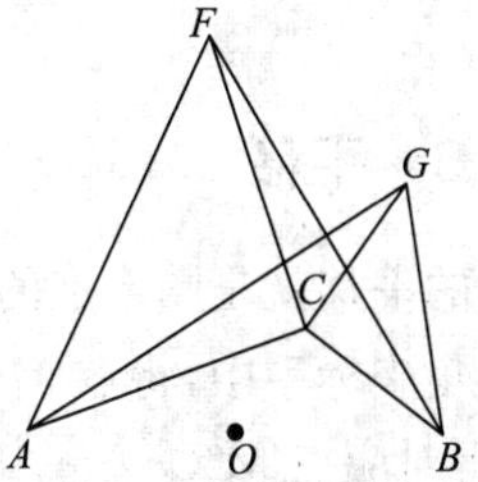

例 5　已知$\triangle ABC$ 是直角三角形，$\angle BAC$ 是直角. 求证 BC 上的正方形面积等于 BA、AC 上的正方形面积的和.

证　如图，过点 A 作 $AK\perp ED$ 于点 K，交 BC 于点 Q.

因为$\triangle ABE\cong\triangle HBC$，$\triangle ADC\cong\triangle FBC$，所以 $S_{\triangle ABE}=S_{\triangle HBC}$，$S_{\triangle ADC}=S_{\triangle FBC}$.

因为 $S_{矩形BEKQ}=2S_{\triangle ABE}$，$S_{矩形CDKQ}=2S_{\triangle ADC}$，所以 $S_{正方形BEDC}=2S_{\triangle ABE}+2S_{\triangle ADC}=2S_{\triangle HBC}+2S_{\triangle FBC}$.

因为$\angle BAC=90^\circ$，$\angle BAI=90^\circ$，所以 C、A、I 三点共线，同理 B、A、G 三点共线.

所以 $S_{正方形ABHI}=2S_{\triangle HBC}$，$S_{正方形ACFG}=2S_{\triangle FBC}$，所以 $S_{正方形BEDC}=S_{正方形ABHI}+S_{正方形ACFG}$，

所以 BC 上的正方形面积等于 BA、AC 上的正方形面积的和.

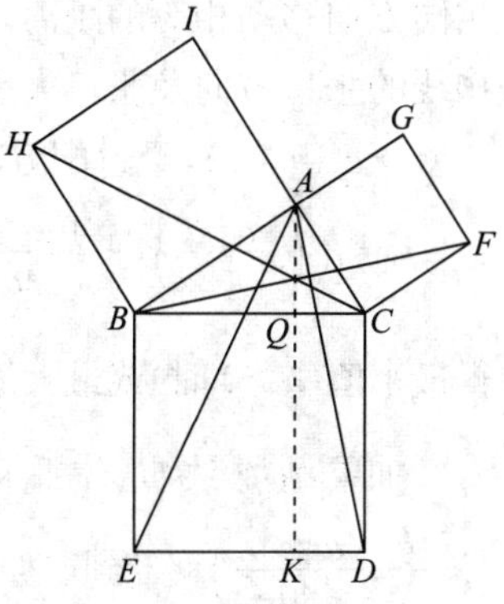

例 5 图

说明　这就是几何原本中对勾股定理的证法.

例6　以 Rt△ABC 的各边为边分别向外作正方形 $BCDE$、正方形 $CFGA$、正方形 $AIHB$，设斜边 BC 上的正方形中心为 O，而两直角边上的正方形中心分别为 M、N，求证：$\angle MON+\angle EAD=90°$.

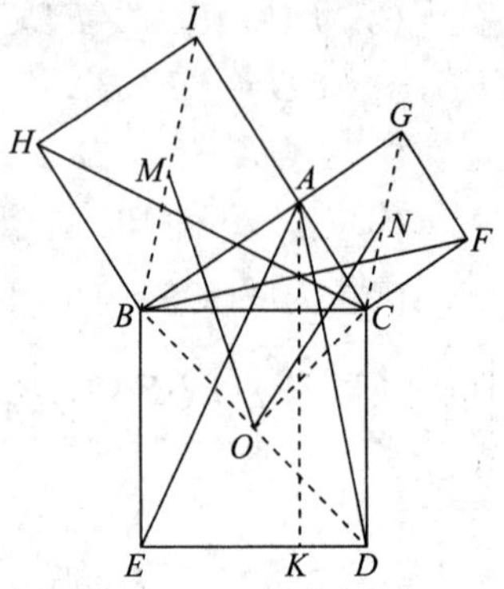

例 6 图

证　因为 $\frac{BM}{AB}=\frac{\sqrt{2}}{2}$，$\frac{BO}{EB}=\frac{\sqrt{2}}{2}$，所以 $\frac{BM}{AB}=\frac{BO}{EB}$. 因为 $\angle MBO=\angle ABE$，所以 $\triangle MBO\backsim\triangle ABE$.

所以 $\angle MOB=\angle AEB$，同理可证 $\angle NOC=\angle ADC$. 所以 $\angle EAD=\angle MOB+\angle NOC$.

因为 $\angle BOC=90°$，所以 $\angle EAD+\angle MON=90°$.

2.2.3　平移

图形的平移就是图形上的所有点向相同方向移动相等的距离.

在直角坐标系中，将点 $M(x,y)$ 向右(或向左)平移 m $(m>0)$ 个单位长度，可以得对应点 $M'(x+m,y)$(或 $(x-m,y)$)；

将点 $M(x,y)$ 向上(或向下)平移 m $(m>0)$ 个单位长度，可以得到对应点 $M'(x,y+m)$ (或 $(x,y-m)$).

值得注意的是，二次函数的图像的平移，在理论上是抛物线上所有点向相同方向移动相等的距离，但是在具体问题中，我们是从整体上看，平移时抛物线的张口方向及张口大小都不变，图像整体随着顶点移动. 这样，对 $y=ax^2+bx+c$ $(a\neq0)$，经过配方写成

$y=a\left(x+\frac{b}{2a}\right)^2+\frac{4ac-b^2}{4a}$ $(a\neq0)$，显然当 $x+\frac{b}{2a}=0$ 时，即 $x=-\frac{b}{2a}$ 时，y 取得最小值($a>0$ 时)或最大值($a<0$ 时)，所以抛物线顶点为 $D\left(-\frac{b}{2a},\frac{4ac-b^2}{4a}\right)$.

如果抛物线向右平移 m $(m>0)$，向上平移 n $(n>0)$，那么点 $D\left(-\frac{b}{2a},\frac{4ac-b^2}{4a}\right)$ 移动到点 $D'\left(-\frac{b}{2a}+m,\frac{4ac-b^2}{4a}+n\right)$，移动后抛物线的顶点式为

$$y'=a\left[x-\left(-\frac{b}{2a}+m\right)\right]^2+\frac{4ac-b^2}{4a}+n=a\left(x+\frac{b}{2a}-m\right)^2+\frac{4ac-b^2}{4a}+n$$

$(a\neq0)$；

同理，如果抛物线向左平移 m（$m>0$），向下平移 n（$n>0$），那么点 $D\left(-\frac{b}{2a},\frac{4ac-b^2}{4a}\right)$移动到点 $D''\left(-\frac{b}{2a}-m,\frac{4ac-b^2}{4a}-n\right)$，移动后抛物线的顶点式为

$$y'=a\left[x-\left(-\frac{b}{2a}-m\right)\right]^2+\frac{4ac-b^2}{4a}-n=a\left(x+\frac{b}{2a}+m\right)^2+\frac{4ac-b^2}{4a}-n$$

$(a\neq0)$，所以在解题时为了方便记忆，我们常使用口诀“左加右减，上加下减”，例如：

$y=x^2$ 向左平移 4 个单位长度后为 $y=(x+4)^2$；$y=x^2$ 向右平移 4 个单位长度后为 $y=(x-4)^2$.

例 1 如图，在直角坐标平面中，O 为原点，点 A 在 x 轴的正半轴上，点 B 在 y 轴的正半轴上，$OB:OA=2:1$，二次函数 $y=x^2+mx+2$ 的图像过点 A、B. 顶点为 D.

(1) 求这个二次函数的解析式和顶点坐标，并判断是否经过点 $C(4,2)$；

(2) 将上述二次函数图像沿 y 轴方向上下平移后经过点 $C(4,2)$. 写出平移后所得图像的函数解析式；

(3) 将上述二次函数图像沿 x 轴方向左右平移后经过点 $C(4,2)$. 写出平移后所得图像的函数解析式.

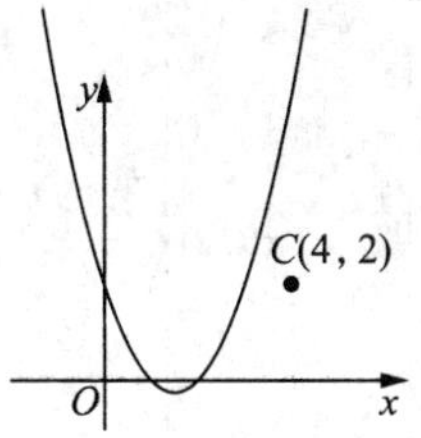

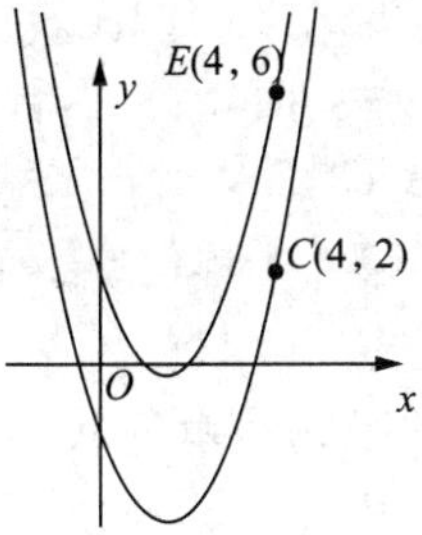

例 1 图

解 (1)由已知 $y=x^2+mx+2$ 过 y 轴上的点 B 得 $B(0,2)$. 因为 $OB:OA=2:1$，所以 $A(1,0)$，代入 $y=x^2+mx+2$ 得

$m=-3$，所以解析式为 $y=x^2-3x+2$，顶点 $D\left(\frac{3}{2},-\frac{1}{4}\right)$.

以点 C 坐标代入 $y=x^2-3x+2$，左边≠右边，所以图像不经过点 C.

(2) **解法一** 因为以 $x=4$ 代入 $y=x^2-3x+2$ 得 $y=6$，即图像过点 $E(4,6)$，

所以向下平移 4 个单位长度后，所得图像过点 $C(4,2)$.

所以 $y=\left(x-\frac{3}{2}\right)^2-\frac{1}{4}-4=\left(x-\frac{3}{2}\right)^2-\frac{17}{4}=x^2-3x-2$.

解法二　因为以 $x=4$ 代入 $y=x^2-3x+2$ 得 $y=6$，即图像过点 $E(4,6)$，所以向下平移 4 个单位长度后，所得图像过点 $C(4,2)$.

所以 $y=x^2-3x+2-4=x^2-3x-2$.

(3) 平移后所得图像的函数解析式为 $y=x^2-5x+6$ 或 $y=x^2-11x+30$.

解法一(移动顶点)　因为 $y=x^2-3x+2$ 中，当 $y=2$ 时，$x_1=0$，$x_2=3$，即图像过点 $E_1(0,2)$，$E_2(3,2)$，

所以向右平移 4 个单位或 1 个单位后，所得图像都可以过点 $C(4,2)$.

因为原二次函数 $y=x^2-3x+2$ 的顶点为 $\left(\frac{3}{2},-\frac{1}{4}\right)$，

① 若右移 4 个单位，则顶点为 $\left(\frac{11}{2},-\frac{1}{4}\right)$，

所以 $y=\left(x-\frac{11}{2}\right)^2-\frac{1}{4}=x^2-11x+30$.

② 若右移 1 个单位，则顶点为 $\left(\frac{5}{2},-\frac{1}{4}\right)$，

所以 $y=\left(x-\frac{5}{2}\right)^2-\frac{1}{4}=x^2-5x+6$.

解法二(移动 $y=2$ 的两点)　因为 $y=x^2-3x+2$ 中，当 $y=2$ 时，$x_1=0$，$x_2=3$，即图像过点 $E_1(0,2)$，$E_2(3,2)$，

所以向右平移 4 个单位或 1 个单位后，所得图像都可以过点 $C(4,2)$.

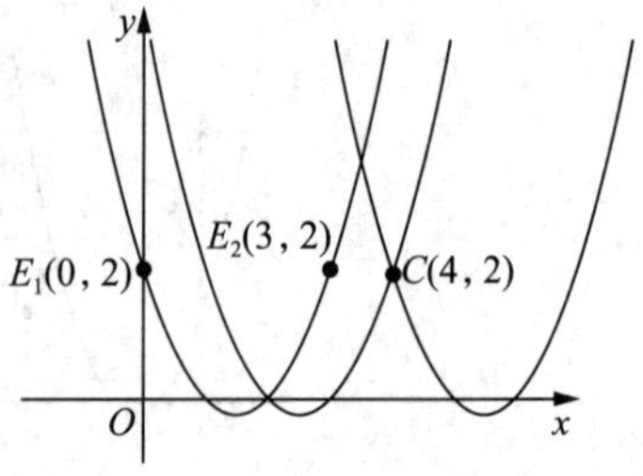

例 1 解图

设平移后的抛物线解析式为 $y=x^2+bx+c$，

① 若 $E_1(0,2)$ 右移到 $C(4,2)$，移动 4 个单位，则 $E_2(3,2)$ 移到 $(7,2)$，

所以 $\begin{cases}2=4^2+4b+c,\\2=7^2+7b+c.\end{cases}$ 解出 $\begin{cases}b=-11,\\c=30,\end{cases}$ 所以 $y=x^2-11x+30$.

② 若 $E_2(3,2)$ 右移到 $C(4,2)$，移动 1 个单位，则 $E_1(0,2)$ 移到 $(1,2)$，

所以 $\begin{cases}2=4^2+4b+c,\\2=1^2+b+c.\end{cases}$ 解出 $\begin{cases}b=-5,\\c=6,\end{cases}$ 所以 $y=x^2-5x+6$.

解法三(移动零点)

因为原二次函数 $y=x^2-3x+2$ 的零点为 $(1,0)$ 和 $(2,0)$，

① 若右移 4 个单位，则零点为 $(5,0)$ 和 $(6,0)$，

所以 $y=(x-5)(x-6)=x^2-11x+30$.

② 若右移 1 个单位，则零点为(2,0)和(3,0)，

所以 $y=(x-2)(x-3)=x^2-5x+6$.

例 2 如图，在平面直角坐标系中，已知点 A 坐标为(2,4)，直线 $x=2$ 与 x 轴相交于点 B，连接 OA，抛物线 $y=x^2$ 从点 O 沿 OA 方向平移，与直线 $x=2$ 交于点 P，顶点 M 到点 A 时停止移动.

(1) 求线段 OA 所在直线的函数解析式；

(2) 设抛物线顶点 M 的横坐标为 m，

① 用 m 的代数式表示点 P 的坐标；

② 当 m 为何值时，线段 PB 最短；

(3) 当线段 PB 最短时，在相应的抛物线找点 Q，使△QMA 的面积与△PMA 的面积相等.

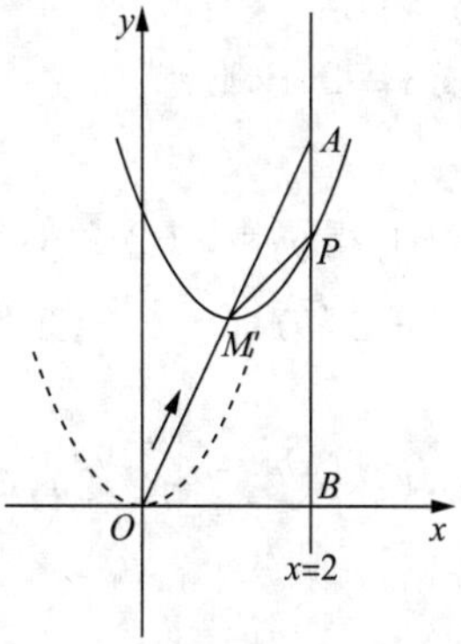

例 2 图

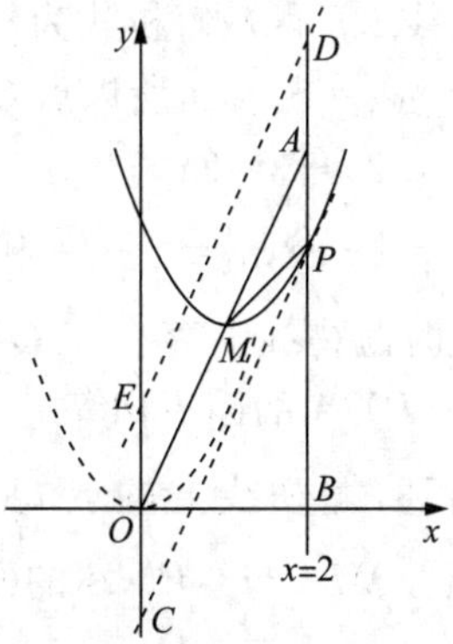

例 2 解图

解 (1) 设 OA 所在直线的函数解析式为 $y=kx$，因为 $A(2,4)$，

所以 $2k=4$，所以 $k=2$，所以 OA 所在直线的函数解析式为 $y=2x$.

(2) ① 因为顶点 M 的横坐标为 m，且在线段 OA 上移动，

所以 $y=2m(0\leqslant m\leqslant 2)$. 所以顶点 M 的坐标为$(m,2m)$.

所以抛物线函数解析式为 $y=(x-m)^2+2m$.

所以当 $x=2$ 时，$y=(2-m)^2+2m=m^2-2m+4(0\leqslant m\leqslant 2)$.

所以点 P 的坐标是$(2,m^2-2m+4)$.

② 因为 $PB=m^2-2m+4=(m-1)^2+3$，又因为 $0\leqslant m\leqslant 2$，

所以当 $m=1$ 时，PB 最短.

(3) 当线段 PB 最短时，此时抛物线的解析式为 $y=(x-1)^2+2$.

即 $y=x^2-2x+3$，此时 $A(2,4)$、$M(1,2)$、$P(2,3)$均为定点，假设在抛物线上存在点 Q，使 $S_{\triangle QMA}=S_{\triangle PMA}$.

设点 Q 的坐标为(x,x^2-2x+3).

① 当点 Q 落在直线 OA 的下方时,过点 P 作直线 $PC/\!/AO$,交 y 轴于点 C,因为 $PB=3$,$AB=4$,所以 $AP=1$,所以 $OC=1$,

所以点 C 的坐标是 $(0,-1)$.

因为点 P 的坐标是 $(2,3)$,所以直线 PC 的函数解析式为 $y=2x-1$.

因为 $S_{\triangle QMA}=S_{\triangle PMA}$,所以点 Q 落在直线 $y=2x-1$ 上.

所以 $x^2-2x+3=2x-1$.

解得 $x_1=2,x_2=2$,即点 $Q(2,3)$,所以点 Q 与点 P 重合.

所以此时抛物线上存在点 $Q_1(2,3)$,使$\triangle QMA$ 与$\triangle APM$ 的面积相等.

② 当点 Q 落在直线 OA 的上方时,作点 P 关于点 A 的对称点 D,过点 D 作直线 $DE/\!/AO$,交 y 轴于点 E,因为 $AP=1$,

所以 $EO=DA=1$,所以 E、D 的坐标分别是 $(0,1)$,$(2,5)$,

所以直线 DE 函数解析式为 $y=2x+1$.

因为 $S_{\triangle QMA}=S_{\triangle PMA}$,所以点 Q 落在直线 $y=2x+1$ 上.

所以 $x^2-2x+3=2x+1$.

解得 $x_1=2+\sqrt{2}$,$x_2=2-\sqrt{2}$.代入 $y=2x+1$,得 $y_1=5+2\sqrt{2}$,$y_2=5-2\sqrt{2}$.

所以此时抛物线上存在点 $Q_2(2+\sqrt{2},5+2\sqrt{2})$,$Q_3(2-\sqrt{2},5-2\sqrt{2})$使$\triangle QMA$ 与$\triangle PMA$ 的面积相等.

综上所述,抛物线上的点 $Q_1(2,3)$,$Q_2(2+\sqrt{2},5+2\sqrt{2})$,$Q_3(2-\sqrt{2},5-2\sqrt{2})$ 使$\triangle QMA$ 与$\triangle PMA$ 的面积相等.

2.2.4　一线三等角问题

(1) 一线三等角两侧的三角形总相似

例 1　如图,$AM\perp AB$,$BN\perp AB$,点 D 在射线 AM 上,点 E 在线段 AB 上,过点 E 作 DE 的垂线交射线 BN 于点 C,连接 CD、DE,设 $AB=a$, $AD=m$, $AE=x$,$BC=y$,求 y 关于 x 的函数解析式.

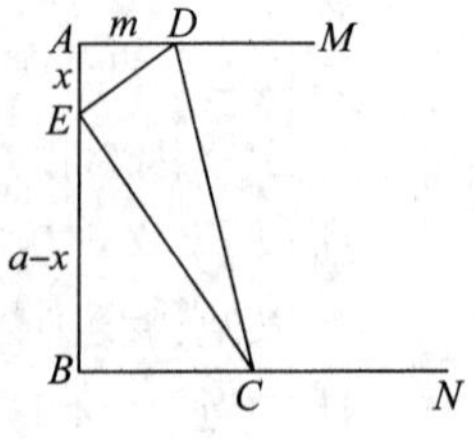

例 1 图

解　$\left.\begin{array}{l}\angle AED=90^\circ-\angle BEC=\angle BCE,\\ \angle A=\angle B=90^\circ\end{array}\right\}\Rightarrow\triangle AED\backsim\triangle BCE$

$\dfrac{y}{x}=\dfrac{a-x}{m}\Rightarrow y=\dfrac{(a-x)\cdot x}{m}\ (0\leqslant x\leqslant a)$.

例 2　在例 1 中,已知 $AD+DE=AB=a$,研究$\triangle EBC$ 的周长 $C_{\triangle EBC}$ 是否随点 D、E 的运动而变化?如变化,写出 $C_{\triangle EBC}$ 关于 x 或 m 的函数解析式;如不变,写出推理过程及 $C_{\triangle EBC}$ 的值.

答 不变,$C_{\triangle EBC}=2a$.

解 由例1得$\triangle AED\backsim\triangle BCE$,所以$\frac{C_{\triangle EBC}}{C_{\triangle DAE}}=\frac{a-x}{m}$. 因为$m+\sqrt{x^2+m^2}=a$,解得$m=\frac{a^2-x^2}{2a}$,

又因为$C_{\triangle DAE}=a+x$,所以$C_{\triangle EBC}=\frac{a-x}{m}\cdot C_{\triangle DAE}=\frac{a-x}{\frac{a^2-x^2}{2a}}\cdot(a+x)=2a$.

(2) 一线三角问题中,中间的三角形是否与两侧的三角形相似?

例3 如图,已知正方形$ABCD$,边长为1. 点E在边AD上,连接BE,过点E作$EF\perp BE$交DC于F.

(1) 设$AE=x$, $DF=y$,求y关于x的函数解析式;

(2) $\triangle FED$是否可能与$\triangle BEF$相似? 如能,求出AE的长并验证;如不能,说明理由.

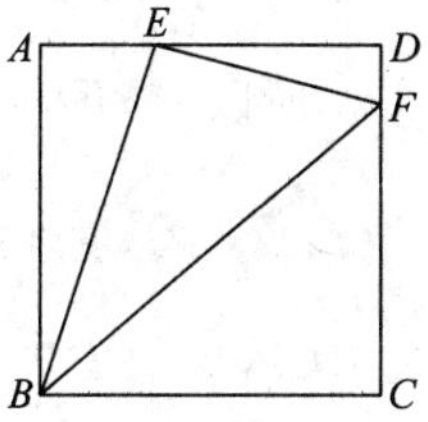

例3图

解 (1)

① 当E在线段AD上且不与A、D重合时,总有$\angle ABE=\angle DEF$,又因为$\angle A=\angle D$,

所以$\triangle ABE\backsim\triangle DEF$,所以$\frac{y}{x}=\frac{1-x}{1}$, $y=-x^2+x$ $(0<x<1)$;

② 当点E与点A重合时,$x=0$, $y=0$;

③ 当点E与点D重合时,$x=1$, $y=0$,

所以把x、y看成两点间的距离时,可以得到$y=-x^2+x$ $(0\leqslant x\leqslant 1)$.

(2) **分析**:

假设$\triangle FED$与$\triangle BEF$相似,则可能有以下两种情况:

① $\angle DEF=\angle EBF$,则$\angle EBF=\angle ABE$,所以$\frac{y}{x}=\frac{EF}{EB}=\frac{x}{1}$, $-x^2+x=x^2$, $x=\frac{1}{2}$;

② $\angle DEF=\angle EFB$,则$BF/\!/DE$,不存在.

验证:当$x=\frac{1}{2}$时,可求得$DF=\frac{1}{4}$, $EF=\frac{\sqrt{5}}{4}$, $BE=\frac{\sqrt{5}}{2}$,则$\frac{EF}{BE}=\frac{1}{2}$;

又$\frac{DF}{DE}=\frac{1}{2}$且$\angle BEF=\angle D=90°$,所以$\triangle DEF\backsim\triangle EBF$.(依据:两对应边成比例,夹角相等,两三角形相似.)

所以当点E在线段AD中点位置时,$\triangle FED$与$\triangle BEF$相似.

问题1 能否说,这类一线三角问题中,当点E在AD中点位置时,总有中间的三角形与两侧的三角形相似？——可以.

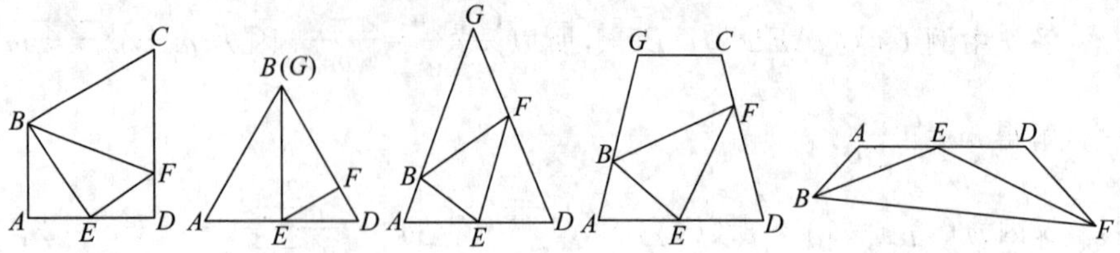

上述图中，已知$\angle A=\angle D$，点E是线段AD的中点，$\angle BEF=\angle A$，求证：$\triangle BEF\backsim\triangle EDF$.

证　因为$\angle FED=180°-\angle BEF-\angle AEB$，$\angle ABE=180°-\angle A-\angle AEB$，$\angle BEF=\angle A$，

所以$\angle FED=\angle ABE$，所以$\triangle DEF\backsim\triangle ABE$. 所以总有$\dfrac{AB}{ED}=\dfrac{AE}{FD}=\dfrac{BE}{EF}$.

当$AE=ED$时，有$\dfrac{BE}{EF}=\dfrac{ED}{FD}$即$\dfrac{BE}{ED}=\dfrac{EF}{FD}$，又因为$\angle BEF=\angle D$，所以$\triangle BEF\backsim\triangle EDF$.

所以，这类一线三角问题中，当点E在AD的中点位置时，总有中间的三角形与两侧的三角形相似.

问题 2　能否说，这类一线三角问题中，当中间的三角形与两侧的三角形相似时，总有点E在AD中点位置？——不可以.

举反例如下图(1)、(2)所示：

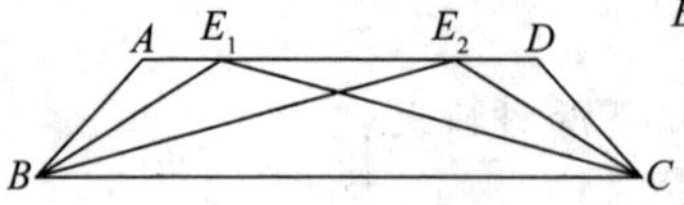

(1)

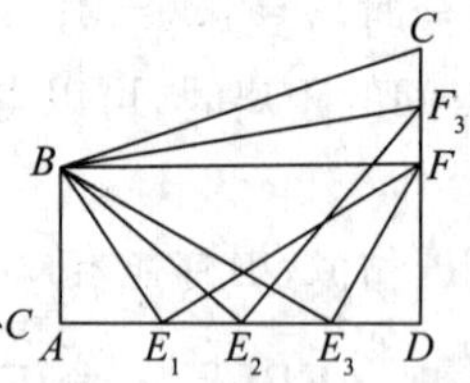

(2)

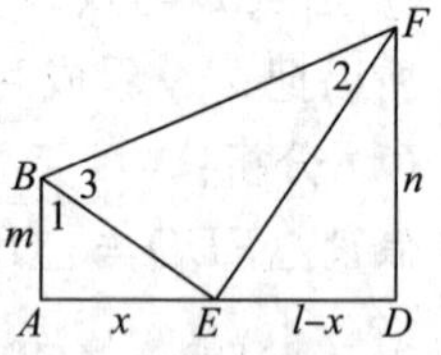

(3)

如图(3)，已知$\angle A=\angle D=90°$，$AB=m$，$AD=l$，点E在线段AD上，$\angle BEF=\angle A$，$DF=n$，设$AE=x$，

当$\triangle BEF$与$\triangle EDF$相似时，求x.

分析：如图(3)，当$\triangle BEF$与$\triangle EDF$相似时，可能$\angle 1=\angle 3$或$\angle 1=\angle 2$.

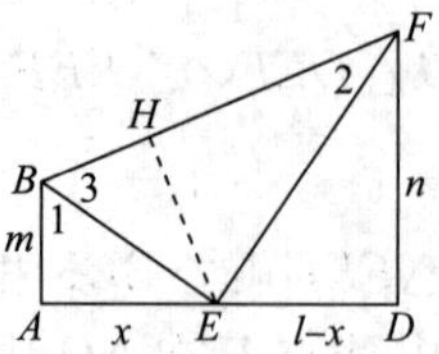

(4)

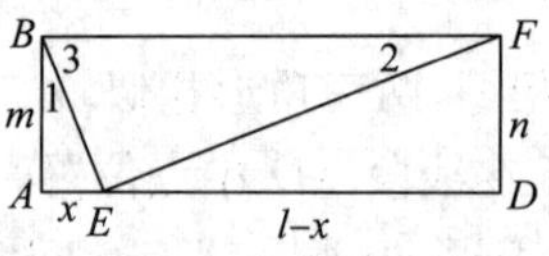

(5)

图(4)中，$\angle 1=\angle 3$，

解法一　作 $EH\perp BF$ 于点 H，因为 $\angle 3=\angle 1$，BE 是 $\angle ABH$ 的平分线，所以 $EA=EH$；易证 FE 是 $\angle BFD$ 的平分线，所以 $ED=EH$，所以 $ED=EA$，点 E 在 AD 的中点位置，$x=\dfrac{l}{2}$.

解法二　当 $\triangle BEF\backsim\triangle EDF$ 时，

由 $\dfrac{BE}{EF}=\dfrac{ED}{DF}=\dfrac{AB}{AE}$，得 $\dfrac{\sqrt{x^2+m^2}}{\sqrt{(l-x)^2+n^2}}=\dfrac{l-x}{n}=\dfrac{m}{x}$，

由 $\dfrac{\sqrt{x^2+m^2}}{\sqrt{(l-x)^2+n^2}}=\dfrac{m}{x}$ 得

$x^2(x^2+m^2)=m^2[(l-x)^2+n^2]$，$x^4+m^2x^2=m^2(l-x)^2+m^2n^2$　　①

由 $\dfrac{l-x}{n}=\dfrac{m}{x}$ 得 $x(l-x)=mn$，代入①得

$x^4+m^2x^2=m^2(l-x)^2+x^2(l-x)^2$，$x^2(x^2+m^2)=(l-x)^2(x^2+m^2)$，因为 $x^2+m^2\neq 0$，$0<x<l$，所以 $x=l-x$，$x=\dfrac{l}{2}$.

图(5)中，$\angle 1=\angle 2$，因为 $\angle FED=\angle 1$，所以 $\angle FED=\angle 2$，$AD\parallel BF$，所以 $m=n$. 此时解的情况与 l 与 m 之比有关：

由 $\dfrac{m}{l-x}=\dfrac{x}{m}$，$x^2-lx+m^2=0$，$\Delta=l^2-4m^2$，

当 $l=2m$ 时，一解，$x=m$，E 在 AD 的中点上；

当 $l>2m$ 时，两解，$x=\dfrac{l\pm\sqrt{l^2-4m^2}}{2}$；

当 $l<2m$ 时，无解.

所以在这类一线三角问题中，当中间的三角形与两侧的三角形相似时，E 不一定在 AD 中点位置.

例 4　已知 $\triangle ABC$ 是等边三角形，边长为 a，点 D 是边 BC 上一动点，$\angle ADE=60^\circ$，点 E 在边 AC 上，设 $BD=x$，$AE=y$，

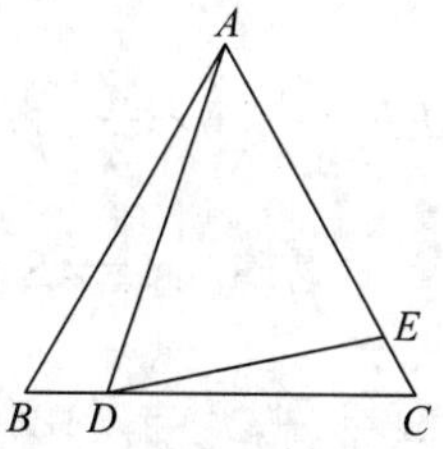

例 4 图

(1) 求 y 关于 x 的函数关系式及定义域；

(2) 若 $BD:DC=1:2$，求 $\triangle ADE$ 的面积；

(3) 当 $\angle DAE=45^\circ$ 时，求 x 的值.

解　(1) $\left.\begin{array}{l}\angle BAD=120^\circ-\angle BDA=\angle CDE\\ \angle B=\angle C=60^\circ\end{array}\right\}\Rightarrow\triangle ABD\backsim\triangle DCE\Rightarrow\dfrac{a-y}{x}=\dfrac{a-x}{a}$，$y=\dfrac{x^2}{a}-x+a\ (0<x<a)$.

(2) 当 $BD:DC=1:2$ 时，$x=\frac{a}{3}$，若记 $S_{\triangle ABC}=S$，则 $S_{\triangle ABD}=\frac{1}{3}S_{\triangle ABC}=\frac{1}{3}S$，因为 $AB:DC=3:2$，

则 $S_{\triangle DCE}=\frac{4}{9}S_{\triangle ABD}=\frac{4}{27}S$，所以 $S_{\triangle ADE}=\left(1-\frac{1}{3}-\frac{4}{27}\right)S=\frac{14}{27}S$. 因为 $S=\frac{\sqrt{3}}{4}a^2$，所以 $S_{\triangle DCE}=\frac{7\sqrt{3}}{54}a^2$.

(3) 当 $\angle DAE=45°$ 时，过点 A 作 $AH\perp BC$ 于点 H，则 AD 平分 $\angle BAH$，$\frac{BD}{DH}=\frac{AB}{AH}=\frac{a}{\frac{\sqrt{3}}{2}a}=\frac{2}{\sqrt{3}}$，

因为 $DH=\frac{a}{2}-x$，所以 $\frac{x}{\frac{a}{2}-x}=\frac{2}{\sqrt{3}}$，$\frac{x}{\frac{a}{2}}=\frac{2}{2+\sqrt{3}}$，$x=(2-\sqrt{3})a$.

例 5　如图，已知 $AB=AC=5$，$BC=6$，点 D 在边 AB 上，$DE\perp AB$，点 F 在边 AC 上，$\angle DEF=\angle B$，问：是否存在点 D，使 $S_{\triangle ECF}=4S_{\triangle DBE}$？

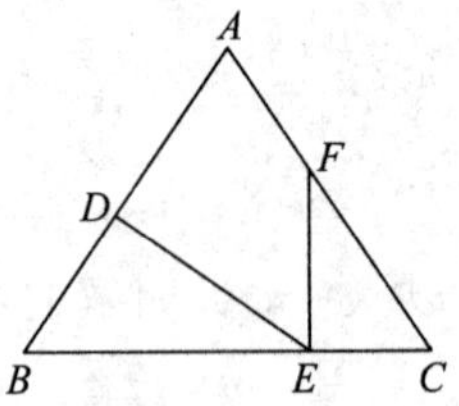

例 5 图

解法一　当点 F 重合于点 A 时，$\triangle ECF$ 的面积最大，最大值为 6；同时 $\triangle BDE$ 的面积最小，最小值为 $\frac{54}{25}$，$6:\frac{54}{25}=25:9$，因为 $2<\frac{25}{9}<3$，

所以不存在点 D，使 $S_{\triangle ECF}=4S_{\triangle DBE}$.

解法二　假设存在并设 $BD=x$，则 $DE=\frac{4}{3}x$，$BE=\frac{5}{3}x$，$EC=6-\frac{5}{3}x$，$EF=\frac{4}{3}\left(6-\frac{5}{3}x\right)$，

若 $S_{\triangle ECF}=4S_{\triangle DBE}$，则 $\frac{1}{2}\left(6-\frac{5}{3}x\right)\cdot\frac{4}{3}\left(6-\frac{5}{3}x\right)=4\cdot\frac{1}{2}\cdot\frac{4}{3}x\cdot x$，解得 $x_1=\frac{18}{11}$，$x_2=-18$(舍).

检验　当 $x=\frac{18}{11}$ 时，$BE=\frac{5}{3}\cdot\frac{18}{11}=\frac{30}{11}<3$，点 F 在 CA 延长线上，不合题意舍去，所以不存在点 D.

例 6　已知：在梯形 $ABCD$ 中，$AD/\!/BC$，$AB=CD$，$BC=8$，$\angle B=60°$，点 M 是 BC 边的中点，点 E、F 分别在边 AB、CD 上(与端点 A、B、C、D 不重合)，且 $\angle EMF=120°$.

(1) 求证：$ME=MF$；

(2) 判断五边形 $AEMFD$ 的面积是否随点 E 位置的变化而变化. 如变化，有怎样的变化？如不变，说明理由；

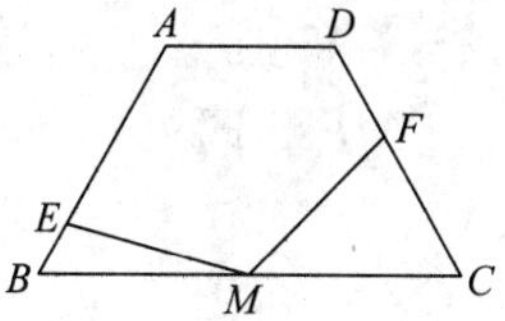

例6图

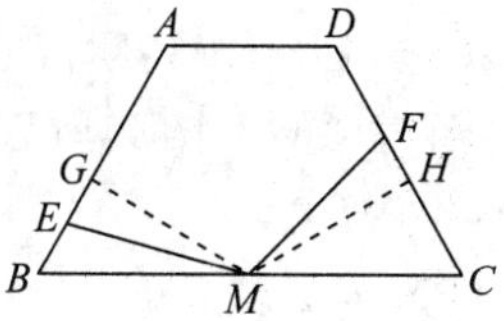

例6解图(1)

证 (1) 过点 M 分别作 $MG\perp AB$，$MH\perp CD$，点 G、H 是垂足.

因为在梯形 $ABCD$ 中，$AD\parallel BC$，$AB=CD$，$\angle B=60^\circ$，所以$\angle C=60^\circ$.

在$\triangle BMG$ 和$\triangle CMH$ 中，$BM=CM$，$\angle B=\angle C$，$\angle BGM=\angle CHM$，

所以$\triangle BGM\cong\triangle CHM$，所以 $MG=MH$，$\angle BMG=\angle CMH=30^\circ$.

所以$\angle GMH=120^\circ$.

因为$\angle EMF=120^\circ$，所以$\angle GMH=\angle EMF$，所以$\angle EMG=\angle FMH$.

在$\triangle EMG$ 和$\triangle FMH$ 中，$GM=HM$，$\angle EGM=90^\circ=\angle FHM$，$\angle EMG=\angle FMH$，

所以$\triangle EGM\cong\triangle FHM$，所以 $ME=MF$.

(2) 因为 $BC=8$，所以 $BM=4$. 在 Rt$\triangle BGM$ 中，$\angle B=60^\circ$，

所以 $S_{\triangle BGM}=\frac{1}{2}BG\cdot GM=\frac{1}{2}\cdot 2\cdot 2\sqrt{3}=2\sqrt{3}$（定值）. 因为$\triangle BGM\cong\triangle CHM$，所以 $S_{\triangle BGM}=S_{\triangle CHM}$，

所以 $S_{\triangle BEM}+S_{\triangle CFM}=(S_{\triangle BGM}-S_{\triangle EGM})+(S_{\triangle CHM}+S_{\triangle FHM})=S_{\triangle BGM}+S_{\triangle CHM}$是定值.

所以若 AB 的长固定，梯形面积固定时，因为五边形 $AEMFD$ 的面积等于梯形面积减定值，

所以五边形 $AEMFD$ 的面积是不因点 E 位置变化而改变的定值.

说明 例6(1)也可以用一线三角的思路来解：

在 MC、MB 上分别截取 $CP=CF$、$BQ=BE$，则$\triangle CPF$ 和$\triangle BEQ$ 都是等边三角形.

$\angle FPM=\angle EQM=120^\circ=\angle EMF$. 用一线三角的思路易得$\triangle FPM\backsim\triangle MQE$.

设 $BE=x$，则 $QM=4-x$. 设 $CF=y$，则 $FP=y$，$\frac{x}{4-y}=\frac{4-x}{y}$，$y=4-x$，所以 $FP=QM$，所以 $ME=MF$.

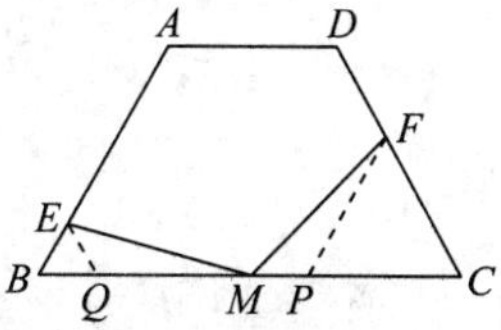

例6解图(2)

例 7　在等边△ABC中,P是边BC上一点,AP的垂直平分线分别交AB、AC于点M、N,$AB=a$.

(1) 求证:$\triangle MBP\backsim\triangle PCN$.

(2) 设$BP=x$,$BM=y$,求y关于x的函数解析式.

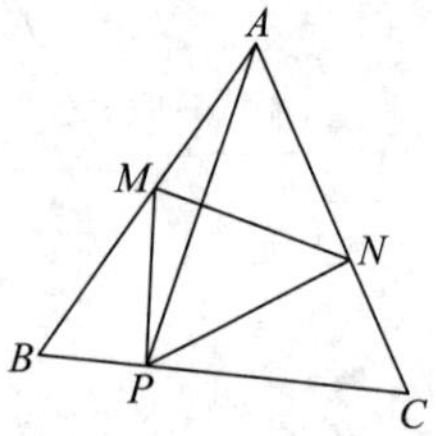

例 7 图

解　(1) 因为$AM=PM$,所以$\angle MAP=\angle MPA$,同理,$\angle NAP=\angle NPA$,

所以$\angle MPN=\angle MAN=60^\circ=\angle B=\angle C$, $\angle BMP=120^\circ-\angle BPM=\angle CPN$,

所以$\triangle MBP\backsim\triangle PCN$.

(2) $\dfrac{NC}{x}=\dfrac{a-x}{y}$,$NC=\dfrac{x(a-x)}{y}$,$AN=a-NC=a-\dfrac{x(a-x)}{y}=PN$.

$PM=AM=a-y$,$\dfrac{PM}{PN}=\dfrac{a-y}{a-\dfrac{x(a-x)}{y}}=\dfrac{y}{a-x}=\dfrac{BM}{PC}$.

$ay-x(a-x)=(a-y)(a-x)$,整理得 $y=\dfrac{a^2-x^2}{2a-x}$ $(0<x<a)$

例 8　将边长为a的正方形$ABCD$折叠,使顶点A与CD边上的点M重合,折痕交AD于点E,交BC于点F,边AB折叠后与BC交于点G(如图),设$DM=x$,$DE=m$.

(1) 求m关于x的函数解析式;

(2) △CMG的周长是否与点M的位置有关?若有关,请把△CMG的周长用含x的代数式表示;若无关,请说明理由.

(3) 当△MEG与△DME相似时,求x的值.

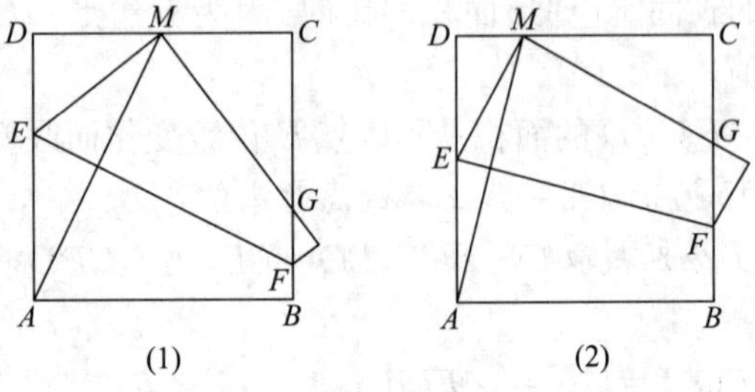

例 8 图

解　(1) 因为$m+\sqrt{x^2+m^2}=a$,所以$m=\dfrac{a^2-x^2}{2a}$ $(0\leqslant x\leqslant a)$

(2) **证法一**　当$x\neq0$且$x\neq a$时,$\triangle DEM\backsim\triangle CMG$,

因为 $C_{\triangle DEM}=a+x$，所以 $\frac{C_{\triangle CMG}}{a+x}=\frac{a-x}{m}$，所以 $C_{\triangle CMG}=\frac{(a-x)(a+x)}{\frac{a^2-x^2}{2a}}=2a$，

所以$\triangle CMG$的周长与点M的位置无关.

证法二 连 AM、AG，作 $AH\perp MG$ 于点 H，则由题意知：$\angle AMG=\angle MAB=\angle AMD$.

又因为 $AM=AM$，所以 $Rt\triangle ADM\cong Rt\triangle AHM$，所以 $MH=DM$，$AH=AD=AB$.

又因为 $AG=AG$，所以 $Rt\triangle AGH\cong Rt\triangle AGB$，所以 $GH=BG$，

所以 $C_{\triangle CMG}=CG+MG+CM=CM+MH+GH+CG=CM+MD+CG+GB=CD+CB=2a$（定值），

所以$\triangle CMG$的周长与点M在CD边上的位置无关.

(3) 当$\triangle MEG$与$\triangle DME$相似时，

① 若$\triangle EMG\backsim\triangle EDM$，则$\angle MGE=\angle DME$，作 $MH\perp EG$ 于点 H，$\triangle EMH\cong\triangle EMD$，

同理$\triangle GMH\cong\triangle GMC$，所以 $DM=MH=MC$，$x=\frac{a}{2}$.

反之，当 $x=\frac{a}{2}$时，即点M在DC的中点位置时，$DM=MC=\frac{a}{2}$，因为 $m^2+\left(\frac{a}{2}\right)^2=(a-m)^2$，

所以 $DE=m=\frac{a^2-\left(\frac{a}{2}\right)^2}{2a}=\frac{3a}{8}$，

$EM=AE=\frac{5a}{8}$，所以$\triangle DME$的三边之比为 3∶4∶5．因为$\triangle EDM\backsim\triangle MGC$，所以$\triangle MGC$的三边之比也为 3∶4∶5. 因为 $MC=\frac{a}{2}$，所以 $MG=\frac{5a}{6}$，所以$\frac{EM}{MG}=\frac{\frac{5a}{8}}{\frac{5a}{6}}=\frac{3}{4}=\frac{DE}{DM}$，因为$\angle D=\angle EMG=90°$

所以$\triangle EDM\backsim\triangle EMG\backsim\triangle MCG$.

② 若$\triangle EMG\backsim\triangle MDE$，无解.

综合研究：例 7、例 8 的共同点是都有一线三等角的特点：

例 7 中 B、P、C 三点共线且$\angle B=\angle MPN=\angle C$.

例 8 中 D、M、C 三点共线且$\angle D=\angle EMG=\angle C$.

一线三等角的图形有共性,即左右两三角形总相似.(见下图)

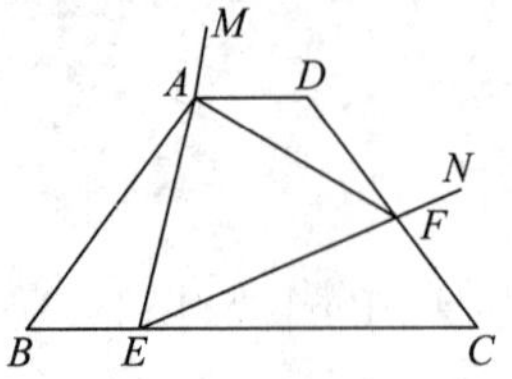

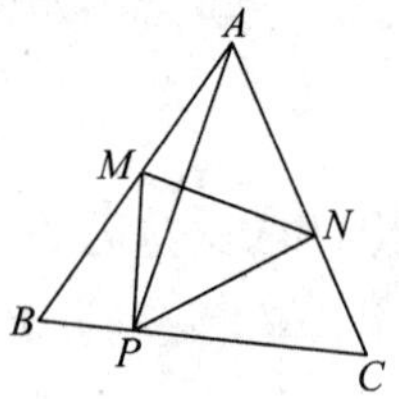

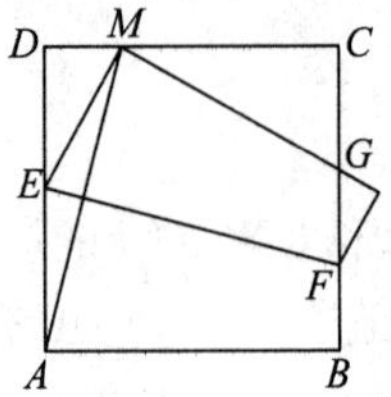

如例 7 中△MBP∽△PCN 以及例 8 中△EDM∽△MCG. 在具体解题中,例 7 与例 8 虽然都具有一线三等角的图形特征,但是根据图形背景条件的不同,解题难度不同,如例 7 中,由于 BM 未知(设为 m),$BP=x$,$PC=8-x$,CN 未知(设为 n),得比例式$\frac{n}{x}=\frac{8-x}{m}$,一个等式中含两个未知量 m,n,还须一个等式,因此考虑第三对对应边 MP 和 NP, 得比例式$\frac{n}{x}=\frac{8-x}{m}=\frac{8-n}{8-m}$,两个等式中含两个未知量 m,n,用联立方程组求解的方法,消去 m 可得 n 关于 x 的表达式,消去 n 可得 m 关于 x 的表达式.

我们看到例 8 中也有两个未知量 DE 和 CG,但是求函数解析式却相对简单,为什么例 7 就相对困难呢? 因为在例 8 中未知量 DE 与 x 和 $a-m$ ($EM=EA=a-m$)是直角三角形 DEM 的三条边,由勾股定理可建立等式从而求解. 于是我们尝试在例 7 中看看:

在△MBP 中∠B=60°,$BP=x$,$BM=m$,$PM=8-m$,我们可以用把△MBP 切割成两直角三角形(如图所示)的方法或用余弦定理建立等量关系从而求解.

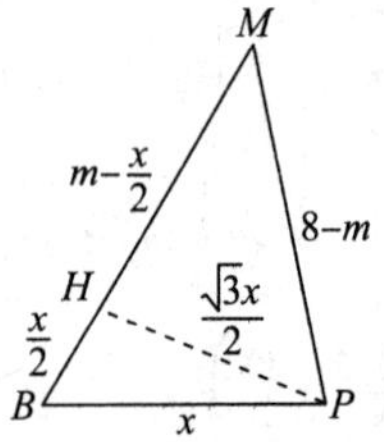

例 7 分析图

2.2.5 隐含等角

例 1 △ABC 中,$AB=AC=5$,$BC=8$. 点 P 在射线 AC 上,过点 A 作射线 AE,使点 E 在射线 PB 上,且$\angle AEP=90^\circ-\frac{1}{2}\angle BAC$,射线 AE 交射线 CB 于点 G.

(1) 当△AEP 是等腰三角形时,求 BG 的长;

(2) 当 $BG=\frac{5}{2}$时,求 AP 的长.

解 (1) △AEP 与△ACG 中,∠EAP = ∠CAG,$\angle AEP=90^\circ-\frac{1}{2}\angle BAC=\angle ACG$,

所以$\triangle AEP \backsim \triangle ACG$. 所以当$\triangle AEP$是等腰三角形时，$\triangle ACG$是等腰三角形.

因为$\angle APE > \angle ACG$，所以$\angle AGC > \angle ACG$，所以$AC > AG$，所以$AE > AP$.

因为若$GC = AG$，则点G在AC的中垂线与BC的交点处，$\angle BEG > \angle C$时，点P不存在，

所以不可能.

所以当$\triangle ACG$是等腰三角形时，只能$AC = GC$，因为$AC = 5$，$BC = 8$，所以$BG = 3$，

即当$\triangle AEP$是等腰三角形时，$BG = 3$.

(2) 设$AP = x$，则$PC = |5 - x|$.

因为$\triangle ABG$与$\triangle BCP$中，$\angle ABG = \angle BCP$，$\angle BAG = \angle BEG - \angle ABE$，$\angle CBP = \angle GBA - \angle ABE$，而$\angle BEG = \angle GBA$，所以$\angle BAG = \angle CBP$，所以$\triangle ABG \backsim \triangle BCP$.

所以$\dfrac{BG}{PC} = \dfrac{AB}{BC}$，$\dfrac{BG}{|5-x|} = \dfrac{5}{8}$，$BG = \dfrac{5}{8}|5-x|$，当$BG = \dfrac{5}{2}$时，$\dfrac{5}{8}|5-x| = \dfrac{5}{2}$，$|5-x| = 4$，$x_1 = 1$，$x_2 = 9$，

即当$BG = \dfrac{5}{2}$时，AP的长为1或9.

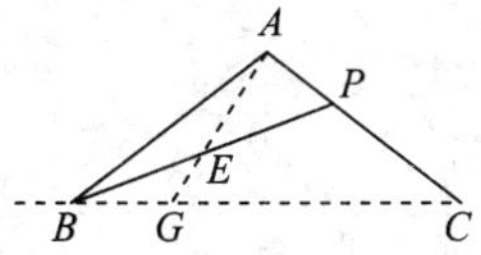

(1)

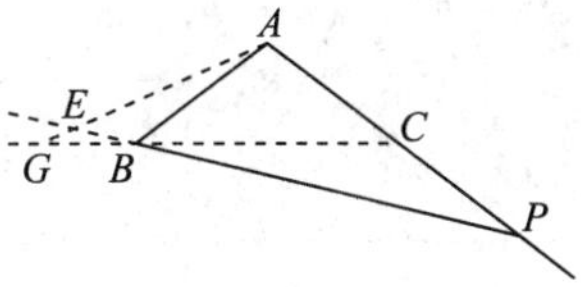

(2)

例1解图

例2　在$\triangle ABC$中，$\angle ABC = 90°$，$AB = 4$，$BC = 3$. 点O是边AC上的一个动点，以点O为圆心作半圆，与边AB相切于点D，交线段OC于点E，作$EP \perp ED$，交射线AB于点P，交射线CB于点F.

(1) 如图所示，求证：$\triangle ADE \backsim \triangle AEP$；

(2) 设$OA = x$，$AP = y$，求y关于x的函数解析式，并写出它的定义域；

(3) 当$BF = 1$时，求线段AP的长.

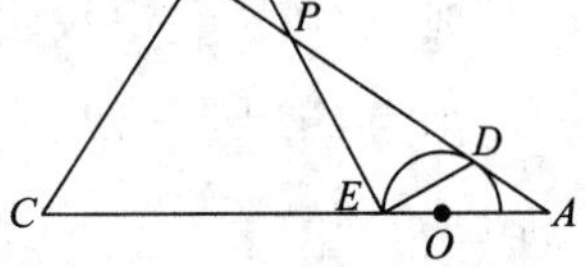

例2图

解　**(1)证明**　如解图(1)，连接OD，根据题意，得$OD \perp AB$，即$\angle ODA = 90°$.

因为 $OE=OD$,所以$\angle ODE=\angle OED$. 因为$\angle DEP=90°$,所以$\angle ADE=\angle AEP$. 又因为$\angle A=\angle A$,所以$\triangle ADE\backsim\triangle AEP$.

(2) 因为$\angle ABC=90°$,$AB=4$,$BC=3$,所以 $AC=5$.

因为 $OA=x$,所以 $OE=OD=\frac{3}{5}x$,$AD=\frac{4}{5}x$,所以 $AE=x+\frac{3}{5}x=\frac{8}{5}x$.

因为当点 O 在边 AC 上移动时,总有$\triangle ADE\backsim\triangle AEP$

所以$\frac{AP}{AE}=\frac{AE}{AD}$,所以 $y=\frac{16}{5}x\ \left(0<x\leqslant\frac{25}{8}\right)$.

说明 因为点 E 在线段 OC 上,所以 $AE\leqslant 5$,即$\frac{8}{5}x\leqslant 5$,$x\leqslant\frac{25}{8}$.

(3) **解法一** $\triangle ADE\backsim\triangle AEP$

所以$\frac{AE}{AD}=\frac{PE}{ED}$,因为 $AE=\frac{8}{5}x$,$AD=\frac{4}{5}x$,所以$\frac{PE}{ED}=\frac{AE}{AD}=2$.

易证$\triangle BPF\backsim\triangle EPD$,因为$\frac{BP}{BF}=\frac{PE}{ED}=2$.

所以当 $BF=1$ 时,$BP=2$.

① 若 EP 交线段 CB 的延长线于点 F(如解图(1)所示),则 $AP=4-BP=2$,

② 若 EP 交线段 CB 于点 F(如解图(2)所示),则 $AP=4+BP=6$.

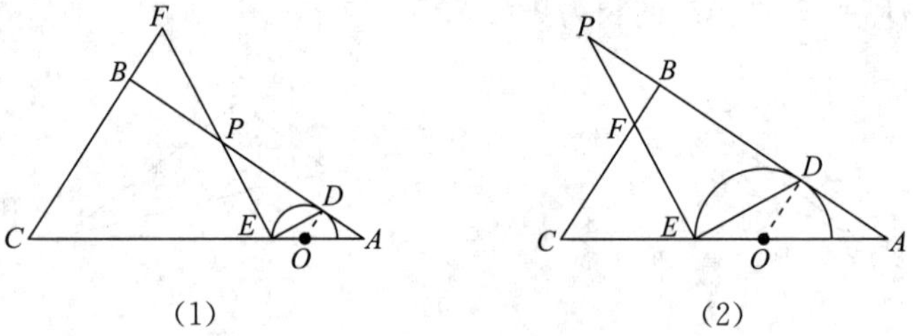

例 2 解图

解法二 当 $BF=1$ 时

① 若 EP 交线段 CB 的延长线于点 F(如解图(1)所示),则 $CF=4$.

因为$\angle ADE=\angle AEP$,所以$\angle PDE=\angle PEC$.

因为$\angle FBP=\angle DEP=90°$,$\angle FPB=\angle DPE$.

所以$\angle F=\angle PDE$,所以$\angle CFE=\angle FEC$,所以 $CF=CE$.

因为 $CE=5-AE=5-\frac{8}{5}x$,所以 $5-\frac{8}{5}x=4$,得 $x=\frac{5}{8}$,所以 $y=2$,即 $AP=2$.

② 若 EP 交线段 CB 于点 F(如图(2)所示),则 $CF=2$,类似①,易得 $CF=CE$

因为 $CE=5-AE=5-\frac{8}{5}x$，所以 $5-\frac{8}{5}x=2$，得 $x=\frac{15}{8}$，所以 $y=6$，即 $AP=6$.

说明： 这里的 $\angle ADE$ 和 $\angle AEP$ 是一对隐含相等的角.

例 3　在平面直角坐标系中，抛物线 $y=ax^2+bx-1$ 经过点 $A(2,-1)$，它的对称轴与 x 轴交于点 B. 如果直线 $y=x+1$ 与此抛物线的对称轴交于点 C，与此抛物线在对称轴的右侧交于点 D，且 $\angle BDC=\angle ACB$，求此抛物线的表达式.

分析： 由题意可得一对隐含相等的角为 $\angle DCB$ 和 $\angle ABC$，所以在已知 $\angle BDC$ 和 $\angle ACB$ 相等时就产生一对相似三角形 $\triangle BDC\backsim\triangle ACB$.

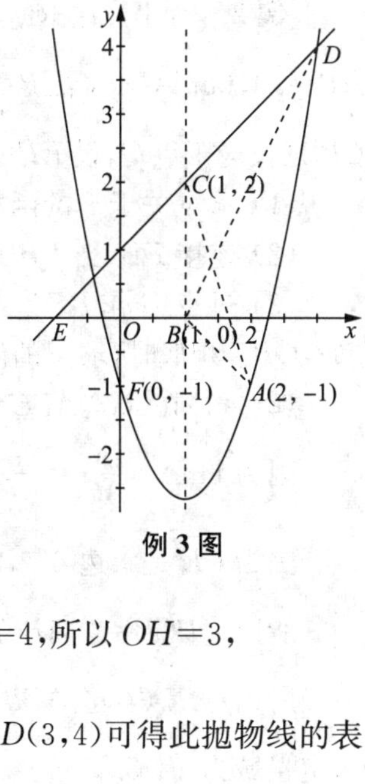

例 3 图

解　因为此抛物线过点 $A(2,-1)$ 和点 $F(0,-1)$，所以它的对称轴是直线 $x=1$，

所以直线 $y=x+1$ 与此抛物线的对称轴交于点 $C(1,2)$，与 x 轴交于点 $E(-1,0)$.

因为 $k_{CE}=1$，$CB=2$，所以 $CE=2\sqrt{2}$.

因为 $\angle BDC=\angle ACB$，$\angle DCB=135^\circ=\angle ABC$，所以 $\triangle BDC\backsim\triangle ACB$，

所以 $\frac{CD}{BC}=\frac{BC}{AB}$，$\frac{CD}{2}=\frac{2}{\sqrt{2}}$，$CD=2\sqrt{2}$，所以 $DE=4\sqrt{2}$. 过点 D 作 $DH\perp x$ 轴于点 H，则 $HD=EH=4$，所以 $OH=3$，

所以点 D 坐标为 $(3,4)$.

由抛物线 $y=ax^2+bx-1$ 经过点 $A(2,-1)$ 和 $D(3,4)$ 可得此抛物线的表达式为 $y=\frac{5}{3}x^2-\frac{10}{3}x-1$.

2.3　某时刻相似问题

例 1　$\triangle AOB$ 的顶点 A、B 在二次函数 $y=-\frac{1}{3}x^2+bx+\frac{3}{2}$ 的图像上，点 A 在 y 轴上，点 B 在 x 轴的负半轴上，$\tan\angle ABO=1$.

(1) 求此二次函数的解析式并画出图像；

(2) 过点 A 作 $AC\parallel BO$ 交上述函数图像于点 C，点 P 在上述函数图像上，写出使 $\triangle POC$ 与 $\triangle ABO$ 相似时的点 P 的坐标.

答　(1) $y=-\frac{1}{3}x^2+\frac{1}{2}x+\frac{3}{2}$；(2) $P_1\left(0,\frac{3}{2}\right)$ 或 $P_2(3,0)$.

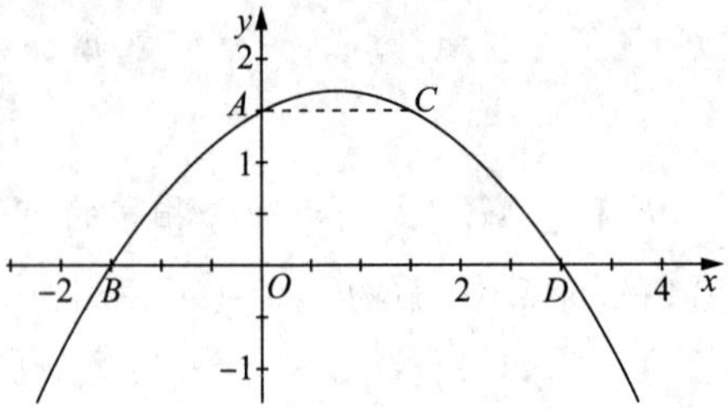

例 1 图

例 2 如图,在 Rt△ABC 中,∠ACB=90°,CE 是斜边 AB 上的中线,AB=10,$\tan A=\frac{4}{3}$,点 P 是 CE 延长线上的一动点,过点 P 作 PQ⊥CB,交 CB 延长线于点 Q,设 EP=x,BQ=y.

(1) 求 y 关于 x 的函数关系式及定义域;

(2) 连接 PB,当 PB 平分∠CPQ 时,求 PE 的长;

(3) 过点 B 作 BF⊥AB 交 PQ 于点 F,当△BEF 和△QBF 相似时,求 x 的值.

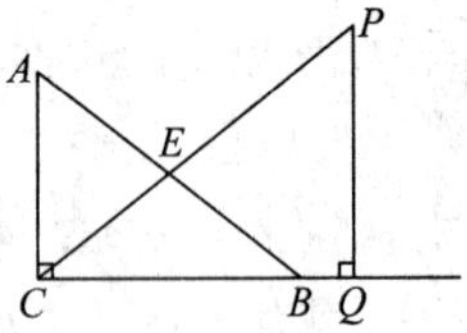

例 2 图

解 (1)在 Rt△ABC 中,∠ACB=90°,

因为 $\tan A=\frac{BC}{AC}=\frac{4}{3}$,AB=10,所以 BC=8,

因为 CE 是斜边 AB 上的中线,所以 $CE=BE=\frac{1}{2}AB=5$,

所以∠PCB=∠ABC. 因为∠PQC=∠ACB=90°

所以△PQC∽△ACB,所以 $\frac{CQ}{PC}=\frac{BC}{AB}=\frac{4}{5}$,即 $\frac{8+y}{5+x}=\frac{4}{5}$,所以 $y=\frac{4}{5}x-4$,定义域为 x>5.

(2) 过点 B 作 BM⊥PC,垂足为点 M. 因为 PB 平分∠CPQ,BQ⊥PQ,垂足为点 Q.

所以 BM=BQ=y,因为 $BM=\frac{3}{5}BC=\frac{3}{5}\times 8=\frac{24}{5}$,所以 $\frac{4}{5}x-4=\frac{24}{5}$,所以 x=11.

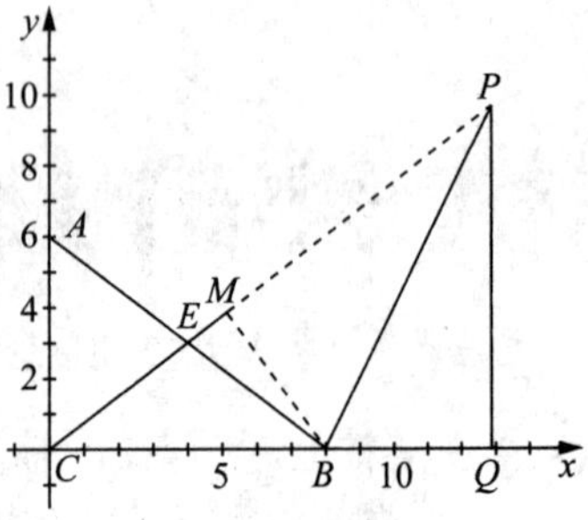

例 2 解图(1)

(3) 因为∠Q=∠ACB=90°,∠QBF=∠A,所以△BQF∽△ACB,

当△BEF 和△QBF 相似时,可得△BEF 和△ACB 也相似. 分以下两种情况讨论:

① 当∠FEB=∠A 时,在 Rt△FBE 中,∠FBE=90°,BE=5,$BF=\frac{5}{3}y$,

所以$\dfrac{BF}{BE}=\dfrac{4}{3}$，$\dfrac{\frac{5y}{3}}{5}=\dfrac{4}{3}$，$y=4$，$\dfrac{4x}{5}-4=4$，$x=10$.

② 当$\angle FEB=\angle ABC$时，在$\mathrm{Rt}\triangle FBE$中，$\angle FBE=90^\circ$，$BE=5$，$BF=\dfrac{5}{3}y$，

所以$\dfrac{BF}{BE}=\dfrac{3}{4}$，$\dfrac{\frac{5y}{3}}{5}=\dfrac{3}{4}$，$y=\dfrac{9}{4}$，$\dfrac{4x}{5}-4=\dfrac{9}{4}$，$x=\dfrac{125}{16}$.

综合①、②，$x=\dfrac{125}{16}$或10.

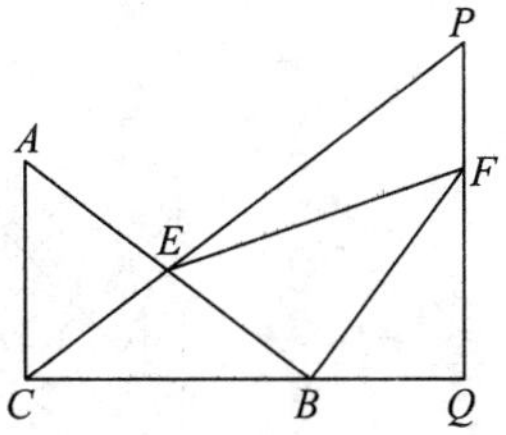

(2)

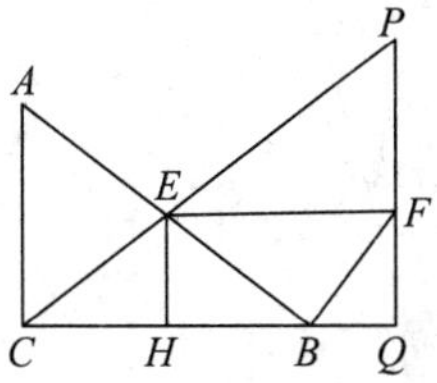

(3)

例2解图

例3 如图，已知AI、BI是$\triangle ABC$的内角平分线，CE是外角平分线，AI和EC的延长线交于点F.

(1) 图中哪些三角形(不另添加字母)与$\triangle ABI$总相似?

(2) 当$\triangle ABC$与$\triangle ICE$相似时，求$AB:AC$的值.

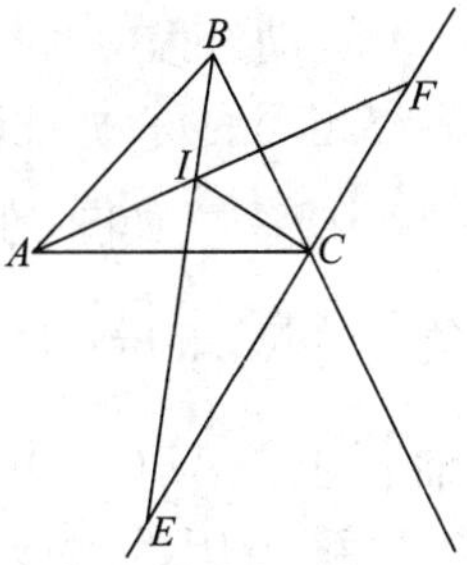

例3图

解 连CI，则CI平分$\angle ACB$，因为CE平分$\triangle ACB$的外角，所以$\angle ICE=90^\circ$.

(1) 因为$\angle EIC=\dfrac{1}{2}(\angle C+\angle B)=90^\circ-\dfrac{\angle A}{2}$，所以$\angle E=\dfrac{\angle A}{2}=\angle BAI$，所以$\triangle ACF\backsim\triangle EIF$；

因为$\angle AIB=\angle EIF$，所以$\triangle AIB\backsim\triangle ACF$. 所以与$\triangle ABI$总相似的三角形有$\triangle ACF$和$\triangle EIF$.

(2) 因为$\triangle ICE$中，$\angle ICE=90^\circ$，且$\angle E=\dfrac{\angle A}{2}$，所以当$\triangle ABC$与$\triangle ICE$相似时，考虑以下情况：

① $\angle B=90^\circ$，因为$\angle E=\dfrac{\angle A}{2}$，所以只能$\angle CIE=\angle A$，$\angle E+\angle EIC=$

$\frac{3\angle A}{2}=90°$,$\angle A=60°$,所以$\frac{AB}{AC}=\frac{1}{2}$.

② $\angle C=90°$,只能$\angle CIE=\angle A$, $\angle E+\angle EIC=\frac{3\angle A}{2}=90°$,$\angle A=60°$,所以$\frac{AB}{AC}=\frac{2}{1}=2$.

③ $\angle A=90°$,因为$\angle E=\frac{\angle A}{2}$,所以$\angle E=45°$, $\triangle CIE$ 和$\triangle ABC$ 都是等腰直角三角形,所以$\frac{AB}{AC}=1$.

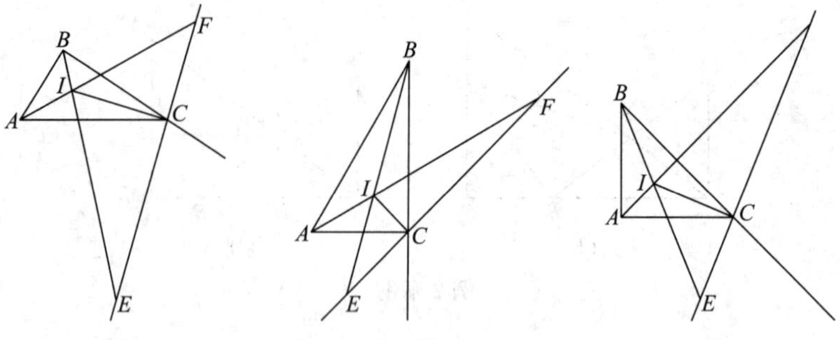

(1)　　(2)　　(3)

例 3 解图

运动过程中的某个时刻相似问题中有一类题目是条件中有一对隐含的始终相等的角,如此题中的$\angle E=\angle BAI$.

例 4　如图,在平面直角坐标系 xOy 中,点 B 在 x 轴正半轴上,点 A 在第二象限,$AO=OB=2$,$\angle AOB=120°$. 点 M 坐标为$\left(1,-\frac{\sqrt{3}}{3}\right)$,如果点 C 在 x 轴上,且$\triangle ABC$ 与$\triangle AOM$ 相似,求点 C 的坐标.

解　因为 $AO=OB=2$,$\angle AOB=120°$,所以点 B 的坐标为$(2,0)$,点 A 的坐标为$(-1,\sqrt{3})$,

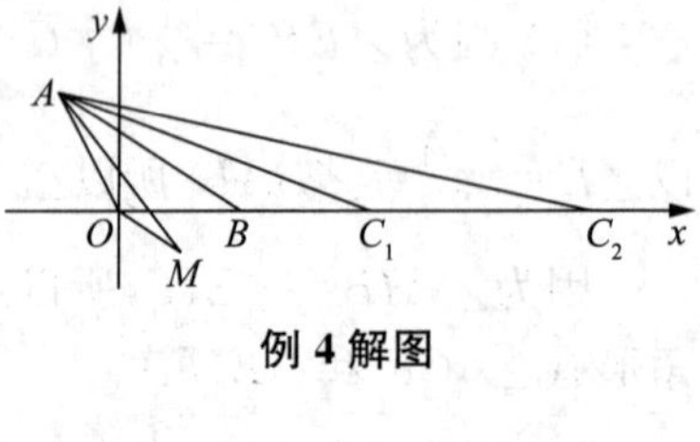

例 4 解图

因为点 M 坐标为$\left(1,-\frac{\sqrt{3}}{3}\right)$, 所以$\angle AOM=120°+30°=150°$,

因为 $AO=OB=2$,$\angle AOB=120°$,所以$\angle ABO=\angle BAO=30°$,

所以如果$\triangle ABC$ 与$\triangle AOM$ 相似,只有点 C 在点 B 的右侧,

此时$\angle ABC=\angle AOM=150°$,(恒等的角)

所以$\frac{AO}{AB}=\frac{OM}{BC}$或者$\frac{AO}{BC}=\frac{OM}{AB}$,即$\frac{2}{2\sqrt{3}}=\frac{\frac{2}{3}\sqrt{3}}{BC}$或者$\frac{2}{BC}=\frac{\frac{2}{3}\sqrt{3}}{2\sqrt{3}}$,

所以$BC=2$或$BC=6$,所以$OC=4$,$OC=8$,即点C的坐标为$(4,0)$、$(8,0)$

说明:如果直接设$C(c,0)$,因为点C在点B的右侧,所以$c>2$,$BC=c-2$,则$\frac{2}{2\sqrt{3}}=\frac{\frac{2\sqrt{3}}{3}}{c-2}$,$c-2=2$,$c=4$,$C_1(4,0)$;$\frac{2}{c-2}=\frac{\frac{2\sqrt{3}}{3}}{2\sqrt{3}}$,$c-2=6$,$c=8$,$C_2(8,0)$.此法更为简捷.

例 5 已知:如图,$A(-4,0)$,$B(0,-2)$,将$\triangle AOB$绕着点O逆时针旋转90°到$\triangle A'OB'$.

(1) 求A'、B'两点的坐标;

(2) 点D在x轴上,若以B、B'、D为顶点的三角形与$\triangle A'B'B$相似,求点D的坐标.

解 (1) 由题意得$A'(0,-4)$,$B'(2,0)$;

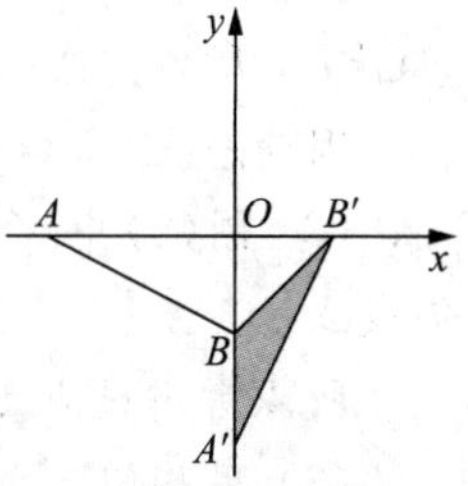

例 5 图

(2) 由题意有$\angle OB'B=\angle OBB'=45°$,$\angle B'BA'=135°$,且$\frac{BB'}{BA'}=\frac{\sqrt{2}}{1}$.

如果$\angle B'DB=135°$,由于$\angle OB'B=45°$,所以不可能;

如果$\angle DBB'=135°$,由于$\angle OB'B=45°$,所以也不可能;

若$\angle DB'B=135°$,则点D在B'的右侧,

当$\frac{BB'}{B'D}=\sqrt{2}$或$\frac{BB'}{B'D}=\frac{1}{\sqrt{2}}$时,$\triangle BB'D$与$\triangle A'BB'$相似,

得$DB'=2$或$DB'=4$,所以$D_1(4,0)$或$D_2(6,0)$

说明 如果直接设$D(d,0)$,因为点D在点B'的右侧,

所以$d>2$,$B'D=d-2$,则$\frac{BB'}{B'D}=\frac{1}{\sqrt{2}}$,即$\frac{2\sqrt{2}}{d-2}=\frac{1}{\sqrt{2}}$,$d=6$,$D_1(6,0)$;

$\frac{BB'}{B'D}=\sqrt{2}$,即$\frac{2\sqrt{2}}{d-2}=\sqrt{2}$,$d-2=2$,$d=4$,$D_2(4,0)$.这样更为简捷.

归纳 例4、例5中,要求的动三角形与定三角形都有一对相等的定角,

例4中$\angle ABx=\angle AOM=150°$;例5中$\angle BB'x=\angle A'BB'=135°$,这时只需分类研究定角夹边对应成比例的情况,或者分类研究另两对角对应相等的情况.

例 6 已知:在Rt$\triangle ABC$中,$\angle ACB=90°$,点P是边AB上的一个动

点,连接 CP,过点 B 作 $BD\perp CP$,垂足为点 D.

(1) 如图 (1),当 CP 经过$\triangle ABC$ 的重心时,求证:$\triangle BCD\backsim\triangle ABC$.

(2) 如图 (2),若 $BC=2\text{cm}$,$\cot A=2$, 点 P 从点 A 向点 B 运动(不与点 A、B 重合),点 P 的速度是$\sqrt{5}\text{cm/s}$. 设点 P 运动的时间为 t s, $\triangle BCD$ 的面积为 S cm^2,求出 S 关于 t 的函数解析式,并写出它的定义域.

(3) 在第(2)小题的条件下,如果$\triangle PBC$ 是以 CP 为腰的等腰三角形,求$\triangle BCD$ 的面积.

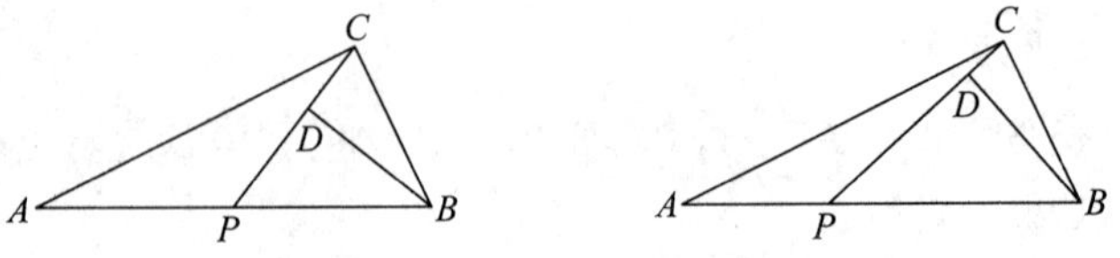

(1)　　(2)

例 6 图

分析　(1) 图(1)中易得$\angle A=\angle ACP$, $\angle ACP=90^\circ-\angle BCD=\angle CBD$, 所以$\angle A=\angle CBD$,

因为$\triangle CBD$ 和$\triangle BAC$ 都是直角三角形,所以$\triangle CBD\backsim\triangle BAC$.

(2) 图(2)中$\angle A$ 与$\angle CBD$ 不等,但是$\angle ACP=90^\circ-\angle BCD=\angle CBD$ 仍成立,

所以考虑过点 P 作 AC 的垂线构筑直角三角形. 如图所示.

(3) 用相似三角形面积之比来求$\triangle BCD$ 的面积.

解　(1)因为 CP 过重心,所以 CP 为$\triangle ABC$ 的中线.

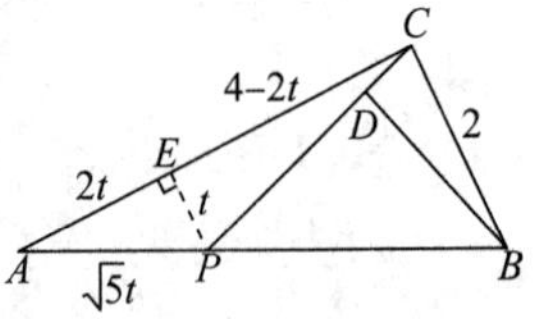

例 6 解图

所以 $CP=\dfrac{1}{2}AB=AP$. 所以$\angle A=\angle ACP$.

又因为$\angle ACP+\angle DCB=90^\circ$, $\angle CBD+\angle DCB=90^\circ$,

所以$\angle CBD=\angle A$. 又$\angle BDC=\angle ACB=90^\circ$,

所以$\triangle BCD\backsim\triangle ABC$.

(2) 因为 $BC=2$, $\cot A=2$,所以 $AC=4$. 所以过点 P 作 $PE\perp AC$,点 E 为垂足. 则 $AP=\sqrt{5}t$, $PE=t$, $AE=2t$, $EC=4-2t$, $PC=\sqrt{t^2+(4-2t)^2}$

由$\angle PCE=\angle CBD$(隐含的恒等角)得 $\text{Rt}\triangle CPE\backsim\text{Rt}\triangle BCD$. 所以 $\dfrac{S_{\triangle BCD}}{S_{\triangle CPE}}=\left(\dfrac{BC}{PC}\right)^2$.

即$\dfrac{S}{\frac{1}{2}(4-2t)t}=\dfrac{4}{t^2+(4-2t)^2}$,化简,得 $S=\dfrac{8t-4t^2}{5t^2-16t+16}$ $(0<t<2)$

(3) ① 当 $PC=PB$ 时,有 $\sqrt{t^2+(4-2t)^2}=2\sqrt{5}-\sqrt{5}t$,解之,得 $t=1$.

当 $t=1$ 时,$S=\dfrac{8\times1-4\times1^2}{5\times1^2-16\times1+16}=\dfrac{4}{5}(\text{cm}^2)$.

② 当 $PC=BC$ 时,有 $\sqrt{t^2+(4-2t)^2}=2$,解之,得 $t_1=\dfrac{6}{5}$,$t_2=2$(不合题意,舍去).

当 $t=\dfrac{6}{5}$时,$S=\dfrac{8\times\frac{6}{5}-4\times\left(\frac{6}{5}\right)^2}{5\times\left(\frac{6}{5}\right)^2-16\times\frac{6}{5}+16}=\dfrac{24}{25}(\text{cm}^2)$.

综上所述,当 $PC=PB$ 时,$\triangle BCD$ 的面积为$\dfrac{4}{5}\text{ cm}^2$;当 $PC=BC$ 时,$\triangle BCD$ 的面积为$\dfrac{24}{25}\text{cm}^2$.

说明 本题还可以这样解:

(2) 由 $\text{Rt}\triangle CPE\backsim\text{Rt}\triangle BCD$ 可得

$\dfrac{CD}{t}=\dfrac{2}{\sqrt{5t^2-16t+16}}$,$CD=\dfrac{2t}{\sqrt{5t^2-16t+16}}$;$\dfrac{BD}{4-2t}=\dfrac{2}{\sqrt{5t^2-16t+16}}$,$BD=\dfrac{4(2-t)}{\sqrt{5t^2-16t+16}}$,

$S=\dfrac{1}{2}CD\cdot BD=\dfrac{4t(2-t)}{5t^2-16t+16}$ $(0<t<2)$.

(3) 当 $PC=PB$ 时,可过点 P 作 $PH\perp BC$ 于点 H,则 $BH=1$,

$PB=2\sqrt{5}-\sqrt{5}t=\sqrt{5}$,$t=1$,$S=\dfrac{8\times1-4\times1^2}{5\times1^2-16\times1+16}=\dfrac{4}{5}$;

当 $PC=BC$ 时,可过点 C 作 $CH\perp AB$ 于点 H,则 $PH=BH=\dfrac{2}{\sqrt{5}}$,$PB=2\sqrt{5}-\sqrt{5}t=\dfrac{4}{\sqrt{5}}$,$t=\dfrac{6}{5}$,此时 $\text{Rt}\triangle CPE\cong\text{Rt}\triangle BCD$,$S=S_{\triangle CPE}=\dfrac{1}{2}t(4-2t)$,当 $t=\dfrac{6}{5}$时,$S=\dfrac{24}{25}$.

例 7 在矩形 $ABCD$ 中,$AB=4$,$BC=3$,点 E 是 AB 边上一点,$EF\perp CE$ 交 AD 于点 F,过点 E 作$\angle AEH=\angle BEC$,交射线 FD 于点 H,交射线 CD 于点 N.

(1) 如图(1),当点 H 与点 F 重合时,求 BE 的长;

(2) 如图(2),当点 H 在线段 FD 上时,设 $BE=x$,$DN=y$,求 y 与 x 之间的函数关系式,并写出它的定义域;

(3) 连接 AC,当$\triangle FHE$ 与$\triangle AEC$ 相似时,求线段 DN 的长.

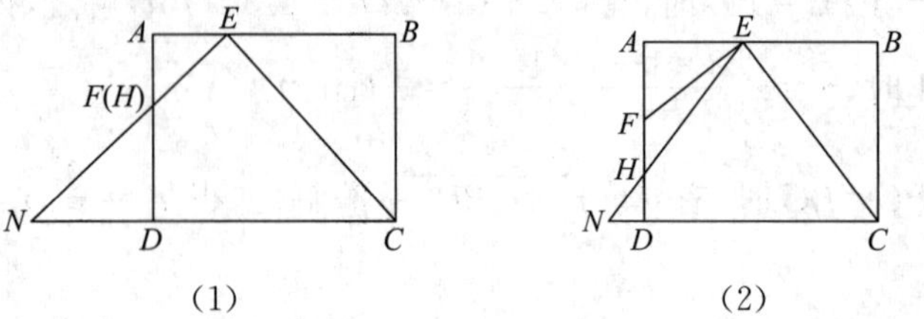

例 7 图

分析 由已知总有① $\angle AEF=\angle BCE$,$\triangle AEF\backsim\triangle BCE$(一线三等角的基本图形);

② $\angle N=\angle ECN$,$\triangle AEH\backsim\triangle BEC$.

③ $\angle AHE=\angle BCE$,

设 $BE=x$,则 $AE=4-x$,$\dfrac{AH}{4-x}=\dfrac{3}{x}$,$AH=\dfrac{3(4-x)}{x}$,$\dfrac{AF}{AE}=\dfrac{x}{3}$,$AF=\dfrac{x(4-x)}{3}$,$\dfrac{DN}{DH}=\dfrac{x}{3}$,$DN=\dfrac{x}{3}\cdot DH$.

分类讨论的分界点是 $x=2$、$x=3$,如下图所示:

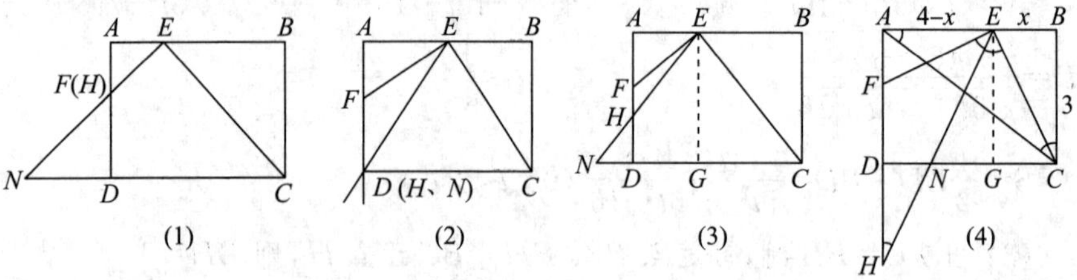

例 7 解图

当 $x=3$ 时$\angle HEC=\angle FEC=90°$;

当 $x>3$ 时$\angle HEC>\angle FEC=90°$,点 H 在点 F 上方;

当 $x<3$ 时$\angle HEC<\angle FEC=90°$,点 H 在点 F 下方.

当 $x=2$ 时,点 H、N 与点 D 重合;当 $x>2$ 时点 H 在点 D 上方;当 $x<2$ 时点 H 在点 D 下方.

当 $2\leqslant x\leqslant 3$ 时,点 H 在线段 FD 上,$HD=3-AH=3-\dfrac{3(4-x)}{x}=\dfrac{6(x-2)}{x}$,$DN=2x-4$;

当 $0<x<2$ 时,点 H 在 FD 的延长线上. $HD=AH-3=\dfrac{3(4-x)}{x}-3=$

$\dfrac{6(2-x)}{x}$，$DN=4-2x$.

解 (1) 因为 $EF\perp EC$，所以 $\angle AEF+\angle BEC=90°$，

因为当点 H 与点 F 重合时，$\angle AEF=\angle BEC$，所以 $\angle BEC=45°$

因为 $\angle B=90°$，所以 $BE=BC$，因为 $BC=3$，所以 $BE=3$.

(2) 过点 E 作 $EG\perp CN$，垂足为点 G.

因为 $AB/\!/CN$，所以 $\angle AEN=\angle N$，$\angle BEC=\angle ECN$，

因为 $\angle AEN=\angle BEC$，所以 $\angle ECN=\angle N$，所以 $EN=EC$，所以 $CG=GN$.

所以 $CN=2CG=2BE$，

因为 $BE=x$，$DN=y$，$CD=AB=4$，所以当点 H 在线段 FD 上时，$y=2x-4$ $(2\leqslant x\leqslant 3)$.

(3) 因为 $\angle BAD=90°$，所以 $\angle AFE+\angle AEF=90°$，

因为 $EF\perp EC$，所以 $\angle AEF+\angle CEB=90°$，

所以 $\angle AFE=\angle CEB$，所以 $\angle HFE=\angle AEC$（隐含的恒等角）

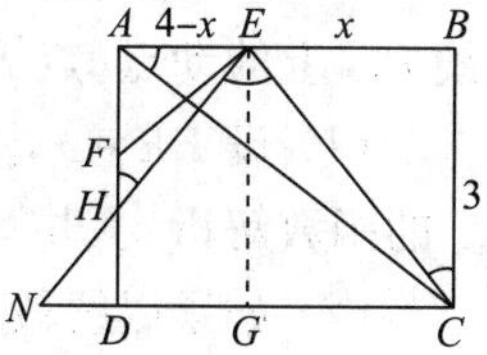

例 7 解图(5)

设 $BE=x$，则 $AE=4-x$，$\dfrac{AH}{4-x}=\dfrac{3}{x}$，$AH=\dfrac{3(4-x)}{x}$，$\dfrac{AF}{AE}=\dfrac{x}{3}$，$AF=\dfrac{x(4-x)}{3}$，$\dfrac{DN}{DH}=\dfrac{x}{3}$，$DN=\dfrac{x}{3}\cdot DH$.

当 $\triangle FHE$ 与 $\triangle AEC$ 相似时，

因为总有 $\angle HFE=\angle AEC$，所以只需考虑如下两种情况：

① 若 $\angle FHE=\angle EAC$，$\dfrac{AH}{4-x}=\dfrac{3}{x}=\dfrac{4}{3}$，$x=\dfrac{9}{4}$.

所以 $BE=\dfrac{9}{4}$，$CN=2x=\dfrac{9}{2}$，$DN=\dfrac{9}{2}-4=\dfrac{1}{2}$. 所以 $DN=\dfrac{1}{2}$.

② 若 $\angle FEH=\angle EAC$，则 $\angle H=\angle ACE$.

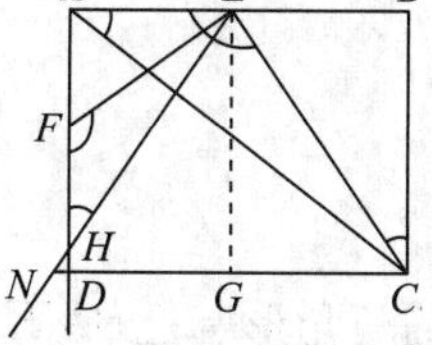

(6)

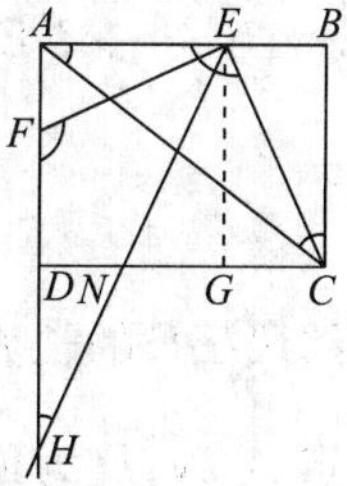

(7)

例 7 解图

因为$\angle H=\angle HEG=\angle GEC=\angle ECB$,

所以CE是$\angle ACB$的平分线,所以$\frac{EB}{AE}=\frac{BC}{AC}$,$\frac{x}{4-x}=\frac{3}{5}$,$x=\frac{3}{2}$.

$CN=2x=3$,$DN=4-3=1$.

综上所述,线段DN的长为$\frac{1}{2}$或1.

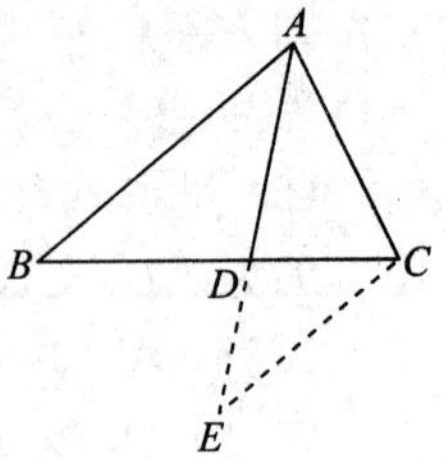

说明 $\triangle ABC$中,若AD平分$\angle BAC$,则$\frac{BD}{DC}=\frac{AB}{AC}$.

证 过点C作AB的平行线交AD的延长线于点E,易证$AC=CE$,则$\frac{BD}{DC}=\frac{AB}{CE}=\frac{AB}{AC}$.

例 8 已知$AB=2$,$AD=4$,$\angle DAB=90°$,$AD/\!/BC$(如图).点E是射线BC上的动点(点E与点B不重合),点M是线段DE的中点.

(1) 设$BE=x$,$\triangle ABM$的面积为y,求y关于x的函数解析式,并写出函数的定义域;

(2) 如果以线段AB为直径的圆与以线段DE为直径的圆外切,求线段BE的长;

(3) 连接BD,交线段AM于点N,如果以点A、N、D为顶点的三角形与$\triangle BME$相似,求线段BE的长.

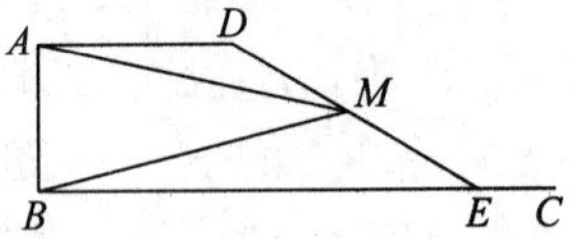

例 8 图

解 (1) 取AB中点H,连接MH,因为MH是梯形$ABED$的中位线,所以$MH=\frac{1}{2}(x+4)$.

所以$S_{\triangle ABM}=\frac{1}{2}AB\cdot MH=\frac{1}{2}\cdot 2\cdot\frac{1}{2}(x+4)$,得$y=\frac{1}{2}x+2\ (x>0)$;

(2) 由已知得$DE=\sqrt{(x-4)^2+2^2}$.

因为以线段AB为直径的圆与以线段DE为直径的圆外切,

所以$MH=\frac{1}{2}AB+\frac{1}{2}DE$,即$\frac{1}{2}(x+4)=\frac{1}{2}\left[2+\sqrt{(4-x)^2+2^2}\right]$.

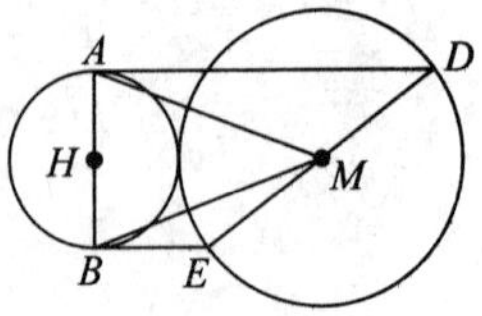

例 8 解图(1)

解得$x=\frac{4}{3}$,即线段BE的长为$\frac{4}{3}$;

(3) 由已知,以点A、N、D为顶点的三角形与$\triangle BME$相似,

又易证得$\angle DAM=\angle EBM$.

由此可知,另一对对应角相等有两种情况:① $\angle ADN=\angle BEM$;② $\angle ADN=\angle BME$.

① 当$\angle ADN=\angle BEM$时，因为$AD/\!/BE$，所以$\angle ADN=\angle DBE$. 所以$\angle DBE=\angle BEM$.

所以$DB=DE$，易得$BE=2AD$. 得$BE=8$；（见解图(2)）

② 当$\angle ADN=\angle BME$时，因为$AD/\!/BE$，所以$\angle ADB=\angle DBE$.

所以$\angle DBE=\angle BME$. 又$\angle BED=\angle MEB$，所以$\triangle BED\backsim\triangle MEB$.

所以$\dfrac{DE}{BE}=\dfrac{BE}{EM}$，即$BE^2=EM\cdot DE=\dfrac{1}{2}DE^2$，得$x^2=\dfrac{1}{2}\sqrt{2^2+(x-4)^2}\cdot\sqrt{2^2+(x-4)^2}$.

解得$x_1=2$，$x_2=-10$（舍去）. 即线段BE的长为2.（见解图(3)）

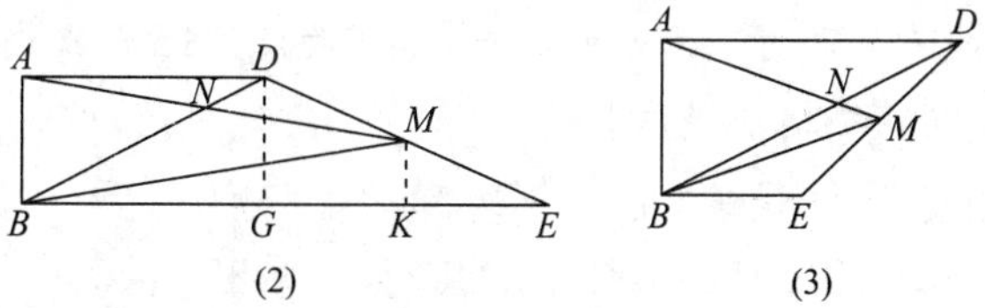

例8解图

综上所述，所求线段BE的长为8或2.

说明：此题①也可以用三角比来解：

① 当$\angle ADN=\angle BEM$时，$\tan\angle ADN(B)=\dfrac{1}{2}$，所以$\tan\angle MEB=\dfrac{1}{2}$，过点$D$作$DG\perp BE$于点$G$，因为$DG=2$，所以$GE=4$，所以$BE=8$.

② 当$\angle ADB=\angle BME$时，方法同上.

2.4 形成等腰三角形问题

2.4.1 三边可表出

如果三角形的三个顶点位置可以用某个变量的代数式表示，那么这个三角形的边长一般可以运用两点间距离公式表出，然后根据题意列出方程求解.

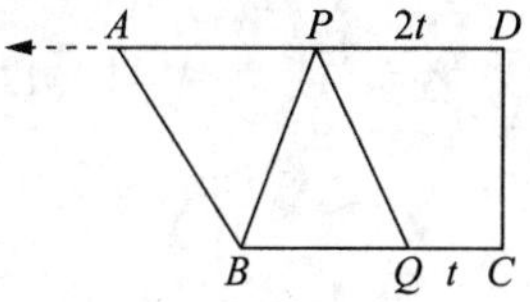

例1图

例1 在直角梯形$ABCD$中，$AD/\!/BC$，$\angle C=90^\circ$，$BC=16$，$DC=12$，$AD=21$. 动点P从点D出发，沿射线DA方向以每秒2个单位长度的速度匀速运动；动点Q从点C出发，在线段CB上以每秒1个单位长度的速度匀速运动，若点P、Q同时出发，当点Q到达点B时，点P随之停止运动. 设运动的时间为t(s)，问当t为何值时，以B、P、Q三点为顶点的三角形是等腰三角形？

解 由已知条件可得出以 B,P,Q 三点为顶点的三角形三边的表达式如下：

$PQ^2=12^2+t^2, PB^2=12^2+(16-2t)^2, BQ=16-t$.

① $BQ=BP$ 时，$3t^2-32t+144=0$，无解；

② $BQ=PQ$ 时，$16^2-32t=12^2$，$t=\frac{7}{2}$；

③ $BP=QP$ 时，$t=\frac{1}{2}(16-t)$，$t=\frac{16}{3}$.

答 当 t 的值为 $\frac{7}{2}$ 或 $\frac{16}{3}$ 时，以 B、P、Q 三点为顶点的三角形是等腰三角形.

说明 如果三角形的三顶点可表出，运用两点间距离公式转化为三边可表，按两两相等分类建立方程后求解.

例 2 如图，已知射线 DE 与 x 轴和 y 轴分别交于点 $D(3,0)$ 和点 $E(0,4)$. 动点 C 从点 $M(5,0)$ 出发，以每秒 1 个单位长度的速度沿 x 轴向左做匀速运动，与此同时，动点 P 从点 D 出发，也以每秒 1 个单位长度的速度沿射线 DE 的方向做匀速运动. 设运动时间为 t 秒. 以点 C 为圆心、$\frac{1}{2}t$ 个单位长度为半径的⊙C 与 x 轴交于 A、B 两点(点 A 在点 B 的左侧)，连接 PA、PB.

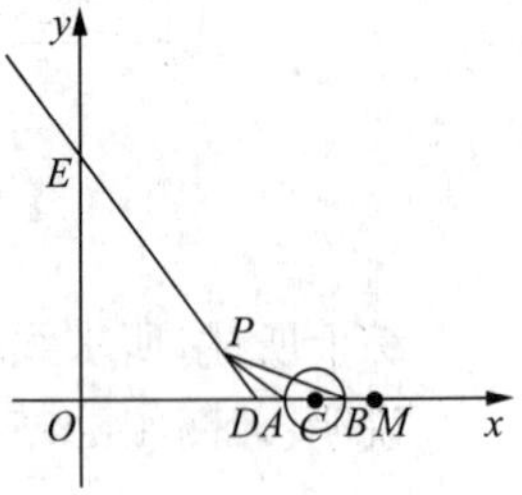

例 2 图

(1) 请用含 t 的代数式分别表示出点 C 与点 P 的坐标；

(2) 当⊙C 与射线 DE 有公共点时，求 t 的取值范围；

(3) 当△PAB 为等腰三角形时，求 t 的值.

解 (1) $C(5-t,0)$，$P\left(3-\frac{3}{5}t,\frac{4}{5}t\right)$.

(2) **解法一** 因为 $A\left(5-\frac{3t}{2},0\right)$，$B\left(5-\frac{t}{2},0\right)$，$P\left(3-\frac{3t}{5},\frac{4t}{5}\right)$，所以当⊙$C$ 的圆心 C 由点 $M(5,0)$ 向左运动，使点 A 到点 D 并随⊙C 继续向左运动时，有 $5-\frac{3}{2}t\leqslant 3$，即 $t\geqslant\frac{4}{3}$.

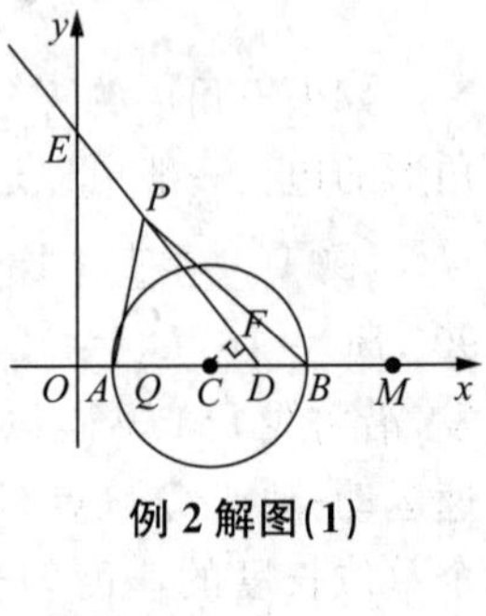

例 2 解图(1)

当点 C 在点 D 左侧时，过点 C 作 $CF\perp$ 射线 DE，垂足为点 F，则由 $\angle CDF=\angle EDO$，

得△CDF∽△EDO，则 $\frac{CF}{4}=\frac{3-(5-t)}{5}$. 解得 $CF=\frac{4t-8}{5}$. 由 $CF\leqslant\frac{1}{2}t$，即

$\frac{4t-8}{5}\leqslant\frac{1}{2}t$，解得 $t\leqslant\frac{16}{3}$.

所以当⊙C 与射线 DE 有公共点时，t 的取值范围为 $\frac{4}{3}\leqslant t\leqslant\frac{16}{3}$.

说明 上述解法并未分析点 C 在点 D 右侧的情况，其实可以先分析⊙C 与直线 DE 有公共点的时候，是在圆与直线两次相切时刻之间：因为 $CD=|2-t|$，$\tan\angle ODE=\frac{4}{3}$，所以作 $CF\perp DE$ 于点 F，则 $CF=\frac{4}{5}CD=\frac{4}{5}|2-t|$，

当⊙C 与直线 DE 相切时，$CF=\frac{t}{2}$，即 $\frac{4}{5}|2-t|=\frac{t}{2}$，$t_1=\frac{16}{13}$，$t_2=\frac{16}{3}$.

所以当⊙C 与直线 DE 有公共点时，$\frac{16}{13}\leqslant t\leqslant\frac{16}{3}$.

再分析当⊙C 与射线 DE 有公共点时，起始位置在点 A 与点 D 重合时，此时 $\frac{3t}{2}=2$，$t=\frac{4}{3}$，所以 $\frac{4}{3}\leqslant t\leqslant\frac{16}{3}$.

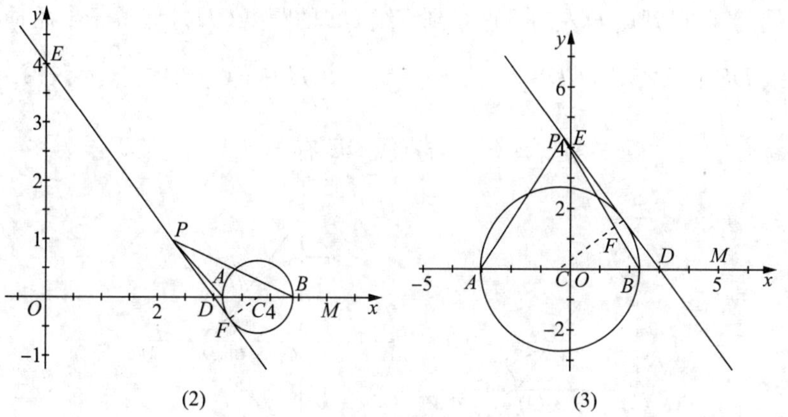

例 2 解图

(3) 总有 $A\left(5-\frac{3t}{2},0\right)$，$B\left(5-\frac{t}{2},0\right)$，$P\left(3-\frac{3t}{5},\frac{4t}{5}\right)$，$C(5-t,0)$，且 $AB=t$.

① 当 $PA=AB$ 时，因为 $PA^2=\frac{16}{25}t^2+\left(5-\frac{3}{2}t-3+\frac{3}{5}t\right)^2$，

所以 $\frac{29}{20}t^2-\frac{18}{5}t+4=t^2$，即 $9t^2-72t+80=0$.

或 $t^2=\frac{16}{25}t^2+\left(5-\frac{3}{2}t-3+\frac{3}{5}t\right)^2$，$\frac{9}{25}t^2=(2-\frac{9}{10}t)^2$，$\frac{3}{5}t=\left|2-\frac{9}{10}t\right|$，

解得 $t_1=\frac{4}{3}$，$t_2=\frac{20}{3}$.

② 当 $PA=PB$ 时，有 $PC\perp AB$，所以 $5-t=3-\frac{3}{5}t$. 解得 $t_3=5$.

③ 当 $PB=AB$ 时,因为 $PB^2=\left(5-\frac{t}{2}-3+\frac{3t}{5}\right)^2+\left(\frac{4t}{5}\right)^2$.

所以$\frac{13}{20}t^2+\frac{2}{5}t+4=t^2$,即 $7t^2-8t-80=0$. 解得 $t_4=4$,$t_5=-\frac{20}{7}$(不合题意,舍去). 或 $t^2=\left(5-\frac{t}{2}-3+\frac{3t}{5}\right)^2+\left(\frac{4t}{5}\right)^2$,

$\frac{9}{25}t^2=\left(2+\frac{1}{10}t\right)^2$,$\frac{3}{5}t=\left|2+\frac{1}{10}t\right|$,$\frac{3}{5}t=2+\frac{1}{10}t$,$t=4$.

所以当$\triangle PAB$ 是等腰三角形时,$t=\frac{4}{3}$,或 $t=4$,或 $t=5$,或 $t=\frac{20}{3}$.

说明 以上是代数解法,运算量比较大,但是不易漏解. 用几何解法运算量小,但是可能漏解. 几何解法如下.

解法二 (2) ① 当点 A 刚好"碰到"点 D 时,$\odot C$ 开始与直线 DE 有交点,即 $5-\frac{3}{2}t\leqslant 3$,$t\geqslant\frac{4}{3}$;

② 当点 C 到点 D 左边且点 C 到直线 DE 的距离 CH 小于等于半径时,$\odot C$ 与直线 DE 有交点,即 $CD=3-(5-t)=t-2$,$CH=\frac{4}{5}(t-2)\leqslant\frac{t}{2}$,$t\leqslant\frac{16}{3}$;

综合①、②,得$\frac{4}{3}t\leqslant\frac{16}{3}$时$\odot C$ 与直线 DE 有交点.

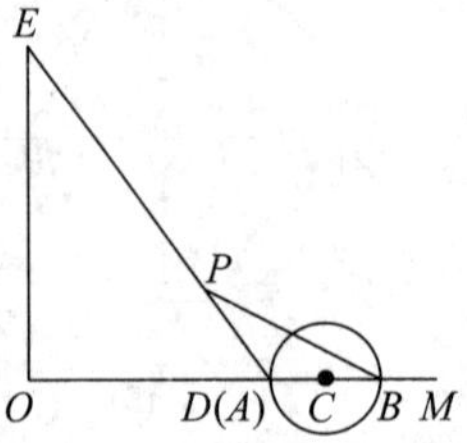

(4)

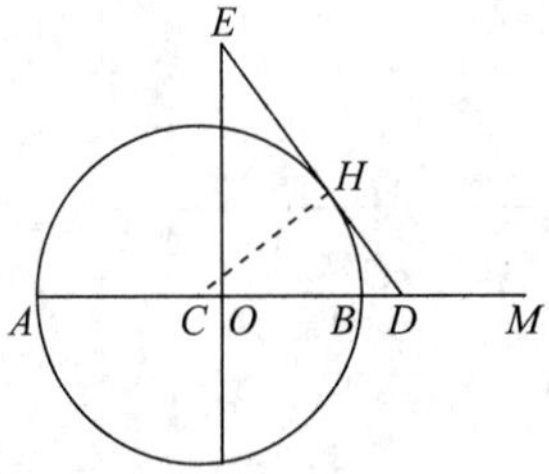

(5)

例 2 解图

(3) ① 当 $PA=PB$ 时,点 P 在 AB 的中垂线上,$x_P=x_c$,即 $5-t=3-\frac{3}{5}t$,$t=5$;

② 当 $AP=AB$ 时,因为 $AB=t$,$PD=t$,所以 $AP=PD$, 点 P 在 AD 的中垂线上,$x_P=x_G$,其中点 G 是 AD 的中点,因为 $A\left(5-\frac{3}{2}t,0\right)$,$D(3,0)$,所以点 $G\left(4-\frac{3}{4}t,0\right)$,即 $4-\frac{3}{4}t=3-\frac{3}{5}t$,$t=\frac{20}{3}$;

容易漏掉当点 A 与点 D 重合时,因为 $PD=t$,$AB=t$,所以 $AB=AP=$

PD,此时 $x_A=3,5-\frac{3}{2}t=3,t=\frac{4}{3}$.

③ 当 $BA=BP$ 时,因为 $AB=t,PD=t$,所以 $BP=PD$,点 P 在 BD 的中垂线上,$x_P=x_T$,其中 T 是 BD 的中点,因为 $B\left(5-\frac{1}{2}t,0\right)$,$D(3,0)$,所以 $T\left(4-\frac{1}{4}t,0\right)$,即 $4-\frac{1}{4}t=3-\frac{3}{5}t,t=-\frac{20}{7}<0$,舍去;

容易漏掉当点 B 与点 D 重合时,因为 $PD=t,AB=t$,所以 $AB=BP=PD$,此时 $x_B=3,5-\frac{1}{2}t=3,t=4$.

综合①、②、③,得 $t_1=5,t_2=4,t_3=\frac{20}{3},t_4=\frac{4}{3}$.

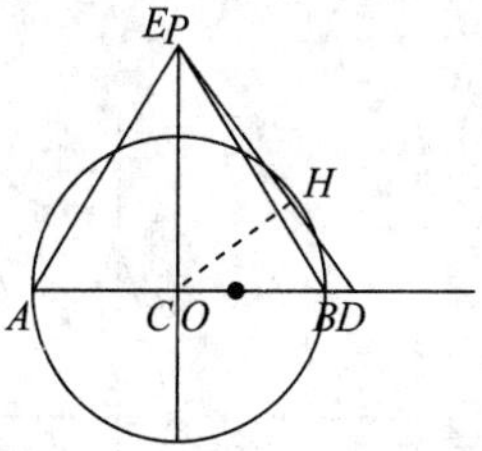

① $PA=PB$

$t=5$

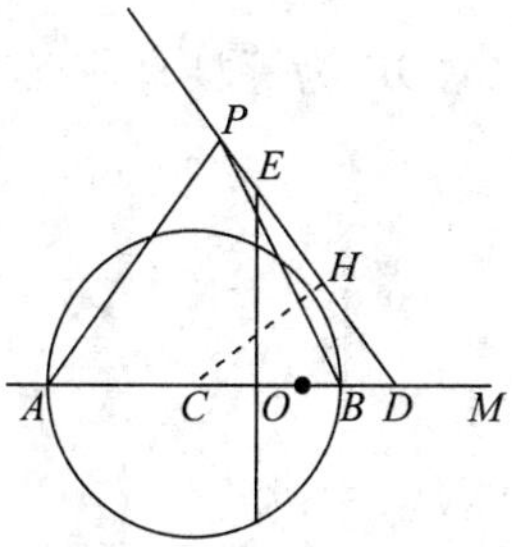

② $AP=AB$

$1*AP=AB=t=PD$

$t=\frac{20}{3}$

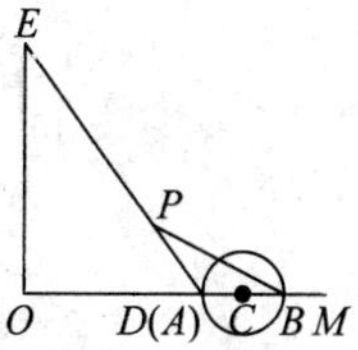

② $AP=AB$

$2*AP=AB=t$

点 A 重合于点 D

$t=\frac{4}{3}$

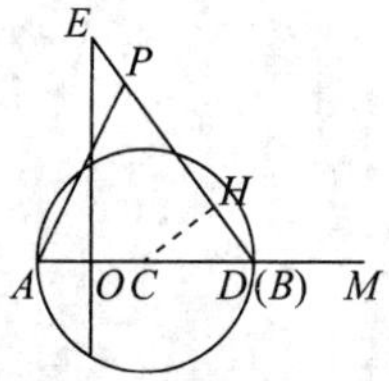

③ $BA=BP=t=DP$

点 B 重合于点 D

$t=4$

例 3 已知二次函数 $y=ax^2+bx+c$ 的图像经过 $A(-1,0)$,$B(3,0)$,$N(2,3)$三点,且与 y 轴交于点 C,直线 $l:y=kx+d$ 经过 C、M 两点,且与 x 轴交于点 D.

(1) 求这个二次函数和直线 l 的解析式,并写出顶点 M 及点 C 的坐标;

(2) 点 P 是这个二次函数的对称轴上一动点,过 P 作 l 的垂线,垂足为 Q,当△APQ 为等腰三角形时,求出点 P 的坐标.

解　(1) 因为二次函数 $y=ax^2+bx+c$ 的图像经过点 $A(-1,0)$,$B(3,0)$,$N(2,3)$,

所以,可建立方程组:$\begin{cases}0=a-b+c,\\0=9a+3b+c,\\3=4a+2b+c,\end{cases}$ 解得:$\begin{cases}a=-1,\\b=2,\\c=3.\end{cases}$

所求二次函数的解析式为 $y=-x^2+2x+3$.顶点 $M(1,4)$,点 $C(0,3)$.

直线 l 的函数解析式为 $y=x+3$.

(2) 因为这个二次函数的对称轴是直线 $x=1$,故可设 $P(1,p)$,则 $PA^2=p^2+2^2$.

易得:△MDE 为等腰直角三角形,故△PQM 也是等腰直角三角形,

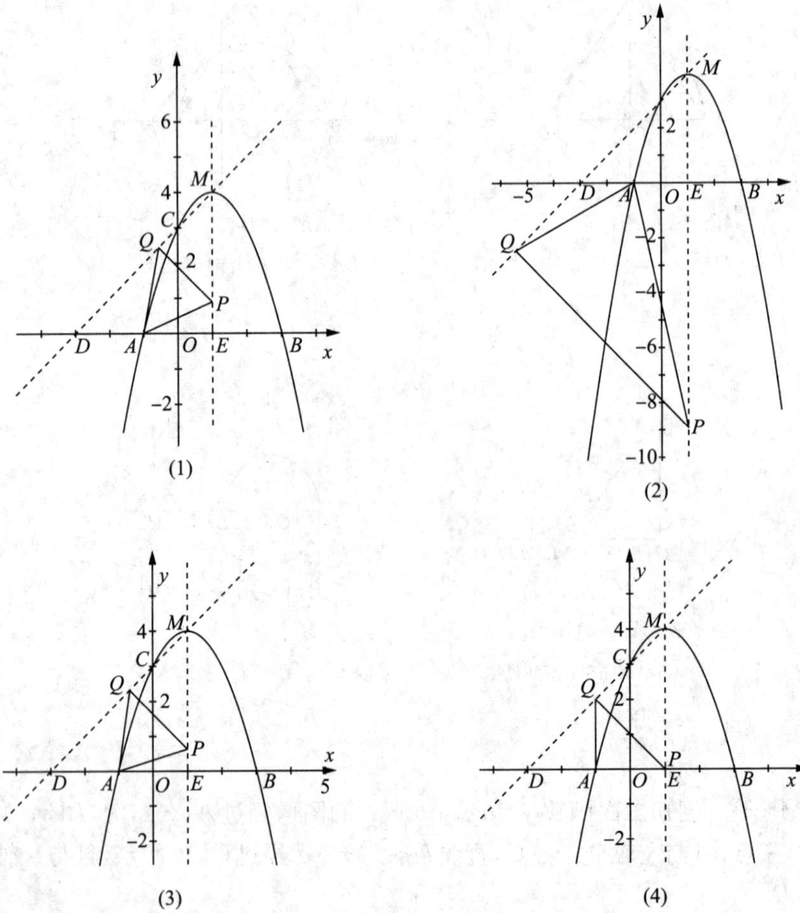

例 3 解图

由 $P(1,p)$ 得 $PM=|4-p|$，$PQ=\dfrac{PM}{\sqrt{2}}=\dfrac{|4-p|}{\sqrt{2}}$，$k_{QP}=-1$，$PQ$：$y-p=-x+1$，$Q\left(\dfrac{p}{2}-1,\dfrac{p}{2}+2\right)$.

① 若$PQ^2=PA^2$，得方程$\left(\dfrac{|4-p|}{\sqrt{2}}\right)^2=p^2+2^2$，$p=-4\pm2\sqrt{6}$. 符合题意.

② 若 $QA=QP$，因为 $QP=QM$，所以$\triangle QAM$ 是等腰三角形，点 Q 在 AM 的中垂线上，因为 AM 的中点$G(0,2)$

$k_{QG}=-\dfrac{1}{2}$，所以$\begin{cases}y-2=-\dfrac{1}{2}x,\\ y=x+3,\end{cases}$解得$\begin{cases}x=-\dfrac{2}{3},\\ y=\dfrac{7}{3}.\end{cases}$所以 $Q\left(-\dfrac{2}{3},\dfrac{7}{3}\right)$. 由$\dfrac{p}{2}-1=-\dfrac{2}{3}$得 $p=\dfrac{2}{3}$.

③ 若 $QA=AP$，$\left(\dfrac{p}{2}-1+1\right)^2+\left(\dfrac{p}{2}+2\right)^2=2^2+p^2$，$p_1=0$，$p_2=4$（舍去）.

综上，满足题意的点 P 坐标为$(1,-4+2\sqrt{6})$，$(1,-4-2\sqrt{6})$，$\left(1,\dfrac{2}{3}\right)$ $(1,0)$.

2.4.2 已知一个角及这个角的两条夹边可表出

这类题可以利用等腰三角形中的定角，分割出形状固定的直角三角形，运用三角比推出两条夹边的比例关系，根据比例关系和两两相等的分类讨论建立不同的方程然后求解.

例 1 如图，平面直角坐标系中，点 A、C 分别在 x、y 轴的正半轴上，四边形 $OABC$ 为矩形，$OA=4$cm，$OC=3$cm，动点 E、F 分别从 O、B 同时出发，其中点 E 以每秒 2 厘米的速度沿射线 OA 运动，点 F 以每秒 1 厘米的速度沿线段 BC 运动，当点 F 运动到点 C 时，E，F 两点同时终止运动. 过点 F 作 $FP\perp BC$，交 AC 于点 P，连接 EP. 用 x 表示动点运动的时间.

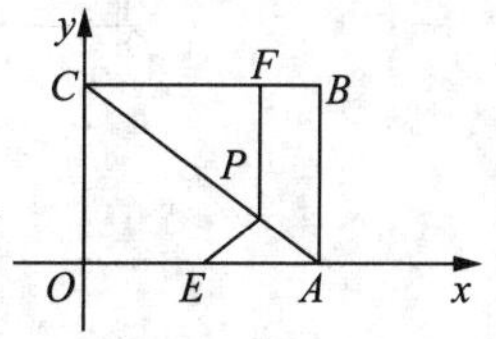

例 1 图

(1) 写出当动点 P 运动了 x 秒时 P 点的坐标；

(2) 探索：当 x 为何值时$\triangle EPA$ 是一个等腰三角形？

解 (1) 延长 FP 交OA 于点 H，因为 $COAB$ 是矩形，$FP\perp BC$，所以 $PH\perp OA$，$PH/\!/OC$，所以$\triangle APH\backsim\triangle ACO$，

所以 $PH : CO = AH : AO$, $PH : 3 = x : 4$, $PH = \frac{3}{4}x$, 所以点 P 坐标为 $\left(4 - x, \frac{3}{4}x\right)$ $(0 \leqslant x \leqslant 4)$.

(2) $\tan\angle OAC = \frac{3}{4}$, $AE = |4 - 2x|$, $PH = \frac{3x}{4}$, $PA = \frac{5x}{4}$, $P\left(4 - x, \frac{3x}{4}\right)$

① 若 $PE = PA$

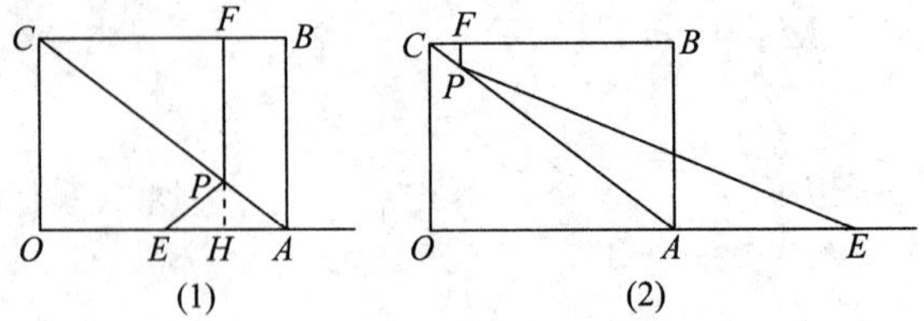

例 1 解图

E 在 OA 上 $(0 \leqslant x \leqslant 2)$ 时, $\frac{PH}{HA} = \frac{3}{4}$, 点 H 是 EA 的中点, $\frac{PH}{EA} = \frac{3}{8}$,

$\frac{\frac{3x}{4}}{4 - 2x} = \frac{3}{8}$, $x_1 = 1$. (或 $AH = \frac{1}{2}AE$, 即 $x = 2 - x$, $x = 1$)

点 E 在 OA 延长线上 $(2 < x \leqslant 4)$ 时, 因为 $\angle PAE > 90°$, 所以 $PE > PA$, 所以无解.

② 若 $PA = EA$,

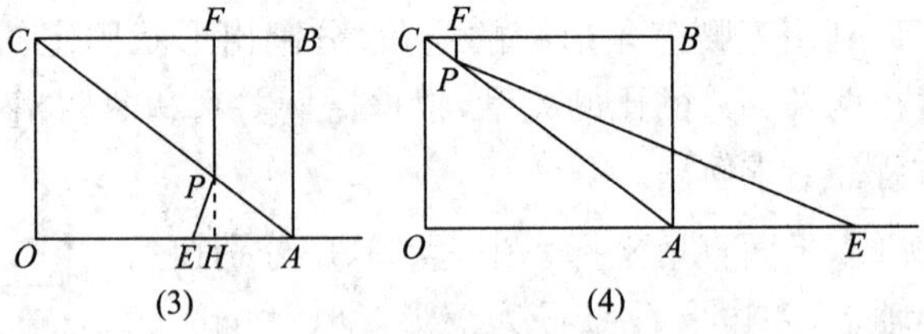

例 1 解图

$AE = |4 - 2x|$, $PA = \frac{5x}{4}$, $|4 - 2x| = \frac{5x}{4}$, $x_2 = \frac{16}{13}$, $x_3 = \frac{16}{3} > 5$(舍);

③ $PE = EA$

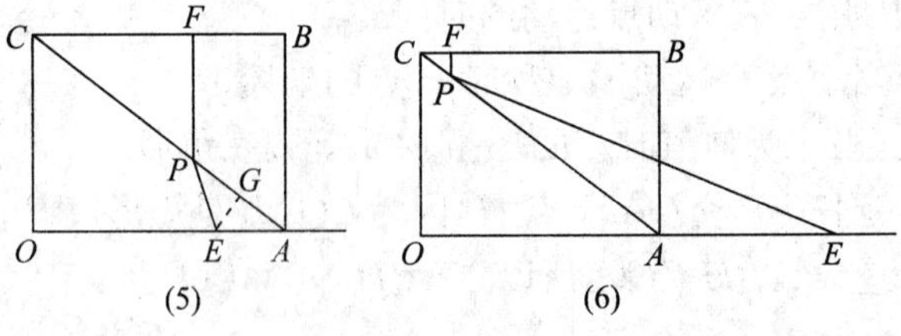

例 1 解图

点 E 在 OA 上 $(0\leqslant x\leqslant 2)$ 时，过点 E 作 $EG\perp AP$ 于点 G，则 $AG=PG$，

所以 $AE=4-2x$，$PA=\frac{5x}{4}$，$AG=\frac{4}{5}(4-2x)=\frac{1}{2}\cdot\frac{5x}{4}$，$x=\frac{128}{89}$，

点 E 在 OA 延长线上时，$(2<x\leqslant 4)$ 时，因为 $PE>EA$，所以无解.

所以共有三种情况：当 $x=1$ 时，当 $x=\frac{16}{13}$时，当 $x=\frac{128}{89}$时，$\triangle EPA$ 为等腰三角形.

归纳1　在这类问题中，已知一个角及这个角的一边可表出，利用等腰三角形中的定角，运用三角比，推出其他边的表达式，成为三边可表出型，然后按两两相等分类讨论.

如下图中，$AE=f(x)$（如例 1 中 $AE=|4-2x|$），AE 与直线 PA 所交的锐角的正切值为$\frac{3}{4}$，则$\triangle PAE$ 是已知一个角及这个角的夹边可表出的三角形. 若 PAE 是等腰三角形，则图形可能为：

(1) 当 $AE=AP$ 时，① $\angle PAE$ 为钝角　② $\angle PAE$ 为锐角

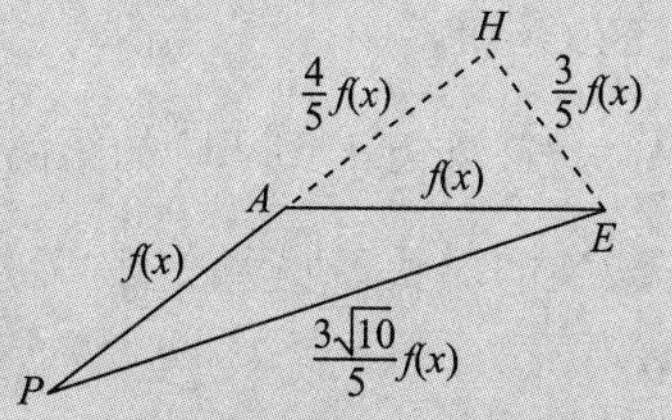

(1)

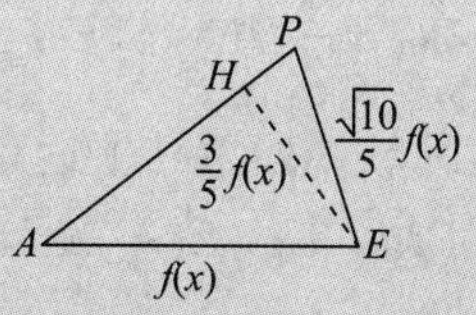

(2)

(2) 当 $PE=PA$ 时，

(3) 当 $EA=EP$ 时，

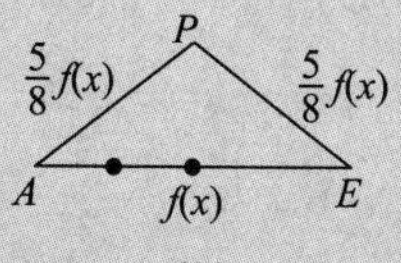

(3)

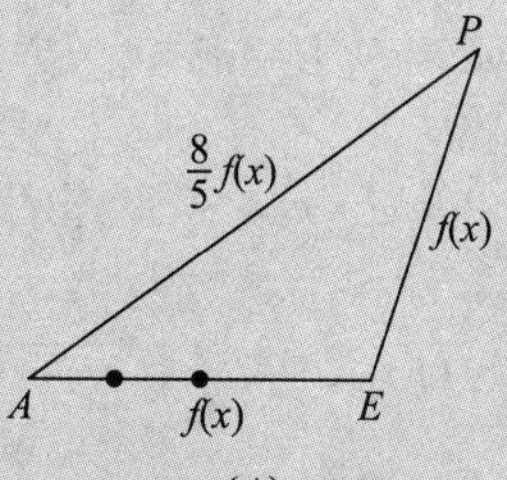

(4)

此时，再加上已知条件（如例 1 中 $PA=\frac{5x}{4}$），则可以列方程求出满足条件的 x 的值.

例 2　如图(1)，在等腰梯形 $ABCD$ 中，$AD/\!/BC$，点 E 是 AB 的中点，过点 E 作 $EF/\!/BC$ 交 CD 于点 F. $AB=4$，$BC=6$，$\angle B=60°$. 点 P 为线段 EF

上的一个动点,过点 P 作 $PM\perp EF$ 交 BC 于点 M,过点 M 作 $MN/\!/AB$ 交折线 ADC 于点 N,连接 PN,

(1) 当点 N 在线段 AD 上时(如图(2)),求 $\triangle PMN$ 的周长;

(2) 当点 N 在线段 DC 上时(如图(3)),当 $\triangle PMN$ 为等腰三角形时,求 PE 的长.

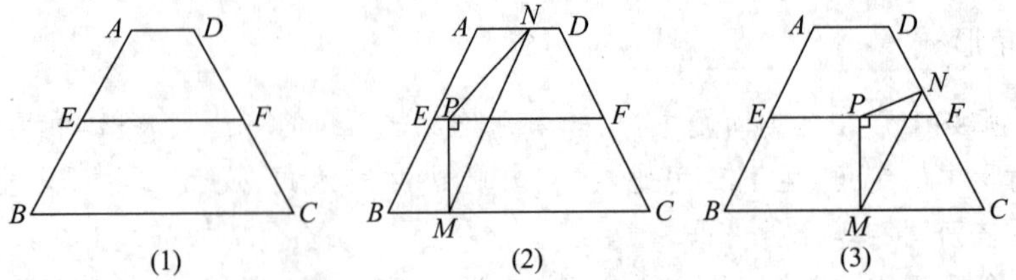

例 2 图

解 (1) 在图(1)中,过点 E 作 $EG\perp BC$ 于点 G. 因为点 E 为 AB 的中点,所以 $BE=\frac{1}{2}AB=2$.

在 $Rt\triangle EBG$ 中,$\angle B=60°$,所以 $\angle BEG=30°$.

所以 $BG=\frac{1}{2}BE=1$,$EG=\sqrt{2^2-1^2}=\sqrt{3}$. 即点 E 到 BC 的距离为 $\sqrt{3}$.

当点 N 在线段 AD 上运动时,$\triangle PMN$ 的形状不发生改变.

因为 $PM\perp EF$,$EG\perp EF$,所以 $PM/\!/EG$.

因为 $EF/\!/BC$,所以 $EP=GM$,$PM=EG=\sqrt{3}$.

同理 $MN=AB=4$.

解法一 如解图(2),过点 P 作 $PH\perp MN$ 于点 H,因为 $MN/\!/AB$,

所以 $\angle NMC=\angle B=60°$,$\angle PMH=30°$. 所以 $PH=\frac{1}{2}PM=\frac{\sqrt{3}}{2}$.

所以 $MH=PM\cdot\cos 30°=\frac{3}{2}$,则 $NH=MN-MH=4-\frac{3}{2}=\frac{5}{2}$.

在 $Rt\triangle PNH$ 中,$PN=\sqrt{NH^2+PH^2}=\sqrt{\left(\frac{5}{2}\right)^2+\left(\frac{\sqrt{3}}{2}\right)^2}=\sqrt{7}$.

解法二 如解图(2),过点 N 作 $NH\perp EF$ 于点 H,设 MN 交 EF 于点 K.

因为 $\angle NMC=\angle B=60°$,$\angle PMK=30°$. $PM=EG=\sqrt{3}$.

所以 $PK=1$. 同理 $KH=1$. 因为在 $Rt\triangle NPH$ 中,$PH=2$,$NH=\sqrt{3}$,所以 $PN=\sqrt{7}$.

所以 $\triangle PMN$ 的周长 $=PM+PN+MN=\sqrt{3}+\sqrt{7}+4$.

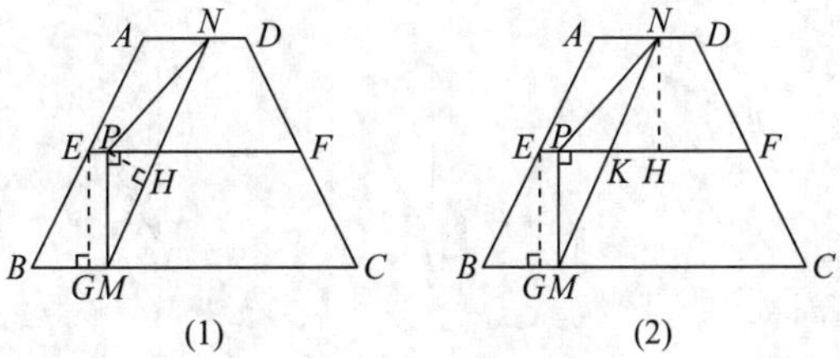

例 2 解图

(2) 当点 N 在线段 DC 上运动时，$\triangle PMN$ 的形状发生改变，但$\triangle MNC$ 恒为等边三角形.

设 $EP=x$，

① 当 $PM=PN$ 时，如解图(3)，作 $PR\perp MN$ 于 R，则 $MR=NR$.

因为 $MR=\dfrac{3}{2}$. 所以 $MN=2MR=3$. 因为$\triangle MNC$ 是等边三角形，所以 $MC=MN=3$.

此时 $x=EP=GM=BC-BG-MC=6-1-3=2$.

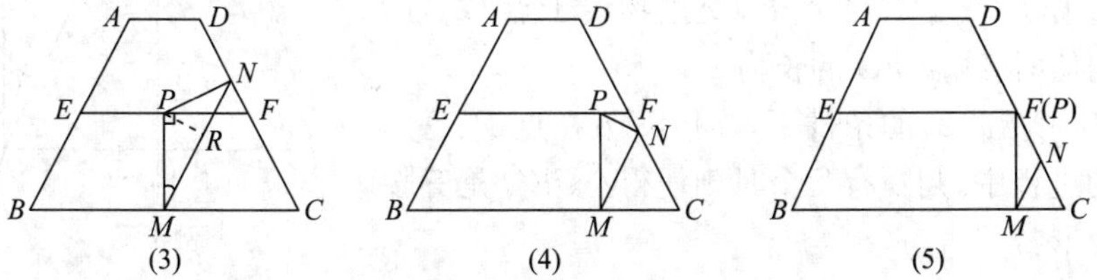

例 2 解图

② 当 $MP=MN$ 时，如解图(4)，这时 $MC=MN=MP=\sqrt{3}$.

此时，$x=EP=GM=6-1-\sqrt{3}=5-\sqrt{3}$.

③ 当 $NP=NM$ 时，如解图(5)，$\angle NPM=\angle PMN=30°$.

则$\angle PNM=120°$，又$\angle MNC=60°$，所以$\angle PNM+\angle MNC=180°$.

因此点 P 与点 F 重合，$\triangle PMC$ 为直角三角形.

所以 $MC=PM\cdot\tan 30°=1$. 此时，$x=EP=GM=6-1-1=4$.

综上所述，当 $x=2$ 或 4 或 $5-\sqrt{3}$时，$\triangle PMN$ 为等腰三角形.

归纳 2　例 2 中，$\triangle PMN$ 是已知两条边及夹角：$PM=\sqrt{3}$，$MN=5-x$，$\angle M=30°$，若 PAE 是等腰三角形，则图形可能如下，对应的 $MN=5-x$ 分别等于：

$5-x=3$，$x=2$；$5-x=\sqrt{3}$，$x=5-\sqrt{3}$；$5-x=1$，$x=4$.

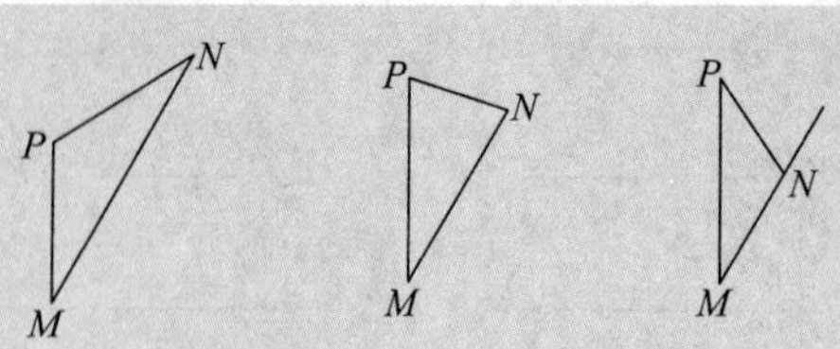

2.4.3　已知一个角,可以利用等腰三角形的边角关系,求得边边关系

例 1　如图,在平面直角坐标系中,已知矩形 $ABCD$ 的三个顶点 $B(4,0)$、$C(8,0)$、$D(8,8)$. 抛物线 $y=ax^2+bx$ 过 A、C 两点.

(1) 直接写出点 A 的坐标,并求出抛物线的解析式;

(2) 动点 P 从点 A 出发. 沿线段 AB 向终点 B 运动,同时点 Q 从点 C 出发,沿线段 CD 向终点 D 运动. 速度均为每秒 1 个单位长度,运动时间为 t 秒. 过点 P 作 $PE\perp AB$ 交 AC 于点 E,过点 E 作 $EF\perp AD$ 于点 F,交抛物线于点 G. 当 t 为何值时,线段 EG 的长为 2.

(3) 在(2)的条件下,连接 EQ. 在点 P、Q 运动的过程中,判断有几个时刻使得 $\triangle CEQ$ 是等腰三角形?

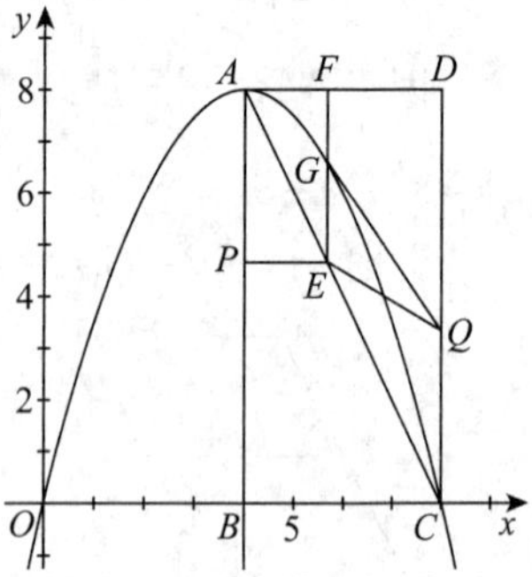

例 1 图

解　(1) 点 A 的坐标为 $(4,8)$,将 $A(4,8)$、$C(8,0)$ 两点坐标分别代入 $y=ax^2+bx$

$\begin{cases}16a+4b=8,\\64a+8b=0,\end{cases}$ 解得 $a=-\frac{1}{2}$,$b=4$, 所以抛物线的解析式为:$y=-\frac{1}{2}x^2+4x$.

(2) 在 Rt$\triangle APE$ 和 Rt$\triangle ABC$ 中,$\tan\angle PAE=\frac{PE}{AP}=\frac{BC}{AB}$,即$\frac{PE}{AP}=\frac{4}{8}$,

所以 $PE=\frac{1}{2}AP=\frac{1}{2}t$. $PB=8-t$. 所以点 E 的坐标为$\left(4+\frac{1}{2}t,8-t\right)$.

所以点 G 的纵坐标为$-\frac{1}{2}\left(4+\frac{1}{2}t\right)^2+4\left(4+\frac{1}{2}t\right)=-\frac{1}{8}t^2+8$.

所以 $EG=-\frac{1}{8}t^2+8-(8-t)=-\frac{1}{8}t^2+t$. 当$-\frac{1}{8}t^2+t=2$ 时,$t=4$,所以 $t=4$ 时,线段 EG 的长为 2.

(3) $E\left(4+\frac{t}{2},8-t\right)$,$C(8,0)$,$Q(8,t)$. $CQ=t$,$EC=\frac{\sqrt{5}}{2}(8-t)$,$\tan\angle ECQ=\frac{1}{2}$,

① 若 $EQ=QC$,则 $HC=\frac{2t}{\sqrt{5}}$,$EC=\frac{\sqrt{5}}{2}(8-t)=\frac{4t}{\sqrt{5}}$,$t_1=\frac{40}{13}$;

② 若 $EC=QC$,则 $EC=\frac{\sqrt{5}}{2}(8-t)=t$,$t_2=40-16\sqrt{5}$;

③ 若 $EQ=EC$,则 $EC=\frac{\sqrt{5}}{2}(8-t)=\frac{\sqrt{5}t}{4}$,$t_3=\frac{16}{3}$.

所以共有三个时刻:$t_1=\frac{16}{3}$, $t_2=\frac{40}{13}$,$t_3=40-16\sqrt{5}$.

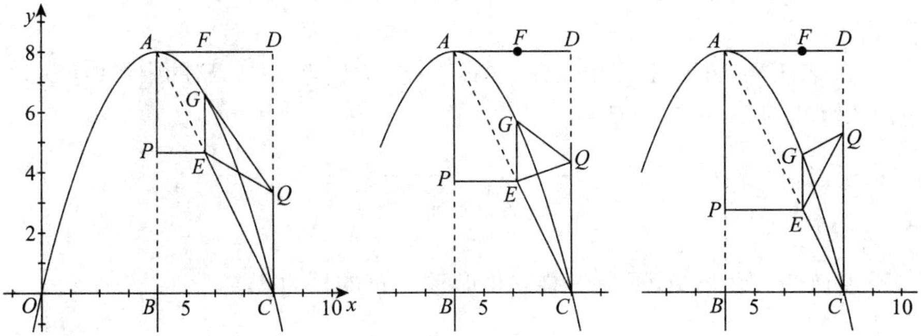

(1) (2) (3)

例 1 解图

说明 以上解法充分运用了已知角$\angle ECQ$的三角比,利用三角比求得边边关系. 如果用两点间距离公式求得 EQ 后再列方程求解运算量就比较大.

2.4.4 通过相似形转移数量关系

已知一角，但是两条夹边的表出都比较繁琐或困难,但是它们分别是一对相似三角形的对应边，两条夹边的比例关系可以得出,可以通过相似形转移数量关系.

例 1 等腰梯形 $ABCD$ 中,$AD/\!/BC$,$AD=2$,$BC=8$,$AB=DC=5$,点 E 在边 BC 上(与点 B、C 不重合),$\angle AEF=\angle B$,点 F 在边 CD 上.

(1) 设 $BE=x$,$CF=y$,求 y 关于 x 的函数解析式;

(2) 当三角形 AEF 是等腰三角形时,求 BE 的长.

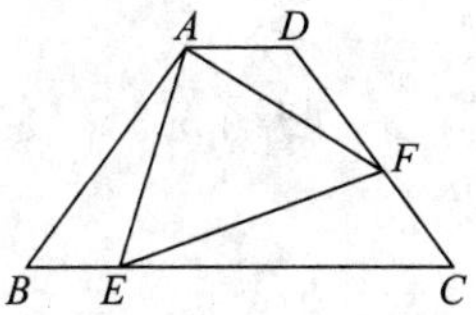

例 1 图

解 (1) 因为 $\angle BAE=180°-\angle B-\angle BEA$,$\angle CEF=180°-\angle AEF-\angle BEA$,

又因为$\angle AEF=\angle B$,所以$\angle BAE=\angle CEF$. 因为$\angle C=\angle B$,所以$\triangle BEA\backsim\triangle CFE$.

所以$\frac{x}{5}=\frac{y}{8-x}$,$y=-\frac{1}{5}x^2+\frac{8}{5}x=-\frac{1}{5}(x-4)^2+\frac{16}{5}$ $(0<x<8)$

(2) **解法一**　当△AEF是等腰三角形时,

① 若$AE=EF$,则$\triangle BEA\cong\triangle CFE$,$y=-\frac{1}{5}x^2+\frac{8}{5}x=x$,因为$x\neq0$,所以$x_1=3$.

② 若$AE=AF$,过点A作$AH\perp EF$于点H,则点H是EF的中点,且$AE:EH=5:3$,所以$AE:EF=5:6$,所以$x:y=5:6$. $\frac{x}{y}=\frac{5}{6}$,

$\frac{x}{-\frac{1}{5}x^2+\frac{8}{5}x}=\frac{5}{6}$, $x_2=2$.

③ 若$EF=AF$,过F作$FG\perp AE$于点G,则点G是AE的中点,且$GE:EF=3:5$,所以$AE:EF=6:5$,

所以$x:y=6:5$. $\frac{x}{y}=\frac{6}{5}$,$\frac{x}{-\frac{1}{5}x^2+\frac{8}{5}x}=\frac{6}{5}$, $x_3=\frac{23}{6}$.

所以当三角形AEF是等腰三角形时,AE的长为$2,3,\frac{23}{6}$.

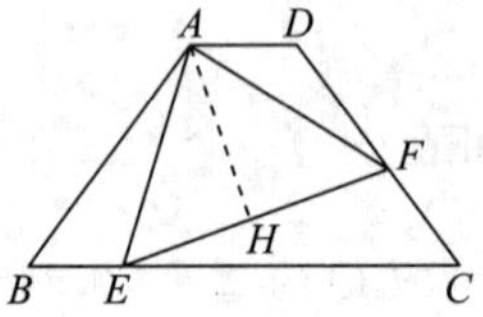

(1)

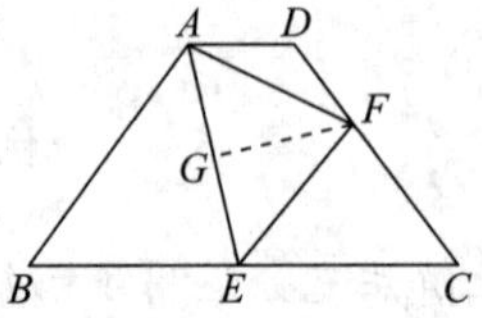

(2)

例1解图

解法二　把$AE:EF$转化为$AB:EC=5:(8-x)$,

① 若$AE=EF$,则$\frac{5}{8-x}=1$,$x=3$;

② 若$AE=AF$,则$\frac{5}{8-x}=\frac{5}{6}$,$x=2$;

③ 若$EF=AF$,则$\frac{5}{8-x}=\frac{6}{5}$,$x=\frac{23}{6}$.

归纳3　等腰三角形中的边角关系:

(1) 已知三边,则$\cos C=\frac{\frac{1}{2}a}{b}=\frac{a}{2b}$;

(2) 已知底角和底边,则$b=\frac{a}{2\cos C}$;

(3) 已知底角和腰,则$a=2b\cos C$.

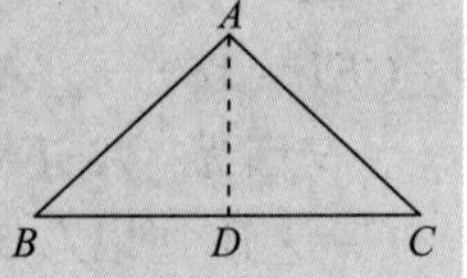

2.4.5 图形分析,直观判断

例 1 已知:$A(6,0)$,$B(0,8)$,$C(-4,0)$,点 M、N 分别是线段 AC、射线 AB 上的动点,点 M 以 2 个单位长度/秒的速度自点 C 向点 A 方向做匀速运动,点 N 以 5 个单位长度/秒的速度自点 A 向点 B 方向做匀速运动,两点同时出发,当点 M 到达 A 时,点 M、N 同时停止运动. 记 MN 与 OB 的交点为点 P,设点 M 运动的时间为 t.

(1) 求证:当 $t\neq 2$ 时,$MN:NP$ 为定值;

(2) 若$\triangle BNP$ 是等腰三角形,求 CM 的长.

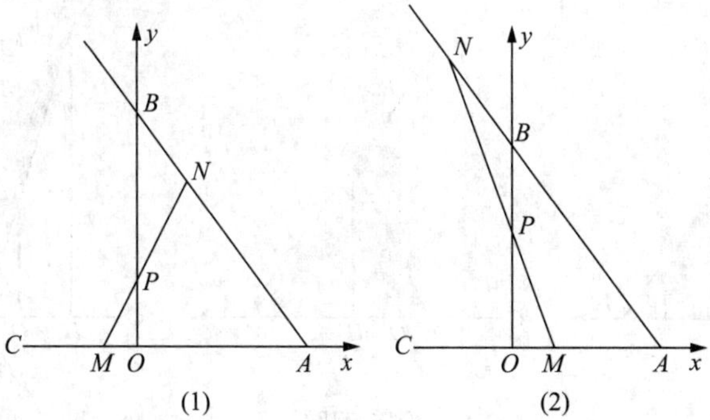

例 1 图

因为当点 M 到达点 A 时,点 M、N 同时停止运动,所以动点 M 运动的时间为 t $(0\leqslant t\leqslant 5)$.

证 (1) 过点 N 作 $NH\perp AC$,垂足为点 H. $\dfrac{MN}{MP}=\dfrac{MH}{MO}=\dfrac{5|t-2|}{2|t-2|}=\dfrac{5}{2}$ $(t\neq 2)$,所以$\dfrac{MN}{NP}=\dfrac{5}{3}$ $(t\neq 2)$.

解 (2) 因为 $t=2$、$t=5$ 时,$\triangle BNP$ 不存在,所以 $t\neq 2$,$t\neq 5$.

因为$\dfrac{OP}{HN}=\dfrac{MP}{MN}=\dfrac{2}{5}$,且 $HN=4t$,所以 $OP=\dfrac{8t}{5}$. $P\left(0,\dfrac{8t}{5}\right)$. 因为 $0<t<5$,$0<\dfrac{8}{5}t<8$,所以点 P 在点 B 下方.

因为 $M(-4+2t,0)$,$N(6-3t,4t)$,

所以 $BP=8-\dfrac{8t}{5}$,$BN=|5t-10|=5|t-2|$,$PN^2=(6-3t)^2+\left(4t-\dfrac{8t}{5}\right)^2$

解法一(用距离公式)

当 $0<t<2$ 时,分三种情况讨论:$BN=BP$、$BN=NP$、$NP=BP$.

① 若 $BN=BP$,$5(2-t)=8-\dfrac{8t}{5}$,$t_1=\dfrac{10}{17}$;

② 若 $BN=NP$，$4t=\frac{1}{2}\left(8+\frac{8t}{5}\right)$，$t_2=\frac{5}{4}$；$\left(\text{也可以解方程}[5(2-t)]^2=(6-3t)^2+\left(4t-\frac{8t}{5}\right)^2\right)$

③ 若 $NP=BP$，$(6-3t)^2+\left(4t-\frac{8t}{5}\right)^2=\left(8-\frac{8t}{5}\right)^2$，因为 $t>0$，所以无解；

当 $2<t<5$ 时，只需讨论 $BN=BP$，$5(t-2)=8-\frac{8t}{5}$，$t_3=\frac{30}{11}$.

综上所述，CM 的长可能为$\frac{20}{17}$、$\frac{5}{2}$、$\frac{60}{11}$.

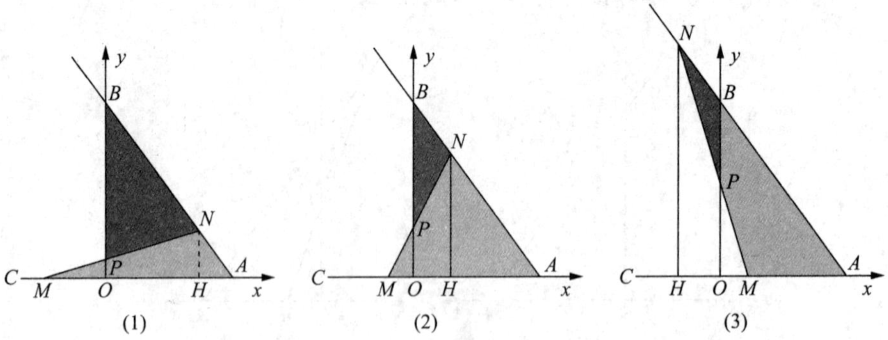

例 1 解图

解法二(用图形分析)

① 当$\angle NBP=\angle NPB$ 时，$\angle MNH=\angle PBN=\angle ANH$，可得点 H 是 MA 的中点，

因为 $M(-4+2t,0)$，$N(6-3t,4t)$，$A(6,0)$，

所以 $6-3t=\frac{1}{2}(6-4+2t)=1+t$，$t_1=\frac{5}{4}$，$CM=\frac{5}{2}$.

② 当$\angle BPN=\angle BNP$ 时，$BP=BN=5|t-2|$，因为 $BP=8-\frac{8t}{5}$，

所以 $5(2-t)=8-\frac{8t}{5}$，$t_2=\frac{10}{17}$，$CM=\frac{20}{17}$或 $5(t-2)=8-\frac{8t}{5}$，$t_3=\frac{30}{11}$，$CM=\frac{60}{11}$.

不可能有 $NP=BP$，理由如下：

当 $0<t<2$ 时，$\angle PNB>\angle A>\angle B$，所以 $BP>NP$；

当 $2<t<5$ 时，因为$\angle ABO$ 是定锐角，$\angle NBP$ 是钝角，所以 $NP>BP$.

综上，CM 的长为$\frac{20}{17}$、$\frac{5}{2}$、$\frac{60}{11}$.

例 2　已知：如图，在平面直角坐标系 xOy 中，矩形 $OABC$ 的边 OA 在

y 轴的正半轴上，OC 在 x 轴的正半轴上，$OA=2$，$OC=3$. 过原点 O 作$\angle AOC$ 的平分线交 AB 于点 D，连接 DC，过点 D 作 $DE\perp DC$，交 OA 于点 E.

(1) 求过点 E、D、C 的抛物线的解析式；

(2) 将$\angle EDC$ 绕点 D 按顺时针方向旋转后，角的一边与 y 轴的正半轴交于点 F，另一边与线段 OC 交于点 G. 如果 DF 与(1)中的抛物线交于另一点 M，点 M 的横坐标为$\dfrac{6}{5}$，那么 $EF=2GO$ 是否成立？若成立，请证明；若不成立，请说明理由；

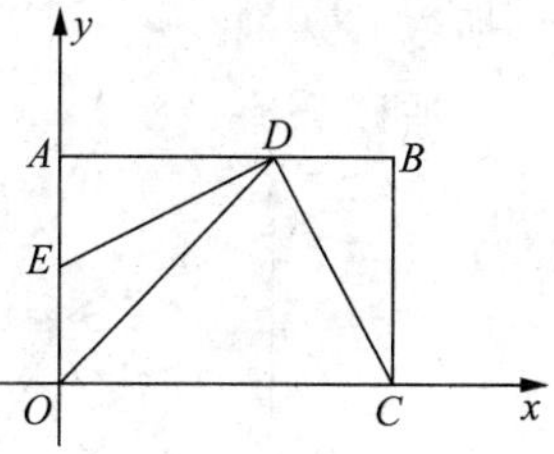

例 2 图

(3) 对于(2)中的点 G，在位于第一象限内的该抛物线上是否存在点 Q，使得直线 GQ 与 AB 的交点 P 与点 C、G 构成的$\triangle PCG$ 是等腰三角形？若存在，请求出点 Q 的坐标；若不存在，请说明理由.

解 (1) 由已知，得 $C(3,0)$，$D(2,2)$，

因为$\angle ADE=90°-\angle CDB=\angle BCD$，

$AE=AD\cdot\tan\angle ADE=2\tan\angle BCD=2\times\dfrac{1}{2}=1$

所以 $E(0,1)$.

设过点 E、D、C 的抛物线的解析式为 $y=ax^2+bx+c\ (a\neq 0)$. 将点 E 的坐标代入，得 $c=1$.

将 $c=1$ 和点 D、C 的坐标分别代入，得

$\begin{cases}4a+2b+1=2,\\9a+3b+1=0,\end{cases}$ 解方程组，得$\begin{cases}a=-\dfrac{5}{6},\\b=\dfrac{13}{6},\end{cases}$

故抛物线的解析式为 $y=-\dfrac{5}{6}x^2+\dfrac{13}{6}x+1$.

(2)$EF=2GO$ 成立.

因为点 M 在该抛物线上，且它的横坐标为$\dfrac{6}{5}$，所以点 M 的纵坐标为$\dfrac{12}{5}$.

设 DM 的解析式为 $y=kx+b_1(k\neq 0)$，

将点 D、M 的坐标分别代入，得

$\begin{cases}2k+b_1=2,\\\dfrac{6}{5}k+b_1=\dfrac{12}{5}.\end{cases}$ 解得$\begin{cases}k=-\dfrac{1}{2},\\b_1=3.\end{cases}$

所以 DM 的解析式为 $y=-\dfrac{1}{2}x+3$. 所以 $F(0,3)$，$EF=2$.

过点 D 作 $DK\perp OC$ 于点 K，则 $DA=DK$. 因为$\angle ADK=\angle FDG=90°$，

所以$\angle FDA=\angle GDK$.

又因为$\angle FAD=\angle GKD=90°$,所以$\triangle DAF\cong\triangle DKG$. 所以$KG=AF=1$. 所以$GO=1$.

所以$EF=2GO$.

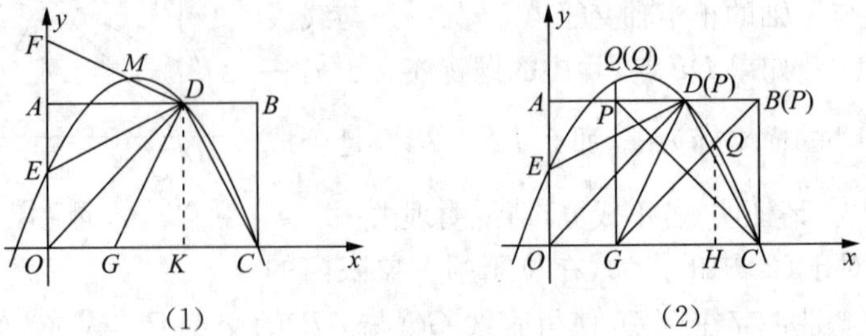

例 2 解图

(3) 因为点P在AB上,$G(1,0)$,$C(3,0)$,则设$P(t,2)$.

所以$PG^2=(t-1)^2+2^2$,$PC^2=(3-t)^2+2^2$,$GC=2$.

① 若$PG=PC$,则$(t-1)^2+2^2=(3-t)^2+2^2$,

解得$t=2$. 所以$P(2,2)$,此时点Q与点P重合.

所以$Q(2,2)$.

② 若$PG=GC$,则$(t-1)^2+2^2=2^2$,

解得$t=1$,所以$P(1,2)$,此时$GP\perp x$轴.

GP与该抛物线在第一象限内的交点Q的横坐标为1,

所以点Q的纵坐标为$\frac{7}{3}$. 所以$Q\left(1,\frac{7}{3}\right)$.

③ 若$PC=GC$,则$(3-t)^2+2^2=2^2$,

解得$t=3$,所以$P(3,2)$,此时$PC=GC=2$,$\triangle PCG$是等腰直角三角形.

过点Q作$QH\perp x$轴于点H,

则$QH=GH$,设$QH=h$,

所以$Q(h+1,h)$.

所以$-\frac{5}{6}(h+1)^2+\frac{13}{6}(h+1)+1=h$.

解得$h_1=\frac{7}{5}$,$h_2=-2$(舍去).

所以$Q\left(\frac{12}{5},\frac{7}{5}\right)$.

综上所述,存在三个满足条件的点Q,

即$Q(2,2)$或$Q\left(1,\frac{7}{3}\right)$或$Q\left(\frac{12}{5},\frac{7}{5}\right)$.

说明 本题还可以用方程组解：设直线 BG 的方程为 $y=x-1$，所以 $\begin{cases}y=x-1,\\ y=-\dfrac{5}{6}x^2+\dfrac{13}{6}x+1,\end{cases}$ 解得 $\begin{cases}x=\dfrac{12}{5},\\ y=\dfrac{7}{5}.\end{cases}$ （$x=-1$ 舍去）

例 3 如图，已知抛物线经过原点 O 和 x 轴上另一点 A，它的对称轴 $x=2$ 与 x 轴交于点 C，直线 $y=-2x-1$ 经过抛物线上一点 $B(-2,m)$，且与 y 轴、直线 $x=2$ 分别交于点 D、E.

(1) 求 m 的值及该抛物线对应的函数关系式；

(2) 求证：① $CB=CE$；② 点 D 是 BE 的中点；

(3) 若 $P(x,y)$ 是该抛物线上的一个动点，是否存在这样的点 P，使得 $PB=PE$，若存在，试求出所有符合条件的点 P 的坐标；若不存在，请说明理由.

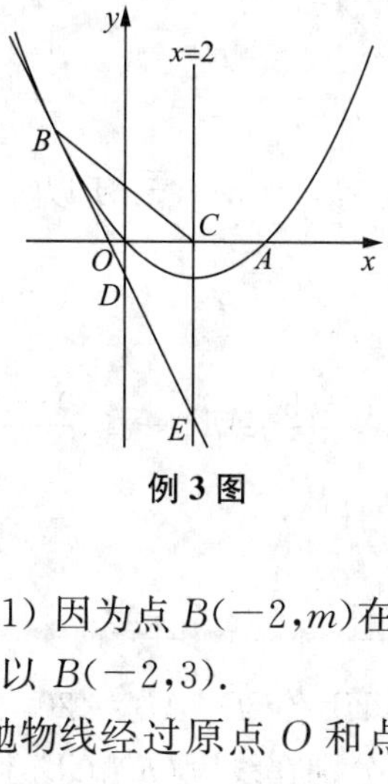

例 3 图

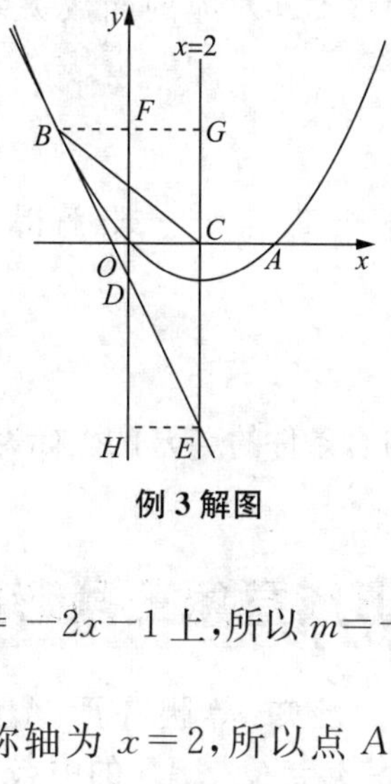

例 3 解图

解 (1) 因为点 $B(-2,m)$ 在直线 $y=-2x-1$ 上，所以 $m=-2\times(-2)-1=3$. 所以 $B(-2,3)$.

因为抛物线经过原点 O 和点 A，对称轴为 $x=2$，所以点 A 的坐标为 $(4,0)$.

设所求的抛物线对应函数关系式为 $y=a(x-0)(x-4)$. 将点 $B(-2,3)$ 代入上式，得 $a=\dfrac{1}{4}$.

所以所求的抛物线对应的函数关系式为 $y=\dfrac{1}{4}x(x-4)$，即 $y=\dfrac{1}{4}x^2-x$.

(2) ① 直线 $y=-2x-1$ 与 y 轴、直线 $x=2$ 的交点坐标分别为 $D(0,-1)$ $E(2,-5)$.

过点 B 作 $BG\parallel x$ 轴，与 y 轴交于点 F，与直线 $x=2$ 交于点 G，则 $BG\perp$ 直线 $x=2$，$BG=4$.

在 $\mathrm{Rt}\triangle BGC$ 中，$BC=\sqrt{CG^2+BG^2}=5$.

因为 $CE=5$,所以 $CB=CE=5$.

② 过点 E 作 $EH\parallel x$ 轴,交 y 轴于点 H,则点 H 的坐标为 $H(0,-5)$.

又因为点 F、D 的坐标为 $F(0,3)$、$D(0,-1)$,

所以 $FD=DH=4$,$BF=EH=2$,$\angle BFD=\angle EHD=90°$.

所以 $\triangle DFB\cong\triangle DHE$ (SAS),所以 $BD=DE$. 即点 D 是 BE 的中点.

(3) 存在. 由于 $PB=PE$,所以点 P 在直线 CD 上,

所以符合条件的点 P 是直线 CD 与该抛物线的交点,只要方程组有解就存在.

设直线 CD 对应的函数关系式为 $y=kx+b$.

将 $D(0,-1)$ $C(2,0)$代入,得$\begin{cases}b=-1,\\2k+b=0.\end{cases}$ 解得 $k=\frac{1}{2}$,$b=-1$.

所以直线 CD 对应的函数关系式为 $y=\frac{1}{2}x-1$. 因为动点 P 的坐标为$\left(x,\frac{1}{4}x^2-x\right)$,

所以$\frac{1}{2}x-1=\frac{1}{4}x^2-x$. 解得 $x_1=3+\sqrt{5}$,$x_2=3-\sqrt{5}$. 所以 $y_1=\frac{1+\sqrt{5}}{2}$,$y_1=\frac{1-\sqrt{5}}{2}$.

所以符合条件的点 P 的坐标为$\left(3+\sqrt{5},\frac{1+\sqrt{5}}{2}\right)$或$\left(3-\sqrt{5},\frac{1-\sqrt{5}}{2}\right)$.

2.5 形成直角三角形问题

例 1 已知:等腰梯形 $ABCD$ 中,$AB\parallel CD$,$AB=20$,$CD=16$,$\tan\angle DAB=3$,点 O 是 AB 的中点. 点 P、Q 分别在线段 OD、CD 上,且 $CQ=OP$. AP 的延长线交射线 OQ 于点 E,交线段 CD 于点 F.

(1) 求证:$AP=OQ$;

(2) 设 $CQ=x$,求 x 的取值范围;

(3) 当$\triangle OPE$ 是直角三角形时,求 OP 的长.

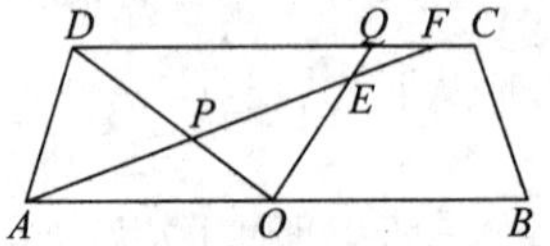

例 1 图

解 由已知 $AB=20$,点 O 是 AB 的中点可得 $AO=10$,由 $ABCD$ 是等腰梯形,$CD=16$,作 $DH\perp AO$,点 H 为垂足,可得 $HA=2$,由 $\tan\angle DAB=3$ 可得 $DH=6$,由此可得 $OH=8$,$DO=10$.

(1) 连接 OC,由 $OA=OB$,$\angle A=\angle B$,$AD=BC$ 得$\triangle OAD\cong\triangle OBC$,所以 $OD=OC$,$\angle AOD=\angle BOC$.

由 $OP=CQ$，$\angle OCQ=\angle AOP$，$OC=DO=AO$ 得 $\triangle OCQ\cong\triangle AOP$，所以 $OQ=AP$.

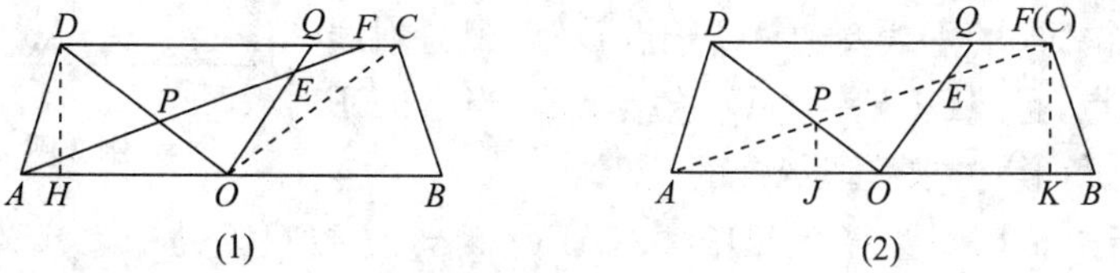

例 1 解图

(2) 分别过点 P、F 向 AB 作垂线，垂足分别为点 J、K.

因为 $\angle DOA=\angle COB$，且 $\tan\angle COB=\frac{3}{4}$，因为 $CQ=OP=x$，所以 $PJ=\frac{3}{5}x$，$OJ=\frac{4}{5}x$，$AJ=10-\frac{4}{5}x$，

因为当点 F 重合于点 C 时，$DF=16$，$FK=6$，$AK=18$，

解法一 如解图(2)，在 X 型基本图形 $DPOAF$ 中，$\frac{DF}{AO}=\frac{DP}{PO}$，即 $\frac{16}{10}=\frac{10-x}{x}$，$x=\frac{50}{13}$.

解法二 因为 $\tan\angle PAJ=\tan\angle FAK=\frac{6}{18}=\frac{1}{3}$，所以 $\frac{PJ}{AJ}=\frac{\frac{3x}{5}}{10-\frac{4x}{5}}=\frac{1}{3}$，$x=\frac{50}{13}$. 所以 $\frac{50}{13}\leqslant x\leqslant 10$.

(3) 当 $\triangle OPE$ 是直角三角形时，考虑以下三种情况：

① 若 $\angle OPE=90^\circ$，则 $AP\perp OD$，$OP=\frac{4}{5}AO=8$；

② 若 $\angle POE=90^\circ$，则 $OQ\perp OD$，$DQ=\frac{5}{4}OD=\frac{25}{2}$，$QC=16-\frac{25}{2}=\frac{7}{2}=OP$，

因为题设点 F 在线段 CD 上，限制了 $\frac{50}{13}\leqslant OP\leqslant 10$，所以舍去；

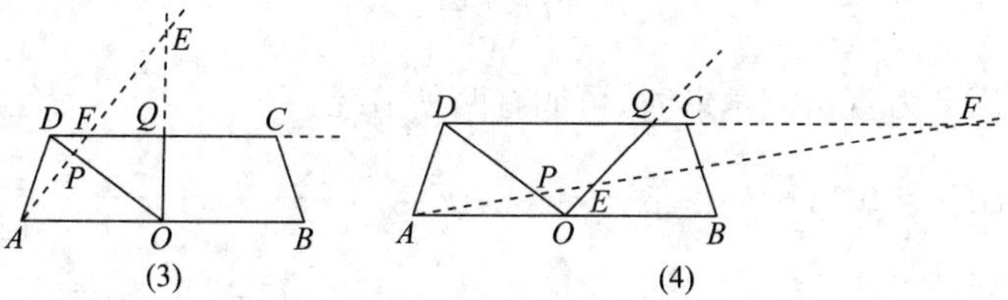

例 1 解图

③ 因为 $\angle PEO<\angle QOB\leqslant 90^\circ$，所以无解.

综上所述，OP 长为 8.

例 2 已知:在直角三角形 ABC 中,$\angle C=90^\circ$,$BC=2$,$AC=4$,点 P 是边 AB 上的一个动点,过点 P 作 AB 的垂线交边 AC 于点 D,点 E 是射线 AC 上的点,且 $\angle DPE=\angle A$,连接 BE,当 $\triangle BEP$ 为直角三角形时,求线段 AP 的长.

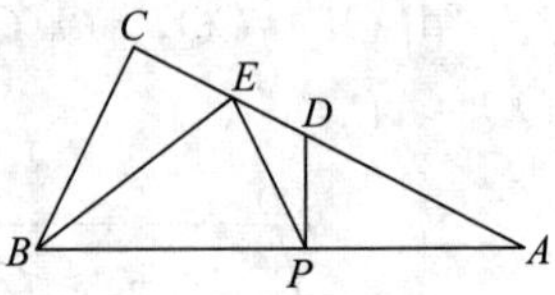

例 2 图

分析 由已知易得 $\triangle ADP\backsim\triangle ABC$,因为 $\triangle ABC$ 是边长之比为 $1:2:\sqrt{5}$ 的三角形,所以 $DP=\dfrac{1}{2}AP$,设 $AP=x$,则 $DP=\dfrac{x}{2}$. 因为 $\angle DPE=\angle A$,$\angle E$ 是公共角,所以 $\triangle AEP\backsim\triangle PED$,所以 $\dfrac{PE}{AE}=\dfrac{ED}{PE}=\dfrac{PD}{AP}=\dfrac{1}{2}$,所以 PE、BP 可以用 x 的代数式表示.

因为 $\angle BPE=90^\circ-\angle DPE=90^\circ-\angle A=\angle B$,所以当 $\triangle BEP$ 为直角三角形时,必定与 $\triangle ABC$ 是相似三角形.

解 因为 $\triangle ADP\backsim\triangle ABC$,$BC=2$,$AC=4$,所以设 $AP=x$,则 $DP=\dfrac{x}{2}$.

因为 $\angle DPE=\angle A$,$\angle PED=\angle AEP$,所以 $\triangle AEP\backsim\triangle PED$,所以 $\dfrac{PE}{AE}=\dfrac{ED}{PE}=\dfrac{PD}{AP}=\dfrac{1}{2}$,

所以 $PE=\dfrac{AE}{2}$,$ED=\dfrac{PE}{2}=\dfrac{AE}{4}=\dfrac{AD}{3}=\dfrac{\sqrt{5}x}{6}$,所以 $PE=\dfrac{\sqrt{5}x}{3}$,$AE=\dfrac{2\sqrt{5}x}{3}$,

因为 $\angle BPE=90^\circ-\angle DPE=90^\circ-\angle A=\angle B$,

所以 $\triangle BEP$ 为直角三角形时,必定与 $\triangle ABC$ 是相似三角形,即 $\triangle BEP$ 是边长之比为 $1:2:\sqrt{5}$ 的三角形.

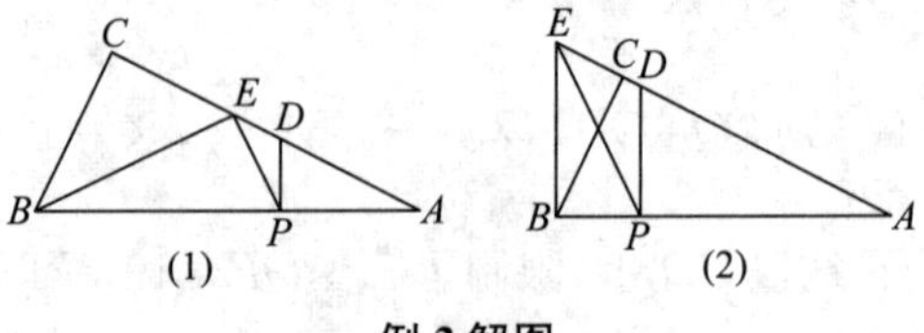

例 2 解图

当 $\triangle BEP$ 为直角三角形时,可能有两种情况:

① $\angle BEP=90^\circ$,$BP=2\sqrt{5}-x=\sqrt{5}PE=\sqrt{5}\cdot\dfrac{\sqrt{5}x}{3}$,$x=\dfrac{3\sqrt{5}}{4}$;

② $\angle PBE=90^\circ$,$BP=2\sqrt{5}-x=\dfrac{1}{\sqrt{5}}PE=\dfrac{1}{\sqrt{5}}\cdot\dfrac{\sqrt{5}x}{3}$,$x=\dfrac{3\sqrt{5}}{2}$.

所以当 $\triangle BEP$ 为直角三角形时,线段 AP 的长为 $\dfrac{3\sqrt{5}}{4}$ 或 $\dfrac{3\sqrt{5}}{2}$.

2.6 形成特殊四边形问题

例 1 在平面直角坐标系中，已知抛物线经过点 $A(-4,0)$，$B(0,-4)$，$C(2,0)$，点 P 在抛物线上，点 Q 在直线 $y=-x$ 上，若点 P、Q、O、B 恰好是平行四边形的顶点，求点 Q 的坐标.

分析 题中要求考查的 P、Q、O、B 恰好是平行四边形的顶点，其中点 O、B 是定点，点 P、Q 是动点，这就可以从对定线段 OB 是边或对角线这两种可能进行分类讨论.

解 因为抛物线经过点 $A(-4,0)$，$B(0,-4)$，$C(2,0)$，所以 $y=\frac{1}{2}x^2+x-4$. 所以 $p\left(x,\frac{1}{2}x^2+x-4\right)$，

① 当 OB 是平行四边形的边时，$PQ/\!/OB$ 且 $PQ=OB$.

因为点 Q 在直线 $y=-x$ 上，可设 $Q(x,-x)$.

所以 $\left|\frac{1}{2}x^2+x-4-(-x)\right|=4$，解方程后符合题意的有三解：$x_1=-2+2\sqrt{5}$，$x_2=-2-2\sqrt{5}$，$x_3=-4$

所以 $Q_1(-2+2\sqrt{5},2-2\sqrt{5})$，$Q_2(-2-2\sqrt{5},2+2\sqrt{5})$，$Q_3(-4,4)$.

② 当 OB 是平行四边形的对角线时，PQ 也是对角线，必经过 OB 的中点 $G(0,-2)$，且点 P、Q 关于点 G 中心对称. 因为 $Q(x,-x)$，所以 $P\left(-x,\frac{1}{2}(-x)^2+(-x)-4\right)$，且 $\frac{1}{2}(-x)^2+(-x)-4-(-2)=(-2)-(-x)$，解方程后符合题意的只有一解 $x=4$，所以 $Q_4(4,-4)$.

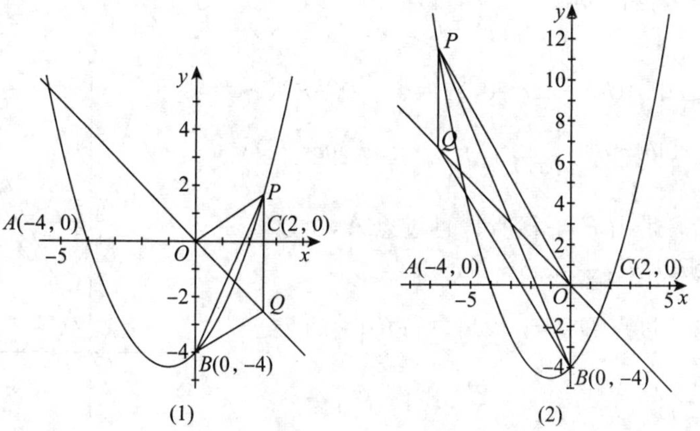

例 1 解图

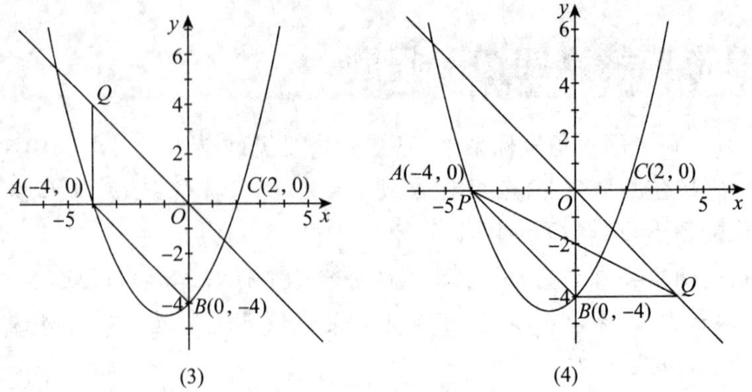

例 1 解图

综上所述，点 Q 坐标为 $Q_1(-2+2\sqrt{5},2-2\sqrt{5})$，$Q_2(-2-2\sqrt{5},2+2\sqrt{5})$，$Q_3(-4,4)$，$Q_4(4,-4)$.

例 2　已知抛物线 $F:y=ax^2+bx+c\ (a>0,c>0,b^2-4ac<0)$ 的顶点为 P，抛物线 F 与 y 轴交于点 A，与直线 OP 交于点 B. 过点 P 作 x 轴的垂线，垂足为点 D. 平移抛物线 F，使其经过点 A、D，得到抛物线 $F':y=a'x^2+b'x+c'$，抛物线 F' 与 x 轴有另一交点 C.

(1) 求证 BC 平行于 y 轴；

(2) 若四边形 $OABC$ 为矩形，问 a、b、c 之间有怎样的数量关系？

解　(1) 由已知得抛物线 $F:y=ax^2+bx+c\ (a>0,c>0,b^2-4ac<0)$ 的顶点 $P\left(-\dfrac{b}{2a},\dfrac{4ac-b^2}{4a}\right)$，$D\left(-\dfrac{b}{2a},0\right)$，与 y 轴交于点 $A(0,c)$，直线 $OP:y=\dfrac{b^2-4ac}{2b}x$，解方程组 $\begin{cases}y=\dfrac{b^2-4ac}{2b}x,\\ y=ax^2+bx+c,\end{cases}$

得 $(2ax+b)(bx+2c)=0$，$x_1=-\dfrac{b}{2a}$（舍去），$x_2=-\dfrac{2c}{b}$，$y_2=\dfrac{c(4bc-b^2)}{b^2}$. 所以点 $B\left(-\dfrac{2c}{b},\dfrac{c(4ac-b^2)}{b^2}\right)$.

因为 F' 是由 F 平移所得且过点 A，所以 $a'=a$，$c'=c$，所以 $F':y=ax^2+b'x+c$.

因为 F' 过点 $D\left(-\dfrac{b}{2a},0\right)$，所以 $0=a\left(-\dfrac{b}{2a}\right)^2+b'\left(-\dfrac{b}{2a}\right)+c$，$b'=\dfrac{b^2+4ac}{2b}$，所以 $F':y=ax^2+\dfrac{b^2+4ac}{2b}x+c$，

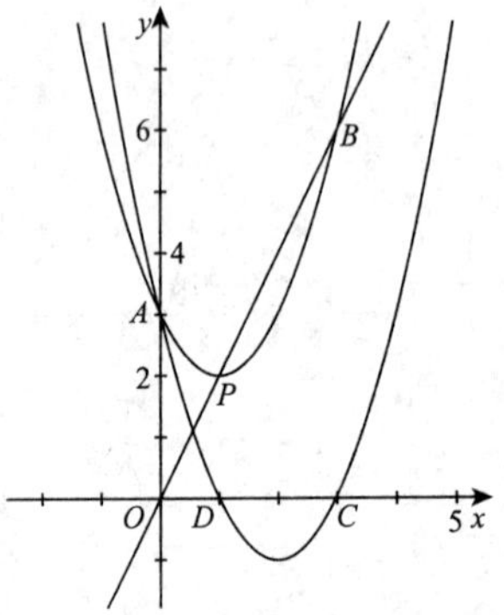

例 2 图

当 $y=0$ 时，$(2ax+b)(bx+2c)=0$，$x_1=-\frac{b}{2a}$（舍去），$x_2=-\frac{2c}{b}$. 所以 $C\left(-\frac{2c}{b},0\right)$.

因为 $x_C=x_B$，所以 BC 平行于 y 轴.

(2) 若四边形 $OABC$ 为矩形，则 $OA=CB$，$c=\frac{c(4ac-b^2)}{b^2}$，$b^2=2ac$.

所以若四边形 $OABC$ 为矩形，a、b、c 之间有数量关系 $b^2=2ac$.

3 几何解法与代数解法

3.1 几何解法与代数解法的比较

代数是通性通法，几何可以巧解简捷.

例 1 A、D、B 三个小村庄在一条东西走向的公路沿线上，如图所示. 若 $AD=3\text{km}$，$DB=2\text{km}$，在 D 村的正北方有一个 C 村. 现将$\triangle ABC$ 规划为开发区，除其中 4km^2 的水塘外，其余都作为建筑和绿化用地. 经测量得$\angle ACB=45°$，求建筑和绿化用地的面积.

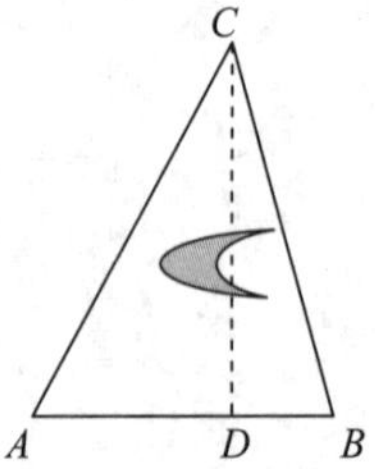

例 1 图

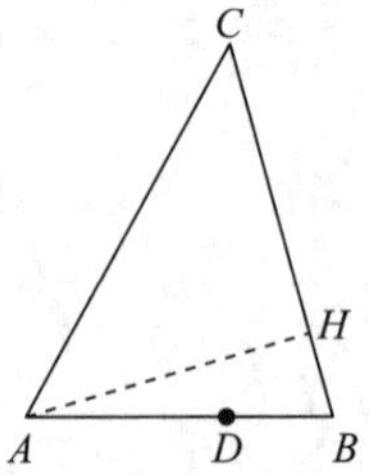

例 1 解图(1)

解法一(代数解法)　设 $CD=h$，$BC=a$，$AC=b$，过点 A 作 $AH\perp BC$ 于点 H.

$$AH=CH=\frac{b}{\sqrt{2}},BH=a-\frac{b}{\sqrt{2}}.$$

$$\begin{cases}\left(\dfrac{b}{\sqrt{2}}\right)^2+\left(a-\dfrac{b}{\sqrt{2}}\right)^2=5^2,\\ b^2-3^2=a^2-2^2.\end{cases}$$

解方程组舍去负值后得$\begin{cases}a=2\sqrt{10},\\ b=3\sqrt{5},\end{cases}$所以 $h=6$. 经检验，符合题意.

所以 $S_{\triangle ABC}=15$，$S_{建筑绿化}=15-4=11$.

解法二(代数解法)　设 $BH=x$，则

$AH^2=5^2-x^2=CH^2$，$AC^2=2AH^2=50-2x^2$.

因为 $AC^2-3^2=BC^2-2^2$，即 $50-2x^2-9=(\sqrt{25-x^2}+x)^2-4$，

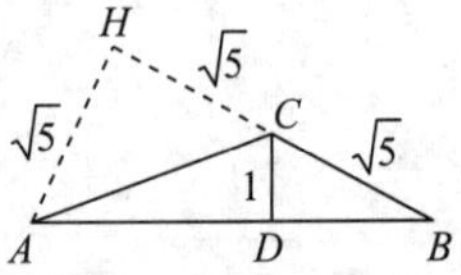

例 1 解图(2)

化简得：$2x^4-45x^2+100=0, x_1^2=20, x_2^2=\frac{5}{2}$，

所以 $BH_1=2\sqrt{5}, AH_1^2=25-20=5, AH_1=CH_1=\sqrt{5}$，如解图(2)，不合题意，舍去.

所以 $BH_2=\frac{\sqrt{10}}{2}, AH_2^2=25-\frac{5}{2}=\frac{45}{2}, AH_2=CH_2=\frac{3\sqrt{10}}{2}, BC=2\sqrt{10}$.

所以 $S_{\triangle ABC}=\frac{1}{2}\cdot BC\cdot AH_2=\frac{1}{2}\cdot 2\sqrt{10}\cdot\frac{3\sqrt{10}}{2}=15, S_{建筑绿化}=15-4=11$.

代数解法的优点是解题思路清晰，设几个未知数就找几个等量关系，理论上就可解. 但是运算量可能比较大，遇到无理方程或分式方程可能产生增根，在实际问题中还可能有不符合题意的解，上面这个问题的解的合理性判断还是要有一番分析后才能断定的.

解法三(几何解法)　如解图(3)，

设 $CD=x$，作 $\angle ACD'=\angle ACD$，截 $CD'=CD$，连 $D'A$ 并延长；

作 $\angle BCD''=\angle BCD$，截 $CD''=CD$，连 $D''B$ 并延长，交 $D'A$ 于点 F.

易证四边形 $CD''FD''$是正方形.

$AF=x-3, BF=x-2, AB=5$，

$(x-3)^2+(x-2)^2=5^2$，

解方程并舍去负值得 $x=6$.

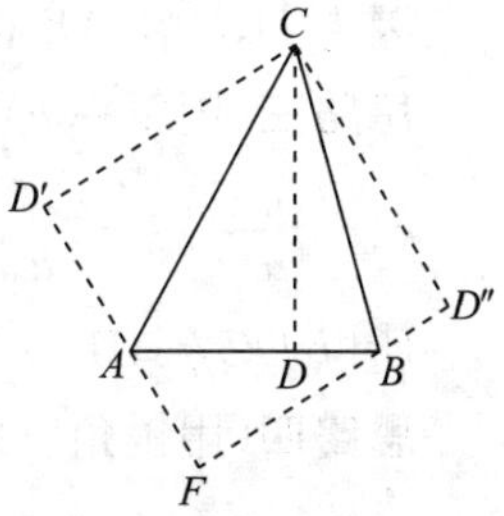

例 1 解图(3)

所以 $S_{\triangle ABC}=\frac{1}{2}AB\cdot CD=\frac{1}{2}\times 5\times 6=15, S_{建筑绿化}=11$.

例 2　如图，在直角坐标平面内，函数 $y=\frac{m}{x}(x>0, m$ 是常数)的图像经过 $A(1,4)$、$B(a,b)$，其中 $a>1$. 过点 A 作 x 轴的垂线，垂足为 C，过点 B 作 y 轴的垂线，垂足为 D，连接 AD、DC、CB.

(1) 求证：$DC/\!/AB$；

(2) 当 $AD=BC$ 时，求直线 AB 的函数解析式.

分析　(1)题求证：$DC/\!/AB$ 就是在根据已知条件“函数 $y=\frac{m}{x}(x>0, m$ 是常数)的图像经过 $A(1,4)$、$B(a,b)$，过点 A 作 x 轴的垂线，垂足为 C，过点 B 作 y 轴的垂线，垂足为 D，连接 AD、DC、CB.”作图后发现 $DC/\!/AB$ 后的发现性证明.

思路一(用比例线段)

证 设 AC 与 BD 交于点 E. 根据题意,点 C 的坐标为 $(1,0)$, $DE=1$,

因为 $a>1, m=ab=4$,易得 $b=\frac{4}{a}$, $EC=\frac{4}{a}$, $BE=a-1$,

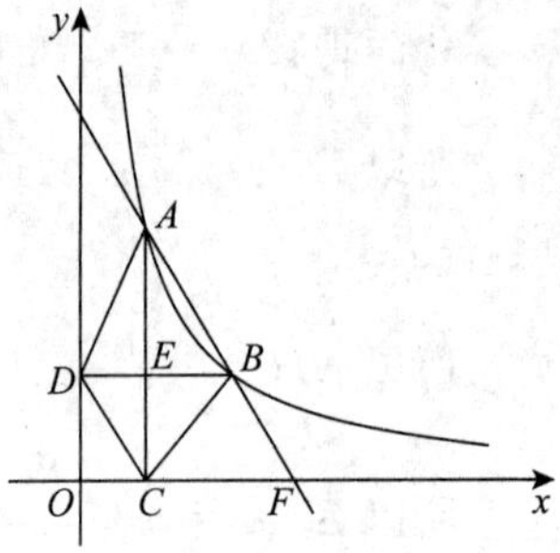

例 2 图

所以 $\frac{BE}{DE}=\frac{a-1}{1}=a-1, \frac{AE}{CE}=\frac{4-\frac{4}{a}}{\frac{4}{a}}=a-1$.

所以 $\frac{BE}{DE}=\frac{AE}{CE}$. 所以 $DC/\!/AB$.

思路二(用面积)

$S_{\triangle ADB}=\frac{1}{2}a(4-b)=2a(a-1), S_{\triangle ACB}=\frac{1}{2}\cdot 4\cdot(a-1)=2(a-1)$,

因为 D, C 在 AB 的同侧,所以 $DC/\!/AB$.

思路三(用斜率 k)

$k_{AB}=\frac{b-4}{a-1}=-\frac{4}{a}=-b, k_{CD}=\frac{-b}{1}=-b$,

所以 $DC/\!/AB$.

思路四(用锐角三角比) 设 AB 与 x 轴的交点为点 F.

$\tan\angle DCO=b, \tan\angle ABD=\frac{4-b}{a-1}=\frac{4-b}{\frac{4}{b}-1}=b$,

所以锐角 $\angle DCO=$ 锐角 $\angle ABD$,

因为 $\angle ABD=\angle AFO$,

所以 $\angle DCO=\angle AFO$,所以 $AB/\!/DC$.

(2) 当 $AD=BC$ 时,求直线 AB 的函数解析式.

思路一(用平面几何方法)

解 因为 $DC/\!/AB$(已证),所以当 $AD=BC$ 时,有以下两种情况:

① 当 $AD/\!/BC$ 时,四边形 $ADCB$ 是平行四边形,则点 E 平分 AC 和 BD.

因为 $DE=1$,所以 $BE=1$,所以得 $a=2$.

所以点 B 的坐标是 $(2,2)$.

设直线 AB 的函数解析式为 $y=kx+b$,把点 A、B 的坐标代入,

得 $\begin{cases}4=k+b,\\2=2k+b.\end{cases}$ 解得 $\begin{cases}k=-2,\\b=6.\end{cases}$

所以直线 AB 的函数解析式是 $y=-2x+6$.

② 当 AD 与 BC 所在直线不平行时,四边形 $ADCB$ 是等腰梯形,则 $BD=AC$,所以 $a=4$,所以点 B 的坐标是$(4,1)$.

设直线 AB 的函数解析式为 $y=kx+b$,把点 A、B 的坐标代入,

得$\begin{cases}4=k+b,\\1=4k+b.\end{cases}$ 解得$\begin{cases}k=-1,\\b=5.\end{cases}$

所以直线 AB 的函数解析式是 $y=-x+5$.

综上所述,所求直线 AB 的函数解析式是 $y=-2x+6$ 或 $y=-x+5$.

思路二(用两点间距离公式)

因为 $AD=CB$,所以 $(1-0)^2+(4-b)^2=(a-1)^2+(b-0)^2$,

得 $a^3-2a^2-16a+32=0$,

$(a+4)(a-2)(a-4)=0$, $a_1=-4$, $a_2=2$, $a_3=4$.

这就是说,满足 $AD=CB$ 的有三点,因为题目中人为规定了 $a>1$ 所以只有两解.

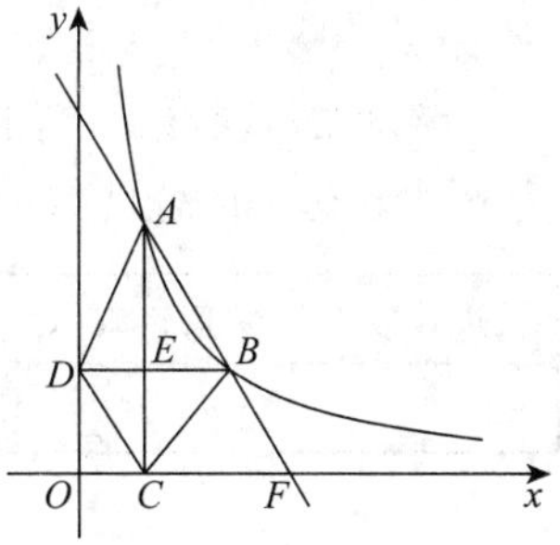

例 2 解图

几何解法的优点是直观,常有巧思妙解;缺点是如果过度依赖直观会有局限性.

3.2 代数与几何双管齐下就是数形结合

例 1 用正方形地砖铺一个长方形(非正方形)的地面.如果沿长方形的四条边观察,共见到 20 块瓷砖,那么长方形内最多会有多少块瓷砖?

解法一(图解法) 长方形的长边加短边等于周长的一半,所以一条长边上的瓷砖与一条短边上的瓷砖数之和为 10.第一个图是正方形,面积最大但不合题意;加一列并减一行得第二图,共 35 块砖.

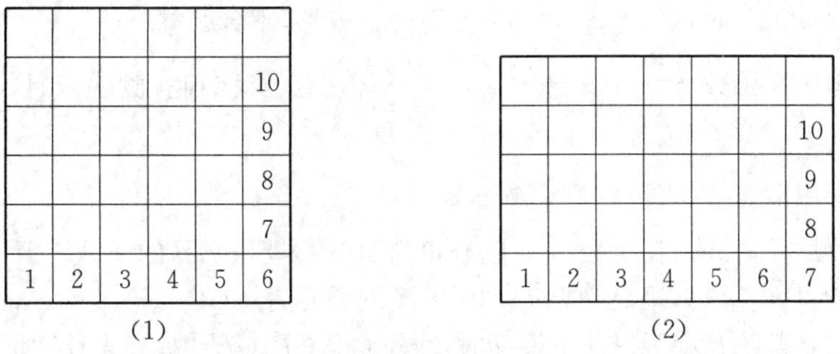

例 1 图

归纳 两个正数 a 和 b,如果两数和 $a+b$ 为定值 L,那么当且仅当 $a=b$ 时,两数积 ab 最大,最大值为 $\frac{L^2}{4}$.

证:因为 $(\sqrt{a}-\sqrt{b})^2\geqslant 0$,所以 $a-2\sqrt{ab}+b\geqslant 0$,所以 $\sqrt{ab}\leqslant\frac{a+b}{2}=\frac{L}{2}$,$ab\leqslant\frac{L^2}{4}$,当且仅当 $a=b$ 时等号成立.当 a 和 b 不能相等时,如果 a 与 b 的值越接近,那么 $(\sqrt{a}-\sqrt{b})^2$ 越接近 0,$\sqrt{ab}$ 越接近 $\frac{a+b}{2}=\frac{L}{2}$,$ab$ 越接近 $\frac{L^2}{4}$.

解法二(代数法) 如果一条长边上的瓷砖与一条短边上的瓷砖数之和为 n,设长边上的瓷砖数为 a,那么短边上的瓷砖数为 $(n-a+2)$,

长边砖数	剩余砖数	宽边砖数	长宽和	长宽积
a	$n-a$	$n-a+2$	$n+2$(定值)	$a(n-a+2)$

当 $a=n-a+2$ 时,即 $a=\frac{n+2}{2}=\frac{n}{2}+1$ 时,积 $a(n-a+2)$ 最大,

最大值为 $\left(\frac{n}{2}+1\right)\left(n-\frac{n}{2}-1+2\right)=\left(\frac{n}{2}+1\right)^2$.

取 $n=10$ 时,最大值为 $\left(\frac{10}{2}+1\right)^2=36$,当 $a=6$ 时取得.

因为依题意 $a=6$ 时,$10-6+2=6$,与题意“不含正方形”不符,所以取与6最接近的 $a=7$,此时积为 $7\times(10-7+2)=35$.

解法三(函数法) 设长边瓷砖数为 x,则

$S=x(n+2-x)=-x^2+(n+2)x=-\left(x-\frac{n+2}{2}\right)^2+\frac{(n+2)^2}{4}$.

当 $x=\frac{n+2}{2}$ 时,$S_{\max}=\frac{(n+2)^2}{4}$.

取 $n=10$ 时,$x=6$,$S_{\max}=36$,此时是正方形,不合题意.

由二次函数 $S=-\left(x-\frac{n+2}{2}\right)^2+\frac{(n+2)^2}{4}$ 在对称轴右侧递减且 $x\in\mathbf{Z}$(x 取整数),

所以取 $x=7$,则 $S=7\times(10+2-7)=35$.

例 2 如图,在半径为 6、圆心角为 90°的扇形 OAB 的弧 AB 上,有一个动点 P,$PH\perp OA$,垂足为点 H,$\triangle OPH$ 的重心为点 G.

(1) 当点 P 在弧 AB 上运动时,线段 GO、GP、GH 中,有无长度保持不变的线段?如果有,请指出这样的线段,并求出相应的长度;

(2) 设 $PH=x$，$GP=y$，求 y 关于 x 的函数解析式，并写出函数的定义域；

(3) 如果$\triangle PGH$ 是等腰三角形，试求出线段 PH 的长.

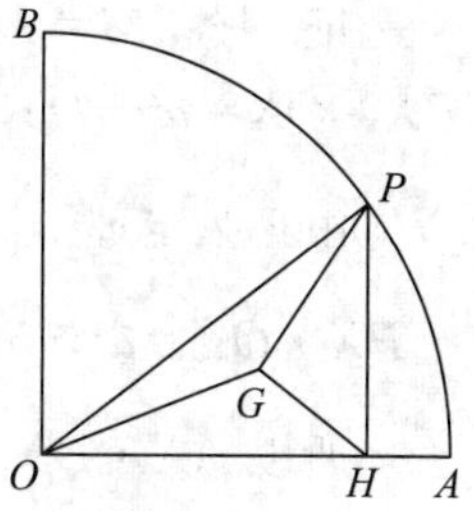

例 2 图

解 (1) 在线段 GO、GP、GH 中，有长度保持不变的线段，这线段是 GH. 延长 HG 交 OP 于点 E.

因为 G 是$\triangle OPH$ 的重心，所以 $GH=\frac{2}{3}HE=\frac{2}{3}\times\frac{1}{2}OP=2$(常量).

(2) 延长 PG 交 OH 于点 D，在 $\mathrm{Rt}\triangle OPH$ 中，

$OH=\sqrt{OP^2-PH^2}=\sqrt{36-x^2}$，$DH=\frac{1}{2}OH=\frac{1}{2}\sqrt{36-x^2}$.

在 $\mathrm{Rt}\triangle DPH$ 中，$DP=\sqrt{DH^2+PH^2}=\sqrt{\frac{1}{4}(36-x^2)+x^2}=\frac{1}{2}\sqrt{36+3x^2}$，

所以 $y=GP=\frac{2}{3}DP=\frac{1}{3}\sqrt{36+3x^2}$ $(0<x<6)$.

(3) $\triangle PGH$ 是等腰三角形时，有三种可能情况：

① $GP=PH$，即 $\frac{1}{3}\sqrt{36+3x^2}=x$，解得 $x=\sqrt{6}$，经检验是原方程的根且符合题意.

② $GP=GH$，即 $\frac{1}{3}\sqrt{36+3x^2}=2$，解得 $x=0$，经检验是原方程的根但不符合题意.

③ $PH=GH$，即 $x=2$.

综上所述，如果$\triangle PGH$ 是等腰三角形，那么线段 PH 的长等于 $\sqrt{6}$ 或 2.

例 3 蝴蝶定理是古典欧式平面几何的最精彩的结果之一. 由于其几何图形形象奇特、貌似蝴蝶，便以此命名. 蝴蝶定理的证明方法很多，这里介绍的方法是运用代数运算进行证明的典型例子.

定理内容： $\odot O$ 中的弦 PQ 的中点 M，过点 M 任作两弦 AB、CD，弦 AD 与 BC 分别交 PQ 于点 X、Y，则点 M 为 XY 之中点.

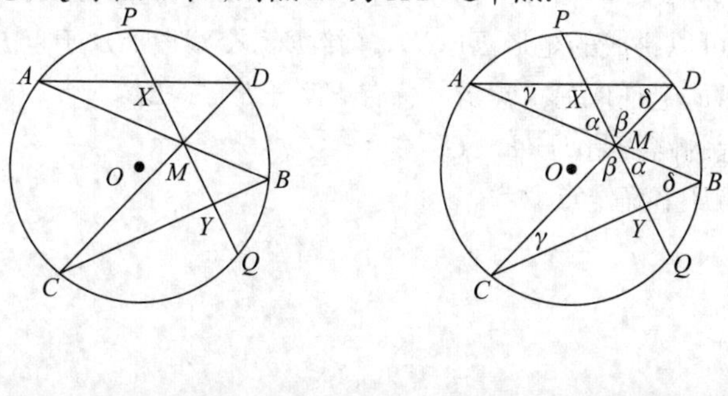

证：设 $PM=a$，$XM=b$，由已知得 $QM=a$，则 $PX=a-b$，$QX=a+b$，$PX\cdot QX=a^2-b^2$；

由正弦定理得，$AX=\dfrac{b\cdot\sin\alpha}{\sin\gamma}$，$DX=\dfrac{b\cdot\sin\beta}{\sin\delta}$，由相交弦定理得，$AX\cdot DX=PX\cdot QX=a^2-b^2$

所以 $AX\cdot DX=\dfrac{b\sin\alpha}{\sin\gamma}\cdot\dfrac{b\sin\beta}{\sin\delta}=a^2-b^2$，$b^2=\dfrac{a^2\sin\gamma\cdot\sin\delta}{\sin\alpha\sin\beta+\sin\gamma\sin\delta}$，

同理，设 $YM=b'$，则 $QY=a-b'$，$PY=a+b'$，$QY\cdot PY=a^2-b'^2$.

由正弦定理得，$BY=\dfrac{b'\cdot\sin\alpha}{\sin\delta}$，$CY=\dfrac{b'\cdot\sin\beta}{\sin\gamma}$，由相交弦定理得，$BY\cdot CY=PY\cdot QY=a^2-b'^2$，

所以 $BY\cdot CY=\dfrac{b'\cdot\sin\alpha}{\sin\delta}\cdot\dfrac{b'\cdot\sin\beta}{\sin\gamma}=a^2-b'^2$，$b'^2=\dfrac{a^2\sin\delta\sin\gamma}{\sin\alpha\sin\beta+\sin\delta\sin\gamma}$；

所以 $b=b'$，即 $MX=MY$.

3.3 以几何母体为载体的综合题

例1 如图所示的长方体木块 $ABCD-EFGH$，其中 $AB=8\text{cm}$，$AD=9\text{cm}$，$AE=6\text{cm}$，

(1) 若一只蚂蚁从顶点 E 出发，经过棱 AB 上的点 P，爬到顶点 C. 问如何选择最近的路线并求所爬过的总路程.

(2) 求从点 E 出发，在长方体木块 $ABCD-EFGH$ 的表面上爬到点 C 的最短路程.

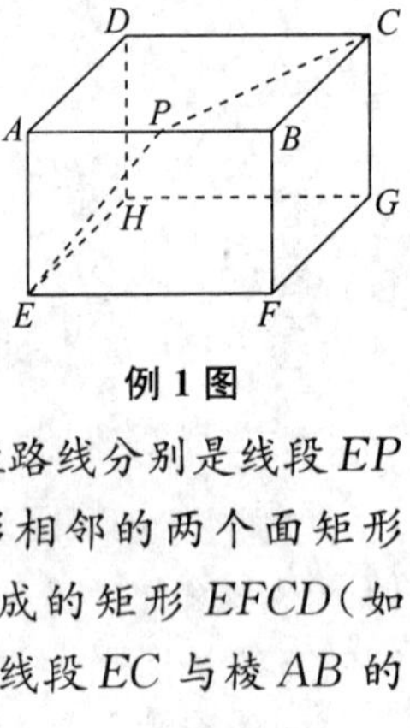

例1图

(1)**分析** 本题的关键是如何找出从点 E 到点 C 的最短路线，显然从点 E 到点 P 和从点 P 到点 C 的最短路线分别是线段 EP 和线段 PC，那么关键就在点 P 的位置，如果将长方形相邻的两个面矩形 $AEFB$ 和矩形 $ABCD$ 展平置于同一个平面中，可以拼成的矩形 $EFCD$(如图)，则 E、C 两点间最近的路线应当是线段 EC，点 P 是线段 EC 与棱 AB 的交点.

解 (1) 将长方形相邻的两个面矩形 $AEFB$ 和矩形 $ABCD$ 展平置于同一个平面中，可以拼成的矩形 $EFCD$，连接 EC，交线段 AB 于点 P.

因为在 AB 上任取另一点 P'，总有 $EP'+P'C>EC$，

所以最近的路线是 $E-P-C$.

在线段 AB 上确定点 P：

因为 $AP /\!/ DC$，所以$\frac{AP}{CD}=\frac{EA}{ED}$，

又 $AE=6\text{cm}, ED=9+6=15\text{cm}, CD=AB=8\text{cm}$

所以$\frac{AP}{8}=\frac{6}{15}$，解得 $AP=\frac{16}{5}\text{cm}$.

因为 $EC^2=EF^2+FC^2$，其中 $EF=AB=8\text{cm}, CF=9+6=15\text{cm}$.

所以 $EC=\sqrt{8^2+15^2}=17\text{cm}$，

所以先在线段 AB 上确定点 P，使 $AP=\frac{16}{5}\text{cm}$，然后从 E 沿 EP 到点 P，再从点 P 沿 PC 到点 C，这是经过棱 AB 上的点的最近的路线. 总路程是 17cm.

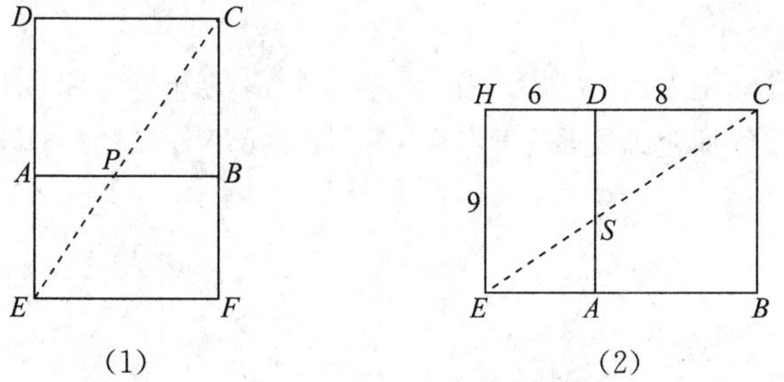

例 1 解图

(2) **分析**　① 受(1)的启发：将长方形相邻的两个矩形面展平置于同一个平面中，可以拼成一个大矩形，则 E、C 两点间最近的路线应当是线段 EC.

② 点 E 所在面是左、前、下；点 C 所在面是右、后、上. 公共棱有 AD、GF(平行且相等)；AB、GH(平行且相等)；DH、BF(平行且相等). 因为长方体相对的两个面全等，所以以 AD 为公共棱展开和以 GF 为公共棱展开的矩形是全等的；同理，以 AB 为公共棱展开和以 GH 为公共棱展开的矩形是全等的、以 DH 为公共棱展开和以 BF 为公共棱展开的矩形是全等的，所以求最短路程时只需比较三个不同矩形对角线的长后取最小值. 需要注意的是，最小值只有一个，但是找最短路线时，却有两条.

解　(2) ① 过 AB 时，$EC=17=\sqrt{289}$；② 过 DH 时，$EC=5\sqrt{13}=\sqrt{325}$；

③ 过 AD 时，展开如解图(2)$E-S-C$，

则 $EC=\sqrt{9^2+(6+8)^2}=\sqrt{277}\approx 16.64<17$

因为 $DS /\!/ HE$，所以$\frac{DS}{9}=\frac{8}{8+6}$，$DS=\frac{36}{7}=5\frac{1}{7}$.

所以从 E 点出发，在长方体木块 $ABCD-EFGH$ 的表面上爬到点 C 的最

短路程约 16.64cm. 最近路线有两条：从点 E 沿 ES（点 S 在 AD 上，$DS\approx 5.14$cm）到点 S，从点 S 到点 C；从点 E 沿 ER（点 R 在 GF 上，$FR\approx 5.14$cm）到点 R，从点 R 到点 C.

归纳　事实上，根据这个长方体的长、宽、高（称为三度）为 6、8、9，两边之和可能为 14、15、17，两相邻矩形拼成的大矩形对角线长可能为 $\sqrt{14^2+9^2}$、$\sqrt{15^2+8^2}$、$\sqrt{17^2+6^2}$，最小值为 $\sqrt{14^2+9^2}\approx 16.64$.

一般地，设长方体的三度为 $0<a<b<c$，两相邻矩形拼成的大矩形对角线长可能为 $\sqrt{a^2+(b+c)^2}$、$\sqrt{b^2+(a+c)^2}$、$\sqrt{c^2+(a+b)^2}$，在 $a^2+b^2+c^2+2ab$、$a^2+b^2+c^2+2bc$、$a^2+b^2+c^2+2ac$ 中，因为 $2ab<2ac<2bc$，所以 $\sqrt{c^2+(a+b)^2}$ 最小.

例 2　已知正方形 $CD'FD''$ 中，点 A、B 分别在边 $D'F$ 和 $D''F$ 上，$\angle ACB=45°$，连接 $D'D''$，分别交 AC、BC 于点 M、N，求证：$MN^2=D'M^2+ND''^2$

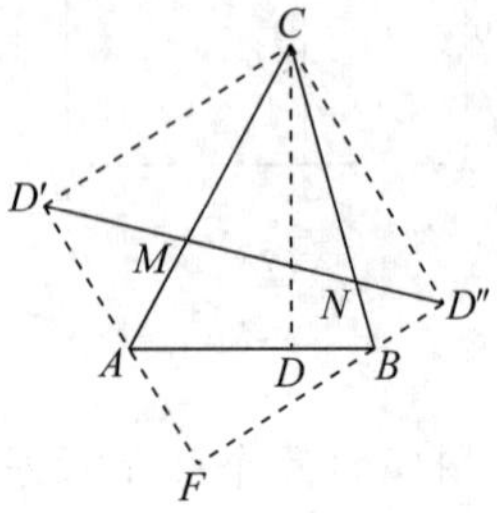

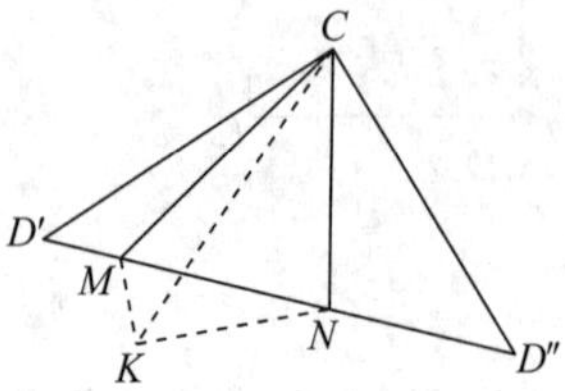

例 2 图

证法一　（用图形变换思想）

作 $\angle MCK=\angle D'CM$，截取 $CK=CD'$，连 MK、NK.

因为 $\triangle D'CM\cong\triangle KCM$，所以 $D'M=KM$，$\angle D'=\angle MKC=45°$；

因为 $\angle KCN=45°-\angle MCK$，$\angle D''CN=90°-45°-\angle D'CM$，

所以 $\angle KCN=\angle D''CN$，$\triangle D''CN\cong\triangle KCN$，所以 $D''N=KN$，$\angle D''=\angle NKC=45°$；

所以 $\angle MKN=90°$，所以 $MN^2=MK^2+NK^2$，即 $MN^2=D'M^2+ND''^2$.

证法二　（用方程思想）

设 $D'M=x$，$MN=m$. $ND''=n$，则 $x+m+n=D'D''$.

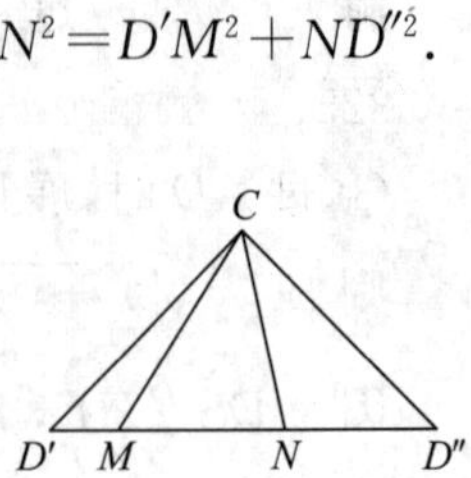

因为 $\triangle D'NC$ 和 $\triangle MNC$ 中，$\angle D'=45°=\angle NCM$，$\angle D'NC=\angle CNM$，

所以$\triangle D'NC\backsim\triangle CNM$. 同理,$\triangle D''MC\backsim\triangle CMN$,

所以$\triangle D'NC\backsim\triangle D''CM$,

$\frac{x+m}{D'C}=\frac{D''C}{m+n}$,$(x+m)(m+n)=\frac{D'D''^2}{2}$,

所以$2(x+m)(m+n)=(x+m+n)^2$,

化简得$m^2=x^2+n^2$.

例 3　已知$A(0,0)$,$B(2c,0)$, $C(c,c)$ $(c>0)$,点N在线段AB上,点$M(x,0)$在点N的左边,$\angle MCN=45°$.

(1) 设$MN=m$,求m关于x的函数解析式;

(2) 当$x=-c$时,求点N的坐标.

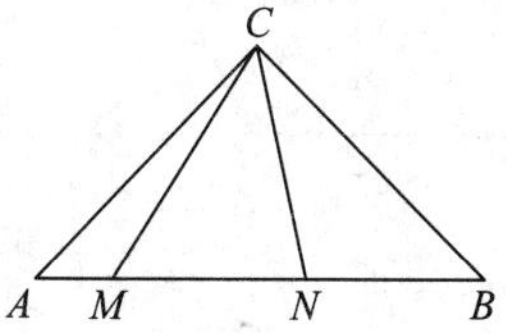

例 3 图

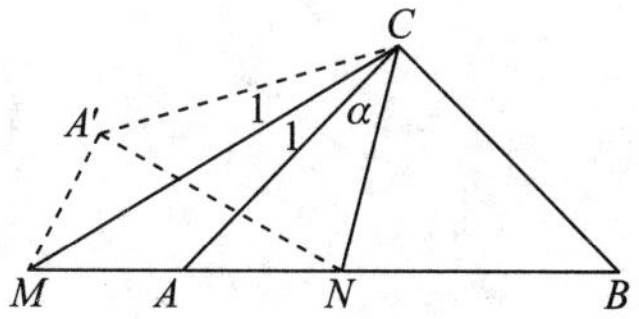

例 3 解图

分析　(1)本题中,需要考虑两种情况:点M在边AB上;点M在BA延长线上.

① 点M在边AB上,由例 2 得

$m^2=x^2+n^2$,其中$n=2c-x-m$,所以$m=\frac{x^2-2cx+2c^2}{2c-x}$ $(0\leqslant x\leqslant c)$.

② 点M在BA延长线上,

解法一　可将$\triangle MAC$沿MC翻折,易证$\triangle MAC\cong\triangle MA'C$,$MA'=MA$,$\angle MA'C=\angle MAC=135°$.

因为$\angle 1=45°-\angle\alpha$,$\angle A'CN=2\angle 1+\angle\alpha=90°-\angle\alpha=\angle BCN$,$A'C=AC=BC$,$NC=NC$,

所以$\triangle NBC\cong\triangle NA'C$,$NA'=NB$, $\angle NA'C=\angle B=45°$,所以$\angle MA'N=90°$,

所以$m^2=x^2+n^2$,其中$n=2c-x-m$,所以$m=\frac{x^2-2cx+2c^2}{2c-x}$ $(x<0)$.

解法二　$\triangle MCN\backsim\triangle CAN\backsim\triangle MBC$,因为$AN=x+m$,

所以$\frac{x+m}{\sqrt{2}c}=\frac{\sqrt{2}c}{2c-x}$,$x+m=\frac{2c^2}{2c-x}$所以$m=\frac{x^2-2cx+2c^2}{2c-x}$ $(x<0)$

综合①、②得$m=\frac{x^2-2cx+2c^2}{2c-x}$ $(x\leqslant c)$.

(2)当$x=-c$时,$m=\frac{5c}{3}$,$AN=-c+m=\frac{2c}{3}$.点N坐标为$\left(\frac{2c}{3},0\right)$.

例 4　如图,$\angle ACB=45°$,点A是定点,点D为直线BC上一动点,连

接 AD,以 AD 为一边且在 AD 的右侧作正方形,顶点按逆时针方向依次为 $ADEF$,连接 CF.

(1) 当点 F 与点 C 不重合时,线段 CF 与直线 BC 之间有怎样的位置关系?证明你的结论成立.

(2) 当点 D 在线段 BC 的延长线上时,若 $AC=4\sqrt{2}$,设直线 DE 与直线 CF 相交于点 P,设线段 CD 长为 x,CP 的长为 y,求 y 关于 x 的函数解析式.

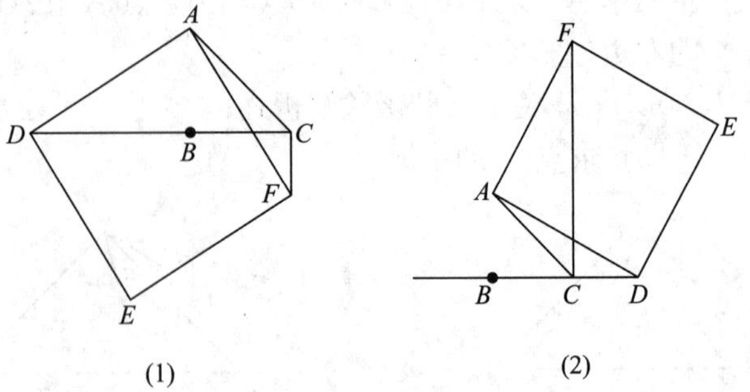

例 4 图

解 (1) 答:当点 F 与点 C 不重合时,总有 $CF\perp BC$.

证法一 以 A 为圆心,以 AC 为半径作弧交 BC 于点 C'.

① 点 D 在 CC' 延长线上时,$\angle DAC'=90^\circ-\angle C'AF=\angle FAC$;

② 点 D 在线段 CC' 上时,$\angle DAC'=90^\circ-\angle DAC=\angle FAC$;

③ 点 D 在 $C'C$ 延长线上时,$\angle DAC'=90^\circ+\angle CAD=\angle FAC$,

所以总有 $\triangle DAC'\cong\triangle FAC$,所以 $\angle AC'D=\angle ACF$.

① $\angle FCD=135^\circ-45^\circ=90^\circ$;

② $\angle FCD=45^\circ+45^\circ=90^\circ$;

③ $\angle FCC'=45^\circ+45^\circ=90^\circ$,

所以当点 F 与点 C 不重合时,总有 $CF\perp BC$.

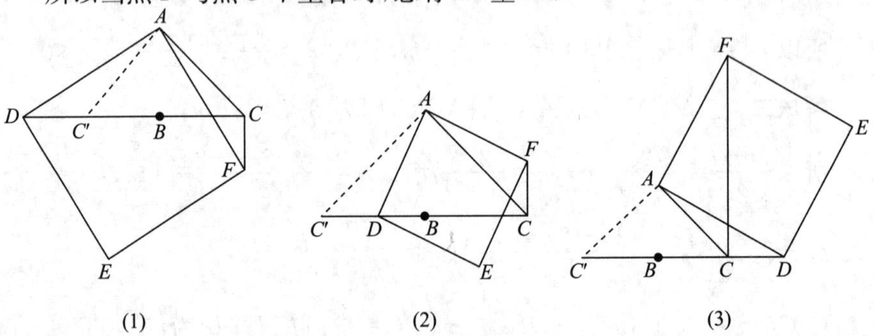

例 4 解图

证法二 连 DF. 总有 D、F、C、A 四点共圆.(图解(1)中 $\angle DFA=\angle DCA$,对一条线段的张角相等,则线段的两端点与两角的顶点四点共圆;同理,解图(2)中 $\angle DFA=\angle DCA$;解图(3)中 $\angle ACC'=\angle DFA$,四边形的一个外角等于内对角,则四个顶点四点共圆.)所以 $\angle DCF=\angle DAF=90°$.

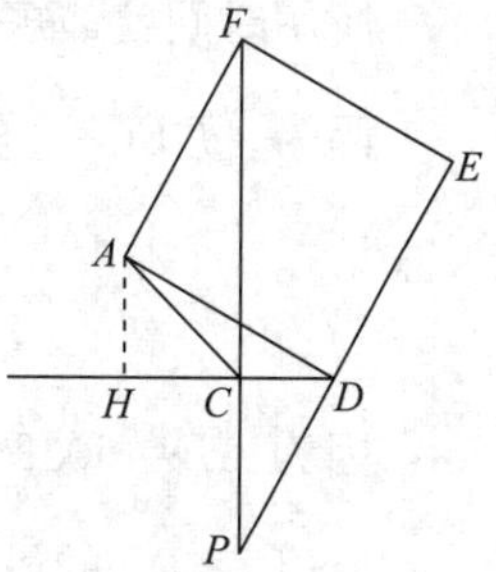

例 4 解图(5)

(2) 作 $AH\perp BC$ 于点 H. 若 $AC=4\sqrt{2}$,则 $AH=HC=4$. 当点 D 在线段 BC 的延长线上时,

因为 $CP\perp HD$,$PD\perp AD$,所以 $\angle P=\angle ADH$. 所以 $\frac{y}{x}=\frac{4+x}{4}$,$y=\frac{x^2}{4}+x\ (x>0)$.

例 5 一条笔直的公路 l 穿过草原,公路边有一卫生站 A,距离公路 30km 处有一居民点 B,A、B 的直线距离是 90km. 汽车在公路上的最快速度是 60km/h,在草地上的最快速度是 30km/h. 从卫生站到居民点,以怎样的路线行驶,所用的行车时间最短;最短时间是多少?

分析

① $A\to B$ 的最短距离是 90km,草地行驶速度为 30km/h,所以 $t_{A\to B}=90\div 30=3(\text{h})$.

② 尽量延长公路行驶的路程,$t_{A\to C\to B}=\frac{60\sqrt{2}}{60}+\frac{30}{30}=\sqrt{2}+1\approx 2.414$.

③ 设点 P 是线段 AC 上不重合于 A、C 的点,求 $t_{A\to P\to B}=\frac{AP}{60}+\frac{BP}{30}$ 的最小值.

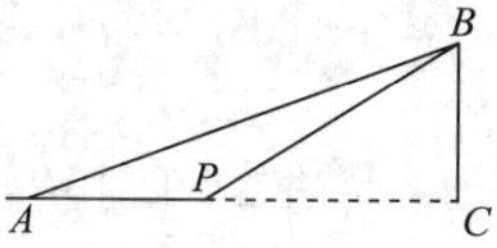

例 5 图

解法一(代数解法)

因为 $v_{AC}=2v_{PB}$,对相同的时间 t,有 $t\cdot v_{AC}=2v_{PB}\cdot t$,

所以相同时间内,公路行驶距离= 2 草地行驶距离.

作 $\angle PAN=30°$,过点 P 作 $PF\perp AN$ 于点 F,则 $AP=2PF$.

(转化为草地行驶距离意义上的等量关系)

所以 $t_{A\to P\to B}=t_{FP}+t_{PB}$(草地行驶时间意义上的等量关系).

因为草地行驶速度为定值 30km/h,

所以草地行驶距离最短,$t_{FP}+t_{PB}=t_{A\to P\to B}$ 就最短,

所以过点 B 作 $BE\perp AN$ 于点 E,交 AC 于点 D,则点 D 为所求,即 BE 是最短距离

(直线外一点到直线上各点连线中,垂线段最短.)

所用时间就最短.

因为$\angle DBC=\angle PAN=30°$，$BC=30$，所以 $DB=20\sqrt{3}$，所以 $t_{DB}=\frac{DB}{30}=\frac{2\sqrt{3}}{3}$.

因为 $AD=60\sqrt{2}-10\sqrt{3}$，所以 $t_{AD}=\frac{AD}{60}=\sqrt{2}-\frac{\sqrt{3}}{6}$.

所以 $t_{A\to P\to B}$的最短时间为

$t_{A\to D\to B}=t_{AD}+t_{DB}=\sqrt{2}-\frac{\sqrt{3}}{6}+\frac{2\sqrt{3}}{3}=\sqrt{2}+\frac{\sqrt{3}}{2}$(h).

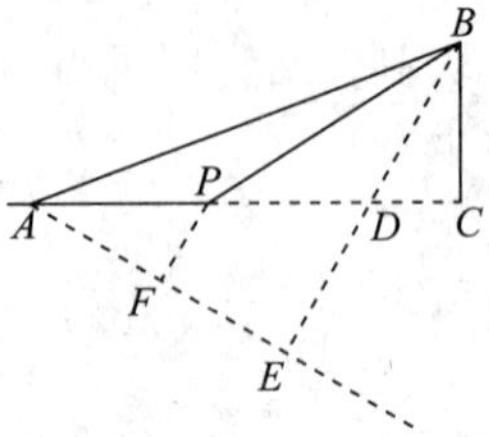

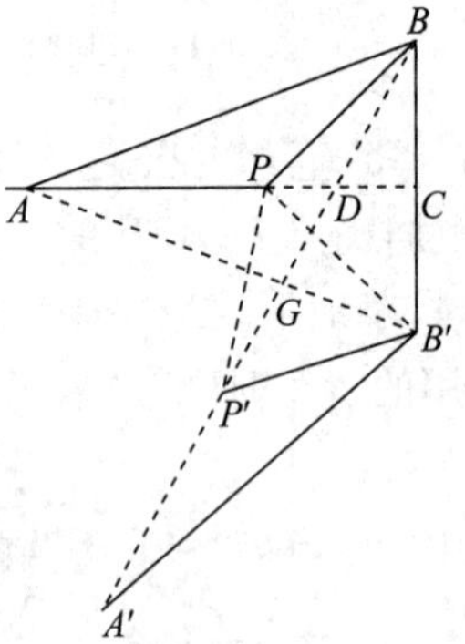

例 5 解图

解法二(几何解法)：作点 B 关于 l 的对称点 B'．连 $B'P$、$B'A$，将$\triangle APB'$绕点 B'逆时针旋转 60°.

将$\triangle APB'$旋转 60°到$\triangle A'P'B'$的位置，

则 $AB'=A'B'$，$A'P'=AP$，$P'B'=PB=P'P$，

因为 $v_{AP}=2v_{PB}$，对相同的时间 t，有 $t\cdot v_{AP}=2v_{PB}\cdot t$，

所以相同时间内，公路行驶距离$=2$ 草地行驶距离.

所以 $S_{A\to P\to B}=A'P'+2P'B'=A'P'+P'P+PB$

(转化为道路行驶距离意义上的等量关系)

因为从 A'到 B 的最短距离为线段 $A'B$，

所以连 $A'B$ 交 AC 于点 D，则点 D 为所求.

(两点间线段最短.)所用时间就最短.

因为$\angle CAB'=\angle A$，$\angle AGD=\angle A'GB'$，

所以$\angle ADG=\angle A'B'G=60°$，所以$\angle CBD=30°$，

因为 $DB=20\sqrt{3}$，所以 $t_{DB}=\frac{DB}{30}=\frac{2\sqrt{3}}{3}$.

因为 $AD=60\sqrt{2}-10\sqrt{3}$，所以 $t_{AD}=\dfrac{AD}{60}=\sqrt{2}-\dfrac{\sqrt{3}}{6}$.

所以 $t_{A\to P\to B}$ 的最短时间为

$$t_{A\to D\to B}=t_{AD}+t_{DB}=\sqrt{2}-\frac{\sqrt{3}}{6}+\frac{2\sqrt{3}}{3}=\sqrt{2}+\frac{\sqrt{3}}{2}(\text{h}).$$

解法三(三角解法) 设 $\angle CBP=\theta$.

因为 $\dfrac{30}{BP}=\cos\theta$，所以 $BP=\dfrac{30}{\cos\theta}$，$t_{PB}=\dfrac{BP}{30}=\dfrac{1}{\cos\theta}$.

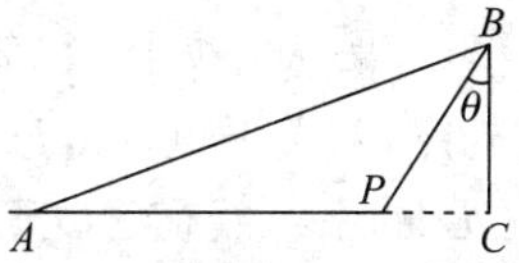

例 5 解图(3)

因为 $PC=30\tan\theta$，所以 $AP=60\sqrt{2}-30\tan\theta$.

所以 $t_{AP}=\dfrac{AP}{60}=\sqrt{2}-\dfrac{1}{2}\tan\theta$，

所以 $t_{A\to P\to B}=\dfrac{AP}{60}+\dfrac{BP}{30}=\sqrt{2}-\dfrac{1}{2}\tan\theta+\dfrac{1}{\cos\theta}=\sqrt{2}+\dfrac{1}{2}\cdot\dfrac{2-\sin\theta}{\cos\theta}$.

设 $\dfrac{2-\sin\theta}{\cos\theta}=m$（$\theta$ 为锐角时 $m>0$），则 $\sin\theta+m\cos\theta=2$，

$\dfrac{1}{2}\sqrt{m^2+1}\sin(\theta+\alpha)=1$，其中 $\tan\alpha=\dfrac{m}{1}$，α 为锐角.

因为当且仅当 $\sin(\theta+\alpha)=1$ 时，$\sqrt{m^2+1}$ 最小，从而 m 最小，

所以 $\sqrt{m^2+1}$ 最小值为 2，$m=\sqrt{3}$，所以 $t_{A\to P\to B}$ 的最小值为 $\sqrt{2}+\dfrac{\sqrt{3}}{2}$.

当 $m=\sqrt{3}$ 时，$\dfrac{2-\sin\theta}{\cos\theta}=\sqrt{3}$，$\dfrac{1}{2}\sin\theta+\dfrac{\sqrt{3}}{2}\cos\theta=1$，

所以 $\sin(\theta+60^\circ)=1$，$\theta=30^\circ$，

所以当 $\theta=30^\circ$ 时，所以 $t_{A\to P\to B}$ 的最小值为 $\sqrt{2}+\dfrac{\sqrt{3}}{2}$.

例 6 已知一直角梯形上底长为 3，下底长为 7，且两条对角线长都是整数，求该直角梯形的面积.

解 如图，设 $AB=h$，$BD=a$，$AC=b$，

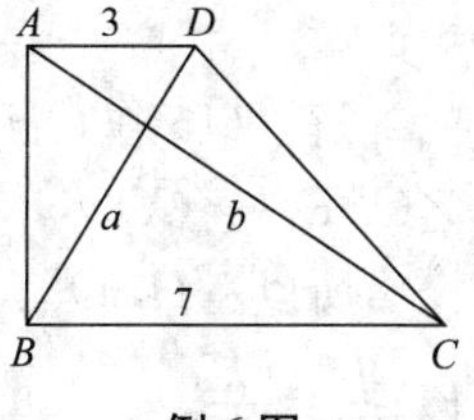

例 6 图

则 $h^2=a^2-3^2=b^2-7^2$，

所以 $b^2-a^2=7^2-3^2=40$，

即 $(b+a)(b-a)=40$，

所以 $a+b$ 与 $b-a$ 只能同为偶数，

所以 $\begin{cases}b+a=20,\\ b-a=2,\end{cases}$ 或 $\begin{cases}b+a=10,\\ b-a=4,\end{cases}$

解得 $\begin{cases}b=11,\\ a=9,\end{cases}$ 或 $\begin{cases}b=7,\\ a=3.\end{cases}$

因为 $AD=3$,

故 $BD=a>3$,

即 $b=11, a=9$.

此时 $h=\sqrt{a^2-3^2}=6\sqrt{2}$.

所以 $S_{梯形}=\frac{1}{2}\times(3+7)\times6\sqrt{2}=30\sqrt{2}$.

例 7　如图,已知 AB 是⊙O 的直径,$AB=8$,点 C 在半径 OA 上(点 C 与点 O、A 不重合),过点 C 作 AB 的垂线交⊙O 于点 D,连接 OD,过点 B 作 OD 的平行线交⊙O 于点 E,交射线 CD 于点 F. 设 $CO=x$,$EF=y$.

(1) 写出 y 与 x 之间的函数解析式,并写出定义域;

(2) 设点 C 关于直线 OD 的对称点为 P,若△PBE 为等腰三角形,求 OC 的长.

分析　本题中,A、B、O 是定点,C、D、E、F 是动点. 作 $OH\perp BE$ 于点 H,连接 OE.

根据几何图形的分析可得运动过程中不变的关系有$\triangle ODC\cong\triangle BOH$,$\angle DOE=\angle OEB=\angle B=\angle DOC$. 点 C 关于直线 OD 的对称点 P 总在 OE 上;

根据数量关系的分析可得 $PE=4-x$,$BE=2x$.

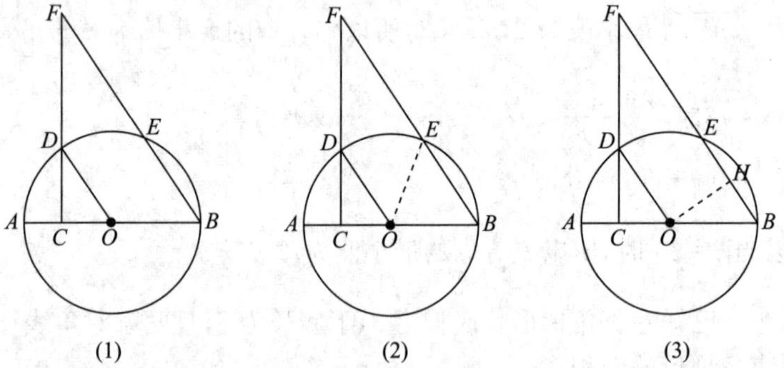

例 7 图

解　(1) 作 $OH\perp BE$,垂足为 H,因为 $\angle DCO=\angle OHB=90^\circ$,$OB=OD$,$\angle OBE=\angle COD$,

所以$\triangle HBO\cong\triangle COD$,所以 $CO=BH=x$,$BE=2x$,因为 $OD\parallel BF$,所以$\frac{OD}{BF}=\frac{OC}{BC}$,

所以$\frac{4}{2x+y}=\frac{x}{4+x}$,所以 $y=\frac{4x+16-2x^2}{x}$ $(0<x<4)$.

(2) 因为$\angle COD=\angle OBE$,$\angle OBE=\angle OEB$,$\angle DOE=\angle OEB$

所以$\angle COD=\angle DOE$,所以 C 关于直线 OD 的对称点 P 在线段 OE 上.

当△PEB为等腰三角形时，分以下三种情况：

① 若$PE=PB$，则点P在BE的中垂线上，点P重合于点O，这与已知不符，舍去；

② 若$PE=BE$，因为$PO=x$，$PE=4-x$，又因为$\triangle COD\cong\triangle HBO$，所以$BH=x$，所以$BE=2x$.

当$PE=BE$时，$4-x=2x$，$x=\frac{4}{3}$；

③ 若$PB=EB$，作$BM\perp PE$于点M，则$ME=\frac{1}{2}(4-x)$，又因为$\triangle BEM\backsim\triangle DCO$，

所以$\frac{ME}{x}=\frac{2x}{4}$，$ME=\frac{x^2}{2}$，所以$\frac{x^2}{2}=\frac{1}{2}(4-x)$，$x^2+x-4=0$，因为$x>0$，所以$x=\frac{\sqrt{17}-1}{2}$.

（**解法二**　当$EB=PB$时，$\angle EPB=\angle PEB=\angle EBO$，$\triangle PEB\backsim\triangle BEO$，所以$BE^2=PE\cdot OE$，$(2x)^2=4(4-x)$）

综上所述，当△PEB为等腰三角形时，$x=\frac{4}{3}$或$x=\frac{\sqrt{17}-1}{2}$.

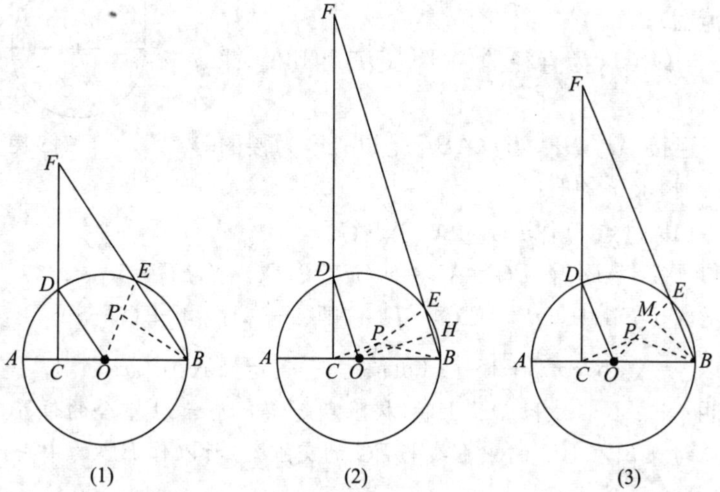

例 7 解图

例 8　在△ABC中，$\angle BAC=90^\circ$，$AB=AC=2\sqrt{2}$，圆A的半径为1，如图所示，若点O在BC边上运动（与点B、C不重合），设$BO=x$，△AOC的面积为y，

(1) 求y关于x的函数解析式，并写出函数的定义域；

(2) 以点 O 为圆心，BO 长为半径作⊙O，求当⊙O 与⊙A 相切时，$\triangle AOC$ 的面积.

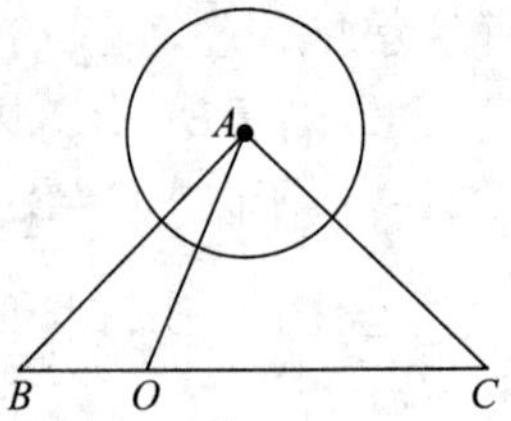

例 8 图

解　(1)过点 A 作 $AH\perp BC$ 于点 H，易得 $BC=4$，$OC=4-x$，$AH=BH=CH=2$，$OH=|2-x|$，

所以 $y=\frac{1}{2}(4-x)\cdot 2=4-x\ (0<x<4)$.

(2) $AO^2=4+|2-x|^2=x^2-4x+8$，设⊙O 的半径为 x，

① 当外切时，$(x+1)^2=x^2-4x+8$，$x=\frac{7}{6}$，

$S_{\triangle AOC}=\frac{17}{6}$；

② 当内切时，$(x-1)^2=x^2-4x+8$，$x=\frac{7}{2}$，$S_{\triangle AOC}=\frac{1}{2}$.

例 9　在梯形 $ABCD$ 中，$AD/\!/BC$，$AB\perp AD$，$AB=4$，$AD=5$，$CD=5$. 点 E 为底边 BC 上一点，以点 E 为圆心，BE 为半径画⊙E 交直线 DE 于点 F.

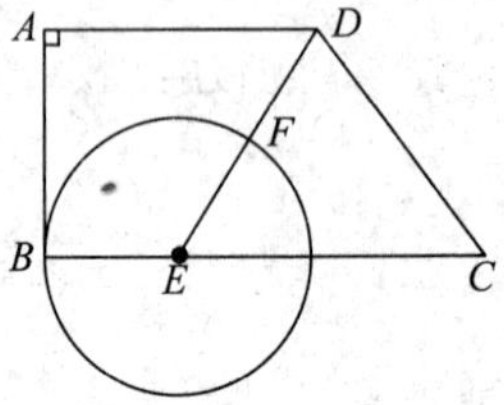

例 9 图

(1) 如图，当点 F 在线段 DE 上时，设 $BE=x$，$DF=y$，试建立 y 关于 x 的函数关系式(含自变量 x 的取值范围)；

(2) 当以 CD 为直径的⊙O 与⊙E 相切时，求 x 的值；

(3) 连接 AF、BF，当 $\triangle ABF$ 是以 AF 为腰的等腰三角形时，求 x 的值.

解　(1) 过点 D 作 $DG\perp BC$ 于点 G.

可得 $DG=AB=4$，$BG=AD=5$，$GC=3$，$BC=8$，$EG=5-x$；

在 $\mathrm{Rt}\triangle DEG$ 中，$DE^2=EG^2+DG^2$，即 $(x+y)^2=4^2+(5-x)^2$

所以 $y=\sqrt{(5-x)^2+16}-x$(负值舍去)　定义域：$0<x<4.1$.

说明：当点 F 在线段 DE 上时，极限点是点 F 与点 D 重合的位置，此时点 F 所对应的点 E 在 BD 的中垂线与 BC 的交点处. 所以作 BD 的中垂线，垂足为点 M，交 BC 于点 E_0. 因为 $BM=\frac{\sqrt{41}}{2}$，$\cos\angle DBG=\frac{5}{\sqrt{41}}$，所以 $BE_0=\frac{\sqrt{41}}{5}$

$BG=\frac{\sqrt{41}}{5}\cdot\frac{\sqrt{41}}{2}=\frac{41}{10}=4.1$.

(2) 设 CD 的中点 O，连接 OE，过点 O 作 $OH\perp BC$ 于点 H.

$OC=\frac{5}{2}$，$OH=2$，$HC=\frac{3}{2}$，$EH=8-x-\frac{3}{2}$；

① $\odot O$ 与 $\odot E$ 外切时，$OE=x+\frac{5}{2}$，在 Rt$\triangle OEH$ 中，$OE^2=OH^2+EH^2$，

所以 $2^2+\left(8-x-\frac{3}{2}\right)^2=\left(x+\frac{5}{2}\right)^2$ 化简并解得 $x=\frac{20}{9}$.

② $\odot O$ 与 $\odot E$ 内切时，$OE=\left|x-\frac{5}{2}\right|$，在 Rt$\triangle OEH$ 中，$OE^2=OH^2+EH^2$，

所以 $2^2+\left(8-x-\frac{3}{2}\right)^2=\left(x-\frac{5}{2}\right)^2$，化简并解得 $x=5$.

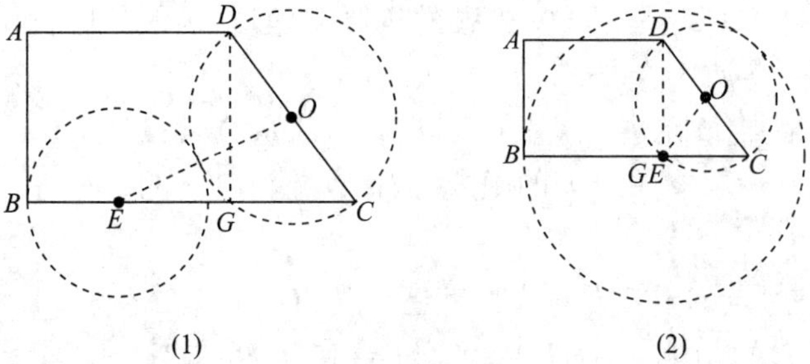

例 9 解图

综上所述，当 $\odot O$ 与 $\odot D$ 相切时，$x=5$ 或 $\frac{20}{9}$.

(3) ① 当 $AF=AB=4$ 时，由 $BE=EF$，$AE=AE$，有 $\triangle ABE$ 和 $\triangle AEF$ 全等，所以 $\angle AFE=\angle ABE=90°$，即 $AF\perp DE$，$DE^2=(5-x)^2+4^2$.

在 Rt$\triangle AFD$ 中，$DF=\sqrt{AD^2-AF^2}=\sqrt{5^2-4^2}=3$

当点 F 在 ED 上时，由 $y=\sqrt{(5-x)^2+16}-x=3$，解得 $x=2$；

当点 F 在 ED 的延长线上时，设 $BE=x$，$FD=y$，则 $y=x-DE=x-\sqrt{(x-5)^2+16}$.

由 $y=3$ 得，$x-\sqrt{(x-5)^2+16}=3$，解得 $x=8$.

② 当 $FA=FB$ 时，过点 F 作 $QF\perp AB$ 于点 Q，有 $AQ=BQ$，且 $AD/\!/BC/\!/FQ$，所以 $DF=EF$，

$y=\sqrt{(5-x)^2+16}-x=x$，$x=\frac{-5\pm2\sqrt{37}}{3}$，负值舍去后，$x=\frac{-5+2\sqrt{37}}{3}$；

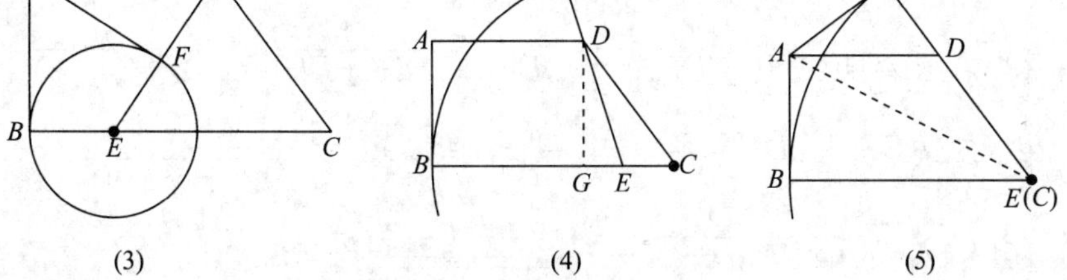

例 9 解图

综上所述,当$\triangle ABF$是以AF为腰的等腰三角形时,$x=2$或8或$x=\frac{-5+2\sqrt{37}}{3}$.

例 10 如图所示,在梯形$ABCD$中,$AB /\!/ DC$,$\angle B=90°$,$AD=15$,$AB=16$,$BC=12$,点E是边AB上的动点,点F是射线CD上一点,射线ED和射线AF交于点G,且$\angle AGE=\angle DAB$;

(1) 求线段CD的长;

(2) 如果$\triangle AEG$是以EG为腰的等腰三角形,求线段AE的长;

(3) 如果点F在边CD上(不与点C、D重合),设$AE=x$,$DF=y$,求y关于x的函数解析式,并写出x的取值范围.

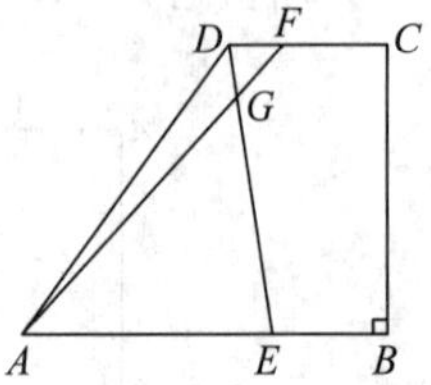

例 10 图

解 (1)过点D作$DH\perp AB$,垂足为点H;

在$\mathrm{Rt}\triangle DAH$中,$\angle AHD=90°$,$AD=15$,$DH=12$,

所以$AH=\sqrt{AD^2-DH^2}=9$;

又因为$AB=16$,所以$CD=BH=AB-AH=7$.

(2) 因为$\angle AEG=\angle DEA$,又因为$\angle AGE=\angle DAE$,所以$\triangle AEG\backsim\triangle DEA$;

由$\triangle AEG$是以EG为腰的等腰三角形,可得$\triangle DEA$是以AE为腰的等腰三角形;

① 若$AE=AD$,因为$AD=15$所以$AE=15$;

② 若$AE=DE$,过点E作$EQ\perp AD$,垂足为点Q,所以$AQ=\frac{1}{2}AD=\frac{15}{2}$.

在$\mathrm{Rt}\triangle DAH$中,$\angle AHD=90°$,$\cos\angle DAH=\frac{AH}{AD}=\frac{3}{5}$.

在$\mathrm{Rt}\triangle AEQ$中,$\angle AQE=90°$,$\cos\angle QAE=\frac{AQ}{AE}=\frac{3}{5}$,所以$AE=\frac{25}{2}$.

综上所述:当$\triangle AEG$是以EG为腰的等腰三角形时,线段AE的长为15或$\frac{25}{2}$.

(3) 在$\mathrm{Rt}\triangle DHE$中,$\angle DHE=90°$,$DE=\sqrt{DH^2+EH^2}=\sqrt{12^2+(x-9)^2}$.

因为$\triangle AEG\backsim\triangle DEA$,所以$\frac{AE}{DE}=\frac{EG}{AE}$,所以$EG=\frac{x^2}{\sqrt{12^2+(x-9)^2}}$.

所以$DG=\sqrt{12^2+(x-9)^2}-\frac{x^2}{\sqrt{12^2+(x-9)^2}}$.

因为 $DF /\!/ AE$，所以 $\frac{DF}{AE}=\frac{DG}{EG}$，$\frac{y}{x}=\frac{12^2+(x-9)^2-x^2}{x^2}$.

所以 $y=\frac{225-18x}{x}$，x 的取值范围为 $9<x<\frac{25}{2}$.

说明： 当 F 在边 CD 上时，极限点是重合于 C、D 的位置，此时所对应的 y 的值分别是 7 和 0. 当 $y=7$ 时，$x=9$；当 $y=0$ 时，$x=\frac{25}{2}$，所以 x 的取值范围为 $9<x<\frac{25}{2}$.

3.4 以代数母体为载体的综合题

例 1 已知三角形三边为 $\sqrt{a^2+b^2}$，$\sqrt{4a^2+b^2}$，$\sqrt{a^2+4b^2}$，求此三角形的面积.

分析与解 对已知三角形三边求面积的题，一定有不少人会想到利用海伦公式进行求解，但运算会十分繁杂. 其实，所给式子使我们容易联想到勾股定理，利用数形结合即可根据三边长构造出如图所示的图形.

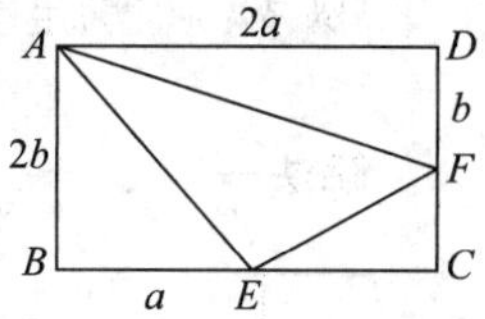

例 1 图

因为 $AE=\sqrt{a^2+4b^2}$，$EF=\sqrt{a^2+b^2}$，

$AF=\sqrt{4a^2+b^2}$，

所以 $S_{\triangle AEF}=S_{\text{矩形}ABCD}-S_{\triangle ABE}-S_{\triangle EFC}-S_{\triangle ADF}=\frac{3}{2}ab$

例 2 一个容器盛满纯药液 63 升，第一次倒出一部分纯药液后，用水加满；第二次又倒出同样多的药液，再用水加满，这时，容器内剩下的纯药液是 28 升，每次倒出液体多少升？

分析与解 构造边长为 $(x+y)^2$ 的正方形，如图所示，易知 $S_1=S_3=xy$，$S_2=x^2$，$S_4=y^2$，面积为 $(x+y)^2$ 表示容器容积的量数，第一次倒出液体的体积为 $S_1+S_2=x(x+y)$. 接着用水加满后，S_1+S_2 表示水，此时容器中纯药液与水的比为 $y:x$，则第二次倒出的纯药液为 $S_3=xy$，水为 $S_2=x^2$，再用水加满，最终容器里剩下的纯药液为 $S_4=y^2=28$.

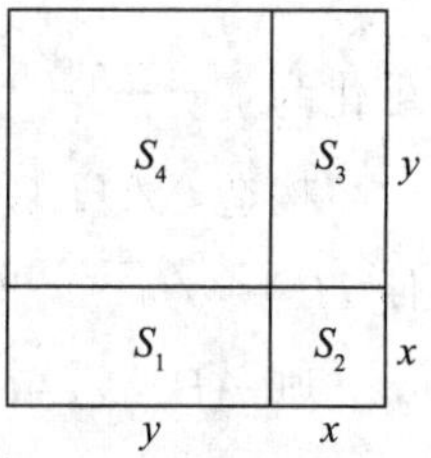

例 2 图

所以 $S_1+S_2=x(x+y)=(x+y)^2-y(x+y)=63-\sqrt{28}\times\sqrt{63}=21$.

答 每次倒出液体 21 升.

例 3 甲港和乙港间新开辟一条航线，每天上午分别从两港相对开出一艘船,若所有船的航速相同,且从甲港到乙港要航行 7 昼夜,则通航的第 4 天(通航日为第一天)从甲港开出的那只船在航线上遇到乙港开来的船(不包括在港口相遇的)共有多少只?

解 根据题意,构造甲、乙两港运行图.

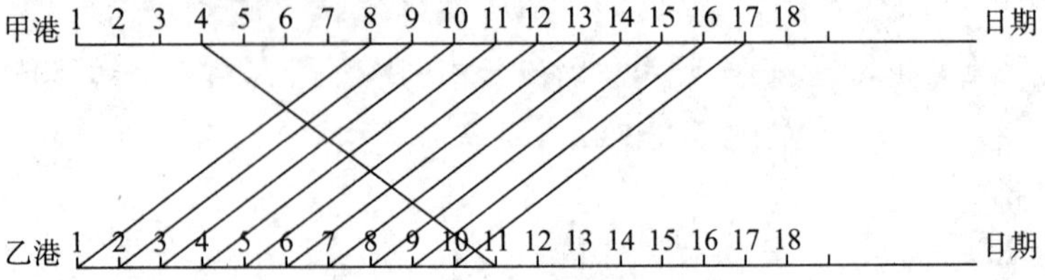

例 3 解图

图中甲港第 4 天开出的船的航行情况,即甲港第 4 天开出的船的航线与乙港向甲港航行路线的交点数为相遇数,易得为 10 只.

例 4 求满足等式 $x=\sqrt{x-\frac{1}{x}}+\sqrt{1-\frac{1}{x}}$ 的所有实数 x.

解法一 $x-\sqrt{1-\frac{1}{x}}=\sqrt{x-\frac{1}{x}}$,两边平方后整理得 $x^2-x+1=2x\sqrt{1-\frac{1}{x}}$.

再次两边平方后得 $(x^2-x+1)^2=4x^2\left(1-\frac{1}{x}\right)$,化简得 $x^2(x-1)^2-2x(x-1)+1=0$,

$[x(x-1)-1]^2=0$, $x^2-x-1=0$, $x=\frac{1\pm\sqrt{5}}{2}$,因为 $x>1$,所以 $x=\frac{\sqrt{5}+1}{2}$.

解法二 由条件可知,$x>1$,原方程通过变形 $\frac{x\sqrt{x}}{\sqrt{x}}=\frac{\sqrt{x^2-1}}{\sqrt{x}}+\frac{\sqrt{x-1}}{\sqrt{x}}$,可化为 $\sqrt{x^2-1}+\sqrt{x-1}=x\sqrt{x}$ ①.

构造 $\triangle AHB$,使 $\angle AHB=90°$, $AH=1$, $BH=\sqrt{x^2-1}$;延长 BH 到点 C,使 $HC=\sqrt{x-1}$,连接 AC.

则 $AB=x$, $AC=\sqrt{x}$,如图所示.

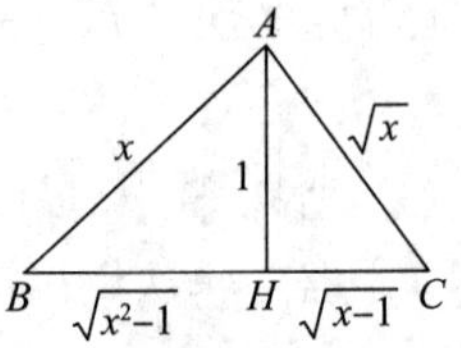

例 4 解图

则 $S_{\triangle ABC}=\frac{1}{2}x\cdot\sqrt{x}\cdot\sin\angle BAC=\frac{1}{2}(\sqrt{x^2-1}+\sqrt{x-1})\cdot 1$.

因为由①式得 $\sqrt{x^2-1}+\sqrt{x-1}=x\sqrt{x}$,

所以 $S_{\triangle ABC}=\frac{1}{2}x\cdot\sqrt{x}\cdot\sin\angle BAC=\frac{1}{2}x\sqrt{x}$,

$\sin\angle BAC=1$,所以$\angle BAC=90°$.

所以在 Rt$\triangle ABC$ 中,由勾股定理得 $AB^2+AC^2=BC^2$,即 $x^2+x=(x\sqrt{x})^2$,$x^3-x^2-x=0$,

所以 $x>1$,所以 $x^2-x-1=0$,舍去负根后得 $x=\dfrac{1+\sqrt{5}}{2}$

说明:构造直角三角形是一种常用方法,一般是在题目中有平方关系时应用此法.

3.5　以函数为载体的综合性问题

例 1　如图,在平面直角坐标系中,直线 $y=-\dfrac{3}{4}x+3$ 分别与 x 轴、y 轴交于点 A 和点 B. 二次函数 $y=ax^2-4ax+c$ 的图像经过点 B 和点 $C(-1,0)$,顶点为 P.

(1) 求这个二次函数的解析式,并求出点 P 坐标;

(2) 若点 D 在二次函数图像的对称轴上,且 $AD/\!/BP$,求 PD 的长;

(3) 在(2)的条件下,如果以 PD 为直径的圆与圆 O 相切,求圆 O 的半径.

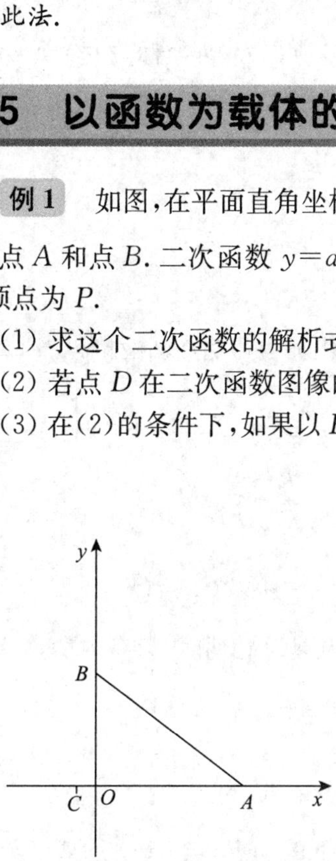

例 1 图

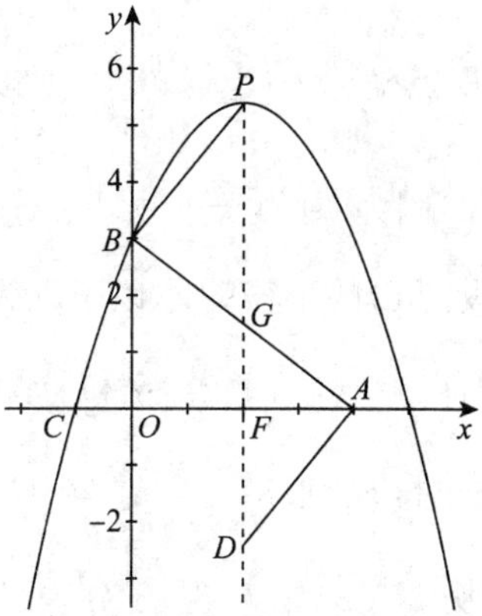

例 1 解图

解　(1)因为直线 $y=-\dfrac{3}{4}x+3$ 分别与 x 轴、y 轴交于点 A 和点 B.

由 $x=0$ 得 $y=3$,$y=0$,得 $x=4$,所以点 A 坐标为$(4,0)$,点 B 坐标为$(0,3)$.

把 $C(-1,0)$,$B(0,3)$代入 $y=ax^2-4ax+c$ 中,得

$\begin{cases}c=3,\\a+4a+c=0,\end{cases}$　解得$\begin{cases}c=3\\a=-\dfrac{3}{5}\end{cases}$.

所以这个二次函数的解析式为 $y=-\frac{3}{5}x^2+\frac{12}{5}x+3$

$y=-\frac{3}{5}(x-2)^2+\frac{27}{5}$,点 P 坐标为 $P\left(2,\frac{27}{5}\right)$.

(2) **解法一** 设二次函数图像的对称轴与直线 $y=-\frac{3}{4}x+3$ 交于点 G,与 x 轴交于点 F.

把 $x=2$ 代入 $y=-\frac{3}{4}x+3$,得 $y=\frac{3}{2}$,所以点 G 坐标为 $\left(2,\frac{3}{2}\right)$,所以 $PG=\frac{27}{5}-\frac{3}{2}=\frac{39}{10}$.

因为 $PG/\!/OB$,$OF=AF$,所以 $BG=AG$,

因为 $AD/\!/BP$,所以 $PG=DG$,$PD=2PG=\frac{39}{5}$.

解法二 因为 $k_{BP}=\frac{\frac{27}{5}-3}{2}=\frac{6}{5}$,$AD/\!/BP$,所以设 AD 的解析式为 $y=\frac{6}{5}x+b$. 因为 AD 过点 $A(4,0)$,所以 $b=-\frac{24}{5}$,$y=\frac{6}{5}x-\frac{24}{5}$,当 $x=2$ 时,$y=-\frac{12}{5}$,所以 D 点坐标为 $\left(2,-\frac{12}{5}\right)$. 所以 $PD=\frac{27}{5}-\left(-\frac{12}{5}\right)=\frac{39}{5}$.

(3)因为 $G\left(2,\frac{3}{2}\right)$,所以 $OG=\sqrt{4+\frac{9}{4}}=\frac{5}{2}$,所以 $GD>OG$

设圆 O 的半径为 r,以 PD 为直径的圆与圆 O 相切时,只有内切,

所以 $\left|r-\frac{39}{10}\right|=\frac{5}{2}$,解得:$r_1=\frac{32}{5}$,$r_2=\frac{7}{5}$.

即圆 O 的半径为 $\frac{32}{5}$ 或 $\frac{7}{5}$.

例 2 已知点 A、B 分别是 x 轴、y 轴上的动点,点 C、D 是某个函数图像上的点,当四边形 $ABCD$(A、B、C、D 各点依次排列)为正方形时,称这个正方形为此函数图像的伴侣正方形. 例如:如图,正方形 $ABCD$ 是一次函数 $y=x+1$ 图像的其中一个伴侣正方形.

(1) 若某函数是一次函数 $y=x+1$,求它的图像的所有伴侣正方形的边长;

(2) 若某函数是反比例函数 $y=\frac{k}{x}$ $(k>0)$,它的图像的伴侣正方形为 $ABCD$,点 $D(2,m)$($m<2$)在反比例函数图像上,求 m 的值及反比例函数解析式;

(3) 若某函数是二次函数 $y=rx^2+c\ (r\neq 0)$，它的图像的伴侣正方形为 $ABCD$，点 C 的坐标为(3,4). 写出伴侣正方形在抛物线上的另一个顶点 D 的坐标，写出符合题意的抛物线解析式 .

解　(1) 在 y 轴上任取点 B，过点 B 作直线 CD 的平行线交 x 轴于点 A；分别过点 B、A 作直线 CD 的垂线，垂足为 C、D.

因为 $k_{CD}=1$，$AB/\!/CD$，所以 $k_{AB}=1$，所以设直线 AB 解析式为 $y=x+b$，则 $x_A=-b$，$AB=\sqrt{2}|b|=CD$.

因为 $BC\perp CD$，所以 $k_{BC}=-1$，所以设直线 BC 解析式为 $y=-x+b$，由

$$\begin{cases}y=x+1,\\ y=-x+b,\end{cases}得\begin{cases}x_C=\dfrac{b-1}{2},\\ y_C=\dfrac{b+1}{2}.\end{cases}$$

所以 $BC=\sqrt{\left(\frac{b-1}{2}-0\right)^2+\left(\frac{b+1}{2}-b\right)^2}=\sqrt{2}\cdot\frac{|b-1|}{2}$. 当 $AB=BC$ 时，$\sqrt{2}\cdot\frac{|b-1|}{2}=\sqrt{2}|b|$，$b_1=-1$，$b_2=\frac{1}{3}$.

所以所求正方形边长为 $\sqrt{2}$ 或 $\frac{\sqrt{2}}{3}$.

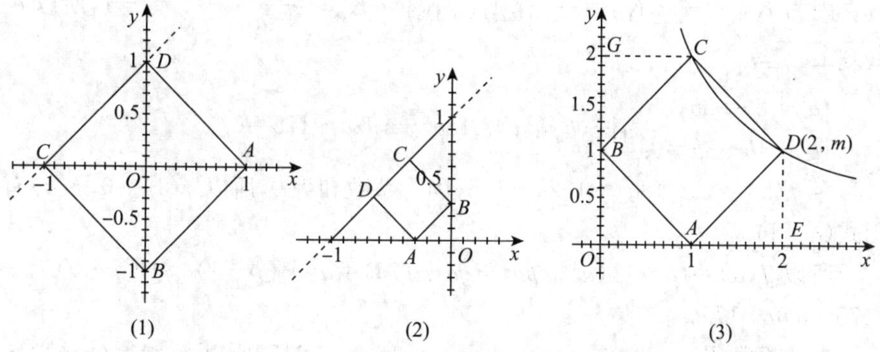

例 2 解图

(2) 作 $DE\perp x$ 轴，垂足为点 E. 当 $\angle BAD=90^\circ$，且 $AB=AD$ 时，易证 $\triangle BOA\cong\triangle AED$.

同理作 $CG\perp y$ 轴，垂足为点 G. $\triangle BOA\cong\triangle CGB$.

因为 $OA=ED=BG=m$，所以 $A(m,0)$，因为 $OB=AE=GC=2-m$，所以 $B(0,2-m)$，$C(2-m,2)$.

因为 C、D 都在 $y=\frac{k}{x}$ 上，所以 $2(2-m)=2m$，$m=1$，所以 $k=2$，$y=\frac{2}{x}$.

(3) **答:**点 D 的坐标为$(-4,7)$或$(4,1)$,对应的抛物线解析式为 $y=\frac{3}{7}x^2+\frac{1}{7}$和 $y=-\frac{3}{7}x^2+\frac{55}{7}$.

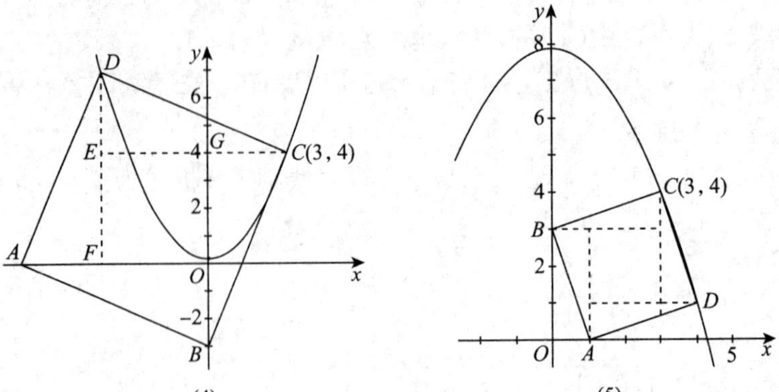

例 2 解图

已知 $C(3,4)$,设 $A(a,0)$,$B(0,b)$,依题意,$AB=BC$,$AB\perp BC$,

解:因为 $AB^2=a^2+b^2$,$BC^2=3^2+(4-b)^2$,所以 $a^2+8b=25$.

因为 $K_{AB}=\frac{b}{-a}$,$K_{BC}=\frac{b-4}{-3}$,所以 $K_{AB}\cdot K_{BC}=\frac{b}{-a}\cdot\frac{b-4}{-3}=-1$,所以 $b^2-4b+3a=0$.

$\begin{cases}a^2+8b=25,\\ b^2-4b+3a=0.\end{cases}$ 消去 b 得 $a^4-18a^2+192a-175=0$.

令 $f(a)=a^4-18a^2+192a-175$,因为系数和为 0,所以 $f(1)=0$,$f(a)$有因式$(a-1)$.

所以 $f(a)=(a-1)(a^3+pa^2+qa+175)=a^4+(p-1)a^3+(q-p)a^2+(175-q)a-175$,

对比系数得 $p-1=0,p=1;q-p=-18,q=-17$,所以 $f(a)=(a-1)\cdot(a^3+a^2-17a+175)$,

令 $f'(a)=a^3+a^2-17a+175$,因为 $175=7\times5\times5$,所以尝试以±7、±5代入 $f'(a)$,

因为 $f'(-7)=0$,所以 $f'(a)$有因式$(a+7)$.

因为$(a^3+a^2-17a+175)\div(a+7)=a^2-6a+25$,

因为 $a^2-6a+25=0$ 中,$\Delta=6^2-4\times25<0$,

所以 $a^2-6a+25=0$ 无实数根.

所以方程组的解为$\begin{cases}a_1=1,\\ b_1=3,\end{cases}$和$\begin{cases}a_2=-7,\\ b_2=-3.\end{cases}$

所以满足条件的解只有 $A(-7,0)$，$B(0,-3)$ 和 $A(1,0)$，$B(0,3)$，由此推得对应的 $D(-4,7)$ 和 $D(4,1)$.

由 $C(3,4)$ 和 $D(-4,7)$ 在 $y=rx^2+c\ (r\neq 0)$ 上，求得抛物线解析式为：$y=\frac{3}{7}x^2+\frac{1}{7}$；

由 $C(3,4)$ 和 $D(4,1)$ 在 $y=rx^2+c\ (r\neq 0)$ 上，求得抛物线解析式为：$y=-\frac{3}{7}x^2+\frac{55}{7}$.

例 3　如图，在平面直角坐标系中，点 $A(\sqrt{3},0)$，$B(3\sqrt{3},2)$，$C(0,2)$. 动点 D 以每秒 1 个单位的速度从点 O 出发沿 OC 向终点 C 运动，同时动点 E 以每秒 2 个单位的速度从点 A 出发沿 AB 向终点 B 运动，当点 D 到达终点时两点停止运动. 过点 E 作 $EF\perp AB$，交 BC 于点 F，连接 DA、DF. 设运动时间为 t 秒.

(1) 求 $\angle ABC$ 的度数；

(2) 当 $AB/\!/DF$ 时，求 t 的值；

(3) 设四边形 $AEFD$ 的面积为 S，求 S 关于 t 的函数关系式.

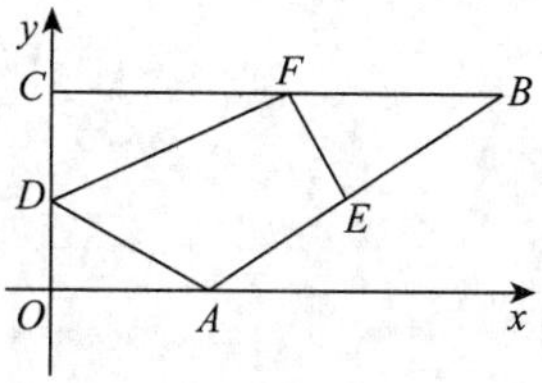

例 3 图

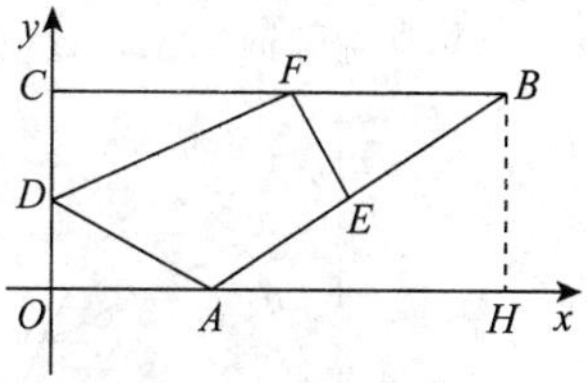

例 3 解图

解　(1) 过点 B 作 $BH\perp x$ 轴，垂足为点 H. 由已知得 $AH=2\sqrt{3}$，$BH=2$，

所以 $\angle BAH=30°$，所以 $\angle ABC=30°$；

(2) $AE=2t$，$BE=4-2t$，$BF=\frac{2}{\sqrt{3}}(4-2t)$，$F\left(3\sqrt{3}-\frac{2}{\sqrt{3}}(4-2t),2\right)$，$D(0,t)$，

当 $AB/\!/DF$ 时，$k_{AB}=k_{DF}$，即 $\dfrac{2-t}{3\sqrt{3}-\frac{2}{\sqrt{3}}(4-2t)}=\frac{1}{\sqrt{3}}$，求得 $t=\frac{5}{7}$；

(3) $E(\sqrt{3}+\sqrt{3}t,t)$，$D(0,t)$，$DE=\sqrt{3}+\sqrt{3}t$，$S=2\cdot\frac{1}{2}DE=\sqrt{3}+\sqrt{3}t\ (0<t\leqslant 2)$.

例 4　如图，已知直线 $y=-\frac{1}{2}x+1$ 交坐标轴于 A、B 两点，以线段 AB 为边向上作正方形 $ABCD$，过点 A、D、C 的抛物线与直线另一个交点为 E.

(1) 请直接写出点 C、D 的坐标；

(2) 求抛物线的解析式;

(3) 若正方形以每秒$\sqrt{5}$个单位长度的速度沿射线 AB 下滑,直至顶点 D 落在 x 轴上时停止. 设正方形落在 x 轴下方部分的面积为 S,求 S 关于滑行时间 t 的函数关系式,并写出相应自变量 t 的取值范围;

(4) 在(3)的条件下,抛物线与正方形一起平移,同时到 D 停止,求抛物线上 C、E 两点间的抛物线弧所扫过的面积.

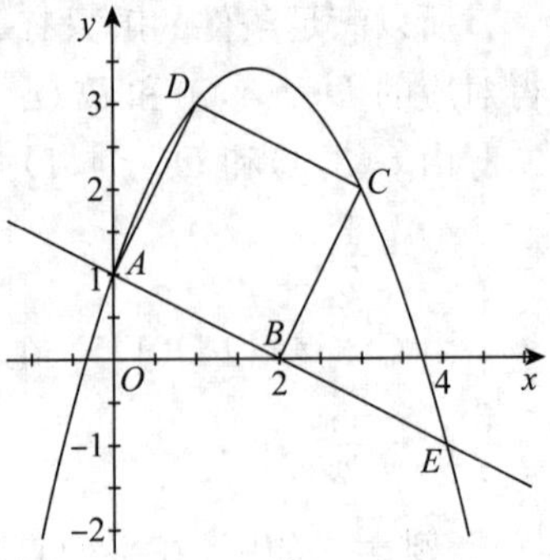

例 4 图

解 (1)$C(3,2)$,$D(1,3)$;

(2) 设抛物线为 $y=ax^2+bx+c$,抛物线过$(0,1)$,$(3,2)$,$(1,3)$,

$$\begin{cases}c=1,\\a+b+c=3,\\9a+3b+c=2.\end{cases}\quad 解得\begin{cases}a=-\dfrac{5}{6},\\b=\dfrac{17}{6},\\c=1.\end{cases}\quad 所以\ y=-\frac{5}{6}x^2+\frac{17}{6}x+1.$$

(3) 依题意,如解图(1),$t=3$ 时停止.

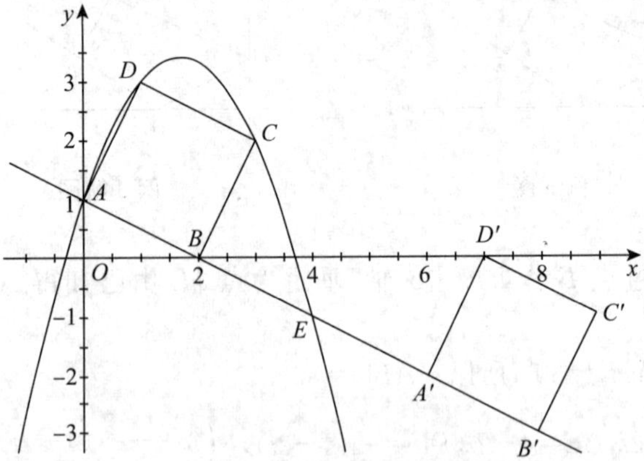

例 4 解图(1)

① 当 $0<t\leqslant 1$ 时,如解图(2),$\frac{FB'}{BB'}=\frac{AO}{OB}=\frac{1}{2}$,$BB'=\sqrt{5}t$,所以 $FB'=\frac{\sqrt{5}t}{2}$,

$S=\frac{1}{2}\sqrt{5}t\cdot\frac{\sqrt{5}t}{2}=\frac{5}{4}t^2$.

② 当 $1<t\leqslant 2$ 时,如解图(3),$A'B'=\sqrt{5}$,$A'B=\sqrt{5}t-\sqrt{5}$,$A'G=\frac{1}{2}(\sqrt{5}t-\sqrt{5})$,$B'F=\frac{\sqrt{5}t}{2}$.

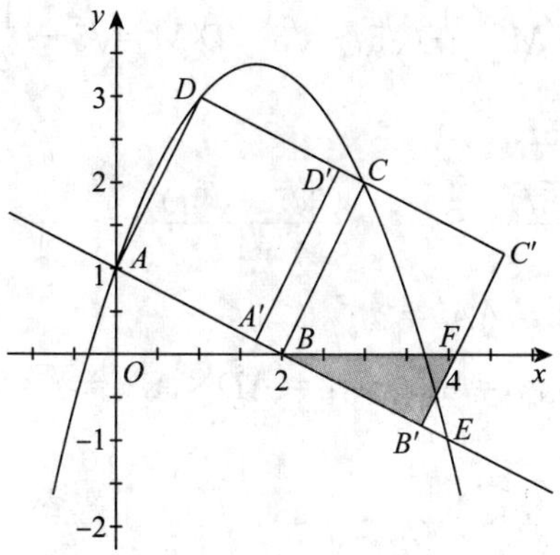

（2）

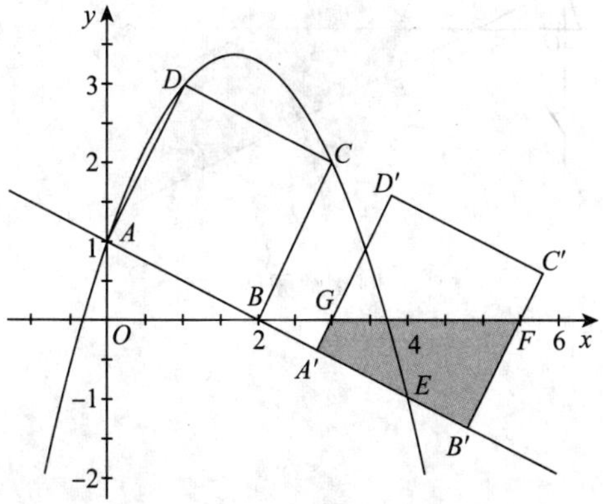

（3）

所以 $S_{梯形A'B'FG}=\frac{1}{2}(A'G+B'F)\cdot A'B'=\frac{1}{2}\left(\frac{\sqrt{5}t-\sqrt{5}}{2}+\frac{\sqrt{5}t}{2}\right)\times\sqrt{5}=\frac{5}{2}t-\frac{5}{4}$.

③ 当 $2<t\leqslant 3$ 时，如解图（4），

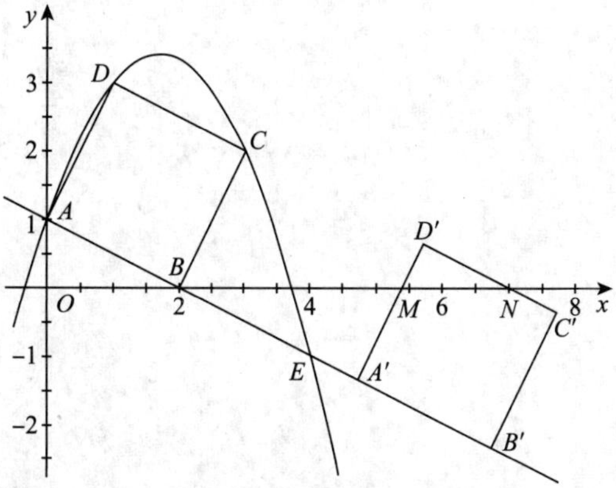

（4）

例 4 解图

$A'B=\sqrt{5}t-\sqrt{5}$，$A'M=\frac{1}{2}(\sqrt{5}t-\sqrt{5})$，$D'M=\sqrt{5}-\frac{1}{2}(\sqrt{5}t-\sqrt{5})=\frac{1}{2}(3\sqrt{5}-\sqrt{5}t)$，$D'N=3\sqrt{5}-\sqrt{5}t$，

$S_{\triangle D'MN}=\frac{(3\sqrt{5}-\sqrt{5}t)^2}{4}$，$S=5-\frac{(3\sqrt{5}-\sqrt{5}t)^2}{4}=-\frac{5}{4}t^2+\frac{15}{2}t-\frac{25}{4}$.

(4)因为 $t=3$，$BB'=AA'=3\sqrt{5}$，

所以 $S_{阴影}=S_{矩形BB'C'C}=S_{矩形AA'D'D}=AD\times AA'=\sqrt{5}\times 3\sqrt{5}=15$.

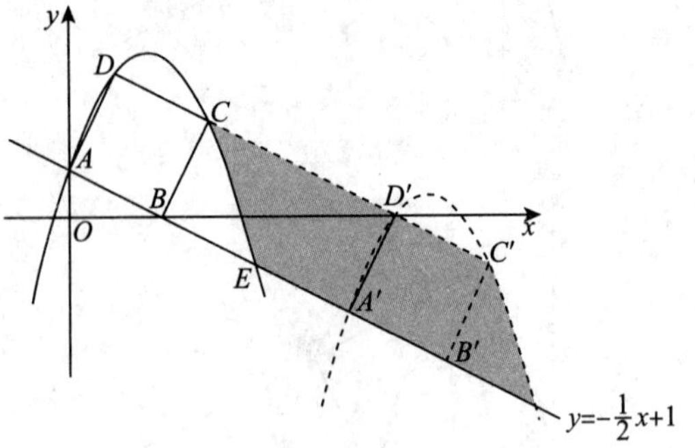

例 4 解图(5)

4 几何证明与代数论证

证明是承认猜想的例行手段,通过直觉所获得的东西需要经过证明来认可.

例 1 在一张长 8cm、宽 4cm 的矩形纸片内,要折出一个菱形. 甲同学按照取两组对边中点的方法折出菱形 $EFGH$(见方案一),记菱形 $EFGH$ 的面积为 S_1;乙同学沿矩形的对角线 AC 折出$\angle CAE=\angle DAC$,$\angle ACF=\angle ACB$ 的方法得到菱形 $AECF$(见方案二),记菱形 $AECF$ 的面积为 S_2,请你评判这两个同学折得的四边形是否正确(是菱形)并比较 S_1 与 S_2 的大小.

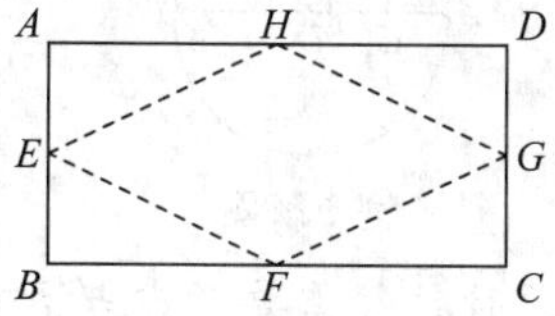

方案一

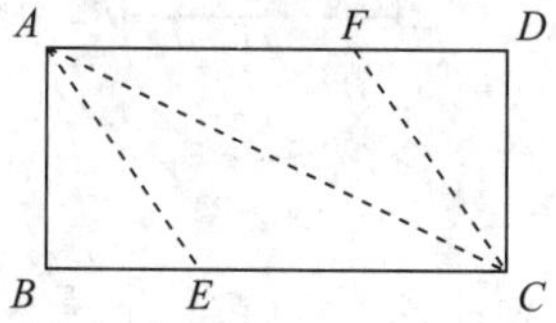

方案二

分析 这是个"一目了然"就能回答的问题,但是要说出评判结果的合理性和科学性,需要先证明两人分别折出的四边形都是菱形,然后计算面积,比较大小,才有说服力.

解 对方案一,连接 AC、BD. 因为点 E、F、G、H 分别是各边的中点,

所以 $EH/\!/BD/\!/FG$, $EH=FG=\dfrac{1}{2}BD$. 同理可得 $EF/\!/AC/\!/HG$, $EF=HG=\dfrac{1}{2}AC$.

因为 $AC=BD$,所以 $EH=FG=EF=HG$,所以方案一折得的四边形是菱形,求得 $EFGH$ 的面积为 16.

对方案二,连接 AC. 由折法知,$\angle DAC=\angle CAE$,

由已知矩形 $ABCD$ 得 $AD/\!/BC$,$\angle DAC=\angle ACE$,所以$\angle CAE=\angle ACE$,所以 $AE=CE$. 同理可得 $AF=CF$.

因为在$\triangle ACE$ 和$\triangle ACF$ 中,$\angle FAC=\angle ACE$,$AC=AC$,$\angle FCA=\angle EAC$,所以$\triangle ACE\cong\triangle ACF$,

所以 $AF=CE$, 所以 $AE=EC=CF=AF$,所以方案二折得的四边形是菱形.

设 $BE=x$,则 $AE=EC=8-x$,在 $\mathrm{Rt}\triangle ABE$ 中,有 $AE^2=AB^2+BE^2$,

即$(8-x)^2=16+x^2$ 解得:$x=3$. 所以 $AECF$ 的面积等于 $5\times4=20$.

所以两种折法都能折出菱形,菱形 $AECF$ 比 $EFGH$ 的面积大,即 $S_2>S_1$.

在平面几何图形中,我们直观感觉在同一条直线上的三点,是需要通过证明来确认的,这就是三点共线问题.

例 2　已知 AB 是⊙O 的直径,点 C 是 AO 上的一个动点(不与 A、O 重合),过点 C 作 AB 的垂线交⊙O 于点 D、T,连接 OD. 过点 B 作 OD 的平行线交⊙O 于点 E,交 CD 的延长线于点 F. 作点 C 关于 OD 的对称点 P. 求证 O、P、E 三点共线.

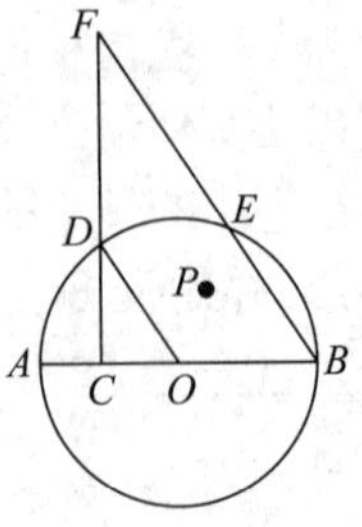

例 2 图

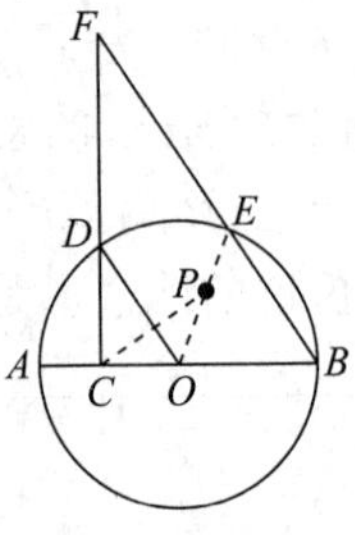

例 2 解图

分析　由于点 C 和点 P 都是动点,解题时往往需要考虑点 P 所在位置. 通过作图直观感觉点 P 在线段 OE 上,要想确认这个猜想是需要论证的.

证　连接 OP、CP、OE. 因为 $BE \parallel OD$,所以 $\angle OEB = \angle EOD$,$\angle EBA = \angle DOA$. 因为 $OB=OE$,所以 $\angle OBE = \angle OEB$,所以 $\angle EOD = \angle DOA$. 因为点 C、P 关于 OD 对称,所以 OD 垂直平分 CP,

所以 $OC=OP$,$\angle POD = \angle COD$. 所以 $\angle POD = \angle EOD$,所以点 P 在 OE 上,即 O、P、E 三点共线.

例 3　矩形 $ABCD$ 中,$BC=2$,将矩形 $ABCD$ 绕点 D 逆时针旋转 $90°$,点 A、C 分别落在点 A'、C'处,如果点 A'、C'、B'在同一条直线上,求 AB 的长.

分析　当 $AB<2$ 时,点 A'和点 C'在直线 BC 的两侧,点 A'、C'、B 不可能共线;

当 $AB=2$ 时,点 A'与点 C 重合,点 C'在 AD 的延长线上,点 A'、C'、B 不可能共线;

当 $AB>2$ 时,点 A'和点 C'在直线 BC 的同侧,点 A'、C'、B 有可能共线,画草图如下:

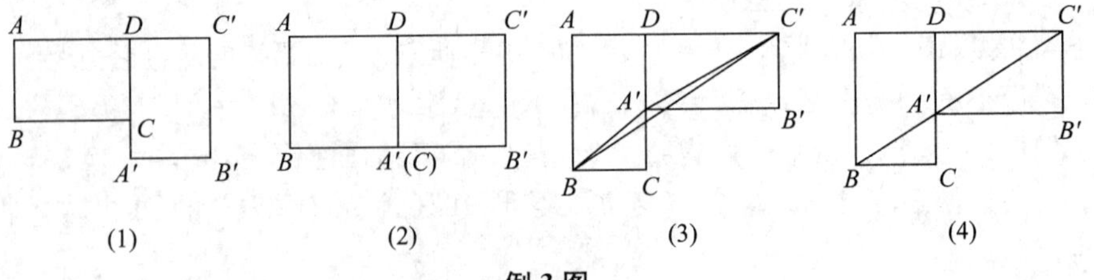

例 3 图

解 设 $AB=x$，当点 A'、C'、B 共线时，如图(4)，

因为 $AD /\!/ A'B' /\!/ BC$，$\angle A=\angle B'=\angle C=90°$，且 $AD=BC=2$，

所以 $\frac{x+2}{x}=\frac{x}{2}$，$x^2-2x-4=0$，因为 $x>0$，所以 $x=\sqrt{5}+1$，所以 $AB=\sqrt{5}+1$.

4.1 猜想需要证明

阅读下面的两个历史小故事：

1 观察：

$2^2-1=3$

$2^3-1=7$

$2^5-1=31$

$2^7-1=127$

…

猜想 2^p-1，当 p 为素数时，2^p-1 为素数.

这个猜想后来被人举出反例推翻了：当 $p=67$ 时，$2^{67}-1$ 是合数.

2 观察：

$2^{2^1}+1=5$

$2^{2^2}+1=17$

$2^{2^3}+1=257$

$2^{2^4}+1=65537$

…

猜想 $2^{2^n}+1$，为素数.(其中 n 为自然数).

这个猜想由费尔马提出，后来被欧拉推翻了：当 $n=5$ 时，$2^{2^5}+1$ 是合数.

由上述两事例可见，猜想是需要证明的.

例 1 计算：$\frac{1}{1\times2}+\frac{2}{1\times2\times3}+\frac{3}{1\times2\times3\times4}+\frac{4}{1\times2\times3\times4\times5}+\frac{5}{1\times2\times3\times4\times5\times6}+\frac{6}{1\times2\times3\times4\times5\times6\times7}$.

观察：1 项和 $\frac{1}{1\times2}=\frac{1}{2}$；

2 项和 $\frac{1}{1\times2}+\frac{2}{1\times2\times3}=\frac{1}{2}+\frac{2}{6}=\frac{5}{6}$；

3 项和 $\frac{1}{1\times2}+\frac{2}{1\times2\times3}+\frac{3}{1\times2\times3\times4}=\frac{5}{6}+\frac{3}{24}=\frac{23}{24}$；

…

猜想　6项和 $\frac{1}{1\times2}+\frac{2}{1\times2\times3}+\frac{3}{1\times2\times3\times4}+\frac{4}{1\times2\times3\times4\times5}+\frac{5}{1\times2\times3\times4\times5\times6}+\frac{6}{1\times2\times3\times4\times5\times6\times7}=\frac{1\times2\times3\times4\times5\times6\times7-1}{1\times2\times3\times4\times5\times6\times7}=\frac{5039}{5040}$.

这个猜想是否正确？如果正确的话，这个规律是否对一切正整数 n 都成立？这就需要证明.

命题：求证对一切正整数 n，

$$\frac{1}{1\times2}+\frac{2}{1\times2\times3}+\frac{3}{1\times2\times3\times4}+\cdots+\frac{n}{1\times2\times3\times\cdots\times(n+1)}=\frac{1\times2\times3\times\cdots\times(n+1)-1}{1\times2\times3\times\cdots\times(n+1)}.$$

为书写简便，我们记 $1\times2\times3\times\cdots\times n=n!$，需要习惯的是 $(n+1)!=n!\cdot(n+1)$.

于是命题的表达形式可以是 $\frac{1}{2!}+\frac{2}{3!}+\frac{3}{4!}+\cdots+\frac{n-1}{n!}+\frac{n}{(n+1)!}=\frac{(n+1)!-1}{(n+1)!}$.

证明的思想方法是，在明确 $n=1$、$n=2$ 等几个初始特殊值能使结论成立以后，假设对某一个 $n=k$ 时结论成立，证明对 $n=k+1$ 结论也成立. 这就是说，只要 n 取前一个数值能使结论成立，那么后一个数值必定能使结论成立，于是命题对一切正整数 n 都成立.

证　当 $n=1$ 时，左边 $=\frac{1}{2!}=\frac{1}{2}$，右边 $=\frac{2!-1}{2!}=\frac{1}{2}$，结论成立：

设 $n=k$ 时结论成立，即 $\frac{1}{2!}+\frac{2}{3!}+\frac{3}{4!}+\cdots+\frac{k-1}{k!}+\frac{k}{(k+1)!}=\frac{(k+1)!-1}{(k+1)!}$；

则 $n=k+1$ 时，左边 $=\frac{1}{2!}+\frac{2}{3!}+\frac{3}{4!}+\cdots+\frac{k}{(k+1)!}+\frac{k+1}{(k+2)!}$

$=\frac{(k+1)!-1}{(k+1)!}+\frac{k+1}{(k+2)!}=\frac{(k+2)(k+1)!-(k+2)+(k+1)}{(k+2)!}$

$=\frac{(k+2)!-1}{(k+2)!}$，结论也成立.

所以对一切正整数 n，命题为真.

既然这个命题对一切正整数 n 成立，那么对 $n=6$ 当然成立.

有时，在几何论证中，通过代数计算得出论断正确.

例 2　以 Rt△ABC 的两直角边为边分别向外作正方形 $CFGA$、$AIHB$，连接 CH 交 AB 于点 K、连接 BF 交 AC 于点 T，求证：$AK=AT$.

证　设 $AB=c$，$AC=b$，因为 $\angle BAC=\angle ABH=90°$，所以 $AC/\!/BH$. 同理，$AB/\!/CF$.

$\dfrac{AK}{BK}=\dfrac{b}{c}$，$\dfrac{AT}{CT}=\dfrac{c}{b}$，因为 $BK=c-AK$，$CT=b-AT$，

所以 $AK=\dfrac{bc}{b+c}$，$AT=\dfrac{bc}{b+c}$，所以 $AK=AT$.

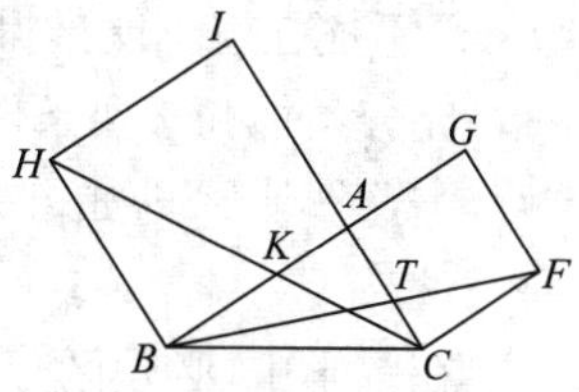

例 2 图

论证是引用已知条件和其他已知正确的判断来证明某一判断的真实性的一种逻辑行为.

例如，我们观察到两个不相等的正数的算术平均数总大于几何平均数，对这个猜想不可能用具体的数代入以后来说服别人，因为永远也代不完，只能用字母表示数，用代数式表示两个数的算术平均数和几何平均数，然后求证.

例 3　已知：$a>0$，$b>0$，且 $a\neq b$，求证：$\dfrac{1}{2}(a+b)>\sqrt{ab}$.

分析　为了寻求这个不等式的证法，我们往往从结论出发倒推(这个过程称为分析)：

若 $\dfrac{1}{2}(a+b)>\sqrt{ab}$ 成立，

那么 $(a+b)>2\sqrt{ab}$，

$(a+b)^2>4ab$，

$a^2+2ab+b^2-4ab>0$，

$(a-b)^2>0$.

于是我们找到了一个已知正确的判断：当 $a>0$，$b>0$，$a\neq b$ 时，$(a-b)^2>0$，用这个已知正确的判断来作为证明的出发点，从这个出发点开始证明这个不等式成立：

证　因为当 $a\neq b$ 时，总有 $(a-b)^2>0$，

所以 $a^2-2ab+b^2>0$，所以 $a^2+2ab+b^2>4ab$，

所以 $(a+b)^2>4ab$，

因为 $a>0$，$b>0$，

所以 $(a+b)>2\sqrt{ab}$，

所以 $\dfrac{1}{2}(a+b)>\sqrt{ab}$.

论证是有方向的，从条件走向结论；论证是有序的，从“与件”(已知条件或已证的判断)走向“求件”(待证的判断).

证明过程中往往用 $A\Rightarrow B$ 表示由条件 A 推得结论 B. 因为 A 成立则 B 成

立，B 不成立就不能推得 A 成立，所以人们把 B 称为 A 的必要条件.

充分条件和必要条件

“若 A 则 B”即如果 $A\Rightarrow B$，那么 A 是 B 的充分条件，或者说 B 是 A 的必要条件.

在数学中，必须区分三种类型的条件：

(1) 充分而非必要的条件　原命题为真而逆命题为伪.

例如“若两个几何图形全等，则这两个几何图形等积.”(真)

“若两个几何图形等积，则这两个几何图形全等.”(伪)

“两个几何图形全等”(记作 A) 是“这两个几何图形等积”(记作 B)的充分而非必要的条件.

(2) 必要而不充分的条件　原命题为伪而逆命题为真.

例如“若 $AB=A'B'$，则$\triangle ABC\cong\triangle A'B'C'$”(伪)

“若$\triangle ABC\cong\triangle A'B'C'$，则 $AB=A'B'$”(真)

“$AB=A'B'$”是$\triangle ABC\cong\triangle A'B'C'$”的必要而不充分的条件.

(3) 充分而且必要的条件　原命题和逆命题皆为真.

例如“若三角形的两边相等，则其对角也相等”.(真)

“若三角形的两角相等，则其对边也相等”.(真)

“三角形的两边相等”与“其对角相等”互为充分而且必要的条件.

4.2　存在性问题

解存在性问题时一般方法是先“假设存在”并且“使得成立”，然后以此为出发点进行推理或计算，这样，用推得的结果“存在这样的…”只是“使得成立”的必要条件，用这样的方法求得结果后需要证明或检验(举例如下).

例 1　已知关于 x 的两个方程：$4x^2-8nx-3n=2$　① 和 $x^2-(n+3)x-2n^2+2=0$　②，

问：是否存在这样的 n 值，使方程①的两个实数根的差的平方等于方程②的一个整数根？如果存在，试求出所有满足条件的 n 的值；如果不存在，请说明理由.

解　假设存在 n，使得方程①的两个实数根的差的平方等于方程②的一个整数根.

因为在方程①中，$\Delta=(8n)^2+16(3n+2)=(8n+3)^2+23>0$

所以 n 为任意实数时，方程有两不等实根，设为 x_1 和 x_2，

由根与系数的关系得，$x_1+x_2=2n$，$x_1\cdot x_2=-\dfrac{3n+2}{4}$，

所以$(x_1-x_2)^2=4n^2+3n+2$；

因为在方程②中，$[x-2(n+1)][x+(n-1)]=0$，两根分别为$2(n+1)$和$-(n-1)$，

若$2n+2=4n^2+3n+2$，则$n_1=0, n_2=-\frac{1}{4}$；

若$1-n=4n^2+3n+2$，则$n_3=n_4=-\frac{1}{2}$.

到这里我们是否可以断定存在$n_1=0, n_2=-\frac{1}{4}, n_3=n_4=-\frac{1}{2}$呢？

事实上，我们在假设n存在的前提下，把"方程①的两个实数根的差的平方等于方程②的一个整数根"(简记为B)，作为推理和计算的出发点，把得到的4个n的值作为终点(简记为N)，显然N是B的必要条件，而题目要求的是B的充分条件，所以必须检验N是否能推得B.

检验过程如下：

$n_1=0$代入，①式$(x_1-x_2)^2=4n^2+3n+2=2$，②式$x_1=2, x_2=1$，所以满足；

$n_2=-\frac{1}{4}$代入，②式$x_1=\frac{3}{2}, x_2=\frac{5}{4}$，不是整数，所以不满足；

$n_3=n_4=-\frac{1}{2}$代入，①式$(x_1-x_2)^2=4n^2+3n+2=\frac{3}{2}$，不是整数，所以不满足.

因为经检验，$n=0$满足题意，所以存在唯一的$n=0$.

例2　二次函数$y=x^2+px+q$ $(p<0)$的图像与x轴交于A、B两点，(点A在点B的左边)，与y轴交于点$C(0,-1)$，$\triangle ABC$的面积为$\frac{5}{4}$.

(1) 求这个二次函数的解析式及A、B两点的坐标；

(2) 在该二次函数的图像上是否存在点D，使以点A、B、C、D为顶点的四边形为直角梯形？若存在，求出点D的坐标；若不存在，请说明理由.

解　(1) 设$y=x^2+px+q$ $(p<0)$的图像与x轴交于点$A(x_1,0)$，点$B(x_2,0)(x_1<x_2)$，

因为抛物线与y轴交于点$C(0,-1)$，$\triangle ABC$的面积为$\frac{5}{4}$，所以

$x_1+x_2=-p, x_1\cdot x_2=-1, (x+x_2)^2-4x_1\cdot x_2=p^2+4$，即$(x-x_2)^2=p^2+4$，

因为$\frac{1}{2}|x_1-x_2|\cdot|-1|=\frac{5}{4}$，所以$(x-x_2)^2=\frac{25}{4}$，所以$p^2+4=\frac{25}{4}$，因为$p<0$，所以$p=-\frac{3}{2}$.

所以这个二次函数的解析式为 $y=x^2-\frac{3}{2}x-1$.

令 $x^2-\frac{3}{2}x-1=0$,得 $x_1=-\frac{1}{2}$,$x_2=2$,所以 $A\left(-\frac{1}{2},0\right)$、$B(2,0)$.

分析(2)

① 过 A 作 $AP/\!/BC$,交二次函数图像于点 D_1,因为 $k_{BC}=\frac{1}{2}$,

所以可设 AP 所在直线为 $y=\frac{1}{2}x+b$,由于过 $A\left(-\frac{1}{2},0\right)$,所以 $b=\frac{1}{4}$,$y=\frac{1}{2}x+\frac{1}{4}$.

解方程组 $\begin{cases}y=\frac{1}{2}x+\frac{1}{4},\\ y=x^2-\frac{3}{2}x-1,\end{cases}$ 得 $\begin{cases}x_1=\frac{5}{2},\\ y_1=\frac{3}{2},\end{cases}$ $\begin{cases}x_2=-\frac{1}{2},\\ y_2=0.\end{cases}$

所以过 A 作 $AP/\!/BC$,交二次函数图像于点 $A\left(-\frac{1}{2},0\right)$,$D_1\left(\frac{5}{2},\frac{3}{2}\right)$.

② 过点 B 作 $BQ/\!/AC$,交二次函数图像于点 D_2,因为 $k_{AC}=-2$,

所以可设 BQ 所在直线为 $y=-2x+t$,由于过 $B(2,0)$,所以 $t=4$,$y=-2x+4$.

解方程组 $\begin{cases}y=-2x+4,\\ y=x^2-\frac{3}{2}x-1,\end{cases}$ 得 $\begin{cases}x_1=-\frac{5}{2},\\ y_1=9,\end{cases}$ $\begin{cases}x_2=2,\\ y_2=0.\end{cases}$

所以过点 B 作 $BQ/\!/BC$,交二次函数图像于点 $B(2,0)$,$D_2\left(-\frac{5}{2},9\right)$.

③ 过点 C 作 $CP/\!/AB$ 不能形成直角梯形.

解 A. 取 $D_1\left(\frac{5}{2},\frac{3}{2}\right)$,① 由作法知 $AD_1/\!/BC$; ② 由计算得 $AD_1=\frac{3}{2}\sqrt{5}$,$BC=\sqrt{5}$,$AD_1\neq BC$,

由①、②得 $ACBD_1$ 是梯形. ③ 由 $k_{AC}=-2$,$k_{BC}=\frac{1}{2}$,$k_{AC}\cdot k_{BC}=-1$ 得 $\angle ACB=90°$,所以 $ACBD_1$ 是直角梯形. ④ 由 $\begin{cases}x=\frac{5}{2}\\ y=\frac{3}{2}\end{cases}$ 是方程组 $\begin{cases}y=\frac{1}{2}x+\frac{1}{4}\\ y=x^2-\frac{3}{2}x-1\end{cases}$ 的解知,点 D_1 在题设二次函数的图像上.

所以存在点 $D_1\left(\frac{5}{2},\frac{3}{2}\right)$满足要求.

B. 取 $D_2\left(-\frac{5}{2},9\right)$,① 由作法知 $BD_2 /\!/ AC$; ② 由计算得 $BD_2=\frac{9}{2}\sqrt{5}$,$AC=\frac{\sqrt{5}}{2}$,$BD_2\neq AC$,

由①②得 $ACBD_2$ 是梯形. ③ 由 $k_{AC}=-2$,$k_{BC}=\frac{1}{2}$,$k_{AC}\cdot k_{BC}=-1$ 得 $\angle ACB=90^\circ$,所以 $ACBD_2$ 是直角梯形. ④ 由 $\begin{cases}x=-\frac{5}{2}\\ y=9\end{cases}$ 是方程组 $\begin{cases}y=-2x+4\\ y=x^2-\frac{3}{2}x-1\end{cases}$ 的解知,点 D_2 在题设二次函数的图像上.

所以存在点 $D_2\left(-\frac{5}{2},9\right)$满足要求.

综上,存在点 $D_1\left(\frac{5}{2},\frac{3}{2}\right)$,$D_2\left(-\frac{5}{2},9\right)$满足题设要求.

论证要全面地涵盖满足条件的各种情况,做到不重不漏.

说明 在存在性问题的探索过程中,如果运用已证的的基本轨迹求解,由于轨迹的充要性,可以不检验,如第 2.4.5 节中的例 3.

4.3 分类讨论问题

例 1 已知:在$\triangle ABC$ 中,$AB=AC$,$AD\perp BC$,垂足为点 D,$BE\perp AC$,垂足为 E,M 为 AC 的中点,连接 DE、DM,设$\angle C=\alpha$. 试用 α 表示$\angle EDM$.

分析 已知条件“$\triangle ABC$ 中,$AB=AC$,”只描述了一个等腰三角形,但是并没有形状大小的具体约束.“$BE\perp AC$,垂足为点 E,”是等腰三角形腰上的高,对于顶角为锐角的等腰三角形来说,点 E 在腰上;对于顶角为钝角的等腰三角形来说,点 E 在腰的延长线上. 所以要分类讨论.

解 ①当顶角为锐角时,如图(1)

因为 $AB=AC$,$AD\perp BC$,垂足为点 D,所以点 D 为 BC 中点.

因为 $BE\perp AC$,所以 $DE=\frac{1}{2}BC=DC$,所以$\angle DEC=\angle C=\alpha$,所以$\angle EDC=180^\circ-2\alpha$

因为 $AD\perp BC$,点 M 为 AC 的中点,所以 $DM=\frac{1}{2}AC=MC$,所以

$\angle MDC=\angle C=\alpha$,

所以$\angle EDM=\angle MDC-\angle EDC=3\alpha-180°$

② 当顶角为钝角时,如图(2),$DE=DC=BD$,$\angle EDB=2\alpha$,$DM=MC$,$\angle MDC=\angle C=\alpha$,

所以$\angle EDM=180°-3\alpha$.

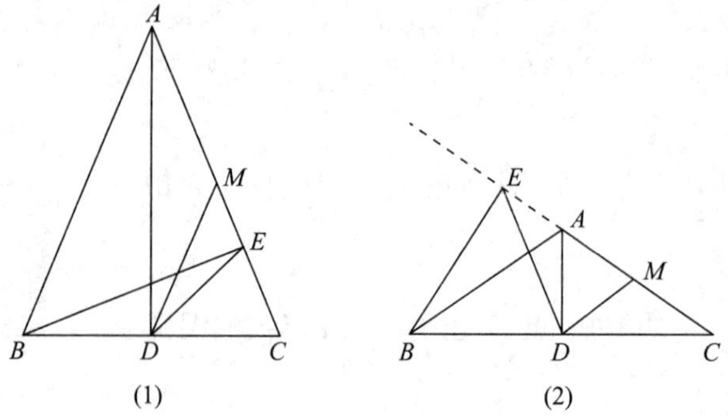

例 1 图

综合①、②,$\angle EDM=3\alpha-180°$或$\angle EDM=180°-3\alpha$.

例 2 已知:如图,在梯形 $ABCD$ 中,$AD/\!/BC$,$\angle A=90°$,$AD=6$,$AB=8$,$\sin C=\frac{4}{5}$,点 P 在射线 DC 上,点 Q 在射线 AB 上,且 $PQ\perp CD$,设 $DP=x$,$BQ=y$.

(1) 求证:点 D 在线段 BC 的垂直平分线上;

(2) 如图,当点 P 在线段 DC 上,且点 Q 在线段 AB 上时,求 y 关于 x 的函数解析式,并写出定义域;

(3) 若以点 B 为圆心、BQ 为半径的$\odot B$ 与以点 C 为圆心、CP 为半径的$\odot C$ 相切,求线段 DP 的长.

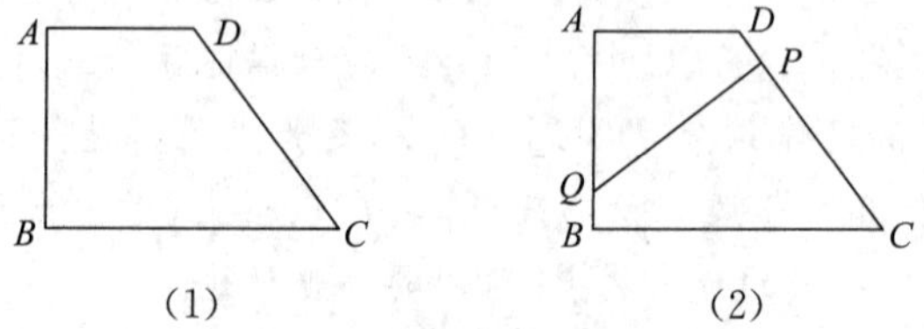

例 2 图

解 过点 D 作 $DG\perp BC$,垂足为点 G.

(1) 在 $\mathrm{Rt}\triangle DGC$ 中,$\sin C=\frac{4}{5}$,可设 $DG=4k$,$DC=5k$,所以 $DC=10$,$GC=\sqrt{10^2-8^2}=6$,

所以 $BG=GC=6$ 又因为 $DG\perp BC$,所以点 D 在线段 BC 的垂直平分线上.

(2) 延长 BA、CD 相交于点 S(见解图(1)),

因为 $AD /\!/ BC$ 且 $BC=12$ 所以 $AD=\frac{1}{2}BC$,所以 $\frac{SA}{SB}=\frac{SD}{SC}=\frac{AD}{BC}=\frac{1}{2}$.

所以 $SD=DC=10$,$SA=AB=8$,因为 $DP=x$,$BQ=y$, $SP=x+10$

由 $\triangle SPQ \backsim \triangle SAD$ 得 $\frac{SQ}{SP}=\frac{SD}{SA}=\frac{5}{4}$,所以 $SQ=\frac{5}{4}(x+10)$,

$BQ=16-\frac{5}{4}(x+10)=-\frac{5}{4}x+\frac{7}{2}$

所以所求解析式为 $y=-\frac{5}{4}x+\frac{7}{2}$,定义域是 $0\leqslant x\leqslant\frac{14}{5}$.

说明:当 $y=0$ 时,$x=\frac{14}{5}$.

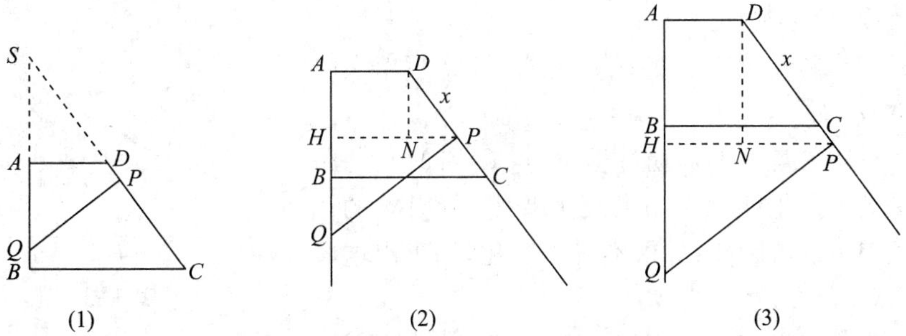

例 2 解图

(3) 过点 P 作 $PH\perp AB$ 于点 H,过点 D 作 $DN\perp PH$ 于点 N,总有 $\frac{PH}{QH}=\frac{4}{3}$,$PH=6+\frac{3}{5}x$.

分类讨论:

点 P、Q 都在线段上	点 P 在线段上,点 Q 在延长线上	点 P、Q 都在延长线上
$PH=6+\frac{3}{5}x$	$PH=6+\frac{3}{5}x$	$PH=6+\frac{3}{5}x$
$QH=8-\frac{4}{5}x-y$	$QH=8-\frac{4}{5}x+y$ $=\frac{3}{4}\left(6+\frac{3}{5}x\right)$	$QH=8-\frac{4}{5}x+y$ $=\frac{3}{4}\left(6+\frac{3}{5}x\right)$
$y=\frac{7}{2}-\frac{5}{4}x,\left(0\leqslant x\leqslant\frac{14}{5}\right)$	$y=\frac{5}{4}x-\frac{7}{2},\left(x>\frac{14}{5}\right)$	
$r_{\odot B}=y$, $r_{\odot C}=\lvert 10-x\rvert=10-x$.	$r_{\odot B}=y$, $r_{\odot C}=\lvert 10-x\rvert=10-x$.	$r_{\odot B}=y$, $r_{\odot C}=\lvert 10-x\rvert=x-10$.
当 $x=\frac{2}{3}$ 时,外切	没有相切	当 $x=\frac{34}{3}$ 时外切,$x=22$ 时内切

总有：$r_{\odot B}=y, r_{\odot C}=|10-x|, d=BC=12$.

① $\odot B$与$\odot C$外切时，$\frac{7}{2}-\frac{5}{4}x+10-x=12, x=\frac{2}{3}$或$\frac{5}{4}x-\frac{7}{2}+x-10=12, x=\frac{34}{3}$.

② $\odot B$与$\odot C$内切时，$\left|\frac{5}{4}x-\frac{7}{2}-(x-10)\right|=12, x=22$.

所以$\odot B$与$\odot C$相切时，线段DP的长为$\frac{2}{3}$，$\frac{34}{3}$或22 .

例 3 如图，已知$AB\perp MN$，垂足为点B，点P是射线BN上的一个动点，$AC\perp AP$，作$\angle APC=\angle BPA$，$AB=4$，$BP=x$，$CP=y$，点C到MN的距离为线段CD的长.

(1) 求y关于x的函数解析式，并写出它的定义域.

(2) 在点P的运动过程中，点C到MN的距离是否会发生变化？如果发生变化，请用x的代数式表示这段距离；如果不发生变化，请求出这段距离.

(3) 如果$\odot C$与直线MN相切，且与以BP为半径的$\odot P$也相切，求$BP:PD$的值.

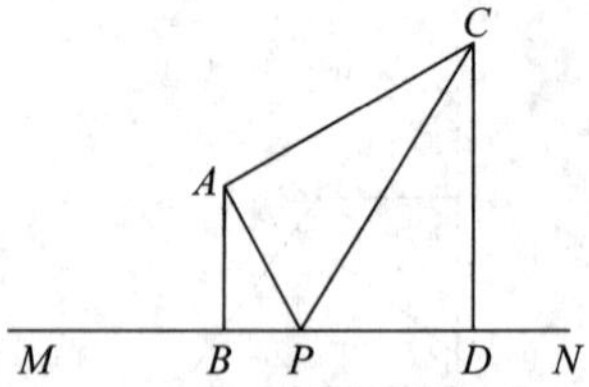

例 3 图

解法一 (1)因为$AB\perp MN$，$AC\perp AP$，所以$\angle ABP=\angle CAP=90°$.

又因为$\angle APC=\angle BPA$，所以$\triangle ABP\backsim\triangle CAP$. 所以$\frac{BP}{AP}=\frac{AP}{PC}$，即$\frac{x}{\sqrt{x^2+16}}=\frac{\sqrt{x^2+16}}{y}$.

所以所求的函数解析式为$y=\frac{x^2+16}{x}$ $(x>0)$.

(2) CD的长不会发生变化. 延长CA交直线MN于点E.

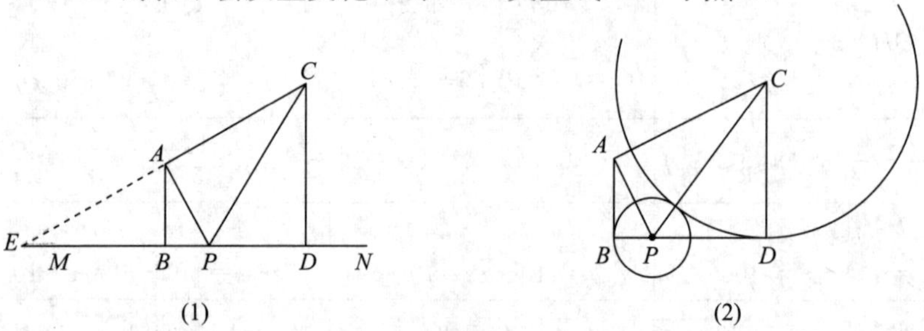

例 3 解图

因为 $AC \perp AP$，所以 $\angle PAE = \angle PAC = 90°$.

因为 $\angle APC = \angle APE$. 所以 $\angle AEP = \angle ACP$. 所以 $PE = PC$. 所以 $AE = AC$.

因为 $AB \perp MN$，$CD \perp MN$，所以 $AB \parallel CD$. 所以 $\dfrac{AB}{CD} = \dfrac{AE}{CE} = \dfrac{1}{2}$. 因为 $AB = 4$，所以 $CD = 8$(常量).

(3) 因为⊙C 与直线 MN 相切，所以⊙C 的半径为 8.

① 当⊙C 与⊙P 外切时，$CP = PB + CD$，即 $y = x + 8$.

所以 $\dfrac{x^2+16}{x} = x + 8$. 所以 $x = 2$. $x = 2$ 时，$y = 10$，所以 $PD = 6$，所以 $BP : PD = \dfrac{1}{3}$.

② 当⊙C 与⊙P 内切时，$CP = |PB - CD|$，即 $y = |x - 8|$，所以 $\dfrac{x^2+16}{x} = |x - 8|$.

所以 $\dfrac{x^2+16}{x} = x - 8$　所以 $x = -2$(不合题意，舍去)或 $\dfrac{x^2+16}{x} = 8 - x$. 无解.

所以综上所述 $BP : PD = \dfrac{1}{3}$.

解法二　(2) 过点 A 作 MN 的平行线交 CD 于点 H，交 CP 于点 G.

易得 $\angle PAB = \angle GAC = \angle ACG$，所以 $\angle GAP = \angle APG$，所以 $PG = AG = CG$.

因为 $AH \parallel BD$，点 G 是 PC 的中点，所以点 H 是 CD 的中点. 因为 $DH = AB = 4$，所以 $CD = 8$(常量).

(3) 因为⊙P 与⊙C 的圆心距 PC 大于⊙C 半径 CD，且⊙P 与⊙C 的圆心距 PC 大于⊙P 半径 PB，而两圆内切时，圆心距等于两圆半径差的绝对值，即至少有一个圆半径大于圆心距，所以此题中，两圆不可能内切.

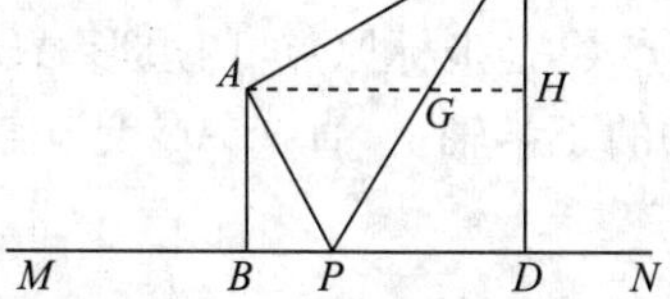

(3)

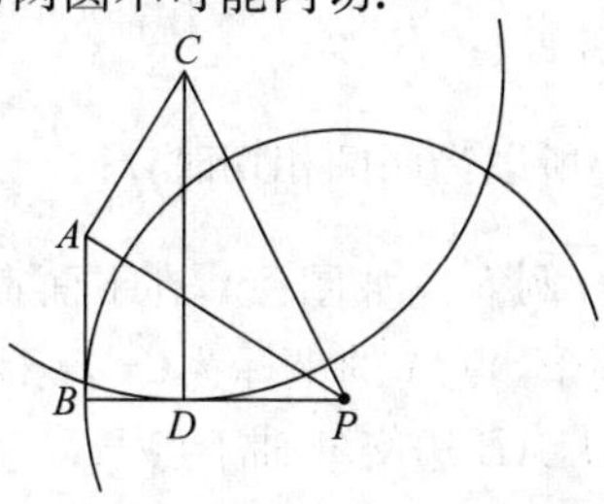

(4)

例 3 解图

例 4　如图,已知在矩形 $ABCD$ 中,$AB=3$,$BC=4$,点 P 是边 BC 延长线上的一点,连接 AP 交边 CD 于点 E,把射线 AP 沿直线 AD 翻折,交射线 CD 于点 Q,设 $CP=x$,$DQ=y$.

(1) 求 y 关于 x 的函数解析式,并写出定义域.

(2) 当点 P 运动时,$\triangle APQ$ 的面积是否会发生变化?如果发生变化,请求出$\triangle APQ$ 的面积 S 关于 x 的函数解析式,并写出定义域;如果不发生变化,请说明理由.

(3) 当以 4 为半径的$\odot Q$ 与直线 AP 相切,且$\odot A$ 与$\odot Q$ 也相切时,求$\odot A$ 的半径.

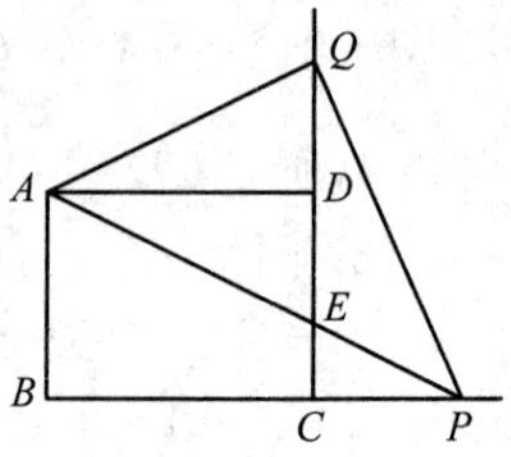

例 4 图

解　(1) 因为 $AD\parallel BC$,所以$\angle APB=\angle DAP$. 因为已知$\angle QAD=\angle DAP$,所以$\angle APB=\angle QAD$.

所以 $\text{Rt}\triangle ADQ\backsim\text{Rt}\triangle PBA$,所以$\dfrac{DQ}{AB}=\dfrac{AD}{BP}$,即$\dfrac{y}{3}=\dfrac{4}{x+4}$,$y=\dfrac{12}{x+4}$ $(x>0)$

(2) $S_{\triangle QAP}=S_{\triangle QAE}+S_{\triangle QPE}=\dfrac{1}{2}QE(AD+CP)=\dfrac{1}{2}\cdot 2y\cdot(4+x)=\dfrac{12}{x+4}\cdot(4+x)=12$(常量).

(3) 过点 Q 作 $QH\perp AP$,点 H 为垂足. 因为以 4 为半径的$\odot Q$ 与直线 AP 相切,所以 $QH=4$.

因为 $S_{\triangle QAP}=12$,所以 $AP=6$. 所以 $\text{Rt}\triangle PBA$ 中,$\angle APB=30^\circ$,所以$\angle DAP=30^\circ$,因为 $AD=4$,

所以 $AQ=\dfrac{4\times 2}{\sqrt{3}}=\dfrac{8\sqrt{3}}{3}$. 设$\odot A$ 的半径$=r$,则

① 当$\odot A$ 与$\odot Q$ 两圆外切时,$r+4=\dfrac{8\sqrt{3}}{3}$,$r=\dfrac{8\sqrt{3}}{3}-4$;

② 当$\odot A$ 与$\odot Q$ 两圆内切时,$|r-4|=\dfrac{8\sqrt{3}}{3}$,$r=\dfrac{8\sqrt{3}}{3}+4$ 或 $r=4-\dfrac{8\sqrt{3}}{3}<0$ (舍去),

所以当两圆相切时,$r=\dfrac{8\sqrt{3}}{3}-4$ 或 $r=\dfrac{8\sqrt{3}}{3}+4$.

例 5　如图(1),在平面直角坐标系中,点 O 是坐标原点,四边形 $ABCO$ 是菱形,点 A 的坐标为$(-3,4)$,点 C 在 x 轴的正半轴上,直线 AC 交 y 轴于点 M,AB 边交 y 轴于点 H.

(1) 求直线 AC 的解析式;

(2) 连接 BM,如图(2),动点 P 从点 A 出发,沿折线 ABC 方向以 2 个单位/秒的速度向终点 C 匀速运动,设$\triangle PMB$ 的面积为 $S(S\neq 0)$,点 P 的运动

时间为 t 秒，求 S 与 t 之间的函数关系式(要求写出自变量 t 的取值范围)；

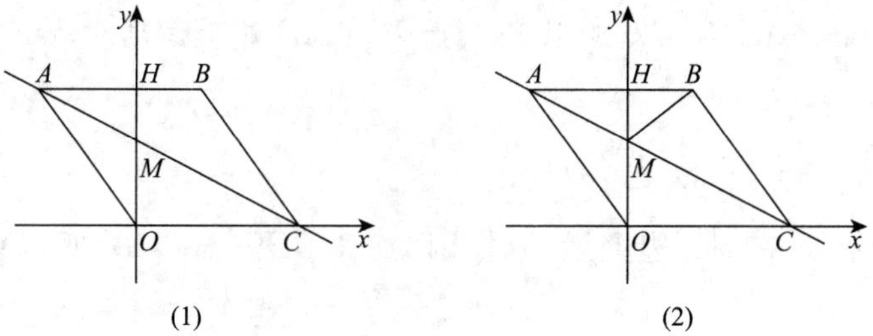

例 5 图

(3) 在(2)的条件下，当 t 为何值时，$\angle MPB$ 与 $\angle BCO$ 互为余角.

解 (1) 过点 A 作 $AE\perp x$ 轴，垂足为点 E(如解图).

因为 $A(-3,4)$，所以 $AE=4$，$OE=3$，所以 $OA=\sqrt{AE^2+OE^2}=5$.

因为四边形 $ABCO$ 为菱形，

所以 $OC=CB=BA=OA=5$，所以 $C(5,0)$.

设直线 AC 的解析式为：$y=kx+b$，$\begin{cases}5k+b=0,\\-3k+b=4,\end{cases}$ 所以 $\begin{cases}k=-\dfrac{1}{2},\\b=\dfrac{5}{2}.\end{cases}$

所以直线 AC 的解析式为：$y=-\dfrac{1}{2}x+\dfrac{5}{2}$.

(2) 由(1)得点 M 的坐标为 $\left(0,\dfrac{5}{2}\right)$，所以 $OM=\dfrac{5}{2}$.

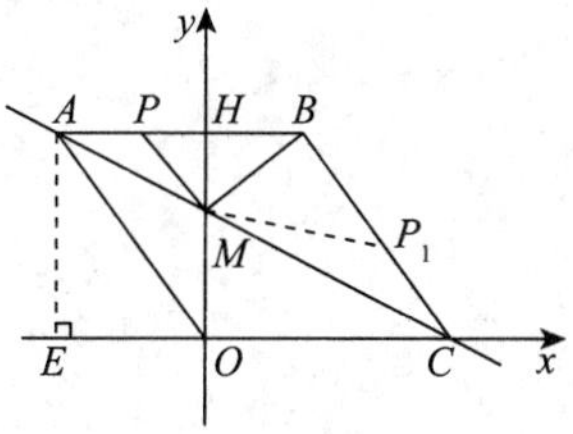

例 5 解图

① 如解图，当点 P 在 AB 边上运动时，由题意得 $OH=4$，所以 $HM=\dfrac{3}{2}$.

$S=\dfrac{1}{2}BP\cdot MH=\dfrac{1}{2}(5-2t)\cdot\dfrac{3}{2}$ 所以 $S=-\dfrac{3}{2}t+\dfrac{15}{4}\left(0\leqslant t<\dfrac{5}{2}\right)$.

② 如解图，当点 P 在 BC 边上运动时，记为 P_1.

因为 $\angle OCM=\angle BCM$，$CO=CB$，$CM=CM$，

所以 $\triangle OMC\cong\triangle BMC$，所以 $OM=BM=\dfrac{5}{2}$，$\angle MOC=\angle MBC=90°$.

$S=\dfrac{1}{2}BP_1\cdot MB=\dfrac{1}{2}(2t-5)\cdot\dfrac{5}{2}$，所以 $S=\dfrac{5}{2}t-\dfrac{25}{4}\left(\dfrac{5}{2}<t\leqslant 5\right)$.

(3) 因为 $\angle BCO=\angle AOE$，$\angle AOE$ 的余角是 $\angle AOH$，

所以当$\angle MPB$与$\angle BCO$互为余角时,$\angle MPB=\angle AOH$.

因为$\tan\angle AOH=\frac{3}{4}$,所以① 当点$P$在$AB$边上运动时,$\tan\angle MPB=\frac{MH}{PH}=\frac{\frac{3}{2}}{3-2t}=\frac{3}{2(3-2t)}=\frac{3}{4}$,$t=\frac{1}{2}$;

② 当点P在BC边上运动时,因为$\triangle CMO\cong\triangle CMB$,所以$\angle MBC=\angle MOC=90^{\circ}$,

所以$\tan\angle MPB=\frac{MB}{PB}=\frac{\frac{5}{2}}{2t-5}=\frac{5}{2(2t-5)}=\frac{3}{4}$,$t=\frac{25}{6}$.

综上所述,

当$t=\frac{1}{2}$时,$\angle MPB$与$\angle BCO$互为余角;当$t=\frac{25}{6}$时,$\angle MPB$与$\angle BCO$互为余角.